Mit der offensichtlichen Bedeutung der Vereinigten Staaten für die politische, wirtschaftliche und auch kulturelle Entwicklung Europas hat in Deutschland das Interesse an der amerikanischen Geschichte seit dem Zweiten Weltkrieg stetig zugenommen. In den Jahren unmittelbar nach dem Krieg wurden dem informationsbegierigen deutschsprachigen Leser vor allem übersetzte Texte amerikanischer Autoren angeboten, denn die deutsche Geschichtswissenschaft hatte ebenso wie die übrigen nationalgeschichtlich orientierten Universitätshistoriker in Europa die USA als Gegenstand von Forschung und Lehre vernachlässigt. Es fehlte an einführenden Texten, die speziell für nicht-amerikanische Leser geschrieben worden waren.

Der vorliegende Band soll dazu beitragen, diesen Mangel zu beseitigen. Er ist aus europäischer Perspektive geschrieben und versucht, wo immer sinnvoll möglich, amerikanische Erscheinungen durch Verweise auf vergleichbare Entwicklungen in Europa verständlich zu machen. Er behandelt die zweihundert Jahre vom Beginn des massiven Widerstandes eines Teiles der etwa zwei Millionen Kolonisten gegen König und Parlament in den 60er Jahren des 18. Jahrhunderts bis hin zu den sozialen und politischen Problemen der Weltmacht mit einer Bevölkerung von 200 Millionen in den 70er Jahren des 20. Jahrhunderts.

Anstelle einer faktenüberladenen »Gesamt«-Darstellung bietet der Band einen Überblick über die Entwicklung zentraler Probleme: die amerikanische Revolution und die Verfassung und Konsolidierung des jungen Nationalstaats (1. Kapitel), Sklaverei und Bürgerkrieg (2. Kapitel), die industrielle Revolution in Amerika (3. Kapitel), die Masseneinwanderung im 19. und 20. Jahrhundert (4. Kapitel), soziale Probleme, Reformbewegungen und Imperialismus in den Jahrzehnten vor und nach 1900 (5. Kapitel), der Boom der 1920er sowie die Wirtschaftskrise und die »New Deal«-Reformmaßnahmen Roosevelts in den 1930er Jahren (6. Kapitel), die A[illegible]wirkungen des Zweiten Weltkrieges auf die ameri[illegible] Gesellschaft und der Kalte Krieg (7. Kapitel) [illegible]läufe zur Besserstellung der Schwarzen [illegible] sozialer Fragen unter den Prä[illegible]son und der Krieg in Vietna[illegible]ne der Republik nach 20[illegible]n und Ford (9. Kapitel).

Der Band ist in sich ab[illegible]formation des allgemein oder wiss[illegible]ten Lesers enthält er ein nach Sachgeb[illegible], besonders umfangreiches Literaturverzeichni[illegible]ersonen- und Sachregister erleichtert dem Leser die Ori[illegible]erung.

DER HERAUSGEBER DIESES BUCHES

Willi Paul Adams

1940 geboren, studierte er Geschichte, Amerikanistik und Anglistik in Bonn und Berlin. 1965–66 war er als Stipendiat des DAAD in den USA. 1968 promovierte er mit einer Arbeit über die amerikanische Revolution. Von 1968–72 arbeitete er als Assistent und Assistenzprofessor an der Abteilung für Geschichte des John F. Kennedy Instituts für Amerikastudien der Freien Universität Berlin. 1972 habilitierte er sich im Fach Neuere Geschichte, mit besonderer Berücksichtigung der angloamerikanischen Geschichte. 1972 und 1975/76 war er Research Fellow am Charles Warren Center for Studies in American History der Harvard Universität. Von 1972–77 war er Professor am Amerika Institut der Universität Frankfurt. Seit 1977 ist er Professor für Geschichte Nordamerikas am John F. Kennedy Institut für Nordamerikastudien der Freien Universität Berlin. Er veröffentlichte u. a.: *Republikanische Verfassung und bürgerliche Freiheit: Die Verfassungen und politischen Ideen der amerikanischen Revolution* (Darmstadt und Neuwied: Luchterhand Verlag, 1973); zusammen mit Angela Meurer Adams, *Die amerikanische Revolution in Augenzeugenberichten* (München: dtv, 1976).

Fischer Weltgeschichte

Band 30

Die Vereinigten Staaten von Amerika

Herausgegeben von
Willi Paul Adams
unter Mitarbeit von
Dudley E. Baines
Robert A. Burchell
Rhodri Jeffreys-Jones
John R. Killick
Howard Temperley
Neil A. Wynn

Fischer Taschenbuch Verlag

Fachredaktion: Edith Kaiser und Walter H. Pehle
Kapitel 2 bis 8 aus dem Englischen übersetzt von
Edith Kaiser und Willi Paul Adams
Umschlagentwurf: Wolf D. Zimmermann
unter Verwendung des Fotos ›The Element of Hate‹ von
B. Davidson (Foto laenderpress, Düsseldorf)
Harald und Ruth Bukor zeichneten die Abbildungen 6, 6a, 9, 15 und 16

Illustrierte Originalausgabe
mit 31 Abbildungen
Veröffentlicht im Fischer Taschenbuch Verlag GmbH,
Frankfurt am Main, September 1977

56.–61. Tausend: April 1984

Wissenschaftliche Leitung: Jean Bollack, Paris

Druck und Bindung: Clausen & Bosse, Leck
Printed in Germany
ISBN-3-596-60030-8

INHALTSVERZEICHNIS

DIE MITARBEITER DIESES BANDES

Dudley E. Baines, 1939 geboren, erwarb 1960 an der London School of Economics den B.Sc. (Econ.). Von 1960–61 war er als Fulbright Scholar und Teaching Fellow an der Cornell Universität in Ithaca, New York, von 1961–63 Research Student an der Universität Cambridge, von 1963–66 Lecturer in Economic History an der Universität von Liverpool. Seit 1966 ist er Lecturer in Economic History an der London School of Economics. Er veröffentlichte u. a.: »Meyerside and the British Economy: The 1930's and the Second World War«, in R. Lawton und Catherine M. Cunningham, eds., *Meyerside, Social and Economic Studies* (London, 1970), 58–71. »The Use of Published Census Data in Migration Studies«, in E. A. Wrigley, ed., *Nineteenth Century Society: Essays in the Use of Quantitative Methods for the Study of Social Data* (Cambridge, 1972), 311–335. »Birthplace Statistics and the Analysis of Internal Migration«, in R. Lawton, ed., *British Census of the Nineteenth Century* (London, 1975).

Robert A. Burchell 1941 geboren, erwarb 1963 den B.A. in Neuerer Geschichte in Oxford, 1967 den M.A. und 1969 den B.Litt. Von 1963–64 war er Ochs-Oakes Senior Scholar am Queen's College von Oxford und von 1964–65 an der Universität von Kalifornien in Berkeley. 1965 gewann er den Wiley Prize in Anglo-American History. Von 1965–68 arbeitete er als Assistant Lecturer am Department of American Studies der Universität von Manchester, seit 1968 ist er dort Lecturer. Seine Dissertation untersucht die englische Einwanderung nach Kalifornien. Er veröffentlichte u. a. Artikel über die Verbindungen zwischen England und Kalifornien und ist Herausgeber von *Westward Expansion* (London, 1975).

Rhodri Jeffreys-Jones, 1942 geboren, erwarb 1963 den B.A. in Geschichte am University College von Wales in Aberystwyth. Von 1964–66 war er Special Student an der Universität von Michigan in Ann Arbor und an der Harvard Universität. 1969 erwarb er den Ph.D. in Geschichte an der Universität von Cambridge. 1971–72 war er Research Fellow am Charles Warren Center for Studies in American History der Harvard Universität. Seit 1967 ist er Lecturer am Department of History der Universität von Edinburgh, seit 1974 auch Convener des dortigen American Studies Programmes. Er veröffentlichte u. a.: »Profit over Class: A Study in American Industrial Espionage«, *Journal of American Studies*, 6 (1972). »Violence in American History: Plug Uglies in the Progressive Era«, *Perspectives in American History*, 8 (1974). »The Rise of Labor« in Henry S. Commager und Maldwyn A. Jones, eds., *The Rise of an Industrial Giant* (Orbis Publishing Limited, in press) und »The Right to Organize«, in Henry S. Commager und Maldwyn A. Jones, eds., *The Great Depression* (Orbis Publishing Limited, in press).

John R. Killick, 1939 geboren, erwarb 1961 den B.A. in Geschichte in Oxford. Von 1963–66 war er Assistant Lecturer in Economic History an der School of Economic Studies der Universität von Leeds, seit 1966 ist er dort Lecturer in Economic History. 1969–71 arbeitete er als Stipendiat des American Council of Learned Societies in den Vereinigten Staaten über den Baumwollhandel. Er veröffentlichte u. a.: Zusammen mit W. A. Thomas, »The Provincial Stock Exchanges, 1830–1870«, *Economic History Review*, second series, 23 (1970), 96–111. Zusammen mit W. A. Thomas, »The Stock Exchanges of the North of England, 1836–1850«, *Northern History*, 5 (1970), 114–130. »Risk, Specialisation and Profit in the Mercantile Sector of the Nineteenth Century Cotton Trade: Alexander Brown and Sons, 1820–80«, *Business History*, 16 (1974), 1–16. »Bolton, Ogden & Co.: A Case Study in Anglo-American Trade, 1790–1850«, *The Business History Review*, 48 (1974), 501–519.

Howard Temperley, 1932 geboren, erwarb 1956 den B.A. in Oxford, 1960 den Ph.D. in Geschichte an der Yale Universität. 1965–66 war er Stipendiat des American Council of Learned Societies. Von 1960 bis 1967 war er Lecturer in American History and Institutions an der Universität von Manchester. Seit 1967 ist er Senior Lecturer in American History an der Universität von East Anglia in Norwich, sei 1973 ist er dort Chairman of American Studies. Er veröffentlichte u. a.: »The British and American Abolitionists Compared«, in Martin Duberman, ed., *The Antislavery Vanguard* (Princeton, 1965); *British Antislavery, 1833–1870* (London, 1972); »Anglo-American Images«, in H. C. Allen and Roger Thompson, eds., *Contrast and Comparison: Bicentennial Essays on Anglo-American Relations* (London, in press).

Neil A. Wynn, 1947 geboren, erwarb 1969 den M.A. in Geschichte an der Universität von Edinburgh. Er war Research Student an der Open University und an der State University von New York in Buffalo. 1973 promovierte er mit einer Arbeit über die Afro-Amerikaner und den Zweiten Weltkrieg. Von 1972–73 arbeitete er als Lecturer in History an der Open University. Seit 1973 ist er Lecturer in History am Glamorgan Polytechnic in Wales. Er veröffentlichte u. a.: »The Impact of the Second World War on the American Negro«, *Journal of Contemporary History*, 6 (1971), *World War II and the Afro-American* (The Open University Press, 1973; mit dazugehörigen Lehrfilmen der Open University und des BBC) und *The Afro-American and the Second World War* (London, 1976).

Vorwort

Der besondere Dank des Herausgebers für hilfreiche Kritik des ersten Kapitels gilt den Professoren Gerald Stourzh, Enrique Otte und Hans R. Guggisberg und Dr. Robert A. Gottwald. Unnachgiebigster Kritiker und geduldigster Berater während der längeren Entstehungszeit war Angela Meurer Adams. Die ausgezeichnete Bibliothek des John F. Kennedy Instituts für Nordamerikastudien der Freien Universität Berlin hat einen großen Teil der Literatur in sehr hilfreicher Weise zugänglich gemacht. Das Charles Warren Center for Studies in American History der Harvard University und der American Council of Learned Societies haben mit Fellowships die Arbeit an Kapitel und Band sehr erleichtert.

Frau Edith Kaiser, Außenlektorin des Fischer Taschenbuch Verlages und Doktorandin am Institut für Politische Wissenschaft der Universität Heidelberg, hat aufgrund ihrer besonderen Kenntnis der amerikanischen Geschichte und ihrer Erfahrung mit der Übertragung sozialwissenschaftlicher Texte aus dem Englischen an der Erstellung des deutschen Textes der Kapitel 2–8 in besonders gründlicher Weise mitgewirkt. Dr. Walter Pehle hat sich kurz nach Übernahme des sozialwissenschaftlich-historischen Lektorats intensiv um die Schlußfassung des Bandes bemüht. Frau Inge Lüdtke hat seine Vorbereitung mehrere Jahre lang effizient betreut.

Ein ganz besonderer Dank gilt Dr. Charlotte Erickson, deren Rat in kritischer Stunde zum Zustandekommen des Bandes beigetragen hat, und vor allem den englischen Kollegen, von denen ich gelernt habe, wie nützlich offene gegenseitige Kritik und wie erfreulich internationale wissenschaftliche Zusammenarbeit sein kann.

W. P. A.

Einleitung

Eine einbändige Einführung in die amerikanische Geschichte seit Beginn der Unabhängigkeitsbewegung auf der Grundlage des heutigen Forschungsstandes bedarf keiner besonderen Rechtfertigung. Als erklärungsbedürftiger mag es erscheinen, innerhalb einer vielbändigen *Welt*geschichte zwei Nationalstaaten herauszugreifen, die Vereinigten Staaten und Rußland, und ihnen eigene, jeweils nationalgeschichtlich begrenzte Bände zu widmen. Ein anderer Band der Reihe, der eine gesamteuropäische Entwicklung behandelt, ist kritisiert worden, weil er »interkontinentale Dependenzen« ungenügend einsichtig mache und das »universalhistorische Programm« uneingelöst lasse.[1] Auch der vorliegende Band kann nicht den Anspruch erheben, dem hohen Standard der weltgeschichtlichen Perspektive gerecht zu werden. Immerhin kann er den Europazentrismus des historischen Bewußtseins diesseits des Atlantik überwinden helfen, was ebenfalls ein erklärtes Ziel der Reihe ist; und er versucht, obwohl er eine Nationalgeschichte zum Gegenstand hat, einige der Schwächen der zur kanonisierten Ereignisgeschichte erstarrten Nationalgeschichtsschreibung zu vermeiden: er ist keine amerikanische Selbstinterpretation, sondern aus einer eher vergleichenden, europäischen Perspektive geschrieben, in der Hoffnung, daß auf diese Weise zugleich der amerikanische Amerikazentrismus ein wenig korrigiert wird.

Der Abbau eines europazentrischen Weltbildes kann freilich nur unter Berücksichtigung der Interessen und Auffassungsbereitschaft europäischer Leser betrieben werden. Darum war unser Ziel, eine Einführung in die amerikanische Geschichte zu schreiben, die Europäern ohne Vorkenntnisse verständlich ist. Um erklärende Vergleiche zu ermöglichen, war ein problemorientierter Ansatz notwendig. Umstrittene Interpretationen werden als solche referiert und gewertet. Monokausale Erklärungen der Entwicklung der amerikanischen Gesellschaft, sei es die Reduzierung auf die Entfaltung des Geistes der Freiheit, das Vorrücken der *frontier* (Siedlungsgrenze), der natürliche Reichtum des Landes oder das Fehlen einer Phase des Feudalismus, fand keiner von uns überzeugend.

Die umfangmäßige Beschränkung zwang zu bedauerlichen

Auslassungen. Diplomatie- und Kriegsgeschichte wurden zugunsten der Sozial- und Wirtschaftsgeschichte gerafft oder ausgespart. (Für die internationalen Beziehungen ab 1918 siehe Fischer Weltgeschichte Band 34.) Unter weltgeschichtlicher Perspektive ist es besonders bedauerlich, daß die Verdrängung und weitgehende Ausrottung der Indianer nicht ausführlicher behandelt werden konnte. Für die Kolonialgeschichte im 17. und frühen 18. Jahrhundert, besonders in ihrem weltgeschichtlichen Zusammenhang, verweisen wir auf Band 29 der Fischer Weltgeschichte.

Die neun Kapitel sind als Sinneinheiten von der Größe konzipiert, wie sie in Schule und Hochschule zum Gegenstand von Lehrveranstaltungen gemacht werden können. Ebenso wie der Band in sich abgeschlossen ist, können auch die einzelnen Kapitel für sich genommen werden. Zusätzlich zur allgemeinen Bibliographie hat deshalb jedes Kapitel seine eigenen weiterführenden Literaturhinweise.

Das erste Kapitel (1763–1815) setzt ein mit Abschluß des Siebenjährigen Krieges, der die französisch-britische Rivalität um die Vormachtstellung in Nordamerika zugunsten Großbritanniens entschieden hatte und damit den Spielraum für den Konflikt zwischen britischer Metropole und britischen Kolonisten erweiterte. Es beschreibt die staatliche Verselbständigung des überwiegenden Teils des »europäischen Fragments« in Nordamerika. Denn im Unterschied zu späteren antikolonialistischen Bewegungen kämpften in der amerikanischen Revolution nicht unterdrückte Eingeborene, sondern übergesiedelte Europäer mit der entscheidenden Unterstützung durch andere Europäer um politische und wirtschaftliche Selbstbestimmung. Es war kein Aufstand Ausgebeuteter, sondern die Vervollkommnung des zuvor partiell gewährten Rechtes auf Selbstverwaltung der ersten »modernen«, prosperierenden, weitgehend alphabetisierten, politisch gut organisierten und stabilen Gesellschaft von Europäern außerhalb Europas. Teil der Staatsgründung wurde das Bekenntnis zu den aufklärerisch-naturrechtlich begründeten Werten bürgerlicher Freiheit und Gleichheit und ungehinderten Besitzstrebens. Sie fanden Ausdruck in der Unabhängigkeitserklärung und den Grundrechteerklärungen und Verfassungen der Einzelstaaten. Mit der Vereinbarung der Bundesverfassung von 1787/88 fand die Gründung der föderativen Republik ihren Abschluß. Das Kapitel endet mit dem fruchtlosen Versuch der Ex-Kolonisten im Krieg von 1812–15, das Ex-Mutterland zu zwingen, der politischen Anerkennung der Unabhängigkeit auch die Anerkennung der wirtschaftlichen Souveränität im Sinne der Beseitigung aller merkantilistischen Beschränkungen des Importes nach England folgen zu lassen.

Das zweite Kapitel (1815–1877) ordnet die moralisch motivierte Antisklavereibewegung ein in den wachsenden Gegensatz der großen Regionalinteressen. Sklaverei war keine austauschbare Institution des Alten Südens, sondern das Fundament seiner Gesellschaftsform. Zudem fühlte sich der agrarische Süden durch den bevölkerungsmäßig und industriell schneller wachsenden Norden und Westen in die Defensive gedrängt und befürchtete alsbald die völlige politische und wirtschaftliche Dominanz der anderen Regionen. Die nur durch einen Bürgerkrieg endgültig zu entscheidende Frage lautete, ob die sich so bedroht fühlenden Einzelstaaten den 1787/88 vollzogenen Beitritt zum Bundesstaat rückgängig machen konnten. Erst nach dem Sieg des Nordens (1865) begann mit der *Reconstruction*, dem wirtschaftlichen Wiederaufbau und der politischen Wiedereingliederung des Südens, der bis heute nicht abgeschlossene Kampf der Schwarzen als Minderheitengruppe um Gleichbehandlung und Chancengleichheit in den Städten des Nordens wie im Süden.
Einer der faszinierendsten Fragen der modernen Wirtschaftsgeschichte, den Ursachen und dem Verlauf der industriellen Revolution in Amerika, geht das dritte Kapitel nach. In den hundert Jahren zwischen 1810 und 1910 wandelte sich die Agrargesellschaft zur Industriemacht ohne gleichwertigen Konkurrenten. Welche Faktoren in diesem Prozeß, der die moderne Welt wie wenige andere prägte, eine wie große Rolle gespielt haben, ist bis heute Gegenstand der wissenschaftlichen Auseinandersetzung. Sicher ist, daß der Reichtum an Bodenschätzen und die verkehrsmäßige Erschließung des Kontinents eine wesentliche Voraussetzung bildeten; daß die Besiedlung des Westens und der Aufschwung der Landwirtschaft der Industrialisierung nicht entgegenstanden, sondern einen stimulierenden Teil des wirtschaftlichen Prozesses insgesamt ausmachten; daß Industrialisierung und Urbanisierung, vor allem im Nordosten, Hand in Hand gingen, während die Plantagenwirtschaft des Südens die Entstehung urbaner Zentren weitgehend verhinderte. Sicher ist auch, daß Bevölkerungswachstum, um ein Vielfaches gesteigert durch die Masseneinwanderung, und industrielles Wachstum sich gegenseitig anregten und daß immer mehr Menschen Teil hatten am steigenden Bruttosozialprodukt. Der statistisch definierte Lebensstandard stieg. Der den amerikanischen Arbeitsmarkt charakterisierende Mangel an Arbeitskräften hat von Anfang an die Art von arbeitssparender Technologie gefördert, die ab 1913 mit Henry Fords Fließband ihren weltweit bestaunten Triumph feierte. Der die kapitalistische Wirtschaftsform charakterisierende private, freie Kapitalmarkt und seine Institutionen entwickelten sich den neuen Bedürfnissen entsprechend seit der

ersten größeren Bankenkrise von 1819/20 und fanden mit der Entwicklung der New Yorker Börse zur führenden Wertpapierbörse der Welt einen vorläufigen Abschluß. Die Konzentration wirtschaftlicher Macht in einigen wenigen Großkonzernen und Banken war zu Beginn des Ersten Weltkrieges voll ausgebildet.

Weniger eindeutig bestimmbar sind demgegenüber die Ursachen der Konjunkturschwankungen im einzelnen, die positiven und negativen wirtschaftlichen Auswirkungen des Bürgerkrieges und die Art des Einflusses der jeweiligen wirtschaftlichen, politischen und sozialen Verhältnisse in Europa auf die Entwicklung der amerikanischen Landwirtschaft und Industrie. Auch das Verhältnis der Bundesregierung und der Einzelstaatsregierungen zur Wirtschaft, das Ausmaß ihrer Intervention, bedarf der präziseren Bestimmung als der Wiederholung des Schlagworts vom *laissez faire*, das zu keinem Zeitpunkt das tatsächliche Ausmaß staatlicher Einflußnahme auf die Wirtschaft beschrieben hat. Denn selbst die amerikanische Wirklichkeit hat nie dem Modell vom »Nachtwächterstaat« entsprochen.

Das vierte Kapitel vermittelt einen Überblick über die größte Bevölkerungsbewegung der neueren Geschichte. Etwa 46 Millionen Menschen sind zwischen 1815 und 1970 in die Vereinigten Staaten eingewandert und haben u. a. die Industrialisierung und Besiedlung des Kontinents in einem so kurzen Zeitraum erst möglich gemacht. Ob nun die Anziehungskraft des Einwanderungslandes oder die abstoßende Wirkung der Lebensbedingungen im Ursprungsland im Einzelfall den Ausschlag gegeben haben, wer einwanderte, erhoffte sich in der neuen Welt die Art von Chance, an die er zu Hause nicht mehr glaubte. Die meisten suchten mehr materielle Sicherheit. Enttäuschung und Erfüllung der Hoffnungen sind schwer meßbar, die Zahl der Neuankömmlinge stieg jedenfalls, bis sie mit 1,28 Millionen Menschen innerhalb eines einzigen Jahres, 1907, das Maximum erreichte. 1921 ging das Zeitalter der für Europäer praktisch unbegrenzten Einwanderung mit dem Ersten Quotengesetz zu Ende, das nach rassistisch-ökonomischen Gesichtspunkten den europäischen Ländern jährliche Höchstzahlen zuteilte. Die Probleme der neu Eingewanderten sind leicht bestimmbar: die erste Unterkunft, die sie meist im Getto der Landsleute fanden; der erste Arbeitsplatz mit einer meist einfachen körperlichen, der mangelnden Ausbildung und Sprachkenntnis entsprechenden und der Ausbeutung preisgegebenen Tätigkeit in fast allen Bereichen der Wirtschaft, von der Heimarbeit über einfache Dienstleistungen zu Landwirtschaft, Bergbau und Fabrikarbeit; und schließlich das lebenslange Problem der Assimilierung, Integration oder Anpassung an die neue Gesellschaft, die ihnen als Ideal die Amerikanisierung im Sinne der totalen Assimilierung vorgaukelte, während jeder Tag ihnen neu bewies, wie unauslöschlich ihr Status durch Herkunft und täglichen Umgang mit anderen Einwanderern bestimmt war. Superpatrioten, *nativists,* die Andersartigkeit und Konkurrenz fürchteten, mißtrauten der Loyalität der zuletzt Eingewanderten und verlangten kulturellen »Anglokonformismus«. Die unterschiedlichen Reaktionen der diversen Einwanderergruppen auf den Anpassungsdruck und die Anpassungschancen bestimmen bis heute einen großen Teil der sozialen Realität Amerikas, von der Wahl des Ehepartners und der Wahl des Wohnsitzes bis zur Parteinahme als Wähler. Seit Sprache, Wertvorstellungen und Verhaltensmuster der WASPS (weiße, angelsächsische Protestanten) fest als die Norm etabliert sind, ist an die Stelle der unmenschlichen Metapher vom »Schmelztiegel« das tolerantere Konzept vom ethnischen und kulturellen Pluralismus getreten.

Das fünfte Kapitel gilt den sozialen Verhältnissen des industrialisierten Amerika und seinem Eintritt in die Weltpolitik im Zeitalter des Imperialismus und im Ersten Weltkrieg (1890–1920). Millionen von Menschen, auf dem Land wie in der Stadt, lebten weiterhin in Armut. Wer Gesundheit oder Arbeitsplatz verlor, war durch keine Sozialgesetzgebung vor dem Elend geschützt. Die Arbeitsbedingungen in Industrie und Bergbau waren oft gesundheitsgefährdend und nicht selten lebensgefährlich. Die Sechzigstundenwoche und Kinderarbeit waren nichts Ungewöhnliches. Als emotionale Reaktion auf ihre Unzufriedenheit mit diesen Verhältnissen läßt sich zumindest ein Teil der Gewalttätigkeit, des rassistischen Verhaltens und auch der Flucht in Sport und Unterhaltung der amerikanischen Arbeiterklasse dieser Jahrzehnte verstehen. Arme, statusunsichere Weiße neigten eher als sich sicher fühlende Mittelklassebürger dazu, ebenfalls um ein Auskommen ringende Schwarze zu Minderwertigen zu erklären und entsprechend zu behandeln. Gewerkschaften konnten sich erst nach dem Bürgerkrieg allmählich organisieren. Der relative Erfolg des größten und dauerhaftesten Dachverbandes, der 1886 gegründeten American Federation of Labor, beruhte jedoch auf seinem Verzicht auf eigene direkte politische Tätigkeit und damit auf dem Verzicht auf die Gründung einer aus der Arbeiterbewegung hervorgehenden politischen Partei, etwa nach dem Vorbild der englischen Labour Party oder der deutschen Sozialdemokratischen Partei. In dieser Tatsache liegt eine wichtige Teilantwort auf die häufig gestellte Frage, weshalb in den Vereinigten Staaten die sozialistische Bewegung so einflußlos geblieben ist. Die weiterführenden Fragen müssen daher lauten, warum sich diese Art der Gewerkschaft in den drei Jahrzehnten vor 1914 gegenüber den anderen, sozialistisch-politischeren Ansätzen durchsetzen konnte, und weiter, weshalb die Benachteiligten, seien es Schwarze, Farmer, ungelernte Arbeiter, Frauen und andere in dieser Zeit bereits aktive Reformgruppen, keine Koalition bildeten. Nur für einen kurzen Zeitraum in den 1890er Jahren konnte die Populistische Bewegung eine Allianz von radikaleren Gewerkschaften und der Organisationen der von der Bundesregierung vernachlässigten kleinen Farmer im Westen und Süden zu einer politischen Kraft vereinigen. Der rein politische Ansatz der 1901 gegründeten Socialist Party of America sorgte zwar in den Wahlkämpfen für die öffentliche Diskussion sozialistischer Ideen und die Aufstellung integrer Kandidaten, zeigte aber zugleich die hoffnungslose Unterlegenheit einer weltanschaulich rigorosen Partei im komplexen System amerikanischer Interessengruppenpolitik. Umso aussichtsloser war der anarchistische Ansatz. Erst die Progressive Movement genannte locker koordinierte Reformbewegung zwischen 1900 und 1917, die das wirtschaftliche und politische System in seinen Grundzügen akzeptierte, vermochte genug politische Unterstützung zu gewinnen, um die Wirklichkeit schrittweise zu verändern.

Seit 1865, dem Ende des Bürgerkrieges, stieg der amerikanische Außenhandel stark an, und 1900 waren die Vereinigten Staaten die drittgrößte Seemacht der Welt. Die amerikanischen Militär- und Handelsstrategen schlossen sich dem imperialistischen Wettlauf um neue Märkte und um Einfluß in anderen Erdteilen an, und mehr oder weniger religiös überzeugte Kulturmissionare predigten die Überlegenheit und Weltmission der angelsächsischen Rasse. Daß die amerikanische Regierung nach dem Krieg gegen Spanien von 1898 *de facto* wie eine Kolonialmacht überseeische Gebiete zu verwalten hatte, war durchaus kein Betriebsunfall der amerikanischen Geschichte. Lateinamerika wurde zur besonderen Domäne amerikanischer Unternehmer und der *de facto* als Kolonialgebiet verwaltete Panamakanal dokumentierte ab 1903 die Sonderrolle der USA auf dem südamerikanischen Kontinent. Vollends aus dem Selbstverständnis als Weltmacht handelten Kongreß und Präsident, als sie die Beteiligung am Ersten Weltkrieg beschlossen, mit der amerikanischen Wirtschaftskraft den Ausgang des Krieges entschieden und eine – wenn auch von vielen enttäuschten Europäern als unzureichend betrachtete – aktive Rolle bei der Friedensregelung spielten. Die Grenzen der Bereitschaft zur Übernahme politischer Verantwortung in den schwierigen internationalen Beziehungen der Nachkriegsjahre wurden jedoch deutlich, als der Senat sich weigerte, den Bei-

tritt zum Völkerbund zu ratifizieren.
Das sechste Kapitel skizziert die amerikanische Gesellschaft in den 1920er und 1930er Jahren, in denen sich die Massenproduktion und der Massenkonsum von Verbrauchsgütern, wie wir sie seither kennen, und die uns vertraute Art der Unterhaltungsindustrie voll entwickelten. Amerikas politische Führer weigerten sich in dieser Zeit, trotz weitgehender Interessen der amerikanischen Wirtschaft in Europa und anderen Weltteilen, eine der wirtschaftlichen Macht der USA angemessen aktive Rolle in der internationalen Politik zu übernehmen. Nur in diesem Sinn waren sie Isolationisten, nicht im Sinn totaler Abkehr von der Außenwelt. Das gesellschaftliche Leben der Erfolgreichen der 1920er Jahre war gekennzeichnet von einer inzwischen sprichwörtlich gewordenen Stimmung von Frivolität, Glamour, Temporausch und Hemmungslosigkeit, die gewöhnlich mit dem Begriff *Jazz Age* assoziiert werden. Sie waren mit sich selbst und den Wundern eines von aller Welt bestaunten wirtschaftlichen Aufschwungs beschäftigt. Das System der kapitalistischen Wirtschaft, die Mentalität und der Lebensstil des erfolgreichen Geschäftsmannes schienen zu triumphieren. Als negative Reaktion eines erheblichen Teils vor allem der ländlichen Bevölkerung auf diesen als bedrohlich empfundenen Lebensstil ist der vorübergehende Erfolg des Feldzuges gegen den Alkohol, das intolerante Sittenwächtertum und das Erstarken eines fanatisch-fundamentalistischen Protestantismus zu verstehen, der in Tennessee bis zur Verbannung der Evolutionslehre aus dem Schulunterricht führte. Für den rückschauenden Interpreten ist das überragende Problem dieses Zeitabschnitts das jähe Ende des phänomenalen Booms im Börsenkrach von 1929 und der völlige Zusammenbruch der Wirtschaft in seinem Gefolge. Bei der Beurteilung des Vorgangs ist es wichtig, Börsenkrach und Große Depression begrifflich so auseinanderzuhalten, wie sie in der Realität zwei getrennte Prozesse waren. Den Börsenkrach kann man wegen der kurz zuvor entstandenen wirtschaftlich fundamentlosen Spekulationspyramide für so gut wie unvermeidlich halten. Die Folgeerscheinungen waren jedoch kein unausweichliches Schicksal. Es gab politische Optionen, und was das reformerische und aktivistische Image Franklin Roosevelts und seines »New Deal« im Unterschied zu dem seines Amtsvorgängers ausmachte, war die extensive und gut publizierte Ausnutzung des Handlungsspielraumes. Während in Deutschland die Wirtschaftskrise in Zusammenwirkung mit anderen Faktoren zum Systemwechsel führte, bewirkte sie in Amerika nur einen Systemwandel. Das den wirtschaftlichen Übergang begleitende soziale Elend – 1933 war jeder Fünfte der normalerweise Beschäftigten arbeitslos – führte nicht zu

einem bedrohlichen Legitimationsverlust des politischen Systems. Die Wahlbeteiligung in den Präsidentschaftswahlen war nicht niedriger als sonst (1932: 49,7 %, 1936: 53,5 %). Von den 1932 abgegebenen Stimmen entfielen 97,1 % auf Roosevelt und Hoover zusammen, die restlichen 2,9 % verteilten sich auf die Kandidaten aller anderen Parteien, einschließlich der Sozialisten und Kommunisten. Die Veränderungen waren in vier Bereichen besonders auffällig: (1) Die Organisation des föderativen Entscheidungsprozesses änderte sich endgültig zugunsten des Bundes. (2) Auf Bundesebene gewann der Präsident den seither ausgebauten Machtvorsprung gegenüber der Legislative. Die allgemeine Anerkennung von (3) regulierender Wirtschaftsgesetzgebung und (4) Sozialgesetzgebung als Hauptaufgabenbereiche der Bundesregierung markierten deutlich die Abkehr von früheren sozialdarwinistischen Konzepten unregulierter Konkurrenz und individueller Selbsthilfe. Das Sozialversicherungsgesetz von 1935 signalisierte Amerikas verspäteten Eintritt in das Zeitalter des Sozialstaates. Den relativen Erfolg der Wirtschaftspolitik des New Deal, der auf dem Prinzip der konzertierten Aktion (»concerted action«, 1935) aller Wirtschaftszweige und der Tarifpartner unter Regierungsaufsicht beruhte, kann man auch als Sieg und Konsolidierung des »organisierten« Kapitalismus bezeichnen. Spekulativ wird die Antwort auf die Frage bleiben müssen, ob diese Maßnahmen zusammen mit den Defizithaushalten von Kommunen, Einzelstaaten und Bund die Krise jemals voll überwunden hätten, wenn nicht die Aufrüstung für den Zweiten Weltkrieg hinzugekommen wäre.
Aus dem Zweiten Weltkrieg, so argumentiert das siebte Kapitel (1941–1961), gingen einige dieser Entwicklungen gestärkt und um andere ergänzt hervor, so daß man den Krieg ebenso wie die Weltwirtschaftskrise und den New Deal als wesentlichen Faktor im Wandel der amerikanischen Gesellschaft in unserem Jahrhundert bezeichnen muß, obwohl er nicht auf amerikanischem Boden ausgetragen wurde. Die Notwendigkeiten der Kriegführung und Kriegswirtschaft gaben der Bundesregierung mehr Kompetenzen zum Eingriff in das Leben des einzelnen und der Wirtschaft als sie je zuvor hatte. Industrielle saßen nicht mehr als Versager auf der Anklagebank, sondern erwiesen sich als unabkömmliche Patrioten. Der mit Kriegsende keineswegs aufgelöste »militärisch-industrielle Komplex« nahm Gestalt an. Sozialreformen wurden zwar nicht aktiv weiterentwickelt und die Gewerkschaften verloren an Einfluß, aber der Rückgang der Arbeitslosigkeit und Lohnerhöhungen lösten oder milderten eine Reihe sozialer Probleme, und Kriegsveteranen wurden besser als in früheren Kriegen versorgt. Ethnische und rassische Minderheiten, vor

allem die Schwarzen und die jüngsten Einwanderer aus Mexiko, und die um mehr Gleichheit und Eigenständigkeit kämpfende Frauen, konnten in der Kriegssituation einige Schritte hin zu ihrer Besserstellung tun. Zu der befürchteten Nachkriegsdepression, vergleichbar der von 1920–21, kam es nicht, wohl aber zu einer an den »Red Scare« von 1919–20 erinnernden, diesmal durch den Kalten Krieg und den Koreakrieg genährten Furcht vor Subversion durch Kommunisten. Sie fand ihren Höhepunkt in Senator Joseph McCarthys hysterischer und für die meisten Betroffenen verleumderischer Kampagne (1950–54), deren jahrelange Duldung und teilweise Billigung in der amerikanischen Öffentlichkeit einen Tiefpunkt der Geltung individueller Freiheitsrechte, insbesondere des Rechts auf freie Meinungsäußerung, darstellten. Die Präsidentschaft des Republikaners Eisenhower (1953–61) war gekennzeichnet durch einen Konservativismus im Sinne von weniger präsidentieller Initiative, weniger Inanspruchnahme von Bundeskompetenzen und stärkerer Berücksichtigung von Unternehmerinteressen. Ohne Unterstützung aus dem Weißen Haus organisierte sich die Bürgerrechtsbewegung der 1950er Jahre. Das dritte Regierungsorgan, der Oberste Gerichtshof, indessen lieferte den zündenden Funken für eine neue Phase des Rassenkonfliktes mit seiner Entscheidung von 1954, daß Rassentrennung in öffentlichen Schulen verfassungswidrig sei. Seither ergriffen in zunehmendem Maß Meinungsführer der Schwarzen die Initiative und setzten mit gewaltlosen Protestaktionen die »Schwarze Revolution« in Gang, die bis in unsere Tage andauert.
Neue Reformimpulse gingen, wie im achten Kapitel besprochen, von den Demokratischen Präsidenten Kennedy und Johnson aus. Die Rezession von 1960–61 hatte an die ungelösten Probleme der Steuerung des wirtschaftlichen Wachstums, der Inflation, der Arbeitslosigkeit und Armut erinnert. Kennedys Administration entwarf eine Reihe von Sozialgesetzen, die erst von seinem Nachfolger unter den Programmtiteln »Great Society« und »War on Poverty« verwirklicht werden konnten. Das Bürgerrechtsgesetz von 1964 wurde zu einem Meilenstein des Kampfes der Minderheitengruppen um Chancengleichheit. Diese verspäteten Maßnahmen konnten nicht verhindern, daß Verzweiflung und Bitterkeit vieler Gettobewohner besonders zwischen 1966 und 1968 sich in hunderten von Städten in blutigen Rassenunruhen äußerten. Die Außenpolitik der 1960er und frühen 1970er Jahre war beherrscht von dem Arrangement mit der anderen Supermacht im Sinne gegenseitiger Respektierung der Einflußbereiche und der Absprache von Rüstungsbegrenzungen, von der massiven Intervention der amerikanischen Armee gegen den antikolo-

nialistischen Krieg Ho Chi Minhs in Vietnam und schließlich von der Aufgabe der Isolierungspolitik gegenüber der Volksrepublik China. Der Krieg in Vietnam endete mit einer militärischen Niederlage, verheerenden Folgen für die unmittelbar Betroffenen und einer Schwächung der früheren Selbstverständlichkeit des amerikanischen Führungsanspruchs vor allem gegenüber den westeuropäischen Verbündeten. Der Machtmißbrauch des Präsidentenamtes durch Richard Nixon, der 1974 mit dem ersten Rücktritt eines Präsidenten in der amerikanischen Geschichte endete, hat möglicherweise diese Tendenz verstärkt. In Amerika selbst löste der Krieg heftigen Widerspruch aus. Die erfolgreiche Antikriegsbewegung wurde vor allem von der studentischen Jugend, liberalen Intellektuellen und einer von grundsätzlicher Kritik an der amerikanischen Gesellschaft motivierten »Gegenkultur« getragen.

1976, zweihundert Jahre nach Ausrufung der Unabhängigkeit, können die Interpreten der amerikanischen Nationalgeschichte zu Recht die Dauerhaftigkeit der Gründung feiern. Sie überdauerte, weil sie angelegt war auf Wandel, sowohl im Sinne der Ausdehnung des Staatsgebiets über den Kontinent als auch im Sinne der Wandlungsfähigkeit der politischen Ordnung durch verfassungsgemäße Verfassungsänderung. Wie lernfähig aber wird das politische System der Vereinigten Staaten in Zukunft sein? An großen Problemen, deren Lösung neue Wege verlangen, fehlt es nicht: Das demokratische Ideal der Teilnahme der Betroffenen am Entscheidungsprozeß ist bedroht durch die zunehmende Konzentration politischer und wirtschaftlicher Macht. Das Ideal des Freiheitsraums des Individuums muß mühsam behauptet werden gegenüber technisch immer leichter durchführbarer totaler Überwachung und Kontrolle. Dem Ideal der materiellen Sicherheit und des »pursuit of happiness« stehen Arbeitslosigkeit und Armut, verfallende Städte, Angst vor unzureichender Alters- und Krankenversorgung, Angst vor Verbrechen und die Verödung der natürlichen Umwelt entgegen, um nur einige der Themen zu nennen, die im Jahr der Zweihundertjahrfeier die amerikanische Öffentlichkeit bewegten. Die beiden vielleicht dringendsten Aufgaben, die Verhinderung eines mit Nuklearwaffen geführten Weltkrieges und die Steuerung der Wirtschaft, wozu auch die Energiebeschaffung gehört, machen zudem täglich deutlicher, daß zu ihrer Bewältigung der nationale Rahmen nur noch eine untergeordnete Einheit ist.

Der Herausgeber

1. Revolution und Nationalstaatsgründung, 1763–1815

Von Willi Paul Adams

Die bekannten Tatsachen lassen kaum einen anderen Schluß zu, als daß die amerikanischen Kolonisten revoltierten, nicht um einer neuen Gesellschaftsordnung willen, sondern um sich den Eingriffen der Regierung Großbritanniens zu entziehen.

Dennoch ergaben sich aus der Revolution und dem Krieg um die amerikanische Unabhängigkeit notwendigerweise Reformen und Veränderungen verschiedener Art, sozialer, wirtschaftlicher und politischer; darunter sicher auch solche, die jede revolutionäre Bewegung mit sich bringt. Denn es kann keine Revolution geben ohne intellektuelle Auseinandersetzungen, die die Einsichten und Argumente hervorbringen, ohne die man einen solchen Umbruch im Leben eines Volkes nicht rechtfertigen kann.

Lawrence Henry Gipson, 1967

I. GAB ES EINE AMERIKANISCHE »REVOLUTION«?

Die Gründung des amerikanischen Nationalstaates war neben der französischen Revolution das folgenträchtigste Ereignis der politischen Entwicklung des europäisch-amerikanischen Raumes im 18. Jahrhundert. Die staatliche Verselbständigung der Amerikaner beruhte auf wirtschaftlichen, sozialen und im engeren Sinn des Wortes politischen Vorgängen in Europa. Von den ersten Siedlungen der Europäer bis hin zur Unabhängigkeit und darüber hinaus ist die Gesellschaft der Weißen in Nordamerika in Louis Hartz' treffendem Ausdruck zunächst einmal ein »Fragment Europas« gewesen.[1] Investitionen aus Europa, die Bereitschaft von Europäern, auf dem neuen Kontinent zu siedeln, und die erfolgreiche Selbstbehauptung der Kolonisten innerhalb des britischen Welthandelsreiches hatten die Europäer in Amerika im Laufe von anderthalb Jahrhunderten eine Gesellschaft entwickeln lassen, die für die Zeitgenossen überraschend früh einen dauerhaften Nationalstaat gründete. Grundlage ihrer wachsenden Prosperität war der unverminderte Bedarf an amerikanischen Erzeugnissen in ganz Europa. Und schließlich hat allein die Rivalität der europäischen Großmächte – vor allem die Konkurrenz Frankreichs und Englands um die Vorherrschaft auf dem nordamerikanischen Kontinent – die militärische und diplomatische Behauptung der Unabhängigkeit ermöglicht. Mit der vertraglichen Beendigung des Siebenjährigen Krieges hatte Frankreich 1763 Nordamerika bis zum Mississippi Großbritannien überlassen müssen. Um aus dem Empire des großen Rivalen wieder ein Stück herauszubrechen, ließ Ludwig XVI. ab 1775 heimlich und ab 1778 offen die aufständischen Kolonisten durch Waffenlieferungen und Anleihen und schließlich durch die französische Flotte unterstützen. Nur mit dieser Hilfe konnten die Rebellen sich der Übermacht der britischen Kriegsmarine erwehren.

Der strukturelle Unterschied zwischen dem amerikanischen Unabhängigkeitskampf und den meisten späteren antikolonialistischen Unabhängigkeitsbewegungen in Asien und Afrika ist offensichtlich. In Amerika kämpften übergesiedelte Europäer mit militärischer Unterstützung mehrerer europäischer Mächte um ihre Selbstbestimmung. Ihr Widerstandswille war zudem Teil der Entschlossenheit einer bereits prosperierenden einheimischen Mittelklasse, die ungehinderte weitere Entwicklung ihres Wohlstandes zu verteidigen. Das Besondere an der zur Revolution führenden »relativen Deprivation« der breiten kolonialen Mittelklasse nach 1763 war, daß sie noch nicht erlitten, sondern als Folge der nun einsetzenden strikteren britischen Kolonialpolitik lediglich befürchtet wurde. Der Widerstand gegen das Zucker- und Steuermarkengesetz von 1764/65, der einem steuerzahlenden Engländer unverhältnismäßig heftig erscheinen mußte, zeigte an, daß ein großer Teil der Kaufmannsschicht, der Politiker und der breiten Bevölkerung nicht länger bereit war, wirtschaftliche Interessen der Kolonien denen des Mutterlandes unterzuordnen. Eine echte Adelsklasse, die ihr Geschick etwa mit dem der englischen identifizierte, gab es in den Kolonien nicht. Die amerikanische Revolution war voll und ganz eine bürgerliche: große Teile der Ober- und Mittelklasse bürgerlicher Kolonialeuropäer beteiligten sich an der gewaltsamen Übernahme der Macht. Zu einem Zusammenbruch der Gesellschaftsordnung und einer sozialen Umwälzung führte der Kampf um die Unabhängigkeit deshalb nicht.

Ist es daher heute sinnvoll, von einer amerikanischen »Revolution« zu sprechen? Die Frage wird außerhalb des englischen Sprachbereichs des öfteren aufgeworfen. Eine Sprachregelung, die etwa auf der Bezeichnung »Unabhängigkeitskrieg« bestünde, wäre jedoch nur sinnvoll, wenn der Begriff »Revolu-

tion« in der Zwischenzeit zu einem sozialwissenschaftlich-analytischen präzisiert worden wäre und seine Verwendung falsch sein könnte, weil sie vorauszusehende Mißverständnisse auslöste. Eine derartige Präzisierung des Begriffs hat sich aber bis heute nicht durchgesetzt. Es gibt deshalb keinen zwingenden Grund, Unabhängigkeitsbewegung und Staatsgründung der Amerikaner nicht zu den beiden Revolutionen höchst unterschiedlicher Art zu zählen, die in der zweiten Hälfte des 18. Jahrhunderts das Zeitalter der Kämpfe um die Institutionalisierung der Souveränität des Volkes im modernen Verfassungsstaat eingeleitet haben. Auch ist es in keiner Weise verwirrend, von »revolutions for independence« zu sprechen, wie dies z. B. John Lynch in seiner Darstellung der lateinamerikanischen Unabhängigkeitsbewegung tut.[2] Die Zeitgenossen auf der Seite von König und Parlament sprachen von der »Rebellion« irregeleiteter Kolonisten. Die amerikanischen Patrioten aber verglichen ihren Widerstand mit dem Kampf gegen James II. in der inzwischen glorifizierten englischen »Revolution« von 1688/1689 und sprachen von ihrer nicht minder gerechtfertigten »Revolution«. Der sechsjährige Unabhängigkeitskrieg (1775–1781) war ihnen lediglich ein Teil davon. Der an hervorragender Stelle beteiligte John Adams meinte in der Rückschau: »Die Revolution fand im Denken des Volkes statt. Und das geschah in den fünfzehn Jahren zwischen 1760 und 1775, bevor bei Lexington ein Tropfen Blut vergossen wurde.« Der Arzt und Politiker Benjamin Rush hingegen warnte 1787 vor der Verwechslung der Bezeichnungen »amerikanische Revolution« und »amerikanischer Krieg«: »Der amerikanische Krieg ist vorüber«, erklärte er. »Dies gilt aber noch lange nicht für die amerikanische Revolution. Im Gegenteil, nur der erste Akt des großen Dramas ist beendet.«[3]
Die sofort einsetzende amerikanische Nationalgeschichtsschreibung hat dann auch den Unabhängigkeitskrieg eingeordnet in den umfassenderen Vorgang der Staatsgründung. Im Bewußtsein eines großen Teils der politischen Führungsschicht fand die Auflehnung gegen die Kolonialmacht ihren Abschluß erst 1787/1789 mit der Vereinbarung der neuen Bundesverfassung und der Einrichtung der neuen zentralen Institutionen: dem Präsidenten, Repräsentantenhaus und Senat, und der Judikative des Bundes. Die Bundesverfassung löste die 1781 vereinbarte erste Verfassung des Staatenbundes, die Articles of Confederation, auf verfassungswidrige Weise ab, nämlich unter Verletzung der Verfassungsbestimmung, Verfassungsänderungen seien nur einstimmig möglich. Dieser von den Zeitgenossen weithin gebilligte Tatbestand genügt einigen Interpreten, den Übergang vom Staatenbund zum Bundesstaat als »zweite Revolution« zu bewerten.

Der mit dem losen Staatenbund von 1781 unzufriedene Teil der Politiker und Publizisten hatte um Zustimmung zur Verfassung von 1787 geworben mit der Vision von der großen, expansiven Handelsrepublik, dem Handelspartner der ganzen Welt, der zu seiner Selbstbehauptung nun auch einer handlungsfähigen, zur Koordinierung kompetenten Bundesregierung bedürfe. Nach 1790 versuchten die Amerikaner in zweieinhalb Jahrzehnten mit teilweisem Erfolg, die profitable Rolle eines neutralen Handelspartners aller in Europa kriegführenden Parteien zu spielen. Aber selbst die französischen Republikaner gestanden ihnen diese Funktion nicht zu, und ein Krieg der Vereinigten Staaten gegen Frankreich in den 1790er Jahren ist nur durch die kühle Rationalität Präsident John Adams' abgewendet worden. Zum erneuten Krieg gegen England (1812–1815) kam es dagegen unter Präsident Madison. Er endete in einem Kompromiß und brachte ebensowenig wie das vorangegangene, selbstauferlegte Embargo von 1807 die uneingeschränkte Anerkennung der Handelsrechte Neutraler durch Großbritannien, der nach wie vor führenden Seemacht der Zeit.

Die europäischen Friedensregelungen von 1815 beendeten die außergewöhnlichen Gewinnmöglichkeiten, die die amerikanische Handelsflotte seit Beginn der Revolutionskriege in Europa im Jahre 1793 nach Kräften genutzt hatte. Das in der Zwischenzeit erwirtschaftete Kapital wurde unter anderem benutzt zur Finanzierung der etwa 1810 einsetzenden Mechanisierung der Manufakturen.

Von 1775 bis 1815 blieb Träger des politischen Entscheidungsprozesses der Teil der Ober- und Mittelklasse, der die Kolonialherrschaft abgelehnt hatte, mit der politischen Neuordnung aber keine neue Besitzverteilung und keine Schmälerung seines Einflusses herbeiführen wollte. Über ein halbes Jahrhundert lang blieb die politische Führungsschicht nach der Unabhängigkeitserklärung homogen: der Heerführer der Revolution, George Washington, wurde zum ersten Präsidenten gewählt (1789–1797); der hartnäckigste Wortführer der Unabhängigkeitsfraktion im Kontinentalkongreß, John Adams, wurde zweiter Präsident (1797–1801); der Autor der Unabhängigkeitserklärung, Thomas Jefferson, wurde dritter (1801 bis 1809) und der »Vater der Verfassung«, James Madison, vierter (1809–1817) Präsident der Vereinigten Staaten.

Die amerikanische Revolution war also nicht etwa der letzte verzweifelte Akt des Widerstandes ausgebeuteter Kolonisten, sondern der erste Akt der Verteidigung der Entwicklungsmöglichkeiten einer neuen Nationalwirtschaft. Eine Kette europäischer Siedlungskolonien in Übersee schloß sich zu einer Wirtschaftsgemeinschaft zusammen, deren Entscheidungszentrum zum ersten Mal nicht mehr in Europa lag und deren Produktivität nicht mehr unmittelbar einer europäischen Nationalwirtschaft zugute kam. Früher als in Südamerika, Australien und Südafrika verselbständigte sich in Nordamerika das europäische Fragment zur politischen Handlungseinheit. Die wirtschaftliche und kulturelle Eigenständigkeit jedoch konnte zunächst nur proklamiert und mußte anschließend in jahrzehntelangen Auseinandersetzungen langsam errungen werden.

II. DIE KOLONIALGESELLSCHAFT ZU BEGINN DES UNABHÄNGIGKEITSKRIEGES UND DIE URSACHEN DER REVOLUTION

Die britischen Kolonien und Territorien auf dem amerikanischen Festland hatten sich in der ersten Hälfte des 18. Jahrhunderts – besonders im Vergleich zu den spanischen Gebieten – erstaunlich schnell entwickelt. Die besiedelte Fläche hatte sich verdreifacht. Bevölkerung, Aus- und Einfuhr waren in einem bis dahin unbekannten Maß gewachsen. In dem Gebiet zwischen den Großen Seen im Norden und Spanisch-Florida im Süden hatte die Einwohnerzahl um 1745 die Millionengrenze überschritten, 1775 zählte sie etwa 2,5 Millionen. Der erste Zensus der Bundesregierung von 1790 registrierte 3,5 Millionen Menschen, und 1815 lebten 8,4 Millionen Einwohner auf dem Gebiet der Vereinigten Staaten. Mit dieser Wachstumsrate kamen die Kolonisten der Malthusschen Formel von der Verdoppelung in 25 Jahren nahe. Für das Selbstbewußtsein und den Widerstandswillen der Kolonisten blieb das Wissen um ihre zahlenmäßige Stärke nicht ohne Bedeutung. Die Einwohnerzahl von England und Wales wuchs zwischen 1760 und 1780 nur von rund 6,5 Millionen auf 7,5 Millionen. Schottland hatte 1700 etwa 1,1 Millionen Bewohner, 1800 etwa 1,6 Millionen. Bei Kriegsbeginn 1775 betrug die Bevölkerung der rebellierenden Kolonien also ein gutes Viertel der Einwohnerzahl Großbritanniens, und die Zeit arbeitete offensichtlich für die Kolonien.

Die dreizehn Kolonien, die als gleichberechtigte politische Einheiten ab 1774 ihren Widerstand im Kontinentalkongreß koordinierten, repräsentierten recht verschieden große Bevölkerungsgruppen und beobachteten von Anfang an ihr unterschiedliches Gewicht in der Union mit nachbarlicher Eifersucht. Als die drei Vormächte ihrer jeweiligen Region hatten sich um 1775 behauptet: Virginia mit schätzungsweise 500 000 Einwohnern, Massachusetts mit 339 000 und Pennsylvania mit 270 000. Maryland und North Carolina zählten je fast 250 000 Bewohner. Connecticut gehörte flächenmäßig zu den kleinsten Kolonien, mit seinen 198 000 Einwohnern konkurrierte es mit dem großflächigen Nachbarn New York (193 000). In South Carolina lebten schätzungsweise 170 000 Menschen, in New Jersey 130 000, in New Hampshire 80 000, in Rhode Island 58 000, in Delaware 37 000 und in Georgia erst 33 000.[4] Ebenso stark wie die Interessengemeinschaft gegenüber der Kolonialmacht war das Regionalbewußtsein ausgeprägt. Die Einwohner der vier Neuenglandkolonien (New Hampshire, Massachusetts, Connecticut und Rhode Island), der vier Mittelkolonien (New York, New Jersey, Pennsylvania und Delaware) und der fünf südlichen Kolonien (Maryland, Virginia, North Carolina, South Carolina und Georgia) hatten zumindest in deutlichen Ansätzen ein Bewußtsein regionaler Interessen entwickelt. Bodenverhältnisse, Klima und Wirtschaftsform trugen das Ihre dazu bei.

In Neuengland lebten die meisten Menschen auf dem Land und vom Land, trotz der kärglichen, steinigen Böden. Die Mehrzahl der Farmen betrieb die Familie des Besitzers für ihre eigenen Bedürfnisse. Die Anbaumethoden unterschieden sich in keiner der Kolonien wesentlich von denen im Europa des 17., 16. und 15. Jahrhunderts. Ein Ochsengespann vor dem Holzpflug, der den Boden einer frisch gerodeten und abgebrannten Lichtung kaum mehr als ritzte, war um 1775 noch das wichtigste Werkzeug des Farmers der Neuen Welt. Auch die Verfügungsgewalt über die Arbeitskraft der Sklaven hatte nicht zu qualitativen Neuerungen in der Landwirtschaft geführt. Sie förderte eher arbeitskraftintensive und primitive Raubbaumethoden. Ein großer Unterschied zu den europäischen Verhältnissen bestand jedoch in der relativen Leichtigkeit, Eigentum an Land zu erwerben. Adam Smith artikulierte eine in Europa weit verbreitete Überzeugung, als er 1776 die Schwierigkeit des Landerwerbs in Europa den Chancen von Kolonisten in Nordamerika gegenüberstellte. Dort genügten seiner Information nach £ 50 bis 60, um eine »plantation« zu beginnen; Kauf und Roden von Land sei dort »the most profitable employment of the smallest as well as of the greatest capitals.« Einer neueren Berechnung zufolge benötigte man um 1750 in New York zwischen £ 100 und 200, um eine Familienfarm und die Mindestausrüstung zu erwerben.[5] Preis und Knappheit des Landes in Küstennähe waren allerdings um die Jahrhundertmitte zumindest in Neuengland spürbar gestiegen. Landsuchende Farmer ohne Kapital mußten ihr Glück zunehmend im Landesinneren auf billigem Frontier-Land suchen.

In den Mittelkolonien und in Neuengland war die begehrteste Ernte der Weizen. Pennsylvania und einige angrenzende Gebiete genossen um 1775 den Ruf der Kornkammer Amerikas.

Wenn der meist ungedüngte Boden nicht mehr genug Weizen hergab, folgten Mais, Roggen und Hafer. Noch kaum gelichtete Wälder bildeten oft Teil der Gehöfte, sie dienten Kühen, Pferden und Schweinen als Weidegrund. Fallenstellen und Jagen ergänzten im Hinterland die Landwirtschaft.

In den südlichen Kolonien prägte das Nebeneinander von Familienfarmen und Großplantagen die Landwirtschaft. Die Plantagen produzierten bereits in der Form von Monokulturen für den europäischen Markt. Für ihren Bedarf an Fertigwaren hingen sie von der Kreditwilligkeit der Handelshäuser in London und Liverpool, Bristol und Glasgow ab. Innerhalb des Südens ließen sich drei Wirtschaftsgebiete unterscheiden. Das Land um die Chesapeake Bay lebte vor allem vom Tabakanbau. Die beiden Carolinas hatten sich auf Reis und Indigo spezialisiert. Eine gemischtere Wirtschaft von Ackerbau, Viehzucht und Jagd nach Fellen und Fleisch kennzeichnete das Hinterland der südlichen Kolonien, das sich bis zu den Höhenrücken der Appalachen hinzog. Engländer und Schotten, Iren und Waliser, Deutsche und Schweizer siedelten dort nebeneinander.[6] Die Mehrzahl der freien und versklavten Afrikaner lebte in drei der südlichen Kolonien: in Virginia schätzungsweise 270 000, in Maryland und South Carolina je etwa 80 000; in New York sind um 1775 etwa 22 000 und in Massachusetts etwa 5 000 Schwarze geschätzt worden.[7] Auf dem gesamten Gebiet der späteren USA lebten 1770 etwa 460 000 Schwarze. Der Anteil der nicht-weißen Bevölkerung blieb mit 21 % bis 23 % zwischen 1770 und 1810 fast konstant.

Die Kaufmannsschicht war sich in besonderem Maße der Entwicklungsmöglichkeiten der gesamten Wirtschaft der Kolonien, einschließlich des Schiffsbaues und weltweiten Handels, bewußt. Sie bestimmte das Leben in den Küstenstädten der Mittelkolonien und Neuenglands. Fünf größere Küstenstädte hatten sich gebildet, die bereits Funktionen urbaner Zentren ausübten: sie waren Handelszentren, Kulturzentren und Schaltstellen politischer Macht.

Die größte Stadt, Philadelphia, war mit 24 000 Einwohnern eine der größten Städte des britischen Handelsreiches überhaupt. London, zum Vergleich, hatte 1760 750 000 Einwohner und Bristol 60 000. Philadelphia lag im Zentrum des Küstenhandels zwischen den Kolonien und war mit seinem reichen Hinterland natürlicher Ausgangspunkt der großen Handelsrouten zu den westindischen Inseln und nach Europa. Exportiert wurden von hier Weizen und Mehl, Holz, Felle und Eisen; entladen wurden Rum und Zucker, Wein und Kutschen und tausend andere Luxus- und Gebrauchsgüter aus Europa.[8] New York konkurrierte mit Philadelphia um Handel und Bevölkerung; vor Beginn der Feindseligkeiten hatte es etwa

20 000 Einwohner und alle Merkmale eines expandierenden Umschlagplatzes. Boston hatte zur gleichen Zeit 15 000, Charleston 14 000 und Newport in Rhode Island 9 000 Bewohner. Die Küstenstädte unterschieden sich strukturell weniger voneinander als von ihrem jeweiligen Hinterland und konnten deshalb in besonderer Weise als Zentren der Kommunikation und der Integration wirken, ohne die eine koordinierte Unabhängigkeitsbewegung und eine dauerhafte Staatsgründung nicht möglich geworden wäre.[9]

Unterschiedliche Vermögensverteilung und soziale Hierarchie waren in den Kolonien weniger kraß ausgeprägt als in Europa, aber sie bestanden und wurden weithin akzeptiert. In Philadelphia z. B. besaß 1774 das obere Zehntel der Steuerzahler 89 % des besteuerten Eigentums. Diese Gruppe umfaßte 498 Haushalte einer Stadt von etwa 24 000 Einwohnern.[10] Europäischen Verhältnissen nahe kam die quasi-feudale Landverteilung in einigen Bezirken New Yorks und South Carolinas. Im fruchtbaren Hudsontal befanden sich Ländereien von über 100 000 Acres (40 000 Hektar) in der Hand eines Eigentümers. Einige wenige Familien von Großgrundbesitzern dominierten um 1770 die Lokalpolitik New Yorks. Ihre Zerstrittenheit jedoch bot den Vertretern der Mittelklasse in der Abgeordnetenkammer den Ansatz für erfolgreiche Opposition. In South Carolina konnten die der englischen Landaristokratie nacheifernden Großplantagenbesitzer ihren politischen Einfluß auch nach der Unabhängigkeitserklärung behaupten.

Insgesamt jedoch hatte eine breite Mittelschicht in den Städten wie auf dem Land Anteil am steigenden Wohlstand. Die Mehrheit der Bevölkerung verstand sich als »the middling sort« oder »the common people«. Zu dieser Mittelklasse zählten die »mechanics« oder »tradesmen« genannten gelernten Handwerker und die grundbesitzenden Farmer. Ihr politisches Selbstbewußtsein spielte eine wichtige Rolle in der Agitation für die Unabhängigkeit und für die neuen Verfassungen. Der »aristocratical junto«, die noch im Frühjahr 1776 die britische Herrschaft unterstützte, hielt ein Befürworter der Unabhängigkeit stolz den Erfolg der Handwerkerschicht entgegen: »Gehört nicht die Hälfte des Vermögens in Philadelphia Männern, die Lederschürzen tragen? . . . Und gehört die andere Hälfte nicht Männern, deren Väter oder Großväter Lederschürzen trugen?«[11] Ständig angestellte Vergleiche mit den Lebensbedingungen in Europa bestätigten die Mittelklasse in ihrem Erfolgsbewußtsein. Auch die Löhne der nicht-selbständigen Handwerker übertrafen im Durchschnitt die Löhne in England um 100 %.

Zahlreiche Reiseberichte bemerkten, daß die reichsten Kolonisten nicht im gleichen Überfluß schwelgten wie die Reichen

Abb. 1: *Benjamin Franklin, 1706–1790*

Europas, daß aber die Ärmsten auch nicht in gleicher Trostlosigkeit dahinlebten wie die Armen Europas. Wie ausgeprägt dennoch das allgemeine Bewußtsein von einer Klassenstruktur auch in der Kolonialgesellschaft um 1776 gewesen ist, zeigen die in der politischen Publizistik häufig gebrauchten Begriffe »the better sort« oder »the gentry« für die Oberklasse und »paupers«, »the poor« oder »the meaner sort« für die am oder unter dem Existenzminimum Lebenden. Alle drei Klassen teilten jedoch die Wertvorstellungen der Mittelklasse mit ihren Idealen der Arbeitsamkeit, des Strebens nach Eigentum, der Hoffnung auf unbegrenztes wirtschaftliches Wachstum und den festen Glauben an die Unabhängigkeit des tüchtigen Einzelnen und die allgemeine Verbesserungsfähigkeit der gesellschaftlichen Verhältnisse. Zur journalistischen Artikulation der Weltanschauung eines dergestalt aufgeklärten Bürgertums hatte Benjamin Franklin in den voraufgegangenen Jahrzehnten seine karikaturhaften, populären Beiträge geliefert (*Poor Richard's Almanach, 1732–1757*). Bestandteile des ursprünglichen Puritanismus waren in die neuen Vorstellungen eingegangen, in seiner reinen Gestalt aber hatte der Kalvinismus in den 1760er Jahren auch in Neuengland an Einfluß verloren und den nicht mehr allein religiös begründeten Werten der Aufklärung Platz einräumen müssen. Die Zeit der homogenen ersten Siedlungen war vorüber. Auch in Massachusetts z. B. lebte 1760 die Hälfte der Bevölkerung in Gemeinden mit dissentierenden, d. h. nicht-konkregationalistischen Kirchen wie Anglikanern, Quäkern oder Baptisten.[12]

Die im ersten Abschnitt skizzierte Bestimmung der amerikanischen »Revolution« schließt eine Interpretation ihrer Ursachen in sich. Nicht etwa politische Unterdrückung von der Art eines kontinentaleuropäischen *ancien régime* trieb die Amerikaner zum Kampf für »Freiheit« und »Republik«. Nicht wirtschaftlicher Ruin durch Handels- und Schiffahrtsgesetze machte Kaufleute und Plantagenbesitzer zu Rebellen. Die Hauptursache der Revolution bestand vielmehr im Zusammentreffen zweier sich gegenseitig ausschließender Entwicklungen: der zunehmenden wirtschaftlichen und politischen Eigenständigkeit der Kolonialgesellschaften mit der nach 1763 einsetzenden imperialistischen Kolonialpolitik. Die neue Kolonialpolitik orientierte sich weniger am alten merkantilistischen Prinzip der Förderung und Lenkung des Kolonialhandels zum kommerziellen Nutzen des Mutterlandes als an den neuen imperialen Grundsätzen der Sicherung von Territorien und administrativer Kontrolle der Kolonialbevölkerung. Eine Londoner Karikatur vom Februar 1776 prangerte die Kurzsichtigkeit dieser Politik an: das unfähige Kabinett sieht zu, wie der Premierminister die Gans schlachtet, deren bisherigen Nutzen ein Korb goldener Eier im Hintergrund beweist.

Das Steuermarkengesetz (*Stamp Act*) von 1765 erhob eine reine Verbrauchssteuer ohne jede Mitwirkung der Assemblies der Kolonisten. Gegen diese Mißachtung ihrer Zuständigkeit protestierten die Assemblies heftig. Sie erklärten das Gesetz für verfassungswidrig und bestanden auf dem Recht aller englischen Bürger, nur aufgrund eines Gesetzes besteuert zu werden, an dessen Zustandekommen sie zumindest indirekt durch gewählte Vertreter beteiligt gewesen seien: »No taxation without representation!« hieß von nun ab ihre immer wiederholte Forderung. Die einzigen Repräsentativversammlungen, an deren Wahl sich die Kolonisten beteiligen konnten, waren ihre Assemblies. Im Parlament in Westminster waren sie nicht einmal »virtuell« oder »eigentlich« — wie es regierungstreue Flugschriften behaupteten — repräsentiert. Lediglich Beauftragte *(agents)* der einzelnen Kolonien versuchten als Lobbyisten, Gesetze und andere politische Entscheidungen in London zu beeinflussen.

Nach einer Welle wohlgesetzter Proteste und gewalttätiger Demonstrationen in den Kolonien annullierte das Parlament 1766 das Steuermarkengesetz. Seine Mehrheit verkannte jedoch weiterhin die faktischen Grenzen der Macht von Krone und Parlament über die Kolonien.

Bereits 1767 versuchte das Parlament unter Führung des Finanzministers Townshend wieder, Artikel des täglichen Bedarfs in den Kolonien zu besteuern. Kaufleute in den Kolonien reagierten wieder mit Nichteinfuhrabsprachen, die Assemblies mit erneuten Protestresolutionen. 1770 hob das Parlament diese Steuern auf. Als Mahnmal seines Hoheitsanspruches ließ es nur die Steuer auf Tee bestehen. Die in keiner Garnisonstadt unbekannten Spannungen zwischen Zivilbevölkerung und Truppen führten im März 1770 zu einer besonders blutigen Straßenschlacht zwischen einem Volkshaufen und einer bewaffneten Einheit von Rotröcken in Boston. Die fünf dabei getöteten Bürger Bostons wurden die ersten Märtyrer der Revolution, der 5. März wurde zum Gedenktag des »Massakers von Boston«. Vergleichbar aufrüttelnde, solidarisierende Ereignisse ließen zunächst auf sich warten. In kluger Voraussicht organisierten dennoch seit 1772 die entschlossenen Gegner des Kolonialregimes unter der Führung des Bostoner Volkstribunen Samuel Adams in allen Kolonien »committees of correspondence« zur gegenseitigen Information und Beeinflussung der öffentlichen Meinung durch die Publikation opportuner Nachrichten, Leserbriefe und Pamphlete. Die entscheidende Provokation der Kolonialmacht gelang im Dezember 1773 einer Gruppe von Bostonern, die als Indianer verkleidet drei im Hafen liegende Schiffe stürmten und vor den Augen einer belustigten Menge 342 Kisten Tee ins Wasser warfen, um die mit ihrem Verkauf verbundene Steuererhebung zu verhindern. Auf diese »Tee-Party von Boston« reagierten Krone und Parlament 1774 mit den von den Kolonisten »Intolerable Acts« genannten Gesetzen: der Hafen von Boston wurde geschlossen, bis die Stadt Schadenersatz geleistet hätte; das Prozeßrecht wurde so geändert, daß ein Kronbeamter, der in einer Kolonie eines schweren Verbrechens bezichtigt wurde, in England statt in der betreffenden Kolonie vor Gericht gestellt werden konnte; das gewählte Oberhaus von Massachusetts wurde durch ein von der Krone ernanntes ersetzt, und Gemeindeversammlungen wurden anmeldepflichtig gemacht; die Armee erhielt die Vollmacht, gewisse Gebäude zu requirieren; die Truppen in Boston wurden verstärkt. Auch das im Juni 1774 beschlossene Gesetz zur Neuregelung der Selbstverwaltungsrechte der französischen Bewohner der 1763 erworbenen Provinz Quebec betrachteten die Kolonisten als Teil der Strafmaßnahmen: die Zuordnung des ganzen Gebietes zwischen dem Ohio und den großen Seen zu Quebec alarmierte die Landspekulanten vor allem von Massachusetts, Connecticut und Virginia, die auf die Expansion dieser Kolonien nach Westen hofften; Zugeständnisse an Privilegien der katholischen Kirche und die Duldung des französischen römischen Rechtes in Quebec schürten das Mißtrauen der kämpferischen Protestanten in den Küstenkolonien; machten jetzt die Feinde ihrer politischen Freiheit auch schon gemeinsame Sache mit den Papisten, um die restlichen Kolonien um so besser kontrollieren zu können? Die neuen Maßnahmen führten nicht zu der beabsichtigten Isolierung des Unruheherdes. Ein ausreichend einflußreicher Teil der Kaufleute und Politiker der anderen Festlandskolonien bis hinunter nach South Carolina solidarisierte sich mit den Massachusettensern. Erneut vereinbarten Kaufleute und Händler Import- und Verbrauchsboykotte. Unpatriotische Zauderer wurden durch Mobaktionen unter Druck gesetzt. Milizkompanien begannen häufiger als früher zu exerzieren. Mitglieder des House of Burgesses von Virginia forderten die Assemblies der anderen Kolonien auf, Delegierte zu einem »Continental Congress« zu entsenden, um eine gemeinsame Haltung zu beraten. Dieser Erste Kontinentalkongreß tagte im September und Oktober 1774 in Philadelphia. Von Massachusetts bis South Carolina waren alle Kolonien vertreten, Georgia und die kanadischen Provinzen beteiligten sich nicht. Die Versammlung richtete flammende Erklärungen an König, Parlament, das Volk von Großbritannien und die Bewohner der Kolonien und rechtfertigte den Widerstand gegen verfassungswidrige Gesetze: das Parlament war befugt, den Handel im Empire zu regulieren, die Kolonisten direkt besteuern konnte es nicht; ihr Leben, ihre Freiheit und ihr Eigentum unterstanden ebenso dem Schutz der englischen Verfassung wie die Rechte ihrer Mituntertanen in England. Der Kongreß rief die Kolonisten zur strengen Durchführung des Boykotts aller Waren aus England auf.

In ihrer Unkenntnis machten Parlamentsmehrheit und Administration den Konflikt über die Selbstregierungsrechte der Kolonisten im Empire immer mehr zu einem prinzipiellen. Nicht mit den Vorteilen des Handels im Schutz der britischen Seemacht versuchten sie, den Unabhängigkeitsbestrebungen entgegenzuwirken. Statt dessen konfrontierten sie die Kolonisten, ohne jede Aussicht auf einen Kompromiß, mit der Souveränität des *king in parliament* und warfen ihnen mehr Republikanertum und größere Entschlossenheit zur Rebellion vor, als die Amerikaner in dieser Phase des Konfliktes selbst zu äußern wagten.

Politische Ideen und Wertvorstellungen spielten in der Tat eine wichtige Rolle für das politische Verhalten der Kolonisten, und insofern hatte die Revolution durchaus auf beiden Seiten ideologische Ursprünge. Die Interessenvertreter der Kolonisten machten sich die seit 1688 kanonisierten Ideen und Verfassungsnormen der Whigs in England zu eigen. Die Vertragslehre, wie John Locke sie vertreten, und die Normen der gemischt-monarchischen Verfassung, wie William Blackstone sie kommentiert hatte, lieferten gute Argumente gegen die neue Empirepolitik. Und die Schriften der oppositionellen »radikalen« Whigs oder »Commonwealthmen«, die im Mutterland seit Jahrzehnten die Untergrabung der englischen Freiheiten durch korrupte Administrationen und käufliche Parlamentarier angeprangert hatten und nun das Ende der gepriesenen englischen Verfassung vorhersagten, bestärkten die Kolonisten darin, die einzelnen Übergriffe des Parlaments in einem großen Zusammenhang zu sehen: auch in Amerika begann unkontrollierte politische Macht, »Leben, Freiheit und Eigentum« zu bedrohen. Die Ausbreitung europäischer Formen des Machtmißbrauchs in den Kolonien ließ sich zudem am Erfolg der Ämterpatronage der Gouverneure beobachten. Die meist von der Krone auf Vorschlag des Gouverneurs ernannten Mitglieder der Gouverneursräte und die höheren Richter und Inhaber anderer einträglicher Kronämter bildeten um 1750 eine einheimische Funktionsaristokratie. Zu ihr gehörten auch die Familien, die in einigen Kolonien über Generationen hinweg einträgliche und einflußreiche öffentliche Ämter, auch Wahlämter, mit ihren Männern besetzt hatten. Ihre häufige Wiederwahl zeugte von der weit verbreiteten, erst durch die Revolution erschütterten Haltung der »deference«, der ehrerbietigen Fügsamkeit gegenüber sozial Höhergestellten. Offen als Mißstand angeprangert wurde dagegen bereits in der Kolonialzeit die Taktik disproportionaler Repräsentation der alten Gemeinden an der Küste gegenüber den rasch wachsenden Gemeinden des Landesinneren in den Assemblies. Zu dem Kampf um »home rule« kam daher ab 1764 – örtlich verschieden intensiv – auch ein Kampf darum, »who should rule at home«.

III. UNABHÄNGIGKEITSERKLÄRUNG, KRIEG UND FRIEDENSREGELUNG, 1775–1783

Im April 1775 führte ein Versuch der in Boston stationierten königlichen Truppen, auch die weitere Umgebung zu kontrollieren, in den Dörfern Lexington und Concord zu den ersten Gefechten mit einheimischer Miliz. Die Soldaten des Königs mußten sich unter schweren Verlusten zurückziehen. Die in allen Kolonien bestehenden Korrespondenzausschüsse verbreiteten die Nachricht in ihrer patriotisch-revolutionären Fassung schnell bis in die Südstaaten: Wie die Söldner vor den die Freiheit verteidigenden Farmern geflohen seien und das besetzte Boston sogleich durch ein buntes Heer Freiwilliger belagert wurde. Im Mai 1775 trat der zweite Kontinentalkongreß der Abgesandten von zwölf Kolonien (Georgia war noch nicht vertreten) in Philadelphia zusammen, proklamierte die Existenz einer Kontinentalarmee und wählte George Washington zu ihrem Oberkommandierenden. Im August 1775 erklärte

George III., die Kolonien befänden sich im Zustand der Rebellion. Im Januar 1776 forderte Thomas Paine in der zündendsten Flugschrift der Revolution, *Common Sense*, die Kolonisten zum offenen Kampf um die Unabhängigkeit und zum Bekenntnis zur republikanischen Regierungsform auf. Immer noch leistete währenddessen die Fraktion der gemäßigten Whigs, die weiterhin auf eine einvernehmliche Lösung hofften, im Kontinentalkongreß und in einigen der Assemblies Widerstand gegen die Ausrufung der Unabhängigkeit.

Erst im Mai 1776 gewannen die Befürworter dieses radikalen Schritts die Mehrheit im Kongreß; und am 2. Juli 1776 schließlich stellte der Kontinentalkongreß ohne Gegenstimmen fest: »These United Colonies are, and of right ought to be, free and independent States.« Zwei Tage darauf begründete er seinen Beschluß in der Unabhängigkeitserklärung, einem der bedeutsamsten politischen Manifeste, das im Zeitalter der Aufklärung konzipiert worden ist. Einen Katalog von Pflichtverletzungen des Monarchen addierte der Kongreß zum Bruch des Herrschaftsvertrages. Der König hatte sich selbst seines Amtes begeben. Thomas Jefferson, der Autor des nur an einigen Stellen geänderten Entwurfs, stellte dem Katalog die berühmt gewordene Präambel voran, die Zweck, Form und Legitimation politischer Herrschaft in Kategorien des rationalen Naturrechts mit der freien Entfaltungsmöglichkeit des einzelnen begründete:

> Folgende Wahrheiten halten wir für selbstverständlich: daß alle Menschen gleich geschaffen sind; daß sie von ihrem Schöpfer mit gewissen unveräußerlichen Rechten ausgestattet sind; daß dazu Leben, Freiheit und das Streben nach Glück gehören; daß zur Sicherung dieser Rechte Regierungen unter den Menschen eingesetzt werden, die ihre rechtmäßige Macht aus der Zustimmung der Regierten herleiten; daß, wann immer irgendeine Regierungsform sich als diesen Zielen abträglich erweist, es Recht des Volkes ist, sie zu ändern oder abzuschaffen und eine neue Regierung einzusetzen und diese auf solchen Grundsätzen aufzubauen und ihre Gewalten in der Form zu organisieren, wie es ihm zur Gewährleistung seiner Sicherheit und seines Glückes geboten zu sein scheint.[13]

Nicht in radikaldemokratischer oder sozialreformerischer Absicht bekannte sich die 1776 in Philadelphia versammelte politische Elite auf diese Weise zur Volkssouveränität, zum Gleichheitspostulat und zum Recht der Regierten, die Treuhänder der Regierungsgewalt abzuberufen, die den als »Leben, Freiheit und Streben nach Glück« definierten Interessen des Volkes zuwiderhandeln. Der Zwang zur Rechtfertigung der Unabhängigkeit eines neuen Staates vor den alten Mächten Europas ist es gewesen, der zu dieser Proklamation neuer Prinzipien legitimer Herrschaft führte. Das Bekenntnis zu diesen Wertvorstellungen konnte von nun an jedoch als unerfüllte Verheißung beschworen und zum Argument für Reformen gemacht werden. Die Unabhängigkeitserklärung wurde so zum logischen Ausgangspunkt aller zukünftigen amerikanischen Reformpolitik.

Wer die Unabhängigkeitserklärung ablehnte, die neuen Herren für Usurpatoren und sich selbst für einen »Loyalisten« hielt, wurde als »Tory« verfemt, tätlich angegriffen, geteert und gefedert und, wenn er in den Schutzbereich der englischen Truppen floh und Grundbesitz hinterließ, häufig enteignet. Seit der Besetzung durch die Briten im Sommer 1776 war die Stadt New York Zufluchtsort und Hochburg der Loyalisten. Aber auch im Grenzgebiet zum Indianerland, vom nördlichen New York bis nach Georgia, blieben Siedler der Krone treu. Ganze Indianerstämme und ein Teil der Pionierfarmer erwarteten von der fernen englischen Metropole mehr Vorteile und auch Schutz für sich als von den ehrgeizigen Kolonialpolitikern der Küstengemeinden. Nicht nur die Inhaber von Kronämtern, sondern auch wenig assimilierte Minderheiten wie Teile der Holländer und Franzosen in New York, Teile der Deutschen in Pennsylvania und South Carolina, Schotten und Iren in North Carolina und auch ein Teil der freien Schwarzen sahen keinen Anlaß, die Aufständischen zu unterstützen. Wie viele Kolonisten während des Krieges loyale Untertanen der Krone blieben, ist ungewiß. Zwischen 80 000 und 100 000 Menschen verließen während des Konfliktes die rebellierenden Kolonien. Das waren 2 bis 3 % der Bevölkerung. Die Französische Revolution veranlaßte nur ein halbes Prozent der Bevölkerung zur Emigration. Die Mehrzahl der Loyalisten suchte Zuflucht in Kanada und den britischen Westindischen Inseln. Viele warteten auch an Ort und Stelle den Ausgang des Kampfes ab. Möglicherweise machten die identifizierbaren aktiven Loyalisten bei Kriegsbeginn zwischen 6 % und 16 % der Bevölkerung aus. Erwiesen ist, daß sie allen sozialen Schichten angehörten. Von 300 Loyalisten, die 1778 aus Massachusetts verbannt wurden, verdienten sich etwa ein Drittel ihren Lebensunterhalt als Kaufleute oder Akademiker, ein weiteres Drittel als Farmer, und der Rest als Kleinhändler, Handwerker und unselbständige Arbeiter. Einen besonders hohen Anteil bildeten jedoch die Inhaber öffentlicher Ämter, Großgrundbesitzer, Großhandelskaufleute, anglikanische Geistliche und Quäker.

Erst sechseinhalb Jahre Krieg in den amerikanischen Wäldern und auf dem Atlantik und zunehmende Opposition unter den Kaufleuten und Politikern in England bewegten die britische Regierung zur Anerkennung der Unabhängigkeit des neuen Staates. Die militärische Lage zwang beide Seiten zur gleichen defensiven Strategie. Zwar beherrschte die königliche Marine seit 1763 die Weltmeere. Sie vermochte 1775 und 1776 aber nicht, die Ressourcen für eine Blockade der amerikanischen Küste und entscheidende Offensiven zu Lande aufzubringen. Die Kriegsflotte, die 1775 nach Amerika segelte, war nicht einmal ihrer Friedensstärke entsprechend gerüstet. Aus Mangel an Freiwilligen heuerte die Administration zwischen 1775 und 1783 fast 30 000 Söldner aus deutschen Ländern an, die in den Kolonien die Sammelbezeichnung »Hessians« erhielten – und zum Überlaufen und Siedeln in Amerika aufgerufen wurden. Bei einer Nachschublinie von 4 500 Kilometern mußte die Bewahrung der eigenen Streitmacht oberstes Ziel sein. Ausgebildet waren die Rotröcke für europäische Exerzierplatzkriege, kämpfen sollten sie nun in Urwäldern und Sümpfen. Marine und Armee konnten Küstensiedlungen leicht zerstören, aber auch zusammen konnten sie nicht die Küstenlinie von 1 500 Kilometern militärisch kontrollieren. Unter diesen Bedingungen hätte nur eine brillante Kriegführung, unterstützt von besonders fähigen Politikern, den Wunsch von König und Parlamentsmehrheit erfüllen können. Weder Militärs noch Minister besaßen jedoch diese Qualifikationen. Als größte militärische Fehleinschätzung erwies sich die Annahme, loyale Kolonisten würden in den Südstaaten die Armee erheblich verstärken. Zur größten politischen Fehlleistung entwickelte sich die Unentschiedenheit des Monarchen, der bis 1778 zwei unvereinbare Ziele parallel verfolgen ließ: militärische Unterwerfung und diplomatische Vereinbarung neuer Selbstverwaltungskompetenzen der Amerikaner innerhalb des Empire.

Die Stärke der Amerikaner beruhte zusätzlich zu den räumlichen Gegebenheiten auf ihrer größeren Einsatzbereitschaft und auf der Vertrautheit mit Gefechten in unübersichtlichem Gelände in kleinen Trupps und unter Mißachtung des europäischen Ehrenkodex, der z. B. Scharfschießen aus dem Hinterhalt auf weithin sichtbare, bunt gekleidete Offiziere mißbilligte. Auch die Armee des Kontinentalkongresses und die Regimenter der Einzelstaaten konnten ihre Reihen nur mit großer Not füllen. Eine Wehrpflicht gab es nicht; erst zwei Jahrzehnte später sollte das Konzept der *levée en masse* in Frankreich praktiziert werden. Um erfahrene Offiziere bemühten sich die amerikanischen Unterhändler in Europa. Thaddeus Kosciousko kam als Ingenieur, Marquis de Lafayette, Johann von Kalb und Friedrich Wilhelm von Steuben stellten sich als Generäle zur Verfügung. Zwar fanden die Amerikaner an der Frontier einige Unterstützung bei Indianern. Aber der Haß und das Mißtrauen vieler Indianerstämme gegenüber den gewalttätigen, unaufhaltsam vordringenden Siedlern war bereits vielerorts so groß, daß es britischen Truppen und einheimischen Loyalisten wiederholt gelang, entlang der Siedlungsgrenze von Kanada bis Florida Indianer zu gemeinsamen Kriegszügen gegen amerikanische Siedlungen zu bewegen. Mehr als 17 000 Mann standen General Washington zu keinem Zeitpunkt zur Verfügung. Bereits das erste Kriegsjahr erschöpfte den Waffenvorrat der Kolonisten. Die Milizkompanien nahmen wie beim Abschluß ihrer Übungen im Frieden am Ende ihrer Verpflichtungszeit ihre Ausrüstung mit nach Hause. Washingtons Strategie mußte darauf abzielen, die Armee zu erhalten. Seine Leistung als Oberbefehlshaber bestand vor allem in seiner Standhaftigkeit gegenüber der Versuchung, mit spektakulären Siegen den Ehrgeiz anderer Generäle und populäre Erwartungen zu befriedigen. Er setzte sein Konzept durch, Schlachten auszuweichen, um schließlich den Krieg zu gewinnen. Im Unterschied etwa zur englischen Revolution bildete sich in Amerika keine weltanschaulich integrierte Armee aus, die zur dominanten Macht wurde und ihren Feldherrn zum politischen Führer erhob. Trotz zahlreicher und berechtigter Klagen der Militärs über mangelnden Einsatz der Politiker blieb die militärische Gewalt der zivilen Gewalt des Kongresses eindeutig untergeordnet.

Die Feldzüge des Herbstes 1777 brachten den Amerikanern den ersten großen strategischen Sieg und die Allianz mit Ludwig XVI. Im Hudsontal ergaben sich die Überreste einer aus Kanada herangeführten britischen Armee von 10 000 Mann. Die Nachricht vom Sieg bei Saratoga überzeugte den französischen Außenminister Vergennes von den Erfolgschancen der Rebellen. Im Freundschafts- und Handelsvertrag vom Februar 1778 vereinbarte die französische Regierung mit den Unterhändlern des Kontinentalkongresses in Paris den gegenseitigen Schutz ihrer Handelsschiffe und die Meistbegünstigung. Der gleichzeitig abgeschlossene Beistandspakt versprach die Sicherung der »Souveränität und Unabhängigkeit« der Vereinigten Staaten und ihre spätere Verankerung in einem Friedensvertrag. Im Juni 1778 griffen sich auf dem Atlantik französische und englische Schiffe an. Der Bürgerkrieg hatte sich zum internationalen Seekrieg ausgeweitet. Auch die spanische Regierung erklärte Großbritannien im Juni 1779 den Krieg, nachdem die britische Regierung sich geweigert hatte, die spanische Neutralität mit der Freigabe Gibraltars zu honorieren. Doch die von den Amerikanern gewünschte Anerkennung der Unabhängigkeit lehnte der spanische König, selbst Herr eines nur mühsam zusammengehaltenen Kolonialreiches, ab. Am Krieg verdienten unter anderem die Reeder und Kaufleute der Neutralen, vor allem der Niederlande, Dänemarks und Schwedens. Niederländische Schiffe brachten z. B. große Mengen Schiffbaumaterial aus den baltischen Ländern nach Frankreich und auf die Westindischen Inseln, von wo aus sie schnell ihren Weg an die amerikanische Küste fanden. Die britische Auffassung, Schiffbaumaterial sei Konterbande, teilten die Holländer nicht, und im Dezember 1780 erklärte die britische Regierung auch den Niederlanden den Krieg.

Seit dem Abschluß der Allianz mit Frankreich wurden die militärisch entscheidenden Maßnahmen kombinierte amerikanisch-französische Land-See-Operationen. Die erfolgreichste von ihnen zwang im Oktober 1781 bei Yorktown an der Küste Virginias die britische Armee, die die Südstaaten hatte unterwerfen sollen, zur Kapitulation. Die Nachricht vom Verlust der 8 000 Mann bei Yorktown wirkte in London als Katalysator der bereits instabilen politischen Konstellation. Im Februar 1782 fand sich im Unterhaus eine Mehrheit gegen die Politik der Unterwerfung, im März 1782 forderte das Unterhaus den König zur Einleitung von Friedensverhandlungen auf. Lord North, der die Regierung seit 1770 geführt hatte, trat zurück. Unterdessen beobachteten die amerikanischen Unterhändler in Paris die europäische Kabinettsdiplomatie mit wachsendem Mißtrauen, besonders seit der französische Finanzminister Necker im Sommer 1780 auf die katastrophalen Folgen der Fortdauer des Krieges für den französischen Staatshaushalt hingewiesen und einen baldigen Friedensschluß befürwortet hatte. In weitverzweigten, offenen und geheimen diplomatischen Manövern, in denen russische und österreichische Vermittlungsangebote, die von Katharina II. in die Wege geleitete Liga der bewaffneten Seeneutralität und der Bayerische Erbfolgekrieg eine Rolle spielten, mußte die erste Generation amerikanischer Diplomaten in Europa, vor allem Benjamin Franklin, John Adams und John Jay, das Hauptkriegsziel ihres Landes, die Anerkennung der uneingeschränkten Souveränität, nach allen Seiten hin zäh verteidigen.

Die 1783 in Paris vereinbarten Friedensregelungen brachten den Siegern Frankreich und Spanien wenig territorialen Gewinn, weil sie Großbritannien nicht im üblichen Sinn besiegt hatten. England hatte lediglich einen Teil seiner Kolonien nicht mit Waffengewalt unterwerfen können. Spanien erhielt die beiden Floridas zurück, die es 1763 abgetreten hatte; Gibraltar aber blieb britisch. Die Amerikaner erreichten mit der diplomatischen Anerkennung durch die europäischen Großmächte ihr oberstes Kriegsziel. Die Grenze zwischen dem verbleibenden Britisch-Nordamerika und den USA wurde weitgehend, aber nicht völlig, definiert. England, nicht aber Spanien, erkannte die Flußmitte des Mississippi als Grenze zu Spanisch-Louisiana an. Damit war die Befürchtung amerikanischer Strategen ausgestanden, England, Spanien und Frankreich würden das Land zwischen Appalachen und Mississippi unter sich aufteilen. Nur noch die schwache Kolonialmacht Spanien stand jetzt dem Anspruch der Amerikaner auf das Land zwischen Mississippi und Pazifik entgegen.

IV. Die neue politische Ordnung und die »kritische Periode«, 1776–1787

Unabhängigkeitserklärung und Friedensvertrag beantworteten nicht die Frage, wie der neue Staat politisch organisiert sein sollte. Die neue politische Ordnung schlug sich vor allem in den neuen Einzelstaatsverfassungen und den Konföderationsartikeln nieder. Ihre Regelungen beruhten auf den Leitvorstellungen von der »repräsentativen Demokratie« (so Alexander Hamilton 1777 über die Verfassung New Yorks) und von der föderativen Handelsrepublik.

Zwischen Januar 1776 und Juni 1780 verabschiedeten Repräsentativversammlungen in elf Staaten neue Verfassungen. Nur Connecticut und Rhode Island behielten ihre von der monarchischen Komponente gereinigten Gründungsurkunden aus dem 17. Jahrhundert. Die meisten Verfassungen wurden wie Gesetze entworfen und in Kraft gesetzt. Lediglich in Massachusetts und New Hampshire traten von der Legislative klar unterschiedene verfassungsvorbereitende Konvente (*constitutional conventions*) zusammen. Zum erstenmal in der Geschichte des Konstitutionalismus lag 1778 in Massachusetts Bürgerversammlungen der Gemeinden (*town meetings*) ein Verfassungsentwurf zur Billigung vor. Die Kombination von verfassungsvorbereitendem Konvent und Votum aller Wahlberechtigten behauptete sich jedoch von nun an als bestmögliche Annäherung an einen Gesellschafts- und Herrschaftsvertrag.

Im vollen Bewußtsein der Gründungssituation versuchten diese Versammlungen, die neugewonnene Entfaltungsfreiheit der Bürger der neuen Nation zu sichern: (1) gesellschaftstheoretisch mit den in Lockes Fassung seit 1688 in die englische Whig-Doktrin eingegangenen Denkfiguren vom Gesellschaftsvertrag und von der Ausübung der Regierungsgewalt in Treuhänderschaft (*trust*); (2) verfassungsrechtlich mit der Kodifikation von Grundrechten; (3) institutionell mit kurzen Amtszeiten von Repräsentanten und anderen Inhabern öffentlicher Ämter; und (4) mit der Dreiteilung der Regierungsgewalt und der gegenseitigen Kontrolle mehrerer Regierungsorgane. In der Diskussion um diese Regelungen beriefen sie sich nicht nur auf die eigenen Erfahrungen mit den kolonialen Selbstverwaltungsgremien, sondern auch z. B. auf die Kritik der englischen Reform-Whigs an den langen Amtszeiten der

Unterhausmitglieder und auf die in England seit dem 17. Jahrhundert entwickelte und durch Montesquieus *De l'esprit des lois* (1748) in die Theoriediskussion eingebrachte Idee der Machtbalance in einem Regierungssystem (*balanced government*).

Die Grundrechte, vor allem Leben, Freiheit und Eigentum, bzw. Streben nach Glück, gründeten auf Ansprüchen des einzelnen vor Eintritt in die politisch verfaßte Gesellschaft. Deshalb durften sie weder vom Souverän, der wahlberechtigten Mehrheit, noch vom zeitweiligen Treuhänder der Regierungsgewalt verletzt werden. Den ersten der Grundrechtekataloge, die von George Mason entworfene *Declaration of Rights*, verabschiedete der Konvent von Virginia am 12. Juni 1776. Sie enthielt die gleichen Grundsatzerklärungen wie die Unabhängigkeitserklärung, verbot erbliche öffentliche Ämter, garantierte die Gewaltenteilung, häufige Wahl der Repräsentanten, Geschworenengerichte, Pressefreiheit und freie Religionsausübung.

Die Verfassungen beschränkten das Wahlrecht durch Eigentumsklauseln, die im Durchschnitt von etwa drei Vierteln der weißen, männlichen Erwachsenen erfüllt werden konnten, und sie diskriminierten nach Kirchenzugehörigkeit und Rasse. Eine Minderheit, vor allem Gemeindeversammlungen in Neuengland, protestierte seit 1776 gegen diese Verletzungen der Prinzipien der Unabhängigkeitserklärung und der *Bills of Rights*.

Alle Verfassungen teilten die Regierungsgewalt in Exekutive, Legislative und Judikative und sicherten die Unabhängigkeit der Rechtsprechung durch unbeschränkte Amtszeit (*during good behavior*) der höheren Richter. Mit der besonderen Schutzbedürftigkeit des Eigentums vor Mehrheitsentscheidungen begründeten elf Staaten die Zweiteilung der Legislative in Repräsentantenhaus (aktives und passives Wahlrecht durch niedrige Eigentumsklauseln beschränkt) und Senat (Kandidatur durch hohe Eigentumsklauseln eingeschränkt). Nur in Pennsylvania und Georgia und dem 1791 als Staat anerkannten Territorium von Vermont verwarfen die Verfassungsmacher eine zweite Kammer mit Vetorecht, weil sie Interessengegensätze institutionalisiere und den Kristallisationspunkt für eine Quasi-Aristokratie bilde. Die meisten Verfassungen ordneten die Exekutive faktisch der Legislative unter. Die Abgeordneten mußten sich jedes Jahr erneut zur Wahl stellen. Senatoren amtierten je nach Staat ein Jahr bis fünf Jahre. Die meisten Gouverneure wurden ebenfalls nur für ein Jahr gewählt. Nach dem Vorbild des kolonialen Gouverneursrates gaben die meisten Staaten ihrem Gouverneur noch einen Exekutivrat bei, dessen Zustimmung er etwa bei der Besetzung von Stellen benötigte. Die Hälfte der Staaten legte Methoden der Verfassungsänderung bereits in der Verfassung fest. Das neue System sollte lernfähig bleiben.

Zur Vereinbarung einer Föderationsverfassung besaßen die Mitglieder des Kontinentalkongresses im Juli 1776 kein Mandat. Die Repräsentantenhäuser der Kolonien hatten seit Jahrzehnten um ihre Kompetenzen gekämpft und dem Souveränitätsanspruch des Parlaments in Westminster ihre alleinige Zuständigkeit für innerkoloniale Entscheidungen, vor allem für die Festlegung der Steuern, entgegengehalten. Im Augenblick der Unabhängigkeit zeigten sie sich nicht bereit, die Zentralgewalt des Empire zu ersetzen durch eine selbstgewählte Zentralregierung. Die den politischen Prozeß bestimmenden Entscheidungseinheiten blieben zumindest bis 1788 die sich als weitgehend souverän verstehenden dreizehn Einzelstaaten. Von 1776 bis 1781 wurde der Entwurf einer Verfassung des Staatenbundes, der *Articles of Confederation*, öffentlich diskutiert. Die verschiedenen Interessen von Staaten und Staatengruppen oder Regionen wurden deutlich. Die bevölkerungsreichen Staaten Massachusetts, Pennsylvania und Virginia verlangten Repräsentanz nach Einwohnerzahl oder nach Höhe des Beitrages in die Bundeskasse. Die kleinen Staaten bestanden auf Gleichheit aller Mitgliedstaaten. Die großflächigen Staaten verlangten Bemessung der Beiträge in die Konföderationskasse nach Bevölkerung, nicht nach Fläche. Die Staaten, die aus ihren kolonialen Gründungsurkunden einen Anspruch auf Ausdehnung nach Westen bis zum Mississippi erheben konnten (Virginia, die Carolinas und Georgia) widersetzten sich dem Verlangen der sechs »landlosen« Staaten (New Hampshire, Rhode Island, New Jersey, Pennsylvania, Delaware und Maryland), die Entscheidung über die sich zum Teil überschneidenden Gebietsansprüche im Westen dem neuen Konföderationskongreß zu übertragen. Der im Oktober 1777 vom Kontinentalkongreß den Einzelstaatsparlamenten vorgelegte und schließlich angenommene Entwurf der Konföderationsartikel bedeutete einen Sieg der »landlosen« Staaten und der Verfechter weitgehender Einzelstaatssouveränität. Die Einkammerlegislative der Konföderation erhielt nur beschränkte Zuständigkeiten: (1) Konflikte zwischen den Staaten zu schlichten; (2) den Metallgehalt der Münzen zu bestimmen und Papiergeld auszugeben; (3) Land- und Seestreitkräfte aufzustellen und Krieg und Frieden zu erklären; (4) Verträge abzuschließen, ohne aber die unterschiedlichen Einfuhrzölle der Einzelstaaten zu beeinträchtigen; (5) die Einzelstaaten um Beiträge entsprechend ihrer weißen Einwohnerzahl zu bitten. Darüber hinaus behielt jeder Einzelstaat »seine Souveränität, Freiheit und Unabhängigkeit (Artikel 2). Die 2 bis 7 Delegierten jedes Einzelstaatsparlaments waren jeder-

zeit abberufbar. Jeder Staat hatte eine Stimme, die von der Mehrheit der Delegation abgegeben wurde. Bei Stimmengleichheit innerhalb der Delegation entfiel ihre Stimme. Alle wichtigen, in Artikel 9 aufgezählten Entscheidungen mußten mit mindestens 9 : 4 Stimmen gefällt werden. Annahme und Änderung der Konföderationsartikel bedurften der Zustimmung aller Einzelstaatsparlamente. Mehr als eine »firm league of friendship« (Artikel 3) sollte die Konföderation nicht sein.
Die Ratifikation der *Articles of Confederation* zog sich dreieinhalb Jahre hin. In den Staaten mit fester Westgrenze hatten Landspekulanten Kauf- und Siedlungsgesellschaften organisiert, deren Kaufchancen und Gewinne davon abhingen, ob die Einzelstaaten, vor allem Virginia, ihren Hoheitsanspruch jenseits der Appalachen an den Kongreß abtraten. Die Legislativen der »landlosen« Staaten erhofften von den dann folgenden Landverkäufen des Kongresses eine Verminderung ihrer Beiträge in die Konföderationskasse. Erst nachdem Virginia als letzter Staat seine Ansprüche im Westen dem Kongreß übertragen hatte, billigte Maryland als letzter Staat den Verfassungsentwurf. Am 1. März 1781 traten »The Articles of Confederation and Perpetual Union between the States of New Hampshire, Massachusetts Bay, Rhode Island . . .«, etc. in Kraft. Nicht das Volk, sondern 13 souveräne Staaten schlossen den Bund. Das amerikanische Experiment mit dem Föderalismus begann mit einer »confederacy« (Artikel 1).
Die Repräsentanten auf Einzelstaats- und auf Föderationsebene stellte nach 1776 in zunehmendem Maße die Mittelklasse. Der unmittelbare politische Einfluß der sozialen Oberschicht ging meßbar zurück. Großkaufleute, Großgrundbesitzer und Juristen stellten zunächst noch etwa die Hälfte der Senatoren. Die andere Hälfte zählte bereits zur »middling sort« der Landbesitzer, Handwerksmeister, Landvermesser, Geistlichen, Ärzte und Landwirte.[14] Die Wahl sozial Höhergestellter, ein Merkmal der vorrevolutionären »deferential society«, wurde schrittweise abgelöst von der Wahl Gleichgestellter. Gesunder Menschenverstand sollte nun genügen zur Ausübung öffentlicher Ämter. Zwischen 1765 und 1785 verdoppelte sich z. B. der Anteil der Farmer in Repräsentativversammlungen im Norden von 23 % auf 55 % und im Süden von 12 % auf 26 %. Der Anteil von Abgeordneten mit mittleren Einkommen (definiert als Eigentum im Wert von £ 500 bis £ 2 000) stieg im Norden von 17 % auf 62 %, im Süden von 12 % auf 30 %.[15] Nur in Pennsylvania verlor 1776 die soziale Oberschicht für ein Jahrzehnt einen großen Teil ihres politischen Einflusses an eine sich auf Massenveranstaltungen und Referenda stützende Gruppe radikal-demokratischer Politiker, zu denen unter anderem der 1774 aus England einge-

wanderte Thomas Paine gehörte. Daß der allergrößte Teil der Schwarzen und die ganz Eigentumslosen nicht zu den Bürgern und damit nicht zu den mitspracheberechtigten Partnern des Gesellschaftsvertrages gehörten, löste in den Jahrzehnten unmittelbar nach 1776 nur den Widerspruch einer Minderheit aus.

Ab 1781, in der von John Fiske »kritische Periode« genannten Nachkriegszeit, erwiesen sich die Kompetenzen des Kongresses als unzureichend zur Lösung zumindest zweier Probleme: der Finanzierung der Revolution und der Koordination des Außenhandels zum Nutzen der eigenen Nationalwirtschaft. Der Kongreß konnte die zur Finanzierung des Krieges eingegangenen Zahlungsverpflichtungen gegenüber Frankreich und den Niederlanden nicht erfüllen. Die Fiskalpolitik hatte seit 1775 aus einer Kette von Improvisationen bestanden. Da die Einzelstaaten sich gescheut hatten, die Loyalität ihrer Bürger während des Krieges durch Steuererhöhungen auf die Probe zu stellen, waren die ersten fünf Kriegsjahre durch Ausgabe von Papiergeld finanziert worden. Der Wert des Papiergeldes im Verhältnis zu dem äußerst knappen Münzgeld sank rapide bis auf 146 : 1 im April 1781. Gesetzliche Lohn- und Preisfestlegungen konnten die Entwertung nicht aufhalten. Regierungszertifikate (*loan office certificates*) fanden auch zu 6 % Verzinsung kaum Käufer. Im März 1780 wertete der Kongreß die zirkulierenden 200 Millionen Dollar Papiergeld im Verhältnis von 40 : 1 ab. Da die freiwilligen Beiträge der Einzelstaaten nur die Verwaltungskosten des Kongresses deckten, sah sich der Kongreß 1782 zu einer neuerlichen, diesmal aber durch Münzreserven abgedeckten Papiergeldemission gezwungen. Für seine Transaktionen hatte er 1781 die Bank of North-America in der Form einer privaten Handelsbank gegründet.

Um sich ein von den Einzelstaaten unabhängiges Einkommen zu schaffen, ersuchte der Kongreß 1781 die Legislativen der Staaten um die Befugnis, so lange 5 % auf fast alle Importgüter einziehen zu dürfen, bis die Schulden der Konföderation beglichen seien. Weil die Übertragung dieser Vollmacht die Konföderationsartikel geändert hätte, konnte sie nur einstimmig beschlossen werden. Bis 1786 stimmten zwar alle dreizehn Legislativen zu. Sie verknüpften ihre Zustimmung aber teilweise mit so erheblichen Einschränkungen, daß der Kongreß seinen mehrmaligen Versuch, ein regelmäßiges Einkommen zu erlangen, als gescheitert betrachtete.

Selbst die Auflösung der Armee war mit großen finanziellen Schwierigkeiten verbunden. Im Oktober 1781 ersuchte der Kongreß die Staaten um 8 Millionen Dollar. Bis zum 1. Januar 1784 hatte er weniger als 1,5 Millionen erhalten. Die Forderungen der Offiziere nach Zahlung des rückständigen Soldes und einer angemessenen Übergangsregelung bei der Auflösung der Armee wurde von den Kritikern der machtlosen Föderation zur Verbreitung von Staatsstreichstimmung und Warnungen vor den Nachteilen einer schwachen Bundesexekutive ausgenutzt (*Newburgh Conspiracy*, Dezember 1782 bis März 1783). Erst eine erneute niederländische Anleihe ermöglichte 1784 die Entlohnung der Armee.

Die europäischen Kredite und Subsidien erwiesen sich nach 1780 immer deutlicher als eigentliches Finanzierungsmittel der Revolution und als Grundlage des Handels. Zwischen 1776 und 1784 stellten Frankreich 8 Millionen Dollar, die Niederlande 2,8 und Spanien 0,069 zur Verfügung. Hinzu kamen private Kredite europäischer Kaufleute. Als der Kongreß 1785 seine Zahlungsverpflichtungen gegenüber Frankreich nicht erfüllen konnte, lautete die große Frage, wie lange den europäischen Gläubigern ein machtloser amerikanischer Konföderationskongreß ohne sichere Einnahmen noch kreditwürdig erscheinen würde.

Die aktive Handelsbilanz, ohne die der Kongreß Anleihen nicht zurückzahlen konnte, blieb aus. 1784 importierten die USA im Wert von etwa 3,6 Millionen Pfund Sterling aus Großbritannien und exportierten dorthin für nur 0,7 Millionen. 1788 betrug das Verhältnis immer noch mehr als 2 : 1. Leinen, Baumwolle, Papier, eiserne Gebrauchsgegenstände, Stahl, Gewehre und Pulver waren seit Kriegsbeginn in zunehmendem Maße in den Kolonien hergestellt und verarbeitet worden. Die Eisenproduktion stieg von 30 000 Tonnen auf 38 000 Tonnen zwischen 1775 und 1790 und erreichte 1800 45 000 Tonnen. Der Bedarf war jedoch viel größer. Sofort nach Wiedereröffnung der Handelsrouten führte 1782/83 das große Angebot englischer Verbrauchsgüter zur Erschöpfung der amerikanischen Zahlungsfähigkeit, zur Verstärkung der Nachkriegsdeflation und zum Preissturz. Der Kriegsboom mit seinen enormen Preissteigerungen ging über in die erste große Depression der amerikanischen Nationalwirtschaft (1784–1788).

Die von der Depression besonders hart betroffenen Farmer erreichten in sieben Einzelstaaten eine Erleichterung ihrer Lage durch neuerliche Ausgabe von Papiergeld. In Massachusetts aber weigerte sich die von Kaufleuten der Küstenstädte beherrschte Legislative, die restriktive Fiskalpolitik aufzugeben. Auch angesichts der Depression bestand sie darauf, ihren Beitrag zur Finanzierung der Revolution in der Form zu leisten, daß sie Regierungszertifikate, die inzwischen Spekulanten zu Mindestpreisen gesammelt hatten, zum Nennwert einlöste. Das dazu nötige Münzgeld beschaffte sie sich durch Steuergesetze. Vierzig Prozent der Steuereinnahmen machte die von

jedem Mann über 16 Jahren ohne Rücksicht auf Vermögen und Einkommen gezahlte Kopfsteuer (*poll tax*) aus. Steuern, Geldknappheit am Tiefpunkt der Depression und hartnäckige Forderungen und Prozesse der Gläubiger trafen zusammen mit dem jahrzentelangen Haß vieler Farmer gegen Justizbehörden und Anwälte, die mit ihren hohen Gebühren an den Schuldnerprozessen und Zwangsversteigerungen noch verdienten. Die Steuereintreibungs- und Schuldnerprozesse hatten im westlichen Massachusetts ein solches Ausmaß angenommen, daß 1785 von den 104 Insassen des Gefängnisses von Worcester County 94 Schuldner waren. Über zahlreichen Bauernhöfen wehte die rote Fahne und kündigte die Zwangsversteigerung an. Nach vergeblichen Petitionen einiger County-Konvente verhinderten ab August 1786 bewaffnete Bauern weitere Gerichtsverhandlungen. Im September stellten sich 500 Farmer mit ihrem Anführer Daniel Shays, einem Lokalpolitiker und Offizier im Unabhängigkeitskrieg, etwa 800 Mann Miliz entgegen. Im Februar 1787 wurden Shays' 1200 Mann vor dem Bundesarsenal in Springfield auseinandergetrieben. Vier Tote blieben zurück. Shays wurde später begnadigt.
Die Propaganda der Befürworter einer stärkeren Konföderationsregierung machte die Nachricht von »Shays' Rebellion« zum Argument für eine einschneidende Verfassungsreform. Bis hinunter nach Georgia verbreiteten sie das Gerücht, eine Armee von 12–15 000 Mann habe die öffentliche Verteilung des Privateigentums erzwingen wollen. Die politische Ordnung der Einzelstaaten, so lautete die eigentliche Botschaft, werde wahrscheinlich auch in Zukunft von solchen Aufständen bedroht und bedürfe dringend der Unterstützung oder des Gegengewichts einer der Staatsräson fähigen, Gesetz, Ordnung und Eigentumsverteilung wahrenden Regierung des Bundes.

V. DIE BUNDESVERFASSUNG VON 1787/1788

Die Bewegung für die Umwandlung des Kontinentalkongresses in eine Bundesregierung mit umfassenden Kompetenzen wurde von dem Teil der Bevölkerung getragen, der sich das zukünftige Amerika als ein den europäischen Großmächten nicht mehr unterlegenes Handelsreich vorstellte. Weshalb sollten die dreizehn Republiken als selbstzufriedene Agrarländer mittlerer Größenordnung ihr Dasein fristen? Vereint konnten sie zu einem prosperierenden, auf Besiedlung und Nutzung des ganzen Kontinents und auf Handel mit allen Ländern angelegten »American Empire« aufsteigen. »The Almighty ... has made choice of the present generation to erect the American Empire«, hatte im Oktober 1776 William Henry Drayton, einer der führenden Politiker South Carolinas, seinen Landsleuten zugerufen, um ihren Sinn für die Bedeutung des Krieges zu wecken. Solange ein ohnmächtiger, in wesentlichen Finanzierungsfragen von dem Vertrauen Amsterdamer Bankiers abhängiger Kontinentalkongreß einziges Bindeglied zwischen dreizehn eifersüchtigen Einzelstaatsregierungen war, bestand wenig Aussicht auf Verwirklichung der ehrgeizigen Hoffnungen. In einer Flugschrift faßte 1783 Peletiah Webster, Kaufmann und Publizist in Philadelphia, die Argumente für einen engeren Zusammenschluß der dreizehn Staaten zusammen:

Wenn sie sich unter einer natürlichen, angemessenen und effektiven Regierungsform *(constitution)* vereinigen, sind sie eine starke, reiche und wachsende Macht mit großen Ressourcen und Mitteln, sich zu verteidigen. Keine fremde Macht wird sobald wagen, sie zu überfallen oder zu beleidigen. Sie werden bald Respekt genießen. Und da sie insbesondere Rohmaterial und Nahrungsmittel ausführen und vor allem Fertigwaren einführen, wird der Handel mit ihnen ein Hauptziel jeder Industrienation *(manufacturing nation)* Europas und der südlichen Kolonien Amerikas werden. Ihre Freundschaft und ihr Handel werden natürlich gesucht sein, und jede Macht, mit der sie freundschaftliche Beziehungen haben, wird ihre Sicherheit vergrößern.[16]

Es dauerte ein Jahrzehnt, bis sich der an der wirtschaftlichen Entwicklung der ganzen Nation und ihrer politischen Behauptung gegenüber den europäischen Großmächten orientierte Teil der politischen Führungsschicht mit seiner Vorstellung eines Bundesstaates durchsetzen konnte. Diese Politiker siegten 1788 mit einem positiven Programm durch Überzeugung. Der größte Teil der Mittelklasse war für die Hoffnung auf die blühende Handelsrepublik empfänglich. Der Wunsch nach Prosperität und nationalstaatlicher Größe schuf einen Konsens, der die neue Bundesverfassung trug, bis sieben Jahrzehnte später die Divergenz des südstaatlichen Regionalinteresses von dem des Nordens und Westens ihn sprengten.

Im September 1786 forderte die Legislative Virginias die Gesetzgeber der anderen Staaten auf, Delegierte nach Annapolis zu entsenden, um Handelsprobleme zu beraten und dem Kontinentalkongreß Gesetzentwürfe vorzuschlagen. Statt dessen empfahl die von nur fünf Staaten beschickte *Annapolis Convention* ihren Heimatstaaten, einen neuerlichen Konvent für den Mai 1787 nach Philadelphia einzuberufen, der alle möglichen Fragen von gemeinsamem Interesse beraten solle, auch Maßnahmen, die erforderlich seien, »die Verfassung der Föderalen Regierung den Erfordernissen der Union anzupassen«. Auch der mittlerweile immer weniger beachtete in New York tagende Konföderationskongreß rief nun die Repräsentantenhäuser der Einzelstaaten auf, Delegationen nach Philadelphia zu schicken, »zu dem einzigen und ausdrücklichen Zweck, die Konföderationsartikel zu revidieren und dem Kongreß und den Legislativen Änderungen und Regelungen vorzuschlagen, die, wenn der Kongreß und die Staaten zugestimmt haben, die Verfassung des Bundes den Erfordernissen des Regierens und der Erhaltung der Nation angemessen macht«. Nur Rhode Island schickte keine Vertreter. Die fünfundfünzig Delegierten der anderen Staaten tagten unter strikter Geheimhaltung von Mai bis September 1787. George Washington führte den Vorsitz über die versammelte politische Intelligenz des Landes. Die Geschäftsordnung sollte Kompromisse erleichtern: Bis zur Schlußabstimmung über den gesamten Entwurf sollte keine Abstimmung endgültig sein. Jeder Staat verfügte, wie im Kontinentalkongreß, über eine Stimme. Sie entsprach der Mehrheitsmeinung der Delegation.

Auch im Verfassungskonvent behielt Virginia die Initiative. Seine Delegierten stellten sogleich einen Verfassungsentwurf zur Diskussion, der weit hinausging über bloße Zusätze zu den Konföderationsartikeln. An die Stelle des Konföderationskongresses mit seinen Ausschüssen sollte eine Bundesregierung treten, die nach dem Vorbild der Einzelstaatsregierungen dreigeteilt war in Legislative, Exekutive und Judikative. Die Legislative sollte zudem aus zwei Kammern bestehen. Die Reaktion auf diesen *Virginia-Plan* zeigte, daß die Mehrzahl der Delegierten bereit war, die ihnen vom Konföderationskongreß übertragene Kompetenz zu überschreiten. Einen Gegenvorschlag der Delegation New Jerseys, der dem begrenzten Auftrag des Konventes entsprochen hätte, verwarf der Konvent mit 7 : 3 Stimmen. (Bei einem Patt innerhalb einer Delegation entfiel deren Stimme.)

Über der Frage der Sitzverteilung im zukünftigen Repräsentantenhaus kollidierten die Interessen der großen und der kleinen Staaten. Einige Abgeordnete der großen Staaten erzwangen zusammen mit den kleinen einen Kompromiß. Die bevölkerungsreichsten Staaten, vor allem Virginia, Pennsylvania und Massachusetts, wollten beide Kammern der Legislative in direkten Wahlen entsprechend der Bevölkerungszahl beschikken. Die kleinen Staaten, vor allem New Jersey, Delaware und Maryland wollten, wie bisher unter den Konföderationsartikeln, jede Einzelstaatslegislative eine Delegation mit einer Stimme in die Bundeslegislative entsenden lassen. New York stimmte mit den kleinen Staaten. Den ersten Schritt zum Kompromiß taten die kleinen Staaten mit ihrer Zustimmung zur direken Wahl des Repräsentantenhauses nach Einwohnerzahl. Die großen Staaten konzedierten daraufhin die Wahl der Senatoren durch die Einzelstaatslegislativen. Der am 16. Juli 1787 geschlossene »Große Kompromiß« bestand aus vier Entscheidungen: (1) ein Abgeordneter vertritt 40 000 Einwohner (vor Ende der Beratungen geändert in 30 000); (2) jeder Staat stellt 2 Senatoren (die bis 1913 von den Einzelstaatslegislativen gewählt werden konnten); (3) im Senat stimmen Individuen, nicht Delegationen ab; (4) allein das Repräsentantenhaus bringt die Gesetzesentwürfe ein, die den Haushalt betreffen. Der Senat kann sie billigen oder verwerfen, aber nicht abändern. Diese Konstruktion des Senates bedeutete die Anerkennung eines Restes von Einzelstaatssouveränität, die im Konvent und im Hinblick auf die Ratifizierung des Verfassungsentwurfes unumgänglich war, aber auch den Beginn einer endlosen »states' rights«-Debatte bedeutete.

Ein weiterer Kompromiß, diesmal zwischen den Nord- und Südstaaten, bestand aus drei Bestimmungen über die Sklaven. Weshalb fragten Nordstaatler, sollten die Sklaven im Süden zugleich als Besitz betrachtet und bei der Berechnung der Abgeordnetensitze als Menschen mitgezählt werden? Nach einer harten Nord-Süd-Debatte und der Drohung der Südstaatler mit Auszug gab der Norden nach. Fünf Sklaven sollten bei der Sitzverteilung soviel gelten wie drei Freie. Unter sorgfältiger Vermeidung des Wortes »Sklave« garantierte die Verfassung zudem den Sklavenimport bis 1808. Solange sollte der Bund durch einen Einfuhrzoll von höchstens $ 10 je Person den Import gefangener Menschen erschweren dürfen. Entflohene Sklaven sollten den Besitzern zurückgegeben werden. (Zur graduellen Befreiung der Sklaven siehe Kapitel 2.)

Eine für die zukünftige Entwicklung der Nation nicht minder wichtige Frage, die Erschließung des bundeseigenen Landes nördlich des Ohio, die Form der Selbstverwaltung seiner ersten Siedler und schließlich seine Aufnahme in die Union, wurde zur gleichen Zeit, im Juli 1787, noch vom alten Kontinentalkongreß geregelt. Seine *Northwest Ordinance* etablierte das Prinzip und die Organisationsform der territorialen Expansion der USA im 19. Jahrhundert. Auf dem nordwestlichen Territorium sah sie drei bis fünf Einzelstaaten vor, die als völlig gleichberechtigte Partner in den Bund aufgenommen werden sollten, wenn sie jeweils 60 000 Einwohner zählten. Zunächst jedoch sollte ein vom Kongreß ernannter Gouverneur mit einem Secretary und drei Richtern das Territorium so lange verwalten, bis sich 5000 erwachsene freie Männer angesiedelt hatten und eine Legislative gewählt werden konnte. Die Haltung von Sklaven blieb auf diesem Gebiet von Anfang an verboten.

Die Konstruktion des Präsidentenamtes polarisierte den Verfassungskonvent in Befürworter einer starken und einer schwachen Exekutive. Die einen forderten, der Präsident müsse möglichst unabhängig sein, um dem Konzept der Gewaltenteilung entsprechend ein Gegengewicht zur Legislative bilden zu können. Die Entwicklung in den Einzelstaaten seit 1776 diente in der Debatte als abschreckendes Beispiel für allmächtige Legislativen, für die Gefahren von »democracy«. Ein Kompromiß, der sich aus dieser Debatte ergab, war das Wahlmännerkollegium (*electoral college*). Es blieb dem Ermessen jedes Staates überlassen, seine Wahlmänner in allgemeiner Wahl oder von der Legislative bestimmen zu lassen. Die Wahl des Präsidenten durch Repräsentantenhaus und Senat verwarf der Verfassungskonvent und verhinderte damit die Entwicklung eines parlamentarischen Regierungssystems mit Ministerverantwortlichkeit. Die Entscheidung für das präsidentielle System war gefallen.

Die dreigeteilte Bundesregierung entsprach ebenso wie die dreigeteilten Einzelstaatsregierungen dem Grundgedanken der Gewaltenteilung und gegenseitigen Gewaltenkontrolle (*balanced government*). Die in sich ebenfalls geteilte Legislative, zusammenfassend »Congress« genannt, erhielt die vom Konföderationskongreß vergeblich verlangten Vollmachten, vor allem die Befugnis, Steuern und Zölle zu erheben und den Außenhandel und den Handel zwischen den Mitgliedstaaten der Union und mit den Indianern zu regeln. Die Einzelstaaten durften kein Papiergeld mehr drucken. Der Präsident erhielt vergleichsweise größere Vollmachten als die meisten Einzelstaatsgouverneure. Durch ein aufschiebendes Veto wirkte er an der Gesetzgebung mit, durch Nominierung der Richter des Obersten Bundesgerichts an der personellen Zusammensetzung der Judikative. Als Oberbefehlshaber von Armee und Marine, als Verteiler dotierter Verwaltungsämter (z. T. mit Zustimmung des Senats) und als Exekutor der Innen- und Außenpolitik erhielt er weiten Spielraum für politische Initiativen. Lebenslängliche Amtszeit (*during good behavior*) und der umfassende Auftrag, dem »Gesetz des Landes« Achtung zu verschaffen, sicherten eine unabhängige und mächtige Judikative.

Die Bestimmung der Aufgaben der drei Organe der Bundesregierung und ihres Zustandekommens stellte bereits den Kern der Lösung des Föderalismusproblems dar. Die Stärke der Bundesregierung sollte in Zukunft darauf beruhen, daß Bundesverfassung, Bundesgesetze und internationale Verträge »the supreme Law of the Land« (Artikel VI) bildeten. Die Verfassung verpflichtete alle Richter, jeden einzelnen Bürger der Vereinigten Staaten (nicht Organe der Einzelstaaten) zur Achtung dieser Gesetze zu zwingen. Der Bund durfte zu diesem Zweck notfalls die Militärgewalt einsetzen.

Die Konföderationsartikel enthielten keine Auflösungsklausel und verlangten für Amendierungen die Zustimmung aller

Einzelstaatslegislativen. Der Verfassungsbruch von 1787 bestand darin, daß der Konvent in den Verfassungsentwurf hineinschrieb, die Zustimmung von eigens für diese Aufgabe gewählten Ratifikationskonventen in neun Staaten reiche aus, um die neue Verfassung in Kraft treten zu lassen. Die direkte Wahl der Ratifikationskonvente und die Formulierung »We the People of the United States« in der Präambel sollten augenfällig machen, daß die Zustimmung des Volkes die Bundesverfassung legitimiere und nicht wieder ein bloßer Staatsvertrag zwischen den Einzelstaatsregierungen abgeschlossen wurde.

Der zur gleichen Zeit in New York tagende Kontinentalkongreß beriet den Entwurf unverzüglich, verzichtete nach dreitägiger Debatte auf eine eigene Stellungnahme und leitete ihn zur Ratifizierung an die Mitgliedstaaten weiter. In dem nun einsetzenden Dreivierteljahr intensiver öffentlicher Debatte traten die Verteidiger des Verfassungsentwurfs unter dem Namen »Federalists« auf. Es gelang ihnen, ihren Gegnern die Bezeichnung »Anti-Federalists« anzuheften, obwohl zeitgenössischem Sprachgebrauch entsprechend diese die föderale Struktur der Konföderation verteidigten, während die Federalists selbst »national government« oder – so ein anderes zeitgenössisches Schlagwort – »consolidated government« einführen wollten.

Welche Motivationen teilten nun die Politiker und Wähler aller Staaten in Anhänger und Gegner des Verfassungsvorschlages? Weshalb lehnten z. B. führende Politiker Virginias wie Richard Henry Lee, Patrick Henry und George Mason das neue System ab, während Politiker des gleichen Staates in der gleichen wirtschaftlichen Lage, wie etwa George Washington und James Madison, es verteidigten? Die Antwort auf diese Frage ist bis heute umstritten. Die Reduktion der Entscheidungsfaktoren auf die unterschiedliche Interessenlage von Kapitaleigentümern und Landbesitzern, wie Charles Beard sie 1913 in *An Economic Interpretation of the Constitution of the United States* versucht hat, paßt in zu wenigen Fällen. Neuere Analysen von Wahlergebnissen und Abstimmungsmustern in den Einzelstaatslegislativen lassen jedoch Konstanten erkennen, die das politische Verhalten seit den 1780er Jahren in Kategorien wirtschaftlichen Nutzens und gesellschaftlicher Wertvorstellungen zu erklären vermögen. Produktionskapazität, Nähe zu Absatzmärkten und ein Bewußtsein der Verbundenheit mit und Abhängigkeit von weltweiten kommerziellen Entwicklungen scheint für die Polarisierung politischer Meinungen eine wichtige Rolle gespielt zu haben. Großkaufleute und Überschuß produzierende Farmer des Nordens und Plantagenbesitzer des Südens (die nur in verkehrsmäßig erschlossenen Gebieten existieren konnten) erwarteten von einer starken Bundesregierung politische Stabilität und wirtschaftlichen Aufschwung. Juristen, Handwerker und andere Stadtbewohner — und deren Zeitungen — sahen ihre Interessen mit den Vorteilen dieser kommerziellen Gruppierung verbunden. Die politischen Repräsentanten dieser Gruppe hat Jackson T. Main die »commercial-cosmopolitans« genannt: sie wußten, daß sie sich die Regierungsgewalt auf Bundesebene zunutze machen konnten, um z. B. die Finanzpolitik in ihrem Sinn zu regeln, die Verkehrswege auszubauen und die wirtschaftliche Entwicklung nach Kräften zu fördern; die zusätzlichen Kosten des neuen Regierungsapparates schreckten sie nicht; sie rechneten sich zur gebildeten Klasse und waren bereit, auch die kulturelle Entwicklung der Städte und deren Bildungseinrichtungen zu unterstützen; sie neigten dazu, ihre politischen Gegenspieler aus dem Hinterland für unfähig in politischen wie wirtschaftlichen Fragen und für engstirnige Gegner effizienter Regierung überhaupt zu halten. Diese von Main »agrarian-localists« genannten Politiker vertraten die kleinen, oft verschuldeten, Farmer in den weniger erschlossenen Gebieten; sie sahen sich bereits in den bestehenden Einzelstaatslegislativen unterrepräsentiert und erwarteten von der neuerlichen Delegation von Macht an noch weiter entfernte Versammlungen, in denen die Möchte-gern-Aristokraten dominierten, nur einen weiteren Verlust ihres Rechtes auf Selbstregierung; sie versuchten, die Kosten für das Regiertwerden so niedrig wie möglich zu halten; als Anwärter auf einträgliche öffentliche Ämter kamen sie kaum in Frage, und ihre Schulen, Kirchen und Straßen mußten sie sowieso selbst bezahlen; die Finanziers und Geschäftsleute aus der Stadt waren eher ihre Feinde als ihre Helfer, denn die Darlehenszinsen und Preise waren immer zu hoch; Vertrauen hatten sie nur zu sich selbst, und deshalb forderten sie mehr Demokratie im Sinne lokaler Entscheidungskompetenzen.[17]

Diese Stimmung bildete die Basis des Widerstandes der Anti-Federalists. Einer ihrer Wortführer, der populäre Patrick Henry, warf dem Verfassungskonvent Kompetenzüberschreitung vor und warnte vor der Gefährdung der Freiheit, vor allem der Freiheit der »middling and lower classes« durch eine mächtige Zentralregierung. Ebenso befürchtete der New Yorker Anti-Federalist Melancton Smith, die vorgeschlagene Bundesregierung werde sich dem Einfluß der »middling class« entziehen. Zudem waren Politiker, die sich in ihren Heimatstaaten erhebliche Machtpositionen aufgebaut hatten — wie z. B. Gouverneur Clinton von New York —, nicht bereit, sich einer gestärkten Bundesregierung unterzuordnen. Auch die politische Situation in einzelnen Staaten bestimmte die Einstellung zum Verfassungsentwurf. Zahlreiche Politiker New Yorks, Rhode Islands und auch Virginias glaubten, mit ihren Problemen selbst fertig werden zu können.

Die zur Verteidigung gezwungenen Befürworter des Verfassungsentwurfs legten im Verlauf der öffentlichen Debatte eine umfassende theoretische Rechtfertigung des neuen Regierungssystems vor, die bis heute als authentischer Verfassungskommentar und Klassiker amerikanischer politischer Theorie gilt. New Yorker Zeitungen veröffentlichten im Winter 1787/88 eine Serie von Artikeln von Alexander Hamilton, James Madison und John Jay. Unter dem Titel *The Federalist: A Collection of Essays Written in Favour of the New Constitution* erschienen sie 1788 in Buchform.[18] Im 10. und 51. dieser *Federalist*-Artikel erklärte Madison die Vielzahl der Interessenkonflikte und der Parteienbildung mit der »Vielfalt der Fähigkeiten der Menschen« und ihrem Streben nach Besitz und Macht. Eine großflächige Republik biete mit ihrer Vielfalt der Interessengruppen die Möglichkeit, die Herrschaft einer Interessengruppe – seien es die Schuldner oder die Gläubiger, das Agrarinteresse, Handelsinteresse oder Manufakturinteresse – zu verhindern und die Beachtung des Gemeinwohls und der Freiheit des einzelnen bis zu einem gewissen Grad zu erzwingen: »Ambition must be made to counteract ambition«, war Madisons und der anderen Federalists' Losung. Repräsentation, Gewaltenteilung und föderale Machtverteilung waren die Organisationsstrukturen, von denen sie sich diesen Effekt erhofften.

Am 13. September 1788 stellte der Konföderationskongreß förmlich die Ratifizierung der Bundesverfassung fest – North Carolina und Rhode Island billigten sie nachträglich 1789 bzw. 1790 – und beraumte die Wahl des Präsidenten, des Repräsentantenhauses und des Senats für Februar und März 1789 an. New York sollte vorläufiger Sitz der Bundesorgane werden.

Der erste in der Rückschau erkennbare große Erfolg der Anti-Federalists bestand darin, daß sie durch ihr Mißtrauen gegenüber den Vollmachten der Bundesregierung die Erweiterung der Verfassung um eine Grundrechteerklärung einleiteten. Es war die *Bill of Rights* des Bundes, die der Anpassungsfähigkeit und Weiterentwicklung des amerikanischen Konstitutionalismus im 19. und 20. Jahrhundert zugrundegelegen hat. Der erste Kongreß unter der Bundesverfassung beschloß im September 1789, dem Verlangen mehrerer Ratifikationskonvente nachzukommen und »amendments« – in Wirklichkeit Zusätze – der Verfassung zu entwerfen, in denen einige Grundrechte garantiert wurden. Der mehrheitlich mit Federalists beschickte Kongreß wachte darüber, daß die Kompetenzen des Bundes dadurch nicht geschmälert wurden. Aus Hunderten der verlangten Verfassungsänderungen sortierte der Kongreß so einschneidende Forderungen wie die Einführung des imperativen Mandates aus. Zehn Amendierungen fanden schließlich die Zustimmung der nötigen drei Viertel der Staaten und wurden am 15. Dezember 1791 Bestandteil der Verfassung. Die ersten acht Zusatzartikel ergaben zusammen mit den Sektionen 9 und 10 des ersten Verfassungsartikels einen Grundrechtekatalog. Der erste Zusatzartikel verbietet dem Kongreß die Einführung einer Staatsreligion, die Beschränkung der Religionsausübung und die Einschränkung der Rede- und Pressefreiheit, der Versammlungsfreiheit und des Petitionsrechtes. Die übrigen Artikel garantieren das Recht auf Waffenbesitz, Sicherheit vor willkürlichen Haussuchungen und prozessuale Rechte wie Geschworenengerichte und das Recht auf Aussageverweigerung. Ohne »angemessenes rechtliches Verfahren« (*due process of law*), erklärt der 5. Änderungsartikel, darf niemand des Lebens, der Freiheit oder seines Eigentums beraubt werden. Diejenigen Verfassungsänderungsartikel, die, wie der erste und der fünfte, die Einzelstaatsregierungen nicht ausdrücklich einbezogen, schützten den Bürger nur vor dem Zugriff der Bundesgewalt. Bis zum 14. Verfassungsänderungsartikel (1868) blieb ungeklärt, welche Grundrechte für alle Bürger aller Mitgliedstaaten gegenüber jeglicher Gesetzgebungsgewalt geschützt waren. Eigentum wurde das erste überall in der Union grundrechtlich geschützte Rechtsgut. »Das Recht, Eigentum zu erwerben und gesichert zu besitzen«, erklärte der Oberste Gerichtshof 1792, »ist eines der natürlichen, angeborenen und unveräußerlichen Menschenrechte. Menschen haben ein Gefühl für Eigentum (*a sense of property*). Eigentum ist für sie lebensnotwendig, es entspricht ihren natürlichen Bedürfnissen und Wünschen. Seine Sicherung war eines der Ziele, die sie dazu bewegten, sich in einer Gesellschaft zusammenzuschließen ... Die Erhaltung des Eigentums ... ist ein primäres Ziel des Gesellschaftsvertrages.«[19]

Der größte Erfolg der Bewegung für die Bundesverfassung bestand darin, daß die heftigen Auseinandersetzungen um ihre Ratifizierung weder zur Sezession einiger Staaten noch zum passiven Widerstand größerer Teile der Bevölkerung führten. Die Autorität der Verfassung wuchs mit der sich schon bald verbreitenden Überzeugung, sie sei aufgrund eines überwältigenden Konsenses zustande gekommen. Bereits 1791 erklärte einer der neuen Bundesrichter ohne Umschweife: »Der Mensch braucht ein Idol. Und unser politisches Idol sollten die Verfassung und die Gesetze sein.«[20] Loblieder auf die Verfassung wurden binnen weniger Jahre zum Ritual und sagten nichts mehr aus über die politischen Ziele des Lobredners. Der rhetorische Konsens bezeugte jedoch, daß eine gemeinsame Sprache und gemeinsame Institutionen gefunden worden waren, mit deren Hilfe man seine Absichten verfolgen zu können glaubte. Da der Verfassungstext viele Fragen unbeantwortet ließ, mußte die Verfassungswirklichkeit kontinuierlich in der politischen Auseinandersetzung bestimmt werden.

Der Konsens von 1787 reichte zum Beispiel nicht für die Vereinbarung eines bundeseinheitlichen Wahlrechts. Auch aus der Bill of Rights des Bundes konnte niemand einen Anspruch auf das Stimmrecht bei der Wahl der Repräsentanten ableiten. Dessen Regelung blieb den Einzelstaatslegislativen überlassen. Das Ergebnis war eine Vielfalt von Bestimmungen und eine regional unterschiedliche Entwicklung der Wahlbeteiligung. Zuerst erhielten alle erwachsenen Männer das einfache Stimmrecht 1777 in Vermont. In New York konnten ab 1804 erwachsene Männer, die für Land oder sonstige Güter jährlich $ 25 Pacht zahlten, das einfache Wahlrecht ausüben. Alle männlichen Steuerzahler konnten wählen in New Hampshire ab 1784, in Massachusetts ab 1811, in Pennsylvania ab 1776, in Delaware ab 1791. Alle weißen männlichen Steuerzahler durften in New Jersey, North Carolina und Georgia wählen. Die zwischen 1789 und 1815 in die Union aufgenommenen Staaten Tennessee, Ohio und Louisiana gaben den weißen männlichen Steuerzahlern das Stimmrecht; Kentucky allen erwachsenen männlichen Weißen. Da fast alle erwachsenen Männer zumindest die Kopfsteuer *(poll tax)* zahlten, kam Steuerzahlerwahlrecht einem allgemeinen Wahlrecht für Männer nahe, wobei unter Wahlrecht immer nur das aktive Wahlrecht zu verstehen ist. Die Auswirkungen der in den meisten Staaten höheren Besitzqualifikationen für das passive Wahlrecht sind noch unzureichend erforscht. Wo der Kongreß das Wahlrecht selbst bestimmen konnte, in den neu eingerichteten Territorien auf dem Bundesland im Westen, war er erst nach 1811 bereit, allen erwachsenen Männern, die Steuern zahlten und ein Jahr ansässig waren, das Stimmrecht in Selbstverwaltungsangelegenheiten zu gewähren. Die durchschnittliche Wahlbeteiligung in Repräsentantenhauswahlen betrug in den Jahren vor 1795 schätzungsweise 15 bis 40 % der erwachsenen männlichen Weißen. Zwischen 1804 und 1816 stieg sie bei mehreren Gouverneurswahlen auf über 60 %.[21]

VI. HAMILTONS WIRTSCHAFTSPOLITIK

Die Steuerung der Wirtschaft durch die Kolonialmacht verschwand nach der Unabhängigkeit nicht zugunsten eines klischeegetreuen Nachtwächterstaates. Im Gegenteil. Die unauflösliche Verquickung von politischem Entscheidungsprozeß, militärischer Macht und ökonomischer Entwicklung war nach dem eben überstandenen Krieg, der Depression von 1783 bis 1787 und den Auseinandersetzungen um die Finanzierung des Krieges und angesichts der geschlossenen Wirtschaftssysteme der europäischen Mächte klarer denn je zuvor. Farmer und Kaufleute, Handwerker und Manufakturbesitzer, Bankiers und Spekulanten riefen nach dem Eingriff der Gesetzgeber zu ihren Gunsten. Von der großen »fostering hand of government« erwarteten sie außerdem die Wahrung des Gesamtinteresses gegenüber Partikularinteressen. Deshalb übertrugen die Einzelstaatsverfassungen und die Bundesverfassung den politischen Organen Vollmachten, die weder zu einer rein interventionistischen und protektionistischen, noch zu einer rein privaten und freihändlerischen, sondern zu einer »gemischten« Wirtschaftsordnung führten.[22] Die staatliche Lizensierung der Banken und die staatlich garantierten Monopole in Form von *chartered corporations* sind Beispiele für konkrete Auswirkungen des gemischten Konzeptes. Die Minderheit, die z. B. das Bankgeschäft als einen Gewerbezweig unter anderen Gewerben betrachtete, konnte sich nicht durchsetzen. Neben Banken wurden Straßenbaugesellschaften, Versicherungsgesellschaften und Textilmanufakturen als Korporationen betrieben. Als besonders nützliches Entwicklungsinstrument erwiesen sich die unter Beteiligung von Einzelstaatsregierungen gegründeten »mixed corporations«. Der Staat Pennsylvania z. B. beteiligte sich 1793 mit einer Million Dollar und 1815 mit zwei Millionen Dollar an den beiden von ihm inkorporierten Banken.

Alle Gruppierungen, die ab 1789 im Repräsentantenhaus und im Senat vertreten waren, und der Präsident mit seinen führenden Mitarbeitern sahen einmütig die Notwendigkeit, die Union sowohl vor dem Zugriff der europäischen Großmächte als auch vor dem Zerfall des Großflächenstaates in die Regionalinteressen, die er verband, zu sichern. Und nur eine aktive Wirtschaftspolitik konnte beiden Gefahren entgegenwirken. Eine der ersten wirtschaftspolitischen Entscheidungen des Bundes mußte die Sicherung seiner Kreditwürdigkeit in Europa und die Festigung seiner Glaubwürdigkeit gegenüber der eigenen Bevölkerung bezwecken. Kaum zu bestreiten war die Verpflichtung des Bundes, die von der französischen Regierung und den Amsterdamer Bankiers geliehenen $ 11,7 Millionen zu tilgen und zu verzinsen. Einige Einzelstaaten bestritten jedoch die Kompetenz des Bundes, auch die gegenüber den großen und kleinen einheimischen Kapitalisten auf 40,4 Millionen $ aufgelaufenen Schulden (etwa 25 Mil-

lionen davon bestanden aus Zahlungsverpflichtungen der Einzelstaaten gegenüber einzelnen Bürgern) auf sich zu laden und im Laufe der Zeit mit einem bestimmten Zinssatz zurückzuzahlen. Dies zu tun, und so dem Bund die Macht des zentralen Verteilers zu sichern, war ein Hauptziel des von Alexander Hamilton als erstem Secretary of the Treasury formulierten Wirtschaftsprogramms (*First Report on Public Credit*, Januar 1790; *Report on the Establishment of a Mint*, Juni 1790; *Second Report on Public Credit*, Dezember 1790). Hamilton befürwortete auch die Begleichung der inzwischen wie Wertpapiere im Kurswert gefallenen und von Spekulanten aufgekauften Regierungsschuldverschreibungen zum Nennwert. Zeitgenössische und spätere Kritiker des Hamiltonschen Programms haben darauf hingewiesen, daß es den Kapitalbesitzern, die die Schuldverschreibungen aufgekauft hatten, mehr zugute kam als den kapitallosen Kleinbauern. Nach heftigen monatelangen Auseinandersetzungen in Senat und Repräsentantenhaus fanden sich im Sommer 1790 knappe Mehrheiten für Hamiltons Vorschlag. Um einen geregelten Kapitalmarkt zu schaffen, schlug Hamilton die Einrichtung einer Nationalbank mit zentralbankähnlichen Aufgaben vor. Es gab 1790 lediglich in den drei Geschäftszentren Philadelphia, New York und Boston eine von der zuständigen Einzelstaatslegislative inkorporierte Bank.
Im Kongreß stieß auch dieser Plan auf heftigen Widerspruch. Madison warnte vor der Monopolstellung der Nationalbank. Er glaubte nicht an die Wirksamkeit fiskalpolitischer Maßnahmen, weil er in der Güterknappheit die größte Schwierigkeit der devisenarmen amerikanischen Wirtschaft sah. Er erhoffte Abhilfe für die Farmer durch möglichst ungehinderten Export von Landwirtschaftserzeugnissen und möglichst billigen Import von Fertigwaren. Im Repräsentantenhaus erklärte er:

Ich bekenne mich zu einem sehr freien Handelssystem und halte dafür, daß Handelsbeschränkungen meistens ungerecht, repressiv und unklug sind. Wenn man Fleiß und Arbeit freie Bahn läßt, werden sie sich meist Dingen zuwenden, die am ergiebigsten sind; sie werden dies mit größerer Sicherheit tun als die aufgeklärteste Legislative in ihrer Weisheit es tun könnte.[23]

Hamilton dagegen sah den Schlüssel zur Entwicklung der amerikanischen Ressourcen in einem flexiblen, von der Bundesregierung gesteuerten Kapitalmarkt, der auch der Landwirtschaft zugute kommen sollte, und in Einfuhrzöllen oder Prämien zugunsten der Manufakturen, die Amerika von den europäischen Fertigwaren unabhängiger machen würden. (*Report on Manufactures*, 1791.) »Was die Regierung tat«, so läßt sich Hamiltons Konzept charakterisieren, »war nichts anderes, als eine Gruppe der Bevölkerung (meist Käufer einge-

führter Waren und die Getreidefarmer, die ihre Ernte zu Whisky destillierten) zu besteuern, zum unmittelbaren Nutzen einer kleineren Bevölkerungsgruppe (der Besitzer der Regierungsschuldscheine). Dies geschah in der Absicht, langfristig einen größeren Nutzeffekt für das ganze Land zu erzielen. Die Regierung entschied sich für erzwungenes Sparen als ein Mittel, das unterentwickelte Land mit Kapital zu versorgen.«[24]
Washington unterzeichnete das Gesetz zur Errichtung der Nationalbank im Februar 1791, und die Bank of the United States eröffnete bald Zweigstellen in allen größeren Hafenstädten. Die Anteilscheine waren so begehrt, daß sie bald über dem Nennwert gehandelt wurden. Ihre Popularität unter den Kapitalbesitzern Europas läßt sich daran ablesen, daß bis 1798 13 000 und bis 1809 18 000 Anteilscheine von Ausländern gezeichnet worden waren. Von den $ 10 Millionen Grundkapital der Bank stammten 1809 nicht weniger als 7,2 Millionen aus Europa.

Die Befugnis zur Steuererhebung des Bundes nahmen die Federalists in vollem Umfang in Anspruch. Die Haupteinkünfte des Bundes mußten zunächst aus dem Ein- und Ausfuhrzoll kommen. Denn bevor direkte Steuern (Kopfsteuer, *poll tax*, und Grundbesitzsteuer) erhoben werden konnten, mußte der erste Zensus (1790) abgewartet werden. Die erste Verbrauchssteuer, die Whisky-Steuer von 1791, löste im Herbst 1794 den ersten bewaffneten Widerstand gegen die Bundesregierung, die Whisky-Rebellion, aus. 1794 belegte der Bund weiter Spirituosen und Kutschen, Schnupftabak und andere Luxusgüter mit einer Steuer; 1791 wurden Schriftstücke von rechtlicher Bedeutung mit einer Gebührenmarke belegt. Die erste direkte Bundessteuer traf 1798 alle Wohnhäuser und Landbesitz und für jeden Sklaven im Alter von 12 bis 50 Jahren mußten 50 *cents* an den Bund abgeführt werden.

VII. Die Jeffersonianer und der Machtwechsel von 1801

Die von Hamilton kühn konzipierte und geschickt betriebene Wirtschaftspolitik der Regierung Washington zwang die Kongreßmitglieder zur Stellungnahme für oder gegen die Administration, und auch andere Auseinandersetzungen in und zwischen Exekutive und Legislative um richtungweisende Entscheidungen der ersten vier Legislaturperioden (1789–1797) führten zur Ausprägung zweier Parteien. Repräsentantenhaus und Senat teilten sich bald in »friends of government«, die sich auch »friends of order« oder »federal interest« nannten, und Oppositionelle, deren gemeinsamer Widerstand sie

Abb. 2: *John Adams, 1735 bis 1826, 2. Präsident der Vereinigten Staaten (1797 bis 1801)*

schnell von einem »Republican interest« zu einer relativ gut organisierten »Republican Party« werden ließ. Madison wurde nun zu Hamiltons Gegenspieler und organisierte im Repräsentantenhaus die Kritiker der Administration. Zur Bestimmung der Identität der beiden Parteien spielte die Reaktion auf die Ereignisse in Europa eine wichtige Rolle. Die Nachrichten von der Hinrichtung Ludwigs XVI. und der Kriegserklärung Frankreichs an England und die Niederlande löste im April 1793 eine hitzige öffentliche Debatte aus, in der sich bald frankophile mit der französischen Revolution sympathisierende Republicans und anglophile, von den Vorgängen in Frankreich entsetzte Federalists gegenüberstanden. Die 1795 geführte heftige Diskussion um den Jay-Vertrag mit England (Seite 63) verstärkte diese Polarisierung. Als Washington ablehnte, ein drittes Mal zu kandidieren, kam es 1796 zum ersten von einer Zweiparteienkonstellation bestimmten Präsidentschaftswahlkampf. Der Federalist John Adams gewann die knappe Mehrheit des Wahlmännerkollegs. Sein Gegenkandidat Thomas Jefferson wurde Vizepräsident, weil die Verfassung Parteien noch ignorierte und nur einen gemeinsamen Wahlgang für beide Ämter vorsah. Ein Opfer des Kampfes zwischen Federalists und Jeffersonianern um die Macht wurde 1798 die Rede- und Pressefreiheit. Mit vier Gesetzen schränkte die Mehrheit der Federalists im Kongreß die publizistische Wirksamkeit der Opposition ein *(Alien and Sedition Acts)*. Da einige der besten Publizisten der Jeffersonianer englische und französische Staatsangehörige waren, kombinierten diese Gesetze die Be-

Abb. 3: *Thomas Jefferson, 1743–1826, 3. Präsident der Vereinigten Staaten (1801 bis 1809)*

schneidung der Rechte neuer Einwanderer mit verschärften Beleidigungs- und Verleumdungsbestimmungen für die Presse. Die Federalists auf den Richterbänken nutzten die Gesetze zu gröblich parteiischer Rechtsprechung.

Der Wahlkampf von 1800 entwickelte sich zur unversöhnlichen weltanschaulichen Konfrontation von Federalists und Jeffersonianern. Hitzige Propaganda beider Seiten füllte Zeitungen und Flugschriften. Söhne sollen enterbt, Ehen geschieden, Begräbnisse boykottiert, Dienstmädchen entlassen und Tanzclubs sollen gespalten worden sein. Keine Seite warb mit einem klaren Regierungsprogramm, und die Wählermotivation ist bis heute umstritten. Unbestritten ist, daß die Jeffersonianer die Unzufriedenen aufrüttelten und zur Beendigung der »Aristokratenherrschaft« der Federalists aufriefen und daß die Federalists vor dem Untergang der Freiheit und dem Triumph der Gottlosigkeit in der Person Jeffersons warnten. Die Jeffersonianer identifizierten sich mit den Interessen der kleinen und mittelgroßen Farmer und warfen den Federalists vor, einseitig Handels- und Kapitalinteressen gefördert zu haben. Der Sieg der Jeffersonianer, auch in den Repräsentantenhauswahlen, zeigte, daß die Unzufriedenheit mit der Herrschaft der Federalists groß war, vor allem in den Gebieten, in denen wirtschaftliches Wachstum das alte Gefüge der sozialen Hierarchie am weitesten aufgelockert hatte. Die Gebiete, in denen die Federalists ihre Mehrheit behaupteten, waren seit langem besiedelt, wuchsen nur langsam und hatten eine relativ homogene Bevölkerung. Die Gebiete, in denen die Republicans sich durchsetzten, waren gekennzeichnet von Expansion und schnellem Wandel. Die Wahl ist nicht zu erklären mit einer einfachen Stadt-Land-Konfrontation. In Baltimore z. B. löste eine Gruppe ehrgeiziger Kaufleute als Republicans die Herrschaft der alten, auf die Landbezirke Marylands gestützten Federalists ab. In Charleston, New York und Salem fand sich ebenfalls eine hinreichende Anzahl aufstrebender Kaufleute, die sich von den Banken und Versicherungen und politischen Zirkeln der dominierenden Federalists ausgeschlossen fühlten. Sie unterstützten deshalb die Opposition.[25]

Auf Bundesebene erlangten die Federalists nach 1800 die Macht nicht wieder. Im Obersten Bundesgericht jedoch gelang es John Marshall, ihre Verfassungsinterpretation weithin durchzusetzen. Auch in den Einzelstaaten gerieten die elitären und patriarchalischen Vorstellungen der Federalists zunehmend in Widerspruch zu der populären Forderung nach Achtung und Selbstbestimmung des *common man*.

Für das erste Jahrzehnt der Bundespolitik unter der neuen Verfassung hatte das Gegeneinander zweier Parteien eine wichtige integrierende Rolle gespielt. Es hatte die hemmende Wirkung des Gewaltenteilungsprinzips gemildert, und es Politikern und Wählern nahegelegt, neben ihren regionalen Problemen auch Bundesprobleme wahrzunehmen und mitzuentscheiden. Auf diese Weise trug das erste Zweiparteiensystem auch zur Konsolidierung des neuen Staates bei.

Nach Jeffersons Amtsübernahme 1801 änderte sich die Wirtschaftspolitik nicht in dem machtfeindlich-agrarischen Sinn, den man nach der Wahlkampfrhetorik hätte erhoffen oder befürchten müssen. Sein tüchtiger Secretary of the Treasury Albert Gallatin (1801–1814) senkte die Unkosten des Regierungsapparates und reduzierte bis 1811 die verhaßte Nationalschuld von 83 auf 45 Millionen Dollar. Zugleich ließ er alle Bundessteuern abschaffen. Die sich schon bald verschärfenden Auseinandersetzungen mit den kriegführenden Europäern zwangen Jefferson und die Mehrheit der Republicans im Kongreß jedoch zum umfassenden Einsatz der Bundeskompetenzen, wie sie ihn den Federalists vorgeworfen hatten: Sie ließen ein Drittel des Kontinents westlich des Mississippi kaufen (1803), erklärten ein totales Handelsembargo (1807) und schließlich einen Krieg (1812).

VIII. Arrangement mit Europa: Aussenhandel, Diplomatie und Krieg, 1789–1815

Der überwiegende Anteil von Landwirtschaft und Schiffahrt an der amerikanischen Nationalwirtschaft setzte der Außenpolitik der Bundesregierung eines ihrer großen Ziele: die Gewinnung und Ausweitung von Exportmärkten und die Sicherung der Handelswege auf dem Atlantik und auf den Wasserwegen des amerikanischen Westens, vor allem auf dem Mississippi. Beide Ziele konnte das Agrarland ohne Heer und ohne Kriegsmarine nur verfolgen, indem es weiterhin die Hegemonialkämpfe der Europäer für sich ausnutzte, so wie es sie für den Kampf um die Unabhängigkeit genutzt hatte. Trotz aller Anstrengungen in den zweieinhalb Jahrzehnten nach 1789 gelang es der Bundesregierung jedoch nicht, die Europäer zur Aufgabe ihrer Handelsbeschränkungen zu bewegen. Die Opposition unter Madison und Jefferson verlangte seit 1789 Vergeltungsmaßnahmen, vor allem gegen England. Sie forderte diskriminierende Zoll- und Schiffahrtsgesetze. Die Mehrheit der Federalists begnügte sich mit drei mäßigen Zollgesetzen (1789, 1792), die den inneramerikanischen Küstenhandel amerikanischen Schiffen reservierten und die Einfuhrzölle zugunsten amerikanischer Schiffe staffelten. Da die Handelspolitik der Europäer Teil ihrer Sicherheitspolitik war, ließen sie sich von amerikanischen Zöllen jedoch nicht beeindrucken. Die Handelsflotten bildeten nicht nur das Hauptinstrument der rivalisierenden Nationalwirtschaften zur Ausnutzung der Handelsmonopole mit den eigenen Kolonien und zur kapitalbringenden internationalen Frachtschiffahrt. Die Handelsmarine bildete zugleich den vielbeschworenen »Kindergarten« *(the nursery)* der Kriegsmarine: England hatte mit den Festlandskolonien ein Drittel seiner Handelsflotte und die amerikanischen Werften und Wälder verloren. Um so wichtiger erschien nun die Beibehaltung des Handelsmonopols mit den verbliebenen Kolonien und die Förderung der britischen Handelsmarine durch diskriminierende Zölle. An einer zähen Kombination von Ressentiment und Sicherheitsdenken prallten alle diplomatischen Vorstöße der Amerikaner zwischen 1789 und 1815 ab. Auch zu einer Umorientierung des Außenhandels auf Frankreich kam es nicht, weil den französischen Republikanern das amerikanische Ideal eines freien Handels zwischen den beiden Republiken in der Kriegssituation nach 1793 zu nachteilig erschien.

Nach der Kriegserklärung der französischen Revolutionäre an England und Holland im Februar 1793 vertrieben die Europäer gegenseitig ihre Handelsschiffe von den Meeren. Die Armeen aber brauchten mehr Lebensmittel denn je. Die Amerikaner nutzten ihren Vorteil als Neutrale nach Kräften. Der Wert des jährlichen Exports stieg von $ 26 Millionen 1793 auf 108 Millionen im Embargojahr 1807. Die Beschlüsse des britischen Kronrats vom Juni und November 1793 versetzten die Amerikaner in Kriegsstimmung. Um Frankreich von der Lebensmittelzufuhr aus Amerika abzuschneiden, erklärte der Kronrat Lebensmittel zur Konterbande und ließ amerikanische Handelsschiffe vor allem im Karibischen Meer aufbringen, wenn sie Erzeugnisse einer französischen Kolonie oder Güter zum Entladen in einer französischen Kolonie mitführten. Aber die politischen Führer der Federalists waren nicht bereit, der Kriegsstimmung nachzugeben, und Washington schickte den Obersten Bundesrichter John Jay als Sonderbotschafter nach England. Jay unterzeichnete im November 1794 den nach ihm benannten Vertrag, dessen Hauptverdienst darin bestand, eine militärische Auseinandersetzung zu verhindern, die den Zusammenhalt der Union gefährdet hätte. Statt dessen leitete er ein Jahrzehnt profitablen Handels ein. Die britische Regierung verpflichtete sich zur baldigen Räumung der auf amerikanischem Boden im Nordwesten verbliebenen Forts und öffnete den Amerikanern Häfen in Indien. Alle anderen Forderungen, vor allem die nach Gegenseitigkeit *(reciprocity)* der Handels- und Schiffahrtsrechte, wies sie ab oder überwies sie an gemischte Kommissionen. Der Senat ratifizierte den Jay-Vertrag, aber ein großer Teil der amerikanischen Öffentlichkeit verurteilte ihn als nationale Schande: England kontrollierte immer noch Amerika!

Im Gefolge des Jay-Vertrages erhielt die Regierung Washington im Oktober 1795 einen günstigen Freundschaftsvertrag mit Spanien (Pinckneys Vertrag oder Vertrag von San Lorenzo). Aus Furcht vor einer gemeinsamen Aktion der Engländer und Amerikaner gegen Louisiana gewährte der spanische König das begehrte Schiffahrtsrecht auf dem Mississippi. Die Flußmitte sollte die Grenze zu Louisiana und der 31. Breitengrad sollte die Grenze zu Westflorida sein. Beide Seiten verpflichteten sich, die Indianer im Grenzgebiet nicht mehr als Späh- und Vortrupps zu mißbrauchen.

Kurz nach dem bitteren innenpolitischen Kampf um die vertragliche Regelung des Verhältnisses zu England und angesichts zunehmender französischer Versuche, die amerikanische Handelspolitik zu beeinflussen, verteidigte Washington in seiner Abschiedsbotschaft im September 1796 die bislang erfolgreiche Politik der Unabhängigkeit von den kriegführenden Großmächten Europas. Sein Konzept war nicht isolationistisch im Sinn selbstgenügsamer Abgeschiedenheit. Sein Ziel war es vielmehr, das politische Gewicht der USA für die Zukunft zu stärken durch die Entwicklung ihrer Wirtschaft, insbesondere des Außenhandels. Voraussetzung für allseitige Handelsbeziehungen aber war die Neutralität. In Notfällen, erklärte Washington, seien »temporary alliances« gerechtfertigt. Zum Schaden aber müßten Amerika »permanent alliances« gereichen. Denn die Europäer hätten einige »pri-

Abb. 4: *George Washington, 1732–1799, 1. Präsident der Vereinigten Staaten (1789 bis 1797)*

märe Interessen«, die die Amerikaner nicht teilten. Wenn die Union zusammenhalte, bis ihre noch jungen Institutionen gestärkt und eingespielt seien, wenn sie ungestört fortfahre, »sich zu dem Grad an Stärke und Konsistenz zu entwickeln, der nötig ist, um nach menschlichem Ermessen ihr eigenes Schicksal zu bestimmen«, dann werde auch die Zeit kommen, »in der wir die Haltung einnehmen können, die bewirkt, daß die Neutralität, zu der wir uns jederzeit entschließen können, sorgfältig respektiert wird, ... in der wir Frieden oder Krieg wählen können, wie unser von Gerechtigkeit gelenktes Interesse es ratsam erscheinen läßt.«[26]

Seit Juli 1796 ließ das französische Direktorium amerikanische Schiffe aufbringen, die englische Häfen anliefen oder angelaufen hatten. Ein gegenseitiger Kaperkrieg, bald »Quasi-Krieg« genannt, begann. Über eine nennenswerte Kriegsmarine verfügte die Bundesregierung nicht, weil das mächtige Landwirtschaftsinteresse im Kongreß sich ihrem Ausbau zäh widersetzt hatte. Den offenen Krieg vermied Washingtons Nachfolger John Adams (1797–1801) durch eine erneute diplomatische Offensive, die ihn die politische Unterstützung des Hamilton-Flügels seiner Partei kostete, der Union aber kaum schätzbaren Gewinn brachte. Napoleon, seit Dezember 1799 Erster Konsul, wollte die amerikanische Regierung mög-

lichst unabhängig von England sehen und beendete den Kaperkrieg in der Konvention von 1800 (auch Vertrag von Môrtefontaine genannt).
Voll zahlte sich die friedliche Übereinkunft mit Napoleon aus, als er 1803 der Regierung Jefferson knapp ein Drittel des heutigen Territoriums der USA verkaufte. Ihm selbst war Spanisch-Louisiana (nicht zu verwechseln mit dem viel kleineren heutigen Staat gleichen Namens) erst im Oktober 1800 für ein versprochenes (und nie geliefertes) Königreich in Italien übertragen worden. Dem Verkaufsentschluß waren amerikanische Drohungen und der gescheiterte Versuch vorangegangen, das französische Kolonialreich auf den Westindischen Inseln militärisch zu sichern. Die beiden amerikanischen Verhandlungsbevollmächtigten Robert R. Livingston und James Monroe verhandelten im Stil von Großkaufleuten. Sie fanden Angebot und Preis befriedigend und kauften für 60 Millionen *livres* (statt für 50) ganz Louisiana einschließlich New Orleans (statt nur der Halbinsel, auf der die Stadt liegt, und der beiden Floridas). Der Erwerb Louisianas erfüllte ein Hauptziel amerikanischer Außenpolitik. Der Weg zur Erschließung des Westens jenseits des Mississippi stand jetzt offen. Amerikaner wie Franzosen waren sich der Bedeutung der Transaktion bewußt. Livingston soll nach der Unterzeichnung gesagt haben: »Von diesem Tag an gehören die Vereinigten Staaten zu den Großmächten *(powers of the first rank)*«. Und Napoleon hat angeblich bemerkt: »Jetzt habe ich England einen maritimen Rivalen gegeben, der früher oder später seinen Stolz brechen wird.«[27] Von nun an konnte die Bundesregierung Außenpolitik aus einem Gefühl der Sicherheit heraus betreiben und dem Grundsatz folgen, den Jefferson, an Washington anknüpfend, bei seinem Amtsantritt 1801 verkündet hatte: »Friede, Handel und ehrliche Freundschaft mit allen Nationen, verstrickende Allianzen *(entangling alliances)* mit keiner.«[28]
Doch zunächst geriet der amerikanische Außenhandel in die Zwickmühle der sich zur Kontinentalsperre verdichtenden Dekrete Napoleons und einer entsprechenden Serie von 24 Anordnungen des britischen Kronrates, die den Handel Neutraler zu Englands Vorteil durch englische Häfen schleusen sollten. Die öffentliche Meinung in Amerika erregte besonders das Matrosenpressen. Seit Wiederbeginn des Seekrieges zwischen Frankreich und England im Mai 1803 hatte diese Form der Freiheitsberaubung und des erzwungenen Militärdienstes zugenommen. Schätzungsweise 10 000 Seeleute wurden zwischen 1793 und 1811 gewaltsam von amerikanischen Schiffen entführt. Die so auf hoher See tätigen Rekrutierkommandos der Royal Navy gaben an, lediglich Deserteure zurückzuholen. Nach einem besonders provozierenden Übergriff vor der Kü-

ste Virginias im Juni 1807 beschloß der Kongreß, Engländern und Franzosen ihre Abhängigkeit von amerikanischen Lieferungen und von der amerikanischen Frachtschiffahrt zu demonstrieren und der Forderung nach Handelsfreiheit Neutraler Nachdruck zu verleihen durch einen totalen Ausfuhrstopp. Das Embargo blieb von Dezember 1807 bis März 1809 in Kraft. Beträchtlicher Schmuggel mit Kanada und den britischen Westindischen Inseln milderten seine Schärfe. Weder die englische noch die französische Regierung ließ sich zu Verhandlungen bewegen.

Je ohnmächtiger die Diplomatie des Präsidenten wurde, desto lauter riefen Abgeordnete, die sich 1810 mit nationalistischen und kriegerischen Parolen vor allem im Westen und Süden hatten wählen lassen, nach Taten, nach einem Krieg gegen England. Sie artikulierten den Unmut der Tabak-, Weizen- und Baumwollanbauer, die sich von der englischen Seemacht von ihren Märkten auf den Westindischen Inseln und in Europa abgeschnitten sahen. Auch Pennsylvania, Delaware, und New Jersey hingen so sehr vom Export ihrer Landwirtschaftserzeugnisse ab, daß ihre Abgeordneten die Westler unterstützten. Ziel der Kriegsfraktion war es, durch einen Marsch auf Kanada und den Einsatz privater Kaperschiffe die englische Regierung zu einem Verhandlungsfrieden zu zwingen, der endlich die Agrarexportinteressen der Amerikaner befriedigte. Ein Krieg an der Frontier sollte zugleich genutzt werden, um die Indianerstämme in den Grenzgebieten von ihren spanischen und englischen Waffenlieferanten zu trennen und durch Bundestruppen endgültig zu unterwerfen. Patriotische Journalisten forderten auch die Annexion Ost-Floridas und die militärisch allerdings aussichtslose dauerhafte Eroberung Kanadas. Die größtenteils pro-englische Kaufmannsschicht Neuenglands lehnte den Krieg als aussichtslos und verlustreich ab.

Ohne einen spektakulären Zwischenfall abzuwarten, proklamierte Präsident Madison (1809–1817) im Juni 1812 mit Zustimmung des von den Republicans beherrschten Kongresses den Kriegszustand zwischen den USA und Großbritannien. Vier Tage darauf entfiel der größere Teil der Kriegsursache, als der Kronrat in Westminster die amerikanischen Handelsschiffe von einem Teil der beanstandeten Einschränkungen befreite. Dennoch nahm die militärische Kraftprobe ihren für die Amerikaner katastrophalen Lauf. In kurzer Zeit waren die schlecht vorbereitete Armee und die kaum existierende Marine strategisch matt gesetzt und die Bundesregierung finanziell bankrott. Ein letztes Gefecht gewannen die Amerikaner bei der Verteidigung von New Orleans im Januar 1815. Der gefeierte Sieg erwies sich aber als überflüssig, weil zwei Wochen zuvor, Weihnachten 1814, im belgischen Gent der Frieden vereinbart worden war. Der Vertrag erfüllte keines der amerikanischen Kriegsziele. Er regelte wenig mehr als die Einstellung der Kriegshandlungen. Auch der im Juli 1815 folgende Handelsvertrag gestattete, wie der Jay-Vertrag, lediglich relativ freien Handel mit den britischen Heimatinseln. Die Tür zum britischen Handelsreich, vor allem den britischen Inseln im Karibischen Meer, blieb dem legalen Handel der Amerikaner weiterhin verschlossen.

IX. DIE AMERIKANISCHE GESELLSCHAFT VOR DER INDUSTRIALISIERUNG

Die Prosperitätsphase von 1793 bis 1807 beruhte weniger auf erfolgreicher Entwicklungspolitik als auf der Ausnutzung des durch die europäischen Kriege künstlich geschaffenen Marktes für die amerikanische Landwirtschaft und die amerikanische Frachtschiffahrt. In diesen fünfzehn fetten Jahren herrschte Vollbeschäftigung, und das Pro-Kopf-Einkommen stieg höher als in den vorangegangenen und in den folgenden Jahrzehnten. Zugleich hatte sich die Bevölkerung von 1775 bis 1815 verdreifacht, von 2,5 Millionen auf 8,5 Millionen. Die Sozialstruktur änderte sich jedoch nicht. Bevölkerungswachstum und Ausdehnung des Staatsgebietes hielten sich, vor allem durch den Kauf Louisianas, das Gleichgewicht. Es änderte sich nichts an der Bevölkerungsdichte von 4 bis 5 Personen je Quadratmeile Landgebiet. Die Zahl der Einwanderer aus Europa blieb zwischen 1790 und 1815 mit 250 000 vergleichsweise gering. Dennoch waren im Jahre 1800 etwa 40 % der erwachsenen Weißen und 50 % der Erwerbspersonen außerhalb der Vereinigten Staaten geboren.
Weder die Verdreifachung der Bevölkerung, noch die Verdoppelung des Staatsgebietes, noch die einsetzenden technologischen Neuerungen erzwangen vor 1815 für einen erheblichen Bevölkerungsteil eine qualitative Veränderung der Lebensweise. Amerika blieb eine dezentralisierte, expandierende Agrargesellschaft mit den bereits aufgezeigten Absatzproblemen und den Transportproblemen kontinentalen Ausmaßes. »Die überwiegende Mehrheit«, so hat Curtis Nettels die Lage um 1815 beschrieben, »war Landbevölkerung und benutzte einfache Werkzeuge und Arbeitsgänge, um einen Großteil ihrer Gebrauchsartikel selbst herzustellen. In Dörfern, Städten und kleinen Siedlungen in der Nähe von Wasserläufen, die Wasserräder antreiben konnten, fanden sich viele kleine Werkstätten und Betriebe, in denen die Besitzer, allein oder mit einigen wenigen Helfern, für die umliegenden Farmen,

für den Markt in der nächsten Stadt oder für den Export einige Spezialprodukte herstellten. In jedem der wichtigsten Industriezweige waren größere Betriebe oder Fabriken entstanden. Sie wurden von Geschäftspartnern oder Gesellschaften betrieben, die zwischen 20 und 200 Arbeiter einstellten und Kapital bis zu $ 300 000 für die neuesten Maschinen investierten. Jedes Stadium industrieller Entwicklung war in dieser Nationalwirtschaft vertreten, vom Indianerdorf und der primitiven Farm bis zur Fabrik.«[29]

Die Initiatoren des Krieges von 1812 hatten sich unter anderem deshalb durchgesetzt, weil sie das erwachende amerikanische Nationalbewußtsein ansprachen und anfachten. Noch während des Krieges bürgerte sich die Nationalkarikatur des Uncle Sam ein, und in der Siegesstimmung nach einem erfolglosen englischen Angriff auf Baltimore reimte 1814 Rechtsanwalt Francis Scott Key die Nationalhymne. Aber der amerikanische Nationalismus ist von Anfang an mehr als patriotisches Kriegsgeschrei gewesen. Mehrere Wirkungsbereiche nationaler Gesinnung lassen sich unterscheiden: Die rein politische Frage der nationalen Einheit war mit der Bundesverfassung von 1787/1788 vergleichsweise schnell und einfach gelöst worden, und der Federalist James Wilson hatte zu Recht gejubelt: »'Tis done! We have become a nation.«[30] Falsch wäre es jedoch, im Willen zur Nation bereits ein wesentliches Motiv für den Widerstand gegen die Kolonialmacht seit 1764 zu sehen. Denn die Kolonisten hatten ja gerade auf Gleichbehandlung als englische Bürger bestanden, um ihre Position im Empire zu verteidigen. Die Nation war nicht die Mutter, sondern das Kind der amerikanischen Revolution. Die anderen Wirkungsbereiche nationaler Gesinnung waren reicher an Widersprüchen: Stolz auf die Vielfalt des Landes und seiner Bevölkerung war gemischt mit der Furcht vor dem Auseinanderstreben heterogener Interessen; Überlegenheitsgefühle gegenüber Europäern und Minderwertigkeitsgefühle wechselten einander ab; das Sendungsbewußtsein gegenüber der ganzen Welt war begleitet von der Angst vor dem Versagen der eigenen Bevölkerung in der Rolle der die Freiheit verteidigenden, im politischen Sinn tugendhaften, republikanischen Bürger.

In den Jahrzehnten seit der Unabhängigkeitserklärung schmerzte es eine nationalbewußte Minderheit, weiterhin in englischer Provinzkultur zu leben. Einer ihrer Wortführer, der Lehrer, Schulbuchautor und Lexikograph Noah Webster, rief in Vorträgen und Schriften in den 1780er Jahren zum Unmöglichen auf. Er wollte nicht nur eine »nationale Regierung«, sondern auch eine »nationale Sprache« einführen (*Dissertations on the English Language*, 1789). Für eine anti-englische

Kulturrevolution konnte er aber bei der Mehrheit kein Bedürfnis wecken. Nach wie vor bestimmten englische Muster weitgehend Form und Inhalt künstlerischer Aussagen. Imitationen von Shakespeare und Sheridan beherrschten die Bühne, sentimentale Rührung, Didaktik und »gotische Schauer« den Roman, gestelzte Reimpaare die Poesie, der Addisonsche Essay und das Pamphlet die Wochen- und Monatsschriften und die politische Publizistik. Antike Symbolik schmückte Staatssiegel, Wappen, Münzen; antike und gotische Vorbilder prägten die Architektur der Repräsentativbauten. Für Malerei und Architektur war mit der Staatsgründung ein bislang unbekannter Bedarf entstanden. Öffentliche Gebäude waren zu errichten; und für Historien- und Porträtmaler gab es endlich Persönlichkeiten und Ereignisse von öffentlichem Interesse. Eine nationale Geschichtsschreibung begann sogleich, die patriotische Interpretation der Unabhängigkeitsbewegung zu verbreiten. Gemeinsam war den Darstellungen der ersten Generation der amerikanischen Nationalgeschichtsschreiber, daß sie die Revolution als die große, konsensbildende Erfahrung des amerikanischen Volkes beschrieben und das Gemeinsame über die inneren Gegensätze stellten. Den gleichen Zweck erfüllten die nationalen Feiertage. Zusätzlich zum Tag der Unabhängigkeitserklärung wurde ab 1800 Washingtons Geburtstag im ganzen Land gefeiert, und allmählich wurden auch andere Politiker der Revolutionszeit in die Rolle von» Gründervätern« entrückt; der gleichzeitige Tod Jeffersons und Adams' am fünfzigsten Jahrestag der Unabhängigkeitserklärung schickte einen frommen patriotischen Schauder durch das Land.
Um 1815 hatte sich das europäische Fragment endgültig verselbständigt. Politisch und wirtschaftlich bestand die amerikanische Union 1815 nicht mehr aus einer Kette von Siedlungen Europa zugewandter Atlantikanrainer. Die westwärts gewanderten Europäer hatten ihren neuen Staat erfolgreich verteidigt; nun wandten sie sich dem vor ihnen liegenden Kontinent zu, um ihn zu ihrem Vorteil zu nutzen.
Die ökonomische Eroberungsstimmung, in der die Konsolidierungsphase der Union endete, verband sich mit einer politischen Grundstimmung der Selbstzufriedenheit. Die Existenz des neuen Staates war in einem 1776 nicht vorhersehbaren Maß gesichert, und die neue staatliche Ordnung hatte sich als so flexibel erwiesen, daß sie keine Gegner mehr hatte, nur noch differierende Interpreten. In einem Bild faßte Henry Adams, einer der bittersten Interpreten dieser Jahrzehnte, die politische Grundstimmung zusammen: »Die Gesellschaft war der Auseinandersetzungen müde und machte es sich in einem politischen System bequem, das jede umstrittene Frage unentschieden ließ.«[31]

Dies war aus zwei Gründen möglich: Der politische Partizipationsanspruch der Mittelklasse und der bürgerlichen Oberschicht war in Amerika unter den vergleichsweise einfacheren Bedingungen einer Agrargesellschaft erfüllt worden; im Unterschied zu Europa ging dort eine erfolgreiche demokratische Revolution der industriellen voraus. Zudem zwang die verschiedenen Interessengruppierungen, vor allem die regionalen, kein Kampf gegen Vorherrschaftsansprüche europäischer Großmächte mehr zur Kooperation um jeden Preis. Innerhalb weniger Jahrzehnte konnten sich deshalb die großen Regionalinteressen voll entwickeln, bis hin zum Bürgerkrieg.

2. Regionalismus, Sklaverei, Bürgerkrieg und die Wiedereingliederung des Südens, 1815—1877

Von Howard Temperley

Die größte Gefahr, der die Union aufgrund der Zunahme ihrer Bevölkerung und ihres Territoriums ausgesetzt ist, erwächst aus der fortdauernden Verlagerung der inneren Machtverteilung ... Es ist schwer vorstellbar, wie eine reiche und starke Nation eine dauerhafte Union mit einer armen und schwachen Nation bilden kann. Noch schwerer ist es, die Einheit dann zu bewahren, wenn eine Seite an Stärke verliert und die andere an Stärke gewinnt. Alexis de Tocqueville, 1835

I. GEGENSÄTZLICHE INTERPRETATIONEN DER VERFASSUNG

Der Krieg von 1812 hatte für einen kurzen Augenblick die Schwächen des amerikanischen Regierungssystems deutlich gemacht. Eine mächtige Minderheit hatte die Autorität von Präsident und Kongreß herausgefordert und hatte dadurch beunruhigende Fragen über das Wesen der Union aufgeworfen. Doch wenn die Amerikaner an diesen Krieg zurück dachten, dann wollten sie sich nicht an die politischen Komplikationen erinnern, die er ihnen beschert hatte, oder an ihr verhältnismäßig schwaches militärisches Abschneiden, sondern nur an die Tatsache, daß sie einen Konflikt mit der stärksten Militärmacht der Welt begonnen und überlebt hatten. Das schien die ausländischen Kritiker, die seit der Unabhängigkeitserklärung Katastrophen vorausgesagt hatten, genügend zu widerlegen. Es war keine leichte Aufgabe gewesen, das republikanische Legitimationsprinzip der Volkssouveränität und die föderale Machtverteilung miteinander zu verbinden und auch noch die Sicherheit Amerikas als einer unabhängigen Macht zu wahren, und doch war ihnen dies offenbar gelungen. Die Briten hatten sich auf ihre Vorkriegsposition zurückgezogen, die Partei der Federalists verlor an Einfluß, der Widerstand der Indianer östlich des Mississippi war gebrochen, und unermeßliche Gebiete waren für die Besiedlung erschlossen worden. Im großen und ganzen sah die Zukunft günstiger aus denn je.

Die großen Streitfragen, die während des Krieges für kurze

Zeit aufgebrochen waren, wurden schnell zugedeckt. Zu ihnen gehörte die Frage, ob die Vereinigten Staaten eine Konföderation von Staaten oder eine einzige geeinte Nation bildeten. Die Präambel der Verfassung, die mit den Worten beginnt: »Wir, das Volk der Vereinigten Staaten, von der Absicht geleitet, unseren Bund zu vervollkommnen ...«, könnte den Anschein erwecken, als stütze sie die letztere Auffassung. Denn wenn »das Volk«, d. h. das ganze Volk, die Verfassung gebilligt hätte, dann gebührte ihm wahrscheinlich auch die Priorität gegenüber anderen Loyalitäten, einschließlich der Loyalität gegenüber den Einzelstaatsregierungen.

Zu diesem Punkt bestimmte die Verfassung recht präzise: Wenn Kompetenzen des Bundes mit denen eines Einzelstaates in Konflikt gerieten, waren die Bundesgesetze maßgebend, natürlich nur unter der Voraussetzung, daß der betreffende Sachverhalt in die Zuständigkeit des Bundes fiel. Diese Frage zu entscheiden, war Aufgabe des Obersten Bundesgerichts. Es war im wesentlichen eine technische Frage. Solange die Autorität der Verfassung anerkannt wurde, brauchte man nicht mit Problemen zu rechnen, die sich nicht auf juristischem oder politischem Wege lösen ließen, wenn nur die Bereitschaft bestand, den Institutionen und Prozeduren freien Lauf zu lassen und die gefundenen Entscheidungen anzuerkennen. Das eigentliche Problem, das schon Jefferson und Madison in der *Kentucky* und der *Virginia Resolution* von 1798 und die Gegner des Krieges von 1812 in Neuengland aufgeworfen hatten, bestand darin, ob die Amerikaner letzten Endes verpflichtet waren, die Autorität der Verfassung überhaupt anzuerkennen.

Das war die Frage, auf welche die Verfassung selbst keine befriedigende Antwort gab. Denn, was die Präambel auch besagen mochte, Tatsache war, daß das amerikanische Volk *als Ganzes* nie dazu aufgerufen worden war, die Verfassung zu billigen. Die Zustimmung zur Verfassung war von den einzelnen Staaten gegeben worden, und zwar entweder durch ihre Legislativen oder – in den meisten Fällen – durch eigens zu diesem Zweck gewählte Ratifizierungskonvente. Das dabei angewandte Verfahren war in Artikel 7 festgelegt, der bestimmte, daß die Ratifizierung in der Zuständigkeit der Einzelstaaten liegen sollte.

Im ersten Entwurf der Präambel hatte es sogar geheißen: »Wir, das Volk der Staaten von New Hampshire, Massachusetts ... (usw.) ... bestimmen, verkünden und errichten die folgende Verfassung ...«[1] Die Annahme der endgültigen Fassung war nicht das Ergebnis eines Versuchs, den Verfassungstext als Ausdruck des »Allgemeinen Willens« des amerikanischen Volkes erscheinen zu lassen, sondern das Ergebnis der späten Erkenntnis der Delegierten, daß sie noch nicht wußten, welche der dreizehn Staaten sich tatsächlich bereit finden würden, die Verfassung zu ratifizieren. Daß es am Ende alle taten, obwohl einige sich dabei recht viel Zeit ließen, ändert nichts daran, daß sie diesen Entschluß freiwillig gefaßt haben. Es wäre vollkommen legal gewesen, wenn ein Staat seine Unabhängigkeit bewahrt hätte, wie es Rhode Island bis 1790 tat.

Daß die Vereinigten Staaten als ein freiwilliger Zusammenschluß von Einzelstaaten entstanden, die, einerlei, welche Beziehungen sie vorher zueinander hatten, in diesem einen Fall so handelten, als seien sie unabhängig, mußte freilich nicht bedeuten, daß sie das Recht hatten, sich nach Belieben wieder aus diesem System zu lösen. Souveräne Staaten können schließlich ebenso wie Einzelpersonen übereinkommen, sich auf Dauer zu etwas zu verpflichten. Es ist später oft gesagt worden, daß genau dies in den Jahren 1787–1790 geschehen sei. Doch die politischen Grundvorstellungen, von denen die Amerikaner ausgingen, erschwerten eine solche Argumentation. Wenn nämlich, wie die meisten glaubten, eine rechtmäßige Regierung ihre Vollmachten von der Zustimmung der Regierten ableitete, wenn das Volk die Quelle legitimer Autorität war, dann folgte daraus, daß die Souveränität des Volkes unveräußerlich war und blieb, ohne Rücksicht auf die besonderen Vereinbarungen, denen das Volk von Zeit zu Zeit zustimmen mochte. Als 1788 die Bundesverfassung in den Einzelstaaten ratifiziert worden war, hatte auch niemand behauptet, Zustimmung zur Verfassung bedeute das Ende der Souveränität des Volkes. Eine solche Behauptung hätte den Grundideen vom Gesellschaftsvertrag und den unveräußerlichen Grundrechten widersprochen. Man konnte lediglich sagen, daß die Einzelstaaten einen Teil *ihrer* Souveränität »leihweise« an eine zentrale Institution übertragen hatten, um sie zu ihrem besseren Nutzen ausüben zu lassen. Das war das erste Mal geschehen, als die Einzelstaaten zwischen 1776 und 1781 den *Articles of Confederation* zustimmten. Als dann dieser Staatenbund die in ihn gesetzten Hoffnungen nicht erfüllte – so ließ sich in der Rückschau aus südstaatlicher Perspektive der Übergang vom Staatenbund zum Bundesstaat sehr wohl interpretieren –, hatten die Einzelstaaten ihre Autorität auf eine neue zentrale Institution übertragen, auf die in der Bundesverfassung von 1787 vorgesehenen Organe der Bundesregierung. Die neue Bundesregierung war sicherlich mächtiger als es der Kontinentalkongreß gewesen war, aber sie war ebenfalls nicht unveränderlich, denn auch ihre verfassungsgemäßen Kompetenzen beruhten auf der Zustimmung der Einwohner der Einzelstaaten.[2]

Das amerikanische Regierungssystem ließ sich somit verfas-

sungsrechtlich ganz unterschiedlich interpretieren. Man konnte es als einen unauflöslichen Bund betrachten, der nötigenfalls auch mit Waffengewalt aufrechterhalten werden mußte, oder als eine Übereinkunft, deren Befolgung vom guten Willen der einzelnen Staaten abhing.
Diese beiden Alternativen wurden allerdings in den Jahren nach dem Frieden von Gent (1815) keineswegs als die einzig möglichen angesehen. Hätte man sie gefragt, ob die Vereinigten Staaten eine Konföderation souveräner Staaten oder eine einzige, geeinte Nation seien, dann hätten die meisten Amerikaner geantwortet, sie seien etwas von beiden. In bestimmten Fragen war die einzelstaatliche Autorität maßgebend, in anderen die bundesstaatliche. Präsident Andrew Jackson sagte 1832: »Die Staaten haben als einzelne nicht ihre volle Souveränität behalten ... Indem sie Bestandteile einer Nation wurden, nicht Mitglieder eines Bundes, haben sie viele wesentliche Teile ihrer Souveränität aufgegeben.« Daniel Webster stellte 1833 in gleichem Sinne fest: »Mit dem Eintritt in die Union hat die Bevölkerung eines jeden Einzelstaates einen Teil ihrer eigenen Befugnis, sich selbst Gesetze zu geben, aufgegeben, und zwar aus der Überlegung heraus, daß sie ihrerseits an der Gesetzgebung für andere Einzelstaaten mitwirken sollte, wenn gemeinsame Probleme betroffen sind. Mit anderen Worten, die Bewohner aller Einzelstaaten kamen überein, eine Regierung für alle zu schaffen, die aus Vertretern von allen gebildet werden sollte.«[3] So jedenfalls funktionierte das amerikanische Regierungssystem. Sein besonderer Vorzug lag darin, daß es eine breite Aufteilung politischer Macht erlaubte. Die Amerikaner waren stolz darauf, daß dies anders war als in den meisten europäischen Regierungssystemen, die die Macht in den Händen einiger weniger konzentrierten und deren Herrscher niemandem als sich selbst verantwortlich waren.
Der logische Irrtum in dieser Argumentation lag darin, wie sowohl die Bewohner der Nordstaaten als auch die der Südstaaten schließlich erkannten, daß sie nicht unterschied zwischen Hoheitsrechten, die teilbar waren, und unteilbarer nationalstaatlicher Souveränität schlechthin. In den 1840er und 1850er Jahren sahen sich die Amerikaner schließlich gezwungen, für eine von zwei völlig gegensätzlichen und, wie die Ereignisse zeigen sollten, unvereinbaren Auffassungen über das Wesen ihres Bundesstaates Partei zu ergreifen. Auf die einfachste Formel gebracht war es die Wahl zwischen einer Interpretation, die das System hauptsächlich unter dem Gesichtspunkt seines Ursprungs, also vor allem der Wahrung der nationalstaatlichen Einheit, beurteilte und einer Einschätzung, die von seinen Auswirkungen in der Gegenwart, also der drohenden Majorisierung einer Region durch die anderen

Landesteile, ausging. Die Schwäche der ersten Interpretation lag darin, daß sie dazu neigte, die Tatsache zu übersehen, daß inzwischen wichtige Veränderungen eingetreten waren. Die Schwäche der zweiten Interpretation bestand in ihrer Vernachlässigung der Tatsache, daß eine große Zahl von Amerikanern fest glaubte, diese Veränderungen seien entweder nicht erheblich oder durchaus rechtens. Welche dieser beiden Auffassungen »richtig« war, läßt sich nicht sagen. Die Gründerväter, die sich des engen Spielraumes, innerhalb dessen sie sich einigen mußten, sehr wohl bewußt waren, überließen das Problem einer künftigen Lösung. Hätten alle Amerikaner sich für die eine oder die andere Interpretation entschieden, dann wäre es zu keinem Konflikt gekommen. Das Problem war, daß sich die Meinungen im Laufe der Zeit regional polarisierten. Um dies zu verstehen, muß man die geographischen Unterschiede zwischen den großen Regionen und deren politische und wirtschaftliche Interessen betrachten.

II. DER ALTE SÜDEN

Im Jahre 1815 hatten die Vereinigten Staaten 8,5 Millionen Einwohner. Etwa vier Millionen von ihnen lebten südlich der Grenze, die Maryland von Pennsylvania trennte, der sogenannten Mason-Dixon-Linie. Damit hatte der Süden jetzt eine Bevölkerung, die fast genauso groß war wie die der gesamten Nation zur Zeit der ersten bundesweiten Volkszählung von 1790. Auch territorial dehnte sich der Süden aus. Kentucky war 1792 als Staat gegründet worden, Tennessee 1796 und Louisiana 1812. 1821 kamen drei weitere Südstaaten hinzu, und zwar Mississippi, Alabama und Missouri. Ihnen schlossen sich 1836 Arkansas und 1845 Florida und Texas an.
Die Daten zeigen, daß der »Alte Süden«, wie er später genannt wurde, in Wirklichkeit nicht sehr alt war. Zur Zeit der amerikanischen Revolution war der größte Teil dieses Gebietes nicht nur unbesiedelt, sondern auch noch unerforscht. Und selbst zur Zeit des Bürgerkrieges waren große Teile noch unkultiviert und unerschlossen. Innerhalb des Alten Südens gab es einen noch älteren Süden, der aus den ehemals britischen Kolonien Maryland, Virginia, North Carolina, South Carolina und Georgia bestand. Hier lebten 1815 noch die meisten Bewohner des Südens, und von hier kamen, als sich der größere Süden entwickelte, nicht nur seine Menschen, sondern zugleich auch viele seiner Ideen und Traditionen. Die älteste und immer noch volkreichste dieser ehemaligen Kolonien war Virginia, dessen Geschichte bis zur Gründung von Jamestown im Jahre 1607 zurückreichte. Die Legislative des Staates Virginia

war der direkte Abkomme der ältesten Volksvertretung in der Neuen Welt, des *House of Burgesses*, das 1619 errichtet worden war, ein Jahr bevor die Pilgerväter von Plymouth nach Neuengland aufbrachen. Die anderen Kolonien im Süden waren zu verschiedenen Zeiten und aus ganz verschiedenen Gründen besiedelt worden. Die jüngste, 1732 gegründete Kolonie Georgia war zunächst als Siedlungsgebiet für rehabilitierte Schuldner gedacht, aber wie so häufig hatten sich die weite Entfernung vom Mutterland und die Wechselfälle des Lebens an der *frontier* (Siedlungsgrenze; vgl. unten S. 145) als stärker erwiesen als die Pläne ihrer Gründer. Im gesamten Gebiet südlich der Mason-Dixon-Linie hatten sich bestimmte gemeinsame Lebensweisen herausgebildet.

Was das Leben im Süden beeinflußte, war nicht zuletzt das Klima.[4] Die Temperaturen in Virginia lagen durchschnittlich um 10 und in South Carolina um 20 Grad höher als in New York. Klimatisch gesehen unterschieden sich Boston, Richmond und Charleston ebensosehr voneinander wie Berlin, Mailand und Neapel, eine Tatsache, die sich sowohl im äußeren Bild der Städte selbst als auch in Kleidung und Lebensgewohnheiten der Bewohner ausdrückte. Noch wichtiger als die Durchschnittstemperaturen waren jedoch die Unterschiede in der Dauer der Wachstumsperiode, die im Süden zwei Wochen bis zwei Monate länger war als in Neuengland. Das ermöglichte die Kultivierung der landwirtschaftlichen Massenerzeugnisse, für die der Süden berühmt wurde und von denen sein Wohlstand abhing. In der Kolonialzeit waren es vor allem Tabak, Reis und Indigo gewesen. Mehr als ein Jahrhundert lang waren diese Erzeugnisse die wichtigsten amerikanischen Exportgüter für die Alte Welt. Nach der Revolution ging die Nachfrage zurück oder hörte, wie beim Indigo, völlig auf, aber dieser Verlust wurde durch die Baumwolle mehr als wettgemacht. Bis 1810 hatte die Baumwolle den Tabak als Hauptanbaufrucht des Südens ersetzt, und seit 1820 bestand rund die Hälfte des gesamten amerikanischen Exports aus Baumwolle.

Die Zeitgenossen betrachteten den Baumwoll-Boom als eine Revolution, und dies war er in gewissem Sinn auch. Die schnelle Expansion des Südens in der ersten Hälfte des 19. Jahrhunderts war zum größten Teil darauf zurückzuführen, daß man neues Land für den Anbau von Baumwolle brauchte. Die Auswirkungen dieser Entwicklung blieben nicht auf den Süden beschränkt. Die Entstehung der Verbrauchsgüterindustrie im Norden und die Vergrößerung der amerikanischen Handelsflotte waren ebenfalls weitgehend auf den Baumwollanbau zurückzuführen. Doch im weiteren Sinne bewirkte der Baumwoll-Boom gerade das Gegenteil einer revolutionären Entwicklung, weil er die Bewahrung eines Lebensstils ermöglichte, der kaum hätte beibehalten werden können, wenn die alten landwirtschaftlichen Produkte die einzige Wirtschaftsquelle des Südens geblieben wären. Infolge des Baumwollanbaus konnten nicht nur die alten Siedlungsgebiete ihren landwirtschaftlichen Charakter bewahren, sondern er ermöglichte auch, daß das ganze Gesellschaftssystem des Südens in den sich neu entwickelnden Regionen im Westen übernommen und dort auf eine breitere Basis gestellt werden konnte. (Zur wirtschaftlichen Entwicklung des Südens siehe Kap. 3, IV.)

Auf diese Weise blieben die Unterschiede zwischen den einzelnen Gebieten, die während der Kolonialzeit bestanden hatten, bis in die Zeit nach Gründung der Union erhalten. Von Anfang an wurden sie als auffallend genug erkannt, um Kritik zu rechtfertigen. Als Josiah Quincy Jr. aus Boston 1774 South Carolina besuchte, mißfiel ihm im Vergleich zu seinem heimatlichen Neuengland besonders eines: »Man kann die Einwohner South Carolinas gut einteilen in die wohlhabenden und herrschaftlichen Pflanzer, die armen, mutlosen Bauern und die erbärmlichen Sklaven.« Als Edward Rutledge aus South Carolina zwei Jahre später Neuengland besuchte, urteilte er nicht weniger scharf über die Bewohner Neuenglands: »Mir graut vor ihrer gemeinen Verschlagenheit und vor jenen gleichmacherischen Prinzipien, die Menschen ohne Charakter und ohne Vermögen im allgemeinen vertreten, Prinzipien, für die die untere Klasse der Menschheit sich so begeistert und die schließlich eine so starke Fluktuation von Eigentum bewirken werden, daß große Unruhe und Unordnung entstehen müssen.«[5] Bis zum Bürgerkrieg und auch noch darüber hinaus wurden ähnliche Beschuldigungen von beiden Seiten erhoben. Es wäre jedoch falsch, regionale Unterschiede mit regionalen Konflikten gleichzusetzen. Die Bewohner von Boston wußten über die Einwohner von Rhode Island ein ebenso hartes Urteil zu fällen, während die Bewohner von Virginia seit jeher in North Carolina wenig mehr als ein Piratennest sahen. Innerhalb des Südens selbst waren Streitigkeiten zwischen Pflanzern an der Küste und Siedlern im Hinterland bereits Tradition, und von Zeit zu Zeit entluden sie sich in offener Konfrontation. Der deutlichste Beweis dafür, daß regionale Unterschiede politische Zusammenarbeit nicht ausschlossen, war der Erfolg, mit dem Nord- und Südstaatler sich zusammengetan hatten – zuerst im Kampf um die Unabhängigkeit und dann bei der Gründung des Nationalstaates. Washington, Jefferson, Madison und Monroe kamen alle aus dem Süden. Als Patrioten und Befürworter des Bundesstaates hatten die Südstaatler keine Ursache, weniger stolz auf ihre Leistungen zu sein als

die Nordstaatler. Gemessen am Verhalten der Neuengland-Federalists im Krieg von 1812 war manch einem der Gedanke gekommen, daß sie eher mehr Ursache zu solchem Stolz hatten als der Norden.
Obwohl es also ganz bestimmte kulturelle und wirtschaftliche Unterschiede zwischen dem Norden und dem Süden gab, bestand – zumindest bis 1820 – kein Grund für die Annahme, daß sie auch Anlaß zu ernsthaften politischen Differenzen geben würden. Und noch weniger Anlaß bestand zu der Erwartung, die Meinungsbildung würde sich in den beiden Regionen um die beiden Verfassungsinterpretationen herum vollziehen und polarisieren. Doch der Konflikt um die Sklavenhaltung führte schließlich zu dieser Polarisierung.

III. DIE SKLAVENHALTUNG

Im Jahre 1815 gab es unter den 8,5 Millionen Einwohnern der Vereinigten Staaten 1,5 Millionen Schwarze, und von diesen waren 1,3 Millionen Sklaven. Von hundert Amerikanern hatten also achtzehn ausschließlich oder teilweise afrikanische Vorfahren, und sechzehn von diesen achtzehn waren Sklaven. Von den Schwarzen, die frei waren, lebte etwa die Hälfte im Norden, nahezu alle Sklaven lebten jedoch im Süden. In Maryland machten sie ein Drittel der Gesamtbevölkerung aus, in Virginia die Hälfte, in North Carolina ein Viertel und in South Carolina zwei Drittel. Betrachtet man den Süden als Ganzes, einschließlich der Gebiete, die noch keine Eigenstaatlichkeit erlangt hatten, so waren ein Viertel bis ein Drittel seiner Bewohner Sklaven.[6]
Einige von ihnen, die man an ihren Stammesnarben und an ihren »fremdländischen« Gebräuchen erkennen konnte, waren noch in Afrika geboren; deren Zahl nahm indessen ab, als 1808 der legale Sklavenimport beendet wurde. Die meisten waren Nachkommen der in den vorangegangenen zwei Jahrhunderten herübergebrachten gefangenen Afrikaner. Als Leibeigene erkannte man ihnen keine Grundrechte zu. Sie konnten gekauft, verkauft, verpfändet und von einem Ort zum anderen gebracht werden wie jedes andere Stück persönliches Eigentum; juristisch wurden sie wie eine Sache behandelt.
In der Praxis erkannte man natürlich an, daß sie Eigenschaften besaßen, die anderen Arten von Eigentum fehlten. Obwohl sie nicht berechtigt waren, selbst etwas zu besitzen oder zivilrechtliche Verträge abzuschließen (sie konnten z. B. keine Ehe eingehen), erlaubte man den meisten wenigstens den Besitz einiger persönlicher Gegenstände. Viele veranstalteten besondere Zeremonien, die einer Trauung ähnlich waren.

Wie auch in anderer Hinsicht, hing hier viel von der Einstellung des jeweiligen Besitzers und bis zu einem gewissen Grade den Sklaven selbst ab. Einige Sklavenhalter glichen den wohlwollenden Patriarchen entsprechend dem Wunschbild, das der Süden von sich selbst hatte, andere glichen den grausamen Tyrannen, die von den Kritikern im Norden beschrieben wurden, aber die meisten fielen irgendwo dazwischen. Viele Sklaven nahmen strenge Strafen in Kauf dafür, daß sie ungeschickt arbeiteten oder Widerstand leisteten, indem sie Werkzeuge beschädigten, die Ernte verkommen ließen oder wiederholt flohen, während andere gutwillig und arbeitswillig blieben. Wie es bei einer Institution zu erwarten ist, die Millionen von Einzelpersonen umfaßte, die eng miteinander lebten und arbeiteten, war das Spektrum möglicher menschlicher Beziehungen sehr breit, und es läßt sich nicht einfach mit Hilfe *eines* Musters, Modells oder Verhaltenstyps beschreiben.

Seit Erscheinen des Buches *The Peculiar Institution* von Kenneth Stampp (1956), das die rassenbezogenen Annahmen früherer Studien ablehnt, werden die Erfahrung der Sklaven und der begriffliche Rahmen, innerhalb dessen sie zu beurteilen ist, lebhaft diskutiert. In den 1950er und 1960er Jahren betonten die meisten Historiker die Brutalität der Institution.

So verglich beispielsweise Stanley Elkins in seinem Buch *Slavery* (1959) die Erfahrungen der Sklaven mit denen der Juden in den Konzentrationslagern des nationalsozialistischen Deutschland und kam zu dem Schluß, daß den Schwarzen nicht nur die Selbstachtung genommen wurde, sondern daß sie auf Dauer psychisch verstümmelt wurden. Damit wollte der Verfasser offensichtlich ein Urteil über die Gesellschaft der Weißen fällen; er erregte kaum Widerspruch. Erst allmählich begannen zuerst Schwarze und dann auch Weiße zu erkennen, daß diese Auffassung negative Konsequenzen hatte für die Kultur der Schwarzen, die gerade in den 1960er Jahren mit zunehmendem Stolz von ihren Trägern betrachtet wurde. In jüngster Zeit mehren sich die Anzeichen dafür, daß sich das Rad einmal ganz gedreht hat: Der Historiker Eugene Genovese hat jüngst daran erinnert, eine wie weitgehende gegenseitige Anpassung es zur Zeit der Sklaverei zwischen den Rassen gegeben hat, während die Verfechter exakter Quantifizierung in der Geschichtsschreibung, wie Fogel und Engerman, behaupten, die Schwarzen seien vor dem Bürgerkrieg besser ernährt worden, außerdem hätten sie eher die Möglichkeit gehabt, einen Beruf zu erlernen, und sogar ihr Familienleben sei stabiler gewesen als nach dem Bürgerkrieg.[7] Obwohl die Diskussion über diese Fragen noch in vollem Gange ist, ist jetzt klar, daß Vergleiche mit anderen Institutionen wie etwa Gefängnissen und Konzentrationslagern zwar gewisse Aspekte der Sklaverei verständlicher machen mögen, aber letzten Endes irreführend sind. Insofern als die beiden betroffenen Gruppen, die Sklavenhalter und die Sklaven, sich jeweils aus Einzelpersonen beiderlei Geschlechtes zusammensetzten, die auf die Dauer zusammenlebten, war Sklavenhaltung etwas wesentlich anderes. Sinnvollere Vergleiche wären anzustellen mit der Sklaverei auf den Westindischen Inseln und in Lateinamerika, denn hier hatten ähnliche wirtschaftliche Voraussetzungen zu ihrer Verbreitung geführt, und Rasse und gesellschaftliche Stellung waren in vergleichbarer Weise miteinander verknüpft. Aber auch hier gab es ganz wesentliche Unterschiede.

Ein wichtiger Unterschied bestand darin, daß – anders als auf den Westindischen Inseln – in den Südstaaten viel mehr Weiße als Sklaven lebten. Das traf zwar nicht für alle Gebiete zu, aber selbst in den am dichtesten mit Schwarzen besiedelten Bezirken des Südens kam es nur selten vor, daß die Weißen so in der Minderheit waren wie etwa auf Jamaika. Nimmt man den Süden, als Ganzes, so besaß tatsächlich nur eine von fünf Familien Sklaven, und die meisten dieser Familien besaßen weniger als fünf. Nur eine aus fünfzig Familien galt (da sie mehr als zwanzig Sklaven besaß) als »Plantagen«-Familie, und nur eine aus dreihundert gehörte (da sie mehr als hundert Sklaven besaß) zur Kategorie der »großen Plantage«. 1850 gab es im ganzen Süden höchstens dreitausend dieser großen Plantagen.

Der zweite wichtige Unterschied lag darin, daß die meisten Plantagenbesitzer, und zwar die großen ebenso wie die kleinen, tatsächlich auf ihren Pflanzungen lebten, wenigstens einen Teil des Jahres. Völlige Abwesenheit des Eigentümers *(absentee ownership)*, die das westindische System kennzeichnete, war für den Süden nicht charakteristisch. Die meisten Plantagenbesitzer kannten auch ihre auf dem Feld arbeitenden Sklaven wenigstens vom Sehen und die Haussklaven natürlich genauer. Selbst dort, wo sie Aufseher beschäftigten, wie im allgemeinen auf den großen Plantagen, behielten die Besitzer ein wachsames Auge über das, was vorging, und sie wußten, wann sie selbst eingreifen mußten, um Problemen vorzubeugen. Nicht alle Sklaven wurden so streng beaufsichtigt. Die etwa 5 Prozent, die in den Städten lebten, durften sich gewöhnlich frei auf den Straßen bewegen, wo sie mit freien Schwarzen und Weißen der Unterklasse zusammenkamen. Einige wenige hatten sogar die Erlaubnis, sich als Handwerker oder Tagelöhner selbst zu verdingen. Die Stadtverwaltungen sahen dies allerdings nicht gern. Wie nicht anders zu erwarten, stammte eine unverhältnismäßig große Zahl der entlaufenen Sklaven, denen die Flucht geglückt war, aus dieser Grup-

Abb. 5: *Sklaven bei der Arbeit an einer amerikanischen Baumwollentkörnungsmaschine*

pe. Doch für die große Mehrheit der Sklaven spielte sich das Leben im Rhythmus des Baumwoll- oder Tabakanbaus ab, begrenzt auf die Plantage und deren unmittelbare Umgebung, wo sie ständig vom Eigentümer und seinen Angestellten überwacht wurden.

Im wesentlichen war also der Süden eine Gesellschaft freier Weißer, die eine – wenn auch starke – Minderheit von schwarzen Sklaven in sich einschloß. Es gab jedoch nur wenige Aspekte dieser weißen Gesellschaft, auf die sich die Gegenwart dieser Schwarzen nicht in irgendeiner Weise ausgewirkt hätte. Zweifellos hätten die Südstaatler auch ohne ihre Sklaven Wege gefunden, ihre auf Export gerichtete Landwirtschaft zu betreiben. Aller Wahrscheinlichkeit nach hätten sie es durch die Bewirtschaftung kleiner Familienfarmen getan. Im 17. Jahrhundert, ehe der große Zustrom der Schwarzen begann, hatte es genauso angefangen. Wäre es dabei geblieben, dann hätte sich die Gesellschaft des Südens ähnlich entwickelt wie die im Norden. Das Aufkommen schwarzer Sklavenarbeit bedeutete jedoch, daß zumindest der Anbau der Massenerzeugnisse sich in immer größere Plantagen verlagerte. Und dies bedeutete auch, daß sich im Süden eine charakteristische Gesellschaftsstruktur entwickelte.

Wie ungezählte Besucher aus dem Ausland feststellten, bestand die besondere Eigenart der Gesellschaft in allen anderen Teilen Nordamerikas darin, daß die Lebensbedingungen für alle Bewohner des Landes etwa die gleichen waren. Die großen Gegensätze zwischen arm und reich, die man in Europa kannte, existierten nicht. Und der Grund hierfür war, wie die aufmerksameren unter den Beobachtern feststellten, nicht etwa eine gesellschaftliche Wertvorstellung – obwohl die sich dann auch entwickelte –, sondern ganz einfach der Umstand, daß in einer Agrargesellschaft, in der reichlich Land, aber nur vergleichsweise wenige Arbeitskräfte zur Verfügung standen, die meisten so reich oder so arm waren, wie ihr Land und ihre Arbeitskraft sie machten. Aber südlich der Mason-Dixon-Linie galten diese Voraussetzungen ebensowenig wie in Europa, jedenfalls nicht für diejenigen, die Sklaven für sich arbeiten lassen konnten. Es ging jeweils darum, das zu besitzen, was es am wenigsten gab: in Europa war es der Grund und Boden, in Amerika waren es die Arbeitskräfte. Die Parallelen blieben nicht unbemerkt. Es war kein Zufall, daß sich die Südstaatler für die Abkömmlinge der feudalen englischen »Cavaliers« des 17. Jahrhunderts hielten – im Gegensatz zu den Bewohnern der Nordstaaten, die sie als Nachfahren der von jenen bekämpften puritanischen »Rundköpfe« ansahen. Diese Auffassung ließ sich historisch nicht begründen, sie paßte jedoch ganz genau zu dem Bild, das sich die Klasse der Plantagenbesitzer von sich selbst machte, eine Klasse, die durch die Ausbeutung der Sklaven aufgestiegen war und dabei aristokratische Ambitionen entwickelt hatte.[8]

Ein legendäres Wunschbild umgibt die Plantage des Alten Südens, ein Bild von schönen Frauen, ritterlichen Kavalieren und kauzigen »darkies«. Tatsache ist, daß das Leben im Süden für Schwarze und Weiße, besonders aber für die Schwarzen, in der Regel weit weniger idyllisch war. Auch gehörte allenfalls eine kleine Minderheit der Weißen zur Schar der Glücklichen. Die meisten hingegen waren wie im Norden schlicht Farmer. Doch auch wenn man den großen Plantagen keine Romantik mehr zubilligt, so waren sie doch eine gesellschaftliche Einrichtung von wesentlicher Bedeutung. Sie erzeugten den größten Teil der Exportgüter des Südens und damit des ganzen Landes. Die Plantage erfüllte auch eine wichtige Funktion für die Ausprägung sozialer Wertvorstellungen der ganzen Region. Denn obwohl nur wenige den Status des großen Plantagenbesitzers erlangten, strebten viele ihn an. Aus den Reihen der Pflanzer-Klasse kamen die Männer, die den Süden regierten und die seine Interessen auf nationaler Ebene vertraten. Wie fragwürdig ihr Anspruch auf eine alte ehrwürdige Abstammung auch gewesen sein mag, Tatsache bleibt, daß die Pflanzer eine Aristokratie in dem Sinne bildeten, daß sie im Süden einen großen Teil des Vermögens in Händen hielten und Macht und Einfluß ausübten, die zu ihrer geringen Zahl in keinem Verhältnis stand.

In einer Hinsicht unterschieden sie sich jedoch grundsätzlich von europäischen Aristokraten, denn trotz allem, was auf das Gegenteil schließen lassen konnte, sahen sie sich selbst weiter als Anhänger der amerikanischen Ideale von Freiheit und Demokratie. Um sich dies zu ermöglichen, ordneten sie die Schwarzen einer besonderen Kategorie zu. Das war nicht immer einfach, denn nicht alle Schwarzen waren Sklaven, und nicht alle Sklaven stammten ausschließlich von afrikanischen Vorfahren ab: *miscegenation,* Rassenmischung war zwar tabu, aber deshalb nicht unbekannt. Dennoch fanden die Weißen ausreichende Argumente – die Geistlichkeit half mit Bibelzitaten –, um zu zeigen, daß es nicht nur nützlich und angenehm war, »ein Untervolk von Holzfällern und Wasserträgern« beizubehalten, sondern daß dies auch Gottes Wille sei.[9] Sobald diese These akzeptiert war – und das fiel wenigen Südstaatlern schwer –, ergab sich das Übrige relativ einfach. Jedenfalls fiel es den Südstaatlern nicht schwerer, die Ungleichheit in der Verteilung von Wohlstand und Macht in ihrer Gesellschaft zu begründen, als den Nordstaatlern, die Ungerechtigkeiten im Norden zu rechtfertigen. In beiden Fällen konnte man darauf hinweisen, daß die absolute Gleichheit der Lebensbedingungen nicht Teil amerikanischer Weltanschauung war. In jeder Gesellschaft mußten Unterschiede entstehen durch den Fleiß und die Tatkraft einiger und den Müßiggang und die Haltlosigkeit anderer. Weder die Gesellschaft im Süden noch die im Norden war vollkommen, aber nach Meinung der Südstaatler kam die ihre dem Ideal näher, weil sie sich auf das durchaus beiderseitige Eigeninteresse von Herren und Sklaven gründete, und nicht wie im Norden auf das notwendigerweise antagonistische Verhältnis von Kapital und Arbeit.[10]

Alle Selbstrechtfertigungen in bezug auf soziale Fragen enthalten illusionäre Momente. Vielleicht gab es in dieser Hinsicht sogar kaum einen Unterschied zwischen Norden und Süden. Gewiß konnte die Gesellschaft des Nordens ihre erklärten Ideale oft nicht verwirklichen, worauf Kritiker aus dem Süden nicht selten hingewiesen haben. Auch hatten die Südstaatler in der Vergangenheit ebensoviel zur Prägung der amerikanischen liberalen Ideologie beigetragen wie die Nordstaatler. Es bedarf jedoch keiner großen Erkenntniskraft, um zu sehen, daß die Südstaatler, wenn sie ihre Gesellschaftsform als Verkörperung dieser Freiheit darstellten und zugleich die größte Sklavenbevölkerung der westlichen Welt besaßen, sich in nicht geringe Widersprüche verwickeln mußten.

Der Widerspruch zwischen Theorie und Praxis war nicht unbemerkt geblieben. Seit Beginn des 18. Jahrhunderts hatten Quäker und andere darauf hingewiesen, daß es unvereinbar mit dem christlichen Gebot der Nächstenliebe sei, seine Mitmenschen zu versklaven. Bis zur Zeit der Revolution hatten sich die Quäker in wirkungsvoller Weise von der Sklavenhaltung distanziert, indem sie ihre Glaubensbrüder dazu bewogen, ihre Sklaven freizulassen, und sich weigerten, Sklavenhalter in ihre Gemeinschaft aufzunehmen.

Allerdings haben sich nicht viele durch dieses Beispiel beeindrucken lassen. Viel wichtiger, jedenfalls was die unmittelbaren Auswirkungen angeht, war der Aufschwung freiheitlicher Ideen, der mit der Revolution verbunden war. Bis zu dieser Zeit war die Sklaverei in allen Kolonien als rechtlich möglich angesehen worden, obwohl nördlich von Maryland verhältnismäßig wenige Sklaven lebten – weniger als sieben Prozent. Zeitgenossen behaupteten, Grund dafür sei das für die Schwarzen ungeeignete Klima im Norden. Doch eine viel wahrscheinlichere Erklärung liegt darin, daß es keinen entsprechenden Bedarf für ihre Arbeitskraft gab wie in der auf Massenproduktion ausgerichteten Landwirtschaft des Südens. Für die Nordstaatler war es daher verhältnismäßig leicht, ihre ideologischen Überzeugungen in die Tat umzusetzen und die Rechtsinstitution der Sklaverei abzuschaffen. Am Ende des Unabhängigkeitskrieges gab es in Neuengland fast keine Sklaven mehr, und eine Generation später war die Sklaverei auch aus den mittleren Staaten an der Atlantikküste verschwunden.

Damals wurden auch einige andere wichtige Entscheidungen getroffen. Im Jahre 1787 regelte der Kontinentalkongreß die Art der Selbstverwaltung des noch kaum besiedelten Territoriums östlich des Staates New York und nördlich des Ohio – eines Gebietes, das die Hälfte des bundeseigenen Landes westlich der ersten dreizehn Staaten ausmachte (Kap. 1, V). Auf diesem Gebiet, legte der Kongreß fest, sollte Sklavenhaltung auch später nie erlaubt sein. Zur gleichen Zeit kam der in Philadelphia zusammengetretene Verfassungskonvent überein, daß bei der Sitzverteilung in der neuen Legislative des Bundes jeder Sklave als drei Fünftel eines Freien zählen sollte. Den wichtigsten Beschluß faßte der Kongreß im Jahre 1807 mit der Verfügung, daß keine neuen Sklaven mehr aus Afrika in das Land importiert werden dürften.

Jede dieser Entscheidungen berührte, wie die spätere Entwicklung zeigte, ganz wesentliche Eigeninteressen der großen Regionen. Daß sie zustande kamen, ohne bittere Feindschaft zwischen den Regionen auszulösen – ja, daß es überhaupt zu diesen Beschlüssen kam –, beweist, daß die Interessengegensätze noch nicht verhärtet waren. Im Verfassungskonvent von 1787 beschäftigte man sich viel intensiver mit den spezifischen Interessen großer und kleiner Staaten als mit denen der Nord- und Südstaaten, und 1807 war die anmaßende Behandlung der amerikanischen Handelsschiffahrt durch die Briten das Problem, das die Öffentlichkeit am meisten erregte. Unterdessen war im Süden selbst die Zukunft der Sklaverei ungewiß, nicht etwa weil die Südstaatler an eine Massenbefreiung der Sklaven dachten, obwohl einige – unter ihnen George Washington –, ihre Sklaven freiließen, sondern weil die wirtschaftliche Lebensfähigkeit dieser Einrichtung bezweifelt wurde. Während die Nachfrage nach den traditionellen landwirtschaftlichen Massenerzeugnissen des Südens zurückging und die künftige Nachfrage nach Baumwolle ungewiß blieb, war keineswegs klar, wie man – und ob man überhaupt – die ständig wachsende Zahl der Sklaven würde beschäftigen können.

Solange die wirtschaftliche Zukunft des Südens ungewiß erschien, war nicht zu erwarten, daß sich der regionale Interessengegensatz verhärtete. Zwar konnte man jetzt bereits zwischen »Sklaven«-Staaten und »freien Staaten« unterscheiden – und auch zwischen Territorien mit Sklavenbevölkerung und »freien« Territorien –, aber es ließ sich noch nicht klar erkennen, daß sich daraus wesentliche politische Folgen ergeben würden oder daß die damals bestehenden Demarkationslinien sich als dauerhaft erweisen würden. Wer konnte voraussagen, wie der Süden sich entwickeln würde? Da er die landwirtschaftlichen Rohstoffe erzeugte, konnte er sich nicht auch selbst zu einem Industriezentrum entwickeln, um sie zu Fertigprodukten zu verarbeiten?

Während diese Möglichkeiten noch offen waren, wurde eine neue Idee zur Lösung des Sklavenproblems erörtert. Was die Südstaatler daran gehindert hatte, dem Beispiel ihrer Landsleute im Norden zu folgen, und sie sogar dazu veranlaßt hatte, die Freilassung von Sklaven gesetzlich zu verbieten, war nicht nur mangelnde Bereitschaft, auf ihre Dienste zu verzichten, sondern auch Unsicherheit darüber, was man nach ihrer Freilassung mit ihnen anfangen sollte. Im Norden war dies kein besonderes Problem gewesen, denn die Anzahl der Betroffenen war verhältnismäßig gering. Doch was sollte der Süden tun? Alle waren sich darin einig, daß ihre Eingliederung in die Gesellschaft der Weißen völlig unmöglich sei. Sie waren zu zahlreich und von Natur her nicht assimilierbar. Sie einfach laufen zu lassen, käme einer Aufforderung zu Diebstahl und anderen Formen kriminellen Verhaltens gleich. Die nächstliegende Lösung schien daher, sie nach Afrika zurückzuschicken.

Die Attraktivität des Programms, das die American Colonization Society im Jahre 1816 startete, lag nicht zuletzt darin, daß es sowohl denen zusagte, die die Sklaverei befürworteten, als auch ihren Gegnern. Die Befürworter der Sklaverei sahen darin eine Möglichkeit, das Land von den freigelassenen Schwarzen zu säubern. Die Gegner der Sklaverei hielten es für den einzigen politisch gangbaren Weg, die Südstaatler zur Mitarbeit an der Lösung des Problems zu gewinnen. Insgesamt schien der Plan eine bemerkenswert saubere Lösung zu bieten. Das Problem war nur, daß sie wie so viele andere saubere Lösungen in der Praxis weniger gut funktionierte als in der Theorie. Das Chartern von Schiffen und die Vorbereitungen für die Ansiedlung Schwarzer in Afrika war eine kostspielige Angelegenheit, und die Mittel dafür wurden nicht ausreichend bereitgestellt. Es war eine Sache, einen Sklavenhalter aufzufordern, seine Sklaven freizulassen, eine andere, ihn zu verpflichten, dafür auch noch eine beachtliche Summe zu zahlen. Die Bundesregierung und die Regierungen einiger Einzelstaaten stellten Gelder zur Verfügung, die jedoch niemals ausreichten, um das Vorhaben erfolgreich durchzuführen. Vieles hätte man voraussehen können. Was man nicht vorausgesehen hatte, war die Tatsache, daß fast die Hälfte der Neuansiedler nach ihrer Ankunft in Liberia an Malaria oder am gelben Fieber sterben würden. Zwar versuchte man, diese Tatsache zu verschleiern, aber es war unvermeidlich, daß sie die Anwerbung beeinträchtigte. Die Besitzer, die ihre Sklaven freiließen, wollten sie nicht in den sicheren Tod schicken, und die freien Schwarzen, die dem Projekt von Anfang an mißtraut hatten, griffen es jetzt offen an. Bis 1830, mehr als zehn Jahre seit Beginn des Unternehmens, waren weniger als zweitausend Schwarze nach Afrika zurückgekehrt.[11]

Bis zu dieser Zeit hatten die liberalen Gegner der Sklaverei noch glauben können, daß etwas getan werde und daß die Sklaverei im Lauf der Zeit verschwinden würde. Die mißlungene Rücksiedlung der Schwarzen bewies, daß keine Aussicht darauf bestand. Bestenfalls war die Umsiedlung eine bequeme Art, dem Problem aus dem Wege zu gehen, und schlimmstenfalls ein übler Trick. Dennoch hätten viele das Vorhaben auch weiter unterstützt, wäre es nicht zu zwei weiteren wichtigen Entwicklungen gekommen.

Die erste war der Beschluß der Briten von 1833, in ihrem Empire die Sklaverei abzuschaffen. Daß Amerikas alter Gegner auf diesem Gebiet vorangehen sollte, kam vielen ironisch vor. Wer jedoch die Ereignisse in Großbritannien aufmerksam verfolgt hatte, erkannte, daß sich daraus etwas lernen ließ. Solange die britischen Gegner der Sklaverei nur verlangt hatten, man solle das Los der Sklaven erleichtern und sie schrittweise befreien, hatten sie nichts erreicht. Erst als sie die sofortige und bedingungslose Freilassung forderten, entschied sich das Parlament zu handeln. So hatte es den Anschein, daß man nur dann etwas erreichen konnte, wenn man seine Forderungen erhöhte. Daß man diese Lektion gelernt hatte, zeigte sich, als im Dezember 1833 eine neue Organisation entstand, die American Anti-Slavery Society, die nach britischem Vorbild arbeitete und den Grundsatz verfocht, die Sklaverei müsse sofort und ohne Rücksicht auf die Folgen abgeschafft werden. Die zweite Entwicklung war eine um 1830 einsetzende Welle reformerischer Ideen, die das ganze Land ergriff. Sie war ein bemerkenswertes Phänomen und erinnerte an die in früherer Zeit von den Erweckungspredigern ins Leben gerufenen Bewegungen. Die Ähnlichkeit war nicht zufällig. In religiösen Kategorien betrachtet war die Bewegung Ausdruck utopischer Hoffnungen, die im amerikanischen protestantischen Denken schon lange angelegt waren, bisher jedoch von den unmißverständlichen Glaubenssätzen der calvinistischen Theologie gemäßigt worden waren. Die Bewegung war insbesondere eine Manifestation der wachsenden Überzeugung, christliche Grundsätze müßten in sozialem Verhalten ihren Ausdruck finden.[12] In politischen Kategorien betrachtet brachte die Bewegung die Überzeugung zum Ausdruck, die besonders bei den intellektuellen Erben des Puritanismus in Neuengland weit verbreitet war, die Amerikaner hätten trotz der großen Vorteile, die die Natur ihnen gewährte, ihre Gesellschaft nicht so entwickelt, wie es möglich gewesen wäre. Anstatt ihre Ideale zum Maßstab ihrer Leistungen zu machen, wobei sie hätten erkennen müssen, wieviel ihnen noch bis zur Verwirklichung des Idealzustands fehlte, hätten sie sich zu oft mit dem zufriedengegeben, was nützlich oder durchführbar schien.

So gesehen gab es nur wenige Aspekte der amerikanischen Gesellschaft, denen eine sofortige und radikale Reform keinen Nutzen gebracht hätte. Wo die Reformen ansetzen sollten und welches jeweils der Idealzustand war, ließ sich nicht immer leicht entscheiden. Es entstand deshalb eine Vielzahl miteinander verwandter, konkurrierender, sich überschneidender und artikulierter Bewegungen, die sich darum bemühten, die menschlichen Verhältnisse auf fast jede nur denkbare Weise zu verbessern. Manche empfahlen Wasserkuren oder die Phrenologie zur Rettung der menschlichen Gesellschaft, während wieder andere sich vollständig aus dem Gemeinschaftsleben zurückzogen, um ihrer Verzweiflung darüber Ausdruck zu verleihen, daß ihre Ideale nicht verwirklicht werden konnten. Daraus erklärt sich auch das Entstehen einer so ungewöhnlich großen Zahl von Gemeinschaften mit utopischen Zielen, die in diesen Jahren entstanden und, meist nach heftigen inneren

Auseinandersetzungen, ebenso plötzlich wieder verschwanden. Doch obwohl sich einige Reformer ausgefallenen und verrückten Ideen verschrieben und andere sich isolierten, um separate Gemeinschaften zu bilden, blieb die große Mehrheit nicht nur innerhalb des bestehenden Gesellschaftssystems, sondern bemühte sich, in der Praxis gegen solche offensichtlichen sozialen Mißstände wie Krieg, Kriminalität, Alkoholismus, Analphabetentum und die Ausbeutung der Frauen anzugehen.
Die Bekämpfung der Sklaverei war deshalb nur eines von etlichen Anliegen, denen in diesen Jahren Aufmerksamkeit gewidmet wurde. Diese Bewegung erhielt jedoch die stärkste Unterstützung. Zynisch betrachtet könnte man den Grund dafür darin sehen, daß das Problem der Sklaverei die Gesellschaft in den Nordstaaten nicht mehr selbst betraf und daß es den Menschen immer leichter gefallen sei, andere zu verdammen, als sich selbst zu ändern. Darin liegt vielleicht sogar ein Körnchen Wahrheit. Doch der Hauptgrund war zweifellos der, daß dieses Problem mehr als jedes andere an die weltanschaulichen Grundlagen rührte, auf denen die Amerikaner ihre Gesellschaft gegründet sehen wollten. Für die neue Generation der Reformer, die ihre Aufgabe darin sah, dafür zu sorgen, daß die Amerikaner ihren Überzeugungen entsprechend lebten, war das Weiterbestehen der Sklaverei unerträglich. Indem sie einer bestimmten Gruppe die Werte vorenthielt, die die Amerikaner sonst am meisten priesen, setzte sie diesen Werten ungenau definierte Schranken und gefährdete damit das ganze System. Wenn man die Sklaverei duldete, dann gab es auch keine andere noch so große Ungerechtigkeit, die man nicht ebenfalls als Ausnahmeerscheinung billigen könnte. Solange die Sklaverei nicht abgeschafft war, blieben der Erfolg jeder anderen Reformidee und die ganze Zukunft Amerikas notwendigerweise in Frage gestellt.
Den Südstaatlern und auch vielen Nordstaatlern kamen solche Ideen undurchführbar und gefährlich vor. Sie waren undurchführbar, weil die Sklaverei — ganz abgesehen von ihren ethischen Aspekten — verfassungsmäßig in den Kompetenzbereich der Einzelstaaten fiel und absolut keine Aussicht bestand, daß die Staaten ihrer Abschaffung zustimmen würden, weder sofort noch in absehbarer Zukunft. Und sie waren gefährlich, weil die Gegner der Sklaverei durch ihre Propagierung den Zwist zwischen den Regionen schürten und damit das Bündnis der Regionen untergruben, auf das die Union sich gründete. Indem sie für die Sklaven eintraten, gefährdeten sie die Zukunft aller. Die einzige Hoffnung lag darin, daß die Befürworter der Sklavenbefreiung, die Abolitionisten, ihren Irrtum einsahen und ihre Pläne aufgeben würden, oder daß die ganze Reformbewegung, von der sie ein Teil waren, allmäh-

lich verebben würde.
In den folgenden Jahren wurde deutlich, daß mit keinem von beidem zu rechnen war. Ebenso wie die Erweckungsprediger in früheren Zeiten, an deren Aktivitäten sich viele von ihnen beteiligt hatten, reisten auch die Redner der Abolitionisten von Stadt zu Stadt und Dorf zu Dorf und hielten Vorträge und erduldeten die Pfeifkonzerte und Wurfgeschosse des Pöbels, der zu ihrer Begrüßung erschien. Weitere gegen die Sklaverei gerichtete Organisationen entstanden. 1838 zählte die American Anti-Slavery Society mehr als 100 000 Mitglieder. Jahr um Jahr gewann die Bewegung mehr Anhänger, bis ihre Forderungen alle anderen Reformforderungen übertönten.

V. DAS ERSTARKEN DES REGIONALEN SELBSTBEWUSSTSEINS

Inzwischen hatten andere Entwicklungen dazu geführt, daß die Südstaatler zunehmend auf die Wahrnehmung ihrer Interessen achteten. 1819 stellte das Territorium von Missouri beim Kongreß den Antrag, als Sklavenstaat in die Union aufgenommen zu werden. Neben Louisiana selbst war es das erste Territorium, das auf dem durch den Louisiana Purchase erworbenen Gebiet gebildet worden war, welches die Voraussetzungen dafür erfüllte: Aufnahme als gleichberechtigter Einzelstaat in den Bund konnte ein westliches Territorium erst beanspruchen, wenn es 60 000 Einwohner vorzuweisen hatte. (Vgl. oben S. 49) Daß Louisiana ein Sklavenstaat werden würde, hatte man erwartet, da die Sklaverei dort bereits bestanden hatte, als das Gebiet von Frankreich erworben wurde. Daß jedoch Missouri, das 1803 praktisch noch unbewohnt gewesen war und dessen größter Teil nördlich der Linie lag, welche bisher die freien Territorien von denen mit Sklavenbevölkerung getrennt hatte, ebenfalls die Sklaverei einführen wollte, alarmierte den ganzen Norden. Wenn die Sklaverei in Missouri zugelassen würde, dann konnte man nicht voraussagen, wo dieser Vorgang enden würde. Dann könnte sich die Sklaverei bis hin zur kanadischen Grenze ausbreiten. Wenn das geschah, dann würden die freien Staaten von den Sklavenstaaten umgeben sein und sich im Kongreß bald in der Minderheit befinden.
Nach einer heftigen Auseinandersetzung war der Norden unter der Bedingung bereit, Missouri als Sklavenstaat aufzunehmen, daß durch den Rest des Territoriums entlang des Breitengrades von 36° 30′ eine Linie gezogen wurde, oberhalb dessen die Sklaverei verboten würde *(Missouri Compromise, 1820)*. Das schien vorerst eine befriedigende Regelung zu sein. Als jedoch die Jahre vergingen und die Westwärtswanderung zunahm, er-

kannten die Südstaatler, daß sie ein schlechtes Geschäft gemacht hatten. Aus dem Anteil des Südens an dem durch den Louisiana Purchase erworbenen Land entstand nur noch ein einziger Sklavenstaat, Arkansas. Neun Staaten jedoch wurden schließlich aus dem Anteil des Nordens gebildet. Was der Norden für sich selbst befürchet hatte, daß er nämlich im Kongreß in die Minderheit gedrängt werden könnte, zeichnete sich jetzt mit großer Wahrscheinlichkeit für den Süden ab.

Bis zu einem gewissen Grad hatte dieser Prozeß bereits begonnen: In den 1820er Jahren verdreifachte sich die Zahl der Einwanderer, in den 1830er Jahren verdreifachte sie sich wieder und in den 1840er Jahren vervierfachte sie sich. Praktisch alle Neueinwanderer siedelten sich in den freien Staaten an. Bis 1830 war die Bevölkerung der Sklavenstaaten auf 42 % und bis 1850 auf 35 % der Gesamtbevölkerung zurückgegangen; die Weißen allein gezählt war dies ein Rückgang von 27 auf 23 %. Im Senat vermochte der Süden wenigstens zunächst noch die Parität zu behaupten (erst in den 1850er Jahren waren die Senatoren aus dem Norden denen der Südstaaten zahlenmäßig überlegen), aber im Repräsentantenhaus, wo die Sitze nach der Einwohnerzahl verteilt wurden, machten sich die Auswirkungen des relativen Niederganges des Südens bereits bemerkbar.

Auch wirtschaftlich war die Entwicklung im Süden enttäuschend. 1816 und 1818 hatten auch die Südstaaten für Schutzzölle gestimmt, weil sie erwarteten, daß sich bei ihnen eine Verbrauchsgüterindustrie entwickeln werde. In den 1820er Jahren zeigte sich jedoch, daß dies nicht geschehen würde. Da der Baumwoll-Boom weiterhin anhielt, hätte das weniger ausgemacht, wenn sich nicht auch gezeigt hätte, daß der Einfuhrzoll sich zum Nachteil des Südens auswirkte. Als Hauptexporteure hätten die Südstaatler vernünftigerweise ihre Waren gegen bares Geld verkaufen und die Fertigwaren, die sie brauchten, auf den billigsten Märkten einkaufen müssen. Da die billigsten Märkte aber in Europa lagen, hatten sie die Wahl, entweder die vergleichsweise teuren Waren im Norden zu kaufen oder der Bundesregierung für jeden Importartikel hohen Zoll zu zahlen. Das Ganze sah aus wie ein gut funktionierendes System zur Bereicherung eines Landesteiles auf Kosten eines anderen.

Die Empörung, die diese Entwicklung auslöste, erreichte 1832 ihren Höhepunkt, als der Staat South Carolina erklärte, er werde den Einfuhrzoll nicht mehr bezahlen.[13] Präsident Jackson ersuchte daraufhin den Kongreß um die Vollmacht, die Durchsetzung der Steuergesetze zu erzwingen, wenn nötig mit Gewalt. Aber Senator Henry Clay aus Kentucky, der seinerzeit bei der Beilegung der Missouri-Krise eine wichtige Rolle gespielt hatte, kam der Nation zur Hilfe, indem er ein neues Einfuhrgesetz mit drastisch gesenkten Zöllen vorschlug. Als dieser Vorschlag bekannt wurde, verzichtete South Carolina auf weitere Maßnahmen. Was zu einer sehr schwierigen Lage hätte führen können, vielleicht sogar zu einem Krieg, wurde so in einer Weise beigelegt, die beiden Seiten die Möglichkeit ließ, sich als Sieger zu betrachten.

Doch trotz dieser friedlichen Lösung war es klar, daß sich eine neue und beunruhigende Situation entwickelte. Die Zollfrage war nur eines der Probleme, über die die Meinungen nach Regionalinteressen auseinandergingen: ebenfalls umstritten waren die Nationalbank, die Finanzierung von Straßen-, Kanal- und Eisenbahnbau mit Bundesmitteln und der Verkauf des Bundeslandes im Westen. Wie wir gesehen haben, waren sich die Bewohner der verschiedenen Regionen schon seit der Kolonialzeit der Eigenarten bewußt gewesen, die sich aus den Unterschieden der Wirtschaftsstruktur und des Lebensstils ergaben. Das neue Element bestand darin, daß sich spezifische Interessengegensätze ausprägten und sich in der Folge das regionale Selbstbewußtsein verschärfte. Diese Erscheinung gab es nicht nur im Süden. Auch die Bewohner des Nordens und des Westens stimmten über entscheidende Fragen nach regionaler Zugehörigkeit ab. Paradoxerweise wuchs zugleich mit der Nation augenscheinlich auch die Entschlossenheit ihrer einzelnen Teile, ihre regionalen Sonderinteressen durchzusetzen.

Das lag zum Teil daran, daß sich diese Interessen jetzt deutlicher definieren ließen. Noch vor einer Generation hatte man nicht klar erkennen können, wie das Land sich entwickeln würde. Um 1830 waren die Möglichkeiten geringer und die Prognosen sicherer geworden.

Es gab jedoch ein wichtiges Problem, über dem noch immer Ungewißheit lag. Das war die politische Rolle des Westens. Die am Golf von Mexiko gelegenen Staaten Alabama, Mississippi und Louisiana waren zwar in mancher Hinsicht »westlich«, orientierten sich jedoch in der Hauptsache nach dem Süden. Das gleiche galt, wenn auch in geringerem Maße, für Arkansas und Missouri. Die Zukunft der freien Staaten in der nördlichen Hälfte des Mississippitales aber war noch unklar. Kulturell hatte dieses Gebiet seine ganz bestimmte Eigenart. Wirtschaftlich hing es, wenigstens bis zum Bau der Eisenbahnen, vom Mississippi und seinen Nebenflüssen ab, die als Handelswege dienten. Es war deshalb nur natürlich, daß die beiden älteren Regionen in ihrem Bemühen, sich Vorteile zu verschaffen, nach dem Westen blickten und hofften, von dort Unterstützung zu bekommen. Aber in Wirklichkeit deckten sich die Interessen des Westens in nahezu jeder wichtigen

Frage eher mit denen des Nordens als mit denen des Südens. Obwohl sich die Südstaatler auch weiterhin um Unterstützung durch den Westen bemühten, blieben die Ergebnisse enttäuschend.

Also hatten die Südstaatler, ganz abgesehen von der Sklavenfrage, Ursache, sich von allen Seiten bedrängt zu fühlen. Die Ermahnungen, die Kritik und die Schmähungen, die seit Anfang der 1830er Jahre die Presse des Nordens für sie bereithielt, bestärkten sie in ihrem Gefühl der Isolierung. In einer Union, die den Interessen aller dienen sollte, sahen die Südstaatler sich zunehmend auf sich selbst gestellt.

VI. Konflikte zwischen den Regionen, 1835–1860

Hätten die Südstaatler sich genauer über die öffentliche Meinung im Norden orientiert, dann hätten sie sich vielleicht weniger bedroht gefühlt. Obwohl die Vorkämpfer der Sklavenbefreiung, von den Zeitgenossen kurz *abolitionists* genannt, zahlreiche neue Anhänger gewinnen konnten, war ihre Bewegung in vieler Hinsicht weniger effektiv, als es den Anschein hatte. Von Anfang an war sie durch ideologische Auseinandersetzungen belastet gewesen. Ein Höhepunkt wurde 1840 erreicht, als der radikale Flügel der Bewegung unter der Führung von William Lloyd Garrison die Kontrolle der Organisation auf nationaler Ebene an sich riß und daran ging, sie als Plattform zu benutzen, um andere Abolitionisten öffentlich zu beschuldigen, sie diskriminierten Frauen, seien nicht militant genug und hätten sich verschiedener anderer Verbrechen schuldig gemacht. Von da an verbrauchte die Bewegung – soweit man sie überhaupt noch als Bewegung bezeichnen kann – einen großen Teil ihrer Energien für innere Auseinandersetzungen.[14]

Daß die Befürworter der Sklavenbefreiung überhaupt in dem Maße erfolgreich waren, verdankten sie zu einem großen Teil ihrem geschickten Einsatz von Propaganda, besonders den neuen Techniken des billigen Druckens. Sie erweckten auf diese Weise einen falschen Eindruck von dem Ausmaß an öffentlicher Unterstützung, mit der sie rechnen konnten. Daß sie jedoch nicht für die Masse der Nordstaatler sprachen, zeigte der Widerstand, auf den sie stießen. Der Grund dafür lag nicht darin, daß die Nordstaatler die Sklaverei guthießen, obwohl einige es taten, sondern darin, daß die Strategie der Abolitionisten häufig den Eindruck erweckte, ihren Gegnern mehr zu nutzen als ihnen selbst.

Zu den Führern der Mobs, die gegen die Abolitionisten vorgingen und Boston und andere Städte in den 1830er Jahren terrorisierten, gehörten z. B. Anhänger der Kolonisierungsbewegung, die ihre Lösung des Problems für besser hielten.

Der Hauptwiderstand entsprang jedoch der Überzeugung, die Abolitionisten seien verantwortungslose Fanatiker, die mit ihrer Forderung nach sofortiger Freilassung den Sklaven wohl kaum nützen, aber mit großer Sicherheit der Union schaden und sie vielleicht sogar zerstören würden.[15] Aus diesem Grunde bemühten sich Politiker, auch wenn sie gegen die Sklaverei sprachen, sehr darum, sich von den Abolitionisten abzugrenzen. Als Bewegung, die die wahren Ideale Amerikas zu vertreten vorgab, fand sie erstaunlich wenig politische Unterstützung.

Das Haupthindernis für die Verwirklichung der Ziele der Abolitionisten war jedoch ganz einfach die Tatsache, daß sie auf das Problem, das sie lösen wollten, keinen unmittelbaren Einfluß nehmen konnten. Denn alle waren sich darin einig, daß die Sklaverei in die Zuständigkeit der Einzelstaaten fiel. Die einzige Möglichkeit für die Bundesregierung, mit legalen Mitteln gegen die Sklaverei vorzugehen, wäre eine Verfassungsänderung gewesen, und die erforderte die Zustimmung von drei Vierteln aller Staaten. Da jedoch die Hälfte der Staaten (1830 zwölf von vierundzwanzig und 1860 fünfzehn von dreiunddreißig) die Sklavenhaltung gesetzlich duldeten und sich deshalb einer solchen Verfassungsänderung wahrscheinlich widersetzt hätten, war dieser Weg politisch nicht gangbar.

Diese Tatsachen machen deutlich, daß die Angriffe der Abolitionisten an der Wirklichkeit vorbeigingen. Sie machen auch den Zerfall der Bewegung nach ihren ersten Erfolgen in den 1830er Jahren verständlicher. Zu zeigen, daß Sklavenhaltung dem amerikanischen Wertesystem widersprach, war eine Sache; eine Abhilfe zu finden, der alle zustimmen konnten, eine ganz andere. Frustriert darüber, daß die Sklavenhalter im Süden ihren eigentlichen Feind nicht zu fassen bekamen, begannen die Abolitionisten, sich gegenseitig zu bekämpfen.

Doch für die meisten Südstaatler kam es weniger darauf an, daß nur wenige Nordstaatler mit den Abolitionisten – und auch nur wenige Abolitionisten untereinander – übereinstimmten, als darauf, daß die abolitionistischen Ideen eine Manifestation der Kultur waren, deren zunehmende Dominanz ihre eigene Lebensform bedrohte. Infolgedessen erschienen die Abolitionisten viel bedrohlicher, als sie es wirklich waren. Die Vorstellung von einer gut organisierten, finanzkräftigen und einflußreichen Gruppe war außerordentlich schmeichelhaft für die in Wirklichkeit schlecht organisierten, schlecht finanzierten und politisch unbeliebten Abolitionisten. Zweifellos hat jedoch die übertrieben heftige Reaktion des Südens das Prestige der Abolitionisten auch im Norden gefördert. Ein frühes Beispiel dafür war die Tatsache, daß die von William Lloyd Garrison herausgegebene Wochenzeitung *Liberator*, 1832 noch ein unbekanntes Blatt, das hauptsächlich von Schwarzen im Norden gelesen wurde, plötzlich berühmt-berüchtigt wurde, als sie irrtümlicherweise mit der Rebellion Nat Turners in Verbindung gebracht wurde. Schon 1835 ging South Carolinas Gouverneur McDuffie soweit, die Legislative seines Staates wissen zu lassen, daß er es für richtig hielte, Agitatoren für die Sklavenbefreiung mit dem Tode zu bestrafen.

Die ernstesten Folgen hatte die überheftige Reaktion der Südstaatler jedoch im Kongreß. Zu den erfolgreicheren Bemühungen der Abolitionisten gehörte eine Kampagne zur massenhaften Entsendung von Petitionen nach britischem Muster; ihr Ausmaß überstieg bei weitem die Kampagne in England. So viele Petitionen wurden an den Kongreß gesandt, daß seine sonstige Arbeit zum Stillstand gekommen wäre, hätte er sie alle behandelt. Im Senat einigte man sich auf ein Verfahren, bei dem die Petitionen vorgelegt und automatisch abgelehnt wurden. Im Repräsentantenhaus ging es nicht so glatt. Es faßte 1836 den Beschluß, daß »alle Petitionen, Memoranden, Beschlüsse, Vorschläge oder Schriftsätze, die in irgendeiner Weise oder in irgendeinem Ausmaß das Thema Sklaverei oder Abschaffung der Sklaverei betreffen, zu den Akten gelegt, werden, ohne an einen Ausschuß überwiesen, ohne gedruckt und ohne vorgetragen zu werden, und daß sie in keiner Weise weiter behandelt werden«.

Diese erste »Knebelbestimmung« (*gag rule*) und auch die folgenden – denn für jede Sitzungsperiode wurden die Verfahrensregeln neu bestimmt – provozierte die Abgeordneten aus dem Norden zu der Anklage, die Redefreiheit im Repräsentantenhaus und das Petitionsrecht ihrer Wähler seien aufgehoben. Erst nach langjährigen Auseinandersetzungen, in denen der ehemalige Präsident John Quincy Adams aus Massachusetts die Kritiker anführte, wurde 1844 die letzte der Knebelbestimmungen abgeschafft. Die Stimmung wurde weiter angeheizt, als die Südstaatler versuchten, den Abolitionisten die Benutzung der Post verbieten zu lassen. Diesmal waren sie weniger erfolgreich, obwohl die Postmeister im Süden mit stillschweigender Zustimmung der Behörden die bei ihnen durchgehenden Sendungen zensierten. Diese und ähnliche Vorkommnisse – die Beibehaltung der Sklaverei in der Bundeshauptstadt war ein ähnlicher Fall – schienen zu beweisen, daß die Südstaatler nur zu gern bereit waren, die Rechte der Weißen im Norden zu verletzen, wenn es darum ging, ihre »besondere *(peculiar)* Institution«, die Sklaverei, zu verteidigen.[16]

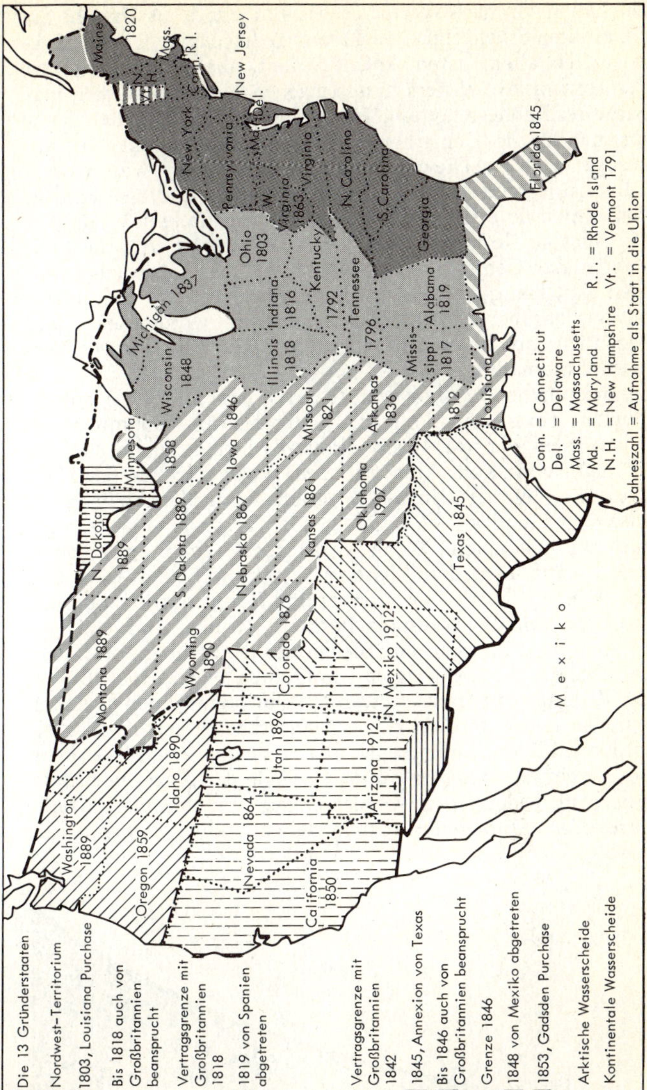

Abb. 6: *Das territoriale Wachstum der Vereinigten Staaten*

Die Expansion nach Westen erwies sich jedoch als Ursache für die größten Schwierigkeiten. Zwar war die Sklaverei in den Einzelstaaten allein deren Angelegenheit, aber die Verwaltung der Territorien auf dem bundeseigenen Land im Westen war Sache der Bundesregierung. Für die bereits eingerichteten Territorien war die Demarkationslinie am Breitengrad 36° 30′ gezogen worden. Die eigentliche Frage war aber, was aus den Gebieten werden sollte, die in Zukunft noch erworben würden. Wie schwierig diese Frage tatsächlich war, hatte sich zur Zeit des Missouri-Kompromisses von 1820 gezeigt. Als die Südstaatler das Gebiet mit Sklavenhaltung, das ihnen zugesprochen war, fast ganz besiedelt hatten, beklagten sie sich immer heftiger darüber, daß sie dabei benachteiligt worden seien, und begannen nach anderen Möglichkeiten zu suchen, um den Verlust wettzumachen.

Die texanische Rebellion von 1836 bot eine gute Gelegenheit. Obwohl Texas von Pionieren amerikanischer Herkunft besiedelt worden war, war es eine Provinz Mexikos geblieben. Eine Abfolge von Konflikten mit den mexikanischen Behörden hatte die Texaner schließlich veranlaßt, die Unabhängigkeit auszurufen und sie in den folgenden Auseinandersetzungen auch zu behaupten. Wenn Texas dem Gebiet angegliedert würde, auf dem der Missouri-Kompromiß Sklavenhaltung erlaubte, ergäbe es eine fast exakte Kompensation für den größeren Teil des Louisiana Purchase, in dem Sklaverei verboten war und in den jetzt Siedler aus dem Norden strömten. Die Texaner ihrerseits legten den größten Wert darauf, Bürger der Vereinigten Staaten zu werden. Obwohl es ihnen gelungen war, die mexikanischen Armeen zurückzuschlagen, waren sie zahlenmäßig weit unterlegen. Die Annexion von Texas durch die Vereinigten Staaten würde das Ende der Angst vor Rückeroberung bedeuten, mehr Siedler ins Land bringen und die dort schon ansässigen mit ihrem Heimatland vereinigen.

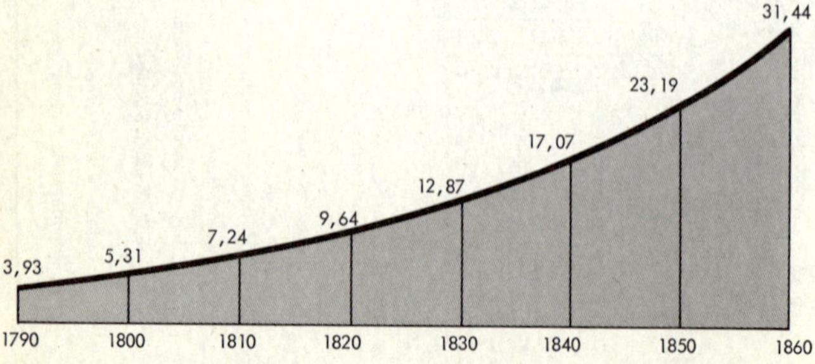

Abb. 6a: *Bevölkerungswachstum (in Millionen)*

Aber es gab Schwierigkeiten. Die eine lag darin, daß sowohl die Whigs in den Nordstaaten – die Oppositionspartei – als auch die Abolitionisten den Plan entschieden ablehnten. In ihren Augen war die Rebellion der Texaner wenig mehr als eine Verschwörung von Sklavenhaltern. Diese Einschätzung war nicht völlig falsch, denn die Texaner hatten Sklaven, und eine der Fragen, welche die Schwierigkeiten mit den mexikanischen Behörden verursacht hatten, war ihre Weigerung gewesen, die Sklaven freizulassen und auch keine neuen ins Land zu bringen. Ein noch größeres Problem lag jedoch in der Wahrscheinlichkeit, daß eine Annexion von Texas die Vereinigten Staaten in einen ernsten Konflikt mit Mexiko stürzen würde. Deshalb, und weniger aus Furcht vor den Whigs oder den Abolitionisten, zögerten Präsident Jackson und seine Nachfolger damit, den Wünschen der Texaner nachzukommen. Die Folge war, daß Texas eine unabhängige Republik blieb, während die Texaner und die Südstaatler geschickt zusammenarbeiteten, um die amerikanische Befürchtung zu nähren, Großbritannien werde Texas bald annektieren, wenn die Vereinigten Staaten es nicht täten. Die Vorstellung vom »manifest destiny« – der Glaube an die »offenkundige Bestimmung« der Vorsehung, die Vereinigten Staaten sollten den gesamten nordamerikanischen Kontinent in Besitz nehmen und entwickeln – wurde von vielen Menschen und in allen Regionen geteilt. Diesen Umstand ließen die Abolitionisten außer acht und spielten ihren Gegnern in die Hände, als sie unvorsichtigerweise der britischen Regierung Vorschläge unterbreiteten, die zwar für die Briten von geringem Interesse waren, aber in der Öffentlichkeit so dargestellt wurden, als ob Texas im Begriff sei, britische Kolonie zu werden. Im März 1845, nach einer Präsidentschaftswahl, deren Ausgang so gedeutet werden konnte, als stimme die Bevölkerung der Annexion von Texas zu, billigten Senat und Repräsentantenhaus in gemeinsamer Erklärung den Vertrag, der Texas in die Union aufnahm.

Dies war ein schwerer Rückschlag für die Gegner der Sklaverei, aber es sollte noch schlimmer kommen. Die Gegner der Annexion hatten vorausgesagt, sie werde zum Kriege führen. Ein Jahr später war der Krieg da, und zwei Jahre später, nachdem Mexiko besiegt worden war, sah sich der Kongreß vor dem Problem, was mit dem riesigen neu hinzugekommenen Gebiet geschehen sollte, das von den Rocky Mountains bis zum Pazifischen Ozean reichte. Der Missouri-Kompromiß war schon schwierig genug gewesen, aber das war nichts verglichen mit dem Problem, dem sich der Kongreß jetzt gegenübersah, da die großen Regionalinteressen, die inzwischen viel besser organisiert und nicht gewillt waren, auch nur um einen Zoll breit nachzugeben, mit allen Mitteln um ihre Positionen kämpften.

Die Debatte drehte sich vor allem um einen Vorschlag David Wilmots, eines demokratischen Abgeordneten aus Pennsylvania, der vorsah, die Sklaverei in den von Mexiko abgetretenen Gebieten für alle Zeit zu verbieten. Die Südstaatler konterten mit dem Anspruch auf freien Zugang in das gesamte Gebiet, und zwar mit ihren Sklaven. Sie untermauerten die Forderung mit dem Hinweis, das wäre lediglich ein Ausgleich für die jüngsten Landgewinne des Nordens in Oregon. Radikale Südstaatler unter der Führung von John C. Calhoun gingen noch weiter und behaupteten, da Sklaven Eigentum seien und kein Amerikaner außer durch ein ordentliches Gerichtsverfahren im Einzelfall seines Eigentums beraubt werden dürfe, stünde es den Südstaatlern frei, ihre Sklaven in jedes beliebige Gebiet mitzunehmen, ohne sich an irgendwelche Linien halten zu müssen, die der Kongreß oder sonst jemand auf die Landkarte zeichne.

Die Diskussionen der 1840er Jahre markierten ein neues Stadium der Verschlechterung der Beziehungen zwischen den Regionen. Am beunruhigendsten war die Unfähigkeit der streitenden Parteien, die wirklichen Probleme von Scheinproblemen zu unterscheiden. Wollte z. B. überhaupt jemand seine Sklaven nach Utah bringen und was würde er dann mit ihnen dort anfangen? Und das alles vor lauter Eifer, dem Gegner auch keinen nur vermeintlichen Vorteil zuzugestehen. Wie die feindlichen Nationen in Europa, deren Verhalten die Amerikaner seit jeher verurteilt hatten und dem ihr eigenes jetzt zunehmend ähnelte, kämpften sie gegen einen eher eingebildeten als einen wirklichen Feind. An die Stelle des Südens, wie er wirklich war, trat die »Sklavenmacht« (»the Slave Power«) und an die Stelle des wirklichen Nordens die »Verschwörung der Abolitionisten«.[17]

Es läßt sich schwer sagen, welche dieser beiden Vorstellungen weiter von der Wirklichkeit entfernt war. Aber soweit Überzeugungen Handlungen motivierten, wurden aus diesen Vorstellungen Realitäten.

Es war jedoch eine andere Art von Realität, die das politische Patt beendete. Am 24. Januar 1848, eine Woche vor der Unterzeichnung des Vertrages, in dem Mexiko seine Gebiete an die Vereinigten Staaten abtrat, wurden in Kalifornien Goldvorkommen entdeckt. Eine Masseneinwanderung folgte, mit dem Ergebnis, daß Kalifornien im März 1850, ohne vorher formell als Territorium anerkannt gewesen zu sein, offiziell die Aufnahme in die Union als sklavenfreier Staat beantragte. Da dies offensichtlich der Wille der Bewohner dieses Gebietes war, konnten die Südstaatler wenig dagegen einwenden. Die Garantie, daß damit wenigstens ein Teil des von Mexiko übernommenen Gebiets, und wahrscheinlich der fruchtbarste Teil, von Sklaverei freibleiben würde, bewog die Nordstaatler zu einer flexibleren Haltung für die restliche Regelung. Damit war der Weg frei für Henry Clay, der erneut seine Rolle als Schlichter zwischen den Landesteilen spielte, ein Verhandlungspaket zur Beilegung der zwischen Süden und Norden noch bestehenden Differenzen vorzubereiten. Unterstützt durch gemäßigte Stimmen gelang es ihm, im Kongreß eine Reihe von Maßnahmen durchzubringen: die Zulassung Kaliforniens als sklavenfreier Staat, die verwaltungsmäßige Einteilung des restlichen, ehemalig mexikanischen Gebietes ohne Verbot der Sklaverei, das Verbot des Sklavenhandels in der Bundeshauptstadt bei gleichzeitiger Garantie des Fortbestandes der Sklavenhaltung in der Hauptstadt und ein wirkungsvolleres System zur Gefangennahme und Rückbringung entflohener Sklaven. Der Kompromiß von 1850 war ein Paket, wie man es unter den Umständen nicht besser erwarten konnte, und viel besser als jede Lösung, die man sich noch kurz zuvor hätte vorstellen können. Daß er das Grundproblem der Sklaverei und des Mißtrauens zwischen den Landesteilen nicht löste, ist deutlich, aber solche Probleme werden ja nur selten auf einen Streich gelöst, es sei denn durch Krieg. Was durch ihn erreicht wurde, war die Abwendung einer tiefen Krise, die zum bewaffneten Konflikt hätte führen können. Und wenn damals der Krieg ausgebrochen wäre und nicht erst elf Jahre später, als der Norden viel stärker geworden war, dann wäre die Wahrscheinlichkeit für einen Sieg des Nordens entsprechend geringer gewesen. Indem der Kompromiß die bewaffnete Auseinandersetzung auch nur hinauszögerte, hat er mit großer Wahrscheinlichkeit gewährleistet, daß die Vereinigten Staaten bis ins 20. Jahrhundert hinein eine geeinte Nation geblieben sind.

Doch Anfang der 1850er Jahre war es keineswegs klar, daß Krieg unvermeidlich oder auch nur wahrscheinlich war. Die aufgestauten Gefühle der jüngsten Zeit hatten sich gelöst. Die Radikalen, die bis vor kurzem die Bühne beherrscht hatten, zogen sich hinter die Kulissen zurück. Insgesamt schien die Zukunft rosiger auszusehen als seit langer Zeit.

Doch der Anschein trog. Trotz intakter Fassade war die Struktur des gesellschaftlichen Gebäudes schwer beschädigt. Wie schwer, wird erkennbar, wenn man die Institutionen betrachtet, die bisher zum Zusammenhalt der Union beigetragen hatten. Zu ihnen hatten die Kirchen gehört, deren ethische Ansprüche sie auch besonders verwundbar machten. Während der 1840er Jahre waren die organisatorischen Verbindungen zwischen den nördlichen und südlichen Sektionen fast aller Kirchen abgebrochen worden. In einem Zeitalter, in dem die Amerikaner mehr Zeit damit verbrachten, sich Predigten anzuhören als politische Reden, war dies eine beunruhigende Entwicklung, besonders da jede Teilkirche sich jetzt verpflichtet fühlte, den Schritt zu rechtfertigen. Noch beunruhigender war die Tatsache, daß sich bei den politischen Parteien ähnliche Tendenzen bemerkbar machten. Entgegen den Erwartungen der Begründer der Nation hatten Parteien sich bisher eher als zusammenhaltende denn als trennende Kräfte erwiesen. Jede Partei, die nicht im ganzen Lande vertreten war und ihre Anhänger nicht in allen Gebieten hatte, befand sich erheblich im Nachteil, wie sich am Schicksal der New England Federalists gezeigt hatte. Soweit die Auffassungen ihrer Anhänger über so wichtige Fragen wie die Sklaverei auch auseinandergehen mochten, alle vier Jahre mußten sie ihre Differenzen begraben, um gemeinsame Parteiprogramme aufzustellen und Kandidaten zu nominieren. Eine Folge der verstärkten Spannungen zwischen den Regionen Ende der 1840er Jahre war, daß dies immer schwieriger wurde. Beide Parteien unternahmen die größten Anstrengungen, um die einander bekämpfenden innerparteilichen Gruppen miteinander zu versöhnen. Den Demokraten, die wegen ihrer innerparteilichen Streitigkeiten die Präsidentschaftswahl von 1848 verloren hatten, gelang dies, indem sie eine konservative Haltung in der Sklavenfrage einnahmen; deshalb brachten sie sowohl 1852 als auch 1856 ihre Kandidaten bei der Präsidentschaftswahl durch. Die Whigs, deren nördlicher Flügel auf einer etwas reformfreudigeren Programmatik bestand, verloren deshalb Unterstützung im Süden, und die Partei zerfiel. 1853 gab es in den Vereinigten Staaten kein Zweiparteiensystem mehr.

Politisch dergestalt in einen Zustand der Desorganisation zurückgeworfen, war das Land schlecht darauf vorbereitet, den erneuten Konflikt der Regionen zu ertragen, der auf den Kansas-Nebraska Act von 1854 folgte. Durch die scheinbare Ruhe verleitet, hatte Stephen Douglas, demokratischer Senator aus Illinois, den Vorschlag gemacht, die Sklaverei nun auch in den Gebieten zuzulassen, in denen sie bisher verboten war, weil sie oberhalb des im Missouri-Kompromiß festgelegten Breitengrades von 36° 30′ lagen. Douglas verfolgte damit nicht etwa das Ziel, die Sklaverei auszudehnen, sondern er wollte den Bau einer Eisenbahn betreiben, die Illinois mit Kalifornien verbinden sollte. Sein Vorschlag zur Sklavenfrage war lediglich als Trost für die Südstaatler gedacht, die gehofft hatten, die erste transkontinentale Eisenbahnlinie werde auf ihrem Gebiet beginnen. Er erwartete nicht, daß die Südstaatler ihre Sklaven in diese Territorien brächten, und wenn sie es doch täten, dann würden die anderen Siedler, die zum größten Teil aus dem Norden kamen, sie trotz allem schon daran hindern. Noch viel weniger rechnete er damit, daß sich die Nordstaaten durch eine symbolische Geste bedroht fühlen würden, die ihnen einen echten wirtschaftlichen Vorteil verschaffen würde: eine Eisenbahnverbindung mit dem Westen.

Die Reaktion des Nordens war weniger logisch als emotional. Das Problem bestand darin, daß viele Nordstaatler und auch viele Südstaatler die Ereignisse nicht mehr in einem wirklichen, rationalen Zusammenhang sahen. Wenn der Norden den Süden nicht sah, wie er wirklich war, als eine vorindustrielle Kultur, deren Wachstumspotential durch demographische, klimatische und wirtschaftliche Faktoren begrenzt war, sondern nur als »the Slave Power«, dann mußte jeder Vorschlag bedrohlich erscheinen, der das Einflußgebiet des Südens erweitern wollte. Wenn andererseits der Süden sich einem feindlichen und unversöhnlichen Norden gegenübersah, dann tat er gut daran, seine territorialen Ansprüche bis an die Grenze des Möglichen auszudehnen.

Die Kämpfe der 1850er Jahre waren noch stärker als die der 1840er Jahre von derartigen Reaktionen gekennzeichnet. Vieles, was jetzt geschah, hätte zu jeder anderen Zeit kaum Beachtung gefunden. Wie sehr sich die Beziehungen zwischen Norden und Süden verschlechtert hatten, zeigte sich an der heftigen Reaktion der Nordstaatler auf die Vorschläge von Douglas und an der Tatsache, daß die Südstaatler 1859 die Besetzung eines Waffenlagers des Bundes durch 18 Mann unter Führung des unzurechnungsfähigen John Brown, als Angriff des Nordens gegen den Süden betrachteten.

Es kam aber auch zu wirklich bedeutenden Entwicklungen, und dazu gehörte die immer deutlicher werdende Spaltung zwischen den Sektionen der Demokratischen Partei im Norden und im Süden. Die Spaltung wurde offensichtlich mit der Entstehung einer neuen Partei im Norden, der Republikaner, deren Mitglieder sich aus ehemaligen Whigs, dissentierenden Demokraten und den Anhängern verschiedener kleiner Parteien im Norden zusammensetzten, wie etwa den »Free Soilers«, die explizit Sklaverei in bislang sklavenfreien Gebieten ablehnten. Anders als die nicht-nationalen, regionalistischen Parteien der Vergangenheit waren die Republikaner eine nicht zu unterschätzende Kraft. Die Partei wurde 1854 gegründet, hätte 1856 fast die Präsidentschaftswahl gewonnen, 1860 siegte sie. Seither hat die Rivalität der Republikanischen und Demokratischen Partei den äußeren Rahmen für die politischen Auseinandersetzungen in den USA bestimmt. Keiner anderen, »dritten« Partei ist es bisher unter den Bedingungen des einfachen Mehrheitswahlrechts und der Direktwahl des Präsidenten gelungen, die Vorherrschaft der beiden großen Parteien zu gefährden. Innerhalb weniger Jahrzehnte nach dem Bürgerkrieg war auch die Republikanische Partei, trotz ihres Ursprungs in der Antisklavereibewegung, keine Prinzipienpartei mehr, sondern ein Wahlbündnis zur Besetzung des Präsidentenamtes und zahlreicher öffentlicher Ämter in den Einzelstaaten. Um 1900 hatte sie bereits den sie bis heute charakterisierenden Ruf der Partei der *businessmen*, der industriellen Interessen des Nordens ebenso wie der exportorientierten Großlandwirtschaft des Westens. Zwischen 1860 und 1933 brauchte sie das Weiße Haus nur 16 Jahre lang einem Demokraten zu überlassen. Der Demokratischen Partei gelang es nach dem Bürgerkrieg, die Jeffersonsche Tradition des Appells an die Interessen und Wertvorstellungen des *common man* fortzusetzen. Besonders in den Südstaaten erlangte sie eine beherrschende Stellung, weil die Republikaner bis in die zweite Hälfte des 20. Jahrhunderts hinein aufgrund ihrer Vergangenheit als »Pro-Neger-Partei« vielen weißen Südstaatlern nicht wählbar erschien.[17a]

VII. Sezession: Der Austritt der Südstaaten aus der Union

Daß die Wahl Lincolns 1860 zum Präsidenten für den Süden einen schweren Schlag bedeutete, konnte niemand bezweifeln. Zum erstenmal in der Geschichte der Vereinigten Staaten war ein Präsident ohne Unterstützung der Südstaaten gewählt worden. Noch wenige Jahre vorher wäre dies unmöglich gewesen. Daß es jetzt doch geschehen war, zeigte, wieviel der Süden an politischer Macht verloren hatte. Noch schlimmer war der Umstand, daß Lincoln mit einem Programm gewählt worden war, das ihn besonders dazu verpflichtete, die Regionalinteressen des Nordens und des Westens zu fördern – die Schutzzölle zu verstärken, freies Land im Westen an Neuansiedler zu vergeben und sich der weiteren Ausbreitung der Sklaverei in den Territorien zu widersetzen.
Doch obwohl der Süden eine Niederlage erlitten hatte, war diese keineswegs unwiderruflich. Es stand durchaus nicht fest, daß der nächste oder der übernächste Präsident die gleiche Politik verfolgen würde, ja es gab gute Gründe, das Gegenteil anzunehmen, denn die Südstaaten stellten immer noch mehr als ein Drittel der Stimmen des Wahlmännerkollegiums, das den Präsidenten wählte. Es gab außerdem, wie Lincoln selbst gesagt hatte, gewisse Grenzen für den Schaden, den ein Präsident innerhalb einer oder sogar zweier Amtsperioden anrichten konnte. So stark er sich auch bestimmten Regionalinteressen verpflichtet fühlen mochte, seine Handlungsfreiheit war durch die Kontroll- und Gleichgewichtsmechanismen der Verfassung *(checks and balances)* begrenzt. Vor allem konnte er in das bestehende System der Sklavenhaltung in

den einzelnen Staaten nicht eingreifen.
Es wäre den Südstaaten deshalb durchaus möglich gewesen, in der Union zu verbleiben, weil sie sicher sein konnten, daß die Institution der Sklaverei nicht unmittelbar bedroht war, und weil sie durchaus damit rechnen konnten, daß ein künftiger Präsident ihren Vorstellungen eher entsprechen würde. Daß sie sich statt dessen für den viel gefährlicheren Weg der Sezession, der Lostrennung von der Union, entschieden, zeigte ihre wachsende Überzeugung, daß sie es nicht nötig hatten, Niederlagen in irgendeiner Form hinzunehmen, gleichgültig, ob die Möglichkeit bestand, die Dinge später zu ihren Gunsten zu wenden oder nicht. Denn seit Beginn der Auseinandersetzungen zwischen den Regionalinteressen waren die Meinungen zwischen Norden und Süden über das Wesen der Union mehr und mehr auseinandergegangen. Wie die Gründerväter vorausgesehen hatten, löste sich die Frage mit der Zeit von selbst – aber in jedem Gebietsteil auf eine andere Weise. Während sich die Überzeugung der Nordstaatler, einer einzigen unteilbaren Nation anzugehören, verstärkte, gelangten die Südstaatler zu der genau entgegengesetzten Schlußfolgerung. Es war ihrer Ansicht nach nicht nur so, daß man die Union als eine freiwillige Vereinigung interpretieren *konnte,* die nur so lange Bestand hatte, wie es den Interessen der einzelnen Staaten entsprach – eine andere Deutung war für sie nicht denkbar.[18] Der Fall lag ganz einfach. Anders zu argumentieren – wie es die Nordstaatler taten –, bedeutete für die Südstaatler nur, daß Regionalinteressen mit einem patriotischen Deckmantel versehen wurden, wie das republikanische Parteiprogramm es nur allzu deutlich zeige. Den Nordstaatlern gehe es nicht weniger um regionale Vorteile als den Südstaatlern, für sie als die stärkste Partei sei es nur einfach nützlicher, die Fiktion einer geeinten Nation aufrechtzuerhalten, um die anderen um so besser ausbeuten zu können. Die Kernfrage sei, so formulierte es ein Südstaatler, ob die Staaten des Südens in Zukunft »nichts als Kolonien und Plantagen für die Handelszentren sind, oder [. . .] ob sie ihre eigene, separate Nationalität bewahren« werden.[19]
In dieser Stimmung verabschiedeten sich die Abgeordneten der Baumwollstaaten in den Wochen nach Lincolns Wahl mit Zitaten von Thomas Jefferson von ihren Kollegen aus dem Norden und reisten nach Süden in der Überzeugung, in die Fußstapfen ihrer revolutionären Vorfahren zu treten. Am 20. Dezember 1860 ratifizierte ein eigens zu diesem Zweck gewählter Konvent in South Carolina ohne eine einzige Gegenstimme eine Verordnung, die alle Verbindungen mit den Vereinigten Staaten löste. Mississippi folgte am 9. Januar 1861, Florida am nächsten und Alabama am übernächsten Tag. Bis

Abb. 7: *Abraham Lincoln, 1809–1865, Präsident der Vereinigten Staaten während des Bürgerkrieges (1861 bis 1865)*

zum 1. Februar hatten alle sieben Staaten des »Tiefen Südens«, deren Gebiet ein zusammenhängendes Band bildete, das sich von South Carolina im Osten bis nach Texas im Westen erstreckte, offiziell ihre Unabhängigkeit erklärt. Am 8. Februar trafen sich Abgeordnete dieser Staaten in Montgomery, Alabama, und errichteten eine vorläufige Regierung unter einer neuen Verfassung und wählten am Tage darauf Jefferson Davis zum ersten Präsidenten der »Confederate States of America«.

Die Bundesregierung unternahm unterdessen gar nichts. Präsident James Buchanan (1857–61) wartete nur noch auf das Ende seiner Amtsperiode und überließ das Problem seinem Nachfolger. Die neu gewählte republikanische Regierung hatte die Amtsgeschäfte noch nicht übernommen, und als sie es am 4. März tat, hatte sie noch keine klaren Vorstellungen davon, was sie unternehmen sollte. Hätte sie eine zu versöhnliche Haltung eingenommen, dann hätte sie ihre Wahlversprechungen mißachtet und ihre Anhänger verärgert. Schon früher hatten die Südstaatler mit der Sezession gedroht. Wie konnte man selbst jetzt wissen, ob sie es ernst meinten? Eine zu harte Haltung hätte sofort im »Oberen Süden«, dessen Loyalitäten noch in der Schwebe hingen, die Gefühle gegen den Norden verstärkt.

In seiner Antrittsrede versuchte Lincoln, einen Mittelweg einzuschlagen, und versicherte den Südstaatlern, daß er nicht vorhabe, »direkt oder indirekt gegen die Institution der Sklaverei in den Staaten vorzugehen, wo sie bereits besteht«; daß er hoffe, Gewaltanwendung vermeiden zu können, daß es vielmehr seine Aufgabe sei, die Union zu erhalten. Bedeutete dies, daß er eine Invasion des Südens plante? Er überließ es sei-

Abb. 8: *Jefferson Davis, 1808 bis 1889, Präsident der Konföderation der Südstaaten während des Bürgerkrieges (1861–1865)*

nen Zuhörern, aus seinen Worten ihre eigenen Schlußfolgerungen zu ziehen.
Aber eines war klar: Wenn er wirklich die Union erhalten wollte, dann würde er früher oder später handeln müssen. Im März 1861 hatte die Regierung der Confederate States Verhandlungsbeauftragte nach Washington geschickt, um die Räumung der im Süden befindlichen militärischen Befestigungen und Anlagen der Bundesregierung zu besprechen. Sie wurden nicht empfangen. Anfang April stellte sich heraus, daß die Vorräte der Garnison von Fort Sumter, auf einer Insel vor Charleston, South Carolina, zur Neige gingen und sie sich nur noch wenige Tage halten konnte. Das Fort jetzt zu räumen, hätte eine Anerkennung des Rechts der Südstaaten auf Sezession bedeutet; Nachschub hinzuschicken, würde den Vorwurf vorsätzlicher Provokation auslösen. Wieder wählte Lincoln einen Mittelweg. Er schickte auf dem Seewege Nachschub in das Fort, benachrichtigte aber auch den Gouverneur South Carolinas von dieser seiner Absicht. Am Morgen des 12. April 1861 um 4.30 Uhr begannen die Batterien von Charleston mit der Beschießung von Fort Sumter.

VIII. DER BÜRGERKRIEG, 1861–1865

Die Entwicklung beschleunigte sich jetzt. Lincoln forderte die Einzelstaaten auf, 75 000 Freiwillige zu stellen, um die Rebellion niederzuschlagen. Virginia, North Carolina, Tennessee und Arkansas weigerten sich und erließen ebenfalls Sezes-

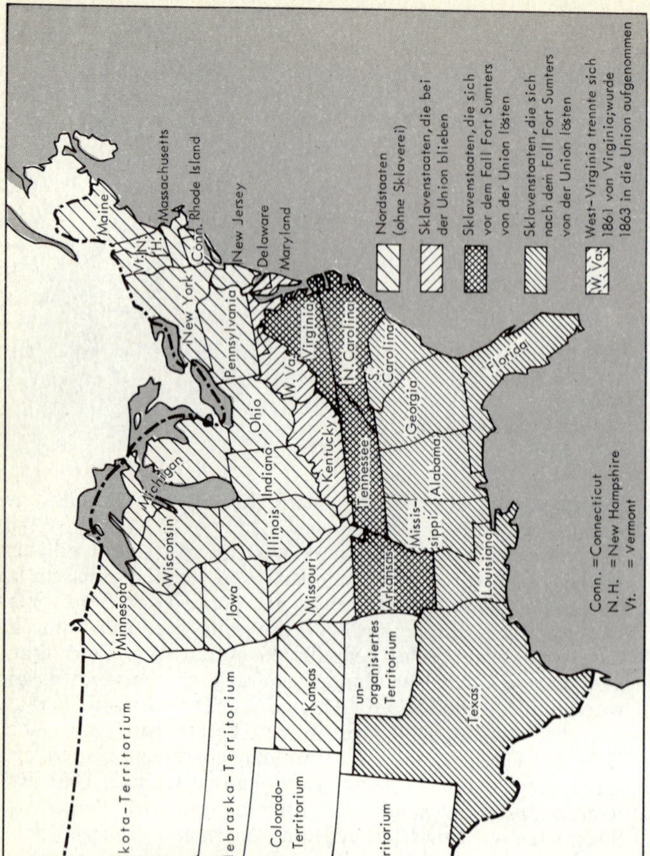

Abb. 9: *Parteinahme der Einzelstaaten im Jahre 1861*

sionsdekrete. Damit mußte man auch an der künftigen politischen Zugehörigkeit von Maryland, Kentucky und Missouri zur Union zweifeln. Die Bewohner des westlichen, gebirgigen Teiles von Virginia, die seit je mit den Bewohnern des Küstengebiets und dem Piedmont, der Vorgebirgslandschaft, im Streit gelegen hatten, weigerten sich, die Sezession anzuerkennen und bildeten 1863 den neuen Staat West Virginia. Von allen Sklavenstaaten stand nur Delaware fest zur Union.

Ein völlig eindeutiger und kompletter Bruch war all das keineswegs. Die Sympathien blieben geteilt, besonders in den Grenzstaaten. Viele – und zu ihnen gehörte auch Lincoln, der wie sein Gegenspieler Jefferson Davis in Kentucky geboren war – hatten Verwandte, die auf der anderen Seite kämpften. Der Kommandeur der Bundestruppen in Fort Sumter, Major Anderson, war im Süden geboren, ebenso sein Vorgesetzter, General Winfield Scott. John C. Pemberton, der in der Armee der Konföderierten Generalleutnant wurde, stammte aus Pennsylvania, und Samuel Cooper, der zum General-Adjutanten der Konföderierten Armee wurde, war in New York geboren.

Rein numerisch gesehen war es ein ungleicher Kampf. Von Anfang an war der Norden in bezug auf sein Reservoir an Menschen und Hilfsmitteln entscheidend überlegen. Wenn man die umstrittenen Grenzgebiete in der Mitte ausschließt, die wahrscheinlich beide Seiten in gleichem Maße unterstützt haben, dann hatten die zwanzig Staaten, die in der Union blieben, 19 Millionen Einwohner, während die elf abgefallenen Staaten 9,5 Millionen Bewohner zählten. Da 3,5 Millionen davon versklavte Schwarze waren, war der Norden dem Süden an verfügbarer militärischer Truppenstärke im Verhältnis von etwa drei zu eins überlegen. Was den allgemeinen Wohlstand und das Industriepotential betrifft, war die Überlegenheit des Nordens noch größer. Er verfügte über ein Eisenbahnnetz, das doppelt so lang war wie das des Südens, über dreimal soviel privates Bankkapital, über das Vierfache an Schiffstonnage und das Fünffache an Industrieinvestitionen. Das bedeutete, daß der Norden im großen und ganzen wirtschaftlich autark war, während der Süden, der auf den Export seiner landwirtschaftlichen Erzeugnisse angewiesen war, sich nicht selbst erhalten konnte. Vor allem hatte der Norden mit seinen Bergwerken, Fabriken und seinem industriell-technischen Personal die Kapazität, einen modernen Krieg zu führen, die dem Süden ganz und gar fehlte.

Man sollte jedoch die Bedeutung dieser Faktoren nicht überschätzen. 1861 war keineswegs sicher, daß der Norden Zeit genug haben würde, seine überlegenen Ressourcen zu mobilisieren oder daß er dies überhaupt tun wollte. Die Südstaatler hatten allen Grund, bis zum bitteren Ende zu kämpfen. Sie kämpften schließlich um ihre Unabhängigkeit, und wenn sie den Krieg verloren, dann würde sich ihr Leben drastisch verändern. Sie wußten, was es bedeutete, innerhalb der Union zu leben, und sie hatten sich dagegen entschieden. Ihre Lage konnte sich, wenn sie jetzt besiegt wurden, nur noch verschlechtern. Solche Erwägungen trafen für den Norden nicht zu. Die Abtrennung der Südstaaten würde sich auf das tägliche Leben der meisten Bewohner des Nordens nicht nachteilig auswirken. Nur wenige kannten den Süden aus eigener Anschauung und sehr wenige schätzten seine gesellschaftlichen Einrichtungen. Aber fast jeder hatte sich vom politischen Verhalten des Südens gereizt gefühlt. Eine Folge der Sezession bestand darin, daß die Abgeordneten des Südens sich jetzt endlich ihren wirklichen Aufgaben widmen konnten. Aber wer konnte mit Bestimmtheit sagen, daß nicht noch andere Vorteile folgen würden? Kurz gesagt, weshalb sollte der Norden einen langen Krieg führen, um eine Gruppe von Staaten in der Union zu halten, die fest entschlossen waren, sie zu verlassen?

Ein weniger resoluter Präsident als Lincoln hätte vermutlich einen Vergleich mit der Konföderation zu erreichen versucht und damit praktisch die Unabhängigkeit des Südens anerkannt. Der Preis, den der Norden dafür zahlte, daß er dies nicht tat – und zu diesem Preis gehörten die 365 000 Gefallenen der Union bei Kriegsende –, war gewiß sehr hoch. Was Lincoln in den ersten Monaten Auftrieb gab, war das Kriegsfieber, von dem der Norden ergriffen wurde, als der Aufruf zur Anwerbung von Freiwilligen erging. Auf die Dauer war aber noch wichtiger die Überzeugung, die am deutlichsten 1863 in Lincolns Ansprache von Gettysburg zum Ausdruck kam, daß die Sache der Union auch die Sache der Demokratie und daher der ganzen Menschheit sei. Man kann darüber streiten, ob dieser Glaube gerechtfertigt war. Den Südstaatlern, die ihre eigenen demokratischen Ansprüche auf Selbstbestimmung durchsetzen wollten, erschien er falsch. Aber es besteht kein Zweifel daran, daß diese Überzeugung dazu beitrug, dem Norden Kraft zu geben, um die schweren Jahre des Krieges durchzustehen.

Die Entschlossenheit des Nordens, den Krieg bis zum bitteren Ende zu führen, erwies sich als der entscheidende Faktor. Beide Seiten rechneten zunächst mit einer kurzen und harten militärischen Auseinandersetzung, die mit einem Sieg enden werde. Da die Strategie des Südens im wesentlichen defensiv war, blieb es dem Norden überlassen, den ersten Schritt zu tun. Mitte Juli 1861 setzte sich eine Kolonne mit 35 000 Soldaten in Marsch, um von Washington aus die 190 Kilometer entfernte neue Hauptstadt der Konföderierten, Richmond, zu besetzen. Die meisten Angehörigen dieser Truppe waren zur Miliz eingezogene Männer, die nur neunzig Tage dienen mußten und deren Dienstzeit bald abgelaufen war. Wenige von ihnen hatten Kriegserfahrung. Etwa 45 Kilometer südlich von Washington an dem kleinen Fluß Bull Run stieß die Kolonne auf etwa gleichstarke Kräfte aus dem Süden. Nach einem blutigen Gefecht lösten sich die Unionstruppen, die den Befehl erhalten hatten, sich zurückzuziehen und neu zu formieren, einfach auf. Hätten die Truppen aus dem Süden ihren Sieg ausgenutzt und wären weiter nach Norden vorgestoßen, dann hätten sie die Bundeshauptstadt erreichen können, ohne auf nennenswerten Widerstand zu stoßen.

Das Gefecht am Bull Run war das erste einer Serie von Desastern, die die Streitkräfte der Union in den folgenden zwei Jahren in Virginia erlebten. Obwohl sie mit der Zeit viel mehr Kriegserfahrung sammelten, wurden sie immer wieder von den Truppen der Konföderation ausmanövriert, eine Folge der Tatsache, daß die Elite des alten Offizierskorps der Bundesarmee jetzt zur Konföderation gehörte. Im Frühjahr 1862 wurde der zweite Versuch unternommen, bis nach Richmond vorzustoßen, diesmal mit einer Landung von See her auf der Halbinsel von Yorktown südwestlich der Stadt. Aber wieder wurden die Unionstruppen zurückgeschlagen. Es folgten drei weitere Versuche, Richmond einzunehmen, im Herbst und Winter 1862 und im Frühjahr 1863, aber jedesmal mit dem gleichen Ergebnis. Nach zwei Jahren dauernder Kämpfe war der einzige Erfolg, den die Union auf dem östlichen Kriegsschauplatz erringen konnte – nach einem nur technischen Sieg in der Schlacht von Antietam –, die Zurückschlagung der nordostwärts der Bundeshauptstadt in den Staat Maryland eingedrungenen Truppen der Konföderierten.

Doch an anderer Stelle machte sich die Stärke des Nordens bemerkbar. Die Küste der Südstaaten wurde durch die immer undurchlässiger werdende Blockade der Unionsflotte von Handelsverbindungen mit der übrigen Welt abgeschnitten. Im Frühjahr 1862 eroberten Truppen von der See her New Orleans und begannen, den Mississippi hinauf nach Norden vorzudringen. Mindestens ebenso wichtig war, daß die unter dem Kommando der Generäle Grant und Sherman kämpfenden Unionsarmeen des Westens den Mississippi flußabwärts ihnen entgegenkamen. Als Grant im Sommer 1863 die von konföderierten Streitkräften gehaltene Festung Vicksburg am Ufer des Mississippi eroberte und sich gleichzeitig die Stadt Port Hudson am Mississippi den nach Norden vorstoßenden Unionstruppen ergab, beherrschte die Union den ganzen Flußlauf.

Diese Erfolge fielen zeitlich zusammen mit dem ersten ent-

Abb. 10: *Ulysses S. Grant, 1822–1885, kommandierender General der Nordstaaten während des Bürgerkrieges; 18. Präsident der Vereinigten Staaten (1869–1877)*

scheidenden Sieg der Unionstruppen im Osten. Obwohl die Südstaatler immer noch in der Lage waren, ihre Gegner auszumanövrieren, waren sie durch die ständig wachsende zahlenmäßige Überlegenheit der Unionskräfte beunruhigt. Bei einem verzweifelten Versuch, die Überlegenheit seiner Truppen im Felde ein für allemal zu beweisen und dadurch im Norden Meinungsverschiedenheiten und die Bereitschaft zum Appeasement zu verstärken, schickte der Befehlshaber der Südstaaten, General Robert E. Lee, seine Truppen über den Potomac nach Pennsylvania. Dort stellte sich ihnen bei Gettysburg eine Unionsarmee entgegen. Der Kampf der beiden Armeen dauerte drei Tage. Einige Male hatte es den Anschein, als würden die Konföderierten die Oberhand gewinnen, aber jedesmal fehlte es ihnen an Truppenstärke, um einen entscheidenden Schlag zu führen. Am dritten Tag, als er erkannte, daß der Sieg ihm aus den Händen glitt, befahl Lee seinen Truppen, das Zentrum der Stellung der Unionstruppen frontal anzugreifen. Vernichtender Beschuß trieb sie zurück. Eine schwer angeschlagene Südstaatenarmee trat am 4. Juli 1863 den schmachvollen Rückzug nach Virginia an.

Zum Wendepunkt des Krieges kam es im Sommer 1863. Von

Abb. 11: *Robert E. Lee, 1807 bis 1870, Oberbefehlshaber der Südstaaten während des Bürgerkrieges (1861–1865)*

nun an sicherten die größeren Ressourcen des Nordens seine Überlegenheit auf allen Kriegsschauplätzen, wiewohl die Erfolge im Westen noch immer größer waren als im Osten. Die militärischen Rückschläge des Südens verschärften außerdem zwei Probleme, die der Konföderation von Anfang an zu schaffen gemacht hatten. Eines davon war die ungeklärte Beziehung zwischen der Regierung der Konföderation und den Regierungen ihrer Einzelstaaten. Das war zum Teil eine Folge der Föderalismustheorie des Südens, die den Einzelstaaten weitgehende Eigenständigkeit zusicherte *(states rights theory)* und der die Konföderation ihre Existenz ja überhaupt verdankte.[20] In der Praxis bedeutete sie, daß die einzelnen Staaten sich weigern konnten, Mannschaften und Material zur Verfügung zu stellen, und dies auch gelegentlich taten. Die Lage wurde noch verschlimmert durch die Starrheit des Präsidenten Davis und das Fehlen eines Zweiparteiensystems, das Opposition gegen ihn hätte auffangen können.[21] Die Folge war, daß einige der führenden Politiker des Südens, unter ihnen der Vizepräsident und führende Theoretiker der *states rights*-Doktrin Alexander H. Stephens, mitten im Krieg Kritik an der Regierung artikulierten und die Opposition gegen sie unterstützten auf eine Weise, die man in jedem anderen Land als Landesverrat betrachtet hätte. Das zweite Problem, mit dem die Konföderierten zu kämpfen hatten, war eine immer rascher fortschreitende Inflation. Da die Südstaaten das Geld, das sie brauchten, nicht mit Hilfe von Steuern oder Anleihen aufbringen konnten, ließen sie es drucken; unweigerlich stiegen die Preise. Obwohl der Norden gegen solche Schwierigkeiten nicht gefeit war, konnte er viel besser mit ihnen fertig werden. Angesichts der politischen und wirtschaftlichen Schwierigkeiten und der Tatsache, daß der Sieg in immer weitere Ferne rückte, sank die Kampfmoral des Südens.

Und doch kämpften die Armeen der Konföderierten noch zwei Jahre weiter. Zu den Hoffnungen, die sie aufrechterhielten, gehörte der Glaube, Großbritannien und Frankreich brauchten die von ihnen erzeugte Baumwolle so notwendig, daß sie sich zur Intervention gezwungen sehen würden. In beiden Ländern gab es viele, die nicht unglücklich gewesen wären, wenn die Union zerbrochen wäre. Aber zu Beginn des Krieges, als die diplomatische Anerkennung der Konföderation durchaus ernsthaft erörtert wurde, lagerten noch große Baumwollvorräte in Europa, mit denen die Fabriken eine Zeitlang auskommen konnten. Arbeiter in der Textilindustrie litten allerdings unter hoher Arbeitslosigkeit. Später konnte sich Europa aus anderen Quellen mit Baumwolle versorgen, vor allem aus Ägypten und Indien. Aber selbst wenn das nicht so gewesen wäre, hätte es sich nach den Schlachten von Antietam und Gettysburg für die Europäer keineswegs gelohnt, sich in einen Krieg gegen die Vereinigten Staaten zu verwickeln.

Die Konföderierten mußten also allein weiterkämpfen. Grant, der im Frühjahr 1864 den Oberbefehl über alle Armeen der Union übernahm, stieß jetzt noch einmal nach Süden gegen Richmond vor. Bei allen bisherigen Versuchen hatten sich die Unionstruppen nach schweren Verlusten zurückgezogen. Grant, der über größere Mannschaftsreserven verfügte, drang diesmal unerbittlich vorwärts. Im Mai und Juni verlor die Union 60 000 Mann, mehr als das Doppelte der Verluste ihrer Gegner, und dennoch stieß die Armee weiter vor, bis sie im Juni anhielt, um Petersburg zu belagern, einen Eisenbahnknotenpunkt, der den Zugang nach Richmond sicherte. Im Westen entwickelte sich indessen ein Feldzug ganz anderer Art. Sherman, der von Chattanooga aus nach Südosten vorstieß, belagerte Atlanta, bis es im September kapitulierte. Nun löste er sich von seinen Nachschubbasen, marschierte ostwärts nach Savannah und wendete sich dann in den ersten Monaten des Jahres 1865 nach Nordwesten gegen Richmond. Am 17. Februar fiel Columbia, und Charleston wurde evakuiert. Da die Armeen des Nordens jetzt das Kernland des Südens beherrschten, wurde es sinnlos, die Hauptstadt der Konföderation zu verteidigen. Am 2. April, als Shermans Armee von Süden anrückte, gab Lee Petersburg und Richmond auf und floh nach Westen. Eine Woche später, im Gerichtsgebäude von Appomattox in Südwest-Virginia, kapitulierte er und lieferte seine Armee an Grant aus. Die Kapitulation der restlichen Streitkräfte der Konföderierten folgte bald darauf. Nach vier Jahren des Kampfes und dem Tod von mehr als einer halben Million Menschen war der Krieg zu Ende.

IX. DAS ENDE DER SKLAVEREI

Obwohl die Sklaverei eine entscheidende Rolle – vielleicht *die* entscheidende Rolle – bei der Entstehung des Krieges gespielt hatte, war ihre Abschaffung zunächst kein Kriegsziel des Nordens gewesen. Am Vorabend des Konflikts hatte Lincoln erklärt, auch wenn er es wünschte, hätte er nicht die Vollmacht, sich in das Sklavenproblem in den einzelnen Staaten einzumi-

Abb. 12: *Ruinen von Richmond, 15. April 1865*

schen. Durch den Krieg hatte sich seine Lage in einer wichtigen Hinsicht geändert: Wenn er es wollte, konnte er nun durch Anwendung seiner Sondervollmachten in der Sklavenfrage vorgehen. Seine politische Linie blieb aber die gleiche. Siebzehn Monate nach Kriegsbeginn schrieb er an den Herausgeber der New Yorker Zeitung *Tribune,* Horace Greeley: »Mein höchstes Ziel in diesem Ringen ist die Rettung der Union, nicht die Bewahrung oder Abschaffung der Sklaverei. Wenn ich die Union retten könnte, ohne *einen einzigen* Sklaven zu befreien, dann würde ich es tun; und wenn ich sie dadurch retten könnte, daß ich *alle* Sklaven befreite, dann würde ich es tun; und wenn ich sie retten könnte, indem ich einige Sklaven befreite und andere nicht, dann würde ich auch das tun.«[22] Diese Stellungnahme, so beeilte er sich hinzuzufügen, gebe nicht seine persönliche Ansicht wieder, nach der alle Menschen überall frei sein sollten, sondern seine Auffassung von seinen offiziellen Pflichten als Präsident der Vereinigten Staaten.

Daß man vorsichtig würde vorgehen müssen, lag auf der Hand. Einige Sklavenstaaten kämpften bereits auf der Seite der Union, andere würden sich ihnen, wie man hoffte, bald anschließen. Sogar in den freien Staaten lehnten viele den Gedanken an eine Massenbefreiung der Sklaven ab. Die Gegnerschaft gegen die Sklavenbefreiung war besonders stark im Mittleren Westen, der Heimat Lincolns. Hier fürchtete man,

Abb. 13: *Freigelassene Sklaven dürfen zum ersten Mal wählen. Eintragung in die Wahllisten in den Südstaaten um 1867*

und diese Befürchtungen wurden von den demokratischen Gegnern der Regierung bewußt genährt, daß einer Sklavenbefreiung sofort eine Massenzuwanderung von Schwarzen folgen würde. Man hatte auch die Sorge, die einige Kabinettskollegen Lincolns zum Ausdruck brachten, daß man die Sklavenbefreiung als einen verzweifelten Versuch des Nordens ansehen werde, der militärisch keine Erfolge gehabt hatte, den Sieg mit Hilfe eines Sklavenaufstandes zu gewinnen. Es gab also gewichtige Gründe für die Annahme, daß ein voreiliges Handeln sich auf die Kriegsanstrengungen des Nordens nachteilig auswirken und im übrigen langfristig gesehen auch den Sklaven selbst schaden werde.

Aber die Meinungen änderten sich. Wenn der Norden für Demokratie kämpfte, dann konnte er kaum Sklaverei dulden. Lincoln persönlich verabscheute sie. Zudem brauchte er dringend die politische Unterstützung der radikalen Republikaner und der Abolitionisten, die ihn seit Fort Sumter dazu gedrängt hatten, aus dem Krieg einen Kreuzzug gegen die Sklaverei zu machen. Einen Monat vor seinem Brief an Greeley hatte er dem Kabinett vertraulich mitgeteilt, er denke daran, die ihm für den Krieg zugestandenen Sondervollmachten zu benutzen, um gegen die Sklaverei vorzugehen. Der Sieg der Unionstruppen bei Antietam bot die Gelegenheit, auf die er gewartet hatte. Fünf Tage später, am 22. September 1862, erklärte er, er beabsichtige die Sklaven in den Gebieten zu befreien, die sich zu Beginn des nächsten Jahres noch im Zustand der Rebellion befänden.

Die Proklamation zur Sklavenbefreiung vom 1. Januar 1863 gab daher nicht allen Sklaven die Freiheit. Diejenigen, für die sie galt, lebten in Gebieten, die noch in den Händen der Konföderierten lagen, und sie konnten deshalb zunächst nicht in den Genuß ihres neuen Status kommen. Die übrigen Sklaven, die in den loyalen Staaten oder in Gebieten lebten, die schon von den Armeen des Nordens besetzt waren, waren rechtlich gesehen noch Sklaven und blieben es in den meisten Fällen bis zum Ende des Krieges. Es war jedoch klar, daß das Schicksal der Sklaverei jetzt besiegelt war. Sie dort beizubehalten, wo sie im Augenblick noch legal war, würde sich als undurchführbar erweisen. Die Abolitionisten jubelten, ebenso auch die Sklaven, die sich in Scharen unter den Schutz der vorrükkenden Truppen aus dem Norden stellten. Aber im allgemeinen war die Reaktion, im Norden ebenso wie in Übersee, erstaunlich feindselig. Die Londoner *Times* ging sogar soweit, Lincoln mit Dschingis Khan zu vergleichen. Häufiger wurde sein Vorgehen mit dem Überfall von John Brown auf Harpers Ferry verglichen, und zwar weil man Lincoln die Absicht unterstellte, die Sklaven zur Rebellion aufzurufen; und die Angst vor Sklavenaufständen hatte die Weißen mindestens seit dem Aufstand von Santo Domingo in den 1790er Jahren verfolgt. Die unmittelbare Auswirkung der Sklavenbefreiung, so lautete die Voraussage, würde ein Sklavenaufstand sein, dem ein Massaker an den Weißen folgen würde, das dann zu einem noch fürchterlicheren Blutbad unter den Schwarzen führen würde. Aber nichts dergleichen geschah. In Wirklichkeit arbeiteten die meisten Schwarzen auch weiter für ihre bisherigen Herren oder, da viele von ihnen im Kriege waren, für die Herrin des Hauses, bis die Unionstruppen in der Nähe auftauchten. Dann begaben sich viele von ihnen auf die Wanderschaft. Es war eine sehr verständliche Reaktion – der

Wunsch, die neugewonnene Freiheit zu erproben, den Ort zu verlassen, an dem sie Sklaven gewesen waren, und zu sehen, was hinter dem Horizont lag. Aber die meisten mußten dabei sehr bittere Erfahrungen machen. In dem Chaos des Krieges, fern von Freunden und ohne ein wirkliches Ziel, litten sie unter Hunger und Kälte. Einige wurden in die Unionsarmeen eingezogen. Im Frühjahr 1865 dienten fast 200 000 Schwarze, die meisten von ihnen ehemalige Sklaven, unter dem Sternenbanner. Andere wurden dazu eingesetzt, die Kriegsschäden zu beseitigen, oder empfingen Unterstützung von dem neu eingerichteten Freedmen's Bureau. Aber das waren alles nur vorläufige Lösungen. Was mit den ehemaligen Sklaven geschehen sollte, war am Ende des Krieges eines der dringendsten und in vieler Hinsicht das schwierigste aller Probleme, die die Union zu lösen hatte.

X. Die Wiedereingliederung des Südens, 1865–1877

Mit dem Sieg des Nordens war sichergestellt, daß die Vereinigten Staaten eine einzige Nation blieben und daß die Sklaverei abgeschafft werden würde. Was er jedoch nicht entschied, war die Frage, wie die neue Nation regiert werden würde, wer sie regieren sollte und welche Stellung die Schwarzen einnehmen würden. Daß es eine erneuerte Nation sein mußte, war zumindest den Siegern schon klar. Was Lincoln auch gemeint haben mochte, als er erklärte, sein Ziel wäre es, die Union zu retten, er meinte nicht, daß er zu der mißlichen Situation der 1850er Jahre zurückkehren wollte. Dennoch schien es in der ersten Zeit nach dem Siege nicht unwahrscheinlich, daß gerade dies geschehen könnte; es würde sogar mit ziemlicher Sicherheit so kommen, wenn man den Dingen ihren Lauf ließ. Das lag vor allem an den sehr milden Bedingungen für die Wiederaufnahme abgefallener Staaten, die Lincoln selbst noch während des Krieges formuliert hatte. Wie vom Präsidenten im Dezember 1863 verkündet, sahen diese erstens vor, daß – mit wenigen Ausnahmen – allen Südstaatlern, die bereit waren, einen vorgeschriebenen Loyalitätseid zu leisten, eine Amnestie gewährt würde; und zweitens die Anerkennung der Regierungen der Einzelstaaten, wenn 10 % der Wähler von 1860 den Treueid leisten und die Staaten die Sklavenbefreiung billigten. Auf diese Weise konnte jeder Einzelstaat als vollgültiges Mitglied in die Union wieder aufgenommen werden, wenn nur ein winziger Prozentsatz seiner Bevölkerung bereit war, sich zur Loyalität gegenüber den Vereinigten Staaten zu bekennen. An diesen Bedingungen zeigte sich zum Teil die großzügige Haltung Lincolns während des Krieges, zum Teil waren sie aber auch Ausdruck der praktischen Schwierigkeiten, denen die Offiziere der Union begegnet waren, als sie in den von ihnen besetzten Gebieten eine Zivilverwaltung einrichten wollten.

Ob Lincoln in der durch den militärischen Zusammenbruch des Südens entstandenen völlig neuen Lage an diesen Bedingungen festgehalten hätte, wird sich nie sagen lassen. Zur Zeit seiner Ermordung, weniger als eine Woche nach der Kapitulation von Lee, hatte er noch niemandem etwas über seine Pläne gesagt. Aber sein Nachfolger Andrew Johnson verkündete sofort, daß er Lincolns kriegsbedingte Erklärungen zu seinem Programm für die Nachkriegszeit machen werde. Daß dies zu Schwierigkeiten mit dem Kongreß führen würde, war von Anfang an klar. Der Kongreß hatte sich mit den Friedensbedingungen Lincolns nie einverstanden erklärt, denn er betrachtete sie als viel zu milde, und er hatte sich geweigert, Delegierte aus den Südstaaten in seine Reihen aufzunehmen, soweit diese darum nachgesucht hatten. Das war nicht, wie oft behauptet worden ist, ein Ausdruck von Rachsucht. Da der Kongreß weniger als der Präsident mit der sofortigen Lösung praktischer Probleme zu tun hatte, konnte er die langfristigen Auswirkungen politischer Maßnahmen erwägen, insbesondere die Konsequenzen von Lincolns Anspruch, die Sache der Union sei die Sache der Demokratie. Wenn der überhaupt einen Sinn hatte, dann den, daß der Süden demokratischer gemacht werden mußte. Die Aufhebung der Sklaverei genügte nicht. Wenn sich die Demokratie durchsetzen sollte, dann mußten die Rechte der befreiten Schwarzen, der »freedmen« geschützt, die Vorherrschaft der alten Pflanzeraristokratie gebrochen, die Vorrechte der Einzelstaaten abgebaut und die Zuständigkeiten der Bundesregierung erweitert werden. Kurzum, die Gesellschaftsstruktur des Südens mußte auf allen Ebenen reformiert werden. Die Pläne des Kongresses für die Umgestaltung der Gesellschaft des Südens, wie sie in der Wade-Davis-Gesetzesvorlage von 1864 zum Ausdruck kamen, hatte Lincoln durch sein Veto zu Fall gebracht. Doch daß der Kongreß keine Ruhe geben würde, solange nicht wenigstens einige seiner Forderungen erfüllt waren, unterlag zur Zeit der Ermordung Lincolns keinem Zweifel.

Johnsons großer Vorteil lag, so schien es damals wenigstens, darin, daß während der ersten acht Monate seiner Amtszeit der Kongreß nicht zusammentrat. Damit hatte er freie Hand im Süden. Abgeordnete mochten ihn warnen, wie sie es wiederholt taten, und sagen, daß er eine falsche Politik verfolge und sich selbst große Probleme schaffe. Solange der Kongreß nicht wieder zusammentrat, konnten sie nicht eingreifen. Sie mußten daher mit wachsendem Unwillen zusehen, wie der

Abb. 14: *Andrew Johnson, 1808–1875, 17. Präsident der Vereinigten Staaten (1865 bis 1869)*

Präsident begann, sein Programm in die Tat umzusetzen. Wie Johnson immer wieder betonte, war es sein Ziel, die abgefallenen Staaten so schnell wie möglich wieder in die Union einzugliedern, nicht aber, den Interessen der Republikanischen Partei zu dienen oder zu versuchen, Rassengleichheit von oben zu verordnen. Jetzt, da der Krieg vorüber war, sollte das politische Leben wieder normalisiert werden, und zwar je eher desto besser.

Für den geschlagenen und mutlosen Süden wirkte die Politik Johnsons Wunder. Seine Generalamnestie und die großzügigen Begnadigungen ehemaliger Führer der Konföderierten bewirkten, daß viele kaum die Uniform ausgezogen hatten, als sie auch schon wieder hohe Staatsämter ausübten. Hätte der Süden irgendeine Neigung gezeigt, seine ehemaligen Führer aus ihren Ämtern zu entfernen, dann wären die Nordstaatler weniger beunruhigt gewesen. Statt dessen erlebten sie jetzt, wie der alte Club übermütig und reuelos aus den Trümmern hervorkam und wieder die Führung übernahm. Die neuen Einzelstaatsverfassungen, die sie nun entwarfen, unterschieden sich kaum von den alten. Die Sklaverei war zwar verschwunden, aber die Sondergesetze gegen Schwarze, die *black codes*, welche die neuen gesetzgebenden Versammlungen der Südstaaten erließen, liefen fast auf dasselbe hinaus.

Eine ironische Folge der Aufhebung der Sklaverei war, daß die potentielle Stärke des Südens im Kongreß zugenommen hatte, weil die alte Drei-Fünftel-Regelung weggefallen war (siehe S. 49). Ehemalige Sklaven zählten jetzt als freie Bürger, ob sie nun in einem Einzelstaat das Wahlrecht hatten oder nicht. Noch besorgniserregender war die Möglichkeit, daß die Republikanische Partei im Norden, die schließlich den Krieg geführt und gewonnen hatte, durch ein Bündnis zwischen den Demokraten im Süden und im Norden aus ihrer politischen Machtstellung verdrängt wurde. Sie hatte augenscheinlich bereits die Präsidentschaft an einen Mann verloren, der zwar ein überzeugter Unionist, aber ein Südstaatler und ehemaliger Demokrat war und sein Amt zum großen Teil der Tatsache verdankte, daß Lincoln den unionistischen Wählern ein regional und politisch ausgewogenes Kandidatenpaar hatte vorlegen wollen. Daß sie nun in der Stunde ihres Sieges womöglich noch die Mehrheit im Kongreß verlieren sollten, war mehr, als sie hinnehmen konnten.

Mit dem Zusammentreten des Kongresses im Dezember 1865 brach der drohende Sturm los. Der Kongreß weigerte sich, die vom Präsidenten eingesetzten Regierungen anzuerkennen. Die Abordnungen aus dem Süden, zu denen auch der ehemalige Vizepräsident der Konföderation, Alexander H. Stephens, gehörte, wurden wieder nach Hause geschickt. Alle Schwarzen erhielten 1866 das Bürgerrecht. Die Sondergesetze gegen die Schwarzen wurden für ungesetzlich erklärt, und das Freedman's Bureau, die zur Wahrnehmung der Interessen der befreiten Sklaven eingesetzte Behörde, erhielt weitere Vollmachten, einschließlich des Rechts, militärische Kräfte zum Schutz der Bürgerrechte einzusetzen. Das Veto des Präsidenten wurde wiederholt überstimmt. Der Präsident reagierte mit der Erklärung, ohne die Delegierten aus dem Süden spreche der Kongreß nicht für die ganze Nation. Der radikal antisüdstaatliche Flügel der Republikaner entgegnete, durch ihren Abfall hätten sich die Südstaaten aller politischen Rechte begeben. Das war die entgegengesetzte Position wie fünf Jahre vorher, als es die Republikaner gewesen waren, die behauptet hatten, die Union bestünde weiter, während die Südstaatler auf ihrem Recht bestanden hatten, sich aus der Union zu lösen. Jetzt waren es die Südstaatler, die mit Unterstützung des Präsidenten ihre Mitgliedschaft beanspruchten, und die Republikaner, die sie ihnen verweigerten.

Die im Herbst 1866 stattfindenden Kongreßwahlen boten die Gelegenheit, den toten Punkt zu überwinden. Während des Wahlkampfes stellte sich Johnson gegen den radikalen Flügel der Republikaner und hoffte, die Öffentlichkeit für sein Programm zu mobilisieren, von der er glaubte, sie stünde überall im Norden auf seiner Seite. Bald zeigte sich, daß er sich geirrt hatte. Die Erinnerungen an den Krieg waren noch lebendig. Als Südstaatler, der Nachsicht für ehemalige Rebellen forderte, stieß Johnson bei seinen Zuhörern im Norden auf bittere Ablehnung. Das Ergebnis war ein überwältigender Wahlsieg der Radikalen.

Die Radikalen interpretierten ihren Wahlerfolg als Mandat

für ihr Programm und drängten auf seine Verwirklichung. Der Süden wurde in fünf Militärbezirke aufgeteilt, die jeweils einem Offizier der Unionstruppen unterstellt wurden, der alle zivilen, richterlichen und polizeilichen Funktionen übernahm. Neue Bedingungen, zu denen auch die Gewährung des Wahlrechts für die Schwarzen gehörte, mußten erfüllt werden, bevor die Regierungen der Einzelstaaten anerkannt wurden. Und ehemaligen Führern der Konföderierten wurde untersagt, öffentliche Ämter auf Bundes- oder Einzelstaatsebene zu übernehmen. Um diese Maßnahmen durchzusetzen, schickte der Kongreß Truppenverstärkungen in den Süden. Als Johnson widersprach und erklärte, der Kongreß maße sich widerrechtlich seine Vollmachten als Oberbefehlshaber der Streitkräfte an, wurde ihm die Kontrolle über die Armee *de facto* entzogen, und als er sich weiter widersetzte, beschloß das Repräsentantenhaus in Gesetzesform die Amtsenthebung (*impeachment*). Die nun nötige Verhandlung gegen den Präsidenten vor dem Senat, die das ganze Frühjahr 1868 andauerte, endete damit, daß 35 Senatoren für seine Amtsenthebung und 19 dagegen stimmten. Es fehlte also nur eine Stimme an der erforderlichen Zweidrittelmehrheit, um ihn aus dem Amt zu entfernen.
Trotz dieser Niederlage behielten die Radikalen die Oberhand. Im Verlauf des Jahres 1868 beantragten sechs Südstaaten, die sich in der vom Kongreß vorgeschriebenen Art reorganisiert hatten, die Anerkennung durch die Union und wurden wieder aufgenommen. Bei den Präsidentschaftswahlen im gleichen Herbst stützten sich die Republikaner ganz besonders auf diese unfreien Regierungen, um die Wahlen zugunsten ihres Kandidaten, General Grant, zu entscheiden. Die vier übrigen Staaten der Konföderation (Tennessee war 1866 wieder in die Union aufgenommen worden) widersetzten sich energisch den Forderungen des Kongresses, aber bis 1871 gaben auch sie dem militärischen Druck nach und erfüllten die Bedingungen des Bundes.
Die Union war nun in dem Sinne wiederhergestellt, daß alle Einzelstaaten Regierungen hatten, die sowohl vom Präsidenten als auch vom Kongreß anerkannt wurden. Im größeren Teil des Südens hing die Existenz dieser Regierungen jedoch noch immer von der Anwesenheit der Unionstruppen ab. Hätte man diese Truppen abgezogen und damit den Einwohnern dieser Staaten die Kontrolle über ihre Angelegenheiten wieder übertragen, so hätte das nicht nur bedeutet, daß die Macht den Demokraten überlassen worden wäre, sondern auch, daß die befreiten Sklaven, für deren Schicksal sich die Republikaner besonders verantwortlich fühlten, wieder auf Gnade und Ungnade ihren ehemaligen Herren ausgeliefert worden wären.

Heute erinnert man sich an die Zeit der *carpetbag*-Regime (*carpetbag* = Reise- und Hamstertasche), der vom Norden dem Süden aufgezwungenen Regierungen, hauptsächlich wegen ihrer Mißerfolge. Sie verletzten unleugbar Rechte, die Amerikanern normalerweise zustanden. Daß sie auch zahlreiche Möglichkeiten zur ungesetzlichen Verwendung und Verschwendung von Mitteln und zu anderen Gaunereien schufen, ist gleichfalls bewiesen. Aber die weitverbreitete Legende, es sei dies eine Zeit maßloser Unterdrückung gewesen, in der ein stolzes, aber besiegtes Volk sich unter der grausamen Herrschaft ehemaliger Sklaven vergeblich zu behaupten suchte, die ihrerseits wiederum in zynischer Weise von Abenteurern aus dem Norden und Verrätern aus dem Süden manipuliert wurden, ist überwiegend ein Phantasiegebilde von Südstaatlern. Nur in einem einzigen Staat, in South Carolina, hatten Schwarze in der Legislative die Mehrheit, und selbst hier gelang es ihnen nicht, so viele Ämter zu besetzen, wie sie ihrem Anteil an der Bevölkerung entsprochen hätten. Die weißen Südstaatler, die in diesen Regierungen Ämter bekleideten, waren meist ehemalige Whigs, die die Kriegsschäden beseitigen und die Wirtschaft im Süden entwickeln wollten. Einige der *carpetbaggers* waren zwar Gauner, aber viele waren auch echte Idealisten – Lehrer und Verwaltungsbeamte –, die in den Süden gegangen waren, um Schulen für die Schwarzen aufzubauen oder den ehemaligen Sklaven in anderer Weise dabei zu helfen, sich an ihren neuen Status zu gewöhnen. Die Steuererhöhungen und die Zunahme der Staatsschulden, welche die Südstaatler als Beweise für Mißwirtschaft anführten, waren zum größten Teil Folge der unzureichenden sozialpolitischen Maßnahmen vergangener Jahre. Korruption war tatsächlich im Süden nicht mehr verbreitet als im Norden oder als später im Süden, nachdem die sogenannten *redeemer governments*, die die weiße Mehrheit im Süden repräsentierten, die Macht übernommen hatten.

Es ist durchaus verständlich, daß die Südstaatler Regierungen ablehnten, die sich nur durch die Bajonette der Unionssoldaten an der Macht hielten. Wären die Maßnahmen des Kongresses unmittelbar nach der Niederlage des Südens verhängt worden, dann hätte man sich leichter damit abgefunden. Da sie jedoch erst auf Johnsons sanften Kurs folgten, als alles schnell vergeben und vergessen schien, hinterließen sie böse Erinnerungen.

In den 1870er Jahren ermüdete auch das Interesse der Nordstaatler an der Wiedereingliederung des Südens. Es verhalf jetzt nicht mehr mit Sicherheit zu einem Wahlsieg, wenn man weiter die blutige Fahne schwang. Der Idealismus der Sklavereigegner wurde geringer. Die Menschen beschäftigten sich mit neuen Problemen, die mit dem Krieg und dem Ringen um die Rassengleichheit nichts mehr zu tun hatten. Berichte über die Mißwirtschaft der *carpetbaggers*, die zum Teil zutrafen, stießen auf Verständnis. Die bloße Tatsache, daß Regierungen im Süden so lange nach dem Kriege noch von der Anwesenheit der Unionstruppen abhingen, erschien anomal. 1875 gewannen die Demokraten die Mehrheit im Repräsentantenhaus. Nichts Beunruhigendes geschah. Die Südstaatler, die jetzt im Kongreß saßen, waren nicht, wie ihre Vorgänger in den 1850er Jahren, von *states rights*-Vorstellungen besessen; sie hatten auch nicht, wie die Republikaner fürchteten, die Absicht, gegen die Schutzzölle, die staatlichen Zuschüsse für die Eisenbahnen oder die Nationalbanken vorzugehen, und versuchten auch sonst nicht, die neue Wirtschaftsordnung abzubauen. Viele von ihnen waren Geschäftsleute, die die gleiche Sprache sprachen und die gleichen Sorgen hatten wie die Geschäftsleute aus anderen Landesteilen. Für solche Männer hatte eine Zusammenarbeit über die regionalen Grenzen hinweg viel zu bieten. Die Südstaatler brauchten Kapital aus dem Norden, die Nordstaatler suchten neue Gebiete, wo sie investieren konnten. Das einzige Hindernis, das der Entwicklung normaler und harmonischer Beziehungen noch im Wege stand, war augenscheinlich die politische Instabilität, die sich daraus ergab, daß sich immer noch Streitkräfte der Union in den Südstaaten befanden.

Durch den Kompromiß von 1877, der einer von Unregelmäßigkeiten bestimmten Wahlentscheidung zwischen Rutherford Hayes und Samuel Tilden folgte, wurde auch dieses Hindernis beseitigt. Zwischen beiden Kandidaten gab es kaum einen Unterschied. Der Demokrat Tilden war Gouverneur von New York und ein erfahrener Wirtschaftsjurist. Er war bekannt für seine konservativen wirtschaftlichen Auffassungen. Der Republikaner Hayes, ebenfalls Wirtschaftsjurist, war drei Amtsperioden lang Gouverneur von Ohio gewesen, und man nannte ihn den Mann des »gesunden Geldes«, Verteidiger des Goldstandards und antiinflationärer Geldpolitik. Welcher von beiden auch gewählt wurde, als Regierungschefs hätten sie sich in ihren Methoden wahrscheinlich kaum voneinander unterschieden. Am Ende machte es den Südstaaten weniger aus, daß der Mann, dem sie ihre Stimme gegeben hatten, wegen der Schikanen unionistischer Wahlleiter im Süden sein Amt nicht erhielt, als daß der erfolgreiche Kandidat Hayes sich bereit erklärte, die letzten Unionstruppen abzuziehen und Aufträge des Bundes auch Unternehmen im Süden zukommen zu lassen.

Eine der besonderen Ironien der Phase der Wiedereingliederung *(Reconstruction)* war, daß sie mit einer Absprache unter

Geschäftsleuten endete. Daß wirtschaftliche Interessen schließlich eine so aufweichende Wirkung entfalteten, beruhte zum Teil auf dem schwindenden Idealismus in der Republikanischen Partei, zum Teil aber auch auf der Erkenntnis, daß viele ihrer ursprünglichen Ziele erreicht worden waren. Als die Radikalen dem Süden ihr Programm aufzwangen, hatten sie vier Ziele verfolgt: Sie wollten eine Wiederholung des Konflikts der großen Regionalinteressen der 1850er Jahre vermeiden, sie wollten die neue Wirtschaftsordnung aufrechterhalten, den Aufstieg der Republikanischen Partei sichern und die Rechte der befreiten Sklaven schützen. Bis 1877 hatten sie die beiden ersten Ziele erreicht. Der neue Süden träumte nicht mehr davon, aus der Union auszubrechen, und seine Führer setzten die Wirtschaftspolitik der Republikaner als Selbstverständlichkeit voraus. Auch das dritte Ziel war erreicht, wenn auch nur mit der Folge, daß die gesamte weiße Bevölkerung des Südens den Demokraten in die Arme getrieben wurde, eine Entwicklung, die von nun an tiefgreifende Auswirkungen auf die Politik des Südens und auf die ganze Nation haben sollte. Das vierte Ziel, die Wahrung der Interessen der befreiten Sklaven, wurde geopfert, um die drei anderen zu erreichen.

Den Schwarzen im Süden erging es schlecht, nachdem ihre Beschützer aus dem Norden wieder abgezogen worden waren.[23] Der dreizehnte Verfassungsänderungsartikel, der Sklaverei für verfassungswidrig erklärte, war im Dezember 1865 ratifiziert worden. 1868 und 1870 kamen zwei weitere Verfassungsänderungen hinzu. Im 14. Verfassungsänderungsartikel *(amendment)* wurde allen Schwarzen die Staatsbürgerschaft und Gleichheit vor dem Gesetz (»the equal protection of the laws«) garantiert, und der 15. Verfassungsänderungsartikel sprach allen Bürgern ungeachtet ihrer »Rasse, Hautfarbe oder ihres früheren Status als Sklaven« das Stimmrecht zu. Diese Bestimmungen waren jetzt Bestandteil des Verfassungstextes; sie konnten verwirklicht werden, sofern und sobald die Mehrheit der weißen Bevölkerung der Nation sich dazu entschloß. Aber fast ein Jahrzehnt lang wurden die Rechte der Schwarzen kaum ernst genommen und allmählich immer stärker beschnitten. Das Bürgerrechtsgesetz von 1875 stellte zwar die Diskriminierung Schwarzer in öffentlichen Gebäuden, Restaurants und Theatern und in öffentlichen Verkehrsmitteln unter Strafe und verbot ihren Ausschluß von der Mitwirkung an Geschworenengerichten. Aber der Oberste Gerichtshof suspendierte 1883 die Wirksamkeit des Gesetzes, indem er wesentliche Teile für verfassungswidrig erklärte.

Auch das alte Plantagensystem war verschwunden, an seiner Stelle war ein neues Kleinpächtersystem in der Landwirtschaft entstanden, das den Schwarzen erlaubte, das Land zu bearbeiten, wenn sie dafür einen bestimmten Prozentsatz ihrer Erzeugnisse an den Besitzer ablieferten. Als sogenannte *»share-croppers«*, die ihre Pacht mit einem Teil ihrer Erträge bezahlten, waren die Schwarzen zwar theoretisch frei, aber in der Praxis unterschied sich ihr Status kaum von dem von Leibeigenen. Die demokratischen (oder wie sie es lieber hörten, die konservativen) Regierungen, die nach dem Abzug der Unionstruppen im Süden an die Macht kamen, nahmen im allgemeinen gegenüber den Freigelassenen eine patriarchalische Haltung ein und scheuten auch nicht davor zurück, schwarze Wähler anzusprechen, wenn es ihren Zwecken dienlich war. Das war jedoch ein gefährliches Verfahren, weil sie damit natürlich die weißen Wähler reizten. Bis zum Ende des Jahrhunderts waren Regierungen an die Macht gekommen, die den Schwarzen das Stimmrecht nahmen und sie auch der meisten Bürgerrechte beraubten, die ihnen die Radikalen Republikaner hatten sichern wollen. Die Union war zwar wieder hergestellt, aber es sollte einer ganz neuen *reconstruction* bedürfen, bevor schwarze und weiße Amerikaner gleiche Chancen erhalten würden.

3. Die industrielle Revolution in den Vereinigten Staaten

Von John R. Killick

Zwar waren die englischen Kolonien in Amerika ein erstaunlicher Beweis für wirtschaftliches Wachstum in der Welt des 18. Jahrhunderts, aber 1776 lagen sie noch verstreut am Rande des Kontinents und waren nichts anderes als über den Ozean vorgeschobene Außenposten des sich ausdehnenden Europa. Einhundertvierzig Jahre später war der ganze Kontinent besiedelt, und bei Ausbruch des Ersten Weltkrieges waren die Vereinigten Staaten die größte Industriemacht der Welt (siehe Tabelle 3.1). Diese wirtschaftliche Expansion bedeutete mehr als die bloße Vergrößerung der Industrieproduktion, der Bevölkerung und des Territoriums. Sie brachte eine fundamentale Verwandlung aller wirtschaftlichen und gesellschaftlichen Beziehungen mit sich und schuf eine ganz neue Gesellschaft. Dieses Kapitel wird die Ursprünge und einige der wirtschaftlichen Folgen dieser Veränderung behandeln. Den sozialen Auswirkungen und politischen Reaktionen, die in der Folge der Industrialisierung eingetreten sind, gilt das 5. Kapitel.

I. VORENTWICKLUNGEN IM 18. JAHRHUNDERT

Anders als viele andere Gesellschaften, die sich der Industrialisierung näherten, waren die englischen Kolonien in Amerika im 18. Jahrhundert wohlorganisierte und blühende Gemeinwesen mit bedeutendem Wachstumspotential. Es gab nicht den sich gegenseitig beeinflussenden Teufelskreis von Armut, Bevölkerungsexplosion, Landhunger und Unwissenheit, wie sie oft für arme Länder in unserer Zeit bezeichnend sind. Die Kolonien besaßen bereits eine stabile politische Struktur, eine verbreitete Volksbildung, breiten Wohlstand und viele nützliche Einrichtungen und Praktiken auf den Gebieten des Handels und der Staatsführung, die sie aus ihrem europäischen Erbe übernommen hatten. Dazu kamen die aggressiven und wohlhabenden regionalen »Aristokraten« der Kaufleute (siehe Kap. 1). Aber trotz dieses Wohlstandes hemmten gewisse Schranken die wirtschaftliche Entwicklung. Arbeitskräfte für die Industrie waren teuer, weil viele eine Farm auf billigem Land an der *frontier* der Fabrik vorzogen. Kapital war teuer, weil Landbesitzer und Kaufleute ärmer waren als in Großbritannien und weil es weder Banken noch andere Finanzierungsinstitute gab. Die Erzeugnisse der subtropischen Kolonien im Süden wurden auf dem Weltmarkt oft überangeboten, und das im Norden erzeugte Getreide eignete sich schlecht für den Export nach Europa, weil es viel Laderaum beanspruchte. Die Schiffahrt an der Ostküste gedieh im Rahmen des britischen Merkantilsystems, aber eben dieser Rahmen setzte größerem Ehrgeiz Grenzen. Die großen Landflächen sicherten billige Nahrungsmittel und einen hohen Lebensstandard, aber zugleich verhinderten diese ungeheuren Weiten, da es an Transportmöglichkeiten fehlte, die Entwicklung eines nationalen Marktes, regionale Spezialisierung und auf Großräume angelegtes Wirtschaften.

Es ist schwer zu sagen, ob diese hemmenden Faktoren ohne äußere Einflüsse irgendwann langsam überwunden worden wären. Ende des 18. Jahrhunderts wirkten jedenfalls mehrere günstige Ereignisse zusammen und schufen sehr günstige Voraussetzungen für die Weiterentwicklung. Die Revolution befreite Amerika vom britischen Merkantilismus, und die Errichtung eines effektiven Regierungssystems schuf die politische Stabilität, die für wirtschaftlichen Aufschwung notwendig war. Die französischen Kriege von 1793 bis 1815 wirkten sich sehr günstig auf den amerikanischen Handel aus, wenigstens bis 1807 (s. Kap. 1). Noch größere Bedeutung hatte die bereits begonnene industrielle Revolution in England. Durch das rapide Wachstum der Baumwollindustrie entstand ein großer Absatzmarkt für die Rohbaumwolle der Südstaaten. Billige britische Fertigwaren zwangen amerikanische Fabrikanten, entweder hinter Zollmauern konkurrenzfähig zu produzieren oder gar nicht erst anzufangen. Neue Erkenntnisse wissenschaftlicher, technischer und institutioneller Art kamen schnell über den Atlantik und wurden häufig bei ihrer praktischen Anwendung in Amerika abge-

Tabelle 3.1

Verteilung der Industrieproduktion der Welt in Prozent

	1820	1840	1860	1870	1881–85
Großbritannien	34	29	24	31,8	26,6
Frankreich	25	20	16	10,3	8,6
Deutschland	10	11	13	13,2	13,9
USA	6	7	16	23,3	28,6
Rußland	2	3	6	3,7	3,4

Quelle: Für die Jahre 1820–60: Michael G. Mulhall, *Dictionary of Statistics* (London, 1909), 365. Für 1870–1929: League of Nations, *Industrialization and Foreign Trade* (Geneva, 1945), 13. Für 1948–61: United Na-

ändert und verbessert. Die Übernahme englischer Technologie war, da beide Nationen so viel Gemeinsames verband, verhältnismäßig einfach. Und schließlich war die industrielle Revolution in Europa verbunden mit Wachstum und zunehmender Mobilität der Bevölkerung, und viele Binnenwanderer verloren die Bindung an ihre Heimat und ließen sich von Amerika anziehen (s. Kap. 4). Ebenso fanden immer größere Kapitalmengen aus Europa den Weg in die Vereinigten Staaten. Man kann sich daher die industrielle Revolution in den Vereinigten Staaten kaum anders als eine Fortsetzung und Ausdehnung des etwas früher einsetzenden Vorgangs in England vorstellen; und nur die rapide Entwicklung der atlantischen Wirtschaft als einer Einheit überwand schließlich die oben genannten hemmenden Faktoren.

Der europäische Einfluß ließ im 19. Jahrhundert, als die Vereinigten Staaten reicher und mächtiger wurden, allmählich nach. In zunehmendem Maße gründete sich ihr wirtschaftlicher Aufschwung auf das günstige Zusammenwirken der verschiedenen Sektoren der inneramerikanischen Wirtschaft, die im folgenden erörtert werden.

II. DIE REVOLUTION IM VERKEHRSWESEN

Die hohen Transportkosten im Inland wogen zu Beginn des 19. Jahrhunderts den Reichtum Amerikas an Land und natürlichen Ressourcen auf, und deshalb waren die kleineren europäischen Länder gegenüber den Vereinigten Staaten eindeutig im Vorteil. Ebenso wie in Europa versuchte man, als erstes die Schiffahrtswege entlang der Küste und auf den Flüssen durch den Bau von Straßen zu ergänzen, und die Großstädte im Nordosten wurden Anfang des 19. Jahrhunderts durch gepflasterte Landstraßen miteinander verbunden. Die Schwierigkeit beim Straßenbau außerhalb des urbanisierten Nordostens lag

1896–1900	1906–10	1913	1926–29	1948–50	1961
19,5	14,7	14,0	9,4	9,7	6,5
7,1	6,4	6,4	6,6	3,3	3,5
16,6	15,9	15,7	11,6	3,1	6,6
30,1	35,3	35,8	42,2	45,3	31,0
5,0	5,0	5,5	4,3	11,4	19,4

tions, *The Growth of World Industry, 1938–1961* (New York, 1965), 230–76. Diese Angaben bezeichnen nur Trends. Solche Vergleiche werfen große statistische Schwierigkeiten auf.

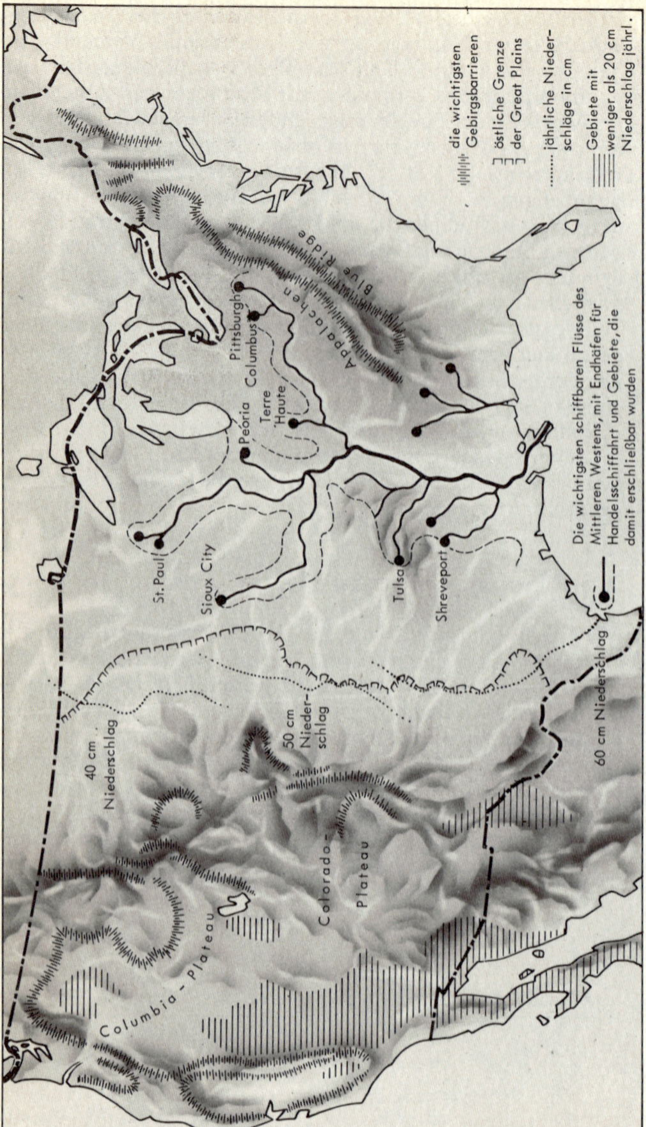

Abb. 15: *Geographische Hindernisse für die Expansion der Besiedlung der Vereinigten Staaten*

jedoch in den großen Entfernungen und der verhältnismäßig geringen Verkehrsdichte, und die Anlage neuer Verkehrswege ging dort nur langsam voran. Die Straßen im Westen wurden manchmal subventioniert wie die bekannte National Road, die vor dem Krieg von 1812 in Maryland begonnen wurde, bald die Appalachen überquerte, sich bis zum Ohio erstreckte und bis 1850 schließlich Vandalia in Illinois erreichte. Aber oft waren es nur von den Gemeinden angelegte, mit Holzbrettern oder Stämmen befestigte Straßen, die rasch reparaturbedürftig wurden und im Winter häufig nicht befahren werden konnten. Abgesehen von ihrer lokalen Bedeutung, besonders im Osten, konnten Straßen nicht genügen, um das Landesinnere wirklich zu erschließen.

Viel wichtiger waren die verschiedenen Formen des Transports auf dem Wasser. Die entscheidende Neuerung ist wahrscheinlich die Verwendung des Dampfschiffes auf dem Mississippi und seinen Nebenflüssen gewesen. Damit wurde ein weites Gebiet im Süden und Mittleren Westen erschlossen. Vor 1800 war Schiffsverkehr gegen die schnelle Strömung praktisch unmöglich, und Handelsverkehr war nur mit Flachbooten möglich, die beladen mit Baumwolle und Getreide aus dem Westen flußabwärts trieben. Diese floßartigen Boote wurden nach ihrer Ankunft in New Orleans demontiert, und ihre Eigentümer gingen zu Fuß wieder nach Norden zurück. Dampfschiffe wurden auf dem Mississippi seit 1811 benutzt, und bald entwickelte sich der klassische Flußdampfer mit seinem flachen Kiel, geringem Tiefgang, Schaufelrädern achtern und hohem Aufbau im Zuckerbäckerstil. Diese Dampfschiffe mit ihren bildhaften Namen wie *Walk on the Water* eigneten sich sehr gut für die stromauf gelegenen seichten Strecken und den rasch wechselnden Wasserstand. Sie wurden zum unentbehrlichen Bindeglied zwischen den Farmen im Westen, den Plantagen im Süden und den Märkten von New Orleans, bis sie nach dem Bürgerkrieg durch die Eisenbahnen abgelöst wurden. Die nördliche Verbindungsroute zum Westen, die zuerst von den französischen Forschern, Missionaren und Trappern benutzt worden war, waren seit jeher der Sankt Lorenz und die Großen Seen gewesen. Anfang des 19. Jahrhunderts nahm der Handel mit Getreide und Fertigwaren sehr schnell zu, es entstanden Umschlagplätze wie Chicago, Cleveland, Montreal und Quebec, und an die Stelle der Segelboote traten nun große Dampfschiffe.

Die erfolgreiche Ausnutzung dieser Wasserwege führte ebenso wie in Europa zu Plänen zur Verbindung von Flüssen und Seen durch Kanäle, um das Verkehrsnetz zu vervollständigen. Außerdem wollten Boston, New York, Philadelphia und Baltimore jeweils ihre eigenen Zugangswege zum Westen. Nütz-

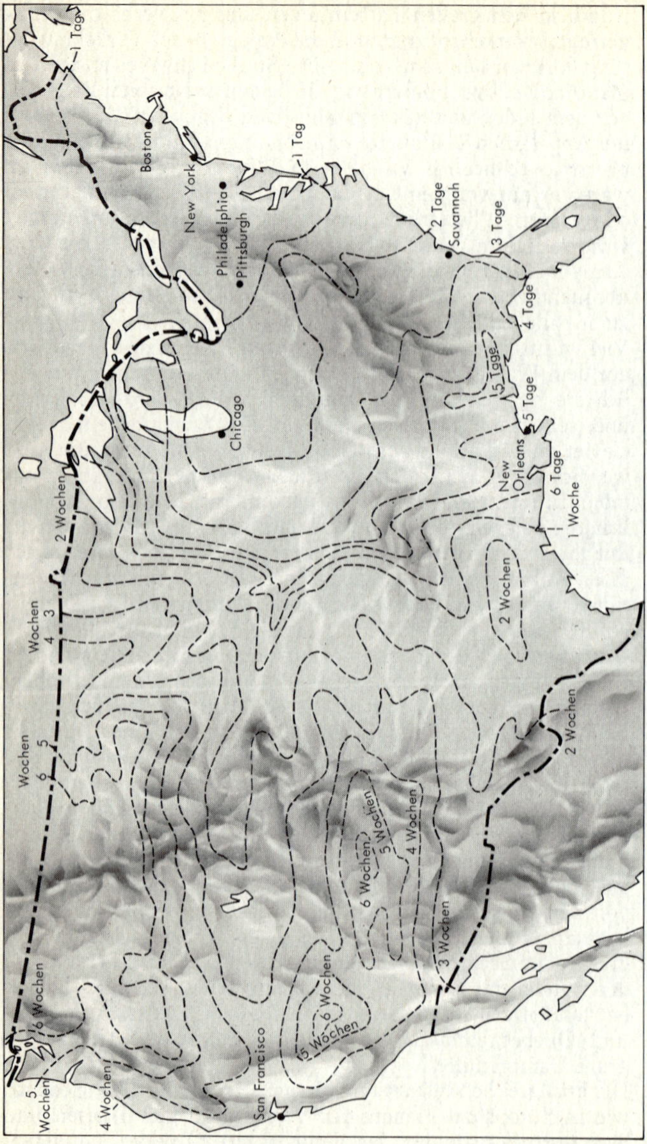

Abb. 16: *Die Reisezeiten ab New York um 1860*

lichstes Ergebnis dieses Konkurrenzkampfes war der mit öffentlichen Mitteln finanzierte, 583 Kilometer lange Erie-Kanal, der den Hudson bei Albany mit dem Eriesee und somit New York City mit den Großen Seen verband. Andere Kanäle durchschnitten in vielen Windungen das Appalachengebirge und verbanden Philadelphia und Baltimore mit den Flußsystemen im Westen, und zahlreiche kürzere Kanäle im Osten vereinigten Flüsse und Seen. Auf diesen Wasserstraßen brachte man z. B. die Kohle aus dem Gebirge in die Küstenstädte. In den 1830er Jahren wurden die Seen im Westen durch Kanäle mit dem Mississippi und seinen Nebenflüssen verbunden. Aber diese Kanäle hatten sich kaum positiv auf den Handel ausgewirkt, als ihr Beitrag zum Transport bereits von den Eisenbahnen übertroffen wurde.

Die ersten Eisenbahnlinien im Osten wurden in den 1830er Jahren von Boston, Baltimore und Charleston aus gebaut, denn diese Städte verfügten über keine günstigen Schiffahrtswege, kämpften aber darum, ihre Märkte im Westen zu vergrößern. In den 1830er und 1840er Jahren baute man im Osten zahlreiche lokale Zubringerlinien und Schienenwege zur Beförderung von Kohle. Aber in den 1850er Jahren führte man die Bahnlinien rapide weiter in den Mittleren Westen, und Ohio, Indiana und Illinois verlängerten ihr Streckennetz um je 3200 Kilometer. Bis 1860 war der Mississippi durch mehrere Ost-West-Bahnlinien mit der Atlantikküste verbunden, und Zubringerlinien führten weiter in die Präriegebiete, wo auf dem fruchtbaren Boden Mais angebaut wurde. Als Folge davon kam es zu dem raschen Wachstum von Eisenbahn- und Schiffahrtszentren wie Chicago, und der Handel des Westens verlagerte sich mehr und mehr vom Mississippi und von New Orleans weg und statt dessen auf die Schienenwege in Richtung New York und Europa. Während des Bürgerkrieges wurde der Bau der Eisenbahnstrecken unterbrochen, doch unmittelbar nach Kriegsende wurden die vorher am Veto der Südstaaten gescheiterten Pläne für eine transkontinentale Strecke wieder hervorgeholt. 1869 wurden die beiden Linien – die Union Pacific (Nebraska bis Utah) und Central Pacific (Kalifornien bis Utah) – in Utah miteinander verbunden. Es folgten drei weitere transkontinentale Eisenbahnlinien, begleitet vom umfangreichen weiteren Ausbau im Osten. Um 1910 war das Eisenbahnnetz in den Vereinigten Staaten mit einer Gesamtschienenstrecke von etwa 385 000 Kilometern mehr oder weniger komplett.

Welche Bedeutung ist nun diesen Straßen, Kanälen und Eisenbahnen im einzelnen beizumessen, und welche Bedeutung hatte das Verkehrssystem als Ganzes? Obwohl z. B. die Eisenbahnen allgemein die Kanäle verdrängten, ist schwer zu sagen, um wieviel größer ihre Leistungsfähigkeit war. Ihre jeweilige Leistungsfähigkeit war natürlich nach Strecke und Entfernung, Jahreszeit und Transportgut verschieden. Es ist auch nicht möglich, einfach die Frachtraten miteinander zu vergleichen, weil sich die Eisenbahngesellschaften dort, wo sie mit der Schiffahrt konkurrierten, den Preisen der Schiffahrtsgesellschaften anpaßten, während sie überall da, wo sie eine Monopolstellung besaßen, hohe Gewinne erwirtschafteten. Ein anderes Beispiel: Obwohl ein leistungsfähiges Transportsystem wesentliche Voraussetzung für die meisten Unternehmen war, ist es nur gelegentlich der auslösende, ursächliche Faktor für das Entstehen von Industrieunternehmen gewesen. Die Verbesserungen im Transportsystem erleichterten zu Beginn des 19. Jahrhunderts den Transport von Baumwolle, Getreide, Fertigwaren und die Umsiedlung von Arbeitskräften, aber sie waren viel häufiger die Folge als die Ursache einer Intensivierung des Handels. So läßt sich das starke Absinken der Frachtraten im Überseeverkehr in den Jahren 1815 bis 1860 auf zahlreiche Verbesserungen in der Schiffstechnik zurückführen, und diese wiederum waren angeregt worden durch den zunehmenden Umfang und die Regelmäßigkeit im Güter- und Personenverkehr. Die rasche Besiedlung des unteren Mississippitals wurde durch die Verwendung des Dampfschiffes beschleunigt, aber der eigentlich motivierende Faktor war die lebhafte Nachfrage nach Baumwolle. In ähnlicher Weise ging im Mittleren Westen im allgemeinen die Besiedlung der Verbesserung der Transportmittel voraus, und die Eisenbahnen wurden gebaut, um ein bereits vorhandenes Bedürfnis zu befriedigen. Nur auf den dünn besiedelten Hochflächen und im Gebirge wurden tatsächlich Eisenbahnlinien gebaut, bevor ein Bedarf bestand, und nur für eine Zeitspanne Ende des 19. Jahrhunderts wurden die Eisenbahnen zum Symbol und Schrittmacher der Entwicklung Amerikas. Die Wasserwege dagegen waren in der Frühzeit im Osten wahrscheinlich von einschneidenderer Bedeutung gewesen als die Eisenbahnen später; alle Großstädte, die im 19. Jahrhundert entstanden, wurden an schiffbaren Gewässern angelegt.

Kanäle und Eisenbahnen hatten auch noch andere Auswirkungen. Während ihres Baues regten sie die metallverarbeitende Industrie und den Maschinenbau an, und es entstanden viele neue Arbeitsplätze. Aber vor 1860 traf dies auch noch für einige andere Industrien zu, und erst in den 1870er Jahren, als die Wirtschaft ohnehin voll in Schwung war, kauften die Eisenbahngesellschaften die größten Mengen Eisen und Stahl. Schließlich hatten sowohl die Kanäle als auch die Eisenbahnlinien bedeutsame institutionelle Auswirkungen. Sie gehörten zu den ersten Großunternehmen, und viele Merkmale des modernen Industrieunternehmens, wie z. B. die Trennung von Eigentümer, Management und Arbeitern wurden in ihnen zum erstenmal deutlich sichtbar. Hinzu kam, daß es durch den Bau von Kanälen und Eisenbahnen notwendig wurde, große Mengen von Aktien und Anteilscheinen an private Investoren zu verkaufen, und das hat seine Auswirkungen sowohl auf die Spargewohnheiten der Investoren als auch auf die Vergrößerung der Geldmärkte gehabt, auf denen Wertpapiere gehandelt und als Deckung verwendet wurden.

Bis zur Jahrhundertwende hatten also die Verbesserungen im Verkehrswesen in den Vereinigten Staaten gewaltige Veränderungen ermöglicht und angeregt. Sie waren die Vorbedingung für den umfangreichen Außenhandel mit Europa und den ebenfalls umfassenden Binnenhandel zwischen den großen Regionen der Vereinigten Staaten. Die Folgen waren weitgehende regionale Spezialisierung und zunehmende Produktivität. Der ganze Kontinent wurde zu einem integrierten Ganzen. Dennoch wäre es falsch, Transport und Verkehr als die diese Änderungen dominant bewirkende Kraft einzuschätzen. Diese Kraft war die Industrialisierung selbst, und die Verbesserung des Verkehrswesens war dabei nur *ein* wichtiger Faktor.

III. INDUSTRIALISIERUNG UND URBANISIERUNG IM NORDOSTEN

Der eigentliche Motor der Expansion in den Vereinigten Staaten war das Anwachsen der Bevölkerung und der Industrie im Nordosten. Obwohl die Abwanderung nach Westen beträchtlich war (s. S. 138 u. Anhang Nr. 4 u. 5) und obwohl viele kleine Getreide- und Sägemühlen, die zusammengenommen bedeutende Industrien ergaben, in der Nähe der Erzeugergebiete und Märkte lagen, befanden sich die meisten neuen Industrien und Großstädte im Nordosten. Den Erfolg der Industrialisierung bewirkte in Amerika vor allem der qualitative Ausbau und die gegenseitige Verknüpfung dieser Industrien hauptsächlich in großen, neuen Stadtregionen und viel weniger bloßes Anwachsen und bloßes Ausweiten von Geschäftigkeit und die Ansiedlung von Menschen in neuen Gebieten. 1815 waren die wichtigsten Erwerbszweige im Nordosten noch Landwirtschaft und Handel, aber als in den 1840er und 1850er Jahren das billige im Westen angebaute Getreide über den Erie-Kanal nach Osten gebracht wurde, ging hier die Landwirtschaft zurück. Viele abgelegene Farmen wurden für immer aufgegeben. In der Nähe der Großstädte stellten kleine Farmer ihre Betriebe gewöhnlich auf die Erzeugung von Obst und Gemüse oder auf Milchwirtschaft um. Alteingesessene Amerikaner lehnten eine solche intensive Bodenbewirtschaftung oft ab, und damit ergab sich für fleißige Iren und Südeuropäer die Gelegenheit, ihre Fähigkeiten als Bauern unter Beweis zu stellen. Weiter im Norden war das Holz ein wichtiges Erzeugnis. Es wurde aus immer entlegeneren Wäldern herangeschafft, und zwar zuerst für den Schiffsbau in Massachusetts und später, um den wachsenden Bedarf in den großen Städten zu befriedigen.

Vielleicht liegt es an diesen Faktoren, daß der Nordosten einen sehr lebhaften Handel entwickelte und Schiffe aus Boston und New York alle Weltmeere befuhren. Zu Beginn des 19. Jahrhunderts wurden auf den dortigen Werften die besten und größten Hochseeschiffe gebaut, etwa die großen Baumwollschiffe, die in der Erntezeit nach Liverpool segelten, oder die prächtigen, aber nur für Spezialzwecke geeigneten Schnellsegler. In mehreren kleinen Häfen rund um Cape Cod und Cape Ann gab es unternehmungslustige Fischereiflotten, und in Nantucket und New London wurden Walfänger für die Südsee ausgerüstet. Seinen Höhepunkt erreichte der amerikanische Seehandel jedoch erst Mitte des 19. Jahrhunderts; doch der Übergang zu einer industrialisierten Schiffahrtstechnologie vollzog sich schwieriger als in Großbritannien. Zahlreiche kleinere Häfen in Neuengland, wie z. B. Salem, begannen schon, an Bedeutung zu verlieren, als der Handel nach Boston gelenkt wurde, das sich, auch auf Grund seiner guten Eisenbahnverbindungen, zur Metropole dieser Region entwickelte. Aber selbst Boston profitierte in den 1830er und 1840er Jahren viel mehr von der Industrialisierung seines Hinterlandes als vom Handel.

Die ersten Baumwollspinnereien in den Vereinigten Staaten wurden zwischen 1790 und 1810 nach britischem Vorbild eingerichtet. Das Garn wurde entweder von selbständigen Handwebern zu Stoff verarbeitet oder direkt an den Endverbraucher verkauft, der es selbst verwebte. Im Hinterland und an der Siedlungsgrenze (*frontier*) machten die großen Entfernungen auch dieses Heimindustriesystem äußerst schwerfällig, und deshalb wurden nicht nur Stoffe, sondern auch viele andere einfache Bedarfsartikel ganz zu Hause hergestellt. Die Versorgung mit billigem Garn aus Spinnereien, die meist in Neuengland lagen, war der erste Schritt, der von dieser primitiven Organisationsform wegführte. Aber diese Spinnereien waren vor 1812 noch klein und rückständig, und ihre Erzeugnisse wurden oft von den britischen Massenimporten verdrängt. Der nächste Schritt kam mit der Einrichtung großer integrierter mechanischer Spinnereien und Webereien während des Krieges von 1812 und danach. Das erste Unternehmen dieser Art wurde 1813 von der Boston Manufacturing Company in Waltham, Massachusetts, mit einem Kostenaufwand von

$ 300 000 errichtet. Das war weit mehr Kapital, als in den meisten britischen Unternehmen jener Zeit investiert war. Führende Bostoner Kaufleute wie Francis L. Lowell finanzierten das Unternehmen mit ihren im Handel erzielten Gewinnen. Das System von Waltham wurde in den folgenden Jahren sehr oft kopiert, und zahlreiche neue Fabrikstädte entstanden, die wie Lowell und Lawrence an Flüssen mit starker Strömung gelegen waren. Sie waren erfolgreich bei der Herstellung eines festen, einfachen Baumwollstoffes, der den Ansprüchen der Farmer, Matrosen und Sklaven genügte. Die Vielfalt der Stoffmuster wurde durch verschiedenfarbige Drucke und nicht durch Unterschiede in der Webart erreicht. Dieses einfache standardisierte Erzeugnis machte die Mechanisierung der Webereien viel leichter als in England oder auf dem europäischen Kontinent, weshalb kein langer Konkurrenzkampf zwischen den Handwebereien und den mit mechanischen Webstühlen ausgerüsteten Betrieben entstand. Die Arbeitskräftebeschaffung, die bei Fabriken in abgelegenen Gegenden immer ein Problem war, wurde dadurch gelöst, daß man die Töchter der Farmer anstellte und unter strenger moralischer Aufsicht in besonderen, internatsähnlichen Heimen unterbrachte. Nach 1850 wurde die Beschaffung von Arbeitskräften leichter, weil eine große Zahl neuer Einwanderer ins Land kam, zuerst aus Irland und dann aus Süd- und Osteuropa. Die außerordentlich günstige Marktlage erklärt zu einem großen Teil den Erfolg der Textilindustrie von Neuengland. Der Markt im Süden und Westen dehnte sich sehr schnell aus, und zwar nicht nur mit der Zunahme der Bevölkerung, sondern auch, weil durch den Ausbau der Verkehrswege die Farmer und Bewohner an der

Tabelle 3.2

Die größten Industriezweige, 1860 und 1910

	Wertschöpfung (in Mill. $)		Beschäftigung (Zahl der Arbeiter in Tausend)		Hauptstandorte
	1860	1910	1860	1910	1860
Baumwollerzeugnisse	55 (1)	260 (7)	115 (2)	380 (3)	Neuengland
Holz	54 (2)	650 (2)	76 (4)	700 (1)	verstreut
Stiefel und Schuhe	49 (3)	180 (10)	123 (1)	200 (8)	Neuengland
Getreideprodukte	40 (4)	–	28 (9)	–	verstreut
Herren-Bekleidung	37 (5)	270 (6)	115 (2)	240 (6)	Nordosten
Eisen und Stahl	36 (6)	330 (4)	50 (6)	240 (6)	Pennsylvania
Maschinenbau	33 (7)	690 (1)	41 (7)	530 (2)	Nordosten
Wollerzeugnisse	25 (8)	–	61 (5)	–	Neuengland

Die Zahlen in Klammern bezeichnen die Rangfolge.

Quelle: United States, Bureau of the Census, *Census of the United States* (Washington, 1861, 1913), 1860: Bd. 3, 733–42; 1910: Bd. 8, 40.

Siedlungsgrenze den Markt für fertige Stoffe vergrößerten. In ähnlicher Weise entstand in den blühenden Städten des Ostens ein Markt, dessen Kapazität viel schneller zunahm als der irgendeines europäischen Landes, denn britische Waren wurden durch Zölle zurückgehalten, und die Zahl der Einwanderer stieg.

Die Baumwollverarbeitung war keineswegs die einzige Industrie in Neuengland. Um 1900 stellte man dort auch Wollstoffe, Schuhe, alle Arten von Textilmaschinen und andere Maschinen her. Viele dieser Industrien standen irgendwie mit der Baumwollverarbeitung in Verbindung. Die Nachfrage nach Textilmaschinen führte z. B. zu Kapazitäten im Leichtmaschinenbau und zur Herstellung von Wanduhren, Taschenuhren, Nähmaschinen, Schreibmaschinen usw. Aber dieser Entwicklung waren, zumindest auf kurze Sicht, Grenzen gesetzt. Die großen Industrien der »zweiten industriellen Revolution« – die Stahlindustrie, die chemische Industrie, der Schwermaschinenbau und der Automobilbau – entwickelten sich in Neuengland nicht, unter anderem deshalb, weil es hier an Rohstoffen fehlte. Diese Schwerindustrien entstanden vielmehr besonders in den im Inneren des Appalachengebiets wachsenden Städten.

Im 18. Jahrhundert hatte man in Amerika keine großen Mengen von Kohle und Eisen verbraucht. Die unerschöpflichen Wälder versorgten die Menschen nicht nur mit Brennstoff, sondern auch mit Baumaterial für Gebäude und Maschinen sowie mit der Holzkohle, die bei der Gewinnung von Eisen für einfache Werkzeuge nötig war. Im Jahre 1800 verbrauchte jeder Amerikaner schätzungsweise 6,8 kg Eisen und 0,14 kg Stahl zum Preis von $ 38 bzw. $ 200 pro *ton**. Bis zum Jahre 1900 war der Verbrauch auf 172 kg bzw. 129 kg gestiegen, und die Preise waren auf $ 14 bzw. $ 19 gefallen. Man benötigte Eisen und Stahl für leistungsfähige, präzise arbeitende Maschinen, Dampfmaschinen in den neuen Fabriken, für die Eisenbahnschienen, die den Kontinent überzogen, für die neuen Hochhäuser, die nach 1870 in den Großstädten errichtet wurden, und für zahlreiche andere Verwendungszwecke. Diese ungeheure Zunahme der Eisen- und Stahlproduktion war nicht möglich ohne eine gleichzeitige Steigerung des Kohle- und Erzbergbaus, die nun selbst zu bedeutenden Industriezweigen wurden. Daneben spielten andere Bergbau- und metallverarbeitende Industrien eine Rolle – Kupfer, Blei, Silber, Zink, Erdöl und Schwefel. Aber das wichtigste Metall, das dieser Periode seinen Stempel aufdrückte, blieb das Eisen.

Diese Entwicklung wurde durch einige bedeutende technische Neuerungen ermöglicht. In Großbritannien hatte der Mangel

* 1 *ton* = 907,2 kg.

an Holzkohle um die Mitte des 18. Jahrhunderts dazu geführt, daß man das Eisenerz mit Koks zum Schmelzen brachte; in den Vereinigten Staaten verzögerte sich diese Entwicklung bis zum Beginn des 19. Jahrhunderts, weil es genügend Holz gab. Doch in den 1850er und 1860er Jahren erzeugten amerikanische Eisenhütten große Mengen Eisen für den Bau der Eisenbahnen, und unterstützt durch die Schutzzölle verdrängten sie den britischen Import. Die große Neuerung war Mitte des 19. Jahrhunderts die Einführung der Bessemerbirne zur Herstellung billigen Stahls, und bis 1900 war an die Stelle der Vermutungen und des Ausprobierens der Anfangsjahre die genaue Kenntnis der chemischen Vorgänge bei der Stahlerzeugung getreten. Mittel und Wege wurden entdeckt, um die Verwendung von Hitze und Arbeitskräften beim Schmelzverfahren auf ein Minimum zu reduzieren. In den modernsten Stahlwerken jener Zeit wurde das Material von den Kähnen, die das Erz heranbrachten, durch den Schmelzprozeß bis zu den Walzwerken fast vollautomatisch weiterbefördert, ohne mehr als einmal erhitzt zu werden. Die führenden amerikanischen Stahlerzeuger wie Andrew Carnegie konnten es sich leisten, immer die größten und modernsten Maschinen einzusetzen, weil der Bedarf der amerikanischen Städte und Eisenbahnen nach dem Bürgerkrieg außerordentlich gestiegen war. Mit ihren Gewinnen konnten sie veraltete Verhüttungsanlagen stillegen und ihre Konkurrenten aufkaufen. Ein ähnlicher Vorgang vollzog sich, wenn auch in geringerem Ausmaß, in Deutschland. In Großbritannien wuchs die Nachfrage Ende des 19. Jahrhunderts so langsam, daß die alten Verhüttungsanlagen und die kleinen Firmen allzu häufig weiter in Betrieb blieben.
Eine der wichtigsten Folgen der Konzentration des Handels und der Industrie im Nordosten war das weitere rasche Anwachsen der dortigen Großstädte. Handelszentren in anderen Landesteilen, wie New Orleans oder Los Angeles, konnten damals nicht mit den Stadtregionen des Ostens konkurrieren. Im Osten selbst überholte New York zwischen 1800 und 1860 seine Konkurrenten an der Küste: Boston, Philadelphia und Baltimore. New Yorker Kaufleute sicherten sich den Handel zwischen den Südstaaten und Europa und einen großen Teil des Handels mit dem Westen. Auf dieser Basis errichteten sie einen finanziellen Überbau, der bis 1900 die Wall Street zur Metropole und zum Symbol des amerikanischen Kapitalismus gemacht hat. Wenige Straßen weiter lebten in New York die Einwanderer, »die gedrängten Massen, die sich danach sehnten, einmal frei zu atmen«, wie Emma Lazarus es 1886 in einem Gedicht ausdrückte, als die Stadt zum bedeutendsten Einwandererzentrum der Vereinigten Staaten geworden war. Indessen war Chicago sogar noch schneller gewachsen, aber aus kleine-

ren Anfängen als New York. Auf Karten aus dem Jahre 1840 heißt Chicago noch Fort Dearborn. Die Stadt schlug jedoch Kapital aus ihrer Lage am Lake Superior, ihren Eisenbahnen, mit denen die Erzeugnisse des Mittelwestens und der Prärien herangebracht wurden, und aus ihren direkten Verkehrsverbindungen nach Osten. 1900 war Chicago der größte Getreidemarkt und das größte Fleischverarbeitungszentrum in der Welt. Die führende Rolle Pittsburghs in der Eisen- und Stahl-

Tabelle 3.3 a

Verteilung der Bevölkerung der USA nach Regionen, 1800–1950

	Gesamtbevölkerung der Vereinigten Staaten (in Tausend)	Prozentualer Anteil der Bevölkerung			
		Nordosten	nördliche Zentralregion	Süden	Westen
1800	5 297	50,0	–	50,0	–
1850	23 261	37,2	23,3	38,7	0,8
1900	76 094	27,6	34,6	32,2	5,4
1950	151 234	26,2	29,5	31,3	13,0

Quelle: United States, Bureau of the Census, *Historical Statistics of the United States, Colonial Times to 1957* (Washington, 1960).

Tabelle 3.3 b

Das Anwachsen einiger Großstädte, 1800–1950

	1800	1850	1900	1950
		Einwohnerzahl in Tausend. In Klammern die Rangfolge.		
New York mit Brooklyn	64 (2)	612 (1)	3 437 (1)	7 892 (1)
Chicago	–	30 (18)	1 699 (2)	3 621 (2)
Philadelphia	69 (1)	340 (2)	1 294 (3)	2 072 (3)
Los Angeles	–	2 (53)	102 (36)	1 970 (4)
Baltimore	26 (3)	169 (3)	509 (6)	950 (6)
Boston	25 (4)	137 (4)	561 (5)	801 (10)
Pittsburgh	2 (13)	47 (8)	322 (11)	677 (12)
New Orleans	–	116 (5)	287 (12)	570 (15)
Anteil der Bewohnerschaft der Städte mit mehr als 100 000 Einwohnern an der Gesamtbevölkerung, in %	–	5	19	30

Quelle: United States, Department of Commerce, *Statistical Abstract of the United States* (Washington, 1910, 1970). 1909, p. 60; 1970, p. 20–1. Städte vergrößerten sich auch einfach durch Eingemeindungen. So war z. B. Brooklyn früher selbständig.

industrie gründete sich auf der günstigen geographischen Lage, die es ermöglichte, diese Industrien zur billigsten Frachtrate mit Kohle, Eisenerz und Kalkstein zu versorgen. Pittsburgh konnte seine führende Stellung sogar behaupten, als neue große Eisenerzvorkommen in Minnesota entdeckt wurden, weil es billiger war, das Erz zu transportieren als die Kohle, und weil die wichtigen Märkte für Eisen und Stahl und verwandte Industriezweige alle im Osten lagen. Pittsburgh war das typische Beispiel für eine von der Schwerindustrie geprägte Stadt. Nachts war es die »Hölle ohne Dach«, am Tage rauchig und schmutzig. Die Stadt war voller neu eingetroffener Arbeiter, und die Wohngebiete waren eine in kurzer Zeit emporgeschossene Ansammlung von unhygienischen und asozialen Behausungen. Dies waren nur die drei führenden Städte in einer großen Zahl verschiedenartiger Typen, aber sie lassen die dem Wachstum aller Großstädte im 19. Jahrhundert zugrunde liegenden Faktoren klar genug erkennen.

Abb. 17: *Broadway um 1855*

IV. DER SÜDEN

Obwohl die südlichen und westlichen Teile der Vereinigten Staaten während des 19. Jahrhunderts im allgemeinen Agrargebiete blieben, haben doch beide die Industrialisierung Amerikas maßgeblich angeregt, und beide wurden ihrerseits von der Industrialisierung im Osten beeinflußt. Die Tragödie der Wirtschaftsgeschichte des Südens liegt darin, daß seine Gesellschaft nach dem Bürgerkrieg trotz ihres Beitrages zur Industrialisierung zum Musterfall der Verarmung einer Landbevölkerung wurde.

Die Bedeutung des Südens für den Rest der Vereinigten Staaten lag in den riesigen Exporten von Rohbaumwolle nach Großbritannien. Diese Exporte, die etwa 1790 begannen, hatten nicht nur die Gesellschaft des Südens und die Sklaverei neu belebt, sondern um 1810 entstand dadurch auch auf dem Mississippi ein lebhafter Handel mit im Westen erzeugtem Mais und Schweinefleisch zwischen Städten am Oberlauf des Flusses wie Cincinnati und New Orleans an der Mündung. Von diesem Handel profitierten auch Kaufleute und Fabrikanten aus dem Nordosten, die für den Westen und den Süden Waren und Dienstleistungen lieferten, und Städte wie New York und Boston gewannen erheblich dabei. Man hat daher behauptet, in Amerika sei, wie etwa in Großbritannien und in Japan, die In-

Tabelle 3.4

Der amerikanische Außenhandel und der Handel zwischen den Regionen (in Millionen $ und Prozentsätzen)

	1800	1820	1840	1860	1880	1900
1. a) Gesamtausfuhr der USA	32	52	112	316	824	1 371
b) Baumwollexporte	4	22	64	192	212	242
2. Prozentualer Anteil des Außenhandels am Bruttosozialprodukt						
a) Vereinigte Staaten	14	9	8	7	6	6
b) Großbritannien	24	14	15	26	30	24
3. Wert der in New Orleans ausgeladenen Erzeugnisse, einschließlich Baumwolle	–	13	50	185	–	–
4. Prozentsatz der Exporte aus dem Westen, die im Süden verbraucht wurden	–	–	18	14	–	–

Quelle: Reihe 1: United States Bureau of the Census, *Historical Statistics of the United States, Colonial Times to 1957* (Washington, 1960), 537–46. Reihe 2 a: Angaben über den Außenhandel (Exporte plus Importe halbiert) aus *ibid.* Angaben über das Bruttosozialprodukt: Paul David, »The Growth of Real Product in the United States Before 1840 . . .« *Journal of Economic History*, 27 (1967), 151–97, und Robert E. Gallman, »Gross National Product in the United States, 1834–1909«, in National Bureau of Economic Research, *Studies in Income and Wealth*, Bd. 30 (New York, 1966), 26. Reihe 2 b: B. R. Mitchell, *Abstract of British Historical Statistics* (Cambridge, England, 1962), 282–3, 366. Reihen 3 und 4: Stuart W. Bruchey, *Cotton and the Growth of the American Economy* (New York, 1967), 35, 106.

dustrialisierung auf der Basis von Exporten durchgeführt worden. Es wäre jedoch falsch, die Bedeutung dieses Faktors allzu hoch einzuschätzen. Wie die Tabelle 3.4 zeigt, war die

Baumwolle bei den Exporten von 1800 bis 1840 ein höchst dynamischer Faktor, aber die Vereinigten Staaten waren vom Außenhandel weniger abhängig als viele Länder, die nicht über die Rohstoffe eines Kontinents und seine wirtschaftliche Vielfalt verfügten. Es ist daher sehr wichtig, die quantitativen Größen in der Kette von Handelsbeziehungen zwischen Großbritannien, dem Süden, dem Westen und dem Osten aufzuzeigen. So ist denn auch neuerdings festgestellt worden, daß, obwohl der Anteil der Dampfschiffe am Handel von New Orleans sehr groß war, viele der dort ankommenden Erzeugnisse des Westens weiterexportiert und nicht etwa bereits im Süden verbraucht worden seien, denn der sei nach 1840 in bezug auf Nahrungsmittel zunehmend autark geworden. So mag die Entwicklung des unteren Mississippitals in den 1820er und 1830er Jahren großen Einfluß auf die stromaufwärts an den Flußufern gelegenen Gebiete gehabt haben, aber um 1850 war der Mittlere Westen insgesamt viel stärker von der anwachsenden Bevölkerung und Industrie des Ostens abhängig, mit dem ihn Eisenbahnlinien zunehmend enger verbanden.
Nach dem Bürgerkrieg wurden die Südstaaten die ärmsten der Union (s. Tabelle 3.9), und noch heute lassen sich die Spuren dieser Rückständigkeit erkennen. Zum Teil war dies auf die Auswirkungen der Industrialisierung des Nordens zurückzuführen, zum Teil aber auch auf eigenes Verschulden des Südens.

Abb. 18: *Sklavenauktion in Richmond*

Viele Wirtschaftsgebiete, die landwirtschaftliche Massenprodukte herstellten, sind in Reaktion auf die Industrialisierung Europas und Amerikas im 19. Jahrhundert rapide gewachsen, aber während einige, wie die westlichen Vereinigten Staaten oder Kanada und Australien, profitierten, haben andere Gebiete Einbußen erlitten. Das Besondere an der Entwicklung im Süden lag darin, daß seine Wirtschaft bis zum Bürgerkrieg offenbar prosperierte, während seine Weiterentwicklung in der Folgezeit abnahm. Doch in so vielen Fällen hat sich eine Wirtschaft von den Zerstörungen eines Krieges vollkommen erholt, daß viele Wirtschaftshistoriker vermuten, der Krieg habe hier nur eine schon vorhandene Tendenz verstärkt; das Versäumnis des Südens, vor dem Krieg Industrien aufzubauen, sei tödlich gewesen für seinen Kriegsapparat und für seine Chancen, nach dem Krieg wieder zu Wohlstand zu kommen. Eine mögliche Ursache für dieses Versagen war die Sklaverei. Viele Autoren haben im 19. Jahrhundert behauptet, die Sklavenhaltung sei weniger wirtschaftlich gewesen als die Beschäftigung von freien Arbeitern, weil man den Sklaven keinen Anreiz geben konnte, um fleißig und rationell zu arbeiten. Sie müßten bei ganz einfachen Arbeiten wie dem Anbau von Baumwolle streng beaufsichtigt werden und hätten nie als Industriearbeiter beschäftigt werden können. Sie folgerten daraus, daß der Süden trotz Überproduktion und sinkender Baumwollpreise gezwungenermaßen mit der Produktion von landwirtschaftlichen Massengütern fortfahren mußte und sich nicht industrialisieren konnte. Neuerdings haben einige Historiker jedoch die Geschäftsbücher von Baumwollpflanzungen analysiert und bewiesen, daß die Sklavenhaltung gewinnbringend war, besonders wenn man die Möglichkeit berücksichtigte, die Kinder der Sklaven zu verkaufen. Es gab einen florierenden Sklavenmarkt, und Sklaven konnten vermietet, in den Südwesten verkauft oder dort eingesetzt werden, wo ihre Arbeitskraft am meisten Gewinn brachte. Darüber hinaus hat es sehr wohl einige Sklaven gegeben, die erfolgreich in der Industrie arbeiteten, und auch den anderen konnte man als Anreiz kleine Prämien zahlen.

Aber auch wenn Sklavenhaltung den Plantagenbesitzern anpassungsfähige und profitable Arbeiter verschaffte, die Plantagenwirtschaft insgesamt hat möglicherweise einen Wandel verzögert. Was an dem Leben im Süden der damaligen Zeit besonders auffällt, ist die Tatsache, daß es verhältnismäßig wenige Städte und wenig lebhaften Handel gab. Die Plantagen waren autarke wirtschaftliche Einheiten, die einen zu großen Teil ihrer eigenen Bedürfnisse selbst befriedigten. Es gab nur einen geringen Bedarf an landwirtschaftlichen Maschinen, weil sich der Baumwollanbau nur schwer mechanisieren ließ, und tatsächlich hatte ja der Bedarf an Arbeitern für schwere Handarbeit, die man für die Erzeugung landwirtschaftlicher Massenprodukte brauchte, ursprünglich zur Einführung der Sklaverei geführt. Auch war die Nachfrage nach im Lande hergestellten Waren bei den Pflanzern gering. Sie kauften gewöhnlich in Europa oder im Norden. Keinen Markt boten auch die Sklaven, die allerdings oft durchaus gut ernährt und untergebracht waren. Die besondere Eigenart der Gesellschaftsstruktur im Süden hatte noch andere indirekte Auswirkungen. Der Anbau von Baumwolle verlangte von den Sklaven keine besonderen Kenntnisse, und ihre Herren waren verständlicherweise nicht daran interessiert, den Sklaven eine gute Schulbildung zu vermitteln. Es gab einzelne Plantagenbesitzer, die viel Unternehmungsgeist besaßen, aber als Klasse lehnten sie das, was sie von der städtischen Industriegesellschaft sahen, ab. Eine aktive Mittelklasse und einen Handwerkerstand hätten sie als Bedrohung empfunden, und sie taten nichts, um die Entstehung von Industrien zu fördern. Unter solchen Voraussetzungen entwickelten sich im Süden mit Ausnahme von New Orleans keine Großstädte, und damit war die Chance für eine Industrialisierung gering. Im Gegensatz dazu baute der typische Farmer im Mittleren Westen auf seiner 80 bis 160 Acres (32 bis 64 Hektar) großen Farm mit Hilfe seiner Familie und unter Verwendung zahlreicher Maschinen Getreide an. Diese Farmer waren wohlhabend und unabhängig genug, um die vielen Verbrauchsgüter und Maschinen zu kaufen und auch den Wert einer auf das Praktische zielenden Schulbildung zu schätzen. Sie arbeiteten nicht unbedingt schwerer oder besser als die Plantagenbesitzer und deren Sklaven, und im Süden konnten die kleinen Farmer gewöhnlich nicht mit den großen Plantagen konkurrieren. Die Struktur und Praxis der Gesellschaft des Mittleren Westens begünstigte Handel und Industrie jedenfalls mehr als die Südstaatengesellschaft. Im Mittleren Westen entstanden zahlreiche kleine Betriebe für die Herstellung und Reparatur von Ackergeräten, andere Gewerbebetriebe, Märkte und kleine Städte. Bis zum Ende des 19. Jahrhunderts waren die Schwerindustrie und Großstädte wie Chicago entstanden, und das Durchschnittseinkommen erhöhte sich rasch (s. Tabelle 3.9).

Doch welche Gefahren die Spezialisierung auf Baumwolle und Sklavenarbeit auf lange Sicht auch mit sich brachte, auf die unmittelbare Zukunft bezogen kann man sich kaum vorstellen, daß Unternehmer im Süden sich zu etwas anderem hätten entschließen können. Wenn ein Kaufmann im Süden die Wahl hatte, dann investierte er sein Kapital in der Regel in Baumwollplantagen, weil er dort sein Geld sicherer anlegte und höhere Gewinne erzielte als im Handel. In den 1850er Jahren stieg der Baumwollpreis, und die Tatsache, daß die englische Baumwollindustrie versuchte, sich neue Rohstoffquellen in Indien zu erschließen, zeigt, daß keine Gefahr für eine Überproduktion bestand. Die Durchschnittseinkommen im Süden stiegen daher in den 1850er Jahren rapide an und konnten sich neben den Durchschnittseinkommen in den übrigen Staaten durchaus sehen lassen. Der Süden nutzte die Vorteile, die er hatte, und seine Wirtschaft schien durchaus lebensfähig zu sein.

Der Krieg und die Industrialisierung im Norden veränderten die Lage innerhalb der Südstaaten und ihr Verhältnis zu den anderen Staaten der Union. In vielen Gebieten wurde die Sklaverei durch das System des »share-cropping« (Ernteteilung) ersetzt, eine Form von Pachtsystem, bei dem der Pachtzins und sonstige Leistungen in Naturalien durch einen Teil der Ernte gezahlt wurden; und durch das sogenannte »crop lien«-System (Ernteverpfändung), eine Form von Warenkredit, den Ladenbesitzer den Pächtern gewährten, die ihre Ernte verpfändeten. In manchen Fällen kontrollierte die alte Pflanzerklasse gleichzeitig das Land und die Läden, die die Kredite gewährten, aber sehr oft waren es neue Leute, die sowohl die Geschäfte als auch das Land kontrollierten. Vielerorts gerieten nicht nur die befreiten Sklaven, sondern auch die armen weißen Farmer in diese neue Form der Abhängigkeit. Sie verdienten sich mühsam den Lebensunterhalt auf winzigen Ackerflächen, wo sie zuviel Baumwolle und zu wenig Nahrungsmittel anbauten, weil die Gläubiger stets Baumwolle als Sicherheit für Kredite verlangten. Mit dem Ansteigen der Baumwollproduktion fielen die Preise, und der Boden war ausgelaugt. Es entstand eine von Verzweiflung und Armut geprägte Lebensweise, eine Kultur der Armut, die bis in die 1940er Jahre fortdauerte.

Die Lage des Südens innerhalb der Union veränderte sich nach dem Krieg, weil die Bundesregierung, die jetzt weithin von den Wirtschaftsinteressen des Nordens beherrscht wurde, Bank- und Zollgesetze verabschiedete, die sich für den Süden nachteilig auswirkten. Aber noch wichtiger war die immer stärker werdende marktbeherrschende Stellung der Industrie und Finanz des Nordens. Vor dem Krieg hatten die großen Plantagenbesitzer mit den Kaufleuten aus dem Norden auf der Basis der Gleichberechtigung und Konkurrenzfähigkeit Handel treiben können, nach dem Krieg wurden die Kleinpächter und Kaufleute im Süden von den Großfirmen im Norden beherrscht. Viele bedeutende Unternehmen des Südens, wie etwa die Eisenbahngesellschaft Central in Georgia, gerieten in die Abhängigkeit von Wall Street, als sie unter den Bedingungen der Nachkriegszeit darum kämpften, ihre geschäftliche Basis zu erweitern. Doch die engeren Beziehungen zum Norden brachten nicht nur Nachteile, und Ende des 19. Jahrhunderts wurden manche Gebiete im Süden von den aus dem Norden kommenden Ideen angesteckt: Das war der »neue Süden«, der in den 1880er Jahren entstand. In North Carolina entstanden Unternehmen der Textil- und Tabakindustrie, Atlanta wurde wieder aufgebaut und wurde zum bedeutenden Handelszentrum. Und 1901 fand man Erdöl in Spindletop in Texas. Nach 1880 wanderte immer mehr Kapital und Unternehmergeist vom Norden in den Süden, und nach 1912 hat die Region vom Bund in den meisten Jahren mehr Geld erhalten, als der Bund an Steuern erhielt. Im 20. Jahrhundert sind an die Stelle des Baumwollanbaus andere Landwirtschaftserzeugnisse und neue Industrien getreten, und sehr viele Bewohner des ländlichen Südens sind in die Großstädte des Nordens und nach Kalifornien abgewandert; die oft schrecklichen Folgen dieses Exodus sind heute noch in den Slums von New York oder Los Angeles zu sehen. Die Auswirkungen der Industrialisierung im Süden selbst sind jedoch fast nur positiv gewesen. Der Lebensstandard ist fast so hoch wie der Bundesdurchschnitt, und heute gibt es viel weniger krasse Unterschiede zwischen den Südstaaten und den anderen Landesteilen.

V. DER WESTEN

Die Industrialisierung hat nicht nur den Osten verwandelt, sondern hat auch wesentlich dazu beigetragen, daß die Siedlungsgrenze, die vielbeschworene *frontier*, weiter nach Westen vorangetrieben wurde, und sie hat trotz der großen Entfernungen die neubesiedelten Gebiete und die nächste Zone dahinter verändert.* Die politischen Grenzen der Vereinigten

* *Frontier* bezeichnet im Amerikanischen nicht nur die Linie der am weitesten vorgeschobenen permanenten Ansiedlungen Weißer, sondern auch die oft breite Übergangszone zwischen Wildnis, bzw. Indianerland, den ersten Siedlungen mit ihren Handelsposten, Rodungen, Wegebau, fieberhafter Landspekulation, Städtegründungen und anderen hektischen Entwicklungstätigkeiten, und den bereits strukturierten Siedlungsgebieten. Dementsprechend definiert *Webster's Third New International Dictionary* von 1969: »a typically shifting or advancing *zone* or *region*, especially in North America, that marks the successive limits of settlement and civilization; a *zone* or *region* that forms the margin of settled or developed territory«. (Hervorhebung hinzugefügt.) Statistisch betrachtet, beschloß die Volkszählungsbehörde der Bundesregierung in den 1870er Jahren, soll zur *frontier*-Zone noch das Gebiet rechnen, auf dem zwei (weiße) Personen je Quadratmeile leben. Ein Mitarbeiter des Census Office erklärte 1882: »Da Bevölkerung nirgendwo abrupt aufhört, sondern nur immer spärlicher wird, muß man willkürlich eine Linie festlegen, jenseits der wir das Land als nicht besiedelt betrachten, obwohl es nicht völlig ohne Bewohner ist. Eine solche Linie kann sinnvollerweise Gebiete mit weniger als zwei Einwohnern je Quadratmeile ausgrenzen. Das Land außerhalb dieser Linie kann man als unbesiedelt bezeichnen; wenn sich überhaupt Menschen dort aufhalten, dann höchstens einige Jäger, Goldsucher oder Viehwächter.« Henry Gannett, »The Settled Area and the Density of Our Population«, *International Review*, Bd. 12 (1882), S. 70. (Anm. des Herausgebers.)

Staaten sind im 19. Jahrhundert durch den Kauf Louisianas von 1803, die Eingliederung von Texas, New Mexico und California (1845 –1848), den Oregon-Vertrag, der die Grenze zu Kanada festlegte (1846), und durch den Kauf Alaskas (1867) unaufhörlich weiter nach Westen verlegt worden.

Die Frühphasen der Erforschung und Besiedlung, die der politischen Übernahme oft vorausgegangen waren, sind von Historikern als verschiedene Arten von *frontiers* beschrieben worden, als die *frontier* der Entdecker, die *frontier* der Trapper, die Bergbau-*frontier*, die *frontier* der Rinderzüchter oder der Cowboys, die *frontier* der Farmer. Die ersten europäischen Siedler im Fernen Westen waren spanische Soldaten und Missionare, die von Mexiko aus Missionsstationen in Santa Fé (1610, 1692), in Natchez am Mississippi (1716), in San Antonio (1718), Los Angeles (1769, 1781) und San Francisco (1776) errichteten. Ebenfalls im 17. und 18. Jahrhundert hatten im Norden des Kontinents um die Großen Seen herum und westlich der Rocky Mountains am Columbia Fluß französische und britische Entdecker, Pelzhändler und Missionare Handelsposten und Siedlungen gegründet, von denen einige zu urbanen Zentren wurden: Quebec (1608), Montreal (1642) und Toronto (1750). Aber weite Teile des späteren Kanada nördlich der Großen Seen blieben bis gegen Ende des 19. Jahrhunderts eine *frontier* der Pelzjäger, Holzfäller und Bergleute; erst in den 1880er Jahren, als der leichter zugängliche Mittelwesten der USA bereits besiedelt war, zogen Farmer auch in die fruchtbaren Prärien Manitobas, Saskatchewans und Albertas.

Der bedeutendste amerikanische Beitrag zur Erforschung des Landesinneren wurde geleistet, als Präsident Jefferson Expeditionen ausschickte – eine von 1803 bis 1806 unter Führung von Meriwether Lewis und William Clark und eine von 1806 bis 1807 unter Zebulon Pike –, die erkunden sollten, was für eine Landfläche die Vereinigten Staaten mit dem Kauf »Louisianas« überhaupt erworben hatten. Diese Forscher nahmen das Gebiet kartographisch auf. Die Fallensteller der Hudson Bay Company und der American Fur Company Johann Jakob Astors folgten dem Biber bis in die entlegendsten Teile der Rocky Mountains. Anfang des 19. Jahrhunderts hatte man auf diese Weise die Geographie des Westens in groben Umrissen erfaßt, aber dabei hatte man zumindest einen wichtigen Fehler gemacht. Das war die Annahme, die Prärien zwischen dem Mississippi und den Rocky Mountains, die Great Plains, würden infolge ihrer Trockenheit für alle Zeiten eine ansonsten unfruchtbare Wüste bleiben, und die Indianer könnten dort, endlich in Frieden gelassen, auf ewig den Büffel jagen. In den 1830er Jahren hatte die brutale Indianerpolitik der Bundesregierung unter Präsident Jackson zur gewaltsamen

Umsiedlung von nahezu 100 000 Indianern über Tausende von Kilometern geführt. Die Seminolen wurden aus Florida vertrieben, die Cherokee und Creek aus Georgia und Alabama, die Choctaw aus Mississippi, und die Stämme der Sac und Fox aus Illinois und Wisconsin. Bund und Einzelstaaten zeigten sich unfähig oder unwillig, das von ihnen beschlossene Unrecht auch nur organisiert durchzuführen und ließen Tausende der Indianer auf dem Wege vor Not und Krankheit umkommen. Ziel des *trail of tears* war das zum Indianerterritorium erklärte Gebiet westlich von Mississippi und Missouri, der heutige Staat Oklahoma.

Die Great Plains waren in der Tat nicht attraktiv für Siedler, und die erste Welle der Westwärtswanderung umging sie meistenteils. In den 1830er Jahren gingen dann Südstaatler nach Texas, um dort Baumwolle anzubauen, und der Konflikt mit Mexiko bahnte sich an. In den 1840er Jahren trieben die Depressionen im Mississippital und die Anziehungskraft von Gold und von freiem Land unstete Abenteurer und Siedler nach Kalifornien und Oregon. Nur die Mormonen, die Abgeschiedenheit suchten, siedelten im Inneren von Utah. Als das Goldschürfen in den 1850er Jahren kommerzialisiert und in größerem Maßstab organisiert wurde, gründeten Goldsucher, die nicht für große Gesellschaften arbeiten wollten, auf ihrer Suche nach ergiebigen Schürfstellen in Flüssen überall in den Rocky Mountains neue Siedlungen. In den 1860er und 1870er Jahren wurde Kalifornien durch die transkontinentalen Eisenbahnlinien mit dem Osten verbunden. Die riesigen Bisonherden der Great Plains wurden nun systematisch abgeschlachtet. »Buffalo Bill«, William Cody, erwarb den Ruhm, in 17 Monaten 4280 Bisons erlegt und an die Köche der Eisenbahnbautrupps verkauft zu haben. Mit dem Bison verloren die nomadischen Plains-Indianer die materielle Grundlage ihrer Existenz. Seit 1851 war ihr Freiraum ebenso wie der der Prärie-Indianer und der in die Prärie Zwangsumgesiedelten immer mehr eingeschränkt worden. In drei Jahrzenten erbarmungsloser Indianerkriege (1864–1890) und unkontrolliert um sich greifender Epidemien wurden die Stämme dezimiert und ihre Siedlungsgebiete zu immer engeren Reservaten verkleinert und die Stammesstrukturen und tradierten Verhaltensweisen zerstört. Die Größe der indianischen Bevölkerung vor Ankunft der Europäer ist unbekannt, die Schätzungen weichen erheblich voneinander ab. Viele Argumente sprechen für etwa 1 Million, aber auch 10 Millionen und mehr wird in der ethnologischen Fachliteratur als eine Möglichkeit diskutiert. Um 1860 existierten auf dem von den USA beanspruchten Staatsgebiet noch etwa 300 000 Indianer, zwei Drittel von ihnen im Indianerterritorium von Oklahoma.

Bis ins 20. Jahrhundert hinein stagnierte ihre Anzahl bei dieser Größe und begann dann wieder zuzunehmen.
In den Jahrzehnten nach dem Bürgerkrieg rückten weiße Siedler in die Prärien vor und betrieben Rinder- und Schafzucht und Getreideanbau. Um 1890, weniger als dreihundert Jahre nach ihren ersten Siedlungen in Virginia und Massachusetts, hatten die Europäer auch die letzten Frontiergebiete in Besitz genommen.
Die Besiedlungsdichte im Westen, die Art der Bodennutzung und das Tempo, mit dem diese Typen von *frontier*-Ökonomien sich ausbreiteten und teilweise einander ablösten, müssen als Resultate der Schwierigkeiten der Erschließung und der Nachfrage für die Erzeugnisse des Westens gesehen werden.

Abb. 19: *Siedlerfamilie vor ihrem ersten Behelfsheim in der Prärie; das Haus ist aus Grassoden gebaut, 1880.*

Das Land im Umkreis der Großen Seen und im oberen Mississippital war fruchtbar, gut bewässert, ließ sich leicht an das bereits vorhandene Verkehrsnetz anschließen, und nach der sehr raschen Besiedlung in den 1840er und 1850er Jahren wartete man hier nur auf die Erfindung leistungsfähiger landwirtschaftlicher Maschinen, um die weiten Flächen zu bebauen und die steigende Nachfrage nach landwirtschaftlichen Produkten aus dem Osten und aus Europa zu befriedigen. Die Siedler, die das Mississippital verließen und gegen die Rocky Mountains vorrückten, fanden in den höher gelegenen Gebieten ein rauheres Klima. Die landwirtschaftlichen Methoden Europas und des Ostens halfen hier nicht weiter, es bedurfte ganz neuer Maschinen und Methoden. Man baute Häuser aus Rasensoden, erfand die Methode des »Trockenfarmens«, bohrte sehr tiefe Brunnen, baute Bewässerungsanlagen, erfand den Stacheldraht und züchtete für das Klima geeignetes Saatgut. In den trockeneren, gebirgigeren Gegenden grasten riesige Rinder- und Schafherden, hart arbeitende Cowboys trieben sie über weite Entfernungen in ihre Pferche. Auf den Weizenfarmen setzte man riesige Erntemaschinen ein, um die verhältnismäßig geringen Erträge großer Anbauflächen einzubringen, und nahm häufige Trockenperioden und Staubstürme in Kauf. Deshalb wurde das Land nur teilweise besiedelt, und die Bevölkerungsdichte blieb gering. Im Gebirge konzentrierten sich die Siedlungen um Bergwerksstädte wie Reno und Las Vegas, und an der pazifischen Küste ließen sich die Siedler zunächst in den fruchtbaren Tälern von Mittelkalifornien, Washington und Oregon nieder.

Die Schwierigkeiten und Rückschläge der Landwirtschaft im Westen verzögerten zwar die Westwärtsbewegung, verhinderten sie aber nicht. Eine Informations- und Werbeschrift von

Abb. 20: *Blockhütten, erste Hälfte des 19. Jahrhunderts*

1837, *Peck's New Guide to the West*, schilderte die Besiedlung des Mittleren Westens als einen Prozeß der Ablagerung von Kultursedimenten, durch den die Zivilisation allmählich die Wildnis verdrängt:

Die meisten Ansiedlungen im Westen haben drei Klassen von Siedlern erlebt, die, wie die Wellen des Ozeans, eine nach der anderen herangerollt sind. Zuerst kommt der Pionier, der seine Familie in der Hauptsache mit der natürlichen Vegetation und seiner Jagdbeute ernährt. Er benutzt primitive, meist selbst hergestellte Ackergeräte und Werkzeuge und legt nur ein Maisfeld und einen Küchengarten an ... Er baut sein rohes Blockhaus ... und wohnt hier, bis er sein

Land einigermaßen kultiviert hat und das Wild knapper wird ...
Die nächste Klasse der Neusiedler kauft das Land, fügt ein Feld nach dem anderen hinzu, legt Wege an und baut primitive Brücken über die Flüsse, errichtet Häuser aus behauenen Baumstämmen mit verglasten Fenstern und Ziegel- oder Steinschornsteinen, legt hier und da Obstgärten an, baut Mühlen, Schulen, Gerichtsgebäude usw. und zeigt dabei das äußere Bild und die Formen eines schlichten bescheidenen zivilisierten Lebens.
Dann kommt eine neue Welle: die Leute mit Kapital und Sinn für organisierte Unternehmen ... Aus dem kleien Dorf wird eine ansehnliche Gemeinde oder eine Stadt. Man errichtet große Häuser aus Ziegelsteinen, bearbeitet große Felder, Obstplantagen und Gärten, richtet Colleges ein und baut Kirchen. Feine Wollstoffe, Seide, Strohhüte, Schleifen und alle anderen Luxusartikel, Frivolitäten und Moden halten ihren Einzug.
So rollt eine Welle nach der anderen westwärts, und das wahre Eldorado liegt hinter dem Horizont.[1]

Dieser Abschnitt beschreibt die Besiedlung des Mittleren Westens, aber die der weiter westlich gelegenen trockeneren Gebiete vollzog sich ganz ähnlich. Peck meint, die Aussichten auf Kapitalgewinn seien eines der beherrschenden Motive für das Weiterverkaufen und Weiterziehen nach Westen gewesen. Die Bodenpreise wurden ihrerseits aber bestimmt durch Angebot und Nachfrage auf dem Lebensmittelmarkt: Die Industriebevölkerung im Osten der Vereinigten Staaten und in Europa nahm rasch zu, und das Bedürfnis nach neuen Landwirtschaftsgebieten in den *frontier*-Zonen der Welt war groß und anhaltend. Zunächst waren die Bodenpreise in diesen Gebieten sehr niedrig, und das Land wurde extensiv bewirtschaftet. Als jedoch die Verkehrsverbindungen zu den Metropolen besser wurden, stiegen die Preise. Der Boden wurde intensiver genutzt, und die Nutzungsmethoden veränderten sich. In Kalifornien z. B. wurde in den 1870er Jahren die Viehzucht durch den Ackerbau abgelöst, und bis 1914 trat an die Stelle des Ackerbaus der Obstbau. Ähnlich war es in der Nähe der großen Städte im Mittleren Westen, wo an die Stelle des Getreideanbaus die Milchwirtschaft und der Gemüsebau traten. Die Schnelligkeit dieser Entwicklung war jedoch keineswegs kontinuierlich. Wie aus der folgenden Tabelle über die Landverkäufe des Bundes hervorgeht, gab es etwa alle zwanzig Jahre *frontier booms*. Wirtschaftshistoriker haben sie mit umfassenderen Abläufen in der Innen- und Außenwirtschaft in Verbindung gebracht.
Die Enwicklung der Gesellschaftsstruktur im Westen wurde bestimmt durch das Zusammenwirken politischer Entscheidungen und wirtschaftlicher und geographischer Umstände. Da das meiste Land am Anfang in die Hand des Bundes gelangt war, hatte die Bundesregierung eine große Chance er-

Tabelle 3.5

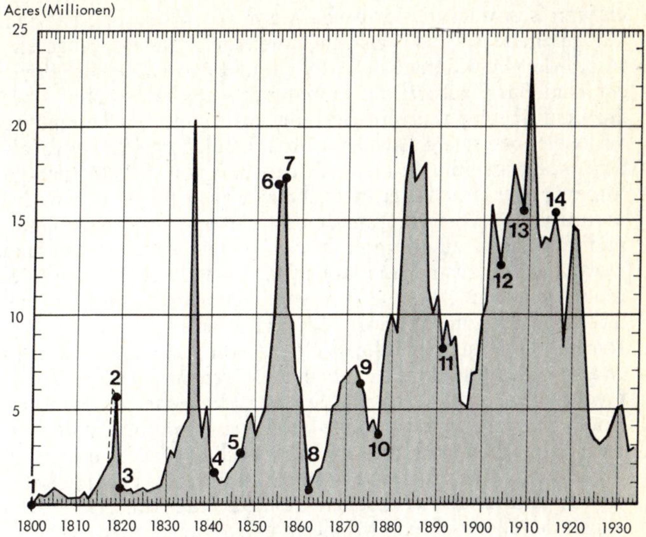

1 Seit 1800 besondere Landkaufkredite des Bundes
2 Einschließlich des Landes, das Soldaten statt Sold im Krieg von 1812 erhielten
3 1820: Gesetz über Landkaufkredite widerrufen
4 1841: Landverkaufsgesetz zugunsten der Ansiedlung vor dem Kauf des Landes
5 1847: Gesetz über Landvergabe an Soldaten
6 1854: Landverkaufsgesetz
7 1855: Gesetz über Landvergabe an Soldaten
8 1862: Homestead-Gesetz über Landerwerb durch seine Kultivierung
9 1873: Gesetz über Pflege und Erwerb von Forstland
10 1877: Gesetz über Erwerb von Wüstenland durch Bewässerung
11 1891: Widerrufung der Gesetze von 1841 und 1873
12 1904: Gesetz über Erwerb von Wüstenland durch Kultivierung
13 1909: Erweiterung des Homestead-Gesetzes zugunsten der Rinderzüchter
14 1916: Gesetz über Erwerb von Weideland
(1 acre = 4046 m^2)

Quelle: United States National Resources Board, Land Planning Committee, *Report on Land Planning*, Teil 7, *Certain Aspects of Land Problems and Government Land Policies* (Washington, 1935), 61.

halten, die entstehende Gesellschaft nach ihren Vorstellungen zu gestalten. Die Fähigkeit, diese Chance zu nutzen, war jedoch offensichtlich beschränkt durch die Idee des *Laisser-faire*, das Fehlen eines leistungsfähigen Verwaltungsapparates und durch die Macht privater Gruppeninteressen. Die Bundesregierung beschränkte sich deshalb auf den Versuch, das Land auf geregelte Art und Weise und unter Förderung einiger gesellschaftlicher Funktionen zu verteilen, und zwar zu einem Preis, der dem Bund zusätzliche Einnahmen verschaffte, ohne aber die Erschließung und Entwicklung des Landes zu behindern. Für viele besondere Zwecke wurde Land vergeben, etwa als Schenkung an Schulen oder um den Bau von Eisenbahnen zu fördern, aber in sozialer Hinsicht war das interessanteste Experiment der Versuch, Familienfarmen anstelle großer Güter und Plantagen zu fördern. In den Vereinigten Staaten und Europa gab es zwar schon lange die Vorstellung von der »Demokratie freier Bauern« (*yeoman democracy*); zum vielgepriesenen Dokument dieser Idee aber wurde Mitte des 19. Jahrhunderts das Homestead-Gesetz von 1862. Dieses Gesetz erlaubte Siedlern, die sich auf bundeseigenem Land im Westen niederließen, eine Gesamtfläche von nicht mehr als 160 Acres (64,8 Hektar) für eine geringe Gebühr zu erwerben, vorausgesetzt, sie lebten auf diesem Land und bearbeiteten es fünf Jahre lang. Das Homestead-Gesetz war eines von mehreren im 19. Jahrhundert erlassenen Gesetzen; die früheren Gesetze sahen den Verkauf von Mindestarealen vor, die sich von 640 Acres (259 Hektar) im Jahre 1796 bis 1832 auf 40 Acres (16 Hektar) verringerten. Um diese Zeit hatte die Siedlungsgrenze den Mittleren Westen erreicht, und die kleinen Farmer hatten genügend politischen Einfluß gewonnen, um günstige gesetzliche Bestimmungen durchzusetzen. Nach dem Homestead-Gesetz vergrößerte sich die Fläche der Maximalzuteilungen wieder, denn der Gesetzgeber mußte die besonderen Gegebenheiten für die Landwirtschaft in der Prärie berücksichtigen. Diese Politik der Landvergabe war nicht ganz erfolglos. Das Land ist schnell verteilt worden, allerdings weniger geplant und geordnet und unter mehr Kämpfen mit den Indianern, als der Bevölkerung im Osten lieb war. Eisenbahnen und Schulen entstanden, und in den Präriegebieten bewährten sich die Familienfarmen. Hier hatte sich die Regierung den Notwendigkeiten der Situation angepaßt. Familienfarmen von 10 bis 40 Hektar hatten die für diese Gegend richtige Größe. Weniger erfolgreich war die Landpolitik auf den Hochebenen. In Kalifornien galten wieder andere Gesetze, und großflächige Viehzuchtfarmen und Obstplantagen entstanden.

Welchen Einfluß hat nun der Westen auf die Entwicklung in den anderen Teilen der Union gehabt? Frederick Jackson Turner schrieb 1893, daß »die Existenz eines Raumes mit freiem Land, sein ständiges Schrumpfen und das Fortschreiten der Besiedlung nach Westen die Entwicklung Amerikas erklären«[2]. Die *frontier*-These Turners wird von verschiedenen Leuten verschieden verstanden und angewandt. Historiker der politischen Geschichte diskutieren bis heute über die demokratisierenden Auswirkungen der *frontier*-Verhältnisse. Die Staaten im Westen beispielsweise paßten sich ihrer Wählerschaft an und betonten das allgemeine Wahlrecht für Männer und die Vergabe öffentlicher Ämter durch Wahlen statt durch Ernennung von der Exekutive. Die politischen Institutionen Amerikas, vom Westen sicher mit beeinflußt, waren im 19. Jahrhundert im allgemeinen fortschrittlicher als die europäischen, und europäische Radikale priesen sie als vorbildlich. Sozialhistoriker haben die Auswirkungen von *frontier*-Verhaltensweisen und -Gewohnheiten untersucht. Einige Züge, die heute noch zu beobachten sind, sind eine gewisse Grobheit, Direktheit und Vielseitigkeit der Pioniere, ein verschwenderischer Umgang mit den natürlichen Ressourcen wie Holz, Bodenschätzen oder dem Boden selbst, und die Duldung von Gewaltsamkeiten. Welchen Einfluß er auch auf das Amerika des 19. Jahrhunderts gehabt haben mag, der Mythos der *frontier*, wie er in ungezählten Wildwestfilmen dargestellt wird, ist auch heute noch äußerst einflußreich, und nicht nur in den Vereinigten Staaten. Die Lebensbedingungen machten die Pioniere zu leidenschaftlichen Verfechtern der Gleichheit und zu Individualisten; zugleich fanden sie sich aber auch bereit zur Zusammenarbeit bei bestimmten gemeinsamen Aufgaben.

Auch auf die Industrialisierung Amerikas hatten die *frontier*-Zone und der Westen im allgemeinen eine Reihe wirtschaftlicher Auswirkungen. Eine ihrer lebenswichtigen Funktionen bestand darin, daß sie als Versorgungsgebiet für den Osten dienten und Pelze, Leder, Gold, Mineralien und Lebensmittel im Austausch gegen Fertigwaren und Dienstleistungen lieferten. Andererseits führten der große Kapitalbedarf im Westen und die hohen Zinsen dazu, daß Geldgeber aus dem Osten hier investierten und sich die Kapitalansammlung im Osten wesentlich verlangsamte. Die Investoren aus dem Osten bezogen große Dividenden aus dem Immobilienmarkt im Westen, den sie in zunehmendem Maße kontrollierten.

Die gleichzeitige Abwanderung von Arbeitskräften in den Westen hat eine lange Kontroverse entfacht, an der sich auch Marx und Engels beteiligt haben. Allgemein glaubte man, dieses »Sicherheitsventil« werde die durch die Industrialisierung im Osten entstandenen Spannungen verringern, und die Abwanderung wurde propagiert mit der unmißverständlichen Aufforderung an Unzufriedene: »Go West, young man!«

Zwar ist zweifelhaft, ob sich viele *Industrie*arbeiter jemals im Westen auf *Farmen* angesiedelt haben, aber indirekt wurde der Druck, den überschüssige Arbeitskräfte auf die Wirtschaft im Osten ausübten, durch die Abwanderung von Farmern aus dem Osten gemildert, die sonst in die Industrie gegangen wären. Das gleiche galt für die Stadtbewohner aus dem Osten, die sich nun in den Städten des Westens niederließen. Die Löhne im Osten sind dadurch vermutlich gestiegen, mögliche Konflikte in der Industrie wurden verringert, und es entstanden Lücken, in die neue Einwanderer aus Europa vorstoßen konnten. Mögliche Auswirkungen dieser Lohnerhöhungen auf die amerikanische Technologie werden noch besprochen. Eine weitere Auswirkung der Existenz des Westens bestand darin, daß die Konjunkturaufschwünge im Zusammenhang mit bestimmten Neuerungen verlängert wurden. Die Phase des Eisenbahnbaus zum Beispiel war in Großbritannien um 1860 schon beendet, aber in den Vereinigten Staaten ging der Bau neuer Bahnstrecken an den jeweils immer weiter vorgeschobenen *frontiers* bis in die 1890er Jahre weiter. Es ist deshalb kein Wunder, daß die amerikanischen Stahlwerke sehr bald die britischen Unternehmen überflügelten, die die relativ schwierigere Aufgabe hatten, ihre Schienen nach Übersee zu verkaufen oder sofort neue Produkte zu entwickeln.

VI. Bevölkerung, Ressourcen, Produktivität und Unternehmer

Dem raschen Wachstum der Industrie und Landwirtschaft in den Vereinigten Staaten lagen im internationalen Vergleich eine starke Zunahme der Bevölkerung und der Produktion je Einwohner zugrunde.

Warum wuchs die amerikanische Bevölkerung so rasch? Im klassischen britischen Fall und in Kontinentaleuropa bestand eine enge Beziehung zwischen Bevölkerungszunahme und Industrialisierung. Das Anwachsen der Industrieproduktion durchbrach die uralte Abhängigkeit der Bevölkerungsgröße von der Leistungsfähigkeit der Landwirtschaft, und eine wachsende Bevölkerung stellte die Arbeitskräfte und die Verbraucher für die Industrie. In den Vereinigten Staaten war die Zuwachsrate der Bevölkerungszahl schon in der Kolonialzeit sehr hoch gewesen. Es gab praktisch kostenloses Land und reichlich Nahrungsmittel, und verglichen mit Europa waren die Geburtenziffern hoch und die Sterbeziffern niedrig. Die Auswirkung der Industrialisierung und Urbanisierung auf diese Situation lag darin, daß die Sterbeziffer mit wachsendem Einkommen, besseren Wohnungen und Fortschritten in der

Tabelle 3.6
Vergleich des Wirtschaftswachstums der wichtigsten Industriestaaten

	Großbrit. u. Nordirland	USA	Frankreich	Deutschland	Rußland	Japan
1. Bevölkerung (in Millionen)						
um 1800	11 (GB)	5	27	25	41	–
um 1870	29	40	39	36	81	35
um 1913	43	98	42	61	154	52
um 1965	55	195	50	57 (BRD)	231	98
2. Produktionsindex je Kopf (USA, 1913 = 100)						
um 1870	58	41	37	37	20	17
um 1913	91	100	67	74	30	29
um 1965	174	256	173	191	131	117
3. Bruttosozialproduktindex (USA, 1913 = 100)						
um 1870	17	17	15	14	16	6
um 1913	40	100	29	46	47	15
um 1965	93	511	87	111	309	118
4. Jährliche Zuwachsraten um 1870–1913						
Bevölkerung	0,9	2,1	0,2	1,1	1,4	1,0
Produktion pro Kopf	1,1	2,1	1,4	1,6	0,9	1,7
Bruttosozialprodukt	1,9	4,3	1,6	2,8	2,5	2,7

Quellen: Reihe 1: H. J. Habakkuk und M. M. Postan, Hrsg., *The Cambridge Economic History of Europe*, Bd. 6 (Cambridge, 1965), Part I, 6, 61, 63, 65, Part II, 704. A. Maddison, *Economic Growth in Japan and the U.S.S.R.* (London, 1970), 147, 157. Reihe 2: Maddison, 147, 159. Reihe 3: aus Reihe 1 und 2 errechnet. Reihe 4: Maddison, 31, 157. Die Tabelle gibt nur Haupttendenzen an.

Gesundheitspflege und der Medizin zurückging. Gleichzeitig aber fiel die Geburtenziffer noch rapider, besonders in den Städten, wo Kinder für ihre Eltern eine größere Verantwortung und Belastung darstellten als auf dem Lande. So ging die natürliche jährliche Zuwachsrate der Bevölkerung von 3 Prozent im Jahre 1800 auf 2 Prozent im Jahre 1850 und auf $1^1/_3$ Prozent im Jahre 1900 zurück.
Die tatsächliche Zuwachsrate der Bevölkerung fiel wegen der Einwanderung weniger rasch als die natürliche. In den 1850er Jahren stellten die Einwanderer etwa ein Drittel der gesamten Bevölkerungszunahme, und in manchen Jahren vor 1914 fast die Hälfte. Der Umfang der Einwanderung hing auch ab von der Industrialisierung in Amerika. In den 1840er und 1850er Jahren waren das dominante Motiv für die Auswanderung wahrscheinlich die abstoßende Wirkung (»the push«) der Lebensbedingungen im Heimatland, die Hungersnöte in

Irland und Deutschland. Aber Ende des 19. Jahrhunderts läßt sich feststellen, daß die Anziehungskraft der Lebensverhältnisse in den Vereinigten Staaten (»the pull«) das vorherrschende Motiv der Einwanderer war. Um diese Zeit expandierte die amerikanische Industrie rascher, als dies gemessen an der Zunahme der im Lande geborenen Bevölkerung gerechtfertigt gewesen wäre, und Einwanderer konnten in die Lücken springen (siehe Kap. 4).

Industrialisierung und Anwachsen der Bevölkerung beeinflußten sich gegenseitig. Es war die rasche Bevölkerungszunahme zu Beginn des 19. Jahrhunderts, die neue Märkte entstehen ließ, zusätzliche Arbeitkräfte bereitstellte und zu Investitionen anregte. Nach dem Bürgerkrieg war dies weniger der Fall, denn nun gab es viele andere Faktoren, die sich auf das industrielle Wachstum auswirkten, und die Zahl der Beschäftigten wurde durch die Ebbe und Flut der Einwanderungsbewegung ständig den Bedürfnissen der Industrie angepaßt. Die Bevölkerungsbewegungen wirkten sich nicht nur quantitativ auf die Wachstumsraten aus, sondern hatten auch qualitative Auswirkungen auf die Wirtschaft. Amerika war vor der Industrialisierung viel zu dünn besiedelt, um eine Reihe wesentlicher Investitionen auf verschiedenen Gebieten gerechtfertigt erscheinen zu lassen. Der Verkehr war kaum dicht genug, um den Bau von Eisenbahnen in großem Maße anzuregen, und in vielen Gegenden war die Bevölkerungsdichte viel zu gering, als daß bedeutende Handelsplätze hätten entstehen können. Bis 1900 war dieser Mangel beseitigt worden, und vielleicht leben heute bereits zu viele Menschen in den Großstädten des Ostens.

Bevölkerungszunahme ist an sich durchaus noch keine Garantie für einen Anstieg der Produktion einer Volkswirtschaft. Jedenfalls erhöhte sich die Produktion in den Vereinigten Staaten von 1830 bis 1890 sogar etwas schneller als das Bevölkerungswachstum, was darauf hindeutet, daß auch die Pro-Kopf-Produktion stieg. Eine Ursache, die oft für diesen Anstieg der Produktivität angeführt wird, stellten die gewaltigen natürlichen Ressourcen der Vereinigten Staaten dar: fruchtbares Land im Überfluß und kaum vorstellbare Bodenschätze an Gold, Eisen, Kohle und Öl. Aber die Beziehungen zwischen günstigen Rohstoffverhältnissen und einem hohen Lebensstandard sind keineswegs einfach. Manche Arten natürlicher Ressourcen wie Land, Bauholz und Schürfgold waren dem einfachsten Pionier zwar zugänglich, aber mit Ausnahme des Goldes mußte man für die umfassende und profitable Ausbeutung dieser Naturgüter warten, bis Dampfschiff und Eisenbahn die Verbindung mit den Märkten hergestellt hatten. Die Ausbeutung der schwieriger zugänglichen Ressourcen erforderte den zunehmenden Einsatz von Wissenschaft und Technologie. Deshalb verzögerten sich z. B. der Bergbau unter Tage und die landwirtschaftliche Nutzung der Prärie, bis die notwendigen Techniken und Maschinen zur Verfügung standen. Offensichtlich läßt sich der Vorrat an natürlichen Ressourcen auch durch Technologie nicht unbegrenzt ausdehen, aber die rasche Erschließung der Reichtümer des Mittleren und des Fernen Westens beruhte zu einem großen Teil auf der heftigen Nachfrage und auf der hervorragenden Technologie der Amerikaner. Zudem deutet der Zeitpunkt, zu dem die Ressourcen des Westens entdeckt wurden, zumindest darauf hin, daß sie zwar für die amerikanische Industrie am Ende des 19. Jahrhunderts sehr nützlich waren, daß sie aber für die schnelle Entwicklung der Industrialisierung am Anfang nicht entscheidend waren, und sie standen auch nicht nur den Vereinigten Staaten zur Verfügung. Neuengland war bekanntlich von jeher ein unfruchtbares Gebiet gewesen, und es gab hier weder Kohle noch Eisenerz. Umgekehrt waren die Erzeugnisse des fruchtbaren Bodens und des günstigen Klimas im Süden auf den internationalen Märkten so viel wert, daß die Mehrkosten für den Transport etwa von Baumwolle nach Liverpool statt nach Boston nicht ins Gewicht fielen. Die Industrialisierung Neuenglands vollzog sich zum großen Teil auf Grund des Bedarfs an groben Baumwollgeweben im Westen und im Süden. Auf diesen reichen Märkten in landwirtschaftlich fruchtbaren Gegenden erwies sich Neuengland Großbritannien überlegen, nicht weil die britischen Stoffe mit höheren Frachtkosten und Zöllen belastet waren, sondern weil die Textilfabriken in Neuengland leistungsfähiger waren.

Die technologische Leistungsfähigkeit Amerikas war, wie zahlreiche Berichte Reisender aus Europa bestätigten, in den 1840er Jahren schon weit entwickelt. Besondere Aufmerksamkeit erregten die arbeitskräftesparenden Maschinen in der Textilbranche, Waffenfabriken, Werkzeugfabriken und holzverarbeitenden Betrieben. Die Farmer im Westen verwendeten seit Mitte des 19. Jahrhunderts ebenfalls rasch zunehmend landwirtschaftliche Maschinen, um die weiten Flächen rationeller bestellen und abernten zu können. In anderen Industrien, wie zum Beispiel in den Hüttenwerken, wo es mehr auf moderne chemische Kenntnisse als auf die praktische Mechanik ankam, blieben die Amerikaner noch eine Zeitlang hinter den Briten zurück. Das von Henry Ford entwickelte neue Fließbandsystem für die Automobilherstellung war 1914 ein Wunder technischer Vollkommenheit, in der Grundlagenforschung aber waren die Vereinigten Staaten noch auf Europa angewiesen und für hochentwickelte chemische Produkte speziell auf Deutschland. Seit 1914 haben die Vereinigten Staaten ihre führende Position auf technologischem Gebiet behalten und weiter ausgebaut, und dies ist einer der wichtigsten Faktoren, denen Amerika seinen gegenwärtigen Wohlstand verdankt.

Daß in Amerika schon so früh großartige technische Leistungen vollbracht worden sind, hat man auf verschiedene Ursachen zurückgeführt. Eine der am hartnäckigsten vertretenen Erklärungen ist, daß die Westwärtswanderung die Arbeitskräfte im Osten knapp werden ließ, die Löhne stiegen und die Arbeitgeber gezwungen waren, arbeitskräftesparende Maschinen zu verwenden. Hier mag der Ursprung der amerikanischen Begeisterung für kleine technische Hilfsmittel und Spielereien liegen, wie sie zur Erleichterung der Arbeit auf den Farmen, in den Fabriken und schließlich auch im Haushalt eingesetzt wurden. Der relative Mangel an Arbeitskräften hat amerikanische Unternehmer sicher veranlaßt, modernste Maschinen zu verwenden, es ist jedoch zweifelhaft, ob dieser Umstand allein die technologische Kapazität derart steigern konnte und dadurch die Industrialisierung herbeiführte. Die relativ hohe Rentabilität der Landwirtschaft in den Vereinigten Staaten hätte das Tempo der Industrialisierung auch ebensogut verlangsamen können, wie sie es in Kanada, Australien oder anderen *frontier*-Ländern getan hat. Außerdem gab es verschiedene Möglichkeiten, Arbeitskräfte einzusparen. Auf manchen Gebieten konnte man hohe Arbeitsproduktivität auf Kosten der natürlichen Rohstoffe erreichen; so wurde zum Beispiel mit dem Boden und den Wäldern Raubbau getrieben. Mit Wasserkraft und Holz ging die Industrie verschwenderisch um, um die Kosten zu senken. Noch heute werden in Amerika gern »Wegwerfartikel« hergestellt, wenn man damit Arbeitskräfte sparen kann. Aber Anfang des 19. Jahrhunderts standen durchaus nicht alle Naturschätze reichlich zur Verfügung, und oft brauchte man teure Maschinen, um sie mit Gewinn abbauen zu können. Kapital jedoch war in Amerika wahrscheinlich ebenso kostpielig wie Arbeitskraft, und der Zinsfuß lag bereits in den Oststaaten immer etwas höher als in Großbritannien. Der Kapitalbedarf in einem neuen Land war naturgemäß größer, und die Zinssätze wurden oft noch durch die Schwächen des amerikanischen Finanzwesens in die Höhe getrieben. Amerikanische Unternehmer haben manchmal den Kapitalbedarf dadurch gesenkt, daß sie ihre Maschinen, Dampfschiffe und Eisenbahnen qualitativ schlecht bauten, weil sie damit rechneten, daß eine solidere Konstruktion infolge neuer Erfindungen ohnehin bald veraltet sein würde.

Einer derartigen Sparsamkeit sind Grenzen gesetzt, aber sie ist ein Beispiel für Kostenreduzierung durch eine geschickte und gewagte Kombination von Kapital, Arbeitskräften und natürlichen Rohstoffen. Der Kapitalismus war zu dieser Zeit der dominante kreative Impuls, und es waren die Unternehmer, die die Entwicklungschancen des Landes erkannten und die öffentliche und staatliche Unterstützung erwirkten für das Verkehrswesen und andere große Vorhaben, die sie einzeln nicht bewältigen konnten. Einzeln oder gemeinsam erkannten sie den Bedarf für neue Produkte, erfanden sie und bauten Fabrikausrüstungen, brachten Arbeitskräfte und Arbeitsmaterial zusammen, organisierten sie den Markt und verwalteten die Firmen. Oft mußten sie die physische Infrastruktur erst schaffen und in den politischen Prozeß eingreifen, um ihre Ziele zu erreichen. Keine andere Tätigkeit bot zu dieser Zeit mehr Gelegenheit, Macht auszuüben, schöpferisch zu gestalten und Besitz zu erwerben. Am Ende des 19. Jahrhunderts brachte Amerika eine klassische Unternehmergeneration hervor. Männer wie Thomas Edison (der Erfinder der elektrischen Glühbirne und des Grammophons), Andrew Carnegie (Stahlproduzent), John D. Rockefeller (Gründer von Ölraffinerien und der Standard Oil Company), J. P. Morgan (Bankier) und Henry Ford (Automobilfabrikant) nahmen in Amerika den gleichen Rang ein wie in anderen Ländern die großen Generäle.

Ausländische Beobachter stellten jedoch auch fest, daß wirtschaftlich produktive Fähigkeiten sich keineswegs auf führende Unternehmer beschränkten, sondern – besonders in Neuengland – auch häufig bei den Handwerkern zu finden waren. Einige günstige Voraussetzungen für diese Fähigkeiten galten für Unternehmer wie für Arbeiter. Zu ihnen gehörte das ausgezeichnete Schulsystem im Norden der Vereinigten Staaten und besonders in Neuengland. 1850 besuchten in Neuengland 26 % der Gesamtbevölkerung die Schule. In den gesamten Vereinigten Staaten waren es (ohne Berücksichtigung der Sklaven) 20 %, in Sachsen 17 %, in Preußen 16 %, in Großbritannien 14 % und in Frankreich 10 %. Allerdings wurde Anfang des 19. Jahrhunderts noch ein großer Teil des praktischen Wissens vom Vater an den Sohn und vom Meister an den Lehrling weitergegeben; dennoch, die allgemeinen sozialen und politischen Anschauungen ermutigten zu (institutionalisiertem) Lernen. Darüber hinaus wirkten noch die neuenglische puritanische Tradition, die Überzeugung, jeder müsse und könne sich selbst helfen und jeder arme Junge habe die Chance, es zu etwas zu bringen; die Vielseitigkeit des Pioniers und der Stolz und die Selbstachtung des einfachen Mannes. Der Arbeitskräftemangel und die hohen Löhne bedeuteten, daß die Arbeiter nicht fürchten mußten, durch Maschinen ersetzt zu werden, und deshalb versuchten sie nicht wie die Ludditen in England, Unternehmer am Aufstellen von Maschinen zu hindern. Einige Einwanderer brachten wertvolle Fachkenntnisse mit, aber gegen Ende des 19. Jahrhunderts ließ die Qualität der Arbeitskräfte wahrscheinlich nach, weil mehr Einwanderer vom Lande kamen. Aber zu dieser Zeit wurden die Erfindungen und Neuerungen in den großen Firmen bereits von Forschungsteams gemacht und nicht mehr auf Grund praktischer Erfahrungen von Handwerkern, und die ersten Anfänge der Automation führten dazu, daß viele Arbeiter mit geringen Fachkenntnissen auskamen.

Doch diese sozialen Faktoren beruhten vielleicht nur auf der Geschwindigkeit, mit der die Wirtschaft wuchs. Sie gab den Unternehmern das Gefühl noch großer Chancen und steigerte den Optimismus und die Anpassungswilligkeit der Arbeiter. Die Unternehmen konnten fest mit großen, gewinnbringenden und schnell wachsenden Märkten im Süden und im Westen rechnen, weil die dortigen Farmer auf Grund ihrer eigenen Lieferungen in den Osten und ins Ausland selbst verhältnismäßig wohlhabend waren. Landwirtschaft und Industrie wirkten im 19. Jahrhundert offenbar zum beiderseitigen Vorteil zusammen, und die Industrie ist wahrscheinlich nicht auf Grund ihrer eigenen großen anfänglichen Leistungen so schnell weitergewachsen, sondern weil ihre Umwelt sie so begünstigte.

VII. STRUKTURELLER WANDEL, SPEZIALISIERUNG UND MONOPOLISIERUNG

Das zunehmend steigende Bruttosozialprodukt war nicht nur auf das Bevölkerungswachstum und die verbesserte Technologie zurückzuführen. Es war auch eine Folge der verbesserten Organisation der Wirtschaft. Die fundamentalste Veränderung war das relative Wachstum der Erzeuger- und Dienstleistungsindustrien auf Kosten der Landwirtschaft.

Tabelle 3.7

Aufteilung der arbeitenden Bevölkerung der USA nach Berufen (in Prozent)

	1820	1860	1900	1950
Landwirtschaft, Forstwirtschaft, Fischerei, Bergbau	72	61	41	14
Industrieunternehmen, Baugewerbe	12	18	27	32
Verkehr, Öffentliche Wasser-, Gas- und Stromversorgung, Handel, Finanzwesen, Lehrtätigkeit, andere akademische Berufe, Hauspersonal, Staatsdienst (sofern nicht in anderen Gruppen enthalten)	–	20	31	51
Verschiedenes	16	1	1	3

Quelle: United States, Bureau of the Census, *Historical Statistics* (Washington, 1960), 74.

Diese Relationen haben sich, wenn auch in verschiedenem Ausmaß, in jedem Land verändert, das die Industrialisierung durchgemacht hat. Einerseits haben die Verbraucher mit steigendem Einkommen relativ weniger für Nahrungsmittel und mehr für Verbrauchsgüter, Transport und Dienstleistungen ausgegeben. Andererseits erhöhte sich zwar die Produktivität in der Landwirtschaft, im Verkehrswesen und in der Industrie sehr rasch, nicht aber bei den Dienstleistungen. Es war offensichtlich viel schwieriger, die Büroarbeit, den Verkauf, Verwaltungsaufgaben und die Tätigkeit in akademischen Berufen zu mechanisieren als die Arbeit in der Landwirtschaft und in der Industrie. Da die Nachfrage nach solchen Dienstleistungen zunahm, wurden hier immer mehr Arbeitskräfte benötigt. Das sind natürlich sehr weit gefaßte Kategorien. Im Bereich der Landwirtschaft zum Beispiel stieg die Nachfrage bei Fleisch, Obst und Gemüse im Vergleich zu der bei Getreide und Kartoffeln. Stadtbewohner und Büroarbeiter brauchten keine schweren Mahlzeiten und konnten sich teure Lebensmittel leisten. Auch innerhalb der Industriezweige gab es ständig Veränderungen. Viele früher blühende Industrien verschwanden völlig, gleichzeitig entstanden neue Industriezweige über Nacht, weil Erfindungen gemacht wurden und Geschmack und Mode sich wandelten. So benutzte man zum Beispiel für die Beleuchtung in rascher Folge zunächst Walöl, dann Petroleum, Gas und schließlich Elektrizität. Meist hatte jede neue Industrie zunächst eine Periode schnellen Wachstums, während der die Gewinne und Löhne hoch waren. Dann folgte eine Periode des gemäßigten Wachstums und unter Umständen eine Abstiegsphase. Manchmal konnten alte Industrien ihre Produktion umstellen und dabei die Fertigkeiten ihrer Beschäftigten an die neuen Aufgaben anpassen. Das Ertrags- und Lohnniveau in verschiedenen Berufen spiegelte diese Verschiebungen wider, obwohl es oft zu Härten kam, wenn Unternehmer oder Arbeiter versuchten, eine absterbende Industrie am Leben zu erhalten. Bestimmte Industrien übernahmen bei diesem Verwandlungsprozeß die führende Rolle, und von ihnen hing das Schicksal kleinerer Industrien ab, die sich um sie gruppiert hatten. In den 1820er und 1830er Jahren spielte die Textilindustrie diese Rolle. Von den 1850er bis zu den 1890er Jahren waren es die Eisenbahnen sowie die Eisen- und Stahlindustrie, Anfang des 20. Jahrhunderts die Automobilindustrie. In den 1840er Jahren und den 1890er Jahren verlangsamte sich die industrielle Entwicklung, da zu dieser Zeit jeweils ein »führender Sektor« seine beherrschende Stellung an einen anderen verlor. Zu anderen Zeiten wurde in solchen führenden Industriezweigen zeitweilig zuviel investiert, und es folgte eine Depression, obwohl, wie das in den 1870er Jahren bei den

Eisenbahnen der Fall war, die betreffende Industrie noch nicht überholt war.

Eine ebenso wichtige Veränderung, die die Industrialisierung mit sich brachte, war die zunehmende Spezialisierung auf allen Wirtschaftsgebieten. In der Industrie stellten die Unternehmen im allgemeinen fest, daß sie für ihre Zwecke besondere Gebäude, Spezialmaschinen und Spezialarbeiter brauchten, doch gingen gelegentlich auch handwerkliche Fertigkeiten verloren, wo neue Maschinen die Arbeit übernahmen. Die Funktion der alten Großkaufleute, die in den Hafenstädten des 18. Jahrhunderts im Mittelpunkt der wirtschaftlichen Tätigkeit gestanden hatten, wurde jetzt aufgeteilt zwischen Bankiers, Börsenmaklern, Einzelhändlern und Großhändlern (und nach 1900 Kaufhäusern und Versandhäusern). Auch in den akademischen Berufen entstanden durch die Industrialisierung viele neue oder genauer definierte Spezialberufe, etwa im Buchhaltungs- und Erziehungswesen, im Ingenieurwesen und in der Medizin.

Ein gutes Beispiel für eine derartige Spezialisierung waren die Neuerungen im Finanzwesen. Zunehmende Kapitalbildung war die Voraussetzung für die Industrialisierung. Das Kapital wurde akkumuliert aus den Ersparnissen von Privatpersonen, Aktiengesellschaften, Regierungen oder mit Hilfe von Auslandsanleihen. 1820 war Amerika noch ein Agrarland, und der größte Teil der Kapitalbildung wurde von Farmern geleistet, die ihr Land rodeten und ihre Viehbestände vermehrten. Wenn sie mehr Kapital brauchten, sprangen Familienangehörige, Freunde oder Bekannte ein, und sie ließen sich ihr Land und die Ernte beleihen. In den Städten bestand das Kapital größtenteils aus Grund- und Hausbesitz und aus Handelskapital, und auf dieser Grundlage sowie unter Ausnutzung eines komplexen Gewirrs guter persönlicher Beziehungen zu Freunden und Verwandten konnten sich die Kaufleute die verhältnismäßig kleinen kurzfristigen Kredite verschaffen, die sie im Handel brauchten. Bis 1914 hatte das nationale Vermögen enorm zugenommen, und es enthielt alles, was eine moderne Industriegesellschaft brauchte: Häuser, Fabriken, Bürogebäude, Schulen, Bergwerke, Farmen, Eisenbahnen, Maschinen, Lagerbestände von Fertigwaren, einen Viehbestand, einen Lagerbestand an Nahrungsmitteln, die Grundausstattung für Handels- und Gewerbebetriebe, zirkulierende Währung, Ackerboden und Forstland. Das zunehmende Volumen und die Vielgestaltigkeit des Kapitals erforderten immer spezialisiertere Institutionen zur Sammlung der Ersparnisse. Immer seltener gab es direkte persönliche Beziehung zwischen örtlichen Sparern und denjenigen, die am gleichen Ort investierten.

Die wichtigste Neuerung zu Beginn des 19. Jahrhunderts war

das Entstehen der Handelsbanken. Im Jahre 1800 gab es 28 Banken, und ihre Zahl stieg bis 1860 auf 1500. 1900 waren es schließlich 8500. Diese im Vergleich mit anderen Ländern sehr große Zahl war Ausdruck der räumlichen Größe der Vereinigten Staaten und die Folge von gegen die Gründung von Filialbanken gerichteten Gesetzen der Einzelstaaten. Um 1900 hatte jede kleine Stadt ihre Bank. Sie war oft unsicher finanziert, stand aber gewöhnlich, über mehrere Korrespondenten vermittelt, mit führenden Banken in New York in Geschäftsbeziehungen. Im Laufe der Zeit beschränkten sich die Handelsbanken auf ganz bestimmte Aufgaben. 1820 erwartete die Öffentlichkeit von ihnen einen Beitrag zur wirtschaftlichen Entwicklung der örtlichen Gemeinden, zur Finanzierung der Wasser-, Gas- und Elektrizitätsgesellschaften und örtlicher Handelsunternehmen. Aber finanzielle Paniken wie die in den 1830er Jahren zeigten die Gefahren langfristiger Verpflichtungen und in manchen Fällen auch die leichtfertiger finanzieller Praktiken. Die Einzelstaaten erließen daraufhin strengere Bestimmungen, die Bankiers sammelten Erfahrungen im Umgang mit Wertpapieren und wurden vorsichtiger. Um 1900 waren die Handelsbanken in New York zu gewaltigen Institutionen und zu Säulen des Konservativismus geworden, die sich darauf beschränkten, Handel und Industrie kurzfristige Darlehen zur Verfügung zu stellen.

Aber das Geschäft der Handelsbanken umfaßte nur ein Gebiet des Kapitalmarkts. Ein zweites wichtiges Gebiet waren die internationalen und interregionalen Kapitalbewegungen zur Befriedigung der Bedürfnisse des Handels. Ursprünglich regelten die Kaufleute dies untereinander; in den 1820er und 1830er Jahren übernahm dann eine große, von der Bundesregierung lizensierte Institution, The Second Bank of the United States, diese Aufgabe. Sie wurde von Nicholas Biddle glänzend geleitet und unterhielt Filialen in allen großen Handelsstädten. Wie die Bank von England übernahm sie auch einige Aufgaben für die Regierung. Aber in den 1830er Jahren wurde sie von Präsident Andrew Jackson angegriffen, den eine Koalition mißtrauischer Farmer im Westen und eifersüchtiger Geschäftsleute aus dem Osten unterstützte; ihre vom Kongreß erteilte Lizenz lief ab. 1836 erhielt sie zwar eine Lizenz vom Staat Pennsylvania, in der Krisenzeit der Jahre 1837 bis 1841 brach sie aber schließlich zusammen. Nach 1840 organisierte daher ein kleiner Kreis führender Privatbankiers wie die Brown Brothers in New York die Finanzierung des Außenhandels, und in den 1880er Jahren war daraus ein so sicheres Geschäft geworden, daß es von den größeren Handelsbanken übernommen wurde. Die fortschrittlicheren Privatbankiers beschäftigten sich deshalb jetzt mit Investitionsgeschäften und

finanzierten – oft aus europäischen Quellen – die großen neuen Eisenbahn- und Industrieunternehmen, die langfristige Kredite brauchten. Ihr Markt war die Börse von New York, die im 19. Jahrhundert rasch an Bedeutung gewann. Zunächst wurden hier vor allem Obligationen der Einzelstaatsregierungen, des Bundes und der Kanalbaugesellschaften gehandelt. Dann waren es Eisenbahnaktien und schließlich Ende des 19. Jahrhunderts Industrieaktien. Inzwischen gab es mehrere andere finanzielle Mittelsmänner, die aus einer Vielzahl kurzfristiger Darlehen ihrer Kunden langfristige Kredite für Industrieunternehmen, den Handel oder für Einzelkunden machten und daran verdienten. Dazu gehörten die verschiedenen Arten von Versicherungsgesellschaften und die Spar- und Darlehenskassen, die Hypotheken für den privaten Hausbau gewährten. Für die wohlhabenderen Verbraucher ebenso wie für die Industrie waren bis 1910 Darlehenstypen erfunden worden: sie konnten nicht nur ihre Häuser mit Hypotheken belasten, sondern konnten für die Anschaffung von Klavieren, Nähmaschinen und – ab 1916 – von Automobilen Kredite aufnehmen.
Ein ebenso fundamentaler Wandel vollzog sich in den Besitzverhältnissen und der Leitung der Industrieunternehmen. 1850 befand sich die Industrie mit Ausnahme weniger Eisenbahngesellschaften in den Händen einzelner kleiner Geschäftsleute, die an Ort und Stelle vorhandenes Material für örtliche Verbraucher verarbeiteten. 1914 wurde die Industrie von einer kleinen Zahl gigantischer Firmen beherrscht, die die nationalen Märkte als Oligopole oder sogar Monopole kontrollierten und auch in Übersee zunehmend Einfluß gewannen. 1909 waren die führenden Konzerne die United States Steel, Standard Oil (später ESSO); American Tobacco, International Harvester, Pullman (Eisenbahnwagen), Armour (Fleischkonserven) und Singer (Nähmaschinen). Für diese Entwicklung gab es mehrere Ursachen. Die ersten großen Firmen mit entscheidendem Marktanteil und einer modernen Verwaltung waren die Kanal- und Eisenbahngesellschaften Anfang und Mitte des 19. Jahrhunderts. Sie erhielten mit Auflagen verbundene Lizenzen von den Einzelstaaten. Seit den 1840er Jahren wurden in verschiedenen Einzelstaaten allgemeine gesetzliche Bestimmungen für die Gründung von Kapitalgesellschaften (*incorporation laws*) erlassen, die die Rechtsform der *corporation* attraktiver machten als etwa die der Partnerschaft. Ein noch stärkerer Faktor, der in den 1870er und 1880er Jahren in vielen Verbrauchsgüterindustrien zur horizontalen Konzentration führte, war die Schaffung eines nationalen Marktes. Jetzt mußten viele kleine Firmen über ihren lokalen Markt hinaus expandieren oder zugrunde gehen, weil andere Firmen auf Grund der wirtschaftlichen Macht, die ihnen die neue Technologie ge-

währte, sie verdrängten. Größere Unternehmen, deren Fabriken von konkurrierenden Eisenbahn- oder Kanalverbindungen versorgt werden konnten, waren damals in der Lage, die Eisenbahngesellschaften zu wesentlichen Ermäßigungen bei den Frachtgebühren zu zwingen. Zum Teil durch solches Gegeneinanderausspielen der Eisenbahnen hat John D. Rockefeller der Standard Oil in den 1870er Jahren die Monopolstellung in der Petroleumindustrie verschafft. Natürlich versuchten die Eisenbahngesellschaften, Kartelle zu bilden oder zu fusionieren. Bis 1900 hatten sich die vielen kleinen Eisenbahngesellschaften von 1840 in großen regionalen Gruppen zusammengeschlossen. Und viele andere Großunternehmen versuchten, auf dem nationalen, immer mehr auf die Städte konzentrierten Markt zu verkaufen. Sie produzierten standardisierte oder durch Markenbezeichnungen gekennzeichnete Fleischkonserven, Kekse, Zigaretten, Nähmaschinen und viele andere Verbrauchsgüter. Der horizontalen und vertikalen Konzentration folgte oft eine innere Reorganisation der Konzerne, um die Produktivität zu erhöhen und die Verwaltung zu vereinfachen. Manche Unternehmen wurden zu ausgedehnten »föderativen« Bürokratien mit getrennten Abteilungen für Einkauf, Herstellung, Buchhaltung und Verkauf. In den Depressionen der 1870er und 1890er Jahre gingen viele schwächere Firmen zugrunde, und die Konsolidierung ging weiter. Der diesen Depressionen jeweils folgende wirtschaftliche Aufschwung, besonders in den Jahren 1896 bis 1904, ermöglichte es den Finanziers der Wall Street in besonderer Weise, neue Unternehmen oder den Zusammenschluß alter Unternehmen zu betreiben. Besonders in den 1890er Jahren fanden in der Schwerindustrie zahlreiche Zusammenschlüsse statt; die Ausdehnung der großen Städte verschaffte ihnen neue Märkte. Die United States Steel Corporation, ein Schulbeispiel für vertikale Konzentration, besaß z. B. Erz- und Kohlebergwerke und damit ihre Zuliefererindustrien, Rohstahlwerke, die sie von der eingebrachten Carnegie Steel Company übernahm, und dazu zahlreiche Fertigungsbetriebe wie die Hersteller von Brücken und Stahlträgern, die das urbane Amerika brauchte. Als der Trust 1901 von dem Bankier J. P. Morgan organisiert wurde, war er mit einem Kapital von 1,4 Milliarden Dollar bei weitem das größte Wirtschaftsunternehmen der Welt. Viele Jahre lang kontrollierte er etwa 60 % des amerikanischen Stahlmarktes. Andere Gesellschaften richteten sich nach seinen einmal im Jahr bekanntgegebenen Preisen. Industrielle Macht, wie wir sie heute kennen, hatte begonnen, Gestalt anzunehmen.

In den vorangegangenen Abschnitten sind einige der langfristigen Ursachen der Industrialisierung behandelt worden, doch der Rhythmus der kurzfristigen Veränderungen entsprach keineswegs dem des langfristigen Durchschnitts. Nach dem Krieg von 1812 bis 1815 kam es zu einer starken Expansion, in deren Verlauf die Siedler über die Appalachen und um sie herum in den Mittleren Westen und in den Südwesten strömten. Diese Bewegung endete mit der Panik von 1819, und erst in den 1830er Jahren kam es wieder zu einer wirklich rapiden Expansion. Die folgende Hochkonjunktur wurde 1834 durch eine kurze, heftige Panik unterbrochen und endete mit den Wirtschaftskrisen von 1837 und 1839. Anfang der 1840er Jahre folgte eine Periode starker Deflation, die gegen Schluß des Jahrzehnts mit der irischen und deutschen Einwanderungswelle und den Goldfunden in Kalifornien überwunden wurde. In den 1850er Jahren entstand eine lang andauernde Hochkonjunktur, die eingeleitet wurde durch den Eisenbahnbau und die Siedlungsbewegung, die nun die Prärien und Texas erreichte. Dann kamen die Panik von 1857 und der Bürgerkrieg. Die ersten transkontinentalen Eisenbahnstrecken wurden während der lange anhaltenden Expansion von 1865 bis 1873 fertiggestellt, die nur durch eine leichte Panik der Wall Street im Jahre 1869 gestört wurde. Die Depression, die 1873 auf einen Zusammenbruch von Banken in New York folgte, war lang und tiefgreifend und hatte eine beträchtliche Arbeitslosigkeit und wirtschaftliche Not zur Folge. Es kam zu ausgedehnten Unruhen unter der Arbeiterschaft und zu artikulierter Unzufriedenheit unter den Farmern und zu den ersten großen Monopolen. In der Zeit des neuerlichen Wirtschaftsaufschwungs am Ende der 1870er Jahre und der Hochkonjunkturphasen in den 1880er Jahren kam es zu einer letzten großen Welle des Eisenbahnbaus, der massiven Einwanderung und der Ausdehnung der Städte. Diese Konjunktur ging 1893 mit dem finanziellen Zusammenbruch an der Wall Street, mit einer schweren Wirtschaftsdepression und Arbeitslosigkeit zu Ende. Der Protest der Populisten erlebte seinen Höhepunkt, und der Präsidentschaftswahlkampf von 1896 wurde härter als seit langem geführt. Mit Ausbruch des Krieges um Kuba und der Entdeckung von Goldvorkommen in Alaska begann 1898 ein neuer wirtschaftlicher Aufschwung, und bis zum Ersten Weltkrieg kam es zu keinen weiteren wirtschaftlichen Einbrüchen.

Es ist wiederholt versucht worden, für die Störungen der Entwicklung (siehe auch die Tabellen 3.5 und 3.8) eine systematische Erklärung zu finden. In der traditionellen Interpretation der Krisen der 1830er Jahre führten Präsident Andrew Jacksons Kampf mit der Second Bank of the United States und seine schlechte Verwaltung der Bundesfinanzen zu einem Spekulationsboom, besonders mit Land im Westen. Der Spekulationsballon wurde 1836 durch Jacksons Hartgeld-Anordnung (*Specie Circular*) zum Platzen gebracht, nach der künftig alle Zahlungen beim Verkauf von bundeseigenem Land an der *frontier* in Münzgeld geleistet werden mußten. Dies führte 1837 zu einer internationalen Finanzkrise. Die Bundesbank half, 1838 einen zeitweiligen wirtschaftlichen Aufschwung zu finanzieren, aber 1839 kam es erneut zur Krise, und die darauffolgende Depression hielt bis Mitte der 1840er Jahre an. Andere Interpretationen dagegen erklären Boom und Krise in diesem Fall mit dem Handel zwischen den Vereinigten Staaten und Großbritannien. Bei vielen wichtigen statistischen Reihen wie z. B. bei den Baumwollpreisen, Kapitalimporten und Landverkäufen gab es anscheinend regelmäßige zyklische Bewegungen, mit Höhepunkten in den Jahren 1818, 1836 und 1856. Ein Erklärungsvorschlag besagt, diese Zyklen seien durch knappe Ernten verursacht worden. Zu einer Situation des Gütermangels kam es in den 1830er Jahren, als die britische Nachfrage nach Rohbaumwolle auf ein zeitweilig stagnierendes Angebot stieß. Die Baumwollpreise schossen plötzlich in die Höhe, und eine große Welle der *frontier*- Besiedlung begann in Mississippi, Louisiana und Texas. Die Preise für die Exportgüter stiegen, die Importpreise fielen, und die Einfuhr britischer Waren und britischen Kapitals wuchs sofort an. Auch der Warenaustausch zwischen den Regionen nahm zu, und das ganze Land profitierte von der Konjunktur des Südens. Ende der 1830er Jahre wurden nun aber weite Flächen im Süden und im Westen unter den Pflug genommen, die Ernteerträge stiegen rasch, und die Preise fielen. Jeder, der Land auf Darlehen gekauft und mit hohen Preisen gerechnet hatte, kam in Zahlungsnot, und viele Kreditbanken brachen zusammen. Mehrere Einzelstaaten lösten ihre Schuldverschreibungen, von denen viele nach England gegangen waren, nicht ein, und die Briten ließen in den 1840er Jahren ihr Kapital zu Hause, um den einheimischen Eisenbahnbau zu finanzieren. Ähnliche zyklische Kulminationspunkte stellten die Krisen von 1819 und 1857 dar, allerdings war bei der letzteren Weizen relativ wichtiger als Baumwolle.

Für diese Analyse spricht viel mehr als für die traditionelle Interpretation, die bei näherer Betrachtung beträchtliche innere Widersprüche enthält; zudem waren die Maßnahmen Jacksons wie die meisten der Regierungsmaßnahmen im 19. Jahrhundert nicht umfassend genug, um solche Auswirkungen zu haben. Die Ernte-These ist jedoch zu amerikazentriert und zu umfassend, um ganz befriedigend zu sein. Der Boom der 1830er Jahre war nicht auf Amerika beschränkt, sondern spielte sich auch in Großbritannien ab, und der Baumwollpreis war nicht nur Ausdruck der Warenknappheit, sondern auch der sehr rasch steigenden Nachfrage, die letzten Endes auf einer Serie ausgezeichneter Ernten in Europa beruhte. Dementsprechend hatten die schlechten Ernten der folgenden Jahre in Europa – die sogenannten hungrigen vierziger Jahre in Großbritannien – viel mit dem niedrigen Baumwollpreis in Amerika zu tun.

Diese frühen Wirtschaftsdepressionen haben zwar Armut verursacht, aber nur geringe Arbeitslosigkeit. Die Farmer arbeiteten nur um so härter und erzeugten mehr, um den Verlust durch sinkende Preise auszugleichen und ihre Schulden abzahlen zu können. Erst in den 1870er Jahren waren die Schwankungen bei den Investitionen in den Eisenbahngesellschaften und in der Industrie im Verhältnis zur Landwirtschaft so stark, daß sie beträchtliche Arbeitslosigkeit verursachten.

Tabelle 3.8
Arbeitslose in Prozent

	1800–39	1840–69	1870–79	1880–89	1890–99	1900–1909
Durchschnitt pro Jahrzehnt	1–3	3–6	10(?)	4(?)	10	4

Quelle: Stanley Lebergott, »Changes in Unemployment, 1800–1960«, in Robert W. Fogel and Stanley L. Engerman, *The Reinterpretation of American Economic History* (New York, 1971), 73–83. Die Angaben beruhen auf Schätzungen.

Der Bürgerkrieg, besagt die herkömmliche Interpretation, hat aus den Vereinigten Staaten, die bis dahin ein Agrarland gewesen waren, eine Industrienation gemacht. Er hat die Industrieproduktion kurzfristig angeregt, besonders die Schwer- und Maschinenindustrie, die hohe Gewinne erzielten. Zugleich hatten die Befreiung der Sklaven und die Wirtschaftsgesetze langfristige Auswirkungen: die Zollerhöhungen, die Schaffung eines bundesweiten Bankensystems, die Verteilung von Krediten und Land an Siedler, Eisenbahnen und Colleges und der Wiederaufbau des Südens nach dem Krieg, all dies regte die Wirtschaft an und beschleunigte die Industrialisierung. Auch diese Interpretation ist inzwischen modifiziert worden. 1860 gab es nicht viele Arbeitslose, die vom Krieg hätten aufgesaugt werden können; und dieser Krieg war kein Krieg zwischen Industriestaaten, der wie spätere Kriege die schiere Materialerzeugung anheizte. Es war jedoch ein sehr bitterer Krieg, mit großen Verlusten an Menschenleben, besonders für den Süden. Die unmittelbaren Verluste des Krieges an Menschen und Material haben deshalb wahrscheinlich die Gewinne in hohem Maße übertroffen, und die jüngsten Statistiken über das Bruttosozialprodukt und andere Größen zeigen, daß die Wirtschaftstätigkeit in diesem Krieg eher abgenommen als sich beschleunigt hat. Viel schwieriger lassen sich die langfristigen wirtschaftlichen Folgen des Krieges bestimmen. Zwar beschleunigte sich das Wachstum in den Jahren nach dem Kriege, aber das läßt sich schwer mit den quantitativen Auswirkungen einzelner Gesetze in Verbindung setzen. Vielleicht lag es daran, daß der durch den Krieg verursachte Rückschlag wieder aufgeholt wurde, oder es war der ganz normale Ablauf des Konjunkturzyklus. Wichtiger ist jedoch die Beobachtung, daß die entscheidende industrielle Beschleunigung lange vor 1860 erfolgt war. Dadurch war eine Unternehmerklasse entstanden, deren Wirken die Plantagenbesitzer des Südens auch kaum behindert hatten. Der »Triumph des amerikanischen Kapitalismus« war in Wirklichkeit keine Folge des Bürgerkrieges; er hatte bereits stattgefunden.

Die wirtschaftlichen Beziehungen zwischen Amerika und Europa und besonders Großbritannien blieben in der Zeit von 1870 bis 1914 ein wichtiger Faktor. Zeitweilig kam fast die Hälfte des Bevölkerungszuwachses in den Vereinigten Staaten durch Einwanderung zustande, und zehn bis fünfzehn Prozent der Kapitalbildung stammten aus Auslandsinvestitionen. Aus den Statistiken geht hervor, daß innerhalb eines jeden Zyklus die britische Auswanderung, britische Exporte und Investitionen in den Vereinigten Staaten mit den wesentlichen amerikanischen Produktionsdaten positiv korrelierten und negativ mit der Aktivität der britischen Bauindustrie. Insbesondere kam es in den 1870er und 1890er Jahren zu großen Depressionen in den Vereinigten Staaten, als die Einwandererzahlen, die Exporte und die Investitionen weit zurückfielen, während gleichzeitig in Großbritannien die Bautätigkeit zunahm. Daraus läßt sich schließen, daß britische und andere europäische Exporte, Investitionen und Einwanderer nach Amerika gezogen wurden, wenn es dort eine Hochkonjunktur gab, daß sich jedoch britisches Kapital und britische Arbeitskräfte während eines Wirtschaftsabschwungs in Amerika der Bauindustrie im eigenen Land zuwendeten. Ähnliche Zyklen hat man nicht nur in mehreren anderen europäischen Ländern beobachtet, sondern auch in anderen *frontier*-Ländern wie Australien. Wenn diese Analyse zutrifft, was bestimmte dann die Wiederkehr der Zyklen, und wo begannen sie, in Amerika oder in Europa? Eine Möglichkeit ist, daß die europäische Auswanderungsbewegung die treibende Kraft gewesen ist, die hinter diesen Zyklen stand. Eine einmalige stoßweise Zunahme des Anteils der Kleinkinder an der Bevölkerung, etwa nach einigen guten Ernten, könnte sich in der Folge alle zwanzig Jahre wiederholen, wenn die neue Generation wieder das zeugungsfähige Alter erreichte. Nun haben einzelne Einwanderungswellen, z. B. die der Jahre 1846 bis 1851, sicher die Entwicklung in Amerika beeinflußt. Dennoch ist zweifelhaft, ob die Synchronisation der Geburtenziffern in ganz Europa derart war, daß sie die Handelsbedingungen zwanzig Jahre im voraus bestimmen konnten.

Einem anderen Erklärungsversuch zufolge haben die amerikanischen Investitionszyklen, zu denen die Ernten (besonders von Getreide), der Eisenbahnbau, die Erschließung von *frontier*-Gebieten und die Ausdehnung der Städte gehörten, die Ebbe und Flut der atlantischen Wirtschaft bestimmt, und britische Investitionen sowie europäische Einwanderung waren lediglich Begleiterscheinungen. Damit scheint tatsächlich das Ansteigen der Auswanderung aus einer Reihe europäischer Länder zu Zeiten amerikanischer Hochkonjunktur erklärt zu sein, nicht aber die Lage in anderen *frontier*-Ländern wie Australien, die zu Zeiten amerikanischer Hochkonjunktur ebenfalls britische Einwanderer anzogen. Was hier wirklich vorging, war offenbar eine komplexe gegenseitige Beeinflussung der industrialisierten Regionen des späten 19. Jahrhunderts und der *frontier*-Regionen mit ihren Agrarprodukten und Rohstoffen. Eine stürmische industrielle Entwicklung, die auf billigen Nahrungsmitteln und Rohstoffen beruhte, stieß periodisch auf mangelnden Nachschub, und die dadurch bewirkten Veränderungen der *terms of trade* förderten die wirtschaftliche Entwicklung in den *frontier*-Regionen wie z. B. dem Westen der Vereinigten Staaten. Nach einer gewissen Zeit flossen dann wieder billige Nahrungsmittel und Rohstoffe in die Industriegesellschaften, nicht ohne auch das gesellschaftliche und politische Leben insgesamt zu beeinflussen.

IX. Regierung und Industrie

Es ist eine Folge des amerikanischen Regierungssystems mit seinem Mißtrauen gegenüber zentralisierter Macht und seinem System von Kontroll- und Gleichgewichtsmechanismen (*checks and balances*), daß sich die Vereinigten Staaten stets weniger auf eine umfassende nationale Planung und mehr auf Regulierung durch den Markt verlassen haben als die kompakteren europäischen Staaten. Dennoch hat das Ausmaß an Intervention seitens der Regierung im Lauf der Zeit erheblich geschwankt. Zu Beginn des 19. Jahrhunderts hat der Staat kaum bei den Farmern oder den Siedlern an der *frontier* eingegriffen, die damals einen hohen Prozentsatz der Gesamtbevölkerung ausmachten, aber Handel und Industrie in den

Oststaaten wurden verhältnismäßig scharf überwacht. Die Regierungen der Einzelstaaten regulierten, wie das auch in der Kolonialzeit der Fall gewesen war, viele Löhne und Preise, überwachten die Warenqualität, die Arbeitsbedingungen für Diener und Sklaven, den Straßenbau, die örtlichen Monopole, die Versorgung von Gemeinden mit Wasser, Gas und schließlich Strom, und sie sorgten für die Befolgung der verschiedensten örtlichen Vorschriften. Oft wurden gesetzliche Vorschriften freilich nicht mit der nötigen Strenge und Konsequenz angewandt. Das Instrumentarium für staatliche Eingriffe in die Wirtschaft war jedoch vorhanden. Seine Entstehung läßt sich wahrscheinlich auf englische Vorbilder aus dem 16. Jahrhundert zurückverfolgen. Besonders in Notzeiten war die Öffentlichkeit der Meinung, es sei Aufgabe der Regierung, für Belange des Gemeinwesens zu sorgen. Selbst an der *frontier* wurde der Individualismus gelegentlich durch Regeln der Gemeinschaft eingeschränkt. Die Mormonen im wasserarmen Utah erließen Bestimmungen für die Bewässerung, primitive Goldsuchersiedlungen kontrollierten die Beachtung der Schürfrechte, und Viehzüchter und Farmer legten Wert auf Gesetze über die Nutzung von Wasser und die Einzäunung von Weideland.

Anfang des 19. Jahrhunderts wurden diese traditionellen und lokalen Arten von Regierungsintervention durch Gesetzgebung ergänzt, die darauf abzielte, die wirtschaftliche Rückständigkeit der Vereinigten Staaten zu beseitigen, in der sie sich, verglichen mit dem industrialisierten Großbritannien, noch befanden. Die bedeutendste Maßnahme war vielleicht die Einführung von Zöllen, die nach dem Krieg von 1812 bis 1815 wesentlich erhöht wurden, als eine Flut billiger britischer Textilien die junge Textilindustrie in Massachusetts zu erdrücken drohte. Die Frage der Zölle wurde bald zum Gegenstand heftiger Debatten zwischen den einzelnen Regionen. Der industrialisierte Nordosten befürwortete Zollerhöhungen, während der Süden sich für Zollsenkungen einsetzte. Die genaue Auswirkung der Zölle läßt sich schwer bestimmen, weil in vielen Fällen die steigende Produktivität Importartikel sowieso verdrängt hätte, mit oder ohne Einfuhrzöllen. Dennoch erhöhten sich die Gewinne und die Wachstumsraten zahlreicher einheimischer Produzenten durch die Zölle. Ebenso wie durch die Zölle verschaffte sich die Bundesregierung Einnahmen durch den Verkauf von Bundesland im Westen (s. S. 152). Aufgrund dieser Einnahmen fehlte es der Bundesregierung in Friedenszeiten im 19. Jahrhundert nie wirklich an Geld, und sie war imstande, durch finanzielle Anreize die wirtschaftliche Entwicklung zu fördern. Die wichtigsten Zuwendungen flossen in den Bau von Straßen, Kanälen und Eisenbahnen, denen der Bund

entweder Subventionen gewährte oder Land zur Verfügung stellte. Bundesmittel wurden aber auch für das Erziehungswesen und andere öffentliche Zwecke zur Verfügung gestellt. Zusätzlich gaben die Einzelstaatsregierungen und die Kommunen beträchtliche Summen für den Kanalbau aus, etwa für den Erie-Kanal, und für Eisenbahnlinien, wie z. B. die Baltimore and Ohio-Line, die das Hinterland für den Verkehr erschlossen. Auf diese Weise brachten die Regierungen ein »gesellschaftliches Grundkapital« (*social overhead capital*) auf, das in dieser Höhe damals von Einzelpersonen nicht hätte zur Verfügung gestellt werden können. Das Geld aus öffentlichen Kassen war begleitet von verschiedenen Arten öffentlicher Kontrolle über die betreffenden Unternehmen. Als sich die Gesellschaften im Laufe der Zeit immer besser organisierten, gelang es ihnen zunehmend, staatliche Eingriffe abzuwehren und dennoch erhebliche Subventionen zu bekommen. Das war besonders Mitte des 19. Jahrhunderts der Fall, als die Eisenbahnen drohen konnten, eine Stadt zu fördern oder zu vernichten, je nach Zahlung oder Verweigerung von Subventionen. Los Angeles bezahlte bald nach seiner Gründung $ 100 je Einwohner an die Southern Pacific; es war eine Investition, von der die Stadtväter offenbar hohe Dividenden erwarteten!
Mitte des 19. Jahrhunderts ließen die staatlichen Interventionen allmählich nach. Einer der Gründe lag darin, daß das Verkehrsnetz zum großen Teil fertiggestellt war und die Wirtschaft blühte. Noch wichtiger war der Umstand, daß hohe bundesstaatliche oder einzelstaatliche Subventionen nicht mehr benötigt wurden, weil der private Kapitalmarkt groß genug geworden war. Seit Mitte der 1830er Jahre hatte sich zudem eine deutliche Ablehnung der Finanzierung des Straßenbaus und anderer strukturverbessernder Maßnahmen aus öffentlichen Geldern verbreitet. Dies war unter anderem eine Reaktion auf das Durcheinander und die Korruption der fetten 1830er Jahre. In Indiana wurde 1836 zum Beispiel ein umfangreiches Verkehrsgesetz erlassen, und ein gewaltiges Kanalbauprogramm begann im ganzen Staat zur Befriedigung lokaler Interessen. Während der allgemeinen Krise zwischen 1837 und 1841 brach das Finanzwesen Indianas zusammen. Als dann in den 1850er Jahren der Eisenbahnbau begann, überließ der Staat einen viel höheren Prozentsatz der Finanzierung privater Seite. Vergleichbares spielte sich auf kommunaler Ebene ab. In den 1860er Jahren beherrschte in New York eine Gruppe korrupter Politiker unter der Führung von William Tweed *Tammany Hall** und damit die Stadtregierung und betrog die

* politischer Männerclub, der mit New Yorks örtlicher Organisation der Demokratischen Partei praktisch identisch war.

Öffentlichkeit um Millionen. Diese Art gouvernementaler Eingriffe brachte offensichtlich keine Vorteile für die Allgemeinheit, und die Ansicht verbreitete sich, Privatunternehmen seien besser geeignet, die öffentlichen Verkehrsmittel und die Versorgung der Städte mit Gas und Wasser zu übernehmen.
Diese Anschauung wurde begünstigt durch das Fehlen einer Beamtenschaft und eines öffentlichen Dienstes, der diese und ähnliche Dienstleistungen in staatlicher Verantwortung hätte effizient erbringen können. Auf Bundesebene herrschte seit Präsident Jacksons Amtsantritt 1829 das *spoils system*: einträgliche öffentliche Ämter, besonders Leitungspositionen in den Verwaltungen, galten als »Beute« des Wahlsiegers. Deshalb wurden sie alle 4 Jahre je nach dem Wahlergebnis neu besetzt, ohne Rücksicht auf die Sachkompetenz des Amtsinhabers. Positionen wie Finanzamtsdirektoren und die regionalen Direktoren der Bundespost im ganzen Land wurden auf diese Weise zu parteipolitischen Pfründen. Inkompetenz, Verantwortungslosigkeit und Korruption waren die Folge. Präsident Jackson verteidigte jedoch die parteiliche Ämterpatronage mit antibürokratischer und vulgärdemokratischer Rhetorik: »jeder intelligente Mann« sei für die Ausübung eines öffentlichen Amtes qualifiziert. Erst das Civil Service Gesetz von 1883 sollte eine allmähliche Professionalisierung der Verwaltung auf Bundesebene einleiten (*merit system*).
Die zunehmende Leistungsfähigkeit der Unternehmer führte zu einer völligen Umkehr ihrer politischen Haltung. Früher hatten sie staatliche Schirmherrschaft und Mitwirkung bei vielen der meist kommunalen Projekte begrüßt. Aber in den 1830er Jahren empfanden viele Kapitalisten im Osten das interventionistische Konzept Hamiltons als zu restriktiv. Und Farmer im Süden und Westen behielten ihr traditionelles, instinktives Mißtrauen gegenüber der Regierungsgewalt. Ein Opfer der neuen Situation war u. a. die Second Bank of the United States. Die Entscheidung des Obersten Gerichtshofes im Charles-River-Bridge-Fall (1837) führte in der gleichen Zeit zur Aufhebung vieler örtlicher Monopole, deren Privilegien die Entwicklung konkurrierender Dienstleistungsunternehmen behinderte. Die Sicherstellung wichtiger Dienstleistungen bedurfte offensichtlich nicht mehr gesetzlich garantierter Monopole. Das private Unternehmertum wurde auch in verschiedenen Staaten durch den Erlaß neuer gesetzlicher Bestimmungen für Unternehmensgründungen gefördert, die für viele Zwecke Gesellschaften mit beschränkter Haftung zuließen und Eingriffe der Regierungsgewalt auf ein Minimum reduzierten. Die öffentliche Meinung und die Gesetze paßten sich den Interessen der aufstrebenden Kapitalistenklasse in der Hoffnung an, die Gemeinschaft werde großen Nutzen aus

deren Handlungsfreiheit ziehen.
Die theoretische Rechtfertigung für diese Entwicklung lieferte eine vergröberte Version des britischen Wirtschaftsliberalismus, den man an die amerikanischen Verhältnisse angepaßt hatte. Die Ideen der großen klassischen Wirtschaftstheoretiker wurden seit den 1820er Jahren in den Vereinigten Staaten popularisiert; das, was sie über die notwendige Rolle des Staates gesagt hatten, übersah man meist. In dieser vereinfachten Theorie wurde von den gewaltigen Möglichkeiten gesprochen, die einer aktiven amerikanischen Bevölkerung offenstanden, die über reichhaltige natürliche Rohstoffquellen verfügte. Ihre Verwertung, so glaubte man, werde durch die ausgleichenden Kräfte eines freien Marktes von kontinentalen Ausmaßen reguliert werden. Ein Eingreifen der Regierung, die, wenn sie schon nicht korrupt, dann zumindest unfähig war, würde diesen Vorgang behindern, und der Staat habe deshalb nur die Aufgabe, für ein Minimum an Recht und Ordnung zu sorgen. Das Problem der Zölle, die die klassischen Wirtschaftstheoretiker wie Ricardo nicht zuließen, nach denen die Unternehmer jedoch dringend verlangten, wurde von Henry Carey gelöst. Er vertrat die Auffassung, die Vereinigten Staaten seien groß und reich genug, um innerhalb des eigenen Staatsgebietes alle Vorteile des freien Handels zu genießen, ohne einen umfangreichen Außenhandel treiben zu müssen. Die Attraktivität der Vision klassischer Wirtschaftstheoretiker von der regulierenden Kraft des Wettbewerbs auf allen Gebieten lag darin, daß sie gut zu den politischen Vorstellungen der Amerikaner von den konstitutionellen Kontroll- und Gleichgewichtsmechanismen *(checks and balances)*, einer grundsätzlich begrenzten Regierungsgewalt und des Rechts auf Eigentum paßten. Sowohl diese wirtschaftlichen als auch die politischen Vorstellungen hatten ja auch ihren gemeinsamen Ursprung im England des 17. und 18. Jahrhunderts. Eine neue Idee, die sich allmählich mit diesen Wertvorstellungen verband, war der Sozial-Darwinismus. Das war die von Herbert Spencer verfochtene Anwendung der Idee Darwins vom biologischen Fortschritt durch natürliche Auslese auf soziale Veränderungen. Diese Theorie gab eine plausible historische Erklärung dafür, wie innerhalb der Gesellschaft durch das Prinzip der natürlichen Auslese *(survival of the fittest)* die Tüchtigsten nach oben gelangten. Sie wirkte auch beruhigend auf das soziale Gewissen, denn ein Teil der Amerikaner behandelte zu dieser Zeit Schwarze und Indianer mit äußerster Rücksichtslosigkeit, während andere die Zusammenschlüsse riesiger Unternehmen betrieben und Konkurrenz mit brutalen Mitteln ausschalteten. Wenn dies von der Natur gewollte Vorgänge waren, dann waren humanitäre Ideen oder das Eingreifen der

Regierung nur unerwünschte Behinderungen.
Diese Auffassungen wurden um die Mitte des 19. Jahrhunderts durch Entscheidungen des Obersten Gerichtshofs bestärkt. Die Kennzeichen des amerikanischen politischen Systems – eine geschriebene Verfassung, Föderalismus und Gewaltenteilung – verliehen den Gerichten eine große Autorität, denn sie entschieden über konkurrierende Zuständigkeiten. 1803 wurde von John Marshall, dem Obersten Richter, das richterliche Prüfungsrecht *(judicial review)* für das Oberste Gericht beansprucht, und langsam wurde es zu einer anerkannten Doktrin. Das Oberste Gericht sah sich bald gezwungen, die Abgrenzung der Zuständigkeiten der einzelstaatlichen Regierungen und der Bundesregierung zu definieren, weil der Handel zwischen den Einzelstaaten immer größere Ausmaße annahm. Die Verfassung untersagte den Staaten, Handel zwischen den Mitgliedstaaten der Union mit Zoll zu belasten, aber es gab viele Möglichkeiten, mit denen ihn die Staaten durch eigennützige Gesetze beeinflussen konnten. Dementsprechend entschied das Oberste Gericht im *Cooley*-Fall von 1851, die Staaten seien nicht befugt, Handel zu regulieren, der »seinem Wesen nach national« sei. Damals hatte die Bundesregierung allerdings kaum die politische Unterstützung oder die administrative Fähigkeit, den Handel in großem Umfang zu regeln. Aber Ende des 19. Jahrhunderts hatte sich das Volumen des zwischenstaatlichen Handels so stark vergrößert, und die Industrie hatte sich auf nationaler Basis so sehr konzentriert, daß eine bundesstaatliche Gesetzgebung notwendig wurde. Aber im *E. C. Knight*-Fall von 1895 definierte das Gericht »die Herstellung von Waren«, auch wenn sie von einem Monopol ausgeführt wurde, als eine lokale Angelegenheit und außerhalb der Zuständigkeit der Bundesregierung liegend. Noch bis ins 20. Jahrhundert wurden eine Reihe von Entscheidungen getroffen, die der Bundesregierung ähnliche Beschränkungen auferlegten, und wenn man die entsprechenden Beschränkungen der Zuständigkeit der Einzelstaaten mit betrachtet, ergab sich ein Freiraum, in dem nur private Absprachen galten. Die »Polizeigewalt« *(police power)* der Einzelstaaten erstreckte sich nur »auf Geschäfte von öffentlichem Interesse« und gestattete nicht die gesetzliche Regelung von Mindestlöhnen und Höchstarbeitszeiten. Sie wurden vielmehr entsprechend dem Grundsatz der »Vertragsfreiheit« zwischen Arbeiter und Firma festgelegt. Die Richter standen offensichtlich unter dem Einfluß der wirtschaftsliberalen Weltanschauung ihrer Zeit. Ein gewisses Maß verfassungsmäßiger Machtbeschränkung ist aber wahrscheinlich unvermeidlich gewesen zu einer Zeit, in der sich sowohl die politische als auch die wirtschaftliche Entscheidungsfällung zunehmend von der

lokalen auf die nationale Ebene verlagerte. Es lassen sich sogar Argumente dafür finden, daß diese Periode einer konservativ buchstabengetreuen Verfassungsinterpretation die Weiterentwicklung einer amerikanischen Nationalwirtschaft gefördert hat.

Die Eingriffe der Regierung in die Wirtschaft, die diese politische Anschauung zuließ, waren nach heutigen Maßstäben sehr bescheiden. Alle öffentlichen Haushalte zusammen umfaßten in den 1870er Jahren nur etwa 4 % des Bruttosozialprodukts gegenüber 17 % in den 1940er Jahren. Manche Arten von Maßnahmen auf dem Gebiet der Währungs- und Haushaltspolitik mit dem Ziel, Vollbeschäftigung zu sichern, waren Mitte des 19. Jahrhunderts kaum entwickelt. Aber noch häufiger kam es vor, daß die politischen Instrumente zwar zur Verfügung standen, aber nur in geringem Ausmaß und auf lokaler Ebene angewendet wurden. Die Einzelstaaten waren sich zwar der Tatsache bewußt, daß die Regelung der öffentlichen Einrichtungen auf lokaler Ebene erforderlich war, aber man begriff nicht, daß es auch noch notwendig sei, den Betrieb der Eisenbahnen auf nationaler Ebene gesetzlich zu regeln. Es gab zwar zahlreiche alte Gesetze gegen die Behinderung des Handels durch Monopole von Firmen oder durch Arbeitskräfte, aber erst, als sich in den 1890er Jahren mehr und mehr Industrieunternehmen zusammenschlossen, wurde dies zu einem nationalen Problem. Es dauerte Jahre, ehe das Sherman Anti-Monopolgesetz von 1890 entschlossen angewendet wurde, um die Struktur der Industrie zu beeinflussen. Zunächst intervenierte die öffentliche Gewalt Ende des 19. Jahrhunderts durch die Gerichte, mehr um die Gewerkschaften im Zaum zu halten als die Großunternehmen. Mitte des 19. Jahrhunderts hatten die Einzelstaaten zwar eingesehen, daß sie denen helfen mußten, die sich nicht selbst helfen konnten, und es wurden Gefängnisse, Anstalten für geistig Behinderte, Arbeits- und Krankenhäuser eingerichtet. Viele Amerikaner waren auch stolz auf diese »Institutionen«, die in der Tat gegenüber den alten Einrichtungen einen bedeutenden Fortschritt darstellten. Trotzdem war man damit noch weit von der modernen Vorstellung des Wohlfahrtsstaates – auch in seiner verwässerten amerikanischen Form – entfernt. Mitte des 19. Jahrhunderts überließen es daher Bund und Einzelstaaten in vielen Fällen dem Markt, der Wohltätigkeit von einzelnen und von privaten Verbänden, soziale Entscheidungen zu treffen.

Dennoch, obwohl die Maßnahmen der Treuhänder der Regierungsgewalt selten und meist nicht ausreichend durchdacht waren, spricht einiges dafür, daß die Anfänge des modernen bürokratischen Staates in Amerika sich in der Mitte des 19.

Jahrhunderts abzeichneten. Sie waren zunächst eine unvermeidliche Reaktion auf die Mißstände, die die Industrialisierung und Urbanisierung begleiteten (s. Kap. 5). Allmählich entstand auf vielen Gebieten ein Verwaltungsapparat, der den schlimmsten Mißbräuchen entgegenwirkte, Erfahrungen sammelte und wichtige Präzedenzfälle für die Zukunft schuf. Nicht selten übernahm man gesetzliche Regelungen und Verfahren europäischer Regierungen, so wie auch Verwaltungstechniken in der Wirtschaft den Europäern abgesehen wurden. Auf der Ebene der Stadtverwaltungen hatte das rapide Wachstum der Städte in zunehmendem Maß Eingriffe notwendig gemacht, wenn man den Zusammenbruch der Städte verhindern wollte. Um 1900 sorgten Stadtverwaltungen für Trinkwasser, Abwässerbeseitigung, Gas und Elektrizität und viele andere städtische Einrichtungen. Steuern und Ausgaben der Gemeinden waren enorm gestiegen. Ein Teil der Steuergelder geriet zwar durch Korruption in private Hände, meist aber zumindest als Teil des Profits aus kommunalen Bauten und Dienstleistungen, die die schnelle Urbanisierung nötig gemacht hatte. Auch die Regierungen der Einzelstaaten versuchten jetzt, die Industrialisierung zu steuern, ebenso wie sie früher ihr bestes getan hatten, sie in Gang zu bringen. Wann die neue Einstellung sich durchsetzte, war natürlich entsprechend dem Grad der Industrialisierung und den innenpolitischen Verhältnissen in den jeweiligen Gebieten verschieden. So haben die Südstaaten als einzige ihre Eisenbahnen noch bis in die 1870er Jahre hinein subventioniert. Es dauerte auch einige Zeit, bis die Regierungen für ihre neuen Aufgaben gerüstet waren. Kalifornien setzte in den 1870er Jahren Ausschüsse ein für die Eisenbahnen, Banken und Versicherungen. Es dauerte jedoch zwanzig Jahre, bis diese anfangs schlecht bezahlten und nicht sachkundigen Ausschüsse, deren Arbeit auf allen Seiten von der Wirtschaft behindert wurde, gut gemeinte Gesetze in wirksame Verwaltungsmaßnahmen zu verwandeln begannen. Im allgemeinen ging um 1900 der Trend in allen Staaten in Richtung auf eine verstärkte Einflußnahme der Bürokratie.

In ähnlicher Weise wurde auch die Verwaltung auf nationaler Ebene immer größer. Der Bürgerkrieg brachte die endgültige Durchsetzung der Autorität der Bundesregierung mit sich; wie alle Kriege, verlangte er eine erhebliche Intensivierung der Regierungstätigkeit. Nach dem Krieg und nach der Periode der *Reconstruction* (siehe Kap. 2, X) nahm die Autorität des Bundes unter einer Reihe schwacher Präsidenten wieder ab. Aber der Verwaltungsapparat des Bundes wuchs auf vielerlei Art und Weise weiter, als die Beamten mit den Problemen rangen, die wirtschaftliches Wachstum mit sich brachte. So richtete zum Beispiel das 1862 errichtete Department of Agriculture im Laufe der Zeit zahlreiche Spezialabteilungen ein, die den Farmern wertvolle wissenschaftliche Hinweise und Rat für den Verkauf ihrer Ernten gaben und so allmählich ihr Vertrauen gewannen. Ähnlich versuchte die 1887 gegründete Interstate Commerce Commission den erbarmungslosen Preiskampf der Eisenbahngesellschaften zu mildern, die viele andere Industrien in Mitleidenschaft zog. Die Eisenbahngesellschaften waren mächtige Gegner der Volksvertreter, und die Gerichte stellten sich oft auf ihre Seite. Aber ermutigt durch die von Zeit zu Zeit laut werdende Unterstützung in der Öffentlichkeit, sammelte der Ausschuß Erfahrungen und trug zur Verbesserung der Gesetzgebung bei. Um 1914 wurde er zu einer leistungsfähigen Verwaltungsbehörde. Es wäre ein falscher Eindruck, die Bundesregierung insgesamt sei um 1890 oder um 1914 schon eine leistungsfähige Bürokratie gewesen. Aber die Existenz von zunehmend kompetenten, erfahrenen und unbestechlichen öffentlichen Verwaltungen – wenn auch nur auf einigen wenigen Gebieten – blieb nicht ohne Folgen für die Öffentlichkeit. Mehr Menschen sahen, daß nur die Regierungsgewalt das Wissen und die Macht aufbringen konnte, mit den großen Problemen und Mißbräuchen fertig zu werden, die seit dem Bürgerkrieg in der amerikanischen Gesellschaft entstanden waren.

X. Die Folgen der Industrialisierung

Wie wirkte sich die Industrialisierung auf den Lebensstandard der Bevölkerung aus? Die folgende Tabelle zeigt die enorme Zunahme des Bruttosozialprodukts, das sich jetzt natürlich auf eine größere Bevölkerung verteilte; aber auch das Pro-Kopf-Einkommen erhöhte sich merklich. In Kriegen und Zeiten der Depression ging die Prosperität jeweils zurück, aber auf die Dauer und im Durchschnitt ist die Hebung des Lebensstandards durch die Industrialisierung in den Vereinigten Staaten unbestreitbar. Den einzelnen interessiert vor allem seine eigene Lage, nicht die nationalen Zuwachsraten, und hierbei kam es darauf an, in welcher Region er lebte und welchen Beruf er hatte.

Die durchschnittliche Pro-Kopf-Produktion im Süden und im Westen deutet auf den allgemeinen Wohlstand der Farmer, die dort lebten. Ein hoher Prozentsatz der Farmer im Süden waren Schwarze. Sie hatten zwar die Freiheit gewonnen, blieben aber auf einer sozial untergeordneten Stufe, und ihre materielle Situation hat sich vielleicht sogar verschlechtert. Das nach dem Krieg eingerichtete System des *share-cropping* schloß auch zahlreiche arme Weiße ein, und für sie lag die

Tabelle 3.9

Bevölkerung, Produktion und Einkommen

	1800	1820	1840	1860	1880	1900
1. Bevölkerung (Millionen)	5,3	9,6	17,1	31,5	50,3	76,1
2. Bruttosozialprodukt (Milliarden $ i. Wert v. 1860)	0,3	0,6	1,6	4,1	8,4	17,3
3. Durchschnittliche pro-Kopf-Produktion ($ im Wert von 1860)						
a) In den Vereinigten Staaten	61	64	95	130	167	227
b) Im Süden (Gesamtbevölkerung)	–	–	72	94	85	116
c) Im Mittelwesten und den Präriegebieten	–	–	65	88	164	234
d) Im Fernen Westen	–	–	–	–	317	370
e) Im Nordosten	–	–	128	181	235	311
4. Verteilung des Privatvermögens (personal wealth)						
a) Das reichste 1 % der Bevölkerung besaß:	21 % (1810)		–	24 %	–	31 %
b) Die reichsten 10 % der Bevölkerung besaßen:	69 % (1810)		–	72 %	–	74 %

Quelle: Reihe 1: *United States Historical Statistics, op. cit.*, 7. Reihe 2: Paul David, »Growth of Real Product . . .«, *op. cit.*, und Robert E. Gallman, »Gross National Product . . .,« *op. cit.*, Reihe 3a ist errechnet aus den Reihen 1 und 2. Reihe 3b bis 3e sind errechnet aus Reihe 3a und Robert A. Easterlin, »Regional Income Trends, 1840–1950«, in Seymour E. Harris, ed., *American Economic History* (New York, 1961), 525–547. Reihe 4: Robert E. Gallman »Trends in the Size, Distribution of Wealth in the Nineteenth Century: Some Speculations«, in National Bureau of Economic Research, *Studies in Income and Wealth*, Bd. 33 (New York, 1969), 1–30.

größte Hoffnung auf eine Besserstellung in den neuen Baumwolltextilfabriken in North Carolina und South Carolina und in Georgia, denn hier arbeiteten fast ausschließlich Weiße. Aber auch hier waren die Löhne infolge der Konkurrenz durch die zugewanderten Arbeiter aus Neuengland erschreckend niedrig. Gewerkschaften gab es noch nicht. Schließlich hatten viele Pflanzer im Kriege und danach ihren gesamten Besitz oder große Teile davon verloren – und mit dem Besitz auch ihren sozialen Status. In einigen Städten des Südens, etwa in Atlanta, war das Geschäftsleben Ende des 19. Jahrhunderts sehr rege. Aber im großen und ganzen begann der Süden sich erst nach 1900 wirklich zu erholen, als die Baumwollpreise deutlich stiegen und die Baumwollfarmer ihre Anbaumethoden verbesserten.

Im Gegensatz dazu stieg der Lebensstandard im Westen sehr rasch. Im Fernen Westen war das Einkommen der Farmer und Bergleute von Anfang an sehr hoch, als Ausgleich für viele Härten, die sie auf sich nahmen, und für die Isolation, in der sie lebten. Im Mittleren Westen stiegen die Einkommen infolge der zunehmenden Industrialisierung und verbesserter Methoden in der Landwirtschaft. Die Nachfrage aus den Oststaaten und aus Europa hielt mehr als Schritt mit der Erschließung neuen Ackerlandes auf der Prärie, und die Preise für landwirtschaftliche Produkte stiegen stärker als die für Industrieerzeugnisse. Erste große Gewinne machten die Farmer, als die verbesserten Transportverhältnisse es ihnen ermöglichten, sich auf einen nationalen Markt einzustellen. Mit fortschreitender Besiedlung des Westens stiegen auch die Vermögen vieler Farmer, ihre Häuser wurden größer und schöner, und sie begannen, die gesellschaftlichen Annehmlichkeiten zu genießen, die mit einer dichten Besiedlung einhergingen. Im allgemeinen paßten die Farmer im Westen ihre Produktion rascher an die erhöhte Nachfrage und den veränderten Käufergeschmack auf dem Markt im Osten an als die des Südens. So wurden Ende des 19. Jahrhunderts Kalifornien für seinen Obstbau und Wisconsin für seine Milchprodukte bekannt. Und auch den auf Monokulturen festgelegten Präriefarmern, die ihre Produkte wegen des Klimas und des Bodens nicht leicht umstellen konnten, ging es nach den schweren 1890er Jahren besser, als die Nachfrage nach Fleisch und Futtergetreide stieg. Die Industrialisierung in den Vereinigten Staaten vollzog sich daher nicht auf Kosten der Farmer im Westen, und die Landwirtschaft blieb attraktiv genug, um die Westwärtswanderung das Jahrhundert hindurch in Gang zu halten.

Aber die Löhne in Industrie und Handel in den Oststaaten stiegen sogar noch schneller als die Löhne in der Landwirtschaft, und sie waren, zusammen mit dem steigenden Anteil dieser Sektoren an der Volkswirtschaft, auch der wichtigste Faktor bei der Erhöhung des gesamten Volkseinkommens. Um 1830 war die Industriearbeiterschaft klein, gut ausgebildet, und sie bildete eine homogene Gruppe. Die Unternehmer mußten hohe Löhne zahlen, um Männer aus der Landwirtschaft anzuziehen und von der Siedlung im Westen abzuhalten. Bis 1900 hatte sich das Problem der Beschaffung von Arbeitskräften vom Standpunkt der Unternehmer durch die massive Einwanderung gelöst, und die schwere körperliche Arbeit wurde zum großen Teil von Ausländern geleistet. Manche vorindustrielle handwerkliche Tätigkeit, wie etwa die Handweberei, verschwand völlig. Aber die alteingesessenen amerikanischen Handwerker erlernten meist neue Berufe oder wurden Vorarbeiter in neuen Industrien. Mit der zunehmenden Spezialisierung wurde die Lohnskala breiter und differenzierter. Facharbeiter wie z. B. Eisenbahntechniker verdienten um 1900 etwa $ 1800 im Jahr, während ungelernte Arbeiter in den Stahl- oder Bergwerken trotz harter Arbeitsbedingungen und langer Arbeitszeiten nur 500 Dollar bekamen. Einige Facharbeitergruppen hatten sich zu Gewerkschaften zusammengeschlossen, aber die Masse der ungelernten Arbeiter besaß keinen solchen Schutz. Dennoch stiegen die Reallöhne auch der ärmeren Arbciter im allgemeinen rascher als die der Fabrikarbeiter in Europa.

Die Lebensqualität ist jedoch ein viel weiter zu fassender Begriff als der bloße Lebensstandard. Die augenfälligste Folge der Industrialisierung ist wahrscheinlich das Anwachsen der Großstädte gewesen. Die Verwahrlosung und das Elend, die im Gefolge dieser Urbanisierung auftraten, waren erschütternd und beeinträchtigten den Wert der gestiegenen Reallöhne in den Industriegebieten (siehe Kap. 5). Dennoch zog es nicht nur Neueinwanderer, sondern auch geborene Amerikaner zunehmend in die Städte. Die Ursache dafür waren nur zum Teil die höheren Löhne. In der Stadt gab es ein größeres Angebot an Waren und Dienstleistungen als auf dem Lande, und zwar nicht nur für die Reichen und den Mittelstand, sondern oft auch für die Armen. Auch psychologische Aspekte spielten eine Rolle. Das Leben des Farmers war oft langweilig, hart und isoliert; in den Fabriken und Mietshäusern stellte sich oft zumindest ein Gefühl rudimentärer Gemeinsamkeit ein, und das Stadtleben vermittelte ihnen ein Gefühl der Mannigfaltigkeit, des Teilhabens und der Aufstiegschancen.

Das Leben in Amerika schien jedoch stets mehr zu versprechen als die Befriedigung unmittelbarer Bedürfnisse. Zwei der am meisten verbreiteten Vorstellungen über Amerika zu Beginn des 19. Jahrhunderts waren die, daß dort der Wohlstand weit gestreut war und daß für jeden, der bereit war, schwer zu arbeiten, gute Möglichkeiten bestanden, auf der sozialen Stufenleiter aufzusteigen. Ende des 19. Jahrhunderts war der Glaube an die weite Streuung privaten Vermögens erschüttert worden durch das unübersehbare Nebeneinander ungeheuren Reichtums und äußerster Armut. Aber auch der Glaube an die Aufstiegschancen hatte wahrscheinlich keine Basis in der Wirklichkeit. Der Unterschied gegenüber Europa war nicht so groß, wie manche meinten. Schon um 1830 wurden die Großstädte im Osten von Kaufmannsoligarchien beherrscht. Ein Blick auf die Liste von Stadtvätern, Bankiers und Direktoren der Wasser-, Gas- und Elektrizitätswerke einer Gemeinde läßt bald den Einfluß einiger weniger Familien erkennen. Einige Unternehmer wie J. J. Astor oder Alexander Brown hatten bereits Vermögen erworben, die denen vieler europäischer Aristokraten gleichkamen, und es gab bereits ein kleines Proletariat. Auch war sozialer Aufstieg nicht leicht. Eine Studie über Arbeiter einer Kleinstadt in Neuengland zeigt, daß nur wenige auf der sozialen Stufenleiter schnell aufstiegen, daß aber die meisten nach einiger Zeit ein eigenes Haus oder anderes Eigentum erwerben konnten. Nur wenige Arbeiter blieben ausreichend lange in dieser Stadt, um Aussagen über ihren weiteren Aufstieg zu ermöglichen. Damit zeigten sie zumindest die horizontale Mobilität der amerikanischen Gesellschaft, wenn auch die Frage nach der vertikalen Mobilität offenbleibt. Im Süden bestand die Gesellschaft aus einer Verbindung von Pflanzern, Sklaven und einer armen weißen Bevölkerung. In bestimmten Gebieten, wie etwa im unteren Mississippital, beherrschte der große Pflanzer die Szene. Hier war der Boden so fruchtbar, daß es sich lohnte, dem kleinen Nachbarn sein Land abzukaufen. Aber dort, wo der Boden weniger fruchtbar war, wie in den Vorgebirgen von North Carolina, waren fleißige kleine Farmer in der Überzahl, und es gab nur wenige, weit verstreut liegende große Besitzungen. Im Westen war die Situation wieder anders. Hier war der Landbesitz weitaus gleichmäßiger verteilt als im Süden, und die Idee der Gesellschaft der Gleichen wurde hier noch am ehesten verwirklicht. In den neu erschlossenen Territorien gab es für arme, aber tüchtige Männer viele Möglichkeiten, Land zu erwerben und zu Wohlstand zu kommen; die gesellschaftliche Stellung war weniger wichtig. In den landwirtschaftlichen Gebieten des Westens blieb diese Gleichheit noch einige Zeit über die erste Besiedlung hinaus bestehen, weil die arbeitsamen Farmerfamilien sich gut gegenüber den großen Besitzungen behaupten konnten. Die sprichwörtlich profitablen Weizengroßfarmen der 1880er Jahre lösten sich bald wieder auf. Aber in anderen Erwerbszweigen an der *frontier,* wie etwa im Bergbau oder in der Viehzucht, wurden die Kleinen bald von großen Konzernen verdrängt, die über das Kapital für Unternehmen großen Stils verfügten.

Die berühmte Vorstellung von einem egalitären Amerika, die Tocqueville vermittelte, bedarf deshalb der Korrektur, und die darauf folgende Industrialisierung verschlimmerte die Ungleichheit noch. Einkommen und Vermögen der meisten Amerikaner nahmen zu, aber zugleich kam es in der Verteilung von Macht und Prestige zu bedeutenden Umschichtungen. Die Entscheidungen über das Geschick des normalen Bürgers wurden nicht mehr an Ort und Stelle getroffen, sondern im fernen Chicago oder in den Büros an der Wall Street. Die traditionell führenden Männer der Gesellschaft auf lokaler Ebene, Kaufleute, Rechtsanwälte, Politiker und Geistliche, mußten ihre Stellung an die Filialleiter bundesweiter Unternehmen abtreten. Viele Amerikaner waren von dem anmaßenden Auftreten der Reichen schockiert und fürchteten den Einfluß der Großunternehmer auf Einzelstaats- und Bundesregierung. Farmer und Arbeiter, die früher unmittelbar mit ihren Abnehmern und Arbeitgebern verhandelt hatten, sahen sich jetzt nur noch als Rädchen in einer riesigen Maschine. Damit stellte sich eine Reihe von Fragen nach der Verwirklichung politischer und industrieller Demokratie in Amerika (siehe Kap. 5).

4. Die Einwanderung nach Amerika im 19. und 20. Jahrhundert

Von Robert A. Burchell

I. DIE URSACHEN DER EINWANDERUNGSBEWEGUNG: »DRUCK« UND »ZUG«

Seit 1815 haben schätzungsweise 46 Millionen Menschen freiwillig die Meere überquert, um vorübergehend oder ständig in den Vereinigten Staaten zu leben.[1] Über die Ursachen dieser Wanderungsbewegung sind die Interpreten sich noch nicht völlig einig, sicher ist jedoch, daß überall im Europa des 19. und frühen 20. Jahrhunderts massive Bevölkerungsbewegungen nicht nur über den Atlantik, sondern auch zwischen den europäischen Nationen und innerhalb der einzelnen Staaten vom Land in Industriegebiete stattfanden. Auswanderung war nur eine Variante der Wanderungsbewegungen, die Wien zwischen 1850 und 1900 von 431 000 auf fast 2 Millionen Einwohner anwachsen und Warschau im gleichen Zeitraum seine Bevölkerung vervierfachen ließ, und die zur Verdoppelung der Einwohnerschaft der deutschen Großstädte zwischen 1870 und 1900 und zu ihrer fast nochmaligen Verdoppelung zwischen 1890 und 1910 führte. Die gleichen Umstände, die zur Auswanderung führten, veranlaßten allein im Jahr 1910 auch 300 000 Österreicher, 17 000 Belgier und fast eine Viertelmillion Italiener dazu, ihre Heimat als Wanderarbeiter für eine Saison zu verlassen. Und die gleichen Gründe brachten Europäer dazu, andere Kontinente aufzusuchen als Nord- und Südamerika.

Das Entstehen einer Wanderbewegung solchen Ausmaßes nach den Napoleonischen Kriegen hatte viel mit dem großen Bevölkerungszuwachs zu tun, zu dem es während des 19. Jahrhunderts in Europa und Asien kam. Nach einer Schätzung hatte Europa 1800 eine Einwohnerzahl von 187 Millionen und 1900 von 401 Millionen; die Bevölkerung Asiens betrug danach im Jahre 1800 522 Millionen und im Jahre 1900 859 Millionen. Das Wachsen der Bevölkerung hatte nicht immer eine Zunahme der Auswanderung zur Folge. In Deutschland erreichte der jährliche Bevölkerungszuwachs während des 19. Jahrhunderts seinen Höhepunkt zwischen 1891 und 1900, aber die deutsche Auswanderung nach den Vereinigten Staaten hatte zum Beispiel ihren Höhepunkt im

Jahre 1882 mit einer Viertelmillion, und bis 1950 erreichte sie niemals wieder die Zahl von 100 000. Aber in Ländern wie Italien, in denen es viel weniger Möglichkeiten gab, in der Industrie Arbeit zu finden, als in Deutschland, verursachte der Anstieg der Bevölkerungszuwachsrate von 3 pro 1 000 zu Anfang des Jahrhunderts auf 11 pro 1 000 in den 1880er Jahren eine Bevölkerungszunahme um 6 Millionen zwischen 1880 und 1910 (die Auswanderer nicht mitgezählt). Ein Teil der mit dieser Bevölkerungsvermehrung entstehenden Probleme konnte durch Auswanderung gelöst werden. Die expandierende amerikanische Wirtschaft mit ihrem chronischen Arbeitskräftemangel und vergleichsweise hohen Löhnen machte die Vereinigten Staaten zu einem der attraktivsten Ziele für Auswanderungswillige (siehe Kap. 3).

Die Historiker sind verschiedener Meinung darüber, ob die Bedingungen in den Heimatländern der Auswanderer, die »Druckfaktoren«, oder diejenigen im Bestimmungsland, die »Zugfaktoren«, am bedeutsamsten für die Auslösung der Wanderbewegung gewesen sind. In der klassischen Darstellung hieß es kategorisch: »Der Zug [war] stärker als der Druck«. Eine Studie über die schwedische Auswanderung kam ebenfalls zu dem Schluß, daß der »industrielle ›Zug‹ nach Amerika« stärker gewesen sei als der »landwirtschaftliche ›Druck‹« aus Schweden, und zwar vor allem in der Zeit von 1870 bis zum Ersten Weltkrieg. Eine Untersuchung über die britische Auswanderung nach den Vereinigten Staaten kam zu einem etwas anderen Ergebnis: vor 1870 habe eine »Malthussche Krise« in Westeuropa, die sich besonders in den Hungersnöten der 1840er Jahre bemerkbar machte, die Auswanderung gefördert, doch nach diesem Zeitpunkt sei wahrscheinlich die von Amerika ausgehende Anziehungskraft stärker gewesen.[2]

Leider sind sich die Historiker nicht darüber einig, was unter den Begriffen »Druck« und »Zug« genau zu verstehen ist. Manche betonen die Nachrichten, die bereits ausgewanderte Freunde und Verwandte in die Heimat zurückschickten, andere glauben, die industrielle Entwicklung in den Vereinigten Staaten habe als »Zugfaktor« gewirkt; wieder andere betonen jedoch die Unterschiede im Lohnniveau und noch andere die unterschiedlichen Arbeitsmöglichkeiten. Diesen letzten beiden Ansichten liegt die akzeptable Annahme zugrunde, daß es falsch ist, die Auswirkungen von »Druck« und »Zug« streng auseinanderhalten zu wollen, und daß es sinnvoller ist, die Auswanderungsbewegung als eine Funktion der Verhältnisse sowohl im Heimatland als auch in den Vereinigten Staaten zu sehen. Fast unüberwindliche Schwierigkeiten entstehen, wenn man versucht, die Beziehung zwischen diesen beiden Faktoren zu ermitteln, und zwar infolge der Verzögerung, mit der sich eine bestimmte Kombination von Umständen in Europa und Amerika auf die Auswanderung auswirkten. Mit anderen Worten, es ist sehr schwer zu messen, wie schnell sich die Auswanderungsquoten als Reaktion auf veränderte Bedingungen im Heimatland und in Amerika verändert haben. Aber je enger die Beziehungen zwischen der Wirtschaft der Vereinigten Staaten und derjenigen einer anderen Gesellschaft gewesen sind, desto eher wurde die Auswanderungsbewegung zwischen diesen beiden Ländern zu einer direkten Funktion der Zustände in beiden Ländern, wie das bei der Auswanderung aus Großbritannien in die Vereinigten Staaten der Fall gewesen ist. Wo die Beziehungen jedoch nicht so eng waren, erhielten die Zustände im Heimatland als auslösender Faktor für die Auswanderung größere Bedeutung. Dennoch war die ganze Auswanderung in die Vereinigten Staaten teilweise eine Folge der Tatsache, daß die Löhne in Amerika stets höher waren als sonstwo in der Welt.

Dieser Umstand ist besonders hinsichtlich der Auswanderung aus slawischen Ländern in die Vereinigten Staaten betont worden, denn keine direkten wirtschaftlichen Beziehungen verbanden diese Gebiete mit Amerika. Die Bewegung entstand, so lautet die Erklärung, weil »russische ungelernte Arbeiter in den 25 Jahren vor 1900 höchstens dreißig Cents täglich verdienten (also ein Viertel des Lohns von $ 1,15 ihrer Kollegen in amerikanischen Kohlebergwerken)«; und 1891 verdienten die ungelernten Arbeiter im polnischen Teil von Österreich-Ungarn nur 24 Cents (also etwa ein Fünftel des vergleichbaren Lohnes in den Vereinigten Staaten); und landwirtschaftliche und Fabrikarbeiter im ostpreußischen Posen verdienten zwischen 1880 und 1900 60 Cents, also etwa die Hälfte des amerikanischen Durchschnittslohns für ungelernte Arbeiter.«[3] Aber höhere Löhne allein waren noch kein ausreichender Grund für die Auswanderung. Der Entschluß zur Auswanderung spiegelte nicht nur die Anziehungskraft der höheren Löhne wider, sondern auch die Unzufriedenheit des Emigranten mit den Verhältnissen in seiner Heimat, seine Kenntnis von der Tatsache, daß anderswo höhere Löhne gezahlt wurden, sein Wissen darum, daß er die Neue Welt erreichen konnte, seine Zuversicht, daß er in Amerika einen besser bezahlten Arbeitsplatz finden würde, und den Glauben daran, daß die mit der Auswanderung verbundene Entwurzelung durch die Verbesserung der Lebensbedingungen wieder wettgemacht werden würde.

Daneben spielten auch andere Faktoren eine Rolle. 1825 kostete die Überfahrt von England noch £ 20, 1863 nur noch 4 £ 15 Schilling, und 1890 konnte man den Atlantik bereits für 3 £ 10 Schilling überqueren. Am Ende des 19. Jahrhun-

derts zahlte ein Mann mit Frau und drei Kindern etwas über £ 18 für die Passage auf einem Segelschiff, also sehr viel weniger als zu Beginn des Jahrhunderts. Wichtig war auch das Ansteigen der Beträge, die aus den Vereinigten Staaten in die Heimat zurückgeschickt wurden, um Freunden und Verwandten die Überfahrt zu bezahlen. Man hat geschätzt, daß von 1846 bis 1862 allein nach Großbritannien 62,7 Millionen Dollar Reisegeld geschickt worden sind. In einem Bericht hieß es, daß in San Francisco arbeitende irische Mädchen jährlich insgesamt 270 000 Dollar nach Irland schickten. Insgesamt sind wahrscheinlich ein Drittel aller Schiffspassagen in die Vereinigten Staaten mit solchen Geldern bezahlt worden.
Der Ausbau der Eisenbahnnetze und Schiffahrtslinien sowie die Tatsache, daß es immer einfacher wurde, die Schiffspassage zu buchen, förderten ebenfalls die Auswanderung. Die phantasievolle Werbung amerikanischer Eisenbahngesellschaften, die Land verkaufen wollten, die Bemühungen von Unternehmern, die Arbeitskräfte brauchten, die Einzelstaatsregierungen, die ihr Gebiet besiedelt sehen wollten, und diejenigen, die ein Geschäft damit machten, Einwanderer zu werben und zu betreuen wie die *padroni*[4] und andere Bosse der Einwandererwelt – und auch eine Institution wie die Banco Italiano, von deren leitenden Angestellten einer angab, er habe von 1865 bis 1884 14 000 Italiener importiert –, all dies hat dazu beigetragen, die Aufmerksamkeit von Auswanderern auf die Vereinigten Staaten zu lenken.
Nicht alle Einwanderer waren jedoch Opfer ihrer wirtschaftlichen Lage. Seit Beginn der amerikanischen Geschichte sind zahlreiche Menschen aus politischen, religiösen und kulturellen Gründen in die Neue Welt gekommen. Im 19. Jahrhundert war das beste Beispiel einer solchen Gruppe die Emigration der Mormonen von den Britischen Inseln und aus Skandinavien nach ihrem Zion im Bundesstaat Utah. Angehörige religiöser Sekten aus Deutschland und Skandinavien gehörten zu den ersten amerikanischen Einwanderern, und assyrische Christen, die aus Persien flüchten mußten, gehörten zu den religiösen Auswanderergruppen der jüngsten Zeit. Nach dem Fehlschlagen der Revolutionen von 1848 in Europa kam es auch zu einer politisch begründeten Auswanderungswelle. Aber dieses Motiv sollte nicht überbewertet werden. Bedeutender ist die Tatsache, daß die Einwanderer aus Ungarn, aus dem Zarenreich und dem Balkan um die Jahrhundertwende oft ethnischen Minderheiten angehörten. 1907 wanderten zum Beispiel eine Viertelmillion Menschen aus Rußland nach Amerika aus; 115 000 von ihnen waren Juden, 73 000 Polen, und das, obwohl nach der Volkszählung von 1897 die Juden nur 4 % und die Polen nur 6,3 % der russischen Bevölkerung ausmachten.

Der Umstand, daß die Habsburger ihre slawischen Untertanen als »Völkersplitter« oder »Völkerdünger« zu bezeichnen pflegten, macht vielleicht verständlicher, weshalb zwischen 1901 und 1910 in Österreich-Ungarn die Auswanderungsquote pro 100 000 Angehörige der folgenden Gruppe, für die Polen bei 926, für die Juden bei 683, für die Kroaten und Slowenen bei 692, für die Tschechen und Slowaken bei 494, für die Italiener bei 226 und für die Deutschen bei 219 lag. Wo hingegen die Südslawen politisch autonom waren, war die Bereitschaft auszuwandern bedeutend geringer.[5]

Es kann sein, daß wir die zunehmende allgemeine Kenntnis von den Verhältnissen in Amerika zu einem der wichtigsten Einflüsse rechnen müssen, die zum Entstehen der Masseneinwanderung beigetragen haben. Aber selbst in späteren Jahren machten sich auch einigermaßen gebildete Leute noch eigentümliche Vorstellungen von der Neuen Welt. Ein relativ gebildeter Einwanderer schilderte später, wie ihm Amerika erschien, als er nach Westen zog. Es war, so glaubte er, »ein großes Land, ungeheuer in seinen Ausmaßen, irgendwie schön bedeckt mit Wäldern und weiten Ackerflächen, von träge sich windenden Flüssen durchzogen. Es gab einige große Städte wie Montevideo oder Boston, vielleicht ein wenig größer als Genua oder Neapel, und sie alle gehörten zu dem gleichen Land. Es war so heiß, daß Menschen, die auf dem Felde arbeiteten, am Sonnenstich erblindeten. In diesem Lande lebten viele Seeräuber, die vorüberfahrende Schiffe angriffen. Schmutzige, betrunkene Matrosen, die sich einer barbarischen Sprache bedienten und die Indianer, eine Art von Wilden, die ähnlich wie die Kannibalen lebten.«[6]

Es ist zweifelhaft, ob die Historiker jemals feststellen können, weshalb bestimmte Menschen auswanderten, während so viele andere zu Hause blieben. Wir wissen, daß gelegentlich das persönliche Schicksal eine entscheidende Rolle spielte. Ein Einwanderer erklärte: »Mein Vater war von Beruf Polsterer, und sein Geschäft ging sehr gut. Aber er hatte schon immer den starken Wunsch gehabt, ins Ausland zu gehen, und als sein Haus abbrannte, hat er das wahrscheinlich zum willkommenen Anlaß genommen.«[7] Pfarrer John White, der selbst eine Gruppe Puritaner nach Neuengland geführt hatte, schrieb 1630: »Einige werden vielleicht von der Not getrieben, andere von einer neuen, unbekannten Welt angezogen. Die Hoffnung auf Gewinn beherrscht vielleicht eine dritte Gruppe. Ich bin jedoch sicher, daß für den größten, den ehrlichsten und den gottergebensten Teil der Kolonisten die Verbreitung des Evangeliums das Hauptanliegen ist.« Wenn wir die letzte Verallgemeinerung, der der Puritaner den Vorrang einräumte, niedriger einstufen und dafür die anderen etwas höher bewerten, erhalten wir eine durchaus gültige Beschreibung der psychologischen Komponente der amerikanischen Einwanderung des 19. und 20. Jahrhunderts.

II. STATISTISCHER ÜBERBLICK

Die amerikanische Einwanderung im 19. und 20. Jahrhundert zerfällt in die drei Phasen: 1820 bis 1896; 1896 bis 1921 und 1921 bis heute. In der ersten Periode kamen die meisten Einwanderer aus Nord- und Westeuropa; in der zweiten aus Süd- und Osteuropa. In beiden Perioden war die Einwanderung praktisch unbeschränkt, obwohl sie gegen Ende der zweiten Periode nicht mehr völlig ungeregelt erfolgte. Die dritte Periode ist gekennzeichnet durch die restriktive Einwanderungspolitik, die mit den Gesetzen von 1921 und 1924 begann. Seither gibt es eine jährliche Höchstzahl für Einwanderer aus Europa. Häufig werden die vor 1896 eingewanderten Amerikaner als »alte« und die nach 1896 hinzugekommenen als »neue« Einwanderer bezeichnet. Diese Bezeichnungen sind in der Vergangenheit im allgemeinen auf zweierlei Art benutzt worden; erstens auf eine abschätzige Art, die zum Ausdruck bringen sollte, daß die »neuen« Einwanderer weniger fähige Menschen waren als die »alten«, weil sie zu einer minderwertigen Rasse gehörten. Diese Interpretation ist überholt. Zweitens benutzte man die Begriffe als Kürzel, um den Wechsel in der geographischen Herkunft der Einwanderer zu kennzeichnen. Dagegen ist nichts einzuwenden. Sinnlos wäre es nur, den beiden Begriffen größere Bedeutung beizumessen als eben die Benennung des Herkunftsgebietes.
Die Tabellen 4.1 bis 4.3 erläutern die Geschichte der Einwanderung. Tabelle 4.1 zeigt, wie von Jahrzehnt zu Jahrzehnt die Gesamtzahl der Einwanderer bis zum Bürgerkrieg anstieg, wie sie nach dem Sieg des Nordens wiederum zunahm und weiterhin stetig anstieg, bis sie nach der Wirtschaftskrise von 1893 empfindlich beeinträchtigt wurde und dann mit dem wirtschaftlichen Wachstum bis zum Ersten Weltkrieg weiter stieg.
Weil man damit rechnete, daß der unbeschränkten Einwanderung bald ein Ende gesetzt werden würde, brach unmittelbar nach dem Ersten Weltkrieg eine neue Welle von Auswanderern nach den Vereinigten Staaten auf. Von den 1930er Jahren bis in die Mitte der 1950er Jahre wurde die Einwandererzahl in engen Grenzen gehalten durch die Quotengesetze, die Weltwirtschaftskrise und den Zweiten Weltkrieg. Die Quoten je Nation wurden auch nicht aufgehoben für die sich aus dem Herrschaftsbereich der Nationalsozialisten rettenden Juden

und Gegner des Regimes. Seither schwankt die Anzahl der Einwanderer jedes Jahr zwischen 300 000 und 400 000.

Tabelle 4.1

Gesamtzahl der Einwanderer nach Jahrzehnten: 1820–1970

1820–1830	152 000	1901–1910	8 795 000
1831–1840	599 000	1911–1920	5 736 000
1841–1850	1 713 000	1921–1930	4 107 000
1851–1860	2 598 000	1931–1940	528 000
1861–1870	2 315 000	1941–1950	1 035 000
1871–1880	2 812 000	1951–1960	2 515 000
1881–1890	5 247 000	1961–1970	3 322 000
1891–1900	3 688 000		

Quelle: U. S. Bureau of the Census, *Historical Statistics of the United States* (Washington, 1960) und *Statistical Abstract of the United States: 1972* (Washington 1972).

Tabelle 4.2

Einwanderung in ausgewählten Jahren, nach Herkunftsgebiet, 1820–1970

Jahr	Gesamtzahl	NW-Europa einschl. Deutschland	SO-Europa	Asien	Kanada und Latein-amerika	andere
1820	8 400	7 500	200	x	400	300
		(89,3)	(2,4)		(4,7)	(3,6)
1842	104 600	99 700	300	x	4 000	600
		(95,3)	(0,3)		(3,8)	(0,6)
1854	427 800	402 500	3 000	13 100	8 500	700
		(94,1)	(0,7)	(3,1)	(2,0)	(0,1)
1882	789 000	563 200	85 000	39 600	100 100	1 100
		(71,4)	(10,8)	(5,0)	(12,7)	(0,1)
1895	258 500	141 500	108 800	4 500	3 500	200
		(54,7)	(42,1)	(1,7)	(1,4)	(0,1)
1896	343 200	137 500	191 500	6 800	7 300	100
		(40,1)	(55,8)	(2,0)	(2,1)	(x)
1907	1 285 300	227 800	971 700	40 500	41 800	3 500
		(17,7)	(75,6)	(3,2)	(3,2)	(0,3)
1924	706 900	203 300	161 000	22 100	318 900	1 600
		(28,8)	(22,8)	(3,1)	(45,1)	(0,2)
1970	373 300	33 100	82 900	94 900	151 000	11 300
		(8,9)	(22,2)	(25,4)	(40,5)	(3,0)

Anmerkung: In Klammern wird der Anteil an der Gesamtzahl in Prozent angegeben. Das Zeichen x bedeutet, daß die Zahl statistisch unerheblich gering war.

Quelle: U.S. Bureau of the Census, *Historical Statistics of the United States* (1960) und *Statistical Abstract of the United States: 1972* (1972).

Aus den Tabellen 4.2 und 4.3 lassen sich die Herkunftsgebiete der Einwanderer genauer erkennen. Tabelle 4.2 zeigt, wie der Prozentsatz der aus dem Nordwesten Europas stammenden Einwanderer seit den 1840er Jahren stetig zurückgegangen ist;

wie gleichzeitig der Prozentsatz der Einwanderer aus dem Südosten bis zum Beginn des Ersten Weltkrieges und bis zum Erlaß der Einwanderungsbeschränkung angestiegen ist; und wie seither Asien, Lateinamerika und Kanada Europa als Hauptherkunftsgebiet der Einwanderer verdrängt haben. Tabelle 4.3 zeigt die Gesamtzahl der Einwanderer aus den wichtigsten Gebieten der Welt und verdeutlicht auch, daß dic Einwanderung nach Amerika aus Europas Nordwesten ihren Höhepunkt im allgemeinen eine Generation vor dem Beginn der Masseneinwanderung aus dem Südosten erreichte.

Tabelle 4.3

Gesamtzahl der Einwanderer aus 14 Regionen, 1820–1971

	Gesamtzahl	Höhepunkt	Anzahl im Rekordjahr
1. Großbritannien	4 804 500	1888	108 700
2. Irland	4 715 000	1851	221 300
3. Skandinavien	2 482 500	1882	105 300
4. übriges Nordwesteuropa	1 627 800	1882	28 000
5. Deutschland	6 925 700	1882	250 600
6. Polen	487 800	1921	95 100
7. übriges Mitteleuropa	4 527 800	1907	338 500
8. UdSSR und baltische Staaten	3 378 700	1913	291 000
9. Italien	5 199 300	1907	285 700
10. übriges Südeuropa	1 187 100	1921	76 400
11. China	450 900	1882	39 600
12. Japan	370 000	1907	30 200
13. Kanada und Neufundland	3 991 400	1924	200 700
14. Mexiko	1 642 900	1924	89 300

Anmerkung: Als Herkunftsgebiet wird der letzte feste Aufenthaltsort vor der Einwanderung definiert. Kolumne 2 und 3 geben Jahr und Höhe der jeweils größten jährlichen Einwandererzahl aus dem betreffenden Gebiet an.

Quelle: United States, Bureau of the Census, *Historical Statistics of the United States: Colonial Times to 1957* (Washington, 1960), 56–59, und *Statistical Abstract of the United States: 1972* (Washington, 1972), 92.

1820 und in den folgenden 75 Jahren kamen die Einwanderer im wesentlichen aus den gleichen Ländern wie während der Kolonialzeit, vor allem aus Großbritannien, Irland und Deutschland. Zuerst waren die Einwandererzahlen klein; 1842 waren es erstmals 100 000 im Jahr. Nach der Wirtschaftskrise von 1837 fielen die Einwandererzahlen, stiegen aber als Folge der Hungersnöte und Mißernten Ende der 1840er und Anfang der 1850er Jahre gewaltig an, als nicht nur Irland, sondern weite Gebiete im Nordwesten Europas einer katastrophalen Lebensmittelknappheit ausgesetzt waren. Von 1846 bis 1854 kamen mehr als 2,8 Millionen Einwanderer in die Vereinigten Staaten, darunter über 1,2 Millionen allein aus Irland. Im Rekordjahr 1851 gingen über 220 000 Iren nach Amerika.

Während diese Flüchtlinge vor dem Hunger in den Häfen der amerikanischen Ost- und Südküste landeten, erschienen an der Pazifikküste, ebenfalls von der Angst vor dem Hunger getrieben, Einwanderer aus Asien. Sie wußten von den hohen Arbeitslöhnen im Kalifornien des Goldrausches. Nach den amtlichen Statistiken sind 1851 und 1852 keine Chinesen nach Amerika gekommen und 1853 nur 42; aus anderen Quellen geht aber klar hervor, daß die chinesische Einwanderung be-

Abb. 21: *Jüdische Einwanderer aus Ost-Europa im Hafen von New York*

reits in vollem Gang war, als das amerikanische Außenministerium 1854 das Eintreffen von 13 100 Chinesen bekanntgab. Von diesem Zeitpunkt an bis 1883 trafen jedes Jahr Tausende von Chinesen ein. Von da ab wirkte sich das Gesetz von 1882 aus, das die Einwanderung chinesischer Arbeiter verbot. 1880 gab es etwas über 100 000 Chinesen in den Vereinigten Staaten, hauptsächlich an der Westküste. Ihre Existenz ließ die Amerikaner daran zweifeln, ob sie fähig sein würden, alle und jeden zu integrieren, der kam. Eine an dieses Gefühl appellierende *»nativistische«* Bewegung betrieb, mit Unterstützung der Gewerkschaften, die Verabschiedung des Chinese Exclusion Act von 1882, des ersten Gesetzes, das die Einwande-

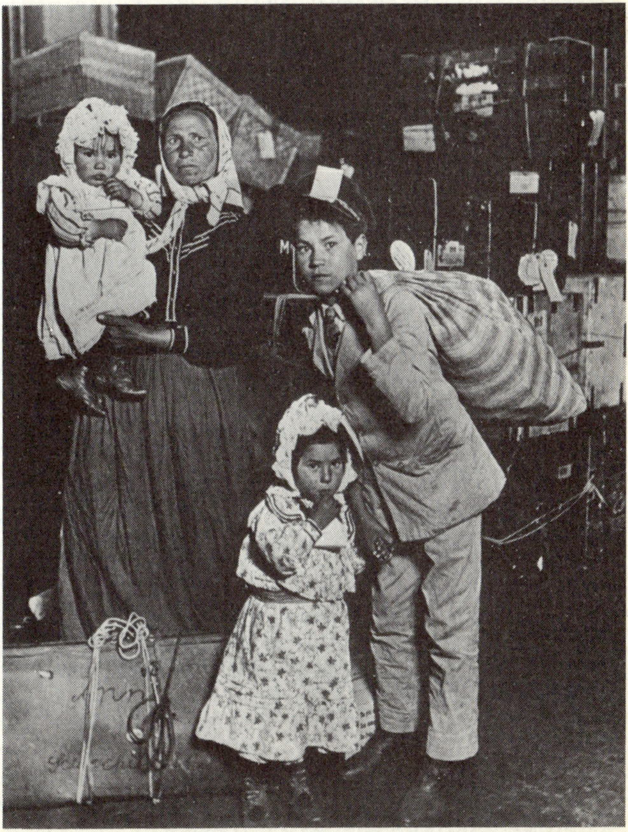

Abb. 22: Osteuropäische Einwanderer auf Ellis Island, 1905

rung einer bestimmten ethnischen Gruppe einschränkte.

Als die schlimmsten Auswirkungen der Hungersnöte und Mißernten der 1850er Jahre nachließen, ging die Zahl der aus Europa in die Vereinigten Staaten kommenden Einwanderer zurück. Die Depression von 1857 und der Bürgerkrieg führten dann zu einem weiteren Rückgang. Nach Kriegsende gewannen die Vereinigten Staaten wieder an Anziehungskraft. Nach Rückgängen in den Jahren 1868 und 1871 stieg die Zahl der Einwanderer 1873 auf fast 460 000. Die wirtschaftlichen Schwierigkeiten im gleichen Jahr und die unsicheren wirtschaftlichen Verhältnisse in den USA Ende der 1870er Jahre zusammen mit dem wirtschaftlichen Aufschwung in einigen Gebieten Europas führten dann jedoch zu einem Rückgang der Einwanderungsbewegung bis zu einem Punkt, an dem die Gesamtzahl der Einwanderer von 1876 bis 1879 auf unter 200 000 jährlich fiel. Danach kam es wieder zu einem massiven Anstieg, und im Jahre 1882 kamen 789 000 Einwanderer ins Land. Das Jahr 1882 war aus zwei Gründen besonders bemerkenswert. Die Zahl der Einwanderer aus Deutschland, Skandinavien und Europas Nordwesten erreichte 1882 mit einer Gesamtzahl von mehr als 380 000 ihren Höhepunkt. Von nun ab ging die Zahl der Auswanderer aus diesem Gebiet ständig zurück. In der Folgezeit erlangte dementsprechend die Auswanderung aus Süd- und Osteuropa für die Vereinigten Staaten die zunehmend größere Bedeutung. Auch die chinesische Einwanderung erreichte 1882 mit der letzten Welle vor Inkrafttreten des Ausschlußgesetzes ihren künstlich erzwungenen Höhepunkt.

Mit dem Rückgang der Auswanderung aus dem Nordwesten Europas sank nach 1882 auch die Gesamtzahl der Einwanderer. Auch aus England, Schottland und Wales kamen nach dem Rekordjahr 1888 weniger Einwanderer nach Nordamerika. Von 1887 bis 1893 kamen jährlich insgesamt zwischen 400 000 und 600 000 Personen in die Vereinigten Staaten. Die amerikanische Wirtschaftskrise von 1893 drückte die Gesamtzahl der Einwanderer 1895 auf 285 000. In diesem Jahr kamen zum letzten Mal die meisten Einwanderer aus Nordeuropa. Zur gleichen Zeit kam eine größere Anzahl von Japanern ins Land, von denen seit 1891 jedes Jahr etwas über eintausend eingewandert waren. Die japanischen Einwanderer sollten bald, ebenso wie zuvor die Chinesen, zur Bedrohung amerikanischer Lebensart erklärt werden.

In den Jahren nach 1895 blieben die Einwandererzahlen verhältnismäßig niedrig, aber danach erreichte die Zahl der Neuankömmlinge eine Höhe, wie man sie weder vor- noch nachher erlebt hat. 1905, 1906, 1907, 1910, 1913 und 1914 kamen alljährlich mehr als eine Million Einwanderer in die Vereinigten Staaten. Zwischen 1903 und 1914 waren es in keinem Jahr weniger als 750 000. Die Rekordzahl wurde 1907 erreicht. Im gleichen Jahr kamen auch die meisten Japaner, etwas über 30 000, weil sie von der bevorstehenden Sperre wußten, die die amerikanische Regierung mit der japanischen aushandelte (Gentlemen's Agreement, 1907/08). Von 1905 bis 1914 kamen insgesamt mehr als 10 Millionen Einwanderer in die Vereinigten Staaten. Neun Millionen stammten aus Europa. Nach dem Wiederansteigen der Einwandererzahlen nach 1918 zu urteilen, hat der Ausbruch des Ersten Weltkrieges einen Strom unterbrochen, der seine Kraft bei weitem noch nicht erschöpft hatte. Im letzten Kriegsjahr war die Einwanderung auf 110 600 Personen gesunken, von denen nur 31 000 aus Europa stammten.

In den Jahren von 1921 bis 1924 ging die Periode der praktisch uneingeschränkten Einwanderung zu Ende. 1920 zeichnete sich deutlich ab, daß es nur noch eine Frage von Monaten war, ehe es zu irgendeiner Form der Einwanderungsbeschränkung kommen würde. Im Kongreß fand sich eine Mehrheit für Gesetze, die insbesondere darauf abzielten, den Einwandererstrom aus Ost- und Südeuropa zu drosseln. Denn man glaubte, aus diesen Gebieten kämen rassisch minderwertige Menschen, die nicht assimilierbar, radikal und gefährlich wären. Infolgedessen kam es jetzt zu einem Andrang der Einwanderer aus diesen Gebieten; allein 1921 betrug ihre Zahl 513 800. Im Mai 1921 verabschiedete der Kongreß das erwartete Quotengesetz: die Zahl der jährlichen Einwanderer aus einem Land wurde begrenzt auf 3 % der bei der Volkszählung von 1910 bereits in den USA lebenden Einwanderer aus dem betreffenden Land. Die jährliche Höchstquote für eine Nationalitätengruppe betrug 357 000. Dieses Gesetz sollte jedoch nur eine Übergangsmaßnahme sein. Ein neues Quotengesetz von 1924 machte die bevölkerungspolitische Absicht noch deutlicher: gebremst werden sollte vor allem die »neue« Einwanderung. Die Quoten für die Jahre bis einschließlich 1926 wurden herabgesetzt auf 2 %, und zwar von den bei der Volkszählung von 1890 erfaßten Eingewanderten aus dem jeweiligen Land. Diese Volkszählung hatte sechs Jahre vor dem Zeitpunkt stattgefunden, von dem an die jährliche Einwanderung aus den »neuen« Gebieten diejenige aus den »alten« zu übertreffen begann. Von 1927 an wurde die Gesamtzahl der Einwanderer in einem Jahr auf 150 000 herabgesetzt. Der Umfang jeder Nationalitätengruppe richtete sich nach dem prozentualen Anteil an der Gesamtbevölkerung der bei der Volkszählung von 1920 bereits in den USA lebenden Einwanderern aus dem jeweiligen Land. Von der Quotengesetzgebung unberührt blieb die Zahl der Einwanderer aus Kanada und Lateinamerika. Völlig unterbunden wurde ab 1929 die Einwanderung aus Teilen Asiens, z. B. aus Japan. Von nun ab war die legale Einwanderung aus Asien und Südosteuropa auf ein Minimum beschränkt: Griechenland hatte eine Quote von 307, Italien von 5802 und die Sowjetunion von 2784. Großbritannien erhielt mit 65 721 die größte, Deutschland mit 25 957 die zweitgrößte und Irland mit 17 853 die drittgrößte Quote.

Der Einwanderungsbewegung war jedoch eine starke Beschränkung bereits durch das Gesetz von 1917 auferlegt worden, das die Einwanderung von Personen untersagte, die »wahrscheinlich der Öffentlichkeit zur Last fallen«. Wegen der sich verschärfenden Wirtschaftskrise wies das amerikanische Außenministerium im September 1930 die Konsularbehörden an, diese Klausel streng zu handhaben, und erst 1937 wurden die Bestimmungen wieder etwas gelockert. Fünf Monate nach Beginn dieser Politik wurden nur 10 % der Einwanderungsquote aus Europa in Anspruch genommen. Auch die Wirtschaftskrise trug dazu bei, die Auswandererzahl niedrig zu halten, so daß in den 1930er Jahren ein großer Teil der Einwanderer aus Frauen und Kindern bestand, die ihren bereits eingewanderten Ehemännern und Vätern folgten. Da diese Männer in den meisten Fällen aus Südosteuropa stammten, kamen 43 % der europäischen Einwanderer zwischen 1931 und 1940 aus Südosteuropa. Nur die niedrige Gesamtzahl machte diesen Tatbestand denjenigen erträglich, die für die Beendigung der Einwanderung aus diesen Gebieten gekämpft hatten. Gegen Ende der 1930er Jahre, besonders nach der Besetzung Österreichs wurde vergeblich gefordert, das Quotensystem zu lockern, daß alle jüdischen Flüchtlinge aus Europa aufgenommen werden konnten, denen es gelang, Europa zu verlassen. Aber obwohl die Grundlinien der Einwanderungspolitik nicht verändert wurden, stammten 1939 53 % aller europäischen Einwanderer aus Deutschland und Österreich, und von 1934 bis 1941 kamen 46 % aller innerhalb der Quoten zugelassenen Einwanderer von dort.

Diese Einwanderung endete mit dem Ausbruch des Zweiten Weltkrieges. Nach 1945 wurde dann das Problem der Flüchtlinge und Vertriebenen *(displaced persons)* akut. Präsident Truman gewährte auf Grund des Quotensystems 42 000 Personen die Einwanderung, und 1948 genehmigte der Kongreß die Einwanderung von 205 000 Vertriebenen aus Europa. Ein Gesetz vom Juni 1950 erhöhte diese Zahl auf 341 000. Diese Zahl wurde jedoch auf die Quoten der kommenden Jahre angerechnet. Der fortdauernde Zustrom von Flüchtlingen aus dem kommunistischen Teil Europas nach Westeuropa motivierte den Kongreß zu dem Flüchtlingshilfegesetz *(Refugee Relief Act)* von 1953, das die Aufnahme von 214 000 Flüchtlingen innerhalb von 41 Monaten gestattete; wiederum unter

Anrechnung auf die zukünftigen Quoten. Die öffentliche Meinung in den Vereinigten Staaten war geschlossen gegen die Aufhebung des Quotensystems, auch wenn eine besondere Notlage entstand, wie z. B. bei dem ungarischen Aufstand von 1956. Präsident Eisenhower konnte nicht viel mehr tun, als 30 000 der etwa 200 000 nach Österreich geflohenen Ungarn auf einem besonderen Gnadenweg der Exekutive ins Land zu lassen. Die alte unnachgiebige Haltung hatte sich erneut im McCarran-Walter-Gesetz von 1952 niedergeschlagen. In seiner Präambel hieß es, bestimmte Nationalitäten seien anderen überlegen und das Quotensystem sei gerecht. Das Gesetz erklärte zu neuen jährlichen Höchstzahlen 1/6 % der bei der Volkszählung von 1920 in Amerika lebenden Personen, die in dem betreffenden Land geboren waren. Die Diskriminierung von ethnischen Gruppen aus Asien und dem Pazifik wurde aufgehoben.

Weder die Gesetze der 1920er Jahre noch das Gesetz von 1952 beschränkten die Einwanderung aus der westlichen Hemisphäre. Zwar hätten auf Grund der Lese- und Schreibprüfungen, die 1917 für alle Einwanderer eingeführt worden waren, z. B. viele Mexikaner nicht in die Vereinigten Staaten kommen können. Sie kamen jedoch zu Tausenden illegal über die unbewachbare Grenze. Legal wanderten von 1921 bis 1930 459 000 Mexikaner ein. Nach der Wirtschaftskrise und dem Zweiten Weltkrieg stiegen die Einwandererzahlen Mitte der 1950er Jahre wieder an, und von 1951 bis 1960 belief sich die offizielle Einwanderung aus Mexiko auf nahezu 300 000; zwischen 1961 und 1969 wurden es annähernd 410 000. Das machte 13,9 % aller in diesem Zeitraum zugelassenen Einwanderer aus. Die Einwanderung aus Puerto Rico begann in großem Ausmaß erst nach 1945. Theoretisch hätten schon seit 1900 Einwanderer von dort in unbegrenzter Zahl kommen können, weil die Insel einen quasi-kolonialen Rechtsstatus hatte und ihre Bewohner seit 1917 amerikanische Bürger werden konnten. 1951 gab es schätzungsweise 550 000 Puertoricaner in New York City und etwa 175 000 in den restlichen USA. Man schätzt, daß von 1951 bis 1960 jährlich im Durchschnitt mehr als 40 000 Puertoricaner auf das Festland gekommen sind. Dann sank die Zahl, und von 1961 bis 1963 waren es insgesamt nur 3 500 jährlich.

1965 änderten die Vereinigten Staaten ihre Einwanderungspolitik noch einmal grundlegend mit dem Immigration and Nationality-Gesetz. Von 1965 bis 1968 legte das Gesetz für alle Länder außerhalb der westlichen Hemisphäre eine Jahresquote von 170 000 fest. Die von einzelnen Ländern nicht ausgenutzten Quoten konnten anderweitig vergeben werden. Von 1968 ab sollte die Jahresquote von 170 000 Einwanderern aus der östlichen Hemisphäre ohne Rücksicht auf das Herkunftsland in der Reihenfolge der Antragstellung verteilt werden; allerdings nur bis zu 20 000 Auswanderern aus einem Land pro Jahr. Bevorzugt wurden Einwanderer im Rahmen von Familienzusammenführung und Personen, die wegen ihrer beruflichen Fähigkeiten in den Vereinigten Staaten als Arbeitskräfte gesucht wurden.

Die Folgen dieses Gesetzes waren ziemlich paradox. Am einen Ende der sozialen Skala nahm der Anteil der beruflich qualifizierten Einwanderer, besonders aus Asien, leicht zu, am anderen Ende zugleich der Anteil der weiblichen Hausangestellten aus Mexiko und von den Karibischen Inseln. Das Gesetz hat außerdem zu einem weiteren Rückgang des Anteils der Einwanderer aus Nord- und Westeuropa und zu einem Anstieg des Einwandereranteils aus Süd- und Osteuropa geführt. So haben sich die Vereinigten Staaten von einem Land der unbeschränkten Einwanderung, die größtenteils aus Nordwesteuropa kam, zu einem Land mit Einwanderungsbeschränkung gewandelt. Die Herkunft der eingewanderten Bevölkerung hat sich in einer Weise verändert, die gerade das Gegenteil von dem darstellt, was die ersten Verfechter der Einwanderungsbeschränkung zu erreichen suchten. Auch heute wirkt sich die Einwanderungsbeschränkung weiterhin so aus, daß die amerikanische Bevölkerung nicht homogener, sondern heterogener wird.

III. DIE RÄUMLICHE VERTEILUNG

Für die Auswahl des Gebiets, in dem sich Einwanderer und ihre Nachkommen ansiedelten, gab es die verschiedensten Gründe. Der Zeitpunkt des Eintreffens war von offensichtlicher Bedeutung. Kaum jemand hätte zum Beispiel in den 1850er Jahren daran gedacht, in der Wildnis von Colorado zu siedeln. Ebenso wichtig war es, ob ein Einwanderer als Mitglied einer großen Gruppe kam. Einzelne konnten sich nach Lust und Laune verhalten, Gruppenmitglieder verhielten sich eher entsprechend den Normen und Interessen der Gruppe und blieben zusammen. Weiterhin kam es darauf an, ob der Einwanderer in der Industrie oder in der Landwirtschaft arbeiten wollte. Industriearbeiter gingen nicht in die Präriegebiete, und wer eine Farm bewirtschaften wollte, nicht in die Stadt, und, weil die Landwirtschaft eine Festlegung für längere Zeit erforderte, gingen Saison- und Gelegenheitsarbeiter vor allem in die städtischen Industriegebiete, bis auf die Holzfäller und Erntehelfer. Zahlreiche andere Faktoren bestimmten den neuen Aufenthaltsort: Frauen und Kinder gingen zu ihren

Ehemännern, Vätern oder Eltern; völlig Mittellose blieben zumindest vorläufig in den Hafenstädten; bis zum Bürgerkrieg ließen die Sklaverei und der Mangel an Industrialisierung die Einwanderer häufiger die Südstaaten meiden; nach dem Krieg wirkten der alles durchdringende Rassismus, der sich auch auf Italiener und Griechen und auch noch auf andere Nationalitäten erstreckte, wie auch die Engstirnigkeit und das Provinzlertum dieser landwirtschaftlichen Gebiete abschreckend, und Gruppen, die aus religiösen oder kulturellen Gründen Abgeschiedenheit suchten, siedelten natürlich in entlegenen Gegenden. Aus der Vielzahl der Faktoren, die den Siedlungsort bestimmten, ergaben sich die verschiedensten Siedlungsstrukturen unter den und innerhalb der ethnischen Gruppen.

Tabelle 4.4

Räumliche Verteilung der größten Einwanderergruppen, 1850

Herkunftsländer	Gesamtzahl	Neuenglandstaaten	Mittlerer Westen	Mittlere Atlantikküste	Sonstige Gebiete
Deutschland	583 800	7 000	310 400	210 400	56 000
		(1,2 %)	(53,2 %)	(36,0 %)	(9,6 %)
Irland	961 700	196 000	146 200	525 900	93 600
		(20,4 %)	(15,2 %)	(54,7 %)	(9,7 %)
England	278 700	31 200	88 600	134 200	24 700
		(11,2 %)	(31,8 %)	(48,1 %)	(8,9 %)

Anmerkung: Die Regionen sind wie folgt definiert: Neuenglandstaaten: Maine, New Hampshire, Vermont, Massachusetts, Rhode Island, Connecticut. Mittlere Atlantikküste: New York, New Jersey, Pennsylvania. Mittlerer Westen: Ohio, Indiana, Illinois, Wisconsin, Michigan, Iowa und Missouri. Die Prozentzahlen in Klammern bezeichnen den Anteil innerhalb der jeweiligen Nationalitätsgruppe.

Quelle: U.S. Bureau of the Census, *Historical Statistics of the United States* (1960), Serie C 89–119.

Die erste Volkszählung in den Vereinigten Staaten, die auch die Geburtsländer der erfaßten Personen feststellte, fand 1850 statt. Dabei zeigte sich, daß sich die Einwanderer der vergangenen Jahrzehnte in den Staaten niedergelassen hatten, die sich wie ein breiter Streifen von Neuengland über New York, New Jersey und Pennsylvania bis in den Mittleren Westen hinzogen. Ebenso stellte es sich heraus, daß die drei größten ethnischen Gruppen, wie aus Tabelle 4.4 ersichtlich, jeweils bestimmte Gebiete bevorzugten. Die Deutschen mieden Neuengland und strömten in großer Zahl in den Mittleren Westen. Die Iren begaben sich vor allem in die städtischen Gebiete des gesamten Nordostens von Philadelphia über New York bis nach Boston. Die Engländer sparten augenscheinlich kein einziges Gebiet völlig aus, wurden aber nicht so sehr vom Mittleren Westen angezogen wie die Deutschen, noch zog es sie in gleichem Maße nach Neuengland wie die Iren. Nur wenige andere Nationalitäten fielen als Gruppen ebenso ins

Tabelle 4.5

Räumliche Verteilung der größten Einwanderergruppen, 1910

Herkunftsländer	Gesamtzahl	Neuenglandstaaten	Mittlere Atlantikküste	Östliches, westliches, nördliches Zentralgebiet	Sonstige Gebiete
Deutschland	2 501 300	70 300 (2,8 %)	755 000 (30,2 %)	1 347 900 (53,9 %)	328 100 (13,1 %)
Österreich – Ungarn	1 670 600	86 500 (5,2 %)	821 500 (49,2 %)	620 300 (37,1 %)	142 300 (8,5 %)
Rußland	1 732 500	206 800 (11,9 %)	906 300 (52,3 %)	466 700 (27,0 %)	152 700 (8,8 %)
Irland	1 352 300	334 600 (24,7 %)	615 800 (45,5 %)	257 900 (19,1 %)	144 200 (10,7 %)
Italien	1 343 100	179 400 (13,3 %)	783 800 (58,4 %)	185 100 (13,8 %)	194 900 (14,5 %)
Skandinavien	1 250 700	86 900 (6,9 %)	14 100 (1,1 %)	796 400 (63,7 %)	353 300 (28,3 %)
Großbritannien	1 121 200	208 100 (18,6 %)	433 300 (38,6 %)	235 800 (21,0 %)	244 000 (21,8 %)
Kanada und Neufundland	1 206 200	526 200 (43,6 %)	148 400 (12,3 %)	372 300 (30,9 %)	159 300 (13,2 %)

Anmerkung: Die Regionen sind wie folgt definiert: Neuenglandstaaten: Maine, New Hampshire, Vermont, Massachusetts, Rhode Island, Connecticut. Mittlere Atlantikküste: New York, New Jersey, Pennsylvania. Östliches, westliches und nördliches Zentralgebiet: Ohio, Indiana, Michigan, Wisconsin, Minnesota, Iowa, Missouri, Nord- und Süddakota, Nebraska und Kansas. Die Prozentzahlen in Klammern bezeichnen den Anteil innerhalb der jeweiligen Nationalitätengruppe.

Quelle: U.S. Bureau of the Census, *Historical Statistics of the United States* (1960), Serie C 89–119.

Gewicht. Über 5 000 Schotten und Waliser lebten vor allem in New York, Pennsylvania und Ohio. Über 7 000 Einwanderer aus Frankreich gab es in New York, Ohio und Louisiana. Louisiana zog als frühere französische Kolonie noch immer französische Einwanderer an. Etwa 148 000 Einwanderer aus Kanada siedelten sich im allgemeinen, wenn auch nicht ausschließlich, dort an, wo die übrige britischstämmige Bevölkerung lebte. Sie verteilten sich fast gleichmäßig auf Neuengland, die mittleren Staaten an der Atlantikküste und den Mittleren Westen. 6 500 Mexikaner lebten in Kalifornien. Sie waren keine Einwanderer im strengen Sinn, denn der Vertrag von Guadalupe-Hidalgo von 1848 hatte nach dem Krieg gegen Mexiko ihr Siedlungsgebiet der amerikanischen Union einverleibt. Das gleiche galt für die 4 500 Mexikaner in Texas, das 1845 annektiert worden war. Diese beiden zunächst nicht zahlreichen Gruppen bildeten den Ansatz für die viel umfangreichere mexikanische Immigration im 20. Jahrhundert. Darüber hinaus fand sich die einzige andere große Gruppe im Ausland geborener Amerikaner in Wisconsin, wo 8 700 Norweger zusammen lebten; sie machten 68 % der in Amerika lebenden Norweger aus.

1910 hatte sich die Situation verändert. Neun Zehntel der Einwanderer kamen jetzt aus acht Staaten, und drei von ihnen, Österreich-Ungarn, Rußland und Italien, waren »neue« Einwanderungsgebiete. Die mittleren Staaten an der Atlantikküste zogen die »neuen« Einwanderer besonders an (s. Tabelle 4.5). Dieses Gebiet zog auch weiterhin britische und irische Einwanderer an. Den Skandinaviern hatten diese Staaten wenig zu bieten, denn sie suchten Beschäftigung in der Landwirtschaft und bevorzugten deshalb den Mittleren Westen und die Pazifikküste. Wenige der »Neuen« gingen nach Neuengland, obwohl die Anwesenheit vor allem kanadischer Einwanderer darauf schließen läßt, daß es durchaus Arbeitsplätze gab.

Tabelle 4.6 erläutert einen der für die räumliche Verteilung entscheidenden Faktoren, die Wahl zwischen Stadt und Land.

Tabelle 4.6

Anteil der Stadtbewohner unter den Nationalitätengruppen, 1910

Geburtsland	Anteil in %	Geburtsland	Anteil in %
Norwegen	42,2	Österreich	72,4
Dänemark	48,3	England	72,6
Finnland	50,0	Ungarn	77,3
Schweden	60,6	Italien	78,1
Wales	66,0	Kanada (französischer Teil)	81,3
Deutschland	66,7	Irland	84,7
Kanada (übriges)	69,3	Rußland	87,0
Schottland	72,4		

Quelle: U.S. Bureau of the Census, *Historical Statistics of the United States* (1960).

Tabelle 4.6 zeigt, daß die am stärksten städtisch orientierte Gruppe im Jahre 1910 jüdische Einwanderer aus Rußland waren. Ebenso verhielten sich die Iren. Am ehesten in ländlichen Gebieten ließen sich die Skandinavier (einschließlich der Finnen) nieder.

Auch heute noch tritt die Bevölkerung »ausländischer Herkunft« in den verschiedenen Regionen verschieden stark in Erscheinung. Die Bezeichnung »ausländischer Herkunft« (*foreign stock*) wird heute nicht nur auf Personen angewandt, die selbst im Ausland geboren wurden, sondern auch auf Kinder eines im Ausland geborenen Elternteiles, so daß die Gesamtgruppe der so benannten Einwanderer heute jeweils zumindest zwei Generationen umfaßt (siehe Tabelle 4.7).

Tabelle 4.7

Anteil der Einwohner ausländischer Herkunft an der Gesamtbevölkerung, nach Regionen, 1970

Neuenglandstaaten	30,5 %	Südliche Atlantikküste	7,9 %
Mittlere Atlantikküste	27,6 %	Südöstliche Zentralregion	1,8 %
Nordöstliche Zentralregion	15,6 %	Südwestliche Zentralregion	7,6 %
Nordwestliche Zentralregion	12,0 %	Gebirgsregion	13,3 %
		Pazifische Küste	23,4 %

Anmerkung: Personen »ausländischer Herkunft« sind definiert als im Ausland Geborene, deren Kinder und die Kinder mit einem im Ausland geborenen Elternteil. Die Regionen sind definiert wie folgt:
Neuenglandstaaten: s. Tabelle 4.5.
Mittlere Atlantikküste: s. Tabelle 4.5
Nordöstliche Zentralregion: Ohio, Indiana, Illinois, Michigan, Wisconsin.
Nordwestliche Zentralregion: Minnesota, Iowa, Missouri, North Dakota, South Dakota, Nebraska, Kansas.
Südliche Atlantikküste: Delaware, Maryland, District of Columbia, Virginia, West Virginia, North Carolina, South Carolina, Georgia, Florida.
Südöstliche Zentralregion: Kentucky, Tennessee, Alabama, Mississippi.
Südwestliche Zentralregion: Arkansas, Louisiana, Oklahoma, Texas.
Gebirgsregion: Montana, Idaho, Wyoming, Colorado, New Mexico, Arizona, Utah, Nevada.
Pazifische Region: Washington, Oregon, California, Hawaii.

Quelle: U.S. Bureau of the Census, *Statistical Abstract of the United States: 1972* (1972).

Tabelle 4.7 zeigt, daß die pazifische Region — und darin spiegelt sich ihr großes wirtschaftliches Wachstum nach dem Zweiten Weltkrieg wider — für die Einwanderer der jüngsten Zeit die drittstärkste Anziehungskraft besaß. Neuengland erhielt seinen gegenwärtig hohen Prozentsatz der im Ausland Geborenen durch den Zustrom der Italiener und Frankokanadier. Mehr als 8 % der Gesamtbevölkerung von Maine, New Hampshire, Vermont und Massachusetts wurden in Kanada geboren. Mehr als 5 % der Gesamtbevölkerung von Rhode Island, Connecticut und Massachusetts wurden in Italien geboren. Die Italiener sind auch die stärkste Gruppe in den Staaten der mittleren Atlantikküste, gefolgt und vielleicht sogar übertroffen von jüdischen Einwanderern aus Rußland, Polen und Deutschland. In der gesamten Nordöstlichen Zentralregion bilden Polen und Deutsche starke Gruppen. Das gleiche gilt für die Kanadier in Michigan, für die Italiener in Ohio und Illinois und immer noch für die Norweger in Wisconsin. In allen Staaten der Nordwestlichen Zentralregion sind die

Deutschen die stärkste Gruppe ausländischer Herkunft, mit Ausnahme von Norddakota, wo sie nach den Norwegern und Russen die drittstärkste Gruppe bilden. Viele der letzteren könnte man zudem richtiger als Rußlanddeutsche bezeichnen. Schweden und Norweger siedelten auch in großer Zahl in Minnesota, Iowa, Süddakota und Nebraska. Tschechen konzentrierten sich auf Nebraska und Russen in Süddakota, viele von ihnen sind ursprünglich deutscher Herkunft. In der Gebirgsregion haben sich Deutsche, Russen, Kanadier und kleine Gruppen von Italienern in Nevada angesiedelt; Norweger insbesondere in Montana, und Einwanderer aus Großbritannien in Utah, Idaho, Wyoming und Colorado; hinzu kommt ein starker Anteil von Mexikanern in New Mexico und Arizona. 1970 waren schätzungsweise 6,4 % der Bevölkerung Arizonas Mexikaner. In der Pazifischen Region sind Kanadier und Einwanderer aus Großbritannien und Deutschland als Gruppen erkennbar. Die größten ethnischen Gruppen dort sind die Japaner mit 13,7 % der Bevölkerung von Hawaii und die Mexikaner mit 5,6 % der von Kalifornien.

Im allgemeinen findet man die »neuen« Einwanderer mit Ausnahme der Frankokanadier mehr im Osten und die »alten« im Westen. Die besten Chancen für die »Neuen« boten die Städte und Fabriken des Ostens, zum Teil weil sie in die Stadt wollten, zum Teil, weil das Schwinden des freien Landes im Westen ihnen keine Wahl ließ. In den als bereits nicht mehr ländlich definierten Gemeinden mit mehr als 2 500 Einwohnern lebten 1950 92,2 % der in Rußland Geborenen, 92 % der in Irland Geborenen und 91,3 % der in Italien Geborenen. Die Verteilung der »alten« Iren im Land hatte vieles gemeinsam mit der räumlichen Verteilung der »Neuen«, mit denen die Iren auch andere Eigenschaften teilten, so daß eine saubere Trennung von »alter« und »neuer« Einwanderung auch in dieser Frage sich als inhaltlich wenig sinnvoll erweist.

Im großen und ganzen entspricht die heutige Verteilung der Eingewanderten noch dem Grundmuster, das mit der Masseneinwanderung zu Beginn des Jahrhunderts Gestalt angenommen hat.

IV. Geschlecht, Alter und Beruf

Das Geschlecht, das Alter und die Berufe der Einwanderer stehen ebenso wie der Ort ihrer Niederlassung und ihre Berufe in einer bestimmten Beziehung zueinander. Was den Anteil der Geschlechter an der Gesamtzahl der Einwanderer betrifft, so kann man nur zwei Perioden in der Geschichte der amerikanischen Einwanderung unterscheiden: Vor 1930 gab es nur ein einziges Jahr (1922), in dem die Frauen in der Überzahl waren. Seit 1929 sind niemals mehr Männer eingewandert als Frauen. Der höchste Prozentsatz männlicher Einwanderer wurde im Jahre 1824 mit 80,1 % erreicht, aber das war ungewöhnlich. Von 1830 bis 1900 waren alljährlich 55 bis 65 % aller Einwanderer männlichen Geschlechts, und der Prozentsatz hat von 1820 bis heute nur dreizehnmal 70 % überschritten. Was das Lebensalter anging, so ist die überwiegende Mehrzahl der Einwanderer stets erwachsen gewesen. In dem Zeitraum von 1841 bis 1924 wurde der niedrigste Prozentsatz erwachsener Einwanderer in einer Fünfjahresperiode zwischen 1841 und 1845 erreicht, als 76,5 % der Einwanderer Erwachsene waren. Nach 1891 begann sich mit der »neuen« Einwanderung die Zahl der Erwachsenen zu erhöhen. Von 1891 bis 1924 waren zwischen 80 bis 90 % aller Einwanderer Erwachsene. Diese hohen Prozentsätze gingen infolge der Einwanderungsbeschränkung zurück. 1969 waren etwa 72 % aller Einwanderer älter als 16 Jahre.

Es ist schwierig, über die Berufe der Einwanderer ein ebenso klares Bild zu gewinnen. Wir müssen unterscheiden zwischen den Berufen, die die Einwanderer bei ihrem Eintreffen angaben und denen, die sie dann ausübten.

Tabelle 4.8 zeigt die prozentuale Verteilung der Berufe, die die

Tabelle 4.8

Berufe der Einwanderer in ausgewählten Jahren

Jahr	ohne	Akademiker	kaufm. Berufe	gelernte Handw. u. Facharbeiter	Farmer	Dienstpersonal	ungelernte Arbeiter	Verschiedene
Die Zahlen sind der prozentuale Anteil innerhalb des betr. Jahres								
1820	66,2	1	9	10,5	8,4	1,3	3,2	0,4
1854	51,0	0,1	3,2	7,9	18,9	0,7	17,8	0,4
1896	35,8	0,6	1,7	13,6	8,5	11,3	26,5	2,0

Neue Einteilung der Berufsgruppen ab 1898

	ohne	Akademiker techn. Berufe u. ähnliches	Büroangest., Verkaufspers. u. ähnl.	Handw. Vorarb. angel. Indust. Arbeit.	Farmer landw. Arbeiter u. a. Farmpers.	Dienstleistungsberufe	Arbeiter außer Landw. u. Bergbau	Manager u. Unternehmer außer Landw.	Verschiedene
1899	35,0	0,6	0,7	12,3	6,7	12,3	29,6	2,1	0,7
1907	23,7	0,9	0,9	13,1	26,1	10,4	22,8	1,5	0,6
1924	39,3	2,9	3,8	17,5	6,6	11,4	15,8	2,2	0,5
1957	53,1	7,4	7,9	14,1	2,4	6,1	6,6	1,8	0,6

Quelle: U. S. Bureau of the Census, *Historical Statistics of the United States* (1960).

Einwanderer in ausgewählten Jahren bei der Ausschiffung angegeben haben.

Während der ganzen Periode der unbeschränkten Einwanderung blieb das Bild durchaus das gleiche: die ungelernten Arbeiter überwogen die gelernten, und die akademischen Berufe waren kaum vertreten. Die große Zahl derjenigen, die keinen Beruf angeben konnten, ist vielleicht ein Beweis dafür, daß viele Bauern aus Europa bereits bei der Ankunft in Amerika zu Tagelöhnern wurden; und viele, die keinen Beruf angaben, waren wahrscheinlich Frauen.

Nur eine Minderheit von Einwanderern hatte das Glück, in Amerika Berufe ergreifen zu können, für die sie bereits ausgebildet waren. Dieser Umstand verstärkte das Gefühl der Entwurzelung. Manche Gruppen wie z. B. die der Braunkohlebergbauarbeiter aus Großbritannien blieben meistens in ihrem Metier. Doch nur 6 % der Slowaken und 10 % der Polen, die in den amerikanischen Braunkohlebergwerken arbeiteten, kannten diese Arbeit schon aus Europa.

Die Ergebnisse der Volkszählung von 1880 vermittelten uns eine etwas genauere Vorstellung davon, in welchen Berufen die Einwanderer während der Zeit der raschen Industrialisierung in Amerika beschäftigt wurden. Die Zählung unterschied sechs Nationalitätengruppen und vier Berufsgruppen (siehe Tabelle 4.9).

Tabelle 4.9

Berufe der Einwanderer nach Nationalitätengruppen, 1880

Geburtsland	Landwirtschaft	Akademische Berufe und Dienstleistungsgew.	Handel u. Verkehr	Industrie, Bergbau, technische Berufe
Irland	14,3	42,5	14,2	29,0
Deutschland	28,4	21,2	14,8	35,6
Großbritannien	22,4	17,1	12,1	48,4
Schweden und Norwegen	44,7	25,7	7,9	21,7
Kanada	20,9	25,8	9,4	43,9
Andere Länder	23,8	30,3	13,4	32,5

Anmerkung: Die Tabelle umfaßt die »im Ausland Geborenen« und gibt die prozentualen Anteile innerhalb der betreffenden Nationalitätengruppe an.

Quelle: U.S. Bureau of the Census, *Historical Statistics of the United States* (1960).

Die Einwanderer, die in die Landwirtschaft gingen, waren natürlich nur zum Teil selbständige Bauern, der Rest waren landwirtschaftliche Arbeiter. Am höchsten war das Verhältnis von selbständigen Bauern zu landwirtschaftlichen Arbeitern – von 5 : 1 oder mehr – bei den britischen, irischen und deutschen Einwanderern, und zwar in dieser Reihenfolge; am niedrigsten war dieses Verhältnis – mit 3 oder 2 : 1 – bei den Einwanderern aus »anderen Ländern«, Kanada und Skandinavien. Die Landwirtschaft zog eindeutig die Skandinavier an und stieß die Iren ab. Die Kategorie »Dienstleistungsgewerbe« verdeckt die Tatsache, daß die meisten Einwanderer in dieser Sparte entweder Hausangestellte oder Arbeiter waren: von den Skandinaviern waren es 89 %, von den Iren 83 %, von den Deutschen 72 % und von den Briten 64 %. Je geringer der Anteil an diesen beiden Berufsgruppen war, desto höher war er dann logischerweise bei den akademischen Berufen. Unter den Iren waren die akademischen Berufe selten vertreten und unter den Briten das Dienstleistungsgewerbe.

Aus allen Einwanderergruppen arbeiteten viele als Verkäufer. Besonders viele Deutsche und Iren arbeiteten im Lebensmittelhandel, die Deutschen im Handel überhaupt. Die Gruppe aus »anderen Ländern«, die damals zunehmend aus Osteuropäern bestand, arbeitete ebenfalls bevorzugt im Handel, und zwar besonders im Kleinhandel als Hausierer, weil dies mit wenig Kapital möglich war. Iren, Briten, Kanadier und Einwanderer aus »anderen« Ländern waren stark vertreten in den Arbeiterkolonnen, die die Eisenbahnen bauten und unterhielten. Deutsche und Iren arbeiteten oft als Fuhrleute. Die Deutschen waren auch überrepräsentiert unter den Gastwirten und die Skandinavier unter den Seeleuten. Etwa die Hälfte der Bergarbeiter waren Einwanderer, und zwar entweder Iren, Briten, Kanadier, Skandinavier oder sie kamen aus den »anderen« Ländern. Ein großer Teil aller Nationalitätengruppen arbeitete in Fabriken. Unter den Schmieden, Schuhmachern, Tischlern und Zimmerleuten waren auffallend viele Einwanderer. Eingewanderte Frauen arbeiteten oft (mit Ausnahme der Kanadierinnen) als Näherinnen und dergleichen in der Textilbranche, ebenso wie viele Männer aus Osteuropa und Deutschland. Frauen aus Irland, Großbritannien und Kanada wurden eher Damenschneiderinnen und Hutmacherinnen. Viele Deutsche waren Fleischer und Bäcker. Briten und Iren gingen oft in die Textil-, Eisen- und Stahlindustrie und, ebenso wie die Deutschen, ins Baugewerbe als Maurer. Jeder zehnte Arbeiter in Sägemühlen und anderen holzverarbeitenden Betrieben war aus Skandinavien oder Kanada eingewandert. Zwei von fünf Zigarrenmachern waren Deutsche oder »andere«.

Die von diesem Querschnitt 1880 erfaßten Einwanderer waren also vor allem in den Wirtschaftsbereichen tätig, die keine besondere Berufsausbildung verlangten; sie besaßen wenig Kapital und verlangten nicht die höchsten Löhne. Nun wäre es sicher erfreulich, berichten zu können, daß diese Einwanderer mit der Zeit ihren Status verbesserten und daß ihre Nachkommen nicht mehr so überproportional häufig am untersten Ende der beruflichen Stufenleiter zu finden waren. Aber die Volkszählung von 1890 war die letzte, die Statistiken über die Berufe und die Geburtsländer der Einwanderer enthielt, so daß detaillierte Aussagen über die Verteilung auf die Berufsgruppen für die folgenden Jahrzehnte schwierig zu machen sind. Nimmt man jedoch die im Ausland geborenen Amerikaner als Ganzes, so ergeben die späteren Volkszählungen kein sehr unterschiedliches Bild. Im Jahre 1910 zum Beispiel waren die im Ausland geborenen männlichen weißen Amerikaner auffallend häufig ungelernte und gelernte Arbeiter, Handwerker und in Dienstleistungsberufen, und nur wenige von ihnen arbeiteten in der Landwirtschaft. Ihre Zahl war auch gering unter den Büroangestellten und dem Verkaufspersonal und unter den Angehörigen akademischer und technischer Berufe, die die Beherrschung der englischen Sprache und die Befolgung gewisser amerikanischer Normen und Umgangsformen voraussetzten. Die meisten im Ausland geborenen weißen Frauen arbeiteten als Hausangestellte und als ungelernte Arbeiterinnen. Viele waren als Handwerkerinnen und Industriearbeiterinnen beschäftigt und, ebenso wie die Männer ihrer Familien, nur wenige in der Landwirtschaft, in Büros, im Verkauf oder in akademischen und technischen Berufen.

Die Tatsache, daß so wenige Einwanderer dieser Generation und der meisten anderen Generationen in die Landwirtschaft gingen, bedarf weiterer Erklärung. Über die italienischen *Contadini*, die in Amerika ihre frühere landwirtschaftliche Arbeit aufgegeben hatten, sagte ein Zeitgenosse: »Die *Contadini* waren keine Bauern . . ., sondern Landarbeiter, fast Leibeigene, die auf großen Gütern arbeiteten und selten eigenes Land besaßen. Sie sind in keiner Weise mit den in Amerika verwendeten modernen landwirtschaftlichen Geräten vertraut. Ihr landwirtschaftliches Gerät bestand im allgemeinen aus einer *zappa*, einer breiten Hacke, einer Axt und dem aus biblischen Zeiten stammenden Holzpflug. Wenn sie nach Amerika kommen, ist die Arbeit, die ihrer in Italien geleisteten am nächsten kommt, nicht die des Farmers oder auch nur des Landarbeiters, sondern das Ausheben von Gräben.«[8] Die Erfahrung, daß arme, ungelernte, rückständige Bauern eine ihnen völlig fremde amerikanische Landwirtschaft vorfanden und bald feststellten, daß sie nicht genug Geld hatten, um unabhängige Farmer zu werden, machten alle Einwanderergruppen des 19. und frühen 20. Jahrhunderts.

Zwischen 1910 und 1950 kam es in der Beschäftigungsstruktur

der Einwanderer zu gewissen Veränderungen. Die Zahl der im Ausland geborenen Männer nahm ab unter den Arbeitern, angelernten Fabrikarbeitern und Farmern; und sie nahm zu unter den Landarbeitern und unter den akademischen und technischen Berufen, bei Büroangestellten und leitenden Angestellten. Hier machte sich nicht nur die allgemeine Tendenz bemerkbar, daß die Zahl der gelernten Arbeiter zunahm, sondern die Einwanderer waren an diesem Fortschritt überproportional beteiligt (allerdings mit Ausnahme der in der Landwirtschaft Tätigen). Wie die Männer, so stiegen auch die Frauen allmählich auf der beruflichen Stufenleiter. 1950 waren nicht mehr so viele Hausangestellte unter ihnen wie vor 40 Jahren, und sie erreichten häufiger verantwortliche Stellungen in Büros und Verwaltungen, in kaufmännischen Berufen, in den akademischen und technischen Berufen und auch in der Landwirtschaft. Die eingewanderten Frauen verteilten sich jetzt wie alle weißen weiblichen Arbeitskräfte auf zahlreichere Berufe als 1910.[9]

Diese Veränderungen vollzogen sich in den einzelnen Gruppen verschieden rasch. Am Ende dieses Zeitraumes waren in den akademischen Berufen besonders englischsprechende Kanadier, Engländer, Waliser, Schotten und Franzosen zu finden. Andere Gruppen fehlten in diesen Berufssparten fast völlig: die Mexikaner, Jugoslawen, Griechen und Italiener. 1950 arbeiteten zahlreiche männliche Einwanderer aus Mexiko, den Niederlanden, Finnland und Dänemark, der Schweiz und Norwegen in der Landwirtschaft, dagegen kaum Griechen, Iren, Schotten und Italiener. Frauen aus Finnland, Schweden, Norwegen, Irland, der Schweiz und Mexiko arbeiteten vielfach als Dienstpersonal im Haushalt. Männer aus Mexiko, Jugoslawien, Finnland und Irland waren häufig unter den ungelernten Arbeitern.

Die Geschichte der Einwanderer ist nie so einfach gewesen, daß die Eingewanderten und ihre Kinder stetig die berufliche Stufenleiter hinaufgestiegen wären. Vielmehr hat jede Gruppe eine eigene Entwicklung durchgemacht, in der auch die besonderen Wertvorstellungen der Gruppe und Zeit und Ort der Ansiedlung eine Rolle spielten und verschiedenartige Resultate hervorbrachten.

V. Rückwanderung: Kurzzeit- und Mehrfachimmigranten

Die Beschäftigungsstrukturen stehen auch im Zusammenhang mit einem bisher noch kaum untersuchten Thema in der Geschichte der amerikanischen Einwanderung, nämlich dem vorübergehenden Aufenthalt in den Vereinigten Staaten. Wenn es stimmt, daß diejenigen, die nicht für immer in den Vereinigten Staaten bleiben wollten, keine Zeit darauf verwendeten, um ihre Sprachkenntnisse oder ihre sonstigen Fähigkeiten zu verbessern, und bereit waren, die am schlechtesten bezahlte Arbeit zu verrichten, wenn sie damit schnell Geld verdienen konnten, dann sind die sich hieraus ergebenden Unterschiede in ihrem Verhalten von großem Interesse. Bei weitem nicht alle permanenten Einwanderer haben zunächst eine gewisse Zeit für eine Berufsausbildung geopfert. Die Iren wären ein gutes Beispiel dafür. Gruppen wie die Slawen, Italiener und Mexikaner, von denen ein hoher Prozentsatz wieder in die Heimat zurückging, waren zugleich diejenigen mit sehr wenigen Akademikern. Tabelle 4.10 zeigt, wie viele Einwanderer zu Beginn des 20. Jahrhunderts die Vereinigten Staaten wieder verlassen haben.

Tabelle 4.10

Anteil der permanenten Einwanderer und der Rückwanderer, 1908–1924

Rasse oder ursprüngliche Nationalität	Von 100 Eingewanderten blieben	Rasse oder ursprüngliche Nationalität	Von 100 Eingewanderten blieben
Juden	95	Polen	60
Iren	90	Griechen	53
Schotten	89	Kroaten und Slowenen	50
Deutsche	84	Russen	50
Ruthenen	83	Italiener	45
Franzosen	82	Slowaken	45
Engländer	81	Magyaren	36
Skandinavier	80	Rumänen	34
Litauer	75		

Quelle: Imre Ferenczi und Walter F. Willcox, *International Migrations*, 2 Bde. (New York, 1929–1931), ii, 477. Die Prozentzahlen sind hier aufgerundet.

Insgesamt blieben von 1908 bis 1924 etwa zwei Drittel aller Einwanderer für immer im Land. Von den Chinesen ging allerdings fast jeder Dritte nach China zurück. In einzelnen Jahren gab es besonders viele Rückwanderer: 1908 waren es mehr als 395 000, darunter mehr als 28 500 Kroaten und Slowenen, 167 000 Italiener, 29 000 Magyaren und fast 47 000 Polen.

Starke Rückwanderungsquoten hatten sowohl auf die Gruppe der Einwanderer als auch auf die amerikanische Gesellschaft ihre Auswirkungen. Wer von Anfang an wußte, daß er bald in die Heimat zurückkehren würde, hatte kein Interesse daran, Englisch zu lernen, seine Kinder (falls er sie überhaupt mitgebracht hatte) zur Schule zu schicken und sie dort zu

Amerikanern erziehen zu lassen, eine Wohnung für ein bürgerliches Familienleben herzurichten, sich einbürgern zu lassen, am politischen Leben teilzunehmen, Organisationen zu gründen, außerhalb der eigenen Gruppe zu heiraten (wenn überhaupt) oder auch nur sich um persönliche Beziehungen zu den Einheimischen zu bemühen. Viele paßten sich zwar in der Kleidung den übrigen Amerikanern an, weil sie sonst zu sehr aufgefallen wären, aber weiter gingen sie im allgemeinen nicht. Nach 1900 kehrte ein größerer Anteil von Einwanderern aus den »neuen« Gebieten wieder zurück als von den Nord- und Westeuropäern. Es kann sein, daß die Zunahme der Einwandererfeindlichkeit unter den alteingesessenen Amerikanern *(nativism)* in diesen Jahren mit der relativ großen Zahl der Kurzzeitimmigranten zusammenhängt. Die Einheimischen hatten einige Ursache für Ressentiments beim Anblick der offensichtlich nur vorübergehenden Mitbewohner, die sich von der übrigen amerikanischen Gesellschaft fernhielten und nur so lange blieben, bis sie genug verdient hatten. Die Ablehnung der Juden durch die Nativisten, die ja die geringste Rückwanderungsquote hatten, entkräftet diese Annahme nicht, denn Antisemitismus ist in Amerika nicht erst durch die jüdische Einwanderung entstanden; es hatte ihn schon immer gegeben, und er war Teil des europäischen Erbes der Amerikaner.

Es gibt keine Statistiken darüber, wie viele Einwanderer vor 1908 und nach 1927 freiwillig das Land wieder verlassen haben, so daß sinnvolle Vergleiche im Verhalten der »neuen« und »alten« Einwanderung nicht möglich sind. Wir wissen, daß von 1880 bis 1889 zumindest 370 700 Briten und Iren die Vereinigten Staaten wieder verlassen haben, während 1 340 000 von ihnen nach Amerika kamen. Das wäre eine Nettozunahme von 72,3 Einwanderern auf jeweils 100 Neuankömmlinge. Diese Zahl lag geringfügig unter der für die Engländer und Schotten zu Anfang des 20. Jahrhunderts und viel niedriger als die für die Iren; aber beide Zahlen waren bei weitem nicht so niedrig wie die für die Südosteuropäer Anfang des 20. Jahrhunderts.

Hinter den Zahlen für Auswanderung und Einwanderung verbirgt sich auch die Anzahl der wiederholt Eingewanderten. 1904 gaben 10 % der italienischen Einwanderer an, sie seien schon einmal in den Vereinigten Staaten gewesen, und von 1899 bis 1910 waren fast 18 500 von insgesamt 147 000 Ukrainern schon einmal in den USA gewesen. Bestimmte Kategorien britischer Einwanderer haben ebenfalls mehrmals den Atlantik überquert. Diese »Wiederholer« machen die Statistiken über den Anteil der permanenten Einwanderer und der Rückwanderer noch schwieriger und unzuverlässiger.

Doch so schwierig es auch sein mag, die genaue Zahl der Kurzzeitimmigranten festzustellen, ihre Bedeutung sollten wir nicht unterschätzen. Die Absicht zurückzukehren wirkte sich auf die gestellten Ansprüche und Erwartungen aus, die Erwartungen auf das Verhalten und das Verhalten wiederum rief bestimmte Reaktionen der Gastgesellschaft hervor. Die Italiener z. B. gehörten früher zu denjenigen, die besonders oft wieder in die Heimat zurückkehrten. Von 1955 bis 1960 gingen nur noch 11 % zurück, und 1967/1968 nur 3 %. Zahlen wie diese deuten an, daß sich das Verhältnis einer Einwanderergruppe gegenüber der neuen Umgebung veränderte, was teilweise seine Ursache hatte und seinen Ausdruck fand in größerem materiellen Erfolg und höherem gesellschaftlichen Status, wie ihn z. B. die italienischen Einwanderer seit Ende des Zweiten Weltkrieges erfahren haben.

VI. Probleme der Assimilierung

Obwohl die Vereinigten Staaten seit ihrer Gründung eine Nation von Einwanderern waren, erwiesen sie sich als unfähig, im 19. und 20. Jahrhundert Neueinwanderer aufzunehmen, ohne zwischen einem willkommenen und einem unwillkommenen Grad von Fremdartigkeit zu unterscheiden. Es gab zwei Perioden, in denen der »Nativismus«, die heftige Ablehnung von Eingewanderten wegen ihrer angeblich gefährlichen Sympathien für Unamerikanisches, einen Höhepunkt erreichte: In den 1840er und 1850er Jahren geschah das im Rahmen des zunächst geheimen Ordens der *Know-Nothings*, der sich gegen Katholiken im allgemeinen und die irischen Katholiken im besonderen richtete. In den Jahrzehnten zwischen 1880 und der erfolgreichen Einwanderungsbeschränkung von 1917 bis 1924, wurde die »neue« Einwanderung das Hauptangriffsziel der nativistischen Agitation. Ebenso hatte sich die Einwandererfeindlichkeit gegen die Orientalen gerichtet, bis 1882 den meisten Chinesen und 1907 den meisten Japanern die Einwanderung verwehrt wurde. Heute hält man, oft auf Grund rassistischer Gefühle, zumindest Abstand zu den puertoricanischen und mexikanischen Einwanderern. Während des 19. und 20. Jahrhunderts haben fremdenfeindliche Vorurteile die Beziehungen zwischen Eingewanderten und Einheimischen im täglichen Leben mitbestimmt.

Drei Grundformen des Verhältnisses der Neueingewanderten zu den Ansässigen waren denkbar. Erstens konnte der Einwanderer die aus der Heimat mitgebrachte Kultur aufgeben, soweit das überhaupt möglich ist, und freiwillig möglichst viel von dem übernehmen, was er in den Vereinigten Staaten vorfand. Zweitens konnte er dazu beitragen, die Kulturen miteinander zu vermischen, was nicht nur seine eigene Einstellung, sondern auch die der übrigen Amerikaner beeinflußt und damit eine gemeinsame, neue Mischkultur geschaffen hätte. Drittens konnte er die für ihn wesentlichen Werte beibehalten und sie nur soweit der amerikanischen Kultur anpassen, um materiellen Erfolg und ein Mindestmaß öffentlich bekundeter Identifizierung mit der amerikanischen Gesellschaft zu erlangen, wobei er aber letzten Endes doch auf wichtigen Gebieten von der herrschenden Gruppe isoliert blieb. Die Nativisten wollten das zuerst Genannte erreichen. Da sich die Vereinigten Staaten aus Kolonien entwickelt hatten, die von den protestantischen Briten regiert worden waren, erwarteten die Nativisten von den späteren Einwanderern ebenfalls »Anglo-Konformismus«. Das sollte zwar keine sklavische Nachahmung englischer Kultur bedeuten, denn die Nativisten waren entschiedene amerikanische Nationalisten, aber sie verlangten dennoch das Unmögliche, daß erwachsene Einwanderer die nicht rückgängig zu machenden kulturellen Prägungen auslöschen sollten, die sie als Kinder erfahren hatten.

In der Logik des Anglo-Konformismus lag eine extreme und völlig unmögliche Forderung verborgen, daß nämlich der Einwanderer von den Britischen Inseln stammen und Protestant sein müsse, um als Gleichberechtigter aufgenommen werden zu können; und nur Gleichberechtigte konnten voll assimiliert werden.

Ein enthüllendes Beispiel für diese paradoxe Forderung der Nativisten war ihre Einstellung gegenüber den Chinesen einerseits und den Japanern andererseits, die offensichtlich beide nicht beanspruchen konnten, von protestantischen Briten abzustammen. Die Chinesen wurden angegriffen, weil sie sich angeblich nicht bemühten, die ihnen »überlegenen« Landsleute zu imitieren:

»Seit sie in Kalifornien sind, haben sie sich unseren Sitten, unserer Kleidung und unserem Erziehungssystem nicht angepaßt. Sie haben die bindende Kraft eines Eides nicht zu verstehen gelernt, nie die Absicht gehabt, Staatsbürger zu werden und die Pflichten eines Staatsbürgers zu erfüllen, nicht den Unterschied zwischen Recht und Unrecht begriffen, nicht aufgehört, ihre Götzen zu verehren, und sind keinen Schritt über die Gepflogenheiten ihres Heimatdorfes hinausgekommen.«[10]

Die Japaner jedoch wurden angegriffen, gerade weil ein Teil von ihnen versuchte, sich den Überlieferungen ihrer neuen Heimat anzupassen und protestantische Briten »ehrenhalber« zu werden:

»Hätte der japanische Arbeiter seinen Ehrgeiz darauf beschränkt, die amerikanische Staatsbürgerschaft zu erlangen und sich an der industriellen Entwicklung zu beteiligen, dann wäre die Öffentlichkeit wahrscheinlich kaum auf ihn aufmerksam geworden. [Aber] die Japaner haben den Ehrgeiz, nicht nur in untergeordneten Stellungen zu arbeiten, sondern auf die Ebene der besser gestellten amerikanischen Arbeiter aufzusteigen und, wie sie, ein eigenes Heim zu besitzen. Sobald der Japaner diese Stellung einnimmt, hört er auf, ein idealer Arbeiter zu sein.«[11]

Das Anglo-Konformismus-Postulat der Nativisten war deshalb zutiefst unehrlich; es gewährleistete, daß alle Einwanderer, die nicht von britischen Protestanten abstammten, wegen ihrer Herkunft draußen blieben; die WASPS, die White Anglo-Saxon Protestants, forderten von den anderen die Assimilierung und sprachen ihnen zugleich per Definition die Assimilierbarkeit ab.

Da Anglo-Konformismus das Denken der herrschenden Gruppe im Amerika des 19. Jahrhunderts bestimmte, konnte die Idee vom Schmelztiegel, von der Verschmelzung der Kulturen, sich nicht durchsetzen. Diese Idee wurde vor allem von besonders besorgten Einwanderern vertreten, die sich der unveränderbaren Elemente ihrer eigenen Kultur bewußt waren und die verhindern wollten, daß die herrschende Gruppe sie mit dem Hinweis auf diese Tatsache auf Distanz halten würde. Sie sahen, daß innerhalb ihrer eigenen Gruppe gewisse kulturelle Veränderungen stattfanden, und überschätzten deshalb auch die Veränderungsbereitschaft der dominanten Kultur. Im Schmelztiegel gaben, wie sich schließlich herausstellte, die Einwanderer kulturell viel mehr auf als die herrschende Gruppe. In diesem Sinne war das *melting pot*-Konzept nur eine Variante des Anglo-Konformismus.

Mit der Idee vom Schmelztiegel wurde jedoch zugegeben, daß Einwanderer ihre kulturelle Prägung nicht völlig aufgeben konnten. Darin glich sie dem Gedanken, daß die Vereinigten Staaten als eine kulturell pluralistische Gesellschaft würde überleben müssen, in der jede Nationalitätengruppe eine ethnische Kultur pflegte. Diese schließlich überzeugendste Formel erlangte zum erstenmal Bedeutung in den 1840er und 1850er Jahren, als die Nativisten die irischen Katholiken bekämpften, die so lange akzeptiert worden waren, wie sie nur in kleinen Gruppen in die Vereinigten Staaten gekommen waren, und die in dem Augenblick als Bedrohung der amerikanischen Gesellschaft empfunden wurden, als sie in großer Zahl vor der Hungersnot in Irland flohen. Die irischen Amerikaner haben durch diese Ablehnung und weil sie als Katholiken nicht bereit waren, ihr kulturelles Erbe aufzugeben, ein Identitätsbewußtsein entwickelt, das sie bis heute bewahrt haben, weil es immer noch durch eine ablehnende Haltung der anderen genährt wird. Deutschen Katholiken ist man ähnlich feindselig begegnet, und in geringerem Maße auch deutschen Protestanten, und beide entwickelten auf Grund dieser Ablehnung ein Identitätsbewußtsein. Die Deutschen waren aber nicht nur die unschuldigen Opfer einer feindseligen Haltung der Einheimischen. Der kulturelle Pluralismus ist niemals ausschließlich die Folge der Unnachgiebigkeit der Einheimischen gewesen. Viele Deutsche kamen von vornherein mit dem Ziel, sich abzusondern. Eine Gruppe, die sich später in Missouri ansiedelte, spielte mit dem Gedanken der Gründung eines deutschen Staates, der zwar Mitglied der amerikanischen Union werden würde, aber eine Regierungsform haben sollte, die die Erhaltung der deutschen Zivilisation und der deutschen Sprache garantieren und eine freie und demokratische Existenz ermöglichen sollte. Deutsche in einigen Gegenden von Missouri, Wisconsin, Texas und anderswo haben sich stets von der übrigen Bevölkerung abgesondert.

Nicht nur die Deutschen nahmen diese Haltung ein. Auch die Japaner in Kalifornien, Oregon, Washington und Arizona haben vor dem Zweiten Weltkrieg wenig getan, um von sich aus die Konflikte zwischen ihrer ethnischen Gruppe und der europäisch-amerikanischen Gesellschaft abzubauen. Vor diesem Hintergrund ist die Duldung der flagranten Verletzung ihrer Bürgerrechte zu erklären, als 1942 110 000 von ihnen in bewachte Lager im Landesinneren zwangsumgesiedelt wurden. Unter den Griechen in Amerika wurde zu Anfang des Jahrhunderts ernsthaft erwogen, gewählte Vertreter in die Deputiertenkammer nach Athen zu schicken. Die Isolierung der Einwanderer beruhte oft auf beiderseitiger Ablehnung.

Die Iren z. B. waren für den kulturellen Pluralismus fast ebenso verantwortlich wie die Nativisten. Weil sie zu den ersten Opfern des Nativismus gehörten, hätte man erwarten können, daß sie später eine Vermittlerrolle zwischen Eingewanderten und der amerikanischen Gesellschaft übernehmen würden. Aber in Wirklichkeit taten sie etwas ganz anderes. Die Iren suchten vor der Ablehnung durch die Nativisten besonders in zwei Institutionen Schutz, in der römisch-katholischen Kirche und in der Politik. Aber statt diese — entweder für sich selbst oder für andere — als Instrumente der Anpassung zu benutzen, drückten sie beiden Einrichtungen ihren Stempel auf und versuchten später, die anderen Einwanderergruppen zu zwingen, irische Verhaltensweisen zu übernehmen. Der irische Katholizismus war zu andersartig, um auch für Polen, Italiener, Frankokanadier, Ukrainer, Deutsche und andere Katholiken akzeptabel zu sein. In den Kämpfen, zu denen es zwischen den katholischen Gruppen kam, wurden sich die Italiener der heimischen Wurzeln und der Wärme, Unmittelbarkeit und Gefühlsstärke ihres

Katholizismus erst voll bewußt; die Ukrainer sahen plötzlich, daß es ein wesentlicher Bestandteil ukrainischer Kultur war, daß ihre Priester verheiratet leben konnten; die Polen erkannten, daß die Kluft zwischen ihnen und den Iren so unüberbrückbar war, daß die einzige Lösung für viele darin lag, die internationale, von den Iren beherrschte katholische Bewegung zu verlassen und für dic Polcn in Amerika die Polish National Independent Catholic Church zu gründen. In der Politik kam es zu einer ähnlichen Entwicklung. Da die irischen Katholiken in vielen Gebieten die Demokratische Partei beherrschten, wurden nicht nur die protestantischen Skandinavier, Engländer, Waliser und Iren, sondern auch katholische Italiener und Slawen der Republikanischen Partei in die Arme getrieben. Als Kardinal John McCloskey den Polen sagte, was sie brauchten, sei nicht eine Kirche, sondern ein »Schweinestall«, als der Bischof von Philadelphia den ersten ukrainischen Priester in den Vereinigten Staaten exkommunizierte, weil er verheiratet war, und als die Iren den Leichenzug bei der Beerdigung des Rabbi Jacob Joseph mit Steinen bewarfen, dokumentierten sie, daß die ethnischen Minderheiten nicht fähig waren zu einer gemeinsamen Herausforderung des Anglo-Konformismus. Der ethnische Pluralismus blieb als einzig praktikables Konzept. Alle ethnischen Gruppen bewiesen ihre Fähigkeit zu ethnischer Arroganz. In Milwaukee beschwerte sich ein Deutscher darüber, daß viele Italiener »von der Stadt unterstützt [werden], was sie aber nicht daran hindert, täglich fünf bis sechs Schoppen Bier oder noch mehr zu trinken, die Nachbarn durch ihren Lärm zu stören und den Wert der Häuser in dieser Gegend zu mindern«. Und von den Ukrainern hieß es, sie kämen mit allen aus, »außer mit den Polen und Mexikanern«. Griechen und Italiener, anderswo oft die Diskriminierten, haben um 1900 in Kalifornien die Chinesen bekämpft. Solches Verhalten bestärkte alle Seiten in ihrem ethnischen Selbstbewußtsein.

Kultureller Pluralismus konnte jedoch nicht heißen, daß die Eingewanderten ihre kulturell bestimmten Verhaltensweisen unverändert beibehielten. Wenn sie sich nicht als Gruppe völlig absonderten und zurückzogen, mußte die neue Umgebung sie beeinflussen. Die Mehrheit der zum Bleiben Entschlossenen war denn auch eifrig darum bemüht, die Eigenart der neuen Gesellschaft kennenzulernen und sich anzupassen. Einer von ihnen erinnerte sich später an die ersten Wochen in den Vereinigten Staaten:

»Wir mußten in amerikanische Läden gehen und uns von Kopf bis Fuß einkleiden lassen. Wir mußten die Geheimnisse des eisernen Ofens, des Waschbretts und des Sprechrohrs ergründen; wir mußten lernen, wie man durch das Fenster mit dem Obsthändler feilscht und daß man sich nicht vor dem Polizisten zu fürchten braucht. Und vor allem mußten wir die englische Sprache lernen ... Mit unserer verachteten Einwandererkleidung legten wir auch unsere unmöglichen hebräischen Namen ab.«[12]

So und ähnlich ging es vielen Einwanderern. Sie mußten versuchen, mit dem Unbekannten fertig zu werden, und meist hatten sie dabei wohl etwas weniger Selbstvertrauen, als es in diesem Zitat zum Ausdruck kommt. Viele veränderten ihre Namen. Aus Bodinski und Rugiero wurden Boden und Rogers. Aus dem Italiener Giovanni Salvini wurde John Sullivan. Der Wille, derart entscheidende Veränderungen zu bejahen – dem ja die ängstliche Hoffnung zugrunde lag, aufzusteigen durch Erfüllung der Standards der anderen –, war nicht immer ein freier Wille. Die E. P. Allis Company in Milwaukee beschleunigte z. B. diesen Prozeß, indem sie ihre polnischen Arbeiter bei der Lohnzahlung als Mike I, Mike II und Mike III bezeichnete. Wer auch nur einen Teil seiner Individualität retten wollte, sah sich gezwungen, einen neuen Namen anzunehmen, den die anderen aussprechen konnten.

Die gespannte Situation, in der die Einwanderer möglichst rasche Assimilierung suchten, die die Nativisten ihnen verweigerten, hatte nicht selten Streit und Gewalttätigkeiten zur Folge. Die Nativisten wollten wahrscheinlich, was man als »verhaltensmäßige Assimilierung« bezeichnet hat, nämlich die Übernahme kulturbedingter Verhaltensmuster der Mehrheit der Einheimischen. Was sie aber nicht wollten, war »strukturelle Assimilierung« oder Assimilierung an die Gesamtstruktur der neuen Gesellschaft, nämlich die Aufnahme der Einwanderer und ihrer Abkömmlinge in die örtlichen gesellschaftlichen Gruppen und Grüppchen, Organisationen und Institutionen und den gesamten gesellschaftlichen und politischen Prozeß.[13] Zunächst versuchte der Einwanderer mit einigem Erfolg, sich in seinem Verhalten der neuen Umwelt anzupassen; dann stellte er fest, daß ihm die Assimilierung an die Struktur der Gesellschaft verwehrt wurde. An diesem Punkt konnten dann Entrüstung und Verzweiflung einsetzen.

Solche Gefühle gehörten meist einer späteren Phase an und beeinflußten das Verhalten der Neuankömmlinge zunächst noch nicht. Einwanderergruppen aus nicht englischsprechenden Teilen der Welt, die vorankommen wollten, begannen den Assimilierungsprozeß mit dem Versuch, Englisch zu lernen. 1910 konnten fast drei Millionen der über zehn Jahre alten, im Ausland geborenen Bewohner Amerikas nicht Englisch sprechen, und noch 1930 sprachen 4 % der mehr als zehn Jahre alten im Ausland geborenen männlichen und 9 % der im Ausland geborenen weiblichen Einwanderer nur ihre Muttersprache. Wie die Einwanderer sich die englische Sprache aneigneten, läßt sich auf verschiedenen Gebieten beobachten. 1930 waren 82 % der von den ethnischen Gruppen herausgegebenen Zeitungen und Zeitschriften in anderen Sprachen gedruckt; 1960 erschienen 54 % davon in englischer Sprache. 1900 existierten 1043 Publikationen in den Sprachen der Einwanderer; bis 1960 war diese Zahl auf 517 zurückgegangen. Besonders deutsche und skandinavische Zeitungen wurden seltener. Die Zahl der spanischen Publikationen war in der Zwischenzeit dagegen wesentlich gestiegen. Wegen der starken Einwanderung spanischsprechender Personen seit dem Zweiten Weltkrieg wurden 66 % aller fremdsprachigen Rundfunksendungen 1960 auf Spanisch ausgestrahlt. Alle anderen europäischen Sprachen waren, angeführt vom Italienischen, mit knapp 9 % minimal vertreten. Die deutschen Siedlungen in Pennsylvania, in denen heute noch »Deitsch« gesprochen wird, sind numerisch unerheblich. Sogar unter den Japanern und Frankokanadiern ist der Gebrauch der Muttersprache zurückgegangen. 1939 gab es in den japanischen Sprachschulen von Los Angeles 10 000 Schüler, Mitte der 1960er Jahre nur noch 2 000. In Neuengland, der neuen Heimat der meisten frankokanadischen Einwanderer, gibt die heutige Generation die französische Sprache ganz auf. Nur 13 % der heute in Providence im Staat Rhode Island lebenden Juden, deren Großeltern eingewandert sind, wohnen in Haushalten, in denen noch Jiddisch gesprochen wird. Auch nach anderen Anzeichen zu urteilen, wie der Sprache, in der die Sonntagspredigt gehalten wird, geht die Tendenz heute eindeutig dahin, die Muttersprache durch die englische Sprache zu ersetzen. Insofern ist die verhaltensmäßige Assimilierung heute weithin vollzogen. Englisch lesen lernen war ebenfalls ein Ziel, das viele Einwanderer von Anfang an und im großen und ganzen erfolgreich anstrebten. Einwanderer aus Ländern mit wenigen Analphabeten hatten es natürlich leichter als die anderen. Aus den Zahlen über Analphabetentum bei eingezogenen Wehrpflichtigen geht hervor, daß deutsche, skandinavische, schweizerische, schottische, englische und französische Einwanderer im allgemeinen in ihrer Muttersprache lesen und schreiben konnten. Diese Einwanderer kamen aus Ländern, wo weniger als 50 von 1 000 Wehrpflichtigen als Analphabeten registriert wurden. Und in Finnland konnte die Kirche damals wie heute Lesen und Schreiben als Voraussetzung für den Stand der Ehe verlangen, so verbreitet war diese Fertigkeit. Aber unter den Rekruten der spanischen, portugiesischen, russischen, serbischen und rumänischen Armeen waren Analphabeten häufig. Der Anreiz, Englisch lesen und schreiben zu lernen, beruhte ebenso wie der Wunsch, möglichst bald Englisch sprechen zu können, auf der richtigen Einsicht, daß ein höheres Einkommen und Kenntnis des Englischen miteinander gekoppelt waren.

Der Glaube an die Nützlichkeit formaler Schulbildung war bei den verschiedenen Einwanderergruppen verschieden stark. Besonders die Italiener hatten ihre Zweifel. Eine unter ihnen noch in den 1930er Jahren verbreitete Einstellung kam in folgendem Kommentar eines Vaters über die Erziehung seines Sohnes zum Ausdruck: »Die zwei Jahre, die er auf der Schule zugebracht hat, haben ihm nichts genützt. Die Schule hat ihm geschadet und mein ganzes Leben ruiniert. In der Schule hat er allen Respekt und Gehorsam verloren, den er mir entgegenbrachte, und nichts Vernünftiges gelernt.«[14] Die Mißachtung der Italiener gegenüber dem amerikanischen Erziehungssystem war eine Spätfolge des Mangels an Bildungsmöglichkeiten in Italien. Aber auch die Angst vor weiterer Entfremdung innerhalb der Familie – deren Zusammenhalt von der neuen Umgebung so schon stark genug beeinträchtigt wurde – trug dazu bei. Denn mit höherem Bildungsstand entfernten sich die meisten Kinder noch weiter von ihren Eltern. Es war deshalb kein Wunder, daß die italienischen Eltern die natürliche Abneigung ihrer Kinder, zur Schule zu gehen, eher bestärkten als tadelten. Die Folge war, daß viele italienische Kinder sich auf den Straßen herumtrieben, die Schule schwänzten, zu spät zum Unterricht kamen oder die Schule frühzeitig verließen. Diese Einstellung änderte sich erst in den 1930er Jahren nach dem Ende unbeschränkter und kurzfristiger Einwanderung und mit dem Heranwachsen der zweiten Generation. Unter den Juden war das entgegengesetzte Extrem häufiger zu finden, und auch sie erlebten ähnliche Spannungen zwischen Eltern und Kindern. Heute erlangen 25 % der Juden in Providence und Umgebung einen Hochschulabschluß, aus der Gesamtbevölkerung sind es nur 6,5 %. Polen, Ungarn Tschechen, Jugoslawen, Griechen, Frankokanadier und Mexikaner haben sehr viel langsamer Nutzen aus dem amerikanischen Erziehungssystem gezogen, und die Folge davon war, daß sie Generationen hindurch die gleichen Berufe ausgeübt haben und entsprechend seltener in der Berufshierarchie aufgestiegen sind. Das soll aber nicht heißen, daß die Wertschätzung des amerikanischen Erziehungssystems dem Einwanderer und seinen Nachkommen Erfolg garantierte. Engländer und Deutsche, die schon in ihren Heimatländern die Schule besucht hatten, erfuhren durchaus über zwei oder drei Generationen hinweg sozialen Abstieg. Eine schulische Erziehung war in den Fällen am wichtigsten, in denen die Kultur des Herkunftslandes am weitesten von der amerikanischen entfernt war.

Die Übernahme zumindest äußerer Formen amerikanischer Kultur schritt so allmählich fort. Die Einwanderer arbeiteten und sie begannen, wie Einheimische, zu streiken. Obwohl etliche Historiker das Gegenteil gesagt haben: sie bedienten sich der Waffe des Streiks mindestens ebenso wirksam wie die Einheimischen. Die kulturelle Mehrschichtigkeit führte manchmal zu grotesk anmutenden Rationalisierungen: So empfahl zum Beispiel die Zeitung *Ameriska Domovina* 1936 den Jugoslawen, die Demokratische Partei zu wählen, weil die Republikaner die Neger befreit hätten (die inzwischen mit den Jugoslawen um Arbeitsplätze konkurrierten). Ein Italiener im New Haven der 1930er Jahre, der seine Loyalität als Amerikaner dokumentieren wollte, nannte als seine Vorbilder Franklin Roosevelt, Al Smith (den katholischen New Yorker Politiker, der Roosevelts New Deal bekämpfte) und Father Coughlin (den katholischen Priester, der Roosevelts Administration in populistisch-demagogischen Radiosendungen kritisierte). Auch durch dergleichen bewußte Identifizierungen mit ihrer neuen Umgebung konnten die Einwanderer freilich nicht die persönlichen Beziehungen erzwingen, die bewiesen hätten, daß die Einheimischen sie vollständig akzeptiert hatten. Zeiten politischer Spannungen brachten die Gefahren an den Tag, die in fortdauernder Isolierung lagen. Nachdem z. B. die Deutsch-Amerikaner 60 Jahre lang nicht besonders beachtet worden waren, brach die hysterische Amerikanisierungsbewegung aus, als die Anglo-Konformisten bei Ausbruch des Ersten Weltkrieges plötzlich ihren Zweifel an der Loyalität der eingewanderten Deutschen bekundeten. Die Anhänger dieser Bewegung befanden sich in dem für die Nativisten typischen Dilemma. Sie konnten den Einwanderer nicht als einen der ihren akzeptieren. Sie hatten entschieden, daß er grundsätzlich anders war als sie selbst. Dieses Anderssein war gefährlich und mußte beseitigt werden. Doch das war nicht möglich. Die Folge waren der Unsinn und die Widersprüchlichkeit in der Amerikanisierungsbewegung. Sie definierte ihr Ziel verschwommen als die Förderung des »Erziehungsprozesses, der die im Lande Geborenen und die im Ausland Geborenen zusammenbringt in der rückhaltlosen Unterstützung der Grundsätze der Freiheit, Einigkeit, Demokratie und Brüderlichkeit«.[15] Die Begrenztheit solcher pädagogischer Bemühungen läßt sich indes an der Tatsache ablesen, daß zur gleichen Zeit, 1917, das Wort *kike* als beleidigende Bezeichnung jüdischer Amerikaner in die amerikanische Umgangssprache aufgenommen wurde.

Die unvollständige Assimilierung der Einwanderer in den Vereinigten Staaten zeigt sich auf verschiedene Weise, etwa in der Ausprägung ethnisch bestimmter Wohnviertel, in den Vereinigungen, die sie gründeten, in der ethnisch bedingten Wahl ihrer Ehepartner, in ihrem religiösen Verhalten, in ihrem politischen Verhalten und in dem Fortbestehen ethnischer Gruppen bis heute. Zunächst überraschte es nicht, daß die Einwanderer in Gruppen zusammenblieben. Es war nicht so sehr das gemeinsame berufliche Interesse, das sie zusammenhielt, sondern eine allen gemeinsame Vereinsamung, der man am besten dadurch begegnen konnte, daß man mit anderen zusammentraf, die aus der gleichen Gegend stammten, möglichst aus der gleichen Stadt oder dem gleichen Dorf. Viele waren ihren Bekannten und Verwandten gefolgt, die sich schon in den Vereinigten Staaten niedergelassen und in manchen Fällen die Überfahrt des Neuankömmlings bezahlt hatten. Denn Einwanderer, die sich in der neuen Heimat etabliert hatten, waren immer bereit, später Eingetroffene willkommen zu heißen, da ihre Anwesenheit eine Verbindung zur alten Heimat schuf und sie Nachrichten von dem brachten, was man zurückgelassen hatte. Eine Einwanderin berichtet, im Haus ihrer Eltern hätten stets ein oder zwei Neuankömmlinge aus Polotzk gelebt, »die wir ganz selbstverständlich so lange bei uns aufnahmen, bis sie selbst eine Bleibe gefunden hatten«.[16]

a) *Ethnisch geprägte Wohnviertel*

Logischerweise führte der Wunsch nach ethnisch gleichartigen Nachbarn zu ethnisch geprägten Wohnvierteln. Diese Tendenz wurde noch durch die Armut der meisten Neuankömmlinge verstärkt, die allesamt gezwungen waren, in einer billigen Wohngegend unterzukommen und Überfüllung ignorieren mußten. Hinzu kam noch, daß die Einheimischen im allgemeinen gegenüber den zuletzt eingetroffenen Einwanderern jeweils die stärksten Ressentiments hatten. So kam es von Anfang an zu ethnischen Wohnvierteln. Man kann den Grad der Konzentration einer Gruppe in einem Gebiet beschreiben mit Hilfe des Segregationsindexes. Dieser Index bezeichnet den Prozentsatz einer Einwanderergruppe, der umverteilt werden müßte, wenn die ganze Gruppe nach dem gleichen Muster über das ganze Gebiet verteilt sein sollte wie die Alteingesessenen. In Boston betrug der Segregationsindex in den einzelnen Stadtvierteln im Jahre 1855 für die Engländer und Waliser 11,9, für die Schotten 15, für die Iren 18,9, für die Kanadier 18,7, für die Franzosen 20,4, für Deutsche und Holländer 33, für Norweger und Schweden 41,1, für Dänen 47,4, für Italiener

56,5 und für die Portugiesen 76,2.[17]
Innerhalb der Nationalitätengruppen gab es zudem kleinere, regional geprägte Viertel. Die italienische Kolonie in Chicago wurde Anfang des 20. Jahrhunderts als ein »Mosaik aus sizilianischen Städten« bezeichnet: »Larrabee Street ist ein kleines Altaville, die Leute in der Cambridge Street stammen als Alimena und Chiusa Sclafani, die Bewohner der Townsend Street aus Bagheria und die der Milton Street aus Sambuca-Zabut.«[18]
Während der geringfügigen Unterschiede zwischen den Italienern selbst abnahmen, blieb der Abstand zwischen ihnen und der Gesamtgesellschaft bestehen. Die Grundstruktur der abgesonderten italienischen Wohnbezirke in Chicago entstand um 1900, und sie ist seither nur unwesentlich verändert worden. Aus der Volkszählung von 1960 geht hervor, daß in New York die Abgrenzung der ethnischen Gruppen voneinander in hohem Maße weiterbesteht, gar nicht zu reden von der ausgeprägten räumlichen Trennung der einzelnen ethnischen Gruppen von der alteingesessenen Bevölkerung im statistischen Einzugsbereich der Metropole New York. Diese Segregation zeigte sich nicht nur bei den zuletzt eingetroffenen Gruppen, sondern auch bei Gruppen wie den Skandinaviern, die vor Generationen eingewandert waren. Der Index zwischen Norwegern und Iren betrug zum Beispiel 58,7, zwischen Norwegern und Russen, Deutschen, Polen, Tschechen, Österreichern und Ungarn jeweils 72,9, 56,4, 67,9, 65,6 und 68,3. Sogar zwischen Norwegern und Schweden betrug er 45,4. Am niedrigsten war der Index für Österreicher und Russen mit 19,0, da beide Gruppen weitgehend jüdisch waren. Die Gruppe, die sich am wenigsten von allen anderen Gruppen absonderte, waren die Einwanderer aus Großbritannien. Ihr Segregationsindex von den Iren, Schweden, Deutschen und Italienern lag jeweils bei 28,1, 31,8, 25,6 und 44,9.[19]
Früher hat man angenommen, daß die ursprüngliche Absonderung im Laufe der Generationen zurückginge, nachdem die erste Generation ausgestorben wäre und ihre selbstbewußteren Nachkommen sich mehr im Lande verteilten. Richtig ist sicher, daß kein Getto sehr lange aus den gleichen Personen bestand. Die frisch Eingewanderten waren von jeher eine unruhige und vielleicht zunehmend mobile Gruppe. Die Iren und die deutschen Katholiken, die Mitte des 19. Jahrhunderts in New York City lebten, verließen z. B. sehr bald ihre ersten Aufenthaltsorte; in Boston scheinen seit etwa 1850 die Einwanderer häufiger umzuziehen. Ob die Weggezogenen aber in integrierte Gegenden zogen oder wieder in ein anderes Getto, wissen wir nicht.
Wenn eine Volksgruppe ein Viertel verließ, wurde sie meist von einer anderen abgelöst. Dieser Umstand und die Tatsache,

daß die Einwanderer oft ihren Wohnsitz wechselten, führten zu der weithin akzeptierten Feststellung, zunächst nur über Chicago: »Die räumliche Verteilung ... der verschiedenen ethnischen Gruppen ist das Ergebnis eines Ablösungsprozesses. Einwanderer ziehen in bestimmter Reihenfolge in bestimmte Gebiete, die von Stufe zu Stufe durch mehr Stabilität und mehr Sozialprestige gekennzeichnet sind ... Es war dieser Ablösungsprozeß, der die Verteilung der Bevölkerung im Stadtgebiet regulierte. Dies war der Weg, auf dem die Einwanderer den Slums entkamen und in die Stadt als Ganzes integriert wurden.«[20] Diese Interpretation bedarf inzwischen insofern der Korrektur, als das Verlassen der Slums bestenfalls die verhaltensmäßige, aber nicht die strukturelle Assimilierung bedeutete und sich oft auch in den besseren Außenbezirken wieder *eine* ethnische Gruppe beisammenfand. Die Juden in Providence zum Beispiel nannten ehrlicherweise ihr neues Wohngebiet in Suburbia das »vergoldete Getto«. Und im ländlichen Wisconsin um 1950 beschränkte sich – vielleicht aus dem gleichen Impuls heraus – der gesellschaftliche Umgang der Norweger zu mehr als 90 % auf andere Norweger. Auch wenn noch verschiedene andere Faktoren hierbei eine Rolle spielten, so weisen beide Beispiele auf die Dauerhaftigkeit von Gruppenbindungen hin: gleich und gleich gesellt sich gern.

Neuere Forschungen lassen darauf schließen, daß die ethnische Segregation in kleineren Städten wie z. B. in Omaha, Nebraska, geringer war als in Großstädten wie Boston, Chicago und New York. Es stimmt natürlich, daß bei einer geringeren Einwohnerzahl auch weniger Eingewanderte am Ort sind und ihre Häufung in einem Wohngebiet weniger wahrscheinlich ist. Es ist aber nicht richtig anzunehmen, daß Häufung erst wichtig wird, wenn sie praktisch eine geschlossene Siedlungsweise darstellt. In Chicago waren zu der Zeit, als die italienische Gruppenbildung dort am stärksten war, nur wenige Wohnblocks ausschließlich von Italienern bewohnt. Außerdem ist ein Getto in Louis Wirths berühmter Definition »nicht nur eine physische Tatsache, sondern auch eine Geisteshaltung«.[21] Die Juden rückten zusammen, weil sie in der Nähe ihrer Synagoge, ihrer Schule, ihrer rituellen Bäder, des koscheren Fleischerladens und des koscheren Milchgeschäftes sein und an ihrer kulturellen Gemeinschaft teilhaben wollten. Diese Art von Zwängen und Wünschen war bei einigen Gruppen stärker als bei anderen, aber für keine waren sie bedeutungslos. Bierlokale, Bäckereien, Kirchen, Cafés, Restaurants und Billardstuben sind überall und immer Anzeichen und Ursache für das enge Zusammenleben ethnischer Gruppen in bestimmten Gegenden gewesen. Sie ermöglichten den Eingewanderten gesellschaftliche Beziehungen, die ihnen die größere Gesellschaft verweigerte oder nicht bieten konnte. Das Fortbestehen ethnisch geprägter Wohngebiete ist ein deutliches Zeichen für eine erst teilweise integrierte Nation.

b) *Einwandererorganisationen*

Gleiches gilt für den Fortbestand aller Einrichtungen auf ethnischer Grundlage. Ihre Aufgaben und Ziele mögen sich im Lauf der Zeit geändert haben, aber ihre Existenzberechtigung liegt wie eh und je darin, persönliche Beziehungen zwischen den einzelnen Angehörigen ethnischer Gruppen herzustellen. Das läßt sich schon von Anfang an bei der am häufigsten vorkommenden Art von Einwandererorganisationen, den im 19. Jahrhundert gegründeten Wohlfahrtsorganisationen, erkennen. Formal betrachtet, hatten sie nur eine oder zwei Aufgaben: die Unterstützung Bedürftiger, die in finanzielle Not geraten, krank oder arbeitslos waren, und die Sicherstellung einer angemessenen Bestattung. Gelegentlich hieß es auch in den Statuten, daß es ebenfalls zu den Zielen gehöre, die Kameradschaft unter den Mitgliedern zu fördern. Dies war in der Tat das tragende Motiv dieser Vereinigungen. Im Verlauf des 20. Jahrhunderts, insbesondere seit 1945, verloren die erstgenannten Funktionen ihre Bedeutung. Die Einwandererclubs wurden zu Zentren der Geselligkeit und dienten kaum noch der Sozialhilfe.
Die ersten Einwanderervereinigungen hatten oft eine sehr restriktiv definierte Mitgliedschaft, was darauf hindeutet, daß sie vor allem heimatliche persönliche Beziehungen erhalten sollten. In Derby, Connecticut, gründeten die italienischen Einwanderer aus jeder Provinz ein eigenes Bestattungsunternehmen, damit bei den Beerdigungen die richtige Zeremonie gewährleistet war, und jedes dieser Unternehmen wurde von einem Verein unterstützt. 1912 gab es in Chicago 400 kleine italienische Wohlfahrtsvereine, die alle von Einwanderern aus jeweils einer Gemeinde in Italien gegründet worden waren. In Seattle gründeten japanische Einwanderer Hilfsorganisationen für Personen, die aus dem gleichen »ken« oder Staat stammten. In San Francisco gab es chinesische Vereine, die an die Stelle der patriarchalisch organisierten Dorfgemeinschaften in der Heimat traten und deren Mitglieder jeweils aus den gleichen chinesischen Dörfern stammten. Das gleiche Muster wiederholt sich bei anderen Gruppen. Die Juden in New York City gründeten landsmannschaftliche Bestattungsvereine, die nach den Städten und Dörfern in Osteuropa gegliedert waren. Auch die Mitglieder griechischer Vereine stammten aus den gleichen »topika« oder Ortschaften. Mit der Zeit schlossen sich auch Vereine innerhalb einer Nationalitätengruppe zusammen. Sie

stärkten so das Gesamtgruppenbewußtsein innerhalb der amerikanischen Gesellschaft. 1906 gründeten die Italiener in Chicago die United Italian Societies. In den 1930er Jahren unternahmen die Juden in Los Angeles eine Reihe nicht sehr erfolgreicher Versuche, die Angehörigen der jüdischen Gemeinden stärker zu integrieren. Auch bei Jugoslawen und Griechen fanden ähnliche Versuche auf nationaler Ebene statt. Aber die örtlichen Vereinigungen blieben dennoch lebendig. Allein die Jugoslawen unterhalten heute über 6 000 Vereine, was beweist, welch bedeutsame gesellschaftliche Rolle solche Vereine in einem immer mehr zum Wohlfahrtsstaat werdenden Gemeinwesen spielen können.

c) *Ehe*

Einer der wichtigsten Beweise für strukturelle Segregation ist die Häufigkeit von Ehen innerhalb der eigenen ethnischen Gruppe. Sie war von Anfang an ein Merkmal des Verhaltens der Einwanderer in Amerika. Es überrascht nicht, daß 1870 in San Francisco 88 % der verheirateten irischen Männer irische Frauen und 73,2 % der verheirateten irischen Frauen irische Ehemänner hatten, oder daß 1860 in der ländlichen Umgebung Milwaukees nur 35 von 6 506 Deutschen mit Nicht-Deutschen oder 30 von 989 Iren mit Nicht-Iren verheiratet waren. Erstaunlich ist jedoch, daß sich dieses Bild innerhalb eines Jahrhunderts nur in einer Hinsicht geändert hat. In Fall River, Massachusetts, waren 1880 86 % der eingewanderten Frankokanadier mit Ehepartnern der gleichen Gruppe verheiratet. 1961 waren es nur noch 20 %. Aber in 80 % aller Ehen waren beide Ehepartner römisch-katholisch. Die Erklärung liegt in der Wirksamkeit des sogenannten »dreifachen Schmelztiegels«. Man hat festgestellt, daß die ethnischen Gruppen im Verlauf des 20. Jahrhunderts zunehmend Ehepartner aus anderen Gruppen in Betracht zogen, solange der andere Teil der gleichen Religion anhing; als die drei großen religiösen Gruppierungen, innerhalb deren die Partner als ausreichend gleichartig anerkannt wurden, behaupteten sich die katholische Kirche, die protestantischen Kirchen und die jüdische Religionsgemeinschaft. Die Barrieren zwischen den dreien sind jedoch selten überwunden worden. In New Haven haben 1948 97,1 % der Juden, 93,8 % der Katholiken und 74,4 % der Protestanten ihren Ehepartner innerhalb der gleichen Religionsgemeinschaft gewählt. Die Angaben über die Religionszugehörigkeit bei der Volkszählung von 1957 zeigten, daß im ganzen Land nur 8,6 % Protestanten, 21,6 % Katholiken und 7,2 % Juden außerhalb ihrer Religionsgemeinschaft geheiratet hatten. Eine Ende der 1950er Jahre in Manhattan durchgeführte Umfrage ergab, daß selbst in dieser Weltstadt nur 21 % Katholiken, 34 %

Protestanten und 18 % Juden einen Menschen außerhalb ihrer Religionsgruppe geheiratet hatten.
Die Wirksamkeit des »dreifachen Schmelztiegels« hängt von wenigstens vier weiteren Umständen ab: von der relativen Größe der Religionsgemeinschaft am Ort, von dem Zusammenhalt der Untergruppen; vom sozio-ökonomischen Status der Religionsgemeinschaft an dem betreffenden Ort und von dem sozialen Status der Ehepartner. Diese Umstände erklären einen Großteil der örtlich unterschiedlichen Verhaltensweisen. In Wohngebieten mit niedrigen Mieten haben im Durchschnitt nur 8,5 % der Eheleute religiöse Barrieren überwunden, in den guten Wohnvierteln am Stadtrand 19,3 %. Unter Juden schwankten die Prozentsätze in den 1950er und den frühen 1960er Jahren zwischen 17,2 % in San Francisco, 8 % in Rochester, New York, 5 % in Camden, New Jersey, und 53,6 % in Iowa. Eine Analyse von Ehen mexikanischer Einwanderer hat ergeben, daß die drei ausschlaggebenden Faktoren der Beruf, die Generation und das Milieu sind. Von 1924 bis 1933 heirateten 17 % der eingewanderten Mexikaner in Los Angeles Partner aus anderen ethnischen Gruppen. In Albuquerque, New Mexico, waren es von 1924 bis 1940 15 %, in San Antonio, Texas, von 1940 bis 1955 17 %. Aber heute wird in Los Angeles ein Amerikaner mexikanischer Abstammung der dritten Generation wahrscheinlich eher einen Anglo-Amerikaner heiraten als einen Landsmann der ersten oder zweiten Generation; und solche Heiraten werden in dieser Gegend zunehmend gebilligt, während sie in New Mexico noch stärker mißbilligt werden.
Die Auswahl des Ehepartners hätte jedoch nur dann entscheidende Auswirkungen auf die gesamtgesellschaftliche strukturelle Assimilierung, wenn auch die Gruppe der alteingesessenen Protestanten ihrerseits Ehepartner außerhalb der eigenen Gruppe suchen würde. Das ist jedoch nicht häufig der Fall. Die in Frage kommenden protestantischen Gruppen, besonders die Deutschen, Norweger und Schweden, heiraten immer noch sehr häufig innerhalb ihrer Nationalitätengruppe. Sogar die Engländer und Schotten haben vornehmlich innerhalb der eigenen Gruppe geheiratet. Folglich neigen alteingesessene Protestanten ebenfalls zu Eheschließungen innerhalb der eigenen Gruppe. Die Frage bedarf aber noch weiterer Forschungen. Es wäre nicht erstaunlich, wenn sich dabei herausstellte, daß Ehen zwischen alteingesessenen, protestantischen Amerikanern und Angehörigen anderer Gruppen, besonders Juden und Katholiken, noch vergleichsweise selten sind. Denn Heirat folgt normalerweise gesellschaftlichem Umgang, und soziale Beziehungen werden zumindest teilweise bestimmt durch gemeinsames Leben im gleichen Wohnviertel.

d) *Kirchen, Schulen und Sprache*

Während der Anfangsjahre in Amerika neigten die Einwanderer dazu, ihre religiöse Eigenständigkeit zu betonen, weil ihnen dies ein Gefühl von Sicherheit vermittelte. Ein solcher religiöser Partikularismus war für Juden und Protestanten leichter als für Katholiken, die eine universalistische Tradition hatten (die von den ethnischen Rivalitäten aber oft in den Hintergrund gedrängt wurde). Einige protestantische Gruppen wie die Engländer und Waliser verteilten sich auf zahlreiche Konfessionen und Kirchen und schlossen sich meist den von Einheimischen dominierten Kirchengemeinden an. Andere Gruppen wie die deutsche und die holländische Reformierte Kirche und die deutschen und skandinavischen Lutheraner bewahrten ihre Eigenständigkeit, nicht nur gegenüber den amerikanischen Gemeinden des gleichen Bekenntnisses, sondern auch untereinander. Wenn es keine Gegenkräfte gab, erhielten Sprachbarrieren diese Trennung aufrecht. Andererseits konnte eine gemeinsame Sprache zu seltsamen Zusammenschlüssen führen; z. B. bildeten arabisch sprechende Syrer eine Kirchengemeinde zusammen mit arabisch sprechenden maronitischen Christen, Moslems, Drusen, Protestanten und Orthodoxen. Umgekehrt konnte aber auch der religiöse Faktor stärker vereinen als Animositäten trennten; so taten sich z. B. mohammedanische Jugoslawen mit Türken und nicht mit anderen Slawen zusammen. Für die Protestanten aber galt im allgemeinen, daß sie um des Erhalts der persönlichen Beziehungen willen zur Aufsplitterung in viele Gemeinden neigten.

Die Juden, die schon in Europa eine stark integrierte Gruppe gebildet hatten, spalteten sich nicht so deutlich wie die Protestanten noch einmal in kleinere Gruppen auf, sondern schlossen sich gewöhnlich entweder einer reformierten, orthodoxen oder konservativen Synagoge an, deren Gemeinden oft nach den europäischen Herkunftsgebieten organisiert waren. Mit der Zeit ging das orthodoxe Judentum zugunsten des konservativen zurück. Die reformierten Gemeinden fanden in späteren Generationen Anklang bei liberalen Juden und verloren dafür Anhänger des historischen Judaismus. Das reformierte Judentum war zum Teil geprägt durch Versuche, sich an die amerikanische Umwelt anzupassen und eine Synthese aus jüdischer und amerikanischer Tradition zu schaffen. Daß es den Reformierten Synagogen bis in die Mitte des 20. Jahrhunderts nicht gelungen ist, die Mehrheit der Juden für sich zu gewinnen, ist ein Anzeichen dafür, daß die ethnische Gruppe zögerte, Traditionen aufzugeben, die ihnen psychologisch in einem fremden Land geholfen hatten. In den 1950er Jahren identifizierten sich nur 6,3 % der dritten Generation von Juden in

Providence, Rhode Island, mit dem orthodoxen Judentum, dagegen 49 % mit dem konservativen und 35,3 % mit dem reformierten Judentum. Ein Teil der jüdischen Einwanderer und ihrer Nachkommen hatte den religiösen Glauben ganz aufgegeben; ein Teil pflegte sozialistische Überzeugungen, besonders vor Ausbruch des Kalten Krieges. Eine gewisse strukturelle Assimilierung hat vielleicht gerade diese kleine Gruppe erfahren. Denn als sie ihre religiösen Bindungen aufgaben und eine Ideologie übernahmen, die keine ethnischen und religiösen Barrieren akzeptierte, entwickelten sie auch persönliche Beziehungen zu anderen Anhängern der gleichen Ideologie aus nicht-jüdischen Gruppen. Aber dies blieb eine Minderheit; die Mehrheit konnte die jüdische Religion nicht aufgeben.

Die römisch-katholische Kirche erfuhr zur Genüge, was es bedeutete, daß Einwanderer sich weigerten, vertraut Lokales aufzugeben, um des Unbekannten und Universalen willen. Die Iren hatten Ende des 19. Jahrhunderts, wie bereits erwähnt, die Machtpositionen innerhalb der katholischen Kirche eingenommen. In der Folge nahmen dogmatische Streitfragen auch eine ethnische Färbung an, und das Bemühen um Rechtgläubigkeit vermischte sich mit Versuchen, vertraute Traditionen aus der Heimat zu bewahren. Es kam zu allen möglichen Schwierigkeiten. Beispielsweise gab es im Polnischen, Litauischen und Slowakischen nur ein Wort für »Siedlung« und »Gemeinde«; und es war für diese Gruppen selbstverständlich, eigene ethnisch definierte Kirchengemeinden zu bilden. Dieser Gedanke war Ende des 19. Jahrhunderts auch keineswegs neu. Die erste katholische Gemeinde in Amerika, deren Mitglieder alle einer Nationalitätengruppe angehörten, die Holy Trinity Church in Philadelphia, war 1787 gegründet worden, als Ergebnis der Konflikte zwischen deutsch- und englischsprachigen Katholiken. Der amerikanische hohe Klerus und der Papst lehnten die Idee ethnisch bestimmter Pfarrgemeinden ab und versuchten lange Zeit, sie zu unterdrücken. Aber angesichts des echten, großen kulturellen Bedürfnisses der Einwanderer erwies sich selbst Roms und Irlands Macht als zu schwach, und heute haben die meisten Pfarrgemeinden in großen und kleinen Städten eine ethnische Basis.

Die Forderungen nach ethnischen Kirchengemeinden waren zu häufig und entschlossen vorgetragen worden, um zurückgewiesen zu werden. 1916 gab es 149 Kirchen, in denen nur italienisch gesprochen wurde, um den Bedürfnissen der Einwanderer entgegenzukommen; in 466 Kirchen benutzte man ausschließlich die polnische Sprache. Wie hitzig die Debatte im 19. Jahrhundert auch gewesen sein mag, im 20. Jahrhundert ließen die Differenzen zwischen ethnischen Kirchengemeinden in einigen

Fällen nach. Jüngere Generationen von Italienern sollen z. B. in ihrem religiösen Verhalten ziemlich »irisch« geworden sein, in dem Sinn, daß sie die Vermittlung der Jungfrau Maria und der Heiligen weniger in Anspruch nehmen, weniger lokale Heilige und Schutzpatrone verehren und den Priestern erlauben, sich um die Kranken zu kümmern. Die beherrschende Stellung der Iren in der katholischen Kirche nimmt ab. Solange sie andauerte, drückte sie dem amerikanischen Katholizismus einen deutlich anti-intellektuellen Stempel auf. 1947 machte Kardinal Cushing die interessante Bemerkung, daß es seines Wissens unter den höchsten Würdenträgern der katholischen Kirche in Amerika keinen Bischof, Erzbischof oder Kardinal gäbe, dessen Vater oder Mutter Akademiker waren: »Jeder unserer Bischöfe und Erzbischöfe kommt aus einer Arbeiterfamilie.« Diese Tatsache verdeutlicht auch noch einmal die Funktion, die die katholische Kirche für arme Einwanderer erfüllte.

Das Bedürfnis der Einwanderer, ihre ethnische Kultur zu erhalten, verbunden mit dem Bestreben der Institution, ihre religiöse Orthodoxie reinzuhalten, führten zur Gründung kirchlicher Schulen, die die strukturelle Assimilierung noch weiter behinderten, indem sie die sprachlichen Unterschiede bewahrten und die Kinder der Einwanderer von den Einheimischen trennten. Im 18. Jahrhundert hatten die eingewanderten deutschen Lutheraner versucht, ihre Sprache und Religion durch die Konfessionsschule zu bewahren. Spätestens 1820 erwies sich dieser Versuch als gescheitert. Die nach 1830 verstärkt einsetzende deutsche Einwanderung führte aber zu neuen derartigen Versuchen. In Cincinnati gründeten Deutsche im Jahre 1836 eine katholische Schule. 1846 wurde die Evangelisch-Lutherische Kirche (die Missouri Synode) gegründet; sie setzte sich von Anfang an für die Konfessionsschule ein und unterhält heute das größte kirchliche Schulsystem aller protestantischen Konfessionen. Während des ganzen 19. Jahrhunderts erlangten die Deutschen, besonders in den Staaten des Mittleren Westens, das Recht, deutschsprachige Schulen einzurichten. Gegen Ende des Jahrhunderts zeigten allerdings das Bennett-Gesetz von 1889 in Wisconsin und das Edwards-Gesetz von 1899 in Illinois, die beide Englisch zur alleinigen Unterrichtssprache für die meisten Fächer auch in nichtöffentlichen Schulen erklärten, daß die Mehrheit der anderen diesen kulturellen Isolationismus ablehnten. Die Katholiken hatten in ihren Schulen auch durchaus Zweisprachigkeit angestrebt, während die Lutheraner Deutsch an erster Stelle sehen wollten. Die Versuche, sprachliche Unterschiede zu erhalten, waren jedoch nicht der einzige Grund für den Separatismus. Er entsprang auch dem Wunsch, die katholischen Gläubigen vor dem protestantischen und daher definitionsgemäß gottlosen öffentlichen Schulsystem zu bewahren. Insbesondere die Iren dachten so. 1877 besuchten in Boston von 43 000 Kindern im Alter von 5 bis 15 Jahren etwa 9 000 keine Schule. Viele von ihnen waren Iren, und einige, so dürfen wir annehmen, blieben zu Hause, weil das Schulsystem des Staates »heidnisch« war. Zum Teil durch diesen Umstand veranlaßt, sprach sich eine Bischofskonferenz 1884 in Baltimore entschieden für konfessionelle Schulen aus, und 1900 bestanden bereits fast 4 000 von ihnen. Die Anstrengungen der katholischen Kirche und der Deutschen hatten zur Folge, daß zu diesem Zeitpunkt etwa 6 % der Gemeinden beider Konfessionen ihre eigenen Schulen hatten und daß fast 8 % der Kinder im Grundschulalter nichtöffentliche Schulen besuchten. 1959 besaßen von 16 750 Gemeinden 9 800 solche Schulen. Fast 15 % aller Grundschüler, 5,5 Millionen Katholiken und 1 Million Protestanten besuchten sie. Am 1. Januar 1968 gab es noch immer über 10 700 katholische Gemeindegrundschulen mit mehr als vier Millionen Schülern und über 2 200 katholische Oberschulen mit mehr als 1 Million Schülern. Solche Schulen wurden von den einzelnen Gruppen verschieden stark unterstützt, stark von den Iren und Frankokanadiern, schwach von den Polen und Italienern. Die Haltung der Italiener wurde anfangs dadurch beeinflußt, daß sie den Wert einer schulischen Erziehung generell bezweifelten. In Chicago besuchten 1915 weniger als 2 000 Kinder italienisch-amerikanische Konfessionsschulen, obwohl es in der Stadt mehr als 43 000 Minderjährige italienischer Abstammung gab. 1959 besuchten nur 19 % der polnischen Kinder in New Haven kirchliche Schulen. Daß die Polen ihre Schulen so wenig unterstützten, lag zum Teil daran, daß sich die Gruppe der Polen seit Ende des 19. Jahrhunderts in Katholiken und Nationalisten gespalten hatte. Ein Pole, der sich für die kirchlichen Schulen einsetzte, behauptete: »Wir haben es den kirchlichen Schulen zu verdanken, daß unsere Kinder mit ihren Eltern noch polnisch sprechen können und daß sie katholisch geblieben sind. Die Kinder dieser laut kritisierenden Patrioten, die öffentliche Schulen besuchen, können dagegen kaum ein paar Worte Polnisch sprechen, und auch die nur fehlerhaft.« Man kann darüber streiten, ob es den Schulen auf die Dauer genützt hat, so großen Wert auf die Erhaltung der Sprache zu legen. Die Frankokanadier haben die Erfahrung gemacht, daß kirchliche Schulen die besten Überlebenschancen haben, wenn sie innerhalb der ihnen gesetzten Grenzen an erster Stelle die kulturelle Anpassung pflegen, was z. B. bedeutete, dem Französischen nur einen zweiten Platz einzuräumen, und ansonsten ein Lehrprogramm anzubieten, das den Schülern hilft, in der amerikanischen Umwelt zu leben.

Nicht nur Katholiken und Lutheraner gründeten ihre eigenen Schulen. Das gleiche taten die Ukrainer, Jugoslawen, Chinesen und Japaner; die letztgenannten zum Teil deshalb, weil die Europäer japanische und chinesische Kinder nicht in ihren Schulen haben wollten. Die Juden machten im 19. und Anfang des 20. Jahrhunderts die Erfahrung, daß ihre Schulen wenig Unterstützung fanden, weil viele jüdische Einwanderer besonders darum bemüht waren, sich zu assimilieren: Von 1900 bis 1930 gab es zum Beispiel in Los Angeles fast keine jüdischen Schulen. 1936 wurde dann das Los Angeles Bureau of Jewish Education gegründet, und 1967 besuchten immerhin 27 000 von 93 000 jüdischen Kindern in Los Angeles die von dieser Institution gegründeten Schulen. In vielen Gegenden florieren heute die katholischen und jüdischen Schulen, offenbar weil sie einem verbreiteten Bedürfnis entsprechen. Paradoxerweise zeigen die Absolventen dieser Schulen wenig Neigung, ihr Erwachsenenleben so nach den besonderen Prinzipien der Gruppe auszurichten, wie die Begründer der Schulen es gehofft hatten. Außer den Frankokanadiern bevorzugen meist gebildete Katholiken der oberen Mittelklasse kirchliche Schulen, und weil diese Gruppe beruflich zu mobilem und nicht-sektiererischem Verhalten gezwungen ist, tritt sie auch nicht fanatisch oder aggressiv auf. Man hat im Gegenteil sogar beobachtet, daß Protestanten, die öffentliche Schulen besucht haben, zu stärkeren religiösen Vorurteilen neigen als Absolventen dieser Konfessionsschulen, zum Beispiel bei Wahlen zu Elternausschüssen. Verglichen mit anderen Katholiken scheinen diejenigen, die Konfessionsschulen besucht haben, keine wesentlich andere Einstellung zu haben zur Messe, dem Empfang der heiligen Kommunion in der Osterwoche und zur Wahl eines nicht-katholischen Ehepartners. Also dienen wahrscheinlich heute diese Schulen mehr sozialen als religiösen Bedürfnissen.

e) *Teilnahme am politischen Prozeß*

Auch das politische Verhalten der Eingewanderten dokumentiert den geringen Fortschritt struktureller Assimilierung. Ethnische und religiöse Gesichtspunkte und nicht Klassenbewußtsein haben von jeher das politische Leben in Amerika beherrscht und beherrschen es immer noch. Die engen Beziehungen zwischen den irischen Katholiken und der Demokratischen Partei sind seit langem bekannt. Viele politische Entscheidungen zielten auf ethnische Loyalitätsgefühle. So wurde z. B. 1930 eine Kandidatenliste der Demokratischen Partei in Chicago von den Namen Cermak, Kaindl, Brady, Allegretti und Smietanka angeführt. Wahrscheinlich haben sich durch die Wirtschaftskrise der 1930er Jahre manche der Bindungen gelockert, die im 19. Jahrhundert entstanden waren. Das Wiederaufleben der Republikanischen Partei Ende der 1930er Jahre ist aber zum Teil darauf zurückzuführen, daß einige ethnische Gruppen zu ihrer traditionellen politischen Heimat zurückkehrten. 1952 stimmten nur 26 % der protestantischen Wähler für die Demokraten, dagegen 43 % der Katholiken und 64 % der jüdischen Wähler. Der demokratische Präsidentschaftskandidat Adlai Stevenson erhielt 55 % der Stimmen der irischen Katholiken und 49 % der italienischen Wähler, während Eisenhower die Stimmen von 59 % der Skandinavier, 55 % der Engländer und Schotten und von 57 % der wahlberechtigten irischen Protestanten gewann.

Daß auch heute noch nach ethnischen Gesichtspunkten gewählt wird, läßt sich am besten durch abweichende Beispiele belegen. In New Haven wählen die Italiener, die anderswo meistens Demokraten sind, geschlossen republikanisch, weil sich die Republikanische Partei hier seit Beginn des 20. Jahrhunderts nachdrücklich um die italienischen Wähler bemüht hat. Das Bündnis wurde 1939 mit der erfolgreichen Nominierung von C. Celentano für das Amt des Bürgermeisters zementiert. Im ganzen Nordosten wird weiterhin stark nach ethnischen Gesichtspunkten gewählt, und diese Tendenz ist nach dem Aussterben der eingewanderten Generation nur geringfügig zurückgegangen. Auch die soziale Mobilität hat darauf keinen Einfluß gehabt. Im Gegenteil, die Katholiken der Oberschicht wählen in manchen Gebieten eher demokratisch als ihre Glaubensbrüder aus der Arbeiterklasse, vielleicht, weil sie den wirtschaftlichen Aufstieg der Schwarzen weniger zu fürchten haben, mit denen sich die Demokratische Partei im allgemeinen eng verbündet. Bei den Iren zeichnet sich eine Tendenz zur Abkehr von der Demokratischen Partei ab. (Aus ihren Reihen kam auch der abtrünnige Senator Joseph R. McCarthy.) Wenn überhaupt, so scheint das alte ethnisch orientierte Wahlverhalten noch am ehesten durch die Reaktion auf die Schwarzen abgelöst zu werden. In New York City schien es 1970 so, als ob Religionszugehörigkeit als Faktor im Wahlverhalten in den Hintergrund gedrängt würde durch Rassenfragen. Ein weiterer Faktor, der ethnisch und religiös geprägtes Wahlverhalten abschwächt, sind möglicherweise die internen Spaltungen in der katholischen Kirche seit dem Pontifikat Johannes' XXIII. Die Katholiken haben nicht mehr das gleiche Gefühl der Solidarität wie früher, und deshalb ist es auch schwieriger für sie, sich einheitlich zu verhalten. Da die einheimischen Protestanten auch nicht mehr in der Mehrheit sind, empfinden die Katholiken zudem nicht mehr eine so starke Bedrohung, und damit entfällt ein weiterer Grund für solidarisches Verhalten.

Allen Gruppen gelang es nach einiger Zeit, politische Vertreter in öffentliche Ämter der Einzelstaaten und des Bundes zu entsenden. Als 1930 weniger als die Hälfte der griechischen Männer und nur 30 % der griechischen Frauen die Staatsbürgerschaft besaßen, war es kein Wunder, daß Griechen in der Politik keine große Rolle spielten. Mit der Zeit sind in den meisten ethnischen Gruppen politische Pioniere hervorgetreten, oft erst nach dem Zweiten Weltkrieg. 1944 übernahm der Slowene Frank Lausche als erster Katholik das Amt des Gouverneurs von Ohio. 1954 wurden mit Edmund A. Muskie und Abraham Ribicoff zum ersten Mal ein Pole und ein russischer Jude Gouverneure. Im gleichen Jahr wurde Roman Lee Hruska als erster Tscheche Mitglied des Senats der Vereinigten Staaten. Solche Männer sind heute in der amerikanischen Politik (außerhalb der Südstaaten) die Regel und nicht die Ausnahme. Sie appellieren an ethnische Loyalitätsgefühle. Ihr Erfolg hängt oft davon ab, Koalitionen mehrerer ethnischer Gruppen herbeizuführen. Politische Loyalität in der ethnischen Gruppe war ursprünglich eine Abwehrreaktion gegenüber der Gesamtgesellschaft, und wenn führende Politiker es für erforderlich halten, z. B. bei den Paraden am St.-Patricks-Tag mitzumarschieren, demonstrieren sie nicht die große Gemeinsamkeit, sondern die Fragmentierung des amerikanischen politischen Lebens. Sie bräuchten nicht mitzumarschieren, wenn es keine ethnisch motivierten Wähler gäbe.

VIII. Ethnische Gruppen in den 1970er Jahren

Das Statistische Amt der Bundesregierung stellte 1971 fest, daß fast 98 Millionen Amerikaner sich noch immer als Angehörige einer der in der Tabelle 4.11 aufgeführten ethnischen Gruppen betrachteten.

Tabelle 4.11

Ethnische Gruppen, 1971

Gesamteinwohnerzahl der USA	202 854 000
Engländer, Schotten und Waliser	31 006 000
Deutsche	25 662 000
Iren	16 326 000
Italiener	8 733 000
Polen	4 941 000
Russen	2 132 000
Spanier, Lateinamerikaner	15 430 000
Franzosen	5 189 000
Andere	84 692 000
Nicht erfaßt	15 216 000

Anmerkung: Die Statistik beruht auf der Selbsteinschätzung der Befragten. Die vorletzte Kategorie, »Andere«, enthält etwa 20 Millionen Schwarze und Personen mit mehrfachen Angaben. *Quelle: Statistical Abstract of the United States:* 1975, S. 34.

Diese Zahlen beweisen das Fortbestehen des ethnischen Gruppenbewußtseins in Amerika. Für viele der Befragten beruhte das ethnische Zugehörigkeitsgefühl nicht mehr auf eigener Erfahrung, sondern auf Familientradition. Aber die Volkszählung von 1970 ergab auch, daß 16,5 % der Gesamtbevölkerung, das sind 33 575 000 Menschen, selbst eingewandert waren oder daß zumindest einer ihrer Eltern eingewandert war. Die größten Gruppen unter diesen »Amerikanern der ersten und zweiten Generation« sind heute Italiener, Deutsche und Kanadier, mit jeweils 2,1, 1,8 und 1,5 Prozent der Gesamtbevölkerung. Jede dieser Gruppen ist ebenso wie die der Engländer und Schotten, der Iren, Polen, Russen und Mexikaner mehr als eine Million stark. Die Immigranten der jüngsten Zeit sammeln sich ebenso wie ihre Vorgänger in gewissen Gebieten. In Nord- und Südkarolina, Tennessee, Alabama, Mississippi und Arkansas zählen weniger als 2 Prozent der Einwanderer-Bevölkerung zur ersten oder zweiten Generation. Der gleiche Sachverhalt zeigt sich auch darin, daß zwei Drittel aller weißen Protestanten in Ortschaften mit weniger als 100 000 Einwohnern leben. Aber die Hälfte der Katholiken und neun Zehntel der Juden (jedoch nur ein Viertel der Protestanten) wohnen heute in Großstädten mit mehr als 250 000 Einwohnern. Das ethnische Amerika lebt in der Großstadt, nicht auf der Farm.

Die ethnische Geschichte der Vereinigten Staaten ist die Summe der Geschichte der ethnischen Gruppen. Die Unterschiede zwischen den Gruppen mögen eher Gradunterschiede als Wesensunterschiede sein, aber sie sind zumindest so groß, daß eine Gesamtinterpretation sehr schwierig ist. Die »ältesten« der »alten« Einwanderer, die Briten, sind nach wie vor die erfolgreichsten: 1950 waren noch immer 65 % der obersten Angestellten der größten amerikanischen Unternehmen britischer Abstammung. Obwohl dieser Prozentsatz wahrscheinlich seither zurückgegangen ist, verweist diese Zahl doch auf die überdurchschnittlichen Chancen für Personen britischer Abstammung. Am anderen Ende der Skala ist die Reaktion gegenüber den mexikanischen Einwanderern im allgemeinen noch immer so feindselig, daß selbst die verhaltensmäßige Assimilierung nur sehr langsam vor sich geht. Viele Anglo-Amerikaner im Südwesten halten Mexikaner gegenwärtig für praktisch nicht assimilierbar, weil sie einer anderen Rasse angehörten. Den Puertoricanern im Nordosten scheint es vergleichsweise besser zu ergehen, weil sie den Schwarzen vorgezogen werden. Daß jedoch so viele Puertoricaner auf ihre Heimatinsel zurückkehren, zeigt die Grenzen dieses fragwürdigen Vorzugs. Über die Chinesen und Japaner läßt sich in diesem Zusammenhang wenig mehr feststellen, als daß sie mit ihrem Zustand des Getrenntseins und Gleichseins zufrieden sind. Das Fortbestehen der »China towns« in San Francisco und anderen Großstädten deutet auf den geringen Grad struktureller Assimilation. Die Erfahrungen anderer Gruppen schwanken zwischen derartigen Extremen, aber keine Gruppe wird in der Weise diskriminiert wie zu Beginn des 20. Jahrhunderts. Ein Zeichen dafür ist auch, daß heute zunehmend ethnische Traditionen als etwas Positives anerkannt werden und nicht mehr verteidigt zu werden brauchen. Die Bundesregierung hat zur Förderung ethnisch geprägter Kultur Geld zur Verfügung gestellt, und die betroffenen Gruppen entfalten neue Aktivitäten. 1971 haben z. B. die Iren in San Francisco das United Irish Cultural Center gegründet, um die irischen Bewohner der Stadt nach Jahrzehnten der Gleichgültigkeit wieder zusammenzubringen. Abzeichen, die heute für das ethnische Amerika werben, sollten zusammen mit dem amerikanischen Wappenadler einen Phönix zeigen – was freilich nicht besagen soll, daß das Eigenleben der ethnischen Gruppen in Amerika jemals in Gefahr gewesen wäre, bis auf die Asche herunterzubrennen.

5. Soziale Folgen der Industrialisierung, Imperialismus und der Erste Weltkrieg, 1890–1920

Von Rhodri Jeffreys-Jones

I. ARMUT UMGEBEN VON WOHLSTAND

Der Triumph der industriellen Revolution in Amerika schuf die Voraussetzungen für eine Epoche imperialer Expansion und die erfolgreiche Teilnahme der USA am Ersten Weltkrieg. Die großen kommerziellen Erfolge wurden jedoch bezahlt mit Not und Leid der in Landwirtschaft und Industrie arbeitenden Bevölkerung. Deren Unzufriedenheit führte ab 1890 zu einer Vielzahl von Revolten gegen das System. Um sie unter Kontrolle zu halten, entwarfen die von der Reformfähigkeit des amerikanischen politischen und wirtschaftlichen Systems überzeugten *liberals*[1] in den ersten Jahren des 20. Jahrhunderts Reformprogramme.

Man kann die politische Unruhe, von der die amerikanische Öffentlichkeit in den 1890er Jahren ergriffen wurde, nicht etwa damit erklären, daß es der Bevölkerung der Vereinigten Staaten wirtschaftlich schlechter gegangen wäre als der europäischen. Immer wieder gelang es in Amerika einzelnen Männern, manchmal auch solchen bescheidener Herkunft, große Vermögen zu erwerben. 1883 schätzte der Regierungsstatistiker Carroll D. Wright den Durchschnittslohn eines Industriearbeiters in den Vereinigten Staaten um 60 % höher ein als den eines Industriearbeiters in Großbritannien. In jüngster Zeit haben Wissenschaftler wie Phelps Brown die Ansicht vertreten, daß sich zwar das Wachstum der Reallöhne in den Vereinigten Staaten nach 1890 verlangsamt habe, die Verschlechterung der Lage in den europäischen Industrieländern wie Deutschland jedoch noch ernster gewesen sei.[2] Andererseits sind allgemeine Schätzungen von Durchschnittswerten irreführend, weil sie nichts über regionale und in den einzelnen Berufsgruppen vorhandene Unterschiede und Schwankungen hinsichtlich der tatsächlichen Bedürfnisse und Wertvorstellungen aussagen. In Europa drängten Bismarck, Clemenceau und Giolitti aus unterschiedlichen politischen Gründen auf Sozialversicherungsgesetzgebung, die dem ärmsten Teil der Arbeiterklasse ein Existenzminimum garantieren sollte; in den Vereinigten Staaten war in bestimmten Regionen und Berufszweigen der Verarmung keine Grenze nach unten gesetzt. Im sonnigen, gastfreundlichen Italien war der Preis für Knoblauch wichtiger als der Preis eines Pelzmantels, während es im amerikanischen Bundesstaat Maine umgekehrt war: *bestimmte* Löhne und *bestimmte* Preise entschieden darüber, wer wirklich arm war. Vergleichende Schätzungen von Durchschnittswerten überzeugten die Betroffenen nicht und beschwichtigten nicht den erwachenden Reformeifer der Mittelklasse, die ihre Standards von inneren Wertvorstellungen ableitete. Im Jahre 1904 war deshalb das Entsetzen groß, als der Sozialarbeiter Robert Hunter behauptete, zwischen zehn und zwanzig Millionen Amerikaner lebten in bitterster Armut.[3] Die amerikanische Öffentlichkeit mußte zur Kenntnis nehmen, daß mitten im Überfluß die Armut weiter existierte.

Das Leben, das Stadtbewohner mit niedrigem Einkommen ertrugen, beschreibt das Problem der Armut überzeugender als alle Zahlen. In New York wurden Mietskasernen ohne viel Rücksicht auf das Privatleben und die Gesundheit der Bewohner gebaut. 360 000 Zimmer des Großraums New York waren fensterlos und unbelüftet. In vielen Städten wandelten Bauunternehmer skrupellos Lagerhäuser zu Wohnhäusern um und errichteten Barackensiedlungen auf einem Terrain mit ungesundem und verschmutztem Wasser. Das Fehlen von Müllbeseitigungsanlagen und Kanalisation erzeugte unvermeidlich Ungeziefer und Krankheiten. Die Sterblichkeitsrate der an Tuberkulose Erkrankten war im New York Hunters höher als im London von Dickens. Die unhygienische Zubereitung der Nahrungsmittel, besonders der Fleisch- und Milchkonserven, erhöhte die Anfälligkeit der Menschen für Krankheiten. Das Kochen auf offenem Feuer war in den überfüllten Mietshäusern ein großes Risiko; wenn Fett in der Pfanne Feuer fing und die Flammen sich ausbreiteten, wurden die Hinterhöfe schnell zu Todesfallen.

Was die Industrialisierung in den Vereinigten Staaten auch geleistet haben mag, sie garantierte nicht jedem Armen einen Arbeitsplatz. 1894 waren in der Industrie 17 % der Arbeitskräfte arbeitslos, und bis 1899 sank ihre Zahl nicht unter 10 %; 1908, 1914 und 1915 lag sie wieder über 12 %; 1921 erreichte sie einen Höhepunkt mit 21 %. Es gab aber auch Zeiten der relativen Vollbeschäftigung: 1890 gab es nur 5 % langfristig Arbeitslose. Kurzfristig waren jedoch im gleichen Jahr nach der vorsichtigen Schätzung des Amtes für Statistik aus dem Jahre 1890 fünfzehn % der Arbeiter arbeitslos. Die Armen litten nicht nur unter der Arbeitslosigkeit als solcher, sondern auch unter der Unsicherheit, die durch unregelmäßige Beschäftigung verursacht wurde.

Der mathematische Durchschnitt der Familieneinkommen hielt

hingegen sogar in den 1890er Krisenjahren mit den Lebenskosten Schritt. Die Arbeitsbedingungen waren für zu viele unzumutbar. Tausende von Frauen aus armen Familien in Chicago, Boston und New York mußten in sogenannten »sweatshops« arbeiten: in behelfsmäßigen engen Arbeitsräumen in Wohnungen und Mietskasernen, in denen die Arbeiter und Arbeiterinnen der Laune und Willkür der Eigentümer ausgesetzt waren. 1900 gingen in den Vereinigten Staaten mindestens 1 700 000 Kinder unter 15 Jahren regelmäßiger Arbeit nach. In den Textilfabriken des Südens arbeiteten zu-

Abb. 23: *Kinder während der Nachtschicht in einer Glasfabrik in Pennsylvania*

mindest 20 000 Kinder täglich eine Zwölf-Stunden-Schicht. Anders als die Kinder konnten die Männer wählen und sich organisieren, um ihre Lage zu verbessern. Seit den 1880er Jahren forderten die erwachsenen männlichen Arbeiter den Achtstundentag. Dennoch war die Sechzigstundenwoche noch 1920 keine Seltenheit. Bis 1922 blieb die wöchentliche Arbeitszeit an den Hochöfen der Stahlwerke im Durchschnitt zweiundsiebzig Stunden. Die lange Arbeitszeit forderte ihre Opfer. Vom 1. Juli 1909 bis zum 30. Juni 1910 verlor an jedem Tag und in jeder Stunde ein Eisenbahnarbeiter sein Leben.

Gesundheitliche Anfälligkeit trug ihren Teil zum Teufelskreis der Armut bei. An den verbreitetsten Krankheiten starben vier Arme auf einen Wohlhabenden. Schlechte Ernährung, Unterkunft und ärztliche Versorgung förderten vor allem Lungenkrankheiten und Berufskrankheiten. Und längere Krankheit

des Brotverdieners machte die Notlage seiner Familie vollkommen.
Landstreicherei war ein letztes Symptom der Armut in den Vereinigten Staaten. Ledige Männer oder auch Familienväter, die zerbrochen waren an dem Gefühl der Sinnlosigkeit und Nutzlosigkeit, begaben sich auf die Wanderschaft. Sie wurden zu *hobos,* zu Tippelbrüdern, die als blinde Passagiere auf Güterzügen von Ort zu Ort fuhren, in der Hoffnung, es irgendwo ein bißchen besser vorzufinden. Sie versammelten sich in

Abb. 24: *New Yorker Slum um 1900*

Kneipen und Asylen für Obdachlose (»flop houses«) in so berüchtigten Elendsvierteln wie der Bowery in New York oder der South Clark Street in Chicago. Sie ergaben sich dem Alkohol, der Prostitution und dem Verbrechen. 1895 zählte man 86 000 Landstreicher, die völlig auf öffentliche Unterstützung angewiesen waren. Dies waren die Extremfälle. Bedeutsamer war die Tatsache, daß wahrscheinlich über 25 % der gelernten und ungelernten Arbeiter in den Industriestädten von Neuengland alljährlich ihren Wohnort wechselten.[4] Verzweiflung trieb Tausende ganz normaler Familien und nicht nur einige hoffnungslose Fälle von einer Stadt zur anderen auf der Suche nach dem bloßen Existenzminimum.
Daß solche Armut fortbestehen konnte, lag zum großen Teil

an der Unwissenheit derjenigen, die hätten handeln können, an ihrem Zögern, diesem Problem einen besonderen Vorrang einzuräumen – obwohl Armut die Wurzel aller sozialen Unzufriedenheit war – und an der Uneinigkeit der Reformer über das beste Programm zu ihrer Bekämpfung. Die soziale Gesinnung hatte in Amerika nicht Schritt gehalten mit den neuen Zuständen in Industrie und Wirtschaft. Die weitgehende Vernachlässigung sozialer Fragen verriet nicht nur Desinteresse an der materiellen Lage der Arbeiter, sondern auch Mißachtung ihrer Würde. Doch diese Vernachlässigung, die oft als böswillig verurteilt wird, ergab sich in Wirklichkeit einfach aus der Distanz zwischen den Klassen der Bevölkerung.

II. DIE TRENNUNG DER KLASSEN: GLEICHGÜLTIGKEIT IN DEN VORORTEN UND FEINDSELIGKEIT DER UNTERNEHMER

Wohlhabende Amerikaner hatten gegenüber den Armen oft die besten Absichten, aber Unwissenheit und Vorurteile machten ihre besten Vorsätze zunichte. Unkenntnis der Not und der Empfindlichkeit der weniger Erfolgreichen nahm noch zu, als Kapital und Management immer seltener in gleichen Händen waren. Die wachsende räumliche Trennung zwischen den Wohnvierteln der Armen und der Wohlhabenden verstärkte noch die Auswirkungen verantwortungsloser Eigentümerschaft an Produktionsmitteln. In den Vororten entwikkelte sich ein neuer Lebensstil der Mittelklasse, den erst die verbesserten Verkehrsmittel ermöglichten. 1887 wurden elektrische Eisenbahnen eingeführt. Bald folgten die Hochbahnen. Ab 1895 baute Boston die erste Untergrundbahn Amerikas. 1910 besaß New York bereits ein U-Bahn-Streckennetz von 160 Kilometern. Wer auch nur ein mittleres Einkommen hatte, konnte nun fünfzehn oder zwanzig Kilometer weg von den schmutzigen Stadtzentren wohnen und Armut als ein ihm ferner und ferner rückendes Problem ignorieren.

Durch das Aufkommen der elektrischen Straßenbahn und später der Vorortzüge und Automobile wurden gerade jene Leute aus den Stadtzentren entfernt, die am besten in der Lage waren, für den Unterhalt öffentlicher Einrichtungen zu zahlen. Private Einrichtungen, wie die prächtig ausgestatteten Bürohäuser, in denen sich die Pendler tagsüber aufhielten, standen im krassen Gegensatz zu den düsteren Elendsquartieren der Armen. Die Bewohner der Stadtzentren mußten beträchtliche Unbequemlichkeiten und die Gefahren auf sich nehmen, die ein dichter Verkehr mit sich bringt. Da es die Verkehrsmittel möglich machten, in von der Wohnung weit entfernt gelegenen Fabriken Arbeit anzunehmen, wurden zudem die mehrere

Generationen umfassenden Familieneinheiten auseinandergerissen, die bei den aus ländlichen Gegenden in die Großstädte gezogenen Familien üblich gewesen waren. Erfolgreiche Söhne und Töchter entzogen sich der Aufsicht ihrer in Elendsquartieren lebenden Eltern. Und vielleicht kosteten sie auch die Freiheit, im Park am Stadtrand Tennis zu spielen und sich scheiden lassen zu können. Neu entstehende Spannungen zwischen den Generationen wurden zu einer weiteren Belastung. Den meisten Zeitgenossen schienen diese Entwicklungen unpersönlicher Natur und unabänderlich zu sein.

Reformeifrige Angehörige der Mittelklasse lösten oft nur Ressentiments unter den Betroffenen aus. Meist waren sie nicht bereit, Agitation zu dulden, die von Arbeitern selbst ausging. Ihr Versuch, den Genuß alkoholischer Getränke einzuschränken, war nicht frei von dem Bestreben, maßregelnd in das Leben der sozial Schwächeren einzugreifen. Die Reformer suchten die Schuld für das Auftreten von Geschlechtskrankheiten und Familienzwist bei Negern und Einwanderern, die Whisky aus Flaschen tranken, die mit Abbildungen nackter Mädchen verziert waren. Das Volstead-Gesetz von 1919, das auf dem achtzehnten Verfassungsänderungsartikel beruhte, verbot den Verkauf und die Verbreitung alkoholischer Getränke. Durch diese Bestimmungen und zuvor erlassene lokale Gesetze wurde nicht nur die harmlose und bekömmliche Flasche Wein vom Tisch des Einwanderers verbannt, sondern es verschwand auch die gemütliche irische Kneipe, von jeher der Ort kaum zu beanstandender Fröhlichkeit, der Stammtischpolitik und der informellen Sozialhilfe. In freundlicher Atmosphäre in Gesellschaft ein Glas zu trinken, war für die sorgenbeladenen Armen oft die einzige Entspannung, und viele von ihnen betrachteten den Kreuzzug gegen den Alkohol als eine unerträgliche Bevormundung und Herausforderung. So anachronistisch dieser Kreuzzug auch sein mochte, er wurde von starken Kräften unterstützt: nicht nur von den besorgten städtischen Mittelschichten, sondern auch von protestantischen Sekten und der Frauenbewegung; nicht nur von den Rassenfanatikern, die im Alkohol einen Weg zur Rassenschande sahen, sondern auch von Landbewohnern, die die wachsende Bedeutung der Städte fürchteten und ablehnten. Der Feldzug der Alkoholgegner ist deshalb nicht einfach als Folge des Gegensatzes zwischen reich und arm zu verstehen; er entsprang mehrfachen Trennungen und Gegensätzen in der amerikanischen Gesellschaft, die die Lage eines Arbeiters in der Stadt um so bedrückender und hoffnungsloser machten.

Wohlhabende Amerikaner, die an sich bereit waren, etwas für die unterbezahlte Arbeiterschaft zu tun, verabscheuten oftmals eigene kollektive Maßnahmen der Arbeiter. Der Widerstand

gegen die Organisierung der Arbeiterklasse verzögerte Reformen und wirkte sich als psychologische Unterdrückung aus. Die Organisierung der Arbeiter wurde durch verschiedene Faktoren behindert: Schwarze Listen mißliebiger Arbeitskräfte wurden aufgestellt; Arbeitern wurde es erschwert, für ihre Versammlungen geeignete Räume zu mieten; Pächter von Farmen und Bergarbeiter, die öffentlich gegen ihre Ausbeuter auftraten, wurden entlassen und von Haus und Hof verjagt. Politische Diskriminierung provozierte den Unmut größerer Teile der Bevölkerung. Die Schwarzen wurden in den 1890er Jahren durch neue Gesetze in den Südstaaten in zunehmendem Maße des Stimmrechts beraubt. Auch Frauen und Kinder durften nicht wählen. Einwanderer und Neuzugezogene waren jahrelang nicht wahlberechtigt, weil sie die Bestimmungen der Wahlgesetze der Einzelstaaten nicht erfüllten oder die amerikanische Staatsbürgerschaft noch nicht erworben hatten. Ohne Stimmrecht waren sie am politischen Entscheidungsprozeß praktisch nicht beteiligt. Diese Bevölkerungsgruppen erhielten die niedrigsten Löhne und vermehrten die Zahl der verbitterten Armen.
Die Macht des Geldes war ein weiteres Hindernis, das der politischen Organisierung der Arbeiter im Wege stand. Der Senat der Vereinigten Staaten war ein Klub für Millionäre. Die echten politischen Entscheidungen fielen nicht durch allgemeine Wahlen – bei denen man häufig nur noch die Wahl zwischen einem republikanischen Kapitalisten und einem demokratischen Kapitalisten hatte –, sondern im vertraulichen Kreis mächtiger Parteibosse in den sprichwörtlich gewordenen rauchgeschwängerten Sitzungszimmern *(smokefilled rooms)*. Die Interessenvertreter der Armen rügten den konspirativen Charakter, den der politische Prozeß angenommen hatte. Der Dollar hatte nicht nur die Politik auf der nationalen Ebene korrumpiert, sondern auch die traditionell egalitären Parlamente der Einzelstaaten. Obwohl sich z. B. 1902 in Colorado eine überwältigende Mehrheit der Wähler für den Achtstundentag der Bergarbeiter ausgesprochen hatte, entschied die Legislative des Staates zugunsten der Großunternehmer, die mit Geld nachgeholfen hatten, und ließ den Gesetzentwurf fallen; in vorangegangenen Wahlen hatten sich beide Parteien für die Reformmaßnahme ausgesprochen.
Die Unternehmer wehrten sich gegen wirtschaftliche Organisierung ebenso heftig wie gegen politisches Aufbegehren der Arbeiter. Die meisten Richter waren parteiisch, weil sie früher selbst Anwälte von Industrieunternehmen gewesen waren. Sie erließen gerichtliche Verfügungen, die die Tätigkeit der Werber der Gewerkschaften behinderten. Der Führer des bundesweiten Eisenbahnerstreiks von 1894, Eugene V. Debs, erhielt

z. B. eine Gefängnisstrafe, weil er die einstweilige Verfügung eines Bundesgerichtes mißachtet hatte. Zahlreiche einstweilige Verfügungen gegen Arbeiterführer wurden aufgrund des Sherman-Anti-Trustgesetzes von 1890 erlassen, eines Gesetzes dessen Sinn und Zweck es hatte sein sollen, Monopolbildungen zu verhindern. Die Gerichte entschieden auch, daß die sogenannten *yellow dog*-Arbeitsverträge (*yellow dog* = feiger Hund), in denen der Arbeitnehmer versicherte, keiner Gewerkschaft anzugehören und sich für den Fall seines Beitritts zu einer Gewerkschaft mit seiner Entlassung einverstanden erklärte, rechtlich zulässig seien. Und schließlich konnten die Kapitalisten, da sie die nationale und lokale Politik und die Justiz kontrollierten, auch Truppen anfordern, um einen Streik zu brechen, oder ungestraft Privatarmeen anheuern. Es ist unklar, wie wirksam diese Taktiken im Kampf gegen die Gewerkschaftsbewegung gewesen sind, aber sie waren für die Arbeiter, die schon Grund genug zu Klagen über die zu niedrigen Löhne hatten, zumindest eine zusätzliche psychologische Belastung.

Die schwersten Rückschläge erfuhren die Gewerkschaften durch wirtschaftliche Gegenmaßnahmen. Monopolistische Unternehmer wie Andrew Carnegie oder Unternehmerverbände wie die National Erectors' Association verfügten über die notwendigen Mittel, um ihre Arbeiter lange Zeit auszusperren. 1903 führte die National Association of Manufacturers einen Propagandafeldzug für den »offenen« Betrieb *(open shop)*, der nichtorganisierte Arbeiter unter den gleichen Bedingungen beschäftigte wie die gewerkschaftlich organisierten. Der Unternehmer-Verband instruierte dabei die Unternehmer, wie sie ihren Kampf gegen die Gewerkschaften führen sollten. Die Metallindustrie organisierte im ganzen Lande eine Reservearmee potentieller Streikbrecher. Die Kohleindustrie hatte sich bereits den ständigen Zustrom mittelloser Einwanderer zunutze gemacht, um die Löhne niedrig zu halten. Die Politik des »teile und herrsche« wurde verfeinert durch den Einsatz Schwarzer als Streikbrecher. Viele Gemeinden im Norden lernten Schwarze zuallererst in der Rolle von Streikbrechern kennen. 1905 kam es zu dem vielleicht blutigsten Streik in der Geschichte Amerikas, als bewaffnete Schwarze aus Memphis, Cincinnati und St. Louis nach Chicago gebracht wurden, um den Streik der Transportarbeiter zu brechen. Mit solchen Maßnahmen gewannen amerikanische Kapitalisten kaum die Zuneigung der Arbeiter.

III. MENSCHLICHE REAKTIONEN: FREIZEIT, RASSISMUS UND MOBAKTIONEN

Die Unzufriedenheit mit dem System der Industriegesellschaft äußerte sich nicht nur auf politischem Gebiet. Formen der Freizeitgestaltung, des Rassismus und gewalttätige Mobaktionen verrieten ebenfalls einiges über den Gefühlszustand der unterschiedlichsten Gruppen.

Die Art der Freizeitgestaltung gibt Auskunft sowohl über den Erfolg sozialreformerischer Bemühungen als auch über das Ausmaß der Bejahung des bestehenden sozialen Systems, des herrschenden »American way of life«. Die Flucht in die Freizeit kann zudem auch als eine eskapistische Alternative zur radikalen politischen Aktion betrachtet werden. Auch rassistisches Verhalten und Mobaktionen waren keine unmittelbar politischen Erscheinungen, und auch sie können als eskapistische Reaktionen auf soziale Probleme angesehen werden. Die Mehrheit wollte nicht Radikalismus, sondern direkten Gefühlsausdruck und momentane Entspannung.

In seinem Buch *Families Against the City* (1970) schreibt Richard Sennett, daß Chicagos Mittelklasse in den 1870er und 1880er Jahren es ablehnte, Geschlechtsverkehr als eine Form der Entspannung und des Vergnügens zu betrachten. Vorurteile und religiöse Glaubensvorstellungen wendeten sich gegen die damals noch primitiven Formen der Empfängnisverhütung, und besonders in den Städten war es leichter, einem oder zwei Kindern einen guten Start ins Leben zu geben als fünf oder sechs; und Ärzte warnten die Frauen meist vor häufigen Schwangerschaften.[5] Die noch laufenden Forschungsarbeiten von Carl Degler werden jedoch vielleicht zeigen, daß Amerikanerinnen im 19. Jahrhundert und folglich auch ihre Männer weniger verkrampft waren, als Sennett annimmt. Man sollte auch nicht vergessen, daß es auf dem Lande weiterhin große Familien gab, weil man darauf vertraute, daß es wenigstens nicht am Essen fehlen würde.

Die Freizeitgestaltung in den ländlichen Gebieten beschränkte sich nicht auf die Befriedigung sexueller Bedürfnisse. Es gab die verschiedensten Vergnügungen, vom Hundefangen bis zum gemeinsamen Muschelbacken am Strand. Neue Institutionen der Erwachsenenbildung berücksichtigten die besondere Lage isoliert lebender Farmer. So entstand z. B. in einem Ferienlager am See Chautauqua in der Nähe von Buffalo die Chautauqua-Bewegung zur Förderung der Allgemeinbildung. Predigten, Theateraufführungen und politische Vorträge wurden zur Unterhaltung und Erbauung veranstaltet, während die Kinder der oft von weit hergereisten Eltern im Hintergrund spielten und ihre älteren Geschwister auf Brautschau gingen.

Eine weitere Einrichtung war die 1869 in den Staaten des Westens gegründete Farmervereinigung Grange. In ihren Räumen konnten sich die Farmerfamilien zu Tanz und anderen gesellschaftlichen Veranstaltungen zusammenfinden.

Obwohl die amerikanischen Großstädte Ende des 19. Jahrhunderts in mehrerer Hinsicht abstoßend waren, erfüllten auch hier Freizeiteinrichtungen bald die Bedürfnisse der Bevölkerung. Die Kinder konnten in den übervölkerten Stadtzentren nicht in der freien Natur spielen. In den 1890er Jahren errichteten Philanthropen und Stadtverwaltungen ersatzweise Spielplätze und öffentliche Parks. Radfahren wurde immer beliebter, und ganze Familien fuhren am Wochenende mit dem Rad in die Parks. (Erst in den 1920er Jahren wurde durch Henry Fords billige Produktionsmethoden das Auto auch für die Durchschnittsfamilie erschwinglich.) Weniger anstrengend war die Fahrt mit der Straßenbahn in die Erholungsgebiete. So brachten die Straßenbahnen von Boston und New York aufgeregte Familiengruppen in die riesigen Vergnügungsparks von Revere Beach und Coney Island. Verkehrsgesellschaften in kleineren Städten bauten aus spekulativen Gründen ebenfalls Schienenwege, die aufs Land hinausführten und in Erholungsgebieten endeten. Sie schufen sich dadurch Verkehr in den verkehrsschwachen Zeiten. In großen Sälen wurden beliebte Komödien und Musicals aufgeführt und Bälle veranstaltet. 1914 war der gesittete Walzer bereits von den viel aufregenderen Tänzen *turkey trot* und Foxtrott verdrängt worden.

1894 wurden in den Vereinigten Staaten die ersten Stummfilme vorgeführt. Im folgenden Jahrzehnt widmete Thomas A. Edison seine Erfindungsgabe diesem Industriezweig. 1920 hatte D. W. Griffith schon einige großartige Filme gemacht. Danach leisteten die Ateliers von Hollywood einen quantitativ großen Beitrag zur Filmindustrie. 1908 besuchten zwei bis drei Millionen Menschen täglich die amerikanischen Filmtheater. Eine Kinokarte kostete nur einen Nickel (fünf Cents), und das »Nickelodeon« ersetzte allmählich den Groschenroman als Unterhaltungsform für die Arbeiterklasse. Die Stummfilme erfreuten sich großer Beliebtheit, sowohl bei den Einwanderern, die noch kein Englisch konnten, als auch bei den Einheimischen. Das Kino war eine einfache Form der Ablenkung von den Sorgen des Alltags. In den Volksstücken flog dem weißen Schauspieler, der den afro-amerikanischen Narren spielte, die unvermeidliche Kremtorte in das geschwärzte Gesicht. Die ersten Wildwest-Filme folgten. Verführerische Schönheiten, die ihre Jungfräulichkeit bewahrt hatten, wurden mit reichen Ehemännern belohnt, die sich ihr gutes Aussehen bewahrt hatten. Aber es gab auch schon Filme mit direkteren Aussagen:

E. S. Porters *Kleptomaniac* (1905) behandelte die Begünstigung der Reichen durch die Gerichte. Sozialkritik kam auch im Rahmen der Little-Theatre-Bewegung zum Ausdruck, die 1911 aus Europa nach Amerika übersprang. An vielen Orten entstanden kleine Bühnen, die nicht nur romantische lebensferne Stücke spielten, sondern auch Problemstücke wie Edward Sheldons *The Boss* (1911), das Konflikte zwischen sozialen Klassen behandelte. Es wäre also falsch zu sagen, alle volkstümliche Unterhaltung sei Flucht aus der Wirklichkeit gewesen.
Mit der Verstädterung entstanden einige vorzugsweise männliche Freizeitbeschäftigungen. Der *saloon* in der Großstadt bot jetzt die Getränke an, die man früher im *drugstore* der Kleinstädte genossen hatte. Symptomatischer für kollektiven Eskapismus waren die Klubs. Handwerker und Geschäftsleute traten in großer Zahl den Rotary Clubs (gegründet 1905), den Kiwanis und den Lions Clubs bei. Hier, wo sie den spöttischen Blicken ihrer Ehefrauen nicht ausgesetzt waren, kostümierten sich ansonsten achtbare Ehemänner als Potentaten, begrüßten sich mit Geheimzeichen und hielten orgiastische Reden vor hingerissenen Zuhörern und taten so, als habe das Aufkommen der Massenproduktion den einzelnen nicht seiner Bedeutung beraubt. Alle Klubs zählten 1914 zusammen 15 600 000 Mitglieder.
Auch der organisierte Sport entstand um die Jahrhundertwende als Ausdruck einer eskapistischen Stimmung. *Baseball* und *football* (die amerikanische Form des *rugby*) wurden zu Großunternehmen der Unterhaltungsindustrie, weniger darauf angelegt, den einzelnen körperlich zu ertüchtigen, als künstliche Aufregung und Spannung zu erzeugen. Ausbildung und Auftritte der Spieler wurden professionell betrieben, und der kommerzielle Sport diente dazu, die Aggressionsgefühle von Millionen von Zuschauern zu sublimieren. Seit 1900 konkurrierten eine National League und eine American League um die besten Spieler und die meisten Zuschauer beim amerikanischen Nationalsport, dem *baseball.* Diese Sportart war zwar nur in den Vereinigten Staaten zu Hause, aber seine Anhänger ergingen sich in großartiger Rhetorik über die »World Series«.
Auch *football* änderte sich. Bislang war das Spiel von einigen Privatuniversitäten der »Efeu-Liga«, besonders Harvard, Yale und Princeton, beherrscht worden. Jetzt übernahmen es auch die demokratischen Universitäten des Westens, die Universitäten von Michigan und Minnesota, und schließlich wurde es zum Berufssport. Riesige Stadien wurden Anfang des Jahrhunderts gebaut, wenn eine erfolgreiche Mannschaft die Finanzen einer staatlichen oder privaten Universität aufbesserte. Eine breitere Öffentlichkeit nahm Anteil sowohl an den Spielerfolgen als auch an den nicht selten vorkommenden

schweren Verletzungen der *football*-Spieler.
Auch wenn Sport Flucht aus der Wirklichkeit war, er ließ sich weder vom täglichen Leben noch von der Politik trennen. In der *football*-Saison von 1903 starben 44 Spieler an ihren Verletzungen. Zwei Jahre später setzte sich Präsident Theodore Roosevelt für eine Änderung der Spielregeln ein. Er erkannte, daß viele einfache Menschen ihre Aufmerksamkeit dem Sport schenkten und daß ein erfolgreicher Politiker sein Profil verbessern konnte, wenn er sich auch in diesem Bereich betätigte. Sein Nachfolger, Präsident William Howard Taft, begründete den bis heute befolgten Brauch, daß niemand geringeres als der Präsident der Vereinigten Staaten die *baseball*-Saison der Berufsspieler eröffnet, indem er den Ball auf das Spielfeld wirft. Das Golfspiel, das schnell das Interesse aller Klassen gewann, verdankte seine Beliebtheit u. a. einer neuen Freude an offener Landschaft und sauberer Luft. Boxen, beliebtester Zuschauersport der Arbeiterklasse, war eine Karikatur des harten Existenzkampfes. Der spektakulärste Boxkampf vor dem Ersten Weltkrieg, von der amerikanischen Öffentlichkeit mit besonders morbidem Interesse verfolgt, fand 1910 in Reno, Nevada, zwischen dem Schwarzen Jack Johnson und der »letzten Hoffnung der Weißen«, James J. Jeffries, statt. Johnson siegte.

Amerikanische Arbeiter reagierten auf die Belastungen, denen sie ausgesetzt waren, manchmal mit einer rassistischen und manchmal mit einer imperialistischen Haltung. Ihr Rassismus entstand weniger durch die Loblieder, die zeitgenössische Intellektuelle auf die »angelsächsischen Tugenden« sangen, als vielmehr durch die Suche nach einem Sündenbock. Fast alle als solche identifizierbaren ethnischen Gruppen wurden irgendwie angefeindet, aber Juden, Schwarze und Chinesen waren die häufigsten Opfer rassischer Vorurteile. So warf man zum Beispiel den Schwarzen vor, daß sie es wagten, von Weißen begehrte Stellungen zu übernehmen, daß sie Streikbrecher und schuld am Niedergang der populistischen Bewegung seien. Ebenso wie in anderen Gesellschaften, etwa in Nordirland, gaben die herrschenden Mehrheiten den Minderheiten, mit denen sie in Wirklichkeit vieles gemeinsam hatten, die Schuld für ihr eigenes Versagen.

Zu den populistischen Agrarreformern später mehr; an dieser Stelle ist jedoch Richard Hofstadters Interpretation zu erwähnen, wonach die Populisten englandfeindlich und antisemitisch gewesen seien.[6] Das Symbol des Shylock war in ihren Schriften allgegenwärtig, und das englisch-jüdische Bankhaus Rothschild war für die radikalen Farmer im Westen und im Süden der Inbegriff des Bösen, denn sie waren empört über die Fortdauer der Politik des teuren Geldes in der atlantischen Gemeinschaft. In seinem Buch *The Tolerant Populists* (1963) bestreitet Walter T. K. Nugent jedoch, daß die Populisten Vorläufer der amerikanischen Faschisten des 20. Jahrhunderts gewesen seien. Seiner Erklärung zufolge haben die Farmer die jüdischen Finanziers als Finanziers und nicht als Juden kritisiert.

Sowohl auf dem Lande als auch in der Stadt machten die unzufriedenen armen Weißen die Schwarzen für ihre Notlage verantwortlich. Ihr Ressentiment wurde zum Teil durch den neuen Status genährt, den die Afro-Amerikaner in den 1860er und 1870er Jahren im Bereich der Bürgerrechte und der Politik erlangt hatten. In einem Zeitalter der fast allgegenwärtigen Korruption hatten sich die schwarzen Mitglieder der Parlamente in den Südstaaten in der Periode des »radikalen Wiederaufbaus« nach dem Bürgerkrieg verhältnismäßig gut versorgt. Dann wurden die Schwarzen durch ein politisches Geschäft, das den Namen »Kompromiß von 1878« erhielt und in dem Industrielle aus dem Norden und Konservative aus dem Süden sich gegenseitige Unterstützung ihrer Interessen im Kongreß versprachen, von der Macht ausgeschlossen. Damit stellte sich ein taktisches Problem. Viele Schwarze stimmten mit ihrem Führer, Booker T. Washington, darin überein, daß sie sich des politischen Radikalismus enthalten und auf wirtschaftliche Erfolge konzentrieren sollten. Aber einige von ihnen folgten den Ideen des jungen W. E. B. DuBois, der die Auffassung vertrat, man dürfe sich auf keine Kompromisse einlassen. Anfang der 1890er Jahre, als Agrarpopulisten wie Tom Watson aus Georgia sich um die Wählerstimmen der Neger bewarben, sah die Situation recht vielversprechend aus. Aber die konservativen politischen Führer der Demokraten versuchten, bei den Weißen Neid und Ablehnung gegenüber den Schwarzen zu wecken, und besiegten die toleranten Populisten in verschiedenen Wahlen, wobei sie auch nicht auf die üblichen Korruptionsmittel verzichteten. Unlogischerweise gaben die Populisten nun den Schwarzen die Schuld für ihre Niederlage. Der Präsidentschaftskandidat der Populisten bei den Wahlen des Jahres 1904, Watson, war bereits 1906 einer der prominenten Nutznießer der Negrophobie. Im Süden schien die öffentliche Meinung zur »Negerfrage« in der Welle der Lynchjustiz und den Gesetzen zur Aberkennung des Wahlrechts ihren Ausdruck zu finden, die jede Aussicht auf Sozialreformen auf dem Land in weite Ferne rücken ließen. Diese irrationale Reaktion erfolgte nicht ganz spontan; sie war zunächst von konservativen Politikern und dann von enttäuschten Populisten betrieben worden.

Ähnlich läßt sich zeigen, daß die Rassenvorurteile in der Arbeiterbewegung durch bewußte Beeinflussung hervorgerufen

und nicht spontan entstanden waren. In den 1880er Jahren gab es bei den Dockarbeitern in New Orleans und den Bergarbeitern in Kentucky deutliche Anzeichen dafür, daß zwischen den Angehörigen beider Rassen ein harmonisches Verhältnis bestand. Daß es schließlich in diesen Gebieten zur Rassendiskriminierung kam und daß Schwarze nicht als Mitglieder in die Gewerkschaften aufgenommen wurden, haben manche Historiker mit spontanen Forderungen weißer Arbeiter aus dem Süden zu erklären versucht. Aber vieles deutet darauf hin, daß die Politik des »teile und herrsche« der Unternehmer in diesen Gebieten und die Kompromißbereitschaft der American Federation of Labor (AFL) ein gut Teil zur Entwicklung dieser Situation beigetragen hatten. Welches auch die Ursache gewesen sein mag, der Ausschluß der Schwarzen von der Mitgliedschaft in den Gewerkschaften hatte zur Folge, daß sie zu Streikbrechern wurden und zu Sündenböcken, denen man wirtschaftliche und politische Fehlschläge zur Last legen konnte. An der Westküste spielten chinesische und japanische Arbeiter eine ähnliche Rolle. Tatsächlich beruhte die Geschlossenheit der Arbeiterbewegung in Kalifornien zum Teil auf der gemeinsamen Ablehnung der Orientalen.
Soziale Unzufriedenheit kam auch in Form nicht-organisierter Aktivitäten zum Ausdruck. Diese Verhaltensweisen waren nicht unbedingt eskapistisch, denn sie dienten oft der Verfolgung ganz bestimmter Ziele. Man kann sie, wenn nicht als archaisch, so doch zumindest als vor-industriell bezeichnen. Arbeiter, denen die Routine in den Industriebetrieben noch fremd war, reagierten zuweilen auf die Belastung, indem sie zu ländlichen Gewohnheiten zurückkehrten. Die Stahlarbeiter in Pennsylvania waren in den 1830er Jahren bekannt für häufige Abwesenheit vom Arbeitsplatz. Ohne Vorankündigung verschwanden sie, um auf die Jagd zu gehen, an Hochzeiten teilzunehmen oder den Unabhängigkeitstag tagelang zu feiern. Die irischen Arbeiter in den Kohlebergwerken im östlichen Teil desselben Staates gründeten in den 1860er Jahren eine Geheimorganisation unter dem Namen »Molly Maguires«, nach einer Gruppe von Rebellen, die in Irland die englische Vorherrschaft bekämpft hatten. In der Neuen Welt versuchten die »Mollies«, ihren Status und ihre Löhne in den Kohlengruben dadurch zu verbessern, daß sie Unternehmer und Aufseher ermordeten (die meist vor ihnen eingewandert und britische Protestanten waren). Teile der allgemeinen Bevölkerung und nicht nur die organisierten Arbeiter brachten ihren Protest in Mobaktionen zum Ausdruck, die an Unruhen auf dem Lande erinnerten. In den 1880er und 1890er Jahren griffen erregte Menschenmengen Straßenbahnen an; die gesamte Einwohnerschaft von Gemeinden, die vom Bergbau oder der

Stahlindustrie lebten, beteiligte sich an den wilden Streiks der 1890er Jahre und in den ersten Jahren nach 1900 in einer Weise, die von Gewerkschaftsführern häufig mißbilligt wurde. 1894 marschierten 10 000 Arbeitslose, inspiriert durch den Populisten Jacob S. Coxey, nach Washington. Banden von Jugendlichen aus den Elendsquartieren versammelten sich an Straßenecken und bedrohten die Passanten. Berichte wurden verbreitet, daß Banditen im Westen, z. B. die Brüder James, die Reichen beraubten, um den Armen zu helfen. Man könnte versucht sein, in diesen Vorkommnissen eine unbewußte Form des Protests zu sehen, der nur auf irgendeinen großen Katalysator wartete, um sich zum revolutionären Klassenbewußtsein zu entwickeln. Doch fehlten auf der amerikanischen Szene einige der Symptome, die früheren Generationen von Europäern vertraut gewesen waren, wie zum Beispiel das Zerstören von Maschinen. Es scheint, als ob die häufigste Reaktion auf die Industrialisierung in Amerika nicht artikulierter Protest gewesen ist, sondern der Versuch, sich auf privates Glücksstreben zurückzuziehen, und öffentlich noch am ehesten eine chauvinistische Haltung zu vertreten.

IV. ARBEITER ORGANISIEREN SICH

Kritiker des Industriekapitalismus wollten den Problemen, die sie erkannt hatten, nicht nur ausweichen, sondern auch die Zustände ändern. Der britische Philanthrop Robert Owen ging 1824 nach Amerika und errichtete in New Harmony, Indiana, eine nach seinen Idealen organisierte Mustergemeinschaft. 1827 war das Experiment gescheitert, und von 1829 bis 1834 widmete Owen seine Kräfte der britischen Arbeiterbewegung. Seine Anhänger in Amerika propagierten auch weiterhin seine Ideen von einem bruderschaftlichen, sozialistischen Leben. Sein Sohn, Robert Dale Owen, arbeitete mit Agitatoren wie der als »rote Hure« geschmähten Frances Wright zusammen und verkündete einen vormarxistischen Sozialismus, der für Zusammenarbeit und Vermeidung von Klassenkonflikten eintrat. Schon früh haben diese Fürsprecher der amerikanischen Lohnarbeiter in der Zeit der »Jacksonian democracy« an politische Maßnahmen gedacht. Die Bemühungen der 1829 in New York gegründeten Workingmen's Party hatten keinen Erfolg in einer Zeit, als die Klasse der Lohnempfänger nur einen sehr geringen Prozentsatz der Bevölkerung ausmachte. Doch gerade diese Fehlschläge führten zu gewissen konstruktiven Überlegungen. George Henry Evans, ein ehemaliger Führer dieser Partei, artikulierte den später auch befolgten Grundsatz, daß die Arbeiter bei Wahlen geschlossen ihre politischen

Freunde in *beiden* etablierten Parteien unterstützen sollten. Evans bewies sein Verständnis für wirtschaftliche Fragen, als er dafür eintrat, arbeitslosen Arbeitern kostenloses Land im Westen zur Verfügung zu stellen. Viele Lohnsteigerungen in späteren Jahren waren auf den Arbeitskräftemangel und weniger auf die Agitation der Gewerkschaften zurückzuführen.

Die 1866 von dem Eisengießer William Sylvis gegründete National Labor Union hatte wenig mit der 1864 von Karl Marx gegründeten Internationalen Arbeiterassoziation zu tun. Die NLU nahm sich der Bedürfnisse der arbeitenden Menschen an, nicht der Arbeiterschaft als Klasse. Sie trug zu der für Amerika wichtigen Vorstellung bei, zwischen »Produzenten«, zu denen auch die Farmer und kleinen Geschäftsleute gerechnet wurden, und »Parasiten«, wie Zwischenhändler und Bankiers, zu unterscheiden. Die meisten Amerikaner von 1866 hätten sich, ebenso wie ihre Nachkommen, als »Produzenten« und als Angehörige der Mittelklasse bezeichnet und nicht als Angehörige der Arbeiterklasse. Obwohl die NLU diese Grundeinstellung richtig beurteilte, kam sie als eigenständige Bewegung aus vier Gründen nicht recht voran. Sie erwartete zu viel von rein finanztechnischen Regelungen; Sylvis starb 1869; die Depression von 1873 brachte neue Probleme mit sich; und Entwicklungen in der europäischen Linken hatten ihre Auswirkungen auf Amerika: die Erste Internationale von Marx, die sozialdemokratische Bewegung von Lassalle und der Anarchismus von Bakunin.

1870 schlossen sich die Überreste der NLU der Ersten Internationale an. An diesem Schritt waren einige deutsche Anhänger Lassalles und ein deutscher Musiklehrer in New York, Friedrich Sorge, aktiv beteiligt. Gruppenstreitigkeiten, besonders über die Frage, ob man wirtschaftliche oder politische Taktiken anwenden sollte, schwächten die amerikanischen Sektionen der Internationale. 1876–77 ermutigten jedoch schwere Unruhen unter den Eisenbahnarbeitern und Enthüllungen über die Molly Maguires die Linke, sich in der Workingmen's Party of the United States zusammenzuschließen, die große Erfolge erzielte in Städten wie dem von deutschen Einwanderern bewohnten Milwaukee, dem Zentrum der Bierbrauerei, das bis in die 1950er Jahre sozialistisch blieb. 1877 benannte sich die Workingmen's Party um in Socialist Labor Party; und 1879 verfügte sie nach eigenen Angaben über rund zehntausend Mitglieder in fünfundzwanzig Staaten. Durch den wachsenden Wohlstand sank die SLP zur Bedeutungslosigkeit herab, und Anfang der 1880er Jahre hatte sie nur noch 1 500 Mitglieder.

1883 schloß sich eine Splittergruppe der SLP der anarchistischen Schwarzen Internationale an. Diese vorwiegend deutsche Bewegung erhielt bald neue Impulse durch die Ankunft des Feuerkopfes Johann Most. Die Philosophie der deutsch-amerikanischen Anarchisten unterschied sich von derjenigen einheimischer anarchistischer Denker wie Benjamin Tuckers, dessen Anschauungen pazifistisch waren und sich an Jefferson anlehnten. Most hatte in England im Gefängnis gesessen, weil er die Ermordung Alexanders II. gut geheißen hatte, und seine Anhänger in Amerika trafen optimistische Vorbereitungen für einen bewaffneten Aufstand des Proletariats. 1886 erlitt der Anarchismus aller Schattierungen einen Rückschlag. Auf dem Haymarket Square in Chicago tötete eine Bombe einen Polizeibeamten. Nach einem parteiischen Gerichtsverfahren wurden vier Verdächtige hingerichtet, unter ihnen der führende Anarchist, Albert Parsons. Die Zahl der Mitglieder der Schwarzen Internationale, die nie höher ge-

Abb. 25: *Mitglieder der amerikanischen Arbeiterorganisation ›Knights of Labor‹ demonstrieren im Sonntagsstaat mit Plakaten, um 1885*

wesen war als siebentausend, ging zurück. Als Folge des Metallarbeiterstreiks von 1892 in Homestead, Pennsylvania, unternahm der russische Anarchist Alexander Berkman einen Attentatsversuch auf Henry Clay Frick, der als rechte Hand des Stahlmagnaten Andrew Carnegie galt. Damit nicht genug, ermordete ein Mann, der sich als Anarchist bezeichnete, 1901 den Präsidenten McKinley. Ein Jahrzehnt später lebte das Interesse am Anarchismus noch einmal auf, hauptsächlich als radikale Geste bürgerlicher Intellektueller.

Von allen Institutionen, die sich die Arbeiterschaft selbst schuf, um die Industriegesellschaft nach ihren Vorstellungen zu beeinflussen, erwiesen sich die Gewerkschaften als die dauerhaftesten. Bevor sie ihre endgültige Form fanden, machten die amerikanischen Gewerkschaften mehrere Übergangsstadien durch. Die Schuhmachergesellen in Philadelphia organisierten sich schon 1792 mit dem Ziel, gemeinsam für angemessene Löhne zu kämpfen. 1799 gab es einen Streik gegen Lohnkürzungen, aber es dauerte noch viele Jahre, bevor die Gewerkschaften es lernten, sich gegen den Widerstand der Arbeitgeber und der Gerichte zu behaupten. Arbeiterführer innerhalb und außerhalb der sozialistischen Bewegung standen stets vor der Frage, ob sie politische oder wirtschaftliche Taktiken anwenden sollten. In der Zeit vor dem Bürgerkrieg und während des Bestehens der National Labor Union herrschten die politischen Maßnahmen vor, aber von den 1870er Jahren an setzten sie auch wirtschaftliche Methoden ein.

Die Knights of Labor waren eine Organisation der Übergangszeit, deren Programm Zusammenarbeit, Erziehung und Überzeugen durch Argumente verlangte. Aber in der Praxis neigten sie zu wirtschaftlichen Maßnahmen und zur Streiktaktik. Die Knights waren Ende 1869 von einer Gruppe von Textilarbeitern in Philadelphia gegründet worden und hatten 1886 nach eigenen Angaben 700 000 Mitglieder. Aufgenommen wurden alle »Produzenten«, Farmer ebenso wie Arbeiter in den Städten, nicht aber »Parasiten« wie Rechtsanwälte und Bankiers. Der vielleicht wichtigste Erfolg des ab 1879 langjährigen Vorsitzenden Terence V. Powderly war die Billigung der Knights durch den Vatikan. Um sich selbst zu schützen, hatten die Knights bis 1881 als Geheimorganisation funktioniert und sich damit automatisch die Mißbilligung der katholischen Kirche zugezogen. Als der Vatikan 1887 infolge von Powderlys Bemühungen seine ablehnende Haltung gegenüber den Gewerkschaften aufgab, war es für die Knights selbst zwar schon zu spät, aber andere Gewerkschaften, die die katholischen Arbeiter organisieren wollten, fanden ihre Arbeit erleichtert. Daß die Knights an Einfluß verloren, war zum großen Teil dem Umstand zuzuschreiben, daß Powderly Streiks ablehnte. Am 1. Mai 1886 drohten 340 000 Arbeiter, die meisten von ihnen Mitglieder der Knights, die Arbeit niederzulegen, wenn ihnen nicht der Achtstundentag zugebilligt würde. Powderly weigerte sich, den Streik zu billigen und Streikgelder zur Verfügung zu stellen. Die Mitgliederzahl der Knights sank bis 1893 auf nur mehr 75 000, als Powderly von James R. Sovereign, einem Farmer aus Iowa, abgelöst wurde. In den 1890er Jahren wurde die Bewegung durch die Streitigkeiten Sovereigns mit den Sozialisten noch weiter geschwächt.

Die Aussichten für ein etwaiges Wiederaufleben der Knights wurden immer geringer, als die American Federation of Labor an Einfluß gewann. In den 1870er Jahren hatten sich zwanzig »internationale« Gewerkschaften organisiert, die sich für jeweils einen Berufsstand im ganzen Gebiet der Vereinigten Staaten und in ganz Kanada zuständig erklärten. Diese Organisationsform nach Berufsgruppen stand im Gegensatz zur Methode der Knights, die nach geographischen Gruppen, den District Assemblies, gegliedert waren. 1881 veranstalteten die neuen Gewerkschaften einen Kongreß in Pittsburgh zur Gründung der Federation of Organized Trades and Labor Unions of the United States and Canada. 1886 entstand der Dachverband American Federation of Labor (AFL) unter der Führung von Adolph Strasser und Samuel Gompers, beide ehemalige Sozialisten und Funktionäre der Zigarrenmachergewerkschaft. Gompers, der einer holländisch-jüdischen Familie entstammte und in London aufgewachsen war, blieb mit nur einer Unterbrechung bis zu seinem Tode im Jahre 1924 Präsident der AFL. Gompers' Führungsqualitäten waren umstritten und sind es bis heute. Unbestritten ist, daß während seiner Präsidentschaft die Gesamtzahl der Mitglieder der in der AFL zusammengeschlossenen Gewerkschaften bis 1901 auf über eine Million anstieg und bis 1920 auf fünf Millionen.

Ob die AFL ähnlich wie eine Partei in den politischen Prozeß eingreifen sollte, war zunächst offen. Denn ihre Gründung war zum Teil durch das Beispiel des British Trades Union Congress inspiriert worden, und dessen politische Absichten wurden immer deutlicher. Ein Machtkampf innerhalb der AFL in den 1890er Jahren entschied schließlich, daß es in den Vereinigten Staaten keine von den Gewerkschaften getragene Arbeiterpartei geben sollte. In den 1890er Jahren versuchten einige Sozialisten sowohl bei den Knights als auch in der AFL Machtpositionen zu erringen. Der Führer der Socialist Labor Party, Daniel DeLeon, versuchte vergeblich, die Chefredaktion des *Journal*, des Presseorgans der Knights, zu übernehmen. In der AFL versuchte der Sekretär der Maschinistengewerkschaft, Thomas J. Morgan, ein Programm durchzubringen, daß die Verstaatlichung aller Produktions- und Transportmittel befürwortete. Gompers und seine Anhänger brachten diesen Antrag auf dem Jahreskongreß der Gewerkschaft von 1894 nur durch geschicktes parlamentarisches Manövrieren zu Fall. Die Sozialisten rächten sich und verhinderten Gompers' Wiederwahl. Als er im folgenden Jahr wiedergewählt wurde, war er fest entschlossen, seinen ehemaligen Genossen keine Chance mehr zu geben, die AFL in ein sozialistisches oder rein politisches Organ umzufunktionieren.

Die Programmatik der AFL war »konservativ«, von wirtschaftlichen Gesichtspunkten bestimmt, anti-sozialistisch und antipolitisch. Gompers hielt die Unzufriedenheit des Proletariats für nicht groß genug, um eine klassenbewußte revolutionäre Bewegung entstehen zu lassen. Die Arbeiter interessierten sich in erster Linie für Probleme des Arbeitsplatzes und unmittelbare Vorteile ihrer jeweiligen Berufsgruppe. Der Präsident der AFL wollte die Organisierbaren organisieren, jene »Aristokratie der Facharbeiter«, die Streiks gewinnen konnten, weil sie unersetzlich waren und über Streikfonds und Intelligenz verfügten. Aber auch in dieser Frage war Gompers kein Dogmatiker. Eine der größten Mitgliedgewerkschaften der AFL waren die United Mine Workers of America, deren Mitglieder nur angelernte Arbeiter waren. Wegen solcher Kompromisse weigerten sich die Eisenbahnergewerkschaften, der AFL beizutreten.

Abb. 26: *Pullman-Streik 1894; Präsident Cleveland schickte gegen den Protest des Gouverneurs Altgeld Bundestruppen nach Illinois. Der Streik wurde niedergeschlagen.*

Da die alten Eisenbahnergewerkschaften (Brotherhood of Locomotive Engineers seit 1863, Brotherhood of Railway Conductors seit 1868, Brotherhood of Firemen seit 1873) sich nicht um die ungelernten Eisenbahner kümmerten, entstand 1893 die American Railway Union (ARU). 1894 hatte sie bereits 350 000 eingeschriebene Mitglieder. Als die Bundesregierung unter Präsident Grover Cleveland im gleichen Jahr Bundestruppen einsetzte, um einen Streik der ARU zu brechen, blieben die alten Brotherhoods auf der Regierungsseite – und die AFL sah untätig zu. Diese Art von Zurückhaltung der AFL brachte radikalere Arbeiterorganisationen in den folgenden Jahren dazu, ebenso wie die ARU, Konkurrenzgewerkschaften zu organisieren. So wendeten sich z. B. die Industrial Workers of the World (1905) und das Committee for Industrial Organization (1935) an die ungelernten Arbeiter. Diese beiden Herausforderungen veranlaßten die AFL, ihren Interessenbereich zu erweitern und sich auch um die ärmeren Arbeiter zu kümmern. Aber auf lange Sicht schützte die AFL doch im wesentlichen eine privilegierte und mächtige Minderheit unter den Arbeitern, nicht die von Robert Hunter in Erinnerung gerufenen zehn Millionen im Elend Lebenden.

Einer der Gründe für den »Konservatismus« der Gewerkschaften lag darin, daß es ihnen nicht gelang, mit Radikalen unter den Schwarzen, den Frauen oder den Farmern ein politisches Bündnis einzugehen. Vor dem Bürgerkrieg hatte die Arbeiterbewegung durchaus Befürwortern der Frauenemanzipation wie Frances Wright und dem Sklavenbefreier Abraham Lincoln nahegestanden und hatte sich mit der Forderung der Farmer nach kostenlosem Land im Westen solidarisch erklärt. Inzwischen aber hatten sich, wie wir gesehen haben, die Beziehungen zwischen Schwarzen und Weißen verschlechtert. Das Bündnis mit der Frauenbewegung bestand noch. Der erste große Streik in der Textilindustrie fand 1909 statt, als Tausende von jüdischen Arbeiterinnen in New York die *sweatshops* verließen. Eine Aussicht auf radikale politische Aktionen im Bündnis mit der Frauenbewegung bestand jedoch nicht. 1871 hatte sich Victoria Woodhull, eine der bekanntesten Führerinnen der Bewegung, prinzipiell für etwas ausgesprochen, das sie selbst praktizierte, »freie Liebe«. Als sie von Zeitungen und Pastoren angegriffen wurde, behauptete sie, der berühmteste Prediger Amerikas, Henry Ward Beecher, habe mit Mrs. Elizabeth Tilton, ihrer Mitstreiterin in der Frauenbewegung, geschlafen. Von diesem Skandal hat sich die Frauenrechtsbewegung in Amerika lange nicht erholt. Sie wurde äußerst konservativ und scheute vor allen radikalen Ideen, sozialistischen oder anderen, zurück. Die 1890 gegründete National American Woman Suffrage Association wollte, wie ihr Name sagt, wenig mehr als das Frauenwahlrecht. Eine der wenigen Reformen, vor deren Unterstützung die Frauenrechtlerinnen nicht zurückschreckten, war das Alkoholverbot. Der Alkohol wurde als Bedrohung der Familie verdammt; und die Tatsache, daß man die Stimmen der Frauen brauchte, um die Bundesverfassung zu ändern und den Kongreß zu ermächtigen, Alkoholverkauf gesetzlich zu regeln, bekehrte manch einen zum Befürworter des Frauenwahlrechts. Allerdings verloren die Frauen auf diese Weise die Unterstützung der sozialistischen deutschstämmigen Brauereiarbeiter und der mäßigen Trinker. Die Einigkeit unter den Radikalen war dahin, und als die amerikanischen Frauen 1920 (durch den 19. Verfassungsänderungsartikel) das Wahlrecht im ganzen Lande erhielten, erreichten sie nur sehr wenig damit. Der erste Grund dafür, daß ein radikales politisches Bündnis zwischen der Frauenbewegung und den Gewerkschaften nicht zustande kam, war der Konservatismus der Frauenrechtlerinnen. Der zweite lag darin, daß die Frauen bis 1920 in der Mehrzahl der Einzelstaaten mit nennenswerter Industrie kein Stimmrecht hatten und damit politisch machtlos waren.

V. DIE POPULISTEN REBELLIEREN

Ein Bündnis mit den Farmern bot den radikalen Gewerkschaften die besten Aussichten. In dieses Bündnis brachten die Farmer nicht nur ihre radikale Einstellung, sondern auch politische Erfahrung ein. Die National Grange war sowohl eine politische als auch eine soziale Reaktion auf die Industrialisierung gewesen. 1875 hatte sie 858 000 Mitglieder in zweiunddreißig Staaten. Viele von ihnen gehörten zu den verschiedenen Spielarten von Farmer-Parteien, und sie trugen dazu bei, daß in den Legislativen der Einzelstaaten sogenannte Granger-Gesetze durchgebracht wurden, die meist versuchten, die Frachttarife der privaten Eisenbahnen festzusetzen. Obwohl viele dieser Gesetze von den Gerichten unwirksam gemacht wurden, ebneten sie den Weg für Bundesgesetze wie den Interstate Commerce Act von 1887. Die Grangers experimentierten auch mit Genossenschaften. Bis 1875 gab es in Iowa dreißig Getreidesilos, die den Genossenschaften gehörten; ein Preiskrieg mit kapitalistischen Konkurrenten trieb sie in den Bankrott.

Die »Greenback«- und »Greenback-Labor«-Bewegungen zwischen 1876 und 1884 hatten ihren Ursprung in Gewerkschaftskreisen, richteten sich aber in erster Linie an die Farmer. Während des Bürgerkrieges wurde das von der Bundesregierung gedruckte Papiergeld (die »greenbacks«) zum wichtigsten Zahlungsmittel. Nach Kriegsende wurde das Papiergeld zugunsten des Hartgeldes reduziert. Die neue Bewegung verlangte eine staatliche Kontrolle des Währungssystems, die für eine ausreichende Menge von *greenbacks* sorgte. In den Kongreßwahlen von 1878 gewann sie mehr als eine Million der Wählerstimmen, aber zwei Jahre später stimmten nur 308 000 für ihren durchaus fähigen Präsidentschaftskandidaten James B. Weaver. Die Greenbackers hatten einiges gemeinsam mit den Silberbergwerksbesitzern und anderen Befürwortern der unbegrenzten Verwendung von Silber (und nicht nur von Gold) für Dollarmünzen. Beide Gruppen forderten ein inflationäres Währungssystem, das die Farmer begünstigte. Die Anhänger des »freien Silbers« agitierten gegen das »Verbrechen von 1873«, ein auf Betreiben der Wirtschaft erlassenes Gesetz, das die Prägung von Silberdollars einstellte. 1889 und 1890 wurden neue Staaten in die Union aufgenommen, deren Bevölkerung von der Landwirtschaft oder der Silberproduktion abhängig war: Nord- und Süddakota, Wyoming, Montana, Washington und Idaho. Die Stärkung des Silberdollars im Kongreß führte 1890 zu einem halbherzigen Gesetz (Sherman Silver Purchase Act), das es der Bundesregierung erlaubte, Silber zu kaufen und Papiergeld zu drucken, ohne direkt Silberdollar zu prägen. Es gab den unzufriedenen Farmern und Bergleuten nicht alles, was sie wollten, aber zumindest neuen Mut.

Die »Farmers' Alliances« genannten Bauernverbände bereiteten schließlich den Weg für die Populisten, von denen sich später einige radikale Gewerkschaftsführer Unterstützung erhofften. Die Alliances unterschieden sich von der älteren Grange vor allem dadurch, daß sie stärker für politisches Handeln eintraten. Die Northwestern Alliance wurde 1880 gegründet und besaß 1890 allein in Kansas 130 000 Mitglieder. Der viel mächtigeren Southern Alliance gehörten 1890 drei Millionen Mitglieder an, der Colored Farmers' Alliance weit über eine Million. Alle diese Organisationen einigten sich 1889 in St. Louis auf eine Reihe von Grundforderungen, mit denen sich die Knights of Labor solidarisch erklärten. Die Farmerverbände verwarfen die Einfuhrzollgesetze, die die Industrie begünstigten und die Farmer benachteiligten. Sie lehnten Großbanken, die auf dem ganzen Gebiet der USA operierten, ab, forderten die Verstaatlichung der Eisenbahnen und des Telegraphendienstes und eine gestaffelte Einkommensteuer. Ein Programm also, das den verschiedensten Gruppen der arbeitenden Bevölkerung zusagen mußte.

Wenige Jahre später entschloß sich die Führung der Alliances, noch einen Schritt weiter zu gehen und eine politische Partei zu gründen. 1892 veranstalteten sie in Omaha, Nebraska, einen Kongreß und gründeten die People's Party. Die Anhänger dieser Partei wurden unter der Bezeichnung »Populisten« bekannt. Wieder wurde James B. Weaver aus Iowa als Präsidentschaftskandidat aufgestellt. Die Delegierten in Omaha nahmen ein Parteiprogramm an, das folgende Forderungen enthielt: unbeschränkte Prägung von Silbergeld durch die Bundesregierung; die Enteignung von Spekulanten und anderen, die im Westen Land besaßen, ohne darauf zu wohnen oder es zu nutzen; eine gestaffelte Einkommensteuer; Verkürzung des Arbeitstages in der Industrie und mehr Mitsprache für die Gewerkschaften; Reformen des Wahlsystems (geheime Abstimmung, Volksentscheid, direkte Wahl der Senatoren), die den korrupten Einfluß der Großindustrie verringern sollten; die Verstaatlichung der Eisenbahnen, des Telegraphen- und Fernsprechdienstes, und Beschränkung der Einwanderung. Mit diesem Programm empfahlen sich die Populisten nicht nur den Farmern, sondern auch den Arbeitern in Industriegebieten. Die mit blutigen Kämpfen verbundenen Streiks von 1892 in Carnegies Stahlwerk in Homestead, Pennsylvania, und in den Silberminen von Coeur d'Alene in Idaho waren ein gutes Omen für die Einheit von Farmern und Arbeitern bei den anstehenden Wahlen des gleichen Jahres. Einige Forderungen des in Omaha aufgestellten Programms schienen weit genug gefaßt zu sein, um in der gespannten politischen Lage ein Maximum an Unterstützung zu gewinnen. Die Arbeiter in den Silberminen des Westens würden ebenso wie die Farmer im Süden davon profitieren, wenn mehr Silber geprägt würde. (Der populistische Gouverneur von Colorado, Davids H. Waite, wurde von den Arbeitern in den Silberminen gewählt, deren Streik er 1894 tatkräftig unterstützte.) Die Forderung nach Enteignung der privaten Eisenbahnen fand bei radikalen Arbeitern in den Städten ebenso Anklang wie bei Farmern, die unter überhöhten Frachttarifen litten. Eindämmung der politischen Korruption käme allen zugute, die Reformen wollten. Selbst im negativen Sinn »populistische« Ausdrucksformen des Populismus, Programmpunkte, die in der Öffentlichkeit herrschenden Vorurteilen entgegenkamen (hier verwenden wir das Wort »populistisch« im russischen und amerikanischen, nicht aber im intellektuellen französischen Sinne) fanden einen gemeinsamen Nenner sowohl bei den Landarbeitern als auch bei den Fabrikarbeitern: Beide Gruppen lehnten die völlig freie Einwanderung ab.

1892 erhielt Präsidentschaftskandidat Weaver über eine Million Stimmen. Das waren 9 % der abgegebenen Stimmen. Nicht in der Landwirtschaft beschäftigte Arbeiter gaben ihm nur im Nordwesten in größerer Zahl ihre Stimme. Fünf populistische Senatoren und zehn populistische Abgeordnete wurden in den Kongreß gewählt, und die Populisten stellten die

Gouverneure in Colorado (Waite), Kansas und Norddakota. Man kann sagen, daß 1892 das Jahr des größten Erfolges für die Populisten gewesen ist, denn 1896 taten sie den ersten Schritt zur Selbstauflösung, indem sie sich bereit erklärten, eine Wahlkoalition mit den Demokraten einzugehen. Die Demokraten hatten William Jennings Bryan, den Radikalen aus Nebraska, als Präsidentschaftskandidaten nominiert. Bryan, gefühlsbetonter Redner mit charismatischen Qualitäten, hatte sich seit 1894 für »freies Silber« ausgesprochen. Auf ihrem Parteikonvent beschlossen die Populisten, sich gleichfalls hinter Bryan zu stellen, um nicht die Silber-Stimmen in zwei Lager zu spalten. Die anderen Forderungen im Wahlprogramm der People's Party verhallten im Wahlkampf von 1896 ungehört. Viele demokratische Geschäftsleute weigerten sich, Bryan zu unterstützen, während die Republikaner vier Millionen Dollar ausgaben, um seine Wahl zu verhindern. Bryan erhielt zwar im Süden und Westen die Mehrheit aller Stimmen, verlor jedoch die Wahlen, weil ihm 600 000 Stimmen fehlten. In den folgenden Präsidentschaftswahlen stellten die Populisten Tom Watson als eigenen Kandidaten auf, hatten damit jedoch nur geringen Erfolg.

Obwohl die Populisten als dritte Partei versagten, erwiesen sich ihre Zielsetzungen doch als zukunftsträchtig. Viele ihrer Auffassungen und politischen Grundsätze überlebten das Debakel von 1896, ähnlich dem Programm der englischen Chartisten, das auch erst nach deren Abtreten von der politischen Bühne teilweise verwirklicht wurde. Die folgende Reformbewegung der »Progressives« übernahm zum Beispiel die Idee von der gestaffelten Einkommensteuer. Die populistische Idee, Ernteerträge zu planen und zu beschränken, war ein Vorläufer der Maßnahmen, die in den 1930er Jahren verwirklicht wurden. Der »subtreasury plan« der Populisten, nach dem die Bundesregierung den Farmern günstige Kredite gewähren und als Sicherheit auch den Verkauf der landwirtschaftlichen Erzeugnisse übernehmen sollte, wurde von mehreren aufeinanderfolgenden demokratischen Regierungen teilweise in die Tat umgesetzt. 1921 erfüllte sich auch ihre Forderung nach beschränkter Einwanderung. Mehr noch, die Populisten hatten ein politisches Beispiel gegeben. Künftige Agrarbewegungen folgten dem Vorbild der People's Party. 1912 organisierte der aus Minnesota stammende Sozialist Arthur C. Townley die Farmers' Nonpartisan Political League mit dem Ziel, die Wählerstimmen der Landbevölkerung geschlossen dem politischen Kandidaten anzubieten – gleichgültig, ob Demokrat oder Republikaner –, der sich für die Interessen der Farmer einsetzte. Die Nonpartisan League hatte in Minnesota und Norddakota beachtliche Erfolge und brachte einige wichtige Unternehmen unter öffentliche Kontrolle. 1918 fühlten sich die Farmer wiederum ermutigt, es mit einer dritten Partei zu versuchen, und 1924 stellte die Farmer-Labor Party gemeinsam mit den Sozialisten und der AFL den Senator Robert M. LaFollette aus Wisconsin als Präsidentschaftskandidaten auf. LaFollette gewann die Stimmenmehrheit nur in seinem Heimatstaat. Aber es war erwiesen, daß Kandidaten einer dritten Partei Stimmen auf sich vereinigen konnten, wenn sie zugleich Farmer und Arbeiter ansprachen. Und diese Tatsache schärfte das Bewußtsein der großen Parteien für etwas, das sie andernfalls hätten ignorieren können, die Belange des kleinen Mannes.

Wie groß auch ihr Wert als meinungsbildender Faktor gewesen sein mag, als politische Einrichtung versagte die People's Party. Bryans Niederlage im Jahre 1896 und die darauffolgende für die Populisten ungünstige Entwicklung hatten mehrere Ursachen. Als der Weizenpreis wieder über einen Dollar je *bushel* stieg, weil Mißernten im Ausland seinen Weltmarktpreis anhoben, und als in Alaska und Südafrika Goldvorkommen endeckt wurden, fiel der Anreiz für eine inflationäre Politik weg. Bei der Fusion der Populisten mit den Demokraten gerieten weitere Reformen aus dem Blickfeld. Und schließlich war es für die Populisten ebenso wie für andere Dritt-Parteien sehr schwierig, als Partei zusammenzuhalten.

Die regionale Verschiedenheit war eine ständige Quelle der Uneinigkeit der Agrarbewegung gewesen. Bei den Landpächtern im Süden fanden »freies Silber« oder vom Bund überwachte Kredite wenig Interesse. Ihre wirtschaftlichen Ziele waren nicht so ehrgeizig wie die der Großfarmer im Westen. Wir haben schon davon gesprochen, daß rassische und ethnische Animositäten eine Form agrarischen Eskapismus' waren. Tausende von Schwarzen wurden an die Wahlurnen geführt, um dort gegen ihre eigenen Interessen zu stimmen. Nachdem die Populisten in der Rassenfrage sehr schnell schwach geworden waren, sahen sie sich auch nicht in der Lage, 1898 in der Frage des Spanisch-Amerikanischen Krieges einen klaren Standpunkt zu beziehen (Bryan meldete sich ohne Aufhebens freiwillig zur Armee, trotz seiner Zweifel an der Politik McKinleys und am Kolonialismus). Da die Populisten nicht in der Lage waren, die breite Öffentlichkeit interessierende Probleme taktisch für sich auszunutzen, verloren sie Wähler an die großen Parteien, deren Führer mit der Aufstellung von Programmen und der Vorbereitung von Wahlen mehr Erfahrung hatten als sie.

Ungünstig für die Populisten war auch der Umstand, daß das Bündnis mit den Arbeitern gerade zu der Zeit versagte, als die Stadtbevölkerung so rapide wuchs. Von 1894 bis 1896 funktionierte in einigen Staaten die Zusammenarbeit zwischen einigen Gewerkschaften, sozialistischen Politikern und der People's Party. Die Chicagoer *Arbeiter-Zeitung* hatte zum Beispiel die Sozialisten aufgefordert, das Bündnis zwischen Arbeitern und Populisten zu unterstützen. Führende Radikale in Illinois wie Thomas J. Morgan und Henry Demarest Lloyd unterstützten diesen Plan. Aber bei den Gemeindewahlen schnitten die Populisten schlecht ab, und zwar aus verschiedenen Gründen. Die Farmer waren gegen umfassende Verstaatlichung und die Sozialisten gegen das »freie Silber«. Der zunehmende Einfluß der Sozialisten in Chicago stieß die Farmer ab, mit Konservativen aus den Städten hätten sie vielleicht zusammengearbeitet. Samuel Gompers von der AFL verschärfte die Gegensätze dadurch, daß er eindeutig ein Bündnis sowohl mit Sozialisten als auch mit Farmern ablehnte. Er hielt Farmer letzten Endes für Arbeitgeber und in mancher Hinsicht für die natürlichen Gegner der Lohnempfänger. Dieser Mangel an Einigkeit mußte sich bei der Vorbereitung von Wahlen nachteilig auswirken. Die Farmer bezogen ihre Ideologie und ihre politischen Verhaltensmuster aus der vorindustriellen Vergangenheit. Deshalb scheiterte ihre Partei.

VI. DIE SOZIALISTEN SCHEITERN

Das Scheitern des Sozialismus in den Vereinigten Staaten fand vor allem Ausdruck im Versagen sozialistischer Organisationen. Als Propheten jedoch erwiesen sich die amerikanischen Sozialisten – bei allem Widerstand gegen das Wort »Sozialismus« in Amerika – als nicht ganz falsch. Mit ihrer Voraussage, niedrige Löhne würden die Nachfrage senken und dem Kapitalismus schaden, wurden sie zu Wegbereitern der neuen Wirtschaftstheorie der 1930er Jahre. Indem sie die Bildung von Trusts als einen Fortschritt bezeichneten, den man begrüßen müsse, leisteten sie einen Beitrag zu der neuen »progressiven« Ideologie, die bei den Wahlen von 1912 bereits die amerikanische Politik beherrschte.
Die Bedeutung der Socialist Party of America (SPA) liegt dennoch in ihrem Versagen. Die SPA, eine keineswegs straff organisierte Partei, in der die verschiedenartigsten Personen und Ideologien sich gefunden hatten, wurde 1901 vor allem auf Initiative des New Yorkers Morris Hillquit gegründet, eines durchaus der Mittelklasse angehörenden Einwanderers aus Riga. Sie fand Anklang bei enttäuschten Populisten, aktiven Reformern aus der Mittelklasse, deutschen Einwanderern und so verschiedenartigen einheimischen Amerikanern wie den Landpächtern in Oklahoma und Rechtsanwälten in Los Angeles. Der erste Präsidentschaftskandidat der Partei war

Eugene V. Debs, der Führer des Eisenbahnerstreiks von 1894. Bei den Wahlen von 1904 gewann Debs 409 000 Stimmen und 1912 897 000 oder 6 % der gesamten Wählerstimmen. Von 1908 bis 1912 verdreifachte sich die Zahl der Parteimitglieder. 1912 gab es 56 sozialistische Bürgermeister in den Vereinigten Staaten. Als A. L. Benson sich 1916 um die Präsidentschaft bewarb, fiel der Stimmenanteil auf 585 000, stieg aber wieder auf 923 000 an, als sich Debs bei den Wahlen von 1920 vom Gefängnis aus um die Präsidentschaft bewarb (wo er einsaß, weil er sich der Teilnahme Amerikas am Ersten Weltkrieg widersetzt hatte). 1932 erhielt Norman Thomas 885 000 Stimmen. Angesichts der Wirtschaftskrise und der Bevölkerungszunahme war das ein enttäuschendes Ergebnis. Tatsächlich erreichte die SPA 1912 ihren Höhepunkt, sie hielt sich bei den Gemeinde- und Regionalwahlen bis 1918, war jedoch in der Zeit nach dem Ersten Weltkrieg unverkennbar im Niedergang begriffen.

Der Verfall der SPA kann auf eine Reihe von Schwierigkeiten zurückgeführt werden. Ebenso wie die Populisten und wie die großen Parteien mußten sich die Sozialisten an die verschiedensten Interessengruppen wenden. Wenn die Demokraten oder Republikaner Kompromisse eingingen, um ihre Anhänger mit einander widersprechenden Interessenlagen bei der Stange zu halten, nahm die Öffentlichkeit das als üblich hin. Aber wenn eine dritte Partei, die mit einer bestimmten Zielsetzung gegründet worden war, Kompromisse schloß, um ihre Wählbarkeit bei unterschiedlichen Bevölkerungsgruppen zu bewahren, so erschien der gleiche Vorgang als Verrat von Grundsätzen, und die Partei verlor einen Teil ihres Ansehens. Die Sozialistische Partei wollte sich bei einer Reihe von Fragen nicht festlegen. So gab es z. B. ständig Debatten darüber, ob es wünschenswert sei, mit den Gewerkschaften zusammenzuarbeiten. Die Befürworter der Zusammenarbeit teilten sich in diejenigen, die die AFL und die ihr angegliederten Organisationen für den Sozialismus zu gewinnen suchten, und diejenigen, die alternative sozialistische Gewerkschaften (*dual unionism*) anstrebten. Nachdem es in der Partei um diese Fragen zehn Jahre lang innere Auseinandersetzungen gegeben hatte, entschied sie sich dafür, die politische Aktivität in den Vordergrund zu stellen und die Billigung durch die AFL zu suchen, zumindest aber die Gewerkschaften nicht herauszufordern. Dies war ein Sieg der Gemäßigten über die Linken und eine erste Schwächung der sozialistischen Identität. Andere Kompromisse folgten. 1912 warb die SPA um bürgerliche Wähler, indem sie revolutionäre Gewalttaten verurteilte. Victor Berger, den die Wähler von Milwaukee 1910 in den Kongreß schickten, appellierte an den Chauvinismus der Arbeiterklasse, indem er die chinesischen und japanischen Einwanderer angriff. Und zur Gleichstellung der Schwarzen und der gesetzlichen Beschränkung der Einwanderung äußerte sich die SPA in rassistischer Sprache.

Die Anhänger der Socialist Party vor 1910 waren nicht weniger fremdenfeindlich als die amerikanische Bevölkerung insgesamt, und als der Einfluß »neuer« Einwanderer sich in den sozialistischen Organisationen verstärkte, kündigten sie der roten Fahne in großer Zahl die Gefolgschaft auf. 13 % der 118 000 Mitglieder gehörten 1912 fremdsprachigen Gruppen an. Bis 1918 waren es 30 %, und als 1919 eine neue Einwandererwelle aus Rußland und dessen Nachbarstaaten in die Vereinigten Staaten kam, waren es 53 %. Als der linke Flügel 1912/13 ausgestoßen wurde, verlor die Partei die fünfzigtausend Mitglieder, die sich wahrscheinlich am ehesten für die unterprivilegierten Rassen eingesetzt hätten. Aber selbst diese Säuberung genügte den »nordischen« Parteimitgliedern nicht. Nach 1913 wechselten sie in großer Zahl zur Demokratischen Partei des Südstaatlers Woodrow Wilson über. Die Demokratische Partei lockte sie mit Versprechungen von innen- und außenpolitischen Reformen. Sie schlug außerdem den gleichen rassistischen Ton an.

Der Erste Weltkrieg brachte den endgültigen Rückschlag für die SPA. Ebenso wie der wirtschaftliche Zusammenbruch von 1929 sie überraschte, obwohl er sozialistischer Theorie nach kommen mußte, waren die amerikanischen Sozialisten auch 1914 nicht auf den Ausbruch der Feindseligkeiten vorbereitet, obwohl er sich folgerichtig aus der marxistischen Lehre ergab. Sie waren bestürzt über die Art, in der ihre europäischen Genossen die Kriegsanstrengungen ihrer jeweiligen Regierung unterstützten. Eine mögliche Lösung des theoretischen Dilemmas bestand darin, bei Amerikas Kriegseintritt 1917 die nationalen Kriegsanstrengungen zu unterstützen, weil dies ein Krieg der imperialistischen Mächte untereinander sei, der das letzte Stadium des Kapitalismus darstellte. Andererseits schien es moralisch bedenklich, einen Krieg zu unterstützen, der zugunsten kapitalistischer Profitmacher geführt wurde. Schließlich sprachen sich einige Sozialisten des linken Flügels wie E. W. Walling und Jack London für den Krieg aus. Angehörige des rechten Parteiflügels, z. B. Victor Berger, verweigerten ihre Unterstützung. Es ist verständlich, daß Berger, der deutsch-amerikanische Wähler in Milwaukee vertrat, den Krieg ablehnte. Überraschender ist, daß amerikanische Sozialisten, die den Krieg ablehnten, nicht in den Untergrund gegangen sind. Wie die rebellierenden Studenten der 1960er Jahre griffen sie die Parteilichkeit des politischen Systems an, erwarteten jedoch von der Regierung und den Gerichten eine faire Behandlung. Die Sozialisten erwiesen sich als ungleiche Gegner für das Justizministerium und das Einwanderungsamt, als diese Behörden von 1917 bis 1919 einen umfassenden Feldzug gegen Radikale führten und ihnen mit Verhaftungen und Ausweisungen das Leben schwermachten. Die ausgedehnten Fahndungen und Untersuchungen brachten die sozialistische Bewegung in eine hoffnungslose Lage, die auch die über 900 000 Stimmen für Debs als Präsidentschaftskandidat 1920 nicht mehr ändern konnten.

Seither ist viel über das Scheitern des Sozialismus in den Vereinigten Staaten gesagt worden, weil diese Tatsache ein spezifisches Merkmal der Geschichte dieses Landes ist. Der Anarcho-Syndikalismus hat nicht nur in Amerika, sondern überall versagt und hat deshalb weniger historische Spekulationen herausgefordert. Doch eine sozialistische Gruppe gab es, die Industrial Workers of the World, kurz IWW oder »Wobblies« genannt, die der jungen Industrienation zweifellos einen Schock versetzte. Die Gründungsversammlung der IWW fand 1905 in Chicago statt. An ihr nahmen Vertreter der mächtigen Western Federation of Miners (WFM) teil, ebenso Debs und DeLeon sowie abtrünnige Mitglieder verschiedener Gewerkschaften, zum Beispiel William E. Trautmann, der kurz vorher entlassene Chefredakteur der *Brauer-Zeitung*. Die IWW wurde zu verschiedenen Zeiten von verschiedenen Seiten unterstützt. Die Bergarbeitergewerkschaft zog ihre offizielle Unterstützung sehr bald zurück, und die IWW wendete sich statt dessen den Holzarbeitern und landwirtschaftlichen Wanderarbeitern zu. Ein Problem, das die Wobblies im Westen angingen, war die eingeschränkte Redefreiheit. In Gemeinden, in denen Unternehmer und Behörden es Gewerkschaften verboten, öffentlich zu sprechen, sorgten die Wobblies dafür, daß die Gefängnisse in kurzer Zeit überfüllt waren, indem sie die Anordnung verletzten und sich scharenweise festnehmen ließen. Auch im Osten wurden sie aktiv, als sie 1909 in McKees Rocks in Pennsylvania einen Fabrikarbeiterstreik organisierten. Besonders bekanntgeworden sind die Streiks von 1912 in Lawrence, Massachusetts, und von 1913 in Paterson, New Jersey. Die an diesen Streiks beteiligten Arbeiter waren in der überwältigenden Mehrheit »neue« Einwanderer: Frankokanadier, Italiener, Polen, Griechen und dazu eine beachtliche Zahl von Neuankömmlingen aus Irland. Was diese scheinbar so verschiedenen Anhänger der IWW – Frauen und arbeitende Kinder, Neger, »neue« Einwanderer und Wanderarbeiter – miteinander verband, war der Umstand, daß sie aus verschiedenen Gründen nicht wählen durften.

Gegen den Rat DeLeons, dessen Einwände nach seinem 1909 erfolgten Ausschluß aus der IWW kein Gewicht mehr hatten, wendeten sich die Wobblies sowohl an diejenigen, die nicht wählen wollten, als auch an diejenigen, die nicht wählen konnten. Nach ihren Erfahrungen in der Politik machten sich besonders die Führer der WFM keine Illusionen mehr über die Macht, die die großen Unternehmen durch Korruption ausübten. Der Sekretär und Schatzmeister der WFM, William D. (»Big Bill«) Haywood, rief zu neuen wirtschaftlichen Maßnahmen auf und wurde zu einem der führenden Organisatoren der Wobblies. Haywood und die WFM brachten in die Ideologie der IWW noch einen zweiten Gesichtspunkt ein. Da die American Federation of Labor den Standpunkt vertrat, daß die Gewerkschaften jeweils für eine bestimmte Berufsgruppe zuständig sein sollten, bezeichnete man sie sarkastisch als die »American Separation of Labor«. Die Wobblies traten hingegen für eine industrielle Gesamtgewerkschaft *(industrial unionism)* ein. Wirtschaftliche Schlagkraft durch eine Industriegewerkschaft war die Grundidee der einheimischen amerikanischen syndikalistischen Bewegung.

Nach 1909 begannen Beobachter, die IWW mit der französischen Philosophie anarcho-syndikalistischer Gewalt in Zusammenhang zu bringen. Um sich von dem Verdacht zu reinigen, diese Ideen gutzuheißen, stieß die SPA 1912-13 alle Mitglieder aus, die der IWW angehörten. Diese Verleumdung brandmarkte die IWW in der Öffentlichkeit endgültig. Diejenigen, die Haywood und die IWW weiterhin unterstützten, rückten der Sozialdemokratie noch ferner, und nicht wenige von ihnen (wie zum Beispiel Earl Browder) wurden nach Gründung der amerikanischen kommunistischen Parteien im Jahre 1919 Kommunisten. Diese Entwicklung verfestigte in der Öffentlichkeit die so charakteristisch amerikanische Idee, Sozialismus bedeute Gewalt, und es erschien richtig und notwendig, radikalen Sozialismus für gesetzeswidrig zu erklären. Neue Strafgesetze in den Einzelstaaten gegen kriminelles Verhalten von Gewerkschaften verstärkten die im Krieg gegen Radikale erlassenen Bundesgesetze. Die IWW waren nicht gut genug organisiert, um diesen Angriff abwehren zu können, und was an revolutionärem Elan unter den ungelernten Arbeitern existiert haben mag, wurde erstickt. Haywood floh 1921 in die Sowjetunion, um sich weiterer Haft zu entziehen. Inzwischen hat sich in den Vereinigten Staaten ein gewisses Maß an Sozialisierung durchaus vollzogen, und ein Teil der Ablehnung von Sozialismus schlechthin ist nur rhetorisch; es läßt sich aber nicht leugnen, daß das Scheitern der sozialistischen Parteien als solches eines der typischen Merkmale der amerikanischen Entwicklung ist. Einige Gründe für dieses Versagen haben wir bereits erwähnt: den Konservatismus und die Exklusivität der Gewerkschaftsbewegung, die Nichtbeteili-

gung der Schwarzen und das Mißtrauen gegenüber Farmern. Auch allgemeinere Gründe dafür sind vorgeschlagen worden. Selig Perlman, durch seinen Bruch mit der russischen sozialistischen Bewegung bekannt geworden, ist nach einem Vergleich der Arbeiterbewegungen in Rußland, Deutschland, Großbritannien und seiner Wahlheimat, den Vereinigten Staaten, zu dem Schluß gekommen, der amerikanische Kapitalismus habe sich in seinem Widerstand gegen alles, was den Privatbesitz gefährden könnte, als ausnehmend stark erwiesen.[7] Doch ebenso plausibel ist Louis Hartz' Interpretation, der amerikanische Konservatismus sei nie stark genug gewesen, um eine wirklich radikale Reaktion auszulösen.[8]
Radikalismus ist in Amerika immer wieder als ein fremdländisches Phänomen hingestellt worden, das wegen der ethnischen Vielfalt nicht gedeihen konnte und mit der Assimilierung der Einwanderer schließlich verschwinden mußte. Dagegen ist jedoch zu sagen, daß Bryan, Debs und Haywood waschechte Amerikaner waren. Der Wirtschaftswissenschaftler John R. Commons hat argumentiert, der von der (unbeschränkten) Einwanderung ausgehende Druck könnte das amerikanische Proletariat eines Tages verelenden lassen und radikalisieren. Eine weitere von Commons vertretene Theorie besagte, daß die amerikanische Arbeiterklasse nicht in die Versuchung geraten sei, sich revolutionär zu betätigen, weil sie der Mittel- und Oberklasse zahlenmäßig im Verhältnis von zwei zu eins unterlegen gewesen sei.[9] Und worin lag dieser Unterschied begründet? Wie im dritten Kapitel dargestellt, haben ausreichend Arbeitskräfte und Ressourcen die amerikanische Gesellschaft zu einer wohlhabenden gemacht. Es waren vor allem die fast unerschöpflichen natürlichen Hilfsquellen, die es ermöglichten, daß das »Proletariat« nicht nur vergleichsweise gut entlohnt wurde und bürgerliche Auffassungen vertrat, sondern auch, daß es eine permanente Minderheit blieb, weil die Wirtschaft sich zunehmende Automation leisten konnte.
Eine andere Erklärung für das Versagen des Sozialismus in Amerika besagt, daß die verbreitete Überzeugung, jeder Tüchtige könne es in Amerika zu etwas bringen, schließlich eine faktische Grundlage gehabt habe; es seien die ungewöhnlich günstigen sozialen Aufstiegsmöglichkeiten in den Vereinigten Staaten, die die Entwicklung von Protestbewegungen auf der Basis des Klassenkampfes behindert hätten.[10] Gegen diese Erklärung läßt sich einwenden, daß ein hohes Maß sozialer Mobilität in Industriegesellschaften im allgemeinen beobachtet wird und nicht nur in den Vereinigten Staaten. Eine Analyse der sozialen Mobilität in Kopenhagen für die Zeit von 1850 bis 1950 deutet in diese Richtung.[11] Wichtiger als die soziale Mobilität *innerhalb* der Vereinigten Staaten war die

geographische Mobilität der Einwanderer, denn bereits die Einwanderung war für die Betroffenen ein deutlicher Schritt nach oben auf der wirtschaftlichen Stufenleiter. Das Bewußtsein von den europäischen Verhältnissen — und die Einwanderergettos hielten es wach — hielt die Amerikaner davon ab, ihr Wirtschaftssystem in Frage zu stellen. Und von dieser Einstellung aus war es nur ein kleiner Schritt dahin, den amerikanischen Wohlstand auf amerikanische Tugenden zurückzuführen und gegen Sozialismus zu schimpfen, auch wenn die wirtschaftliche Praxis kein reines *Laissez-faire* mehr war.

VII. LIBERALE REFORMIEREN: »DIE FORTSCHRITTLICHE ÄRA«

Der italienische Historiker Croce hat den Zeitabschnitt von 1871 bis 1914 in Europa als *L'età liberale* (das liberale Zeitalter) bezeichnet.[12] Auch in Amerika haben die Liberalen im Leben der Nation eine wichtige Rolle gespielt, und zwar aus ganz ähnlichen Gründen. Europäische Staatsmänner wie Bismarck, Clemenceau, Chamberlain, Sagasta, Giolitti und Kerenski unterschieden sich insofern nicht von den amerikanischen politischen Führern Theodore Roosevelt und Woodrow Wilson, als sie eine Politik der gemäßigten sozialen Reformen verfolgten, die möglichen Revolutionen und Reaktionen entgegenwirken und ihnen die Unterstützung der immer stärker werdenden Mittelklasse sichern sollte. Während in Rußland die Angst vor einer Revolution zu groß war, als daß liberale Reformen mit Erfolg durchgeführt werden konnten, war sie in Spanien und den Vereinigten Staaten zu gering. 1919 haben die Gegner des Sozialismus in Amerika dessen Anhänger verfolgt, statt sie politisch durch Reformen zu bekämpfen.

Amerikanische Historiker haben den Zeitabschnitt von 1901 bis 1917 mit dem anspruchsvollen Begriff *Progressive Era* (fortschrittliche Ära) bezeichnet. Die Bewegung der *Progressives* verdankte allerdings ihren Vorläufern im 19. Jahrhundert sehr viel. Einige Industrielle hatten bereits versucht, das Leben ihrer Arbeiter erträglicher zu machen. George Pullman ließ zum Beispiel für die Familien der Männer, die seine Luxuswaggons bauten, eine Mustersiedlung errichten. Ein weiterer privater Vorläufer für Sozialreformen war die Bewegung zur Förderung von Wohlfahrtseinrichtungen, die 1869 in London begonnen hatte und sich rasch auch in den Vereinigten Staaten ausbreitete. Die Charity Organization Societies in verschiedenen amerikanischen Großstädten verfügten 1892 schon über 4 000 ehrenamtliche Helfer. Ihre Aufgabe war es, in Not geratene Familien zu besuchen, ihnen zu moralischer und wirtschaftlicher Selbsthilfe zu raten und je nach Lage des Falles

Hilfsorganisationen über die Notwendigkeit direkter Unterstützung zu informieren. Das Leistungsprinzip wurde von der Industrie auf die Wohlfahrt übertragen.

In den 1890er Jahren liehen auch die Kirchen ihre Stimme dem immer lauter werdenden Ruf nach Reformen. Der Kongregationalist Washington Gladden war der bedeutendste Verfechter einer Philosophie, die unter der Bezeichnung »soziales Evangelium«, *Social Gospel,* bekanntgeworden ist. Warnend erklärte er, wenn die Christen ihre soziale Verantwortung nicht ernst nähmen, würde ihre Religion zu bedeutungslosem Aberglauben herabsinken und in der amerikanischen Gesellschaft der Klassenkonflikt ausbrechen. Sogar die Gerichte, die bisher gegen die Reformforderungen der Farmer und Gewerkschaften voreingenommen gewesen waren – die meisten Richter hatten ihre Laufbahn als Anwälte von Industrieunternehmen begonnen – änderten ihre Einstellung. 1908 verteidigte Rechtsanwalt Louis D. Brandeis vor dem Obersten Gericht der Vereinigten Staaten ein Gesetz, das in Oregon zum Schutz weiblicher Arbeitskräfte vor Ausbeutung erlassen worden war. In dem berühmt gewordenen Fall, Muller gegen Oregon, erkannte der Oberste Gerichtshof die Stichhaltigkeit der von Brandeis vorgetragenen humanitären Argumente an.

Die Amerikaner waren in gewisser Weise auch propagandistisch auf liberale Reformen vorbereitet. Die Propaganda der Populisten gegen Korruption in der Regierung hatte zunächst Maßnahmen auf Einzelstaatsebene zur Folge, und nach 1901 auch auf Bundesebene. Zum Beispiel verlangte der 17. Verfassungsänderungsartikel (1913) die allgemeine Direktwahl der US-Senatoren, statt ihrer Entsendung durch die Einzelstaatslegislativen. In den 1880er Jahren schlossen sich in städtischen Gebieten Reformer aus der Mittelklasse, die sogenannten »Mugwumps«, dem Kampf gegen die Korruption in der Politik an. Verfechter utopischer Reformideen fanden für ihre Bücher einen breiten Leserkreis. Von dem 1879 erschienenen Buch *Progress and Poverty* von Henry George, das eine radikale Steuerreform befürwortete, die nur eine gegen Grundstücksspekulanten gerichtete Grundbesitzsteuer übrigließ, wurden zwei Millionen Exemplare verkauft. Ähnlich populär waren Edward Bellamys Roman *Looking Backward* von 1887 und Henry Demarest Lloyds Kritik der amerikanischen Wirtschaft *Wealth against Commonwealth* von 1894. Beide Bücher legten die Schwächen des Kapitalismus und freien Unternehmertums schonungslos offen. Eine Gruppe von Journalisten und Schriftstellern schließlich, die Präsident Theodore Roosevelt verächtlich »Muckrakers« (Mistharker, nach einer Gestalt in Bunyans *Pilgrims Progress,* 1684) nannte, weckte selbst in den gleichgültigsten Mitbürgern die Erkenntnis, daß es große soziale Probleme gab. Die meist sorgfältig recherchierten und effektvoll vorgetragenen Enthüllungen der Muckrakers erreichten die Öffentlichkeit durch jüngst entstandene Zehn-Cent-Zeitschriften wie *McClure's*, dessen Auflage sich von 120 000 im Jahre 1895 bis 1907 auf eine halbe Million erhöhte. Einigen bislang heiligen Kühen wurde in diesen Zeitschriften heftig zugesetzt. Eines der berühmt gewordenen Beispiele war die Aufdeckung der rücksichtslosen Geschäftspraktiken der Standard Oil Company durch die Journalistin Ida M. Tarbell im Jahre 1903. Bis 1900 hatten die liberalen Impulse bereits erhebliche Stoßkraft entwickelt; es fehlte nur noch das Zusammenwirken der verschiedenen beteiligten Kräfte.

Das Attentat eines sich selbst als solchen ausgebenden Anarchisten, dem 1901 Präsident William McKinley zum Opfer fiel, erinnerte die Öffentlichkeit an die Gefahren, die vom extremen Radikalismus zu erwarten waren. Den nachrückenden Vizepräsidenten hatte ein konservativer Gegner als »verdammten Cowboy« bezeichnet. Theodore Roosevelts effektvoller Führungsstil verlieh der Bewegung der Progressiven den Zusammenhalt, der ihr bis dahin gefehlt hatte. Im allgemeinen datiert man daher die Blütezeit der Bewegung mit den Amtszeiten der Präsidenten Roosevelt (1901–1909) und Wilson (1913–1921). Einige Historiker beschränken aber die Reformperiode auf die Jahre vor dem Eintritt Amerikas in den Krieg gegen Deutschland, also 1913 bis 1917. Die Präsidentschaft William Howard Tafts (1909 bis 1913) wird dabei meist, aber nicht ganz zu Recht, als konservative Zwischenperiode gewertet.

Was wollten die Progressiven? Obwohl die Bewegung zeitweilig einen inneren Zusammenhalt erlangte und auf einer von weiten Kreisen vertretenen Ideologie liberaler Reformen basierte, so bestand sie jedoch zugleich aus den verschiedensten Gruppen mit unterschiedlichen, manchmal gegensätzlichen Auffassungen. Sie war in erster Linie eine Reaktion auf den Notschrei der Armen. Zu denjenigen, die, in erster Linie von idealistischen Vorstellungen getrieben, soziale Reformen verlangten, gehörten schuldbewußte Industrielle der zweiten Generation wie John D. Rockefeller Junior und Priester, Rabbiner, Arbeiterführer, Professoren und Sozialarbeiter, die die Verhältnisse in den Elendsquartieren aus eigener Anschauung kannten. Unter den politischen Führern der Progressiven spielte nach Richard Hofstadter eine andere Gruppe eine noch wichtigere Rolle: Mitglieder des gebildeten Bürgertums, in Akademikerberufen tätig, die sich in ihrer traditionellen sozialen und politischen Führungsrolle von Neureichen bedroht sahen.[13] Während Hofstadters These einer quantitativen Prüfung nicht standhält – eine ganze Zahl von Progressiven waren selbst Aufsteiger, und viele ihrer Gegner gehörten Familien an, deren Status nun zurückging –, scheint sie auf die Persönlichkeiten einiger prominenter Führer zuzutreffen, zum Beispiel auf Theodore Roosevelt, der von 1907 bis 1909 die gesamte Flotte der Vereinigten Staaten nur deshalb auf eine Weltreise schickte, um die ganze Welt zu beeindrucken. Einige Reformer, unter ihnen auch Roosevelt, gehörten außerdem zum Typ des auf »Effizienz« bedachten Progressiven. Als um 1890 die Zeit leichter Neulandgewinnung in *frontier*-Gebieten praktisch zu Ende ging, wurden die Amerikaner daran erinnert, daß auch fast unbegrenzte Möglichkeiten einmal erschöpft sein würden. Diese Gruppe der Progressiven forderte daher mehr Effizienzbewußtsein in der Industrie und sorgfältigere Nutzung und Schutz der natürlichen Ressourcen.

Die verschiedenen bisher genannten Gruppen von Progressiven schlossen einander nicht aus. Ein Verfechter des Naturschutzgedankens konnte zugleich auch Gewerkschaftslobbyist sein. Ein Manager, der Effizienz predigte, brauchte sich als Mitglied eines Ausschusses für Sozialarbeit nicht deplaziert vorzukommen. Auf der Suche nach der zentralen Gemeinsamkeit der Progressiven kann man auch auf marxistisch-leninistische Thesen zurückgreifen oder auf die Arbeiten »radikaler« amerikanischer Historiker wie Gabriel Kolko und William Appleman Williams.[14] Deren Erklärung lautet, daß es eine herrschende Klasse gab; daß im 20. Jahrhundert zu dieser Klasse natürlich nicht mehr die Aristokratie der Baumwollpflanzer gehörte, sondern die emporstrebende städtische Oberklasse und die Klügeren unter den Industriellen; daß das Motiv der herrschenden Klasse reine Selbsterhaltung und das momentane Schlagwort dieser Konservativen »Progressivism« war; daß ihr unmittelbares Ziel die Liberalisierung der amerikanischen Gesellschaft und die Stimulierung der Wirtschaft durch eine imperialistische Suche nach neuen Märkten gewesen sei. Die Schwierigkeit mit der marxistisch-leninistischen Theorie liegt jedoch darin, daß die letzte Phase des Kapitalismus dann doch nicht in einer proletarischen Revolution endete. Einige mögliche Gründe dafür wurden oben erwähnt. Dennoch ist es angebracht, auf der Suche nach einem einigenden Element der Progressiven nicht zu vergessen, daß die meisten von ihnen glaubten, der Klassenkampf stünde kurz bevor.

Angst vor Konflikten und Katastrophen ist unverkennbar in der Literatur der Progressiven Periode, zum Beispiel in Jack Londons *The Iron Heel* von 1908. Sie finden sich auch in vielen anderen gesellschaftsbezogenen Schriften dieser Zeit, von den Enthüllungsgeschichten der Muckrakers bis zu den Berichten der Sozialwissenschaftler an der Universität von Wisconsin, die eine Zunahme der Gewalttätigkeiten in den Auseinandersetzungen zwischen Unternehmern und Gewerkschaften beobachteten. Der Beschäftigung mit Klassenkonflikten lagen die gleichen Ursachen zugrunde wie der Bewegung der Progressiven selbst, und zahlreiche Ereignisse machten die Verbreitung des Konflikt- und Katastrophendenkens verständlich. Ein besorgter Betrachter der amerikanischen Szene fand in der Tat wenig Beruhigendes an den heftigen Auseinandersetzungen zwischen den Arbeitern und gekauften Streikbrechern in Homestead, Pennsylvania (1892), und Cripple Creek, Colorado (1903–1904), an dem Bombenanschlag konservativer Gewerkschafter auf das Verlagsgebäude der Los Angeles *Times* (1910) und an der ausführlichen Debatte der Sozialistischen Partei über Gewaltanwendung (1912). Bestimmte Gruppen litten unter bestimmten Ängsten. Die Naturschützer fürchteten, das verhältnismäßig rasche Versiegen der natürlichen Ressourcen werde dazu führen, daß deren staatlich gelenkte Ausbeutung verlangt würde. Statusbewußte Progressive nahmen nicht nur Anstoß an der Macht der Neureichen, sondern auch an der Macht der neuen politischen Führer der unteren Schichten. Kapitalisten wie Arbeiter versuchten, die Gewaltanwendung in der Industrie für ihre eigenen Zwecke auszunutzen; große Detektivbüros stellten Industriespione bereit, die in jeder dunklen Ecke revolutionäre Umtriebe entdeckten und die Ängste auf beiden Seiten nährten. Die Entwicklung des Sensationsjournalismus *(yellow journalism)* in den 1890er Jahren sorgte dafür, daß auch das kleinste Anzeichen von Unruhe oder Aufruhr der neuen Massenpresse nicht entging. Auch die Sozialreformer selbst, obwohl sie zum größten Teil Pazifisten waren, machten sich die Angst vor Klassenkonflikten und Gewalttätigkeiten zunutze, um den Armen zu helfen. Die Commission on Industrial Relations, die von 1912 bis 1916 einen Plan für Sozialreformen erarbeitete, war eingesetzt worden, nachdem der Bombenanschlag von Los Angeles und andere angebliche Anzeichen des Klassenkampfes in der Öffentlichkeit diskutiert worden waren. Diese Taktik hatte einen Rückschlag zur Folge. Die Öffentlichkeit hatte jetzt wirklich den Verdacht, daß es in den Gewerkschaften revolutionäre Elemente gäbe. Der Verdacht wurde durch die russische Revolution von 1917 bestärkt, und die Angstpsychose und Verfolgungswelle von 1919 (*Red Scare*) war deshalb die letzte und logische Manifestation des hysterieschürenden Progressivismus und durchaus nicht, wie oft angenommen, sein Gegenteil.

Die Art und Weise der Durchführung progressiver Reformen

auf Bundesebene zeigt, wie sehr die Führer der Bewegung von Anfang an darauf achteten, die Massen unter Kontrolle zu halten. Die Reformen, die sie anboten, sollten vor allem beschwichtigen und gingen längst nicht so weit wie die zur gleichen Zeit in den europäischen Industriestaaten durchgeführten; ihr Hauptziel war es, die Aufrechterhaltung der Ordnung zu gewährleisten. Tatsächlich waren Reformen im Militärwesen ein erstes Resultat des Progressivismus auf Bundesebene. Die Arbeitslosigkeit und die Unruhen von 1894 veranlaßten die Armee, bessere Methoden für den Straßenkampf einzuüben. Präsident Grover Cleveland veranlaßte den Bau weiterer Schlachtschiffe zum Teil, um damit die Arbeitslosenzahlen zu senken, und zum Teil, um sich an der Aufrechterhaltung der Ordnung im internationalen Rahmen zu beteiligen. Elihu Root, der Kriegsminister im Kabinett Präsident McKinleys (und Außenminister im Kabinett Roosevelt), versuchte, die Miliz der Einzelstaaten, nachdem sie im Spanisch-Amerikanischen Krieg so sehr versagt hatte, dem Bund zu unterstellen. Sein Streben nach effizienterer Verwaltung war typisch für die Progressiven. Der Generalstab stammt auch aus der Amtszeit Roots; die Tradition des Bürgerheeres war stark genug, um seine radikaleren Reformen abzuwehren.
Auch Theodore Roosevelt stieß auf erheblichen Widerstand, besonders seitens des Kongresses, wenn er die Macht des Präsidentenamtes dafür einsetzte, Reformen durchzuführen. Konservative Senatoren wie Marcus Hanna, der Industrielle aus Ohio, sahen es gern, wenn Roosevelt die Rolle des Weltpolizisten übernahm, nicht aber, daß er 1912 damit drohte, Bundestruppen einzusetzen, um die Aussperrung der Bergleute durch die Grubenbesitzer in Pennsylvania zu beenden. Roosevelts moralische Autorität gegenüber dem Kongreß war zunächst gering, weil er nur infolge der Ermordung McKinleys Präsident geworden war. Seine Wiederwahl 1904 stärkte seine Machtposition. Jetzt drängte er vorwärts mit der Verwirklichung seines Schlagwortes vom »gerechten Handel« *(Square Deal)* im Sinne sozialer Gerechtigkeit für alle, einschließlich Kapital und Arbeit. Während Roosevelts Regierungszeit wurde eine Reihe von Unternehmen wie zum Beispiel die Standard Oil Company wegen Verstoßes gegen die Antimonopolgesetze vor Gericht gestellt. In gewisser Weise war Roosevelts Vorgehen gegen die Trusts anachronistisch. Wie er selbst zugegeben hat, ließ sich das Großunternehmertum, *big business,* aus der amerikanischen Wirtschaft nicht mehr verdrängen. Tatsächlich beschränkte sich Roosevelt hauptsächlich auf ein verbales Vorgehen gegen die Trusts und gegen häßliche Begleiterscheinungen des Kapitalismus. In der Praxis ließ er es zu, daß die Unternehmer ihre eigenen Angele-

genheiten selbst regelten. Das Hepburn-Gesetz von 1906 übertrug der Interstate Commerce Commission — sie war 1887 errichtet worden, aber bis 1906 kaum in Aktion getreten — die Befugnis, die Frachttarife auf den Eisenbahnen zu senken, überließ es aber den privaten Eisenbahngesellschaften, die Tarife zuerst einmal selbst festzusetzen.

Roosevelt besaß den Glauben vieler Progressiver an die regenerativen Kräfte der *frontier*. Als junger Mann hatte er seine angegriffene Gesundheit durch ein aktives, gesundes Leben in

Abb. 27: *Spanisch-Amerikanischer Krieg, 1898; Colonel Theodore Roosevelt und seine Rough Riders in Cuba*

den Viehzuchtgebieten des Westens wiedergewonnen, und 1898 hatte er die »Rough Riders«, ein Regiment freiwilliger Kavalleristen, von denen viele Cowboys, Jäger und Sportreiter waren, in den Krieg gegen Spanien auf Kuba geführt. Als Präsident bekannte Roosevelt sich zu den Naturschützern, indem er den Verkauf von über fünfzig Millionen Hektar Staatsforst untersagte, die heute den Kern der staatlichen Wälder und Naturschutzparks bilden. Damit gebot er dem privaten Raubbau an einem wichtigen Teil des nationalen Erbes Einhalt. Sein Interesse an der öffentlichen Wohlfahrt führte auch zum Erlaß des Lebensmittel- und Arzneimittelgesetzes von 1906. Upton

Sinclair hatte mit seinem Angriff auf die Praktiken in den Schlachthäusern von Chicago in dem Roman *The Jungle* (1906) seine Leser zum Sozialismus bekehren wollen. Statt dessen erreichte er damit, daß den Verbrauchern übel wurde und sie ein Reformgesetz verlangten. Roosevelt und andere Progressive griffen in die Geschäftspraktiken der fleischverarbeitenden Industrie und anderer Industriezweige nicht nur ein, um Kapitalisten und Arbeitern zu helfen, sondern auch im echten Interesse des Verbrauchers, der in diesen Jahren zu einem wichtigen politischen Faktor wurde.

William Howard Taft, republikanischer Präsident von 1909 bis 1913, stand in dem Ruf, die Zeichen der Zeit nicht zu begreifen und »konservativ« zu sein, seit er als Bundesrichter häufig gegen die Interessen der Gewerkschaften entschieden hatte. In Wirklichkeit aber unterstützte er durchaus Gesetzesvorschläge der Progressiven. Trotz seines Rufes als Präsident der Kapitalisten ließ Taft doppelt so viele Gerichtsverfahren aufgrund des Antitrustgesetzes einleiten wie sein Amtsvorgänger Roosevelt. Die Interstate Commerce Commission erhielt durch das Mann-Elkins-Gesetz von 1910 weitere Vollmachten. Mit dem Sechzehnten Verfassungsänderungsartikel von 1913 wurde eine Bundeseinkommensteuer verfassungsrechtlich möglich. Um dem Klassenkampf zu begegnen, der nach seiner Meinung unmittelbar bevorstand, errichtete Taft schließlich auf Bundesebene die Commission on Industrial Relations. Der Ausschuß erstellte ein Programm für Sozialreformen, das unter Wilson dann nicht mehr zum Zug kam, aber viele der Ideen enthielt, die in den 1930er Jahren mit dem New Deal wieder aufgegriffen werden sollten.

Ebenso wie mehrere Ideen der Progressiven in den 1930er Jahren Zustimmung fanden, so verwirklichten Gesetze in der Amtszeit Wilsons einige der Forderungen, die zur Zeit der Populisten aufgestellt worden waren. Das Underwood-Einfuhrzollgesetz von 1913, das die Zölle für Stahl und andere Waren senkte, orientierte sich an Freihandelsprinzipien des 19. Jahrhunderts; das Clayton-Gesetz von 1914 machte unmißverständlich klar, daß das Sherman-Gesetz von 1890 gegen Trusts und nicht gegen Gewerkschaften gerichtet war; das Kreditgesetz für Farmer von 1914 gab dem Farmer die von ihm schon lange gewünschten Kreditbedingungen. Andere Gesetze halfen den Arbeitern und schützten zugleich den Verbraucher, der als Wähler neu entdeckt worden war. Mit dem LaFollette-Gesetz von 1915 und dem Adamson-Gesetz von 1916 wurde die Ausbeutung von Lokomotivführern und Matrosen verhindert; in der Begründung wurde betont, daß Passagiere in der Obhut gesunder und zufriedener Eisenbahnangestellter und Schiffsbesatzungen sicherer seien.

Als die Vereinigten Staaten 1917 in den Ersten Weltkrieg eintraten, kam es zum wirksamsten Durchbruch des Progressivismus. Der Patriotismus in Kriegszeiten ließ die »Konservativen« Eingriffe in die Wirtschaft hinnehmen, die sie sonst scharf kritisiert hätten, und der »neue Liberalismus« im Sinne immer stärkeren Eingreifens des Bundes in die Wirtschaft blühte auf. Der Nationale Ausschuß für die Kriegsindustrie (War Industries Board) ermöglichte eine zwanzigprozentige Erhöhung der Industrieproduktion; die Lebensmittelbehörde (Food Administration) gab der Landwirtschaft neue Impulse; der Nationale Ausschuß für Kriegsarbeit (National War Labor Board) sorgte dafür, daß es nur noch selten zu Streiks kam, indem er der Arbeiterbewegung wesentliche Zugeständnisse machte; die Eisenbahnen wurden staatlicher Aufsicht unterstellt. Einer Interpretation zufolge haben die amerikanischen Unternehmer die verstärkte Intervention der Bundesregierung in der Wirtschaft begrüßt und während des Ersten Weltkrieges erreicht, daß die Bundesregierung restriktive Praktiken wie Preis- und Marktabsprachen billigte.[15] Ob man sich von der Interpretation, das Großunternehmertum sei das beherrschende Element der Progressiven Bewegung gewesen, überzeugen läßt oder nicht, zweifellos haben von der Regierung geförderte Maßnahmen während des Krieges den Kapitalismus dadurch gestärkt, daß sie die Ursachen sozialer Unzufriedenheit an der Wurzel angriffen.

Diejenigen, die trotz der »liberalen« Maßnahmen während des Krieges radikal blieben, wurden mit den Bestimmungen bekämpft, die das Spionage-Gesetz von 1917, das Aufruhrgesetz von 1918 und ein Gesetz von 1918 enthielten, das die Ausweisung radikaler Ausländer verfügte. Als sich die Arbeitsniederlegungen nach Friedensschluß wieder mehrten, wurde die im Kriege eingerichtete noch intakte Maschinerie zur Bekämpfung der Radikalen von Justizminister (Attorney General) A. Mitchell Palmer, der früher für Gesetze zum Schutz arbeitender Frauen und Kinder eingetreten war, wieder in Gang gesetzt. Hunderte von Radikalen wurden 1919 während des »Red Scare«, einer hysterischen Verfolgung von Sozialisten und Kommunisten, verhört. Die von Palmer angeordneten Razzien waren nicht inkonsequent. Als »Liberaler« kämpfte er mit der Doppelwaffe der Verbesserung der Verhältnisse und der Unterdrückung dessen, was er als eine drohende proletarische Revolution verstand. Er und seine »liberalen« Mitstreiter hatten bei der Abwendung der sozialistischen Bedrohung einen so durchschlagenden Erfolg, daß die amerikanische Öffentlichkeit sich in den 1920er Jahren sicher genug fühlte und Reformen nicht mehr für dringlich hielt.

In den ersten Tagen des Jahres 1918 standen die kriegsmüden Truppen der Mittelmächte an der Westfront zum erstenmal amerikanischen Truppen gegenüber. Die Handvoll amerikanischer Soldaten, die sich im Januar und Februar 1918 so ausgezeichnet bewährten, waren nur die Vorhut eines Heeres von zwei Millionen nicht nur gut ausgebildeter, sondern auch durch die Hilfsquellen des reichsten Landes der Welt unterstützter Soldaten. Der amerikanische Eingriff von 1917–1918 verursachte die Niederlage der Mittelmächte, die Geburt einer demokratischen Republik in Deutschland und das Ende der ausschlaggebenden Stellung Europas im globalen Gleichgewicht der Mächte.

Amerikaner neigen dazu, den Krieg gegen Deutschland und den vorangegangenen Krieg gegen Spanien (1898) als plötzliche Abweichung von den isolationistischen Mahnungen George Washingtons anzusehen (siehe S. 63). Einiges spricht jedoch dafür, daß von der Mitte des 19. Jahrhunderts an die Neulinge beim Wettlauf um die Weltmacht, die Vereinigten Staaten und Japan, sich lediglich in etwas indirekterer Weise an dem Rennen beteiligt hatten. Walter LaFeber und William Appleman Williams, zwei Historiker der »Neuen Linken«, haben in ihren in den 1960er Jahren erschienenen Schriften zu zeigen versucht, daß die Vereinigten Staaten als Reaktion auf die Probleme der Industrialisierung und auf die Angst, nach der Erschließung des letzten freien Landes auf dem nordamerikanischen Kontinent könnte ein Mangel an natürlichen Ressourcen eintreten, neue Rohstoffquellen und neue Märkte in Übersee gesucht haben.[16] Es ist in der Tat richtig, daß die »neuen Imperialisten«, anders als die holländischen, französischen und britischen Rivalen im 17. Jahrhundert, lieber eine indirekte, finanzielle Kontrolle über fremde Länder erstrebten als territoriale Eroberungen. Aber bereits der Erwerb Puerto Ricos und der Philippinen (1898–99) war schon kein »indirekter« oder »informeller« Imperialismus mehr. Die Finanzierung des Ersten Weltkieges wiederum machte die Vereinigten Staaten zum Gläubiger der Welt und bekräftigte die Politik indirekter Kontrolle über Teile Europas und anderer Erdteile.

Nur wenn man glaubt, Amerika sei vor 1898 in jeder Hinsicht isolationistisch gewesen, erscheint der Spanisch-Amerikanische Krieg unerklärlich. Dieser Mythos wurde von Historikern geschaffen, die sich zu einseitig mit der Diplomatiegeschichte und akuten Krisen beschäftigten. Nach 1865 wollten die Amerikaner auch in internationalen Beziehungen den Frieden und die Ordnung einkehren sehen, die sie sich selbst mit ihrem Bürgerkrieg so teuer erkauft hatten. Juristische Prozeduren zur Lösung von Konflikten, besonders in der Form von Schiedsspruchverfahren, wurden in den Beziehungen zu Lateinamerika ebenso ins Spiel gebracht wie bei Auseinandersetzungen um Eigentumsrechte und Arbeitskämpfe in den Vereinigten Staaten. Zugleich trat an die Stelle der Ausbreitung über den eigenen Kontinent, die für die junge Republik so wichtig gewesen war, die wirtschaftliche Expansion in Lateinamerika und im pazifischen Raum. Der Wert der Aus- und Einfuhren erhöhte sich von 400 Millionen Dollar im Jahre 1865 bis 1890 auf 1,6 Milliarden Dollar. Als der Kongreß 1883 den Bau des ersten Kreuzers aus Stahl genehmigte, tat er es zum Teil zum Schutz dieses Außenhandels. 1900 waren die Vereinigten Staaten die drittstärkste Seemacht der Welt.

Die Ausweitung des Außenhandels wurde von Staats wegen gefördert, weil die Politiker glaubten, er sei für den privaten Profit, für den Wohlstand der Nation und für die Erhaltung der Vollbeschäftigung unbedingt notwendig. Die Zeitgenossen hofften, es werde den Vereinigten Staaten nur nützen, wenn lateinamerikanische Länder gezwungen wären, ihre Fertigwaren von den »guten Nachbarn« im Norden zu kaufen, die ihrerseits den größten Teil der lateinamerikanischen Rohstoffe aufkauften. Aber in Wirklichkeit haben die Vereinigten Staaten bis zum Ende des 19. Jahrhunderts in der Hauptsache Halbfertigwaren exportiert, und mit Ausnahme des Ersten Weltkrieges hat der Wert der amerikanischen Ausfuhren nie mehr als 10 % des Bruttosozialprodukts betragen. Der Hauptanteil am Außenhandel wurde auch weiterhin mit europäischen Ländern getätigt. Das hinderte die amerikanischen Unternehmer natürlich nicht daran, neue Märkte zu suchen, und zu einer Zeit, als die Regierung im allgemeinen von Industriellen beherrscht wurde, haben eine ganze Reihe von Außenministern die Bedürfnisse des Außenhandels wohlwollend berücksichtigt. William Seward (1861–69), William E. Evarts (1877–81) und James G. Blaine (1881, 1889–92) haben mit besonderem Erfolg verstanden, den wirtschaftlichen Einfluß der Vereinigten Staaten auszudehnen.

Repräsentanten von Handel und Industrie beeinflußten die außenpolitischen Vorstellungen der Verantwortlichen im State Department. Unter dem Druck der Geschäftswelt wurde nun die Monroe-Doktrin neu definiert. 1823 hatte sie den europäischen Mächten das Recht abgesprochen, ihre territorialen Herrschaftsansprüche auf die westliche Hemisphäre auszudehnen; 1904 wurde sie verstanden als Proklamation eines Rechtes der Vereinigten Staaten, sich in die lateinamerikanische Politik einzumischen. Andererseits verlangten die Wertvorstellungen der Geschäftswelt besondere Vorsicht in den Mitteln, die sich anzuwenden lohnten, um die kommerziellen Ziele zu erreichen. Der kommerzielle »neue Imperialismus« war seinem Wesen nach gegen Krieg und gegen den Erwerb von Kolonien; neue Territorien konnten für die Vereinigten Staaten ein Sicherheitsrisiko bedeuten oder ihre Wirtschaft überfordern. Die amerikanischen Unternehmer sahen bei diesen Überlegungen nicht voraus, daß ihre Strategie den Keim der Selbstzerstörung in sich trug: Sie verleitete andere Amerikaner zu Wunschvorstellungen von mehr als kommerzieller Expansion.

Die Ereignisse nach 1898 bewiesen, daß von nicht-wirtschaftlichen Gesichtspunkten bestimmte Ideologien und innenpolitische Gruppen wieder Einfluß auf die amerikanische Außenpolitik gewonnen hatten. 1898 erklärten die Vereinigten Staaten Spanien den Krieg mit dem Ziel, für Kuba die Unabhängigkeit zu gewinnen, und weniger, um den Kapitalisten im eigenen Lande zu helfen. Tatsächlich sprachen sich Unternehmer sogar gegen den Krieg aus, weil sie durch die Störung des Handels Verluste befürchteten. Erst als die Niederlage der veralteten spanischen Kriegsflotte zeigte, daß aus dieser Richtung keine Gefahr drohte, waren sie beruhigt. Zum Krieg drängten indessen Imperialisten wie Roosevelt, der glaubte, es wäre die Pflicht der Vereinigten Staaten, das Banner der Zivilisation und des Fortschritts überall dort aufzurichten, wo sich eine Gelegenheit bot. Zum Krieg drängten auch die Flottenstrategen, die von Sicherheit sprachen, und protestantische Missionare, die die philippinischen Moslems und Katholiken bekehren wollten; die Kriegsstimmung wurde zusätzlich durch die geharnischten Forderungen der neuen Sensationspresse angeheizt; und schließlich war dieser Krieg auch ein Ventil für die sozialen Spannungen der 1890er Jahre. Die zunehmende Komplexität gesellschaftlicher Probleme bewirkte, daß die Vereinigten Staaten nach dem Sieg von 1898 vor mehr ungelösten Problemen als Lösungen standen. Die Beziehungen zu Kuba blieben bis in die 1970er Jahre hinein gestört. Die Vereinigten Staaten übernahmen eine nicht gewollte Verantwortung für die Bewohner der Philippinen. Der Krieg war für den revolutionären Grundsatz der Unabhängigkeit geführt worden; hätte man aber die Philippinen sich selbst überlassen, wären sie nur allzuleicht Opfer eines imperialistischen Rivalen wie Deutschland geworden. Wenn man den Philippinos jedoch die amerikanische Staatsbürgerschaft gewährte, würden sie Löhne und Preise auf dem amerikanischen Kontinent unterbieten. Die Kompromißlösung, die die Philippinen zu einem privilegierten Protektorat machte, symbolisierte das Dilemma amerikanischer Außenpolitik im 20. Jahrhundert, die einander widersprechende strategische, wirtschaftliche und ideologische Prioritäten miteinander in Einklang bringen muß.

Die diplomatischen Ereignisse in den Jahren von 1890 bis 1917 bestätigten, daß wirtschaftliche Interessen zwar immer noch eine bedeutende Rolle spielten, aber nicht in jedem Fall den Vorrang hatten. Die Macht der amerikanischen Kapitalisten zeigte sich 1899, als der amerikanische Außenminister John Hay die Zustimmung aller Großmächte mit Ausnahme Rußlands für die »Politik der offenen Tür« in China gewinnen konnte. Hays Politik garantierte allen Mächten, die mit China Handel trieben, die gleichen wirtschaftlichen Rechte. Ihre Annahme war ein außerordentlicher Fortschritt für die Vereinigten Staaten, die bisher in China nur geringen Einfluß gehabt hatten. Die aggressive Diplomatie des Präsidenten Roosevelt, der 1903 die Vereinbarung über den Bau des Panamakanals erreichte, brachte amerikanischen Kaufleuten ebenfalls große Vorteile im Außenhandel. Man darf jedoch nicht vergessen, daß der Kanal durch die Landenge von Panama auch aus militärischen und nicht nur aus kommerziellen Gründen gebaut worden ist. Das vielleicht beste Beispiel dafür, daß die amerikanische Regierung auch gegen die Interessen der amerikanischen Wirtschaft handeln konnte, war die Mexikopolitik Wilsons. Nach der mexikanischen Revolution, die 1910 begann, unterstützte Wilson Venustiano Carranza, dessen Machtanspruch er für legitim hielt. Als Folge dieser Politik wurde 1914 der mexikanische Hafen Vera Cruz von Kriegsschiffen der Vereinigten Staaten beschossen und eingenommen, ein Ereignis, das die Mexikaner gegen Wilson aufbrachte und sie zu einem potentiellen Verbündeten für Deutschland machte. Die mexikanische Verfassung von 1917 sah die Verstaatlichung lebenswichtiger Industrien vor, von denen zwei Drittel amerikanischen Unternehmen gehörten. Mit diesem Ergebnis der Außenpolitik konnte die Geschäftswelt kaum zufrieden sein, und in den folgenden Jahren haben die Republikaner die Fehlleistung korrigiert. Die Männer, die von 1899 bis 1917 die amerikanische Außenpolitik bestimmten, ließen sich also nicht ausschließlich von unmittelbar wirtschaftlichen Interessen leiten. Doch indirekt hat es möglicherweise den Unternehmerinteressen genützt, daß eine rassistische und imperialistische Außenpolitik die potentiell gefährlichen Massen ablenkte; eine politische Strategie, die in der neueren Debatte um die Interpretation des Imperialismus »Sozialimperialismus« genannt worden ist.

1917 traten die Vereinigten Staaten in den Krieg ein, der in Europa seit 1914 wütete. Sie zerstörten damit endgültig das Gleichgewicht der Kräfte in Europa und schufen für sich selbst strategische Probleme, die bis heute nicht gelöst sind. Damals glaubten die Führer der aufstrebenden Nation, daß die Beteiligung am Kriege ihnen bei den Friedensverhandlungen einen Platz am Konferenztisch und das Recht zur Mitgestaltung der Zukunft sichern würde. Da sie sich im eigenen Landc für Reformen einsetzten, hielten sie sich auch für befähigt, die Welt zu verbessern. Eine solche Selbstgerechtigkeit entsprang zum Teil einer defensiven Haltung, denn eine beginnende Wirtschaftsrezession ließ die Unzulänglichkeit der bisher verwirklichten Reformen der Progressiven deutlich werden.

Daß die Amerikaner an der Seite der Alliierten in den Krieg eintraten, war unter anderem darauf zurückzuführen, daß die Hälfte aller Bewohner der Vereinigten Staaten von britischen oder kanadischen Vorfahren abstammten, nur ein Fünftel dagegen von deutschen und österreichischen. Strategisch wäre es unsinnig gewesen, sich im Nordatlantik der starken britischen Kriegsflotte entgegenzustellen. Die britische Vorherrschaft im Atlantik hatte auf den Handel mit Europa eine einseitige Auswirkung: 1917 schuldeten die alliierten Regierungen den Amerikanern 2,3 Milliarden Dollar, während die Mittelmächte nur 27 Millionen Dollar amerikanischer Kredite in Anspruch genommen hatten. Die amerikanischen Geschäftsleute waren für Neutralität, weil sie die beste Garantie dafür war, daß sie auch weiterhin mit Gewinn Handel treiben konnten; aber wenn der Krieg schon käme, müßte Amerika sich auf die Seite der Alliierten stellen. Zu den unmittelbaren Anlässen des amerikanischen Kriegseintritts gehörten die deutsche Weigerung, den U-Boot-Krieg einzustellen, der den Tod zahlreicher amerikanischer Schiffspassagiere zur Folge gehabt hatte, und das Bekanntwerden der Zimmermann-Note, in der Mexiko für den Fall, daß es sich beim Ausbruch von Feindseligkeiten auf die Seite Deutschlands stellte, die Abtretung von New Mexico, Texas und Arizona zugesagt wurde. Der Separatfrieden des bolschewistischen Rußland im Jahre 1917 verlieh der Sache der Alliierten eine gewisse demokratische Respektabilität und ermöglichte es den Vereinigten Staaten, mit dem Gefühl eines ungetrübten Idealismus in den Krieg einzutreten.

Kaum waren die Vereinigten Staaten in den Krieg eingetreten, als Präsident Wilson sich gezwungen sah, die Kriegsziele der Westmächte zu erklären. Wilsons »Vierzehn Punkte«, die er Anfang 1918 verkündete, versprachen jedem Volk das Recht, selbst zu entscheiden, zu welcher Nation es gehörte. Ein Völkerbund sollte in Zukunft die internationale Sicherheit garantieren. Der Präsident lehnte es ab, Deutschland Reparationszahlungen aufzuerlegen. Wilsons Ideale fanden in mehreren europäischen Ländern Anklang. Als er im Dezember 1918 zu den Friedensverhandlungen nach Frankreich kam, säumte das Volk die Straßen und begrüßte ihn wie einen Helden.

Der amerikanische Präsident hat nach den Bestimmungen der

Abb. 28: *Woodrow Wilson, 1856–1924, 28. Präsident der Vereinigten Staaten (1913 bis 1921)*

Verfassung das Recht, mit einer anderen Regierung einen Vertrag auszuhandeln. Die Zustimmung einer Zweidrittelmehrheit des Senats ist jedoch erforderlich, um den Vertrag in Kraft zu setzen. Im November 1919 und im März 1920 lehnte es der Senat mit geringer Mehrheit ab, zwei Versionen eines Friedensvertrages zu ratifizieren, der auch die Satzung des von Wilson vorgeschlagenen Völkerbundes enthielt. In einer gemeinsamen Resolution erklärten beide Häuser des Kongresses 1921, daß der Krieg gegen Deutschland beendet sei, die Vereinigten Staaten dem Völkerbund jedoch nicht beitreten würden. Ein Grund für die Ablehnung des Vertrages war der, daß Wilson bei seinen Verhandlungen in Versailles einige seiner eigenen Ideale unbeachtet gelassen hatte. Deutschland wurde mit Reparationen belastet. Irland erhielt nicht die vollständige Unabhängigkeit. 14 000 amerikanische Soldaten blieben bis Anfang 1920 in Archangelsk, Murmansk und Sibirien. Wilson hatte geringen Einfluß auf einige dieser Faktoren, aber seine Kritiker meinten, er habe von seinen Landsleuten Opfer im Namen von Grundsätzen verlangt, die in Wirklichkeit bloße Versprechungen waren. Henry Cabot Lodge aus Massachusetts führte die Opposition gegen den Vertrag im Senat an. Daß er sich mit dem ebenso unnachgiebigen Wilson nicht aussöhnen konnte, lag zum Teil an einer persönlichen Rivalität. Amerikaner deutscher und irischer Abstammung waren von den Friedensbedingungen Wilsons nicht begeistert, und ihre Gleichgültigkeit bei den Zwischenwahlen von 1919 und den Präsidentschaftswahlen von 1920 entmutigte die Befürworter des Völkerbundes. Örtliche Arbeiterorganisationen, deren Vertreter Anfang 1919 in der Lobby des Senats für den Völkerbund eingetreten waren, verloren das Interesse, als inneramerikanische Krisen die Krise in Europa überschatteten. Als er erkannte, daß ihm die soziale Basis für seine Außenpolitik entglitt und der Senat dieser Tendenz folgen werde, unternahm Wilson im September 1919 eine Vortragsreise, durch die er die Öffentlichkeit für die Ratifizierung gewinnen wollte. Die Anstrengungen dieses Unternehmens untergruben seine Gesundheit. Die Senatoren blieben bei ihrer Ablehnung.

Daß es Wilson nicht gelungen ist, die Vereinigten Staaten zum Eintritt in den Völkerbund zu bewegen, zeigte, wie sehr seine Landsleute der Revolten, des aktiven »Liberalismus« und der internationalen Bekehrungsfeldzüge überdrüssig waren. In den Präsidentschaftswahlen von 1920 siegte der alle Reformen ablehnende Republikaner Warren G. Harding. Er versprach, wieder »normale Zeiten« einkehren zu lassen.

6. Die Vereinigten Staaten zwischen den Weltkriegen, 1919–1941

Von Dudley E. Baines

Die beiden Weltkriege waren in den Vereinigten Staaten ebenso wie in der Entwicklung der meisten Länder deutliche Einschnitte. Nach dem Ersten Weltkrieg wurde das politische und gesellschaftliche Leben zunehmend von wirtschaftlichen Erwägungen beherrscht, und die folgende Periode kann man als einen kompletten Wirtschaftsszyklus betrachten. Auf eine deutlich fühlbare Depression nach dem Krieg folgte in den 1920er Jahren eine Phase ununterbrochener Prosperität. Die amerikanische Gesellschaft der 1920er Jahre war mit allen Stärken und Schwächen die erste Massenkonsumgesellschaft, und dies dreißig Jahre, bevor sie sich auch in anderen Ländern entwickelte. Für die Wirtschaft der 1920er Jahre war der Verbraucher zwar nicht wichtiger oder unwichtiger als zuvor; die Lebensmittel waren schon seit langem billig und die Arbeitskräfte relativ knapp gewesen, und es hatte einen großen Verbrauchermarkt gegeben. Aber in den 1920er Jahren waren die wichtigsten Verbrauchsgüter in Amerika die *gleichen* wie heute. Die »harten«, mehrere Jahre nutzbaren Konsumgüter (z. B. Radios) wurden in großer Menge und zu niedrigen Preisen hergestellt. Großbetriebe basierten auf so entscheidenden Neuerungen wie dem Fließband. Die Nachfrage nach einem bestimmten Produkt, z. B. nach Autos, erhöhte zugleich die Nachfrage nach anderen Erzeugnissen, z. B. nach Gummireifen, Häusern am Stadtrand und Rasthäusern an den Fernstraßen. Der Umsatz wurde dadurch gefördert, daß man für diese Erzeugnisse in den Zeitungen und im Rundfunk warb, der selbst eine neue Erscheinung war. Die Filmindustrie verbreitete im ganzen Land eine schablonenhafte Vorstellung vom »angenehmen Leben«. In den 1920er Jahren hat kein anderes Land auch nur annähernd einen ähnlichen wirtschaftlichen Aufschwung erlebt, und in Europa betrachtete man die amerikanische Gesellschaft mit einer Mischung aus Unglauben, Bewunderung und Neid.

Aber ab Mitte 1929 erlebte das Land eine Wirtschaftskrise verheerenden Ausmaßes. Nahezu vier Jahre lang fiel die Industrieproduktion fast ununterbrochen. Entsprechend stieg die Zahl der Konkurse und nahm die Arbeitslosigkeit zu. Das Finanzsystem brach zusammen. Farmer im ganzen Land verloren ihre letzten finanziellen Reserven. Im Frühjahr 1933 waren Millionen von Amerikanern auf direkte Hilfe von Wohlfahrtsorganisationen angewiesen, und auf den Straßen New Yorks verhungerten Menschen. Das Land hatte sich nur äußerst langsam und keineswegs vollständig von der Depression erholt, als der Ausbruch eines neuen Weltkrieges Amerika wiederum zum »Arsenal der Demokratie« machte. Diese bittere Erfahrung, so kurz nach dem Gerede von der »ewigen Prosperität« gemacht, bewirkte eine grundlegende Veränderung der amerikanischen Gesellschaft. Sie veränderte insbesondere das Verhältnis von Staat und Wirtschaft. In den 1920er Jahren hatte es den Anschein gehabt, der Staat und seine Einrichtungen seien weitgehend überflüssig. Das Bruttosozialprodukt nahm so rasch zu, daß man glaubte, die Wirtschaftstätigkeit allein würde mit der Zeit das alte Problem der Armut lösen. Die Bewegung der Progressiven (Kap. 5, VII) verlief sich, und an ihre Stelle trat ein selbstzufriedener »Konservatismus«, der sich damit zufriedengab, lediglich Zuschauer zu sein auf einer Szene, auf der rivalisierende Unternehmer um den Dollar des Verbrauchers miteinander konkurrierten. Dieser simple Glaube der Öffentlichkeit an die Leistungsfähigkeit der Wirtschaft konnte die Depression nicht überleben. Auch individualistische Wertvorstellungen – die Überzeugung, das Wohlergehen des einzelnen hinge allein von seiner persönlichen Tüchtigkeit ab – blieben auf der Strecke. Der folgende *»New Deal«* war kein voller Erfolg. Aber der historisch bedeutsame Wandel bestand darin, daß nach der Depression die Bundesregierung in praktisch jedem Bereich des amerikanischen Lebens stark mitwirkte – wie die europäischen Regierungen es bereits als unmittelbare Folge des Ersten Weltkrieges getan hatten – und darin, daß jetzt die Mehrheit der Bevölkerung auch von der Bundesregierung erwartete, sie werde ihr einen angemessenen Lebensstandard garantieren. Das hat die Regierung in der Folgezeit versucht; und seit dem Zweiten Weltkrieg ist die amerikanische Politik zu einem Kampf der Interessengruppen um Bundesmittel geworden.

I. DIE RÜCKKEHR ZUM ISOLATIONISMUS

Aus dem »Großen Krieg« sind die Vereinigten Staaten als stärkste Wirtschaftsmacht hervorgegangen. Hätte der Krieg länger gedauert, dann wäre Amerika auch zur stärksten Militärmacht geworden. Doch nach dem erfolgreichen Versuch, in den Friedensvertrag von Versailles liberale Grundsätze aufzunehmen (insbesondere was die Rechte der nationalen Minderheiten betraf), haben die Vereinigten Staaten während der

1920er Jahre die internationale Politik kaum mehr beeinflußt. Dafür gibt es zwei Gründe. Zunächst erkannte man nicht, über welches Machtpotential Amerika verfügte, und als man es erkannte, war die öffentliche Meinung in Amerika dagegen, diese Macht auszuüben.

Die Vorherrschaft der Vereinigten Staaten zeigte sich am deutlichsten auf wirtschaftlichem Gebiet. Angeregt durch die hohen Lebensmittel- und Rohstoffpreise hatte die amerikanische Wirtschaft einen raschen Aufschwung genommen. Die Industrieproduktion war um 37 % gestiegen. Der einzige kurzfristige Nachteil, den die amerikanische Wirtschaft infolge des Krieges in Kauf nehmen mußte, war der Verlust der Märkte in Deutschland und Österreich. Aber diese Verluste wurden mehr als ausgeglichen durch die umfangreichen Kriegslieferungen vor allem an Großbritannien, aber auch an Frankreich. Da die Alliierten ihre Wirtschaft auf Rüstungsproduktion umgestellt hatten, waren sie nicht in der Lage, diese Lieferungen mit Exporten zu bezahlen. Sie finanzierten sie dadurch, daß sie europäische und amerikanische Wertpapiere verkauften und in den Vereinigten Staaten Kredite aufnahmen. 1918 schuldeten die Europäer den Vereinigten Staaten 7 Milliarden Dollar. Dazu kamen noch 3,3 Milliarden Dollar für den Wiederaufbau in Europa. 1918 war aus dem Schuldnerland Amerika der größte Kreditgeber der Welt geworden.

Die Tatsache, daß aus den Vereinigten Staaten ein Gläubigerland geworden war, sollte sich auf Handel und Finanzen der Nachkriegszeit entscheidend auswirken. Man hatte damit gerechnet, daß ein Krieg in Europa schwerwiegende Handelsverschiebungen verursachen und die Wirtschaftskapazität zahlreicher Länder stark reduzieren würde. Aber die tatsächlichen Auswirkungen des Krieges waren noch tiefgreifender und machten die Wiederbelebung der erschöpften europäischen Volkswirtschaften außerordentlich schwierig. Im Kriege hatten viele Agrarländer in Europa und anderswo begonnen, Industrie aufzubauen. Nach dem Krieg förderten die neuen »Industrieländer« lieber weiter die Interessen ihrer eigenen jungen Industrien, statt zu ihren traditionellen Lieferanten zurückzukehren, auch wenn deren Angebote billiger waren. Der neue wirtschaftliche Nationalismus zeigte sich besonders stark in Osteuropa. Der Versailler Vertrag hatte aus dem österreichisch-ungarischen Kaiserreich mehrere neue und gegeneinander feindlich eingestellte Staaten geschaffen, deren Unterscheidungsmerkmal ihre »Nationalität«, oft verstanden als »Rasse«, sein sollte. Diese Umstände machten die Wiederherstellung der Handelsbeziehungen, wie sie vor dem Krieg bestanden hatten, außerordentlich schwierig. Um aus der ernsten wirtschaftlichen Lage herauszukommen, brauchte Europa Kapital. Die einzige verfügbare Quelle waren die Vereinigten Staaten. Großbritannien war zwar noch kreditfähig, aber in einer Welt, in der seine Überseemärkte für Kohle, Baumwolle und Schiffe rasch verschwanden, konnte es sich die Investitionen nicht mehr leisten, mit denen es die Weltwirtschaft in den fünfzig Jahren vor dem Kriege finanziert hatte. Die Vereinigten Staaten trugen deshalb jetzt eine große wirtschaftliche Verantwortung. Um die amerikanische Prosperität auf die geschwächte europäische Wirtschaft zu übertragen, mußte jedoch ein wesentliches Hindernis überwunden werden. Im 19. Jahrhundert war die Weltwirtschaft vom Austausch von Industriegütern gegen landwirtschaftliche Erzeugnisse abhängig gewesen. Dieses System konnte nicht fortdauern, wenn der größte Agrarstaat selbst auch zum größten Industriestaat wurde. Darüber hinaus waren die Vereinigten Staaten ihrem Ursprung nach europäisch – daher glich auch der Geschmack des amerikanischen Verbrauchers dem des europäischen –, und sie lagen in der gemäßigten Klimazone. 1918 konnte Amerika billigere Industrieerzeugnisse und billigere Lebensmittel herstellen als Europa; mehr, als die eigene Bevölkerung verbrauchte. Es gab praktisch nichts, was die Amerikaner importieren mußten. Die Folge war, daß die Vereinigten Staaten riesige Mengen von Gold erwarben, und das wiederum hatte schlimme Folgen in Europa. Die europäischen Länder, und besonders Deutschland, waren mehr und mehr auf kurzfristige amerikanische Kredite angewiesen, die jederzeit zurückgefordert werden konnten. Dieser Zusammenhang war der Hauptgrund für die ständigen wirtschaftlichen Schwierigkeiten auf der ganzen Welt in den 1920er Jahren und der Grund dafür, daß die Depression der 1930er Jahre so sehr schnell von den Vereinigten Staaten auf Europa übergriff und so erschreckende Ausmaße annahm.

Wenn die Vereinigten Staaten den Schlüssel für die Prosperität der ganzen Welt in der Hand hielten, kann man ihnen dann vorwerfen, sie seien ihren wirtschaftlichen Verantwortlichkeiten nicht nachgekommen? Sicherlich nicht. Erstens wurden die Probleme 1919 durch einen Nachkriegs-Boom verdeckt, der vor allem auf der plötzlich freigesetzten Nachfrage nach Rohstoffen beruhte. Zweitens sollte das Problem der Kriegsschulden dadurch gelöst werden, daß Deutschland Reparationen aufbrachte. Deutschland sollte seine Kriegsschulden an Frankreich und England in Devisen zahlen, und mit diesen Devisen sollten die Schulden dieser Länder bei den Vereinigten Staaten beglichen werden. Wir wissen heute natürlich, daß der kurze wirtschaftliche Aufschwung nach dem Krieg eine Folge der Zerstörung des Transportsystems war und nicht auf echter Nachfrage beruhte, und daß Deutschland zahlungsunfähig wurde. Das hat jedoch nichts mit dem Hauptproblem zu tun. Die Vereinigten Staaten können höchstens in der Rückschau für die Katastrophen der 1920er Jahre verantwortlich gemacht werden. Man war sich in Europa weder über das Wesen der Schwierigkeiten einig noch über Maßnahmen zu ihrer Überwindung. Sogar die britische Regierung, die in internationalen Wirtschaftsfragen bei weitem über die meiste Erfahrung verfügte, hat am Ende den Charakter der wirtschaftlichen Schwierigkeiten, mit denen das Land zu kämpfen hatte, völlig falsch beurteilt. Eine Verantwortlichkeit der amerikanischen Regierung aufgrund ihrer Passivität in der internationalen Wirtschaftspolitik der 1920er Jahre ließe sich nur dann feststellen, wenn man a) nachweisen kann, daß man damals bereits Wirtschaftsfragen eine ebenso grundlegende Rolle einräumte, wie wir es heute tun, b) daß man die Probleme 1919 bereits voraussehen konnte und c) daß es, wenn die Probleme vorhersehbar waren, in Europa und Amerika eine gewisse Übereinstimmung im Hinblick auf die richtigen Lösungen gegeben habe.

II. AMERIKANER UND AUSLÄNDER

Amerika hatte die Teilnahme am Ersten Weltkrieg nicht vermeiden können. Aber als er vorüber war, wollten die meisten Amerikaner augenscheinlich möglichst wenig mit Europa und den Europäern zu tun haben. Von Amerika aus gesehen wirkte dieser Krieg nicht anders als all die Kriege, zu denen es schon früher gekommen war, und die Friedenskonferenz von Versailles erschien als ein wenig erbauliches Beispiel von Machtpolitik. Es ist nicht überraschend, daß der Idealist Woodrow Wilson den Kongreß nicht von der Notwendigkeit der Beteiligung Amerikas an einem »Völkerbund« überzeugen konnte. Zur gleichen Zeit spielte sich in den Vereinigten Staaten eine heftige Reaktion ab gegen jene Merkmale ihrer Gesellschaft, die als fremdländisch angesehen wurden. Sie richtete sich unter anderem gegen die jüngst Eingewanderten in den Großstädten. Deren Lage war schon seit langem Ursache sozialer Spannungen gewesen, die der Krieg in den Hintergrund gerückt hatte. Am Ende des Krieges befürchtete man, die Farmer und die alteingesessenen Familien im Süden und Osten könnten von einer neuen Einwandererflut aus Süd- und Osteuropa überschwemmt werden. In der Nachkriegszeit schien es noch offensichtlicher zu sein, daß diese »Bindestrich-Amerikaner« Loyalitätsgefühle gegenüber fremden Ländern und einer fremden Kirche besaßen. Verglich man diese Einwanderer etwa mit dem in der Presse verbreiteten Bild eines »nordischen« – und natürlich protestantischen – Farmers, dann erschienen sie unvermeidlich als nicht hundertprozentige Amerikaner. Einige frühere Gesetze zur Beschränkung der Einwandererzahl waren bereits in Kraft. Als dies nicht die gewünschte Wirkung hatte, verringerte man 1924 die nationalen Einwanderungs-Quoten von 1921 weiter. Von 1920 bis 1924 kamen weniger als die Hälfte der 1910 bis 1914 zugelassenen Einwanderer ins Land. Ende der 1920er Jahre war die Einwanderung auf den niedrigsten Stand gefallen, seit man in den 1820er Jahren begonnen hatte, sie statistisch zu erfassen (siehe Kap. 4).

Hitziger nationalistischer Patriotismus war jedoch älter als die Wiederaufnahme der Einwanderung in großem Maßstab. Er war genährt worden durch den Krieg und die russische Revolution und richtete sich jetzt hauptsächlich gegen politische Radikale und militante Gewerkschaftler. Dies waren großstädtische Gruppierungen, größtenteils Einwanderer, und leicht als »unamerikanisch« zu bezeichnen. Die großen Streiks von 1919 und Anfang 1920, zu denen es z. B. im Kohlebergbau und in der Stahlindustrie kam, wurden entweder durch das rasche Steigen des Preisniveaus (1919 um 16 % und 1920 um 15 %) verursacht oder weil die steigenden Preise ihrerseits eine Folge des Wirtschaftsaufschwungs nach dem Krieg waren, durch den die Erfolgschancen für Streiks größer geworden waren. Im Januar 1919 hatte in Seattle ein fünf Tage dauernder Generalstreik stattgefunden. Der Bürgermeister, der den Streik u. a. dadurch zum Scheitern gebracht hatte, daß er den politischen Radikalismus der Streikführer groß herausstellte, wurde kurze Zeit später von einem Bombenattentat bedroht. Siebzehn weitere Bombenpakete waren an prominente Finanziers und Sozialistenfresser verschickt worden. Am schwersten wurde die öffentliche Ordnung – so schien es jedenfalls – 1919 durch den Polizeistreik in Boston bedroht. Tatsächlich gab es keine Beweise für politische Motive. Neunzehn Polizisten wurden entlassen, weil sie sich einer Gewerkschaft angeschlossen hatten. Dies war nichts Einmaliges unter amerikanischen Polizisten, aber im Klima des Jahres 1919 schien es eine Unmöglichkeit zu sein. Da die Polizei ihren Dienst nicht versah, kam es zu zahlreichen Ladenplünderungen und auch zu Morden. Samuel Gompers bat den Gouverneur von Massachusetts, Calvin Coolidge, um seine Vermittlung, und Coolidges telegraphische Antwort (»Ein Recht, gegen die öffentliche Sicherheit zu streiken, gibt es nirgendwo, niemals und für niemanden«) hat ihm wahrscheinlich 1920 die Nominierung für das Amt des Vizepräsidenten eingetragen; er galt als der Mann, der den

Polizeistreik gebrochen hatte – obwohl er nicht mehr dazu beigetragen hatte, als dieses Telegramm zu schicken. Unmittelbar nach diesem Vorfall hatten alle Arbeiterunruhen einen radikalen Beigeschmack, und *alle* Streiks und überhaupt alles, was nicht der Schablone vom hundertprozentigen Amerikanertum entsprach, wurde als Bedrohung der Verfassung dargestellt. Während des Krieges hatten brave Mittelklassebürger an den unwahrscheinlichsten Orten nach deutschen Saboteuren gesucht, und sie waren schnell davon überzeugt, daß ihre Vorurteile Ausdruck einer patriotischen Haltung waren. Universitätsprofessoren und Filmregisseure wurden in unangenehmster Weise belästigt. Die Versammlungen linksgerichteter Gruppen wurden gewaltsam gestört und ihre Büros verwüstet. Im Namen der Freiheit verweigerte man den »Radikalen«, von revolutionären Marxisten bis hin zu blaßrosa Reformern, rechtsstaatlichen Schutz. Im ganzen Land wurden Razzien durchgeführt, 6000 Verdächtige verhaftet und ohne Gerichtsverfahren gefangengehalten, während der Attorney General (zugleich Generalbundesanwalt und Bundesjustizminister) Vorschläge entgegennahm, wie man mit ihnen verfahren sollte. Viele der Festgenommenen wurden ausgewiesen.

Die allgemeine Hysterie griff auch auf andere »Fremde« über. In Chicago, wohin während des Krieges viele Schwarze gekommen waren, kam es zu Rassenunruhen. Wieder wurde der Ku-Klux-Klan aktiv; die Zahl seiner Anhänger wuchs am stärksten im Mittleren Westen und nicht im Süden, und seine Opfer waren in zunehmendem Maße Juden und Katholiken, eher als Schwarze.

Der »Red Scare« von 1919, die Angst vor den Roten, war ungeheuer übertrieben. Die beiden kommunistischen Parteien können insgesamt kaum mehr als 75 000 Mitglieder gehabt haben, und eine noch geringere Zahl von ihnen waren Aktivisten. Eine Revolution stand sicher nicht bevor. Aber ein großer Teil der amerikanischen Bevölkerung glaubte den Gerüchten und überließ sich der Hysterie; eine Neigung, die man in Abständen immer wieder hat beobachten können. Die Kommunistenfurcht legte sich Mitte 1920. Es war dem internationalen Bolschewismus nicht gelungen, in Europa eine Umwälzung herbeizuführen, und die amerikanischen Radikalen übten sich in Zurückhaltung. Aber noch 1921 konnten die beiden italienischen Anarchisten Sacco und Vanzetti in Massachusetts kein faires Gerichtsverfahren erhalten. Als sie 1927 schließlich hingerichtet wurden, kam es in den Vereinigten Staaten nur zu geringfügigen Protesten.

Die amerikanische Bevölkerung war der politischen Kämpfe überdrüssig, und zwar sowohl der innen- als auch der außenpolitischen. Ihr Ressentiment gegen die Teilnahme am Krieg und gegen den Völkerbund beruhte auf dem Gefühl, gegen ihren Willen in etwas hineingezogen zu werden. In den Präsidentschaftswahlen von 1920 kam dies deutlich zum Ausdruck. Warren Harding, der Kandidat der Republikaner, war außerhalb des Staates Ohio, den er im Senat vertrat, praktisch unbekannt. Aber er war der Kandidat der Big-Business-Fraktion seiner Partei, und als es auf dem Parteikonvent zu einem toten Rennen kam, siegte er als Kompromißkandidat. Bei einer Rede in Boston entsprach er genau der Stimmung der Wählerschaft, als er sagte, Amerika brauche »nicht noch mehr Helden, sondern Heilung; keine Patentrezepte, sondern Ruhe und normale Zeiten«. Nur die Hälfte der Wähler gaben überhaupt ihre Stimmen ab, die überwältigende Mehrheit von ihnen für Harding und gegen Cox, den Kandidaten, der den Beitritt zum Völkerbund befürwortete. Getreu seinem Versprechen wurde Harding der untätigste Präsident der jüngeren Zeit und überließ seine Mitbürger ihrer – wie er meinte eigentlichen – Aufgabe, Geld zu verdienen.

III. DER BOOM DER ZWANZIGER JAHRE

Wegen der Stärke ihrer Wirtschaft konnten es sich die Vereinigten Staaten leisten, die politische Isolation zu wählen. In den 1920er Jahren erlebte die amerikanische Wirtschaft als Folge massiver Investitionen eine fast ununterbrochene Expansion. Diese Investitionen wurden ihrerseits durch die starke Nachfrage der Verbraucher nach »harten«, mehrere Jahre haltbaren Verbrauchsgütern wie Autos und Elektrogeräten und durch die rapide Entwicklung in der Bauwirtschaft und den Dienstleistungsgewerben aufrechterhalten. Ein großer Teil des investierten Kapitals wurde dazu verwendet, die Herstellungsmethoden zu verbessern. Hundertfünfzig Jahre vorher hatte Adam Smith die Voraussetzungen für die Massenproduktion zum erstenmal definiert, als er sagte, der Grad der Arbeitsteilung werde bestimmt durch die Größe des Marktes. Der amerikanische Markt für Konsumgüter war im Vergleich mit dem anderer Länder schon immer groß gewesen. Früher wäre jedoch eine so rasche Steigerung der Nachfrage nach »harten« Verbrauchsgütern wie in den 1920er Jahren nicht möglich gewesen. Eisenbahn und Lastwagen hatten erst in jüngster Zeit einen nationalen Markt geschaffen. Zwanzig Jahre Prosperität, besonders in der Landwirtschaft, versetzten die Bevölkerung in die Lage, bessere und verfeinerte Erzeugnisse verbrauchen zu können. Und die Industrie war erst in den 1920er Jahren technisch imstande, diese Güter in Massenproduktion herzustellen, denn große technische Fortschritte, unter anderem in der Metallverarbeitung und der Elektrotechnik, waren dazu die Voraussetzung. Viele dieser Entwicklungen vollzogen sich während des Krieges und wurden nach dem Krieg für die Massenproduktion von Verbrauchsgütern ausgenutzt. Investitionen waren in den 1920er Jahren vergleichsweise weniger essentiell als vor dem Krieg. Wichtiger war, daß die Investitionen, die gemacht wurden, dem Herstellungsprozeß zugute kamen. Jeder Arbeiter konnte mehr produzieren und mehr verdienen; die Preise für den Verbraucher sanken und die Realeinkommen stiegen beträchtlich. Das beste und zugleich wichtigste Beispiel war das Fließband. Es beförderte das Produkt an einer Reihe von Arbeitern vorbei, von denen jeder nur einen bestimmten Handgriff ausführte. Die Produktivität des einzelnen Arbeiters erhöhte sich, weil ihm mehr Werkzeuge zur Verfügung standen und weil sich die einfachen, ständig wiederholten Handgriffe schneller ausführen ließen. Der berühmteste Anwender des Fließbandes – wenn auch keineswegs sein Erfinder – war Henry Ford. Unter dem Einfluß der Ideen vom »wissenschaftlichen Management« von Frederick W. Taylor wurde Fords berühmtes T-Modell in Dearborn von 1914 an auf diese Weise produziert. Nicht weniger revolutionär war die Einführung des 5-Dollar-Tages im Jahre 1914, zu einer Zeit, als die Konkurrenten Fords viel weniger zahlten. In der amerikanischen Verbrauchsgüterindustrie war die Verwendung des Fließbands, transportabler elektrischer Werkzeuge und automatischer Bohrmaschinen und Pressen 1929 eine Selbstverständlichkeit. 1929 erzeugte die Industrie um 70 Prozent mehr Fertigwaren als 1919, und zwar mit der gleichen Zahl von Arbeitskräften, die zudem nicht mehr durchschnittlich 53, sondern 47 Stunden in der Woche arbeiteten.

Man hat behauptet, der Verbrauchermarkt für Massenprodukte habe sich in Europa später als in Amerika entwickelt, weil es hier größere Klassenunterschiede gab als in der demokratischen amerikanischen Gesellschaft, die der Idee massenhafter Herstellung und massenhaften Verbrauchs gleichartiger Erzeugnisse weniger Widerstand entgegengesetzt habe. Die weitere Entwicklung während des Zweiten Weltkrieges und in einigen Fällen auch schon vorher hat jedoch gezeigt, daß diese Erklärung nicht zutrifft. Der europäische Markt war nicht aus soziologischen Gründen kleiner, sondern weil die Bevölkerung ärmer war.

Die wichtigsten Merkmale des Wirtschaftsaufschwungs waren die Massenfabrikation von Kraftfahrzeugen, besonders von Personenwagen, und die Erzeugung und Verwendung von Elektrizität. Diese beiden Neuerungen haben entscheidend dazu beigetragen, daß auch weiterhin große Kapitalmengen investiert wurden und die Wirtschaft expandierte. Sie haben die Wirtschaft aus vier Gründen beherrscht. Sie waren neu. Ihre Herstellung, besonders die von Kraftfahrzeugen, hatte das Entstehen zahlreicher Zubringer- und Nebenindustrien zur Folge, die wiederum zu Investitionen anregten und zur Expansion der Wirtschaft beitrugen. Das Auto und die billige elektrische Energie erlaubten es dem Verbraucher, sein Einkommen auf neue Art auszugeben. Und schließlich beeinflußte der Erfolg dieser neuen Produkte die Wertvorstellungen und Auffassungen vieler Menschen, die jetzt eine von der Wirtschaft beherrschte Gesellschaft als durchaus wünschenswert akzeptierten.

Strenggenommen waren Auto und Elektrizität keine neuen Produkte. Beide waren vor dem Krieg entwickelt worden. Aber 1919 gab es erst 6,75 Millionen Kraftfahrzeuge, und es bestand noch ein großer potentieller Bedarf. Bis 1929 hatte sich die Zahl der Personenwagen fast vervierfacht, und auf fünf Personen kam ein Wagen. Natürlich unterschied sich das typisch amerikanische Auto 1929 wesentlich von dem des Jahres 1919. Dies war das Geheimnis seines Erfolges: Das Auto wurde den sich wandelnden Bedürfnissen des Verbrauchers angepaßt. Mit der Zeit kam es so weit, daß neue Modelle bereits angeboten wurden, bevor alte technisch überholt waren. Hier lag ein Teil – aber nur ein Teil – der Bedeutung der Werbung. Die Werbung nahm zu mit dem Entstehen der Boulevardpresse und des Rundfunks. Die ersten Radioprogramme wurden 1919 eingesetzt, um den Verkauf von Radioapparaten zu fördern. 1919 gab es 606 Rundfunkstationen, die alle durch Werbesendungen finanziert wurden. Anfangs informierte die Reklame den Verbraucher über neue Produkte (»Eßt mehr Orangen!«), aber als die Wirtschaft expandierte und die Konkurrenz zwischen den großen Unternehmen zunahm, wurde sie mehr und mehr zu einem Mittel, den Markt zu differenzieren. Das heißt, die Reklame versuchte den Verbraucher davon zu überzeugen, daß äußerlich gleiche Produkte sich in Wirklichkeit unterschieden. Hier zeigte sich das Problem der Massenproduktion: Der niedrige Preis hing davon ab, daß ein standardisiertes Produkt auf einem großen Markt verkauft wurde. Auf die Dauer ließ sich diese Nachfrage nur aufrechterhalten, wenn man das Produkt verbesserte, es dem sich wandelnden Geschmack anpaßte, und wenn man neue Bedürfnisse im Verbraucher weckte.

Veränderungen im Verteilersystem, die auf eine stärkere Spezialisierung des Groß- und Einzelhandels hinausliefen, waren ebenfalls wichtig. Die bedeutendste Neuerung in den 1920er Jahren war die Ladengesellschaft mit zahlreichen Filialen *(chain store)*, die nur Lebensmittel oder nur Drogeriewaren vertrieb. 1919 wurden nur 4 % des Einzelhandelsumsatzes durch solche Geschäfte verkauft. Ende der 1920er Jahre war es schon ein Viertel. 1929 hatte die größte Kette, die »A & P« (Atlantic und Pacific Tea Company), 15 400 Filialen, und sie verkauften zehn Prozent aller Lebensmittel. Das Auto ermöglichte es einer größeren Anzahl von Käufern, in die zentral gelegenen Geschäftsviertel zu fahren. In den Zentren der größten Großstädte beeinträchtigten Verkehrsstaus und Parkplatznot schon bald das Geschäft der großen Kaufhäuser. Die großen Versandhäuser Montgomery Ward und Sears Roebuck, die bisher eine isoliert auf dem Land lebende Kundschaft bedient hatten, sahen sich gezwungen, ihre eigenen Läden aufzumachen, und 1929 tätigten sie die Hälfte ihres Umsatzes über den Ladentisch. Die verschiedensten Erzeugnisse, von kosmetischen Artikeln bis zu Lebensmitteln und Medikamenten, wurden unter Markennamen angeboten, und ihre Hersteller machten oft im ganzen Land Reklame für sie. Damit unterstützten sie auch den kleinen Einzelhändler, dessen Umsätze durch die Werbung gefördert wurden. Oft schloß er auch mit einem Fachgroßhändler einen Vertrag zur freiwilligen Zusammenarbeit. Aus diesem Grunde haben die Kettenläden ihren Anteil am Einzelhandel niemals auf mehr als ein Viertel erhöhen können. Die wichtigste Folge der Veränderungen im Einzelhandel war ihre Auswirkung auf Stil und Mode. Vor dem Krieg hatte sich die äußere Form der Verbrauchsgüter nur sehr langsam verändert. In den 1920er Jahren aber konnte ein Fabrikant ein neues Automodell oder einen neuen Radioapparat in jeder Stadt des Landes gleichzeitig zeigen. Die meisten Verbrauchsgüterindustrien wurden von einigen wenigen großen Unternehmen wie Ford, General Motors und Chrysler beherrscht. Weil Preiskämpfe zwischen sehr großen Unternehmen, die alle in der Lage waren, sich gegenseitig in den Bankrott zu treiben, ruinös waren, wirkte sich die Konkurrenz zwischen Firmen, die gemeinsam ein Oligopol besaßen, zumeist in der Qualität und nicht im Preis aus. Aussehen und Stil eines Produktes wurden immer wichtiger. Die Einführung der Ratenkäufe trug wesentlich zum wirtschaftlichen Wachstum bei. Durch sie steigerte sich die Nachfrage allerdings nur für kurze Zeit. Aber sie ermöglichten es, die Nachfrage in Richtung auf teurere Erzeugnisse zu lenken. Der Verkauf von Personenwagen hing oft von der Möglichkeit des Ratenkaufs ab. Ende der 1920er Jahre wurden etwa 60 % aller Kraftfahrzeuge (und 75 % aller Möbel) auf Abzahlung gekauft. Ratenkäufe spielten eine entscheidende Rolle in der Frühphase des Verbrauchs der »harten« Konsumgüter, die das Leben erleichterten oder das Prestige in den Augen von

Nachbarn erhöhten. Die hohe Zahl der säumigen Ratenzahler und Kreditnehmer in den 1920er Jahren weist darauf hin, daß ein erheblicher Teil der Käufer aus der unteren Einkommensklasse sich die neuen Konsumgüter nicht leisten konnte.

Das Beispiel Henry Fords zeigt, wie einige der Prozesse funktionierten, die den amerikanischen Verbrauchermarkt geformt haben. Fords wichtigste Erkenntnis war die der Existenz des potentiellen Marktes und der Möglichkeit, ihn mit einem einzigen Produkt zu befriedigen. Er sah, daß der Hauptmarkt in den ländlichen Gebieten lag. Die meisten Kraftfahrzeuge wurden damals von den Reichen benutzt, um kurze Stadtfahrten zu unternehmen. Auf dem Land waren sie unbrauchbar. Ford stellte seit 1909 ein Fahrzeug her, das sich mit seiner großen Bodenfreiheit auch im Gelände benutzen ließ. Da man die Ersatzteile in jedem Kramladen auf dem Lande kaufen oder durch die Post bestellen konnte, um sie selbst einzubauen, brauchte man keine Spezialwerkstätten. Zwei Jahre nach Einführung des »T-Modells« baute er nur noch diesen Typ, und bis 1927 verkaufte er 15 Millionen davon. Ford hatte erkannt, daß das Automobil nur dann an die Stelle von Pferd und Wagen treten konnte, wenn es sich vielseitig verwenden ließ. Das »T-Modell« war nur sonntags ein Verbrauchsgegenstand im üblichen Sinne. An den Wochentagen beförderte es landwirtschaftliche Erzeugnisse auf die Märkte und übernahm zahlreiche Aufgaben eines modernen Traktors, wurde also zu einem Produktionsfaktor.

Anfang der zwanziger Jahre änderte sich der Kraftfahrzeugmarkt wieder. Die größeren Städte wurden durch befestigte Straßen miteinander verbunden und von autoabhängigen Vororten umgeben. Die Nachfrage nach stärkeren und bequemeren Fahrzeugen, wie Ford sie nicht herstellte, stieg. Und die Wagen des »T-Modells«, die beim Kauf der teureren Chevrolets und Plymouths mit in Zahlung gegeben wurden, verursachten Ford weitere Schwierigkeiten. Da ein Gebrauchtwagen des »T-Modells« einem neuen Fahrzeug desselben Typs (sogar in der Farbe) täuschend ähnlich und ebenso billig zu unterhalten war – denn es gab ja sämtliche Ersatzteile –, war Ford selbst sein größter Konkurrent. Er hatte den Markt mit seiner bisherigen Produktion gesättigt. 1927 ließ Ford seine Fabriken schließen und mit neuen Maschinen und Werkzeugen ausrüsten, um ein neues und anspruchsvolleres Fahrzeug herzustellen. Als er der Öffentlichkeit im Dezember 1927 sein neues »A-Modell« vorstellte, wurden die Ausstellungsräume der Firma von so großen Menschenmassen belagert, daß die Polizei kaum Ordnung halten konnte. 500 000 Kunden hatten Anzahlungen geleistet, ohne das Fahrzeug vorher gesehen oder den Preis gekannt zu haben. Doch dieser Wagen, der nunmehr auch in verschiedenen Farben angeboten wurde, war bei weitem kein so großer Erfolg wie sein Vorgänger, weshalb die Gewinne der Ford Motor Company fielen. Die beiden anderen großen Autofirmen, General Motors und Chrysler, hatten 1927 auf dem veränderten Markt mehr Erfahrung. In der Öffentlichkeit wurde der Ford nach wie vor als reines Transportmittel angesehen, und das war 1927 nicht mehr genug.

Die Auswirkungen der Automobilproduktion machten sich in der gesamten Wirtschaft bemerkbar. Die Autoindustrie verbrauchte etwa 15 % der Stahlproduktion und war der weitaus größte Kunde für Bandeisen und Bleche. Sie verbrauchte auch große Mengen an Glas, Blei, Nickel, Leder und Textilien für die Innenausstattung. Die Gummiindustrie wuchs mit der Motorisierung, und die amerikanische Nachfrage nach diesem Rohmaterial beherrschte die Kautschukplantagen in Malaya und Holländisch-Ostindien. Noch bedeutender waren die Auswirkungen des täglichen Gebrauchs des Autos. Am augenfälligsten war der Bau von befestigten Straßen im ganzen Land, der vorwiegend von den Regierungen der Einzelstaaten finanziert wurde. Auch die Bundesregierung war stark daran beteiligt. Die Lobbyisten der interessierten Industrien, z. B. der Zementhersteller, erwiesen sich als erfolgreich. Die Eisenbahnen beförderten nach 1920 immer weniger Passagiere. Ihr Umsatz bei der Stückgutbeförderung ging nicht zurück, aber ein zunehmend höherer Anteil des Gütertransports wurde von Lastwagen übernommen. (Eine Schwierigkeit bestand für die Eisenbahnen darin, daß sie durch aus dem 19. Jahrhundert stammende Antimonopol-Gesetze behindert wurden. Das benachteiligte sie gegenüber dem Lastwagenverkehr, der bis 1935 meist keiner gesetzlichen Regelung unterlag.) Das Auto versetzte Millionen in die Lage, der Enge der Großstädte zu entfliehen. Das von einem Garten umgebene und möglichst von Bäumen überschattete Haus in einem Vorort wurde zu einem weiteren wichtigen Verbrauchsgut. Es mußte mit elektrischem Strom, einem Radioapparat, einem Staubsauger, einer Waschmaschine und Ende der 1920er Jahre mit einem Kühlschrank ausgestattet sein; alles Folgen der Vervollkommnung der Automobil- und Elektroindustrie.

Das Auto schuf eine »Nation von Nomaden«, die auf den Landstraßen von neuen Dienstleistungsgewerben, vom Würstchenstand über riesige Werbeplakate bis zu Motels, bedient wurden. Südflorida z. B. wurde durch das Auto überhaupt erst geschaffen. Es hatte ein ideales Klima und war, anders als die Westküste, von den Ballungsgebieten aus leicht mit dem Auto zu erreichen. Ein etwa 6 Kilometer landeinwärts reichender 100 Kilometer langer Küstenstreifen in Südostflorida beiderseits eines Ortes namens Miami wurde 1925 auf einer Welle der Kaufbegeisterung für den Bau von Ferienhäusern an den Mann gebracht. Ähnliche Projekte wurden in anderen Teilen des Staates durchgeführt. Jedes dieser Gebiete wurde zum Erholungsort erklärt und erhielt einen ansprechenden Namen wie »Hollywood am Meer« oder »Korallengiebel«. Die Grundstücke wurden verkauft, sobald sie auf den Markt gelangten. Doch die Mehrzahl der Käufer erwarben sie nur, um sie so schnell wie möglich weiterzuverkaufen. Bei der günstigen Wirtschaftslage begannen viele Menschen, die über nur bescheidene Mittel verfügten, zu glauben, jeder, der intelligent und entschlossen genug sei, könnte schnell reich werden. Weder wußten sie noch kümmerte es sie, ob »Hollywood by the Sea« in Wirklichkeit oder nur auf dem Papier existierte oder ob ihr »am Strande gelegenes Grundstück« tatsächlich unter Wasser lag. Die Grundstücke, die nicht einmal bar bezahlt werden mußten, wurden trotzdem sofort zu einem höheren Preis weiterverkauft. Das ganze Geschäft glich sehr stark den Spekulationen, die sich von 1928 bis 1929 an der Wall Street wiederholen sollten. Im Winter 1925/26 ebbte die Nachfrage ab. Ein Hurrikan – dessen Wahrscheinlichkeit in diesem Landesteil alle hatten vergessen wollen – machte 50 000 Menschen obdachlos, und der Florida-Boom war zu Ende. Ein Grundbesitzer, der sein Land Anfang 1925 für $ 12 pro Acre verkauft hatte, sah seinen Wert durch mehrere Verkäufe auf $ 60 steigen. Schließlich erhielt er es unverkauft zurück, weil keiner der Käufer wirklich hatte zahlen können. (Aber einige halbfertige Häuser hatten sie hinterlassen.) Nicht alle Neusiedler gingen wieder, und Miami, das es 1900 noch nicht gegeben hatte und 1920 eine unbekannte Kleinstadt mit 30 000 Einwohnern gewesen war, hatte 1930 111 000 Einwohner.

Zu der Hochkonjunktur in den 1920er Jahren haben jedoch auch andere unabhängige Faktoren beigetragen. Die Bautätigkeit war sehr rege. Für den Wohnungsbau hielt die Konjunktur bis Mitte der 1920er Jahre an, für Geschäfts- und Industriebauten bis 1928. Der Häusermarkt wurde und wird von anderen Faktoren beherrscht als die übrigen Sektoren der Wirtschaft. Die Konjunktur im Baugewerbe folgte einem ziemlich regelmäßigen Zyklus von 15 bis 20 Jahren, unabhängig von der allgemeinen Handelskonjunktur. Der entscheidende Unterschied liegt darin, daß Häuser sehr lange gebrauchsfähig sind und sich der Bedarf für Neubauten aufschieben läßt. So konnte jemand z. B. 1910 entscheiden, ob er ein Haus kaufen oder sein bisheriges Haus instand setzen (oder es langsam verfallen lassen) wollte. Kaufte er 1920 ein neues Haus, dann würden zu diesem Zeitpunkt noch beide existieren. Ob er aber 1910 ein Auto kaufte oder darauf verzichtete, würde die Zahl der 1920 noch im Verkehr befindlichen Kraftfahrzeuge kaum beeinflussen, weil der Wagen bis dahin normalerweise verschlissen war. Kurz, der Häusermarkt ist sehr spekulativ. Wenn die Aussichten günstig sind, erhöhen die Baufirmen ihre Produktivität, bis der Markt gesättigt ist. Die starke Belebung des Zyklus der Bautätigkeit in den Jahren 1918 bis 1925 wurde zum Teil durch die zeitweilig hohen Einwandererzahlen verursacht (die in den Vereinigten Staaten immer mit der Hochkonjunktur im Baugewerbe im Zusammenhang gestanden haben). Die Bautätigkeit wurde darüber hinaus angeregt durch die zahlreichen Familiengründungen in den Städten – die wiederum eine Nachwirkung der Einwanderung zahlreicher junger Erwachsener etwa 20 Jahre zuvor war – und durch den Mangel an Bautätigkeit während des Krieges.

Bauten für wirtschaftliche Zwecke nahmen im Gefolge des allgemeinen Aufschwungs zu, und die Bauaufträge blieben während dieser ganzen zehn Jahre sehr zahlreich. Die Zahl der Arbeiter, unter ihnen in zunehmendem Maße auch Frauen, die in den Dienstleistungsberufen arbeiteten, nahm gegenüber der Anzahl der Industriearbeiter immer stärker zu. Diese Tendenz findet sich in unserem Jahrhundert in allen entwickelten Industrieländern. Solche Dienstleistungen – von der Unterhaltungsindustrie bis zu Regierung und Verwaltung – werden normalerweise in den Großstädten ausgeübt. In den Vereinigten Staaten war das Wachstum der Finanzinstitute besonders folgenreich, weil ihre Ansprüche und ihre Macht in den Geschäftszentren bewirkten, daß Hochbauten errichtet wurden. Das war seit der Erfindung der Stahlkonstruktionen und des Personenaufzugs möglich geworden. Aber den Bau der Wolkenkratzer hat erst eine massive wirtschaftliche Hochkonjunktur bewirkt. Die charakteristischen Silhouetten von Manhattan und der Innenstadt von Chicago sind in den 1920er Jahren entstanden. 1929 gab es in 30 Großstädten 20 oder mehr Gebäude mit mehr als 10 Stockwerken, und die Spekulanten gingen daran, die im Schatten der Hochhäuser gelegenen Gebäude einzureißen, um noch höhere Wolkenkratzer zu bauen. Und New York, von dessen Skyline ein Einwanderer gesagt hat, sie bestünde aus »Kathedralen des Handels«, war gar nicht so untypisch, wie es die Stadt in anderer Beziehung war. In den 1920er Jahren nahm die Bevölkerung in allen Großstädten rascher zu als die Gesamtbevölkerung, und diese Zunahme vollzog sich in der am schnellsten wachsenden Großstadt mit noch größerer Vehemenz als vor dem Krieg. Die Bevölkerung wuchs in diesem Jahrzehnt um 16 %; die Einwohnerzahl von New York stieg von 5,6 auf 6,9 Millionen, die von Chicago von 2,7 auf 3,4 Millionen und die von Los Angeles von 0,6 auf 1,2 Millionen. Das geschah, obwohl der Einwandererstrom stark nachließ. Als er während des Ersten Weltkrieges ganz versiegte, begannen die Schwarzen aus dem Süden in die Großstädte des Nordens zu strömen. Allein in den 1920er Jahren waren es 600 000. Aus ähnlichen Gründen entstand ein Gegenstrom, als die Textilindustrie Neuenglands in den Süden verlagert wurde, wo es billigere Arbeitskräfte gab. Die zwanziger Jahre wurden die Epoche der Großstadt (mit dem Stadtzentrum und den Vororten), und die amerikanische Gesellschaft mußte zum erstenmal mit großstädtischer Kultur fertig werden, mit mehr oder weniger großem Widerwillen.

Die Bundesregierung beeinflußte den wirtschaftlichen Prozeß der 1920er Jahre nur geringfügig durch direkte Eingriffe. Die Staatsausgaben waren sehr niedrig, und die Regierung unternahm nichts, um die Beschäftigung und die Investitionen zu fördern. Sie hatte auch keine Veranlassung dazu, und gerade ihre Passivität kam den Geschäftsleuten zugute. Alle Befürworter des *Laissez-faire* (d. h. Geschäftsleute und Unternehmer) waren der Ansicht, die Wirtschaft verwende ihr Geld produktiver als die Regierung. Der Eifer der »Progressiven Reformer« wurde von keinem Präsidenten der 1920er Jahre mehr geteilt, und es war ohne weiteres möglich, den Staatshaushalt mit einem Plus abzuschließen, die Steuern niedrig zu halten und die Wirtschaft sich selbst zu überlassen. Andererseits gaben die Regierungen der Einzelstaaten und Großstädte soviel Geld aus wie nie zuvor. Aber dieses Geld wurde für Dinge ausgegeben, die das wirtschaftliche Wachstum unmittelbar anregten, z. B. für den Straßenbau – und die große Zahl der Kraftfahrzeuge war für sie zudem eine ergiebige Steuerquelle.

Staatlicher Eingriff in die Wirtschaft existierte jedoch in Form der Einfuhrzölle. Auf Drängen einiger Industriezweige, zum Beispiel der chemischen Industrie, die im Krieg deutsche Patente illegal übernommen hatte und jetzt wieder die Konkurrenz deutscher Firmen fürchtete, wurde 1921 ein »Notstands«-Zollgesetz erlassen. Ihm folgte 1922 das Fordney-McCumber-Gesetz, das den durchschnittlichen Zoll für eine Vielzahl von Fertigwaren auf 33 % ihres Wertes erhöhte. Der Präsident wurde ermächtigt, die Zollsätze den jeweiligen Produktionskosten in Amerika anzugleichen. Das war eine praktisch unmögliche Aufgabe, die lediglich zu noch mehr Schutzzöllen führte. Man hat seinerzeit allgemein angenommen, das Zollgesetz von 1922 sei eine Voraussetzung für den amerikanischen Wohlstand in den 1920er Jahren und eine wichtige Verteidigungsmaßnahme des amerikanischen Lebensstandards, der durch die niedrigen Löhne in potentiellen Exportländern bedroht sei. Diese Furcht war jedoch unbegründet. Mit Ausnahme von Baumwolltextilien — und dieser Industriezweig verlor zusehends an Bedeutung — gab es kein importiertes Industrieerzeugnis, das in großen Mengen auf dem amerikanischen Markt hätte verkauft werden können. Das gleiche galt für fast alle Landwirtschaftserzeugnisse und Bodenschätze. Kraftfahrzeuge, Elektrizität und Haushaltswaren wurden in Amerika bei weitem am billigsten hergestellt. Es gab in den Vereinigten Staaten keine Inflation, die die Kosten in die Höhe trieb und die Einfuhr im Ausland hergestellter Waren begünstigte. Dienstleistungen und Häuser konnten nicht importiert werden. Auch die jungen Industrien, wie die chemische Industrie, konnten Ende der zwanziger Jahre auf eigenen Füßen stehen. Die Zölle können die amerikanische Wirtschaft daher nicht »geschützt« haben. Ihre einzige Funktion bestand vielmehr darin, zu zeigen, daß die Regierung auf seiten der Unternehmer stand.

Wirtschaftliches Wachstum wurde auch durch billige Kredite gefördert. Die Menge des im Umlauf befindlichen Geldes hatte sich von 1914 bis 1921 verdoppelt und nahm von 1921 bis 1929 um weitere zwei Drittel zu, während die Preise stabil blieben. Die Zinssätze waren niedriger als vor dem Krieg, zum Teil deshalb, weil die Regierung kein Kunde auf dem Kapitalmarkt war. Nachdem Großbritannien 1925 zum Goldstandard zurückgekehrt war, traf Benjamin Strong vom Federal Reserve Board, der 1913 gegründeten amerikanischen Variante europäischer Zentralnotenbanken, eine private Vereinbarung mit Montagu Norman von der Bank of England, nach der der Zinssatz in New York niedriger gehalten werden sollte als in London. Die Absprache wurde auch eingehalten, was ein enthüllendes Licht wirft auf den zeitweiligen Erfolg der Politik, den »echten« Bankiers der Federal Reserve Bank mehr Einfluß einzuräumen als den Vertretern der Regierung. Die wichtigste Auswirkung einer Politik des billigen Geldes lag darin, daß sie die Ausgabe neuer Aktien und die Spekulation auf dem Immobilienmarkt möglich machte. Die Bedingungen waren derart, daß ein Unternehmen damals durch die Ausgabe von Aktien mehr Kapital aufbringen konnte, als es in Wirklichkeit benötigte. Diese Emissionen wurden von den Banken finanziert. Der Wettbewerb der Banken untereinander führte unter anderem dazu, daß sie das überschüssige Bargeld dem Kunden als Termineinlage mit Zinsen bereitstellten. Auf diese Weise waren die Firmen im Hinblick auf ihren laufenden Geldbedarf von den Banken unabhängig und konnten die Einlagen (die mit Hilfe der Banken entstanden waren) dazu benutzen, Wertpapiere anderer Firmen zu kaufen und damit zu spekulieren. Die Auflage neuer Aktien führte natürlich nicht notwendigerweise zur Verbesserung der Leistungsfähigkeit des Unternehmens. Elektrizitätsgesellschaften verwendeten zum Beispiel dieses Verfahren dazu, Pyramiden von Holdinggesellschaften zu gründen, deren einzige Funktion es war, den größten Teil des Gewinns den Initiatoren der Holdinggesellschaften zufließen zu lassen. Es stimmt jedoch auch, daß die fieberhafte Tätigkeit auf dem Geldmarkt auch die Produktivität gesteigert hat, jedenfalls so lange, bis sich die Konjunktur Ende 1928 nicht mehr steuern ließ und sich der Geldmarkt ohnehin geändert hatte. Insgesamt können die monetären Faktoren nur einen geringen Einfluß gehabt haben, wenn man sie mit den sogenannten »realen« Faktoren vergleicht, die das Entstehen und Andauern der Hochkonjunktur in den 1920er Jahren bewirkten. Sie beruhte in erster Linie auf den gewaltigen Steigerungen der industriellen Produktivität und auf den Auswirkungen der beiden wichtigsten Neuerungen, des Automobils und der Elektrizität.

Die augenscheinliche Fähigkeit der amerikanischen Wirtschaft, den Konjunkturzyklus zu überwinden, war von großer Bedeutung. Die einzige wichtige Unterbrechung des anhaltenden Wirtschaftswachstums seit der Zeit vor dem Ersten Weltkrieg war die kurze Depression von 1920 bis 1921. Aber sie war von ganz außergewöhnlichen Faktoren verursacht worden. Der Aufschwung nach dem Krieg brachte rapide Preis- und Kostensteigerungen. Bis in das Jahr 1919 getätigte Kriegseinkäufe und zugleich die Nachkriegskauflust sorgten dafür, daß er anhielt. Kredite waren leicht zu erhalten, und in den europäischen Ländern hielt die starke Nachfrage nach amerikanischen Exportgütern an. Im Frühjahr 1920 änderte sich die Lage. Die Industrieproduktion ging zurück, und die Arbeitslosenziffern stiegen. Aber das Hauptmerkmal der Depression war der sehr rasche Rückgang der Preise und Löhne, was zu einer erheblichen Kostensenkung führte und die Wiederbelebung der wirtschaftlichen Expansion innerhalb eines Jahres ermöglichte. Nachdem die Wirtschaft sich in mancher Beziehung der neuen Lage angepaßt hatte, kamen die Kräfte wieder zur Wirkung, die eine langfristige Expansion ermöglichten, und das Wachstum hielt an wie zuvor. Die Wirtschaftskrise von 1920–21 erlangte zusätzliche Bedeutung dadurch, daß man 1929 zunächst an diese so schnell vorübergegangene Krise zurückdachte. Die Rezessionen von 1924 und 1927 blieben bedeutungslos; letztere wurde durch die Umstellung der Ford-Werke auf ein neues Automodell ausgelöst. In den 1870er und 1890er Jahren hatte es in Amerika größere Depressionen gegeben (siehe auch Kap. 3, VIII). Wenn die einzige und nur sehr kurze Zeit dauernde Depression in mehr als zwanzig

Jahren durch den Krieg verursacht worden war, dann gab es keinen überzeugenden Beweis gegen den sich ausbreitenden Glauben, das wirtschaftliche Wachstum der 1920er Jahre sei normal und werde kein Ende haben. Und die Wirtschaftsexperten wiesen darauf hin, daß allen früheren Depressionen Preissteigerungen vorausgegangen waren, weil die Unternehmen ihre Preise für die immer knapper werdenden Rohstoffe und Arbeitskräfte gegenseitig in die Höhe trieben. In den 1920er Jahren aber stiegen die Preise nicht. (Die politischen und sozialen Auswirkungen dieser Auffassung werden in Abschnitt IV behandelt.)

Ein wesentlicher Teil der Bevölkerung blieb von dem wirtschaftlichen Aufschwung ausgeschlossen. Industriegebiete, die unter schlechten wirtschaftlichen Verhältnissen zu leiden hatten, gab es in Neuengland und in den Appalachen, wo die Textilindustrie und die Kohlebergwerke ernste Schwierigkeiten hatten. Aber das weitaus größte wirtschaftliche Problem der 1920er Jahre lag darin, daß die Landwirtschaft nicht imstande war, an dem industriellen Aufschwung teilzunehmen. Das war auch früher schon so gewesen. Im letzten Viertel des 19. Jahrhunderts hatten die fallenden Preise für landwirtschaftliche Erzeugnisse viele Farmer davon überzeugt, daß die Eisenbahnen, die Banken, die Goldwährung, ja schließlich alles, was irgendwie aus dem Osten kam, den Farmer um seinen wohlverdienten Lohn brächte. In den 1920er Jahren waren die Farmer vergleichsweise noch ärmer, aber es gab niemanden, dem sie eindeutig die Schuld dafür geben konnten. Die Preise für landwirtschaftliche Erzeugnisse gingen im Verhältnis zu denen für Industrieerzeugnisse, die sie dafür kaufen mußten, zurück. Ende des 19. Jahrhunderts war das nicht der Fall. Dazu verlor auch noch das Land selbst in den 1920er Jahren immer mehr an Wert. Das war vorher noch nie geschehen.

Das Grundproblem der Landwirtschaft lag darin, daß man die Produktion leichter steigern als beschränken konnte. Kein einzelner Farmer konnte durch die Höhe seines Ertrages den Preis beeinflussen. Angesichts fallender Preise steigerte der einzelne oft noch seine Produktion. Der Verbrauch an Grundnahrungsmitteln wie Weizen und Mais stieg aber in den 1920er Jahren äußerst langsam. Verglichen mit der Vorkriegszeit hatte sich das Bevölkerungswachstum merklich verlangsamt. Die fallenden Preise führten nicht zu einer entsprechenden Umsatzsteigerung. Und auch der Verbrauch von Grundnahrungsmitteln erhöhte sich nicht mit dem Einkommen. Vielmehr aßen die, denen es wirtschaftlich besser ging, *weniger* Brot und sogar weniger Rindfleisch.

Der Erste Weltkrieg verschärfte diese Probleme. Angeregt

durch hohe — und garantierte — Preise wurden die Anbauflächen rasch vergrößert. Auch weniger fruchtbare Flächen wurden jetzt landwirtschaftlich genutzt. Die Bodenpreise stiegen, und viele Farmer nahmen Kredite auf, um zusätzliches Land und Maschinen zu kaufen, wobei ihr bisheriger Besitz als Sicherheit diente. Nach Aufhebung der Preisgarantien, die im Krieg gegolten hatten, fielen die Preise von 1920 bis 1921 fast um die Hälfte. Aber die während des Krieges aufgenommenen Kredite blieben bestehen und belasteten die Farmer noch zehn Jahre lang. Die Zahl der Pächter stieg, weil die Gläubiger die Hypotheken einforderten; ein Teil der Farmer arbeitete nun als Pächter auf dem vorher eigenen Land. Die Gesamtanbaufläche vergrößerte sich noch, wie Tabelle 6.1 zeigt. Das war vor allem eine Folge der Mechanisierung. Zur gleichen Zeit, als die weniger ertragreichen Flächen wieder brachliegen blieben, ersetzte man auf neuen Großfarmen im Mittleren Westen die Pferde durch Traktoren, und das Land, auf dem bisher Futtermittel angebaut worden war, konnte auch noch zum Anbau für den Markt genutzt werden.

Tabelle 6.1

Landwirtschaftliche Nutzfläche, 1910–1940

	Fläche für Marktprodukte	Fläche für Pferde- und Maultierfutter	Einkommen der Farmer
	In Millionen Acres		In Milliarden Dollar
1910	237	88	4,7
1920	270	90	9,0
1930	304	65	5,1
1940	296	43	5,3

Quelle: Nach Angaben in *Historical Statistics of the United States, Colonial Times to 1957* (Washington, 1960), S. 281, 283.

Zunächst stieg der Wert der Exporte, aber nachdem die europäischen Länder 1920 ihre volle Produktion wieder aufgenommen hatten, erreichten die Exporterlöse niemals mehr als drei Viertel des Wertes, den sie im Kriege oder unmittelbar danach gehabt hatten. Es gab keine Möglichkeiten mehr für eine weitere Steigerung. Für die Europäer wurde es immer schwieriger, ihre Importe zu bezahlen, und sie schützten in jedem Fall ihre eigene Landwirtschaft. Im Krieg waren zudem Ersatzprodukte für Landwirtschaftserzeugnisse entwikkelt worden. Besonders wichtig wurden die Kunstfasern, deren Verwendung die Nachfrage nach Baumwolle aus den Südstaaten zurückgehen ließ. Viele arme weiße Kleinpächter *(share croppers)* mußten das von ihnen bearbeitete Land auf-

geben; an ihre Stelle traten nun noch ärmere Schwarze.
Nicht allen Zweigen der Landwirtschaft ging es gleich schlecht. Zitrusplantagen, Großgärtnereien, Obstplantagen und Milchfarmer profitierten von den wachsenden Einkommen der Städter. Außerdem wurden jetzt leichter verdauliche Nahrungsmittel wie frisches Gemüse, Orangen, Milch und Käse beliebt. In dem Maße, in dem die Kunden wohlhabender und wählerischer wurden, konnte sich der Farmer, der Qualitätserzeugnisse anbot, aus der allgemeinen Depression heraushalten. Der Zugang zu den Märkten, meist durch Lastwagen, war der Schlüssel zum Erfolg. Neue Erzeugnisse wie Erdnüsse belebten auch die Landwirtschaft in Teilen des Südens, soweit den Farmern das Kapital zur Verfügung stand, um ihre Betriebe umzustellen. Die Kleinpächter (*share croppers*) konnten eben das nicht. Bis 1925 wogen diese Erfolge die Verluste der Weizen- und Maisfarmer auf, so daß die Einkommen in der Landwirtschaft insgesamt bis 1925 zunahmen, obwohl sie im Vergleich mit den Einkommen in der Industrie zurückgingen. Aber nach 1925 verschlechterte sich die Lage, und die Einkommen in der Landwirtschaft stiegen sogar insgesamt gesehen überhaupt nicht mehr. Niemand wußte damals allerdings, wieviel schlechter die Lage in den 1930er Jahren noch werden sollte, und die Klage der Farmer, daß die ländlichen Gebiete an dem allgemeinen Aufschwung nicht teilnahmen, war in gewissem Maße berechtigt. Nicht leugnen ließ sich, daß das Leben auf dem Land durch das Auto grundlegend verändert worden war; Ende der 1920er Jahre besaß fast jeder zweite Farmer ein Auto. Außerhalb des Südens war die Abschaffung der ländlichen Zwergschule zugunsten moderner Mittelpunktschulen, die Elementarschule und Sekundarschule in einem Gebäudekomplex vereinigten und zu denen die Kinder mit Schulbussen gebracht wurden, eine Folge der Motorisierung. Mitte der 1920er Jahre gab es aber auf weniger als einem Zehntel der Farmen Elektrizität, und nur ein Drittel hatte ein Telefon. Alle hatten jedoch ein Radio, das ihnen Nachrichten über eine Gesellschaft brachte, der es wirtschaftlich besser ging.
Die politische Hauptforderung der Farmer war »Gleichstellung« *(parity)*, d. h. die Bundesregierung sollte die Preise stützen, um das Einkommen der Farmer zu garantieren und ihnen die gleiche Kaufkraft zu gewährleisten, über die sie in den Jahren 1910 bis 1914 verfügt hatten. Das hätte eine durchschnittliche Erhöhung der Einkommen in der Landwirtschaft um etwa 15 bis 25 Prozent bedeutet. Gegen diesen Vorschlag legte der Präsident zweimal sein Veto ein. Die Parole von der »Gleichstellung« behielt jedoch große Bedeutung. Kein anderer Erwerbszweig, der in gleicher Weise an Bedeutung ver-

lor, hatte die Stirn zu verlangen, daß seine Stellung auf der wirtschaftlichen Stufenleiter künstlich auf dem Niveau seiner fettesten Jahre gehalten werden müsse. Die Farmer konnten derartige Maßnahmen erwarten, weil sie als Wähler eine große Macht darstellten (obwohl ihr Stimmenanteil zurückging) und, was noch wichtiger war, weil sie meinten, aufgrund ihrer Lebensform verdienten sie eine bevorzugte Behandlung.

IV. POLITIK IN DER PROSPERITÄTSPHASE, 1920–1929

Man kann die politischen und gesellschaftlichen Folgen der wirtschaftlichen Hochkonjunktur kaum überschätzen. Anders als in Europa schienen in Amerika der Konjunkturzyklus und die mit ihm verbundenen sozialen Kosten vermeidbar. Die Hoffnung wurde immer mehr zur Gewißheit, da sich die Regierung jeden Eingreifens in die Wirtschaft fast vollkommen enthielt. Der politische Erfolg der Republikaner beruhte darauf. Sie galten als die Partei der Geschäftswelt, und die Wirtschaft schien nun endlich die ersehnte Chancengleichheit für alle herbeizuführen. Ein Bestseller von 1925, Bruce Bartons *The Man Nobody Knows*, bezeichnete Christus als erfolgreichen Geschäftsmann, der sich »zwölf Männer aus den untersten Schichten der Geschäftswelt aussuchte und zu einer Organisation zusammenschweißte, die die Welt erobert hat«. Widerwillig bewunderte man sogar die Tüchtigkeit Al Capones. Der Vorsitzende des Präsidiums der Demokratischen Partei, Senator Raskob, erklärte den Lesern des *Ladies Home Journal*, jeder Arbeiter, der monatlich $ 15 in Aktien anlege, werde in zwanzig Jahren ein Vermögen von $ 80 000 angesammelt haben.

Die Sozialisten spielten keine Rolle mehr. In den Präsidentschaftswahlen von 1920 erhielt ihr Kandidat Eugene Debs nur 900 000 Stimmen. Er verbüßte zu dieser Zeit gerade eine Gefängnisstrafe in Atlanta, zu der er wegen Anstiftung zum Aufruhr verurteilt worden war. Die Bewegung der Progressiven hatte ihre Schwungkraft verloren. 1912 hatten alle vier Präsidentschaftskandidaten sich als Progressive ausgegeben. 1920 tat es keiner mehr. Wesentliche Programmpunkte der Progressiven waren allerdings inzwischen Gesetz geworden, wie z. B. das Frauenwahlrecht, die Einwanderungsbeschränkung und das Alkoholverbot. Auch standen die alten Grundsätze der Progressiven von der Chancengleichheit und der Leistungsfähigkeit der Wirtschaft nicht im Widerspruch zur Politik der Republikaner. Wisconsins Gouverneur Robert La Follette, der als Progressiver kandidierte, konnte 1924 5 Millionen Stimmen auf sich vereinigen und erhielt alle Wahlmännerstimmen seines Heimatstaates. Aber die einzige Chance für die Durchsetzung einer »liberalen« Politik wäre es gewesen, wenn die Progressiven die Oberhand in der Demokratischen Partei gewonnen hätten. Das war jedoch unmöglich. Die Demokraten waren hoffnungslos gespalten. Sie verfügten in den Großstädten noch nicht über die Mehrheit, und ihre Parteiapparate in den Städten wurden von zahlenmäßig gleich starken Farmern im Westen und Süden bekämpft, die das Alkoholverbot befürworteten und die Demokraten in den Städten als einen unamerikanischen, alkoholfreundlichen Haufen von Katholiken, Juden und Einwanderern ansahen. Der Konflikt zeigte sich am deutlichsten auf dem Konvent der Demokratischen Partei von 1924, wo die Delegierten aus den Großstädten noch nicht einmal eine Resolution zur Verurteilung des Ku-Klux-Klan durchsetzen konnten. Die groben Beschimpfungen, die die Delegierten sich gegenseitig an den Kopf warfen, konnten im ganzen Land mitgehört werden, denn dies war der erste Parteikonvent, der im Rundfunk übertragen wurde. Coolidge errang das Präsidentenamt mit Abstand. Die Republikaner gewannen genug Sitze, um auch den Kongreß mehrheitlich konservativ werden zu lassen, und die Progressiven verloren ihre letzte Chance, einer Regierung der Unternehmer ernste Schwierigkeiten machen zu können.

Die Macht in den Bundesaufsichtsbehörden (*regulatory agencies*) wurde den privaten Unternehmern überlassen, zu deren Überwachung sie geschaffen worden waren. Von nun an konnte z. B. nichts mehr die Trusts der Elektrizitätsgesellschaften daran hindern, dem Verbraucher die Preise zu diktieren. Angesichts der späteren Ereignisse war es ein Glück, daß es Senator George Norris aus Nebraska noch gelang, den Verkauf eines Wasserkraftwerkes in Muscle Shoals am Tennessee River an Henry Ford zu verhindern. Es blieb im Besitz der Bundesregierung und wurde zur Grundlage der berühmten Tennessee Valley Authority. In allen Auseinandersetzungen zwischen den Gewerkschaften und den Unternehmern stellte sich die Bundesregierung gewöhnlich hinter die Unternehmer. Beim Streik der Kohlenbergleute von 1922 befürwortete sie z. B. den Einsatz von Truppen. Immer noch gab es Gesetze, durch die die Gewerkschaften schwer behindert wurden. Einstweilige Verfügungen (*injunctions*) gegen Streiks wurden von den Gerichten aufrechterhalten, die beide Augen zudrückten, wenn von den Unternehmern bezahlte Schläger Gewalttätigkeiten begingen. Das Oberste Bundesgericht erklärte die sogenannten »Yellow Dog«-Arbeitsverträge für rechtmäßig, in denen der Arbeiter sich verpflichtete, keiner Gewerkschaft beizutreten. Solche Verträge waren bis 1932 vor Gericht durchsetzbar. Andrew Mellon, »der größte Finanzminister seit Alexander Hamilton«, veranlaßte innerhalb von acht Jahren die Rückzahlung von Steuergeldern in Höhe von einer halben Milliarde Dollar, hauptsächlich an Großunternehmen. Die Summe wurde wieder eingenommen durch Erhöhung der indirekten Steuern und damit der Begünstigung der Reichen. 1929 wurde ein Jahreseinkommen von einer Million Dollar mit nur $ 300 000 Steuern belastet, wovon ein großer Teil leicht zu umgehen war. Mellon war ein reicher Mann – um Secretary of the Treasury zu werden, mußte er 65 Direktorenposten aufgeben. Dennoch war minimale Besteuerung der Reichen für ihn ein Prinzip, nicht nur Eigeninteresse. Den Reichtum zu besteuern, bedeutete Investitionen zu besteuern. Auch war der Reichtum dieser Leute nach Mellons Ansicht kein politischer Nachteil. Er und Hoover wurden bewundert, weil es ihnen gelungen war, große Vermögen zu erwerben, und im Verlauf des Jahrzehnts gingen immer mehr politische Machtpositionen in die Hände sehr reicher Männer über.

Die drei republikanischen Präsidenten unterschieden sich nach Persönlichkeit und Fähigkeiten sehr stark voneinander, aber ihre Politik unterschied sich nur geringfügig: »Amerikas Aufgabe ist das Geschäftemachen«, faßte einer von ihnen seine politische Philosophie zusammen. Der erste von ihnen, Warren Harding, war 1921, als er sein Amt übernahm, außerhalb des Staates Ohio so gut wie unbekannt. Sein größter Vorzug war seine äußere Erscheinung. Er sah aus, wie Hollywood sich einen Präsidenten vorstellte. Seine größte Schwäche waren seine Freunde und Untergebenen. Einige von ihnen waren vollkommen unfähig, aber es waren seine alten Freunde aus Marion in Ohio. Einige von ihnen erwiesen sich als in krimineller Weise korrupt. 1923 wurde publik, daß Innenminister Albert Fall, der ein Jahresgehalt von 12 000 Dollar bezog, über Nacht begonnen hatte, auf seiner Ranch in New Mexico, für die er vierzehn Jahre die Steuern nicht hatte aufbringen können, ein Leben in Luxus zu führen. Bald stellte sich heraus, daß Fall die Marine überredet hatte, ihre riesigen Ölreserven in Elk Hills, Kalifornien, und in Teapot Dome, Wyoming, in die Verwaltung seines Ministeriums zu übergeben. Die Ölfelder wurden sofort gegen eine ungewöhnlich niedrige Pacht an zwei Ölgesellschaften weitergegeben, ohne daß ein Konkurrenzangebot eingeholt worden wäre. Gleichzeitig hatten Fall und seine Familie Darlehen und Geschenke im Wert von fast einer halben Million Dollar erhalten. Die Korruption ließ sich leicht nachweisen, Fall erhielt eine Gefängnisstrafe, und die Pachtverträge wurden rückgängig gemacht. Der Teapot-Dome-Skandal war jedoch nur der berühmteste Bestechungsskandal von vielen. Die Behörde der Kriegsveteranen ließ Verträge zum Bau von Krankenhäusern von den Firmen formulieren, die anschließend den Auftrag erhielten. Der Leiter der Verwaltungsbehörde für ausländisches Eigentum nahm Bestechungsgelder für die beschleunigte Verteilung konfiszierten deutschen Eigentums. Diese Skandale wurden erst nach Hardings Tod bekannt, es steht jedoch außer Zweifel, daß er davon wußte. Die Schuldigen waren seine Freunde, mit denen er – trotz des Alkoholverbots – nächtelang trank und Karten spielte und denen er häufig große Loyalität bekundet hatte. Aber das öffentliche Interesse an den Skandalen war nicht sonderlich groß. Im wesentlichen wurde nur die Korruption von Regierungsbeamten öffentlich verurteilt. Daß der vielbewunderte amerikanische Unternehmer ebenfalls korrupt und zum Verbrecher werden konnte, machte man ihm nicht sonderlich zum Vorwurf.

Nach Hardings Tod 1923 übernahm der nüchtern-strenge und zurückhaltende Calvin Coolidge das Amt des Präsidenten. Sohn eines Dorfladenbesitzers in Vermont, zu einer Zeit geboren, als die Landarbeiter auf dem Feld noch lange Arbeitskittel trugen, galt Coolidge in Washington als der »Puritaner in Babylon«. Aber er wußte, was er wollte. Die ältere Tradition der individuellen Leistung und der Selbsthilfe, die er verkörperte, ließ sich mit den Erfordernissen einer expandierenden Wirtschaft in einer Zeit der Hochkonjunktur sehr gut vereinbaren. »Keep cool with Coolidge«, der Wahlslogan von 1924, bedeutete wenig Veränderung und keine Erhöhung der Bundesausgaben, auch nicht zugunsten der Farmer, die wie alle anderen auf eigenen Füßen stehen sollten.

Der weitaus fähigste der drei republikanischen Präsidenten war Herbert Hoover (1929–33). Auch er stammte vom Lande und kam aus kleinen Verhältnissen. Als junger Mann erwarb er ein Vermögen und erlangte einen internationalen Ruf als Ingenieur. Im Ersten Weltkrieg leitete er die ungewöhnlich erfolgreiche Hilfsorganisation für Belgien. Aus Versailles, wo er die amerikanische Delegation in Wirtschaftsfragen beraten hatte, kehrte er als geachtete und populäre Figur des öffentlichen Lebens zurück. Er verkörperte den amerikanischen Traum vom Erfolg des tüchtigen einzelnen. Doch er verspielte die Chance, von den Republikanern als Präsidentschaftskandidat nominiert zu werden, als er erklärte, er stünde den Demokraten nicht zur Verfügung. Damit gab er seine Trumpfkarte aus der Hand. Wäre er 1920 Präsident geworden – allerdings hatte er nur die Chancen eines Außenseiters –, dann wäre er durch sein erprobtes Verwaltungsgenie und mit seinem Gefühl für die internationale Verantwortung der USA fast sicher einer der großen Präsidenten in Friedenszeiten geworden. Statt dessen mußte er bis 1928 warten. Der Zeitpunkt schien ideal. Doch binnen eines Jahres begann der wirtschaftliche Zusammenbruch und der Schwund seines Ansehens als politischer Führer.

V. STADT GEGEN LAND: EIN KONFLIKT VON WERTVORSTELLUNGEN

Die Krise der Landwirtschaft in den 1920er Jahren ließ den Konflikt zwischen den Wertbegriffen auf dem Lande und denen der Städte, der vielen Ereignissen jener Zeit zugrunde lag, in scharfem Kontrast hervortreten. Natürlich kann man die Wertvorstellungen in einer so großen und vielgestaltigen Gesellschaft wie der amerikanischen nicht einfach auf zwei Verhaltensmuster reduzieren. Aber in den 1920er Jahren verbreiteten Radio, Presse und Hollywood-Filme nachhaltig eine Vorstellung von der Großstadtkultur, die die ländliche Jugend anzog wie nie zuvor. Der Schlager des Jahres 1919 faßte das Problem zusammen: »How're you going to keep them down on the farm, now that they've seen Paree?« (»Was kann sie noch auf der Farm festhalten, wo sie jetzt Paris gesehen haben?«) Die Kleinstadt- und Landbevölkerung wehrte sich gegen diese Einflüsse, indem sie ihren Glauben an die alten, »einfachen« Wertvorstellungen bekräftigte, an Gott, an den »Amerikanismus«, an Moral und die Verderblichkeit des Alkohols, an genau die Werte, die die Großstadt und die Jugend augenscheinlich ablehnten. Die Geschlechtlichkeit des Menschen war als Diskussionsgegenstand nicht mehr tabu. Häufig wurde die Ansicht vertreten, gelegentliche Untreue in der Ehe sei keine Katastrophe und sexuelle Erfahrung vor der Ehe sei für ein Mädchen von Vorteil – nach heutigen Begriffen keine sehr schockierenden Ideen. In Presse und Film wurde einer verschämt lüsternen Öffentlichkeit suggeriert, die kürzeren Röcke, der Charleston und der Gin seien Beweise für eine starke Zunahme sexueller Hemmungslosigkeit. Das geschlossene Auto – das nach 1925 das Straßenbild beherrschte – war eine Aufforderung zu sündigen. Die Lehren Freuds waren ein beliebtes Gesprächsthema, besonders seine (mißverstandenen) Aussagen über die Gefahren unterdrückter Geschlechtlichkeit. Es war deshalb leicht, über etwas zu spotten, das als »viktorianischer Puritanismus« bezeichnet wurde. Ob unmoralisches Verhalten tatsächlich zunahm, läßt sich sehr schwer feststellen. Die Prostitution ist wahrscheinlich zurückgegangen. Das kann entweder bedeuten, daß die Männer moralischer oder daß die Frauen unmoralischer wurden. In ähnlicher Weise ist den meisten Fachleuten auch die Bedeutung der Zunahme von Ehescheidungen nicht klar. Sehr wahrscheinlich war die amerikanische Bevölkerung weder unmoralischer noch moralischer als vor dem Krieg. Der Umstand, daß so viele junge Menschen in den Großstädten lebten und mehr Geld in der Tasche hatten, rückte ihr Verhalten stärker in das Blickfeld der Öffentlichkeit. Wahrscheinlich feierten sie nur die Entdeckung der Geschlechtlichkeit in etwas öffentlicherer Art und Weise als frühere Generationen.

In dem »Bibel-Distrikt« *(bible belt)* genannten ländlichen Süden waren die Verteidiger alter Wertvorstellungen und Verhaltensweisen besonders mächtig. Als Teil einer zunehmenden ländlichen Gegenreaktion erließ der Staat Tennessee 1925 ein Gesetz, das die Schulkinder vor kritischen Lehrern schützen sollte. Insbesondere sollte keine andere Darstellung über den Ursprung der Menschheit im Unterricht geduldet werden als die in der biblischen Schöpfungsgeschichte gegebene. In Dayton, Tennessee, vereinbarte ein Lehrer mit einigen Eltern, gegen dieses Gesetz zu verstoßen, um ein Gerichtsurteil über das Gesetz herbeizuführen. Der Lehrer, John Scopes, wurde von der Rechtshilfeorganisation American Civil Liberties Union unterstützt, die Clarence Darrow, den berühmtesten Rechtsanwalt Amerikas, mit seiner Verteidigung beauftragte. Die Anklage vertrat kein Geringerer als William Jennings Bryan, der demokratische Präsidentschaftskandidat von 1896 und jetzt einer der führenden Sprecher des Fundamentalismus, der kompromißlos auf wörtlicher Interpretation und absoluter Irrtumsfreiheit des Bibeltextes bestehenden protestantischen Richtung. In den großen Städten Amerikas, wo Presse und Rundfunk seinen Verlauf genau verfolgten, betrachtete man den Prozeß als eine Gelegenheit, Aberglauben durch Vernunft zu widerlegen. Scopes wurde verurteilt. Was die Öffentlichkeit beschäftigte, war nicht seine Schuld, denn daran gab es keinen Zweifel, sondern ob das gegen die Evolutionstheorie gerichtete Gesetz ein schlechtes Gesetz war. Die faszinierende Frage war nicht etwa das Problem der Lehrfreiheit oder ob der Mensch vom Affen abstamme, sondern die Frage, ob nicht alles menschliche Verhalten ebenso rational erklärt und gesteuert werden könne wie ein Fließband. Daß dies möglich sei, war eine verbreitete Ansicht und, zum Äußersten getrieben, war sie ebenso eine Religion wie das fundamentalistische Christentum, mit dem es keine Koexistenz geben konnte. Die betont Modernen verwendeten in ihren täglichen Unterhaltungen gerne Ausdrücke wie »Kalorien«, »Vitamine«, »Funktion« und »Frustration«, oft ohne genau zu wissen, wovon sie sprachen. Sie lehnten die Moral ihrer Eltern ab und setzten an ihre Stelle eine neue Moral der Naturwissenschaften und des Rationalismus.

Die amerikanischen Farmer erreichten in diesen Jahren zwar noch nicht, daß die Regierung die Agrarpreise stützte, aber ihre andere Forderung, ein Alkoholverbot im ganzen Land, glaubten die Politiker ihnen nicht verweigern zu können. Das Alkoholverbot, nur noch kurz als »das Verbot« *(prohibition)* bezeichnet, wurde 1919 Gesetz, weil die Kleinstädter und Landbewohner sich dazu verpflichtet fühlten, die Moral der Großstädter per Gesetz zu retten. Das Gesetz war natürlich nicht durchzusetzen, Menschen aus allen Lebensbereichen wurden zu Gesetzesbrechern, und die Achtung vor dem Gesetz nahm schweren Schaden. Inhaber öffentlicher Ämter wurden leichter bestechbar oder erpreßbar. Ein wichtiger Industriezweig und eine beträchtliche Steuerquelle wurden Gangstern überlassen, von denen man kaum erwarten konnte, daß sie diese Gelder für produktive Zwecke ausgeben würden.

Auf Staats- und Gemeindeebene hatte es schon vor dem Krieg in zunehmendem Maße Alkoholverbote gegeben. Nun verlangten insbesondere Frauengruppen und die protestantischen Kirchen das allgemeine Alkoholverbot durch Bundesgesetz. Oft sah man auch im *saloon* als Zufluchtsort von Faulenzern und Gotteslästerern ein noch größeres Übel als im Alkohol selbst. 1918 trat die 18. Verfassungsänderung in Kraft, die den Genuß – und nicht nur den Verkauf – von Getränken mit mehr als einem halben Prozent Alkohol verbot. Das 1919 erlassene Volstead-Gesetz ermöglichte den Bundesbehörden die strafrechtliche Verfolgung. Das Verbot wurde in weiten Kreisen, nicht nur unter Farmern, befürwortet. Die Parteien waren in dieser Frage gespalten, die Befürworter als *pressure group* außerordentlich gut organisiert und sehr militant. Für Abgeordnete und Senatoren war es das einfachste, sich dafür auszusprechen. Sie glaubten nicht an die Durchsetzung des Verbots außer dort, wo eine große Mehrheit der örtlichen Bevölkerung dafür war. Die großen Industriestaaten weigerten sich dann auch, die Befolgung der neuen Bestimmungen durch scharfe polizeiliche Maßnahmen zu erzwingen, aber die gesetzliche Drohung war doch wirksam genug, um das Trinken in den Untergrund zu treiben.

Illegales Trinken in den Großstädten wurde nun zum Abenteuer. Bis dahin verrufene Lokale wurden chic und jetzt zum erstenmal auch von jungen Frauen besucht. Einen Flachmann in der Tasche zu haben, gehörte fast zur Mode. Es gab viele Bezugsquellen für den verbotenen Alkohol. Er wurde aus den Nachbarländern geschmuggelt, und er wurde aus Industriealkohol hergestellt. Industriealkohol war giftig, und daraus hergestellter »Gin« oder »Whisky« konnte zu Blindheit oder zum Tode führen. Man erfand den Cocktail, um den schlechten Geschmack des schlechten Alkohols zu tarnen. Viele Leute fingen an, zu Hause Wein oder Bier zu brauen. Die dafür benötigten Vorrichtungen wurden als Baukästen offen verkauft, einschließlich der Gebrauchsanweisung und einer

Aufzählung der Strafen, mit denen das Befolgen der Gebrauchsanweisung bedroht war.
Da jeder Hersteller, Lieferant und Verbraucher von alkoholischen Getränken gegen das Gesetz verstieß, überrascht es kaum, daß Gangster, die den Alkohol beschafften, eine Blütezeit erlebten. Amerika hatte zu allen Zeiten Leute mit großer unternehmerischer Initiative hervorgebracht, und dies war eine einmalige Chance für Geschäftstüchtige. Da die Besitzer von »Speakeasys«, illegalen, halb-geheimen Bars, von Brauereien und Schnapsbrennereien, Polizei und Gerichte nicht gut in Anspruch nehmen konnten, hatten die Gangster alle Möglichkeiten, ihnen soviel Geld abzunehmen, wie sie wollten. Die berüchtigten Bandenkriege in Chicago wurden um die Vorherrschaft in bestimmten Stadtvierteln geführt, in denen die Gangster dann die Lokale unter ihren »Schutz« nahmen. Die ersten Gangsterimperien – wie das Al Capones – basierten auf Brauereien, einer Industrie, die wegen der hohen Investitionen, die für Maschinen und Fahrzeuge aufgebracht werden mußten, leicht verwundbar war. Illegale Schnapsbrenner und Alkoholschmuggler gehörten zu den rührigsten Befürwortern des gesetzlichen Alkoholverbotes. Daraus läßt sich aber nicht folgern, daß die Zahl der schweren Verbrechen infolge der Prohibition zugenommen hat. Alle Verbrechensformen nahmen in den 1920er Jahren zu, besonders Einbruchsdiebstähle, die zumindest in keinem unmittelbaren Zusammenhang mit dem Alkoholverbot stehen. Als das Verbot 1933 aufgehoben wurde, wendeten sich professionelle Gewalttäter dem Umkreis der Gewerkschaften, der Prostitution und dem Drogenhandel zu. Eine Welle gewalttätiger Banküberfälle läßt vermuten, daß Gewaltverbrechen eher durch das Automobil als durch das Alkoholverbot begünstigt wurden. Und auch der Gangsterfilm konnte, aus naheliegenden Gründen, erst nach der Erfindung des Tonfilms seinen Einfluß ausüben. Ein ernsteres Problem stellte die weitverbreitete Korruption dar, die die Öffentlichkeit gar nicht mehr zur Kenntnis nahm. Es war einfacher für Alkoholschmuggler, Polizisten zu bestechen, um von ihnen in Frieden gelassen zu werden, und Beamte zu korrumpieren, die ihnen auf legalem Wege medizinischen und Industriealkohol verschafften. Zehn Prozent aller zur Überwachung des Alkoholverbots vom Bund beschäftigten Aufsichtsbeamten wurden wegen Bestechung entlassen. Eine Zeitlang beherrschte Al Capone die Chicagoer Vorstadt Cicero mit einem von ihm durchgesetzten Bürgermeister und einer Schlägertruppe von 1 000 Mann, die in seinem Sinne für Ordnung sorgten. Das alles hätte man vorher wissen können, wenn man bedacht hätte, von welcher doppelten Moral sich viele Verfechter der Prohibition hatten leiten lassen. Der Kongreß-

abgeordnete aus Texas, der den Text des 18. Änderungsartikels der Verfassung entworfen hatte, wurde eine Woche später festgenommen, weil er auf seiner Ranch eine Schwarzbrennerei betrieb.

Die Zeitgenossen stritten sich über Erfolg oder Mißerfolg des Verbots. Die Gegner des Verbots sagten, seit dem Alkoholverbot werde *mehr* getrunken, weil die Illegalität ein Anreiz sei, ohne den der Alkoholkonsum wie in Großbritannien zurückgehen würde. Die Verfechter des Verbots behaupteten, ohne das Gesetz würde das Land im Alkohol ertrinken. Der Meinungsstreit wurde weiter dadurch erschwert, daß an die Stelle von Bier hochprozentige alkoholische Getränke traten. Wie sich die Prohibition auch auf den Alkoholkonsum ausgewirkt haben mag, als gesetzliche Maßnahme zur Hebung der Moral hat sie eindeutig versagt. Sie löste *ein* »moralisches Problem«, indem sie eine Reihe viel ernsterer Probleme schuf. Den fanatischen Alkoholgegner rührte das nicht. Der moralische Grundsatz ließ keinen Kompromiß zu, auch wenn die Kompromißlosigkeit das Funktionieren einer zivilisierten Gesellschaft unmöglich machte. Das große Experiment mit dem Alkoholverbot fiel schließlich der Wirtschaftskrise zum Opfer, die jegliches Vertrauen in die politischen Maßnahmen der 1920er Jahre untergrub, seien sie nun gut oder schlecht gewesen. Die zweite Ursache für ihr Scheitern war das Anwachsen des politischen Gewichts der Großstädte. Bei den Präsidentschaftswahlen von 1928 gewann der Gegenkandidat von Herbert Hoover, der irische Katholik Al Smith aus New York, einen sehr hohen Stimmenanteil. 1924 war es ihm nicht einmal gelungen, von der Demokratischen Partei zum Präsidentschaftskandidaten nominiert zu werden. 1933 hatten die Großstädte gewonnen, und das Alkoholverbot wurde aufgehoben.

Der große Volksheld der 1920er Jahre war bezeichnenderweise kein Technokrat, sondern ein Mann, der seinen Erfolg ausschließlich seiner eigenen Leistung, Geschicklichkeit und seinem Mut verdankte. Der Postpilot Charles Lindbergh baute sein Privatflugzeug selbst um und flog 1927 als erster Mensch allein über den Atlantik. Er brauchte 33½ Stunden für die Strecke New York – Paris. Trotz dieser erstaunlichen Leistung blieb er ungewöhnlich bescheiden, wie der klassische, persönlich bescheidene Held, eher den Idealen des vorigen Jahrhunderts entsprechend.

Ein Rückblick auf die amerikanische Gesellschaft der 1920er Jahre verlockt zu kritischem Urteilen: die Glorifizierung wirtschaftlicher Erfolge hatte etwas Naives an sich. Die Intoleranz war lächerlich. Der politische Isolationismus hatte katastrophale Folgen. Aber wenn wir urteilen, sollten wir auch bedenken, daß keine historische Epoche, am wenigsten unsere eigene, Grund hat, sich »besser« vorzukommen als eine frühere. Noch immer ist krasser Materialismus in der westlichen Industriegesellschaft an der Tagesordnung, und Intoleranz ist nicht ausgestorben. Einige, besonders unter der jungen Generation, versuchen noch immer, eine Form ländlicher Unschuld wiederzugewinnen, nicht unähnlich jener, derentwegen die 1920er Jahre geschmäht werden. Und es wäre ein besonders großer Fehler, wollte man behaupten, die amerikanische Gesellschaft sei wegen der auf diese Jahre folgenden Krise zum Untergang verurteilt. Das hieße, falsche Lehren aus der Geschichte zu ziehen. Der wirtschaftliche Zusammenbruch war, wie wir im nächsten Abschnitt sehen werden, durchaus nicht unvermeidbar. Und nach den dreißiger Jahren entstand eine neue, wenn auch ebenso materialistische Gesellschaft, in der es ein wenig mehr soziale Gerechtigkeit gab.

VI. DER BÖRSENKRACH UND DIE WELTWIRTSCHAFTSKRISE, 1929–1933

Die neue wirtschaftliche Epoche endete mit einer Orgie von Spekulationen. Seit März 1928 stiegen die Wertpapiere der großen amerikanischen Unternehmen wie General Motors, Radio Corporation of America und United States Steel wie fast alle anderen an der Börse notierten Werte rasch im Kurs. Innerhalb von zwanzig Monaten hatte sich der Index der Aktienkurse fast verdoppelt. Die Neuausgabe von Wertpapieren war die 1920er Jahre hindurch sehr hoch gewesen, hatte Kapital für Investitionen eingebracht und damit wesentlich zum Wachstum der Wirtschaft beigetragen. Einige Spekulationswellen hatte es auch gegeben, vornehmlich auf dem Grundstücks- und Häusermarkt. Aber noch nie waren die Aktienkurse in vergleichbar kurzer Zeit so stark gestiegen oder waren so viele neue Aktien auf den Markt geworfen worden. Lange Zeit schien es einfach unmöglich, an der Börse Geld zu verlieren. Dadurch wurde mit der Zeit jeder Anleger zum Spekulanten. Festverzinsliche Wertpapiere verkauften sich schlecht, und sie wurden in vielen Fällen abgestoßen, um den Erlös in Aktien anzulegen. Es gab noch sehr wenige Anleger. Daß jeder Schuhputzer Aktien besessen habe, ist Phantasie. Aber die Hausse an der Börse wurde zum Tagesgespräch. Das Klettern der Börsenkurse faszinierte eine von Statistiken besessene Nation ebenso wie die Erfolgsstatistiken der *baseball*-Mannschaften. Überall hörte man Gerüchte von Riesenvermögen, die an der Börse verdient worden wären. Die Maklerbüros wurden – in dieser Zeit der Prohibition – so etwas wie

Klubs, in die sich die Männer zurückzogen, um über den Börsenfernschreiber die letzten Notierungen zu erfahren oder sich die neusten Tips von Eingeweihten anzuhören. Das größte Interesse galt den Aktien der Flugzeug- und Radiofabriken. Als eine »Seabord Air Line« neue Aktien ausgab, wurde die Auflage sofort überzeichnet. In Wirklichkeit handelte es sich jedoch um eine Eisenbahngesellschaft. Alles ließ sich verkaufen. Ein berühmter Fall war der einer Gesellschaft, in deren Prospekt es hieß, sie werde niemals eine Dividende ausschütten. Man nahm an, daß diese Aktien einen verborgenen Wert darstellten, und sie verkauften sich deshalb leicht. Niemand überlegte, ob die Aktienkurse im Hinblick auf den Zustand der Wirtschaft gerechtfertigt waren. Als Professor Irving Fisher sechs Tage vor dem Zusammenbruch des Marktes erklärte, die Aktienkurse hätten »augenscheinlich auf die Dauer ein hohes Niveau erreicht«, gab es nur wenige, die anderer Ansicht waren. Dieser Optimismus war zum Teil dadurch begründet, daß die Warenpreise noch immer nicht stiegen – was vorher stets geschehen war, wenn ein Boom zu Ende ging. Entscheidend war vielleicht der Glaube an die unaufhaltsame Expansionsfähigkeit der amerikanischen Industrie. Für den Durchschnittsamerikaner waren die Börse und das System des freien Unternehmertums Synonyme; ihre Leistungsfähigkeit war er-

Abb. 29: *Börsenkrach in New York 1929 – aufgeregte Menge in der Wallstreet*

wiesen durch die Jahre des größten Wohlstands, die mit kleinen Unterbrechungen weiter zurückreichten als die Erinnerung der meisten Menschen.
Der Zusammenbruch des Börsenmarktes kam im Oktober 1929 mit erschreckender Plötzlichkeit. In der ersten Septemberwoche waren die Kurse gefallen, aber Spekulanten ergriffen die Gelegenheit, ein besonders günstiges Geschäft zu machen, und der Markt erholte sich wieder. Anfang Oktober herrschte eine etwas nervöse Stimmung, aber niemand war auf das gefaßt, was nun geschah. Am Mittwoch, dem 23. Oktober, wurde eine Rekordzahl von fast 6,5 Millionen Aktien verkauft. Am folgenden Tag herrschten in der New Yorker Börse Panik und Chaos. Hauptgrund der Panik war die Unsicherheit. Wenn ein Anleger in das Büro seines Maklers kam, um sich über den Stand seiner Aktien zu informieren, zeigte der Fernschreiber, daß die Kursgewinne von Monaten an diesem einen Vormittag zu nichts zerronnen waren. Auch der Fernschreiber gab nur den bereits überholten Kurs von zwei Stunden zuvor an. Telefonisch ließ sich die Börse nicht erreichen. Alle zehn Minuten wurden ein paar Notierungen in der Halle verlesen. Sie lagen weit unter denen, die der Börsenfernschreiber meldete. Kein Aktionär konnte den jeweiligen Kurs seiner Aktien genau feststellen, und er verkaufte in der Hoffnung, daß sich seine Verluste nach Abschluß des Geschäfts in erträglichen Grenzen halten würden. Das zweite Problem war das der Kreditkäufe. Viele Aktien waren den Maklern auf Kredit abgekauft worden. Die Kredite sollten durch Kursgewinne laufend finanziert werden. Als die Kurse fielen, schwand diese Finanzierungsmöglichkeit, und die Käufer mußten mit Bargeld zahlen, das sie nur durch den Verkauf eines Teiles ihrer Aktien aufbringen konnten. Also mußten sie um jeden Preis verkaufen. Überall kursierten Gerüchte: die Börse in Chicago sei geschlossen worden; mehrere prominente Finanziers hätten sich aus den Fenstern von Wolkenkratzern gestürzt. Beide Gerüchte waren falsch. Am Nachmittag kam der Vizepräsident der New Yorker Börse in die Halle und kaufte ostentativ für $ 240 000 000 Wertpapiere. Er war zugleich der Makler der Firma J. P. Morgan, und bald wurde klar, daß die wichtigsten Banken und Finanzinstitute zusammenwirkten, um den Markt zu beruhigen. Für kurze Zeit gelang es ihnen. Als die Börse an diesem Tage schloß, waren die Verkäufe bereits zurückgegangen, und der Börsenverlauf des ganzen folgenden Tages war verhältnismäßig ruhig. Die Schwächen schienen beseitigt zu sein. Aber am späten Nachmittag des 28. Oktober, einem Montag, entstand eine neue Panik. Neun Millionen Wertpapiere wurden verkauft. Am folgenden Tag wurde die unerhörte Zahl von sechzehneinhalb Millionen erreicht. Die

Kurse waren in einer Woche um 40 % gefallen, lagen aber immer noch deutlich über dem Stand vom März 1928, als der letzte Boom der Aktienkurse begonnen hatte. Als der Kursverfall schließlich im Sommer 1932 den Tiefpunkt erreichte, lag der Kursindex 83 % unter dem Höchststand des Jahres 1929.

Es kam zum Zusammenbruch der Börse, weil die Aktienkurse nicht mehr den Zustand der Wirtschaft widerspiegelten. Aktienkurse, die normalerweise den zehnfachen Ertragswert darstellten, lagen Anfang 1929 beim sechzehnfachen Ertragswert. Es besteht kein Grund, zu bezweifeln, daß die Aktienemissionen bis zum Sommer 1928 solide gewesen sind. Aber fünfzehn Monate lang wurde das allgemeine Kursniveau durch eine Kombination einzigartiger Faktoren aufrechterhalten. Das meiste Kapital, das für spekulative Zwecke verwendet wurde, kam aus den hohen Gewinnen der Unternehmen. In den späten zwanziger Jahren war die Ertragslage für Unternehmen außerordentlich günstig. Technische Neuerungen erhöhten die Produktivität; durch Firmenzusammenschlüsse wurde die Konkurrenz verringert, die Gewerkschaften waren sehr schwach, und das Steuersystem begünstigte Großunternehmen. Als die Marktverhältnisse Ende der 1920er Jahre schwieriger wurden, diente die zunehmende Produktivität dazu, die Gewinne (auf Kosten von Lohnerhöhungen oder Preissenkungen) auf dem gleichen Stand zu halten. Solange die Hausse an der Börse anhielt, war es für einen Fabrikanten vorteilhafter, sein überschüssiges Bargeld an Spekulanten auszuleihen, als es im eigenen Betrieb einzusetzen, und das bedeutete manchmal, daß er die Spekulation mit Aktien seiner eigenen Firma finanzierte, so daß der Aktienwert stieg, ohne daß die Produktion der Firma den Kursanstieg rechtfertigte.

Eine zweite Ursache des Börsenkrachs lag darin, daß Wertpapiere direkt an die Öffentlichkeit verkauft und daß dieser Verkauf energischer propagiert wurde als bisher. Überall wurde für Aktien geworben, auch mit Gerüchten und »vertraulichen« Informationen. Meist wußten Händler und Kunden nur sehr wenig über die Qualität der Aktien, die verkauft werden sollten. Durch Investmentfonds und Firmenzusammenschlüsse entstanden neue Aktien. Allein die Investmentfonds verbreiteten Aktien im Nennwert von 8 Milliarden Dollar. Ihr Ziel war es meist nur, Geld flüssig zu machen, um damit weitere Aktienspekulationen zu finanzieren. Makler bildeten »Investmentfonds«, ohne überhaupt die Absicht zu haben, selbst die Verantwortung des Treuhänders zu übernehmen. Der Kunde wurde deshalb keineswegs Teilhaber eines sicheren, aus verschiedenen Aktien bestehenden Wertpapierpaketes, sondern lieh der Treuhandgesellschaft praktisch nur sein Geld gegen sehr niedrige Zinsen. Sogar viele angesehene Banken fingen an, sich an diesem Geschäft zu beteiligen. Bis zum Schluß war es sehr leicht, Kredite zu bekommen. Der Käufer von Wertpapieren mußte nur ein Viertel des Kaufpreises bar bezahlen. Die Restzahlung wurde gestundet, wobei die Papiere dem Makler als Sicherheit dienten. Solange die Aktienkurse jährlich um 50 % stiegen, strich der Käufer riesige Gewinne ein. Dem Makler fiel es leicht, dem Käufer Kredite zu gewähren, weil er es sich zugleich leisten konnte, den Unternehmen, Banken und ausländischen Spekulanten 12 % (nach dem Frühjahr 1919 20 %) Zinsen für überschüssiges Bargeld anzubieten.

Keine öffentliche oder private Institution war fähig, die Kreditbedingungen so zu ändern, daß sie der Spekulation entgegenwirkten. Möglicherweise war es das billige Geld von 1927, der niedrige Rediskontsatz und ein erhöhter Geldumlauf – beides sollte der britischen Währung helfen –, das den letzten Spekulationsboom ausgelöst hat. 1928 zögerte das amerikanische Federal Reserve Board, die Kreditbremse zu ziehen, weil die Bautätigkeit nachließ und der Kohlebergbau, die Baumwollindustrie und die Landwirtschaft bereits geschwächt waren. Es ist jedoch zweifelhaft, ob die Konjunktur mit monetären Maßnahmen hätte gebremst werden können, selbst wenn sie entschlossener angewandt worden wären. Bei einem Zinssatz von 12 Prozent brauchten die Makler die Banken nicht zur Finanzierung ihrer Geschäfte, sie hätten ohne weiteres in der Wirtschaft oder im Ausland mehr Anleihen erhalten können.

Als es einmal dazu gekommen war, daß die Aktienkurse in keinem Verhältnis mehr zur Produktionsleistung des betroffenen Unternehmens standen, konnte es nur noch eine Frage der Zeit sein, bis der Markt zusammenbrach. Der Anlaß konnte irgendein unbedeutendes Ereignis sein. Man hat gesagt, es seien der Abzug ausländischen Kapitals nach dem Bankrott der Firmengruppe Clarence Hatry in London und die Erhöhung des Diskontsatzes auf 6,5 % gewesen. Es liegt jedoch in der Natur solcher Paniken, daß es sehr schwierig ist, ihre Ursachen im einzelnen festzustellen.

Die unmittelbaren Anlässe des Rückgangs der amerikanischen Wirtschaft im Jahre 1929 sind nicht schwer zu erkennen; von den klassischen Ursachen für Depressionen waren jedoch nur wenige gegeben. Die Industriekapazität wurde durch nichts behindert, ganz im Gegenteil. Weder die Arbeitskosten noch die Rohstoffpreise stiegen. Es gab keine Kreditkrise. Außerdem würde man normalerweise einen Börsenkrach eher als die Auswirkung und nicht als Ursache einer Wirtschaftskrise ansehen.

Eine deutlich erkennbare Ursache für wirtschaftliche Schwierigkeiten war der Rückgang in der Bautätigkeit. Im Wohnungsbau begann diese Entwicklung schon 1925, bei Industriebauten 1928. Durch die überdurchschnittlich rege Bautätigkeit der vergangenen Jahre war der Markt gesättigt worden. Die Anhebung der Hypothekenzinsen hatte auf den Wohnungsbau kaum eine Auswirkung, aber 1928 und Anfang 1929 veranlaßte die Hausse an der Börse Staaten und Gemeinden zu radikalen Einschränkungen bei ihren Investitionen für die Infrastruktur, besonders beim Straßenbau. In den 1920er Jahren hatten diese Investitionen ganz besonders zum wirtschaftlichen Wachstum beigetragen. Ihr Stocken führte nun zu Schrumpfungen bei anderen Industrien. Die Industrien, die am allgemeinen Wachstum in den 1920er Jahren nicht teilgenommen hatten, besonders die Textil- und Kohle-Industrie, gerieten ebenfalls schon sehr früh in Schwierigkeiten. Auch die Lage der Landwirtschaft verschlechterte sich plötzlich. Der internationale Markt brach zusammen, und es entstanden große Warenbestände.

Bei der Beurteilung dieser Zusammenhänge ist es vor allem zu Meinungsverschiedenheiten um die Frage gekommen, welches die relative Bedeutung des Konsums und der Investitionen gewesen sei. Zweifellos sind die Investitionen stärker als der Konsum gestiegen. Ende der 1920er Jahre erhöhte sich die Arbeitsproduktivität in den wichtigsten Industriezweigen rascher als vorher. Die Gewerkschaften waren sehr schwach, und der größte Teil des Gewinns wurde an die Aktionäre verteilt oder investiert. Die Ungleichheit in der Einkommensverteilung wuchs, und das bedeutete, daß der Markt für die größeren »harten« Konsumgüter schrumpfte. Da die Gewinne stiegen, erhöhte sich auch die Nachfrage nach Luxusartikeln wie Jachten und Pelzen, aber dieser Markt war schnell gesättigt und sehr anfällig gegenüber geringen Einkommensschwankungen. Die restlichen Gewinne flossen dem Aktienmarkt zu. Diese Lage wurde dadurch verschleiert, daß die wichtigsten langlebigen Konsumgüter auf Kredit gekauft wurden – das heißt mit dem erst später zu erwartenden Einkommen. Auch dies war eine der Hauptursachen für die Instabilität, denn nachdem die Depression begonnen hatte, gingen viele Autos und andere Waren an die Verkäufer zurück, weil die Raten nicht bezahlt worden waren, und überschwemmten den Markt.

Es gibt viele Tatsachen, die die »Unterkonsum«-These stützen, die von den Wirtschaftswissenschaftlern in den dreißiger Jahren allgemein vertreten wurde. 1929 konnten weniger als die Hälfte der neuen Automobile an neue Käufer verkauft werden. Es wurde immer schwieriger, weitere Marktanteile zu gewinnen. Aber die Erfahrungen aus jüngster Zeit haben gezeigt, wie schwer es ist, einen Markt mit Konsumgütern tatsächlich zu sättigen. Das wäre für den Zusammenbruch des Jahres 1929 auch eine zu simple Erklärung, denn wenn ein Verbraucher sein Einkommen nicht ausgibt, muß er es sparen. In den zwanziger Jahren waren sowohl die Rücklagen der Wirtschaft als auch die privaten Sparguthaben sehr hoch. Um die hohen Rücklagen zu rechtfertigen, mußten die Unternehmen sehr hohe Beträge in neue Ausrüstungen investieren. Das machte die Wirtschaft sehr verwundbar, denn anderenfalls würde die Wirtschaft versuchen, mehr Geld zu sparen als zu investieren, und dann würden die Einkommen sinken. In den späten zwanziger Jahren wurde in den wichtigsten Zweigen der Schwerindustrie (in den Motorenwerken, der Stahlindustrie und im Maschinenbau) ungewöhnlich stark investiert. Ein großer Teil wurde in viel leistungsfähigeren Maschinen angelegt. Bald erkannten diese Industrien, daß sie neue Fertigungsanlagen bauten, deren Erzeugnisse sich nur schwer absetzen lassen würden. Nun drosselten sie die Investitionen, was wiederum zu bedenklichen Nebenwirkungen führte. Keine Konsumsteigerung war denkbar, die derartige Investitionen gerechtfertigt hätte. Wollte man dies allein mit Konsumverzicht, mit »Unterkonsum« erklären, so wäre das eindeutig unzulänglich. Was damals geschah, ließe sich viel richtiger als »Überinvestition« bezeichnen: »Die Unterkonsumption ist das Gegenstück zur Überinvestition; sie wird durch die Umlenkung von Kaufkraft zur Börse hervorgerufen oder durch ein Zurückbleiben der Löhne hinter den Gewinnen. Das Ergebnis war eine zeitweilige Erschöpfung der Investitionsmöglichkeiten, wachsende Lager, Unsicherheit.«[1] Die Situation wurde kompliziert durch die Tatsache, daß die Produktion von Investitionsgütern 1929 zwar zurückging, aber der Umsatz einiger langlebiger Konsum- und Luxusgüter sehr hoch blieb. Bei Automobilen lag die Umsatzziffer höher als 1928. Das wurde vermutlich durch die Hausse an der Börse selbst verursacht. Die Gewinne aus Wertpapiertransaktionen wie auch die Zahl der Beschäftigten und die Einkommen bei den Finanzinstituten stiegen in der zweiten Jahreshälfte 1929, während die Gesamtwirtschaft bereits Schwächen zeigte.

Die nun folgende Depression war die weitaus schlimmste in der Geschichte der Vereinigten Staaten. Wenigstens dreieinhalb Jahre lang – über den zeitlichen Ablauf gibt es geringfügige Meinungsverschiedenheiten – ließ sich an jedem sozialen und wirtschaftlichen Indikator eine fortschreitende Verschlechterung der wirtschaftlichen Lage ablesen (siehe Tabelle 6.2). Die amerikanische Wirtschaft brach zusammen, und die Vereinigten Staaten erlebten in den 1930er Jahren eine so schwere Depression wie kein anderes Industrieland. Sowohl Deutschland als auch Japan erlitten ab 1929 einen vergleichbaren wirtschaftlichen Zusammenbruch, aber aus bekannten Gründen kam es in beiden Ländern Mitte der dreißiger Jahre zu einem raschen Aufschwung. Die Auswirkungen der Depression auf die britische Wirtschaft waren viel geringer. Sie begann sich schon Mitte 1932 zu erholen, als die Abwärtsbewegung der amerikanischen Wirtschaft noch weiterging. Bis 1932 war das Bruttosozialprodukt in Amerika um 27 % gefallen (d. h. nach dem Preisindex von 1929; gemessen am Preisindex von 1932 war das Bruttosozialprodukt fast auf die Hälfte zusammengeschmolzen). Die Industrieproduktion verringerte sich um die Hälfte. Die Investitionen reichten nicht einmal aus, um damit die vorhandenen Produktionsanlagen intakt zu halten, die zum Teil allmählich verrotteten. Unter diesem Druck brach schließlich auch das Bankensystem zusammen. Im März 1933 hielten nur noch ganz wenige Banken ihre Schalter offen. Die Arbeitslosenziffer stieg von 1,5 auf 13 Millionen. Das war ein Viertel aller Beschäftigten. Der Wendepunkt kam im Winter 1932/33. Die Wirtschaft erholte sich nur äußerst langsam und ungleichmäßig. Erst 1940 erreichte die Industrieproduktion wieder den Stand von 1929. Der Zweite Weltkrieg war zu dem Zeitpunkt bereits in vollem Gange, und diese Tatsache wirft natürlich beträchtliche Zweifel auf die Wirksamkeit der *New-Deal*-Maßnahmen zur wirtschaftlichen Wiederbelebung.

Tabelle 6.2

Bruttosozialprodukt und Arbeitslosigkeit

	BSP Nach jeweils gültigen Preisen, in Milliarden Dollar	BSP Nach Preisen von 1929, in Milliarden Dollar	BSP Festpreise pro Kopf in Dollar	Arbeitslose (in Tausend)	Prozent der Zivilbeschäftigten
1919	78,9	74,2	710	950	2,3
1929	104,4	104,4	857	1 550	3,2
1930	91,1	95,1	772	4 340	8,7
1931	76,3	89,5	721	8 020	15,9
1932	58,5	76,4	611	12 060	23,6
1933	56,0	74,2	590	12 830	24,9
1934	65,0	80,8	639	11 340	21,7
1935	72,5	91,4	718	10 610	20,1
1936	82,7	100,9	787	9 030	16,9
1937	90,8	109,1	846	7 700	14,3
1938	85,2	103,2	794	10 390	19,0
1939	91,1	111,0	847	9 480	17,2
1940	100,6	121,0	916	8 120	14,6
1941	125,8	138,7	1040	5 560	9,9

Quelle: Historical Statistics of the United States, Colonial Times to 1957 (Washington, 1960), S. 73, 139.

Die Folgen der Depression waren sehr unterschiedlich. Am schwersten wurden davon die Landwirtschaft, die Hersteller von langlebigen Konsumgütern und die Schwerindustrie betroffen. Die Automobilindustrie bekam sofort die Folgen der Verringerung der Einkommen zu spüren, und die Verkäufe gingen um 65 % zurück. Zuerst schränkten die Investitionsgüterindustrien ihre Produktion ein. Hier gab es keine Nachfrage, denn das Land besaß viel mehr Eisenbahnen, Straßen und Brücken, als es brauchte. 1932 war die Produktion in der Eisen- und Stahlindustrie um 59 %, im Schiffsbau um 53 % und im Lokomotivbau um 86 % zurückgegangen. Aber die Zigarettenproduktion ging nur um 7 %, die Textilproduktion um 6 % und die Schuhproduktion um 3 % zurück. Der Umsatz bei den »lebensnotwendigen« Konsumgütern blieb auf dem gleichen Stand, zum Teil, weil die meisten Haushalte das Sparen aufgaben. Eine Konsequenz davon war, daß sich die Wirtschaftsdepression in Großstädten wie Detroit und Chicago, die viel Schwerindustrie besaßen, stärker auswirkte als in New York, wo in der Hauptsache Konsumgüter hergestellt wurden. Je kleiner eine Stadt war, desto größer war die Wahrscheinlichkeit, daß sie nur von einer Industrie lebte. Toledo, eine Stadt, die von der Kohle lebte, hatte 1932 80 % Arbeitslose; in Cleveland, einem Zentrum der Stahlindustrie, waren es 50 %. Die großen Industrieunternehmen überwanden die Depression viel leichter als kleinere Unternehmen, und am allerschwersten wurden die kleinen Geschäftsleute getroffen.
1929 deutete wenig darauf hin, daß die Depression so verheerende Ausmaße annehmen würde. Alle vorangegangenen Depressionen waren überwunden worden, nachdem die Kosten tief genug gesunken waren, um wieder zu neuen Investitionen anzureizen. Aber diese Depression wurde nur immer schlimmer. Die Faktoren, die den Rückgang von 1929 verursacht hatten, Überinvestition, Schwierigkeiten in der Landwirtschaft und der Stillstand im Baugewerbe, genügen nicht, um auch die Vertiefung und Ausweitung der Depression bis 1933 zu erklären. Diese Entwicklung ist von ganz außergewöhnlichen Umständen verursacht worden, die zum Teil erst zu wirken begannen, *nachdem* die Depression angefangen hatte.
1932 arbeiteten die wichtigsten Industrien mit einer im Vergleich zu 1929 so geringen Kapazität – sie war in der Eisen- und Stahlindustrie auf ein Achtel und in der Automobilindustrie auf ein Fünftel zurückgegangen –, daß sie eventuellen Anforderungen des Marktes auch genügen konnten, ohne zu investieren und ohne spürbar mehr Arbeitskräfte und Rohstoffe in Anspruch zu nehmen. Auf dem von der Krise schwer

betroffenen Baumarkt war es ähnlich; er war von leerstehenden Häusern überschwemmt, deren Besitzer die Hypothekenzinsen nicht hatten bezahlen können. Als die Produktionskosten auf einen Bruchteil dessen gesunken waren, was sie 1929 betragen hatten, wurde nicht entsprechend investiert. Der Punkt, an dem sich die amerikanische Wirtschaft aufgrund von Marktmechanismen von selbst hätte erholen können, lag tiefer, als man die Wirtschaft sinken lassen konnte. Ein Hauptgrund dafür war der jähe Rückgang der Gewinne. Alle metallverarbeitenden Industriezweige, die Eisenbahnen, der Maschinenbau, die Automobilindustrie und der Immobilienhandel arbeiteten während der Depression mit Verlust. Damit entfiel die Quelle für Investitionskapital, und die Investitionen hörten fast völlig auf. Am nachteiligsten wirkte sich der Ausfall von Gewinnen jedoch auf das Selbstvertrauen der Unternehmer aus. Selbst in den günstigsten Zeiten bergen Investitionsentscheidungen große Risiken im Hinblick auf die Zukunft in sich. Nun weckte sogar die *gegenwärtige* Lage große Zweifel am Nutzen neuer Investitionen. Selbst wenn durch irgendein Wunder Geldmittel zur Verfügung gestanden hätten, hätten die Unternehmer daher keinen Sinn in einer Investition gesehen. Aus diesem Grunde war der Zusammenbruch der Börse ein so entscheidendes Ereignis, und darum haben sich seine Folgen noch so lange auf die Wirtschaft ausgewirkt. In den 1920er Jahren glaubte man, daß Börse und Wirtschaft gemeinsam untrennbare Ursachen des Wohlstands seien. Von 1929 bis 1932 fiel der Gesamtwert der an der New Yorker Börse notierten Aktien von 87 auf 19 Milliarden Dollar. Darüber hinaus war der Börsenkrach eine der wichtigsten unmittelbaren Ursachen für den Rückgang der Gewinne in der Wirtschaft – nämlich der Profite aus Finanzierungsgeschäften und Spekulation –, und er zerstörte bei den privaten Sparern den Anreiz zum Sparen, wodurch sich die für Investitionen verfügbaren Geldmittel verringerten. Der Börsenkrach verursachte zudem einen Rückgang der Einnahmen der großen Finanzinstitute und vernichtete den beachtlichen Markt für Luxuserzeugnisse.

Das extrem niedrige Einkommensniveau in der Landwirtschaft war mitentscheidend und hemmte den Aufschwung erheblich. Obwohl die Vereinigten Staaten das größte Industrieland der Welt waren, bildete die Landbevölkerung dennoch ein Viertel der Gesamtbevölkerung. Von 1929 bis 1932 gingen die Einkommen der Farmer um 70 Prozent zurück. Die Landwirtschaft war bei weitem der am schwersten betroffene Wirtschaftszweig. Die in den 1920er Jahren jährlich fortschreitende Überproduktion führte unaufhaltsam zur Krise. Die angehäuften Vorräte mußten schließlich ohne Rücksicht auf den

Preis auf den Markt geworfen werden. Diesmal war die gesamte Landwirtschaft von der Krise betroffen. Selbst die Gemüsebauern und Milchfarmer erlitten schwere Verluste. Die Baumwoll- und Tabakpflanzer im Süden und die kleinen Getreidefarmer im Westen verloren oft alles, was sie besaßen. Ein großer Teil der Ernte von 1929 war noch nicht verkauft, als die Ernte von 1930 eingebracht wurde. Wie zu erwarten, ging die Produktion erst zurück, als es zu spät war; bei Getreide nicht vor 1933. Zunächst sanken nur die Preise. Der Weizenpreis fiel von $ 1,04 auf $ 0,38 pro *bushel*, und der Baumwollpreis von 17 auf 6,5 *cents* pro amerikanisches Pfund. Die Produktionsmengen und die Preise für die drei wichtigsten landwirtschaftlichen Erzeugnisse sind aus Tabelle 6.3 ersichtlich.

Tabelle 6.3
Mengen und Preise der wichtigsten Landwirtschaftsprodukte während der Depression

	Mais		*Weizen*		*Baumwolle*	
	Menge in Mrd. *bushel*	Preis pro *bushel* in Dollar	Menge in Mrd. *bushel*	Preis pro *bushel* in Dollar	Menge in Mill. Ballen	Preis pro am. Pfund in *cents*
1919	2,68	1,51	0,95	2,16	11,4	35,3
1929	2,52	0,80	0,84	1,04	14,8	16,8
1930	2,08	0,60	0,89	0,67	13,9	9,5
1931	2,58	0,32	0,94	0,39	17,1	5,7
1932	2,93	0,32	0,76	0,38	13,0	6,5
1933	2,40	0,52	0,55	0,74	13,0	10,2
1934	1,44	0,82	0,53	0,85	9,6	12,4
1935	2,30	0,66	0,63	0,83	10,6	11,1
1936	1,51	1,04	0,63	1,25	12,4	12,4
1937	2,6	0,52	0,87	0,96	18,9	8,4
1938	2,5	0,49	0,92	0,56	11,9	8,6
1939	2,6	0,57	0,74	0,69	11,8	9,1
1940	2,5	0,62	0,82	0,68	12,6	9,9

Quelle: Historical Statistics of the United States, Colonial Times to 1957 (Washington, 1960), S. 296–297, 301.

Für Investitionsgüter, künstlichen Dünger, Traktoren, Stacheldraht und ähnliches gab es praktisch keinen Markt mehr, und viele Farmen verfielen langsam. Die Farmer fielen auch völlig aus als Käufer von Konsumgütern. Weil die Produktion in der Landwirtschaft nur langsam zurückging, entwickelten sich die Austauschrelationen (*terms of trade*) mit Industrieerzeugnissen, die sich bereits ständig verschlechtert hatten, nunmehr vollends zuungunsten des Farmers. Den kleinen Farmern ging es am schlechtesten, denn da sie nur wenige bezahlte Arbeitskräfte beschäftigten und kaum landwirtschaftliche Maschinen benutzten, brachte ihnen der Rückgang der Produktionskosten keine Vorteile. Noch ernster war das Problem der Verschuldung. 1929 waren 20 Prozent des landwirtschaftlich genutzten Grundbesitzes mit Hypotheken belastet. Um eine Schuld von $ 100 zu bezahlen, mußte ein Farmer 1929 125 *bushel* Mais, 96 *bushel* Weizen oder 588 amerikanische Pfund Baumwolle verkaufen; 1932 für die gleiche Schuld 313 *bushel* Mais, 263 *bushel* Weizen oder 1 429 amerikanische Pfund Baumwolle. Da die kleinen Farmer alle verschuldet waren, mußten sie entweder ihre Erzeugnisse verkaufen, oder sie verloren ihre Farmen ganz. Der Schritt zurück zum Pächter war oft nicht möglich. Zwangsenteignungen wegen Verschuldung und Steuerrückständen waren an der Tagesordnung. Enteignete Farmer machten sich oft auf den Weg nach Kalifornien, um dort als Obstpflücker zu arbeiten. 1931 beschränkten sich solche Enteignungen nicht mehr auf die knapp an der Rentabilitätsgrenze arbeitenden Farmer; die Landwirtschaft im ganzen Lande wurde jetzt betroffen. Hätten die Gläubiger die enteigneten Farmen besser verkaufen können, dann wäre es wahrscheinlich noch viel häufiger zu Enteignungen gekommen.

Aus dieser Situation gab es nur drei Auswege: Jeder Farmer konnte weniger anbauen; die Zahl der Farmer konnte verringert werden; oder es mußten mehr Landwirtschaftsprodukte exportiert werden. Vor 1933 hat man die erste Lösung nicht ernsthaft versucht. Die beiden anderen waren während der Depression unmöglich. Trotz ihrer natürlichen Vermehrung um 4,5 Millionen war die auf dem Land verbleibende Bevölkerung in den 1920er Jahren um 1,3 Millionen zurückgegangen. Während der Depression strömte ein Teil der Stadtbevölkerung wieder aufs Land, und die Bevölkerungszahl auf dem Lande nahm um mehr als eine Million zu. Die Exporte zu steigern war unmöglich, da die Weltwirtschaft fast vollständig zusammengebrochen war.

Ausfuhr und Einfuhr betrafen weniger als zehn Prozent des amerikanischen Bruttosozialprodukts, und obwohl die Auswirkungen des Zusammenbruchs des Außenhandels auf bestimmte Wirtschaftszweige sehr schwerwiegend sein mochten, so stand doch außer Frage, daß die Depression und ihre Heilung inneramerikanische Probleme waren. Natürlich hatte die amerikanische Depression auch tiefgreifende Auswirkungen auf andere Länder, da sie einen wichtigen Markt verloren und, was noch wichtiger war, die Hauptquelle für den internationalen Kapitalmarkt. Wie andere Länder strebten die USA jetzt eine »autarke« Nationalwirtschaft an. Dies war eine verbreitete Reaktion auf die Depression und eine wichtige Ursache für ihre Fortdauer. Durch das Hawley-Smoot-Zollgesetz von 1930 erhöhten sich die Einfuhrzölle durchschnittlich auf 50 Prozent des Warenwerts. Das Gesetz wird im allgemeinen als Auftakt für den Ausbruch eines Wirtschaftskrieges angesehen. Die gesamten dreißiger Jahre hindurch wurde der Welthandel durch Zölle, Quoten, Boykotte und Abwertung der Währungen gehemmt. Er erreichte erst in den 1950er Jahren wieder den Umfang von 1929. Tatsächlich waren die Hawley-Smoot-Zölle vom Kongreß noch vor dem Börsenkrach verabschiedet worden und stellten eine politisch vorhersehbare Weiterentwicklung der Fordney-McCumber-Zölle von 1922 dar. Bald war die amerikanische Regierung sowieso nicht mehr in der Lage, Märkte für ihre landwirtschaftlichen Überschüsse auszuhandeln.

Die amerikanische Wirtschaft stand in einer noch grundsätzlicheren Weise im Mittelpunkt der Weltwirtschaftskrise. In den 1920er Jahren war es für die europäischen Industrieländer sehr schwer gewesen, mit amerikanischen Erzeugnissen zu konkurrieren, und die Vereinigten Staaten erzielten einen erheblichen Exportüberschuß. Gewaltige Summen gingen als Kredite ins Ausland, um andere Länder in die Lage zu versetzen, amerikanische Waren zu importieren und ihren Wiederaufbau nach dem Kriege zu finanzieren. Deutschland war bis 1928 von Handelskrediten amerikanischer Banken sowohl aus diesem Grunde abhängig geworden als auch deshalb, weil es außerdem die Last der Reparationen zu tragen hatte. Als die Kurse an der New Yorker Börse stiegen, wurden viele dieser Anleihen zurückgefordert, und mit Beginn der Depression in den Vereinigten Staaten wurden zwei Drittel der amerikanischen Auslandsinvestitionen nach Amerika zurückgeholt. 1931 war Mitteleuropa wirtschaftlich zusammengebrochen, und allein in Deutschland gab es mindestens 6 Millionen Arbeitslose. Die größte österreichische Bank, die Kreditanstalt, die zahlreiche Auslandsverbindungen unterhielt, machte bankrott. Das war ein Signal für die allgemeine finanzielle Panik, die durch politische Faktoren wie das französische Mißtrauen gegenüber Deutschland noch erheblich kompliziert wurde. Das deutsche Bankensystem brach zusammen, und die Reichsmark hörte auf, eine international anerkannte Währung zu sein. Auch das englische Pfund war sehr anfällig, weil die Bank von England in Mitteleuropa hohe Anleihen gegeben hatte und weil sie infolge eines von Präsident Hoover betriebenen Moratoriums zwischen den Regierungen die Anleihen nicht zurückfordern konnte. Außerdem hatten die Zentralbanken anderer Länder Reserven in £ Sterling angelegt, die sofort in jede andere Währung konvertiert werden konnten. Das traf auch auf den Dollar zu, aber weil Amerika praktisch am schwersten von der Depression betroffen war und seine Auslandsinvestitionen zurückholte, hatte es einen Zahlungsbilanzüberschuß.

Aus diesem Grund war der Dollar zu dieser Zeit relativ stark. Das Ergebnis dieser Entwicklung war, daß Großbritannien im September 1931 nach verzweifelten Anstrengungen, diesen Schritt zu vermeiden, den Goldstandard aufgab und der Kurs des Pfundes gegenüber dem Dollar in wenigen Monaten um 30 % auf 3,25 Dollar sank. Auch die britische Wirtschaftspolitik ließ sich so ab 1931 auf Kosten des Welthandels von nationalen Interessen leiten. Zahlreiche Länder werteten ihre Währungen ebenfalls gegenüber dem Dollar ab. Ein geregeltes System war die Weltwirtschaft von nun an nicht mehr. Importe aus Ländern, die ihre Währungen abgewertet hatten, wurden billiger, und Exporte dorthin teurer. Sie mußten im Inland deflationäre Maßnahmen ergreifen, um ihre Reserven zu sichern. Für die amerikanische Wirtschaft hatte das keine besonders ernsten Auswirkungen, aber der hohe und feste Wechselkurs des Dollars behinderte die Entwicklung der expansiven Währungspolitik, die Großbritannien und Schweden anwendeten. Das wiederum hatte sehr ernste Folgen für das amerikanische Bankensystem.

Die Funktionsweise des amerikanischen Bankensystems war der wichtigste Einzelfaktor bei der Vertiefung der Großen Depression. Außerhalb Kaliforniens gab es keine echten Filialbanken. Die meisten Filialen befanden sich in den gleichen Städten wie die Zentrale. Im Westen gab es praktisch überhaupt keine Filialbanken. Die Existenz einer jeden Bank hing von wenigen örtlichen Industrien ab, und die Banken konnten in große Schwierigkeiten geraten, wenn es zu einem Kundenansturm kam. Bankpleiten hat es im amerikanischen Wirtschaftsleben immer wieder gegeben. Von 1921 bis 1929 gab es mehr als 5000. Die Ursachen lagen meist in den Schwierigkeiten der örtlichen Landwirtschaft, und nur kleine Banken waren betroffen.

Bei der ersten Welle von Bankzusammenbrüchen im Winter 1930/31 war es ähnlich. Es gab jedoch auch einige Ausnahmen, darunter die Bank of the United States in New York mit 400 000 Konteninhabern. Das war der größte Bankkrach, den es je gegeben hatte. Der Name der Bank ließ die Angelegenheit in einem noch düsteren Licht erscheinen. Bei der zweiten Welle von Bankzusammenbrüchen, die auf die internationale Finanzkrise von 1931 folgte, waren in zunehmendem Maße größere Banken betroffen. Im Winter 1932/33 verwendete man in einigen Gegenden der Vereinigten Staaten kanadisches und mexikanisches Geld und sogar am Ort hergestelltes Notgeld, weil es keine US-Banknoten und Münzen gab. Die letzte und größte Panik setzte ein, als der Staat Michigan im Februar 1933 achttägige »Bankferien« proklamierte, weil die größten Banken in Detroit zahlungsunfähig geworden waren. Im ganzen Lande wurden die Banken von ihren Kunden belagert, und bei der Amtseinführung von Präsident Roosevelt am 4. März 1933 waren die Banken in fast der Hälfte aller Einzelstaaten durch gesetzliche Verordnungen geschlossen worden, und viele von denen, die noch offen waren, zahlten kein Geld mehr aus.

Der Zusammenbruch des Bankwesens – der Anblick von Kunden, die stundenlang anstehen mußten, um ihre Ersparnisse abzuheben, was ihnen in vielen Fällen nicht mehr gelang – zeigte der Masse der Bevölkerung noch deutlicher als der Börsenkrach, wie ernst die Depression war. Durch die Zahlungsunfähigkeit der Banken gingen nicht nur private Sparguthaben verloren, sondern andere Banken sahen sich dadurch auch gezwungen, die Gewährung von Krediten einzuschränken. Um selbst den Bankrott zu vermeiden, mußten sie ihr Geld behalten und oft ihre früheren Kunden bankrott gehen lassen. Die Spar- und Darlehenskassen befanden sich in der schlechtesten Lage. Sie dienten einem örtlichen Kundenkreis; die Spareinlagen verringerten sich mehr als die Einkommen, und deshalb konnten sie kein Geld mehr ausleihen. Die Sicherheiten, wie etwa die Häuser, auf die sie Kredite gewährt hatten, waren unverkäuflich. Ebenso wie die anderen kleinen Banken hatten sie keine feste Verbindung mit den großen Geldinstituten, und sie wurden auch nicht, wie heute, von der Regierung abgesichert. Sie gingen in Konkurs, und das Geld ihrer Anleger ging verloren.

Trotz der bedenklichen Strukturschwäche des amerikanischen Bankensystems hätte sich sein Zusammenbruch höchstwahrscheinlich vermeiden lassen. Es ist schwer zu sagen, genau welche Maßnahmen die Regierung hätte ergreifen müssen. Im nachhinein ist es leicht, zum Beispiel eine Finanzpolitik öffentlicher Ausgaben und eines Defizit-Haushaltes vorzuschlagen. Aber in den 1930er Jahren hat keine Regierung versucht, mit fiskalpolitischen Maßnahmen einen wirtschaftlichen Wiederaufschwung anzuregen. Zwar haben Wirtschaftsexperten wie Keynes und Arthur Henderson in England und Wilhelm Lautenbach und Wladimir S. Woytinsky in Deutschland zwischen 1929 und 1932 bereits Arbeitsbeschaffung durch Kreditexpansion vorgeschlagen; sie konnten aber die orthodoxen Ökonomen und die Politiker zunächst nicht überzeugen.[2] Die damals vorherrschende Meinung war, die Depression sei eine »Säuberung«, durch die die Wirtschaft von den Teilen befreit werde, die sich als nicht leistungsfähig erwiesen hätten; Konkurse und Arbeitslosigkeit gehörten notwendigerweise zu diesem Prozeß. Diese Auffassung war auch in der republikanischen Regierung verbreitet, und Präsident Hoover teilte sie, obwohl er nicht lange zögerte, Bundesmittel

für einige Maßnahmen zur Verfügung zu stellen. Eine im Januar 1932 eigens gegründete Bundesbehörde, die Reconstruction Finance Corporation, lieh den Einzelstaaten Geld zur Stützung von Banken und Lebensversicherungen und für andere sozial nützliche Objekte. Das mit dem Landwirtschaftsministerium eng zusammenarbeitende Federal Farm Board versuchte, die Baumwoll- und Weizenpreise zu stabilisieren. Beide Maßnahmen waren unzureichend. Theoretisch sollten sich die Reconstruction Finance Corporation und das Federal Farm Board langfristig selbst finanzieren. Damit wollte Hoover der landläufigen Kritik an der Ausgabenpolitik des Staates entgegenwirken, die besagte, wenn die Privatwirtschaft kein Geld für ein Projekt zur Verfügung stelle, dann sei es kein lohnendes Projekt. Dieser Ansicht zufolge mußten von der Regierung finanzierte öffentliche Arbeitsbeschaffungsprogramme auf Kosten sozial nützlicherer privater Projekte gehen.
Die besten Aussichten auf einen Wiederaufschwung bot die Geldpolitik. Verwaltungsgremien von Zentralbanken hatten seit vielen Jahren Erfahrung mit Depressionen im Geldverkehr, und man hätte zu Recht erwarten können, daß das Federal Reserve Board der Wirtschaft aus der Depression heraushalf. In Wirklichkeit verschlimmerte es die Situation während der kritischen Phase noch. Zwei Jahre lang waren die Zinsen für Kredite zu niedrig, in New York z. B. bei 1,5 %. Aber nach der weltweiten Finanzkrise steuerte das Federal Reserve Board einen scharfen Gegenkurs. Im ganzen Lande mehrten sich die Bankzusammenbrüche, und die Verknappung der Kredite zu diesem Zeitpunkt führte zu noch mehr Bankpleiten. Die am Federal Reserve Board angeschlossenen Banken beschlossen sogar, sofort die Rückzahlung aller Kredite zu verlangen, die sie Nichtmitgliedern gewährt hatten. Im Winter 1931/32 hätte es die letzte Möglichkeit gegeben, das Bankensystem zu retten. Im Februar 1932 genügte eine Lockerung der Kreditbremse bereits nicht mehr.
Das Federal Reserve Board ließ die Bankpleiten zu, weil es nach dem Tod Benjamin Strongs unfähig zu Entschlüssen war, und weil es angesichts des Abfließens von Gold ins Ausland beschloß, diesem Problem gegenüber den inneren Schwierigkeiten den Vorrang einzuräumen. Man hielt die Lage im Lande nicht für so ernst, wie sie wirklich war, und da die Vereinigten Staaten über etwa 40 Prozent des Währungsgoldes der Welt verfügten, gab es keine Möglichkeit, eine Geldabwertung zu erzwingen. Die hohen Zinssätze und Kreditrestriktionen, die zu den Bankzusammenbrüchen geführt hatten, waren gänzlich unnötig gewesen.
Einige Wirtschaftswissenschaftler, besonders Milton Friedman, sind in ihrer Kritik noch weiter gegangen und haben der

Reduzierung des Geldumlaufs und dem dafür verantwortlichen Federal Reserve Board die ganze Schuld an der Depression gegeben. Während des Konjunkturzyklus verringerte sich die im Umlauf befindliche Geldmenge um ein Drittel. Die Fragwürdigkeit dieser Analyse besteht darin, daß die genauen ursächlichen Zusammenhänge zwischen Geldvorrat und Wirtschaftstätigkeit noch sehr umstritten sind. Daß die Geldmenge mit Fluktuationen der Wirtschaftstätigkeit ursächlich in Zusammenhang steht, beweist noch nichts. Die Depression könnte ebensogut eine Verringerung des Geldvorrats verursacht haben wie von ihr verursacht worden sein.

VII. Die sozialen und politischen Auswirkungen der Depression, 1930—1933

Die Depression veränderte das soziale Gesicht Amerikas vollständig. Schon 1931 gab es 8 Millionen gänzlich Arbeitslose. Damit war jede sechste Familie von der Arbeitslosigkeit betroffen. Es gab keinerlei Arbeitslosenversicherung, und die Leistungen der örtlichen Wohlfahrtseinrichtungen waren gänzlich unzureichend. Zunächst waren die anderen Wahrzeichen der Depression — die nur schlecht als Apfelverkäufer getarnten Bettler, die aus Tausenden von Menschen bestehenden Schlangen, die um eine warme Mahlzeit anstanden, und die schäbigen Lager am Stadtrand mit ihren aus alten Autos und Kistenbrettern zusammengezimmerten Buden — zwar

Abb. 30: *Arbeitslose während der Weltwirtschaftskrise, um 1930*

schon vorhanden, aber bei weitem noch nicht so auffällig wie in den kommenden beiden Jahren.

Viele der noch Vollbeschäftigten verdienten nur das bloße Existenzminimum. Zu dieser Gruppe gehörten natürlich die Farmer. Außerhalb der Landwirtschaft galt die Parole des »Teilens der Arbeit« zwischen möglichst vielen Arbeitskräften. Das war praktisch eine Art privater Arbeitslosenunterstützung. Stadtverwaltungen und auch andere Arbeitgeber verwendeten arbeitsintensive Methoden, z. B. bei der Instandsetzung von Straßen. Dieses Verfahren war weniger rationell als die Ganztagsbeschäftigung und führte dazu, daß die Nachfrage nach den kostspieligeren Konsumgütern zurückging und weniger investiert wurde. Dem wirtschaftlichen Wiederaufschwung war es nicht förderlich. Durch die in fast allen Bereichen vorgenommenen Lohnkürzungen, die 1931 begannen – Hoover hatte sich im Wahlkampf dagegen ausgesprochen –, wurden die für Löhne zur Verfügung stehenden Mittel zwar auf möglichst viele Arbeiter verteilt. Doch 1932 waren die Nominallöhne 60 % niedriger als 1929. Das Ausmaß der Kurzarbeit in der Depression erklärt zum Teil, warum die Arbeitslosigkeit auch während der Wiederaufschwungsphase nicht verschwand. Man darf nicht vergessen, daß die Arbeitslosigkeit nur ein Indikator für eine Depression ist, und nicht immer der wichtigste. In Großbritannien beispielsweise, wo die Depression bei weitem nicht so schwer war wie in den Vereinigten Staaten, war die Arbeitslosenquote fast ebenso hoch wie in Amerika. Der Rückgang des realen Bruttosozialprodukts betrug im Vergleich mit den Vereinigten Staaten nur ein Drittel, und das bedeutete, daß es der Mehrheit der britischen Bevölkerung 1932 wirtschaftlich besser ging als 1929. Das war in Amerika nicht der Fall.

Noch wichtiger ist der Umstand, daß die Armut weniger durch das momentane Ausmaß als durch die Dauer der Depression verursacht wurde. In einem so wohlhabenden Land wie den Vereinigten Staaten konnten die Industriearbeiter und Angestellten ein Jahr Arbeitslosigkeit dadurch überbrükken, daß sie jeglichen Besitz veräußerten, den sie hatten. Natürlich gab es auch viele ganz Arme, die gar nichts besaßen außer Freunden, die ihnen halfen. Dieser Fall war am häufigsten auf dem Land. Ein Arbeitsloser hob zuerst seine Ersparnisse vom Bankkonto ab, lieh sich Geld von Freunden und Verwandten oder auf seine Lebensversicherung. Dann verkaufte er sein Auto, seine Möbel und sein Haus und zog in eine Mietwohnung; die Miete ließ er sich stunden, und beim Kaufmann ließ er anschreiben. Schließlich zog er zu Verwandten. Erst wenn er völlig mittellos war, wandte er sich an die Stadtverwaltung, um Unterstützung von der Fürsorge zu bekommen. Diese Unterstützungen wurden immer von der Gemeindekasse finanziert, und es war ein politischer Glaubenssatz, daß dies so sein müsse, um zu vermeiden, daß eine Klasse auf Staatskosten lebender, permanent unterstützungsbedürftiger Armer entstehe. Diese Methode bürdete den Städten die größten Lasten der Depression auf, die sie am wenigsten tragen konnten. Gekoppelt mit dem Rückgang der Steuereinnahmen und den Konkursen hatte dieser Umstand dazu geführt, daß 1932 die Verwaltungen aller Großstädte bankrott waren. Wären die in diesem Jahr gezahlten Fürsorgebeträge auf alle Arbeitslosen verteilt worden, dann hätte jeder nur $ 27 erhalten. Zu diesem Zeitpunkt waren viele, die schon lange arbeitslos waren, aus psychischen Gründen nicht mehr arbeitsfähig. Manchmal lebte eine ganze Familie vom Verdienst eines Sohnes oder einer Tochter – und das brachte tiefgreifende Veränderungen in der Struktur solcher Familien mit sich. Die Frauen waren den Belastungen augenscheinlich eher gewachsen, zumindest gemessen an der Zahl der Selbstmorde, die bei Männern um 20 % anstieg und bei Frauen gleich blieb. Ein besonderes Problem war das der arbeitslosen Jugendlichen, von denen viele noch nie einen Arbeitsplatz gehabt hatten. Unter ihnen war die Arbeitslosigkeit ebenso unverhältnismäßig hoch wie unter den ältesten Arbeitern. Ein bis zwei Millionen Arbeitslose zogen im Lande umher, bevölkerten die aus Kisten und Blech entstandenen Lager an den Stadträndern und versuchten sich durchzuschlagen.

Das schlimmste an der Wirtschaftskrise war, daß Not und Überfluß Seite an Seite existierten. In den Großstädten des Westens warteten die Brotschlangen nicht selten in der Nähe der Silos, die bis oben mit unverkauftem Weizen gefüllt waren. Während Lehrer, die zwölf Monate kein Gehalt bekommen hatten, in Chicago im Klassenzimmer vor Hunger ohnmächtig wurden, stellte ein Untersuchungsausschuß fest, daß auch angesehene Finanziers Betrüger und Kriminelle waren, die alles fertigbrachten, um nur ja keine Steuern zahlen zu müssen.

Hoover wurde mit Kritik überhäuft. Die Lager an den Stadträndern hießen »Hoovervilles«, und »Hoover-Bettdecken« waren alte Zeitungen. 1932 wurde Hoover ausgepfiffen, wenn er sich in der Öffentlichkeit zeigte. Das war einem amerikanischen Präsidenten seit langer Zeit nicht passiert. Pseudo-Biographien wurden veröffentlicht, die Hoover beschuldigten, er habe Geld aus dem Hilfsfonds für Belgien veruntreut, und er sei für die Hinrichtung einer englischen Krankenschwester verantwortlich. Am meisten schadete ihm die brutale Behandlung der »Bonus-Armee« im Sommer 1932. Etwa 11 000 arbeitslose Kriegsveteranen waren – manche von ihnen mit ihren Familien – nach Washington gekommen und hatten erfolglos vor dem Kongreß demonstriert, damit die ihnen laut Gesetz erst 1945 zustehende Entschädigung (*bonus*) vorzeitig ausgezahlt würde. Anschließend weigerten sich etwa 2 000 von ihnen, Washington zu verlassen, bevor das Geld ausgezahlt war. Sie schlugen Zelte und Baracken auf einem Stück Brachland am anderen Ufer des Potomac auf. Hoover war sehr beunruhigt und ließ das Lager durch reguläre Soldaten beseitigen. Nichts hätte ihm politisch mehr schaden können. Die Wochenschauen zeigten die Kavallerie mit gezogenem Säbel, unterstützt von Panzerwagen und Tränengas, wie sie die Unterkünfte in Brand steckte und ihre elenden Bewohner vertrieb. Was noch schlimmer war, Hoover rechtfertigte sein Vorgehen damit, daß sich unter den Angehörigen der Bonus-Armee Kommunisten und Kriminelle befänden. Für viele Menschen aber waren die Kriegsteilnehmer ihresgleichen, und sie sahen in Hoover den Repräsentanten einer kalten und gefühllosen Regierung.

In den Wahlen von 1932 hatte Hoover keine Aussicht mehr – ebensowenig ein anderer Kandidat der nun mit den Großunternehmen identifizierten Republikanischen Partei. Es stand daher fest, daß der Parteikonvent der Demokraten den nächsten Präsidenten der Vereinigten Staaten wählen würde. Nach einem langen internen Ringen und schwierigen Verhandlungen fiel die Wahl auf Franklin Delano Roosevelt, den Gouverneur des Staates New York. Bei den Wahlen wurde Hoover vernichtend von ihm geschlagen. Roosevelt gewann die Wählerstimmen aller Einzelstaaten westlich und südlich von Pennsylvania, insgesamt 42, und er erhielt anderthalbmal so viele Wählerstimmen wie Hoover.

Roosevelts Anziehungskraft lag darin, daß er einem Aristokraten so nahe kam, wie das in Amerika möglich war. Gescheiterte Politiker und politische Programme gab es mehr als genug im Lande. Aber Roosevelt schien über ihnen zu stehen – auch wenn er sich auf die Parteibosse in den Städten stützte. Der ererbte Reichtum, sein Landgut und die Erziehung an kostspieligen Privatschulen wären in der Öffentlichkeit der 1920er Jahre von Nachteil für ihn gewesen. 1932 jedoch standen der *self-made man* und die Welt des *business*, in der er gedieh, nicht mehr so hoch im öffentlichen Ansehen. Roosevelt bot keine radikale Lösung an, ja er bot überhaupt kein zusammenhängendes politisches Konzept an. Doch während Hoover zauderte, war er entschlossen zu handeln. In seiner wahrscheinlich berühmtesten Rede sprach er seine Einschätzung der Lage deutlich aus: »Das Land braucht – und wenn ich seine Stimmung richtig beurteile, fordert es – mutiges und beharrliches Experimentieren. Es ist gesunder Menschenverstand, neue Methoden auszuprobieren. Wenn eine Methode versagt, muß man es offen zugeben und es mit einer anderen versuchen. Vor allem aber darf man nicht tatenlos zusehen«. Doch es gab noch etwas anderes, das 60 % der Wähler veranlaßte, ihm ihre Stimmen zu geben. In seinem vierzigsten Lebensjahr hatte die Polio ihn von den Hüften abwärts gelähmt. Aber er hatte sich nicht an den Rollstuhl fesseln lassen und zwang sich z. B. dazu, mit Hilfe eiserner Beinschienen selbst an das Rednerpult zu gehen. Er ließ sich sein Gebrechen so wenig anmerken, daß viele schließlich glaubten, er sei geheilt. Ein Mann, der die Energie besessen hatte, so mit seinen persönlichen Schwierigkeiten fertig zu werden, war auch der richtige Mann, jetzt die Probleme Amerikas zu lösen. Roosevelts dritter Vorzug lag darin, daß er statt der Arroganz des Aristokraten eine gewinnend menschliche Persönlichkeit besaß und auch die Normalbürger als einer der ihren unmittelbar ansprechen konnte. Als Präsident sprach er im Rundfunk so ungezwungen, als plaudere er wirklich persönlich mit jedem Zuhörer »am Kamin«. Hoover konnte nicht mit ihm konkurrieren. Wenn Hoover sagte, es käme allein darauf an, das Vertrauen der Öffentlichkeit zu stärken, wurde er verlacht und beschimpft. Wenn Roosevelt das gleiche sagte – »das einzige, was wir zu fürchten haben, ist die Furcht selbst« –, horchten alle auf. Roosevelt konnte versprechen, Gelder für Hilfsprogramme zu erhöhen und zugleich die Staatsausgaben um 25 % zu kürzen. Er konnte der Regierung Hoover sogar vorwerfen, ihr Bundeshaushalt enthalte zu viele leichtfertige Ausgaben. 1932 hatte er die Ideen seines »New Deal« sicher noch nicht klar formuliert. Und das Land forderte zu dieser Zeit auch keine radikale Lösung. Die Kommunisten und Sozialisten schnitten in den Wahlen schlecht ab, viel schlechter als in den 1920er Jahren. Mit Gewalttätigkeit verbundene Proteste blieben selten, außer im Westen, wo Zwangsverkäufe von Farmen des öfteren mit Gewalt verhindert wurden. Alles, was das Land wollte, war ein neuer Anlauf und der Wille zu experimentieren, statt tatenlos zuzusehen. Auf dieser Erwartung beruhte Roosevelts Strategie für seinen New Deal.

VIII. DER ERSTE NEW DEAL, 1933–1935

Nachdem Roosevelt am Samstag, dem 4. März 1933, seine Rede zur Amtseinführung gehalten hatte, war klar, daß ungewöhnliche Ereignisse bevorstanden. Zunächst proklamierte er vier Tage Ferien für die Banken und berief den Kongreß zu einer außerordentlichen Sitzungsperiode ab folgenden Montag ein. In »den hundert Tagen«, als die diese Sitzungsperiode in die Geschichte einging, billigte der Kongreß eine Flut von Gesetzen. Sie betrafen die Arbeitslosenunterstützung, die Stützung der Preise für landwirtschaftliche Erzeugnisse, einen freiwilligen Arbeitsdienst für Arbeitslose unter 25 Jahren, ein umfangreiches staatliches Arbeitsbeschaffungsprogramm, die Reorganisation der Privatindustrie, eine Bundesbehörde zur Rettung des Tennessee-Tales (Tennessee Valley Authority), die Finanzierung von Hypotheken für Wohnhäuser und Farmen, die Versicherung der Bankeinlagen und Vorschriften für das Geschäft mit Wertpapieren. Die Gesetze schufen neue Bundesbehörden, die diese Maßnahmen durchführen sollten, und die Öffentlichkeit mußte eine Vielzahl neuer Abkürzungen lernen, von denen einige weiter unten erklärt werden. FERA stand für Federal Emergency Relief Agency, das Bundesamt zur Verteilung der Hilfsgelder an die Einzelstaaten und Gemeinden; AAA für Agricultural Adjustment Administration, das Bundesamt, das die Anbaubeschränkungen für die Farmer durchsetzen und ihnen Nichtanbauprämien zahlen sollte; CCC für Civilian Conservation Corps, den bereits genannten Arbeitsdienst; PWA für Public Works Administration, das Bundesamt zur Durchführung eines speziellen Straßenbauprogramms und anderer öffentlicher Bauten; NRA für National Recovery Administration, das Bundesamt, das in Industrie und Handel Preise, Löhne und Wettbewerbsbedingungen regeln sollte.

Die finanziellen Verpflichtungen, die der Bund damit einging, waren für Friedenszeiten einmalig. Die ersten New-Deal-Gesetze entstammten zwei verschiedenen Quellen. Ein Teil wurde während des Wahlkampfs von einer Gruppe Intellektueller ausgearbeitet, die Roosevelt um sich versammelt hatte und die als sein *Brains Trust* bezeichnet worden sind. Diese Berater drängten Roosevelt zu radikalen Maßnahmen, von denen viele zu Bestandteilen des New Deal geworden sind. In seinen Wahlkampfreden von 1932 hatte es Roosevelt gänzlich vermieden, radikale Vorschläge zu machen, und das entsprach damals ganz sicher seiner persönlichen Auffassung. Nach den Wahlen löste sich der *Brains Trust* auf, aber seine Ideen wirkten weiter. Sein bedeutendstes Mitglied, Raymond Moley, Professor am Barnard College in New York, spielte de facto die Rolle eines Ministers ohne Geschäftsbereich. Die zweite Quelle dieser Gesetzgebung war der Kongreß selbst. Als die Bundesregierung einmal gezeigt hatte, daß sie bereit war zu handeln, wurde eine Vielzahl radikaler Vorschläge in der Öffentlichkeit diskutiert, und die einzelnen Interessengruppen wurden aktiv.

Das vordringlichste Problem war für Roosevelt der fast voll-

ständige Zusammenbruch des Bankwesens. Am Tage seiner Amtsübernahme war es so gut wie unmöglich, einen Scheck einzulösen. Die Industrieproduktion hatte aber bereits im Herbst 1932 die Talsohle durchquert. Wahrscheinlich war es die Bankkrise, die die Depression bis in das Jahr 1933 hinein verlängerte, eine Krise, mit der Roosevelt innerhalb einer Woche fertig wurde. Wahrscheinlich wäre das schon früher unter einem Präsidenten Roosevelt möglich gewesen. Doch obwohl er schon im November gewählt worden war, konnte ein neuer Präsident damals sein Amt erst im März des folgenden Jahres übernehmen. Aus diesem Grunde hatte die Nation vier Monate lang keine wirksame politische Führung. Im Februar bot Hoover, der fürchtete, Roosevelt beabsichtige, »ungesunde« finanzielle Maßnahmen zu ergreifen, ihm eine gemeinsame Lösung der Krise an. Der neugewählte Präsident ließ das Angebot unbeachtet, denn er sah es zu Recht als eine Falle an. Wenn er dem gemeinsamen Vorgehen zustimmte, dann mußte er auch die streng orthodoxe Finanzpolitik Hoovers unterstützen. Wenn er sich weigerte und die Banken brachen zusammen – dies stand offenbar kurz bevor –, dann würde man ihn dafür verantwortlich machen. Unter diesen Umständen kann man ihn für sein Abwarten kaum tadeln. Wie sich dann zeigte, war die Bankkrise, im wesentlichen eine Vertrauenskrise, leicht zu lösen. Nach den einwöchigen »Bankferien« teilte Roosevelt in der ersten seiner »Kaminplaudereien« den 60 Millionen Radiohörern mit, daß er die Banken am folgenden Tage wieder öffnen werde, weil sie jetzt kein Risiko mehr eingingen, wenn sie ihr Geld wieder bei den Banken deponierten. Das taten sie dann auch.
Die Öffnung der Bankschalter war nur das Vorspiel für eine Reform des gesamten Finanzsystems, das seit 1929 unter dem Teufelskreis von Krediteinschränkungen, zunehmender Verschuldung und Hypothekenkündigungen gelitten hatte. Die Reform war im wesentlichen bis 1935 abgeschlossen. Hoovers Reconstruction Finance Corporation wurde wesentlich vergrößert, und die Großbanken benutzten reihum deren Kapital für Anleihen. Die Federal Deposit Insurance Corporation garantierte die Bankeinlagen. Die Federal Farm Mortgage Corporation refinanzierte etwa jede fünfte aller landwirtschaftlichen Hypotheken, und die Home Owners Loan Corporation hatte ähnliche Erfolge bei der Finanzierung von Hypotheken auf Wohnhäuser. Trotz fortdauernder wirtschaftlicher Schwierigkeiten gab es zur Zeit des New Deal praktisch keine Bankzusammenbrüche mehr; allerdings waren kleine Banken, die den Konkurs angemeldet hatten, 1933 auch nicht wieder eröffnet worden. Auch die Geschäftsbedingungen der Börse wurden überprüft, und die neugegründete Securities Exchange

Commission (Börsenaufsichtsbehörde) zog einige Konsequenzen aus der Katastrophe und erschwerte z. B. die Finanzierung des Erwerbs von Aktien allein auf der Grundlage zu erwartender Gewinnspannen.

Ein weiteres dringendes Problem 1933 waren Hilfsmaßnahmen für Arbeitslose. Mit dem ersten Gesetz auf diesem Gebiet, das von allen New-Deal-Maßnahmen am wenigsten umstritten war, wurde das Civilian Conservation Corps geschaffen. Die Bundesregierung errichtete Arbeitslager in Nationalparks und auf dem Land, in denen Arbeitslose im Alter von 18 bis 25 Jahren Naturschutzarbeiten verrichteten. Im Verlauf der dreißiger Jahre wurden 250 000 bis 500 000 Menschen mit solchen Arbeiten beschäftigt. Mehrere neue Naturparks entstanden bei der Gelegenheit. Die Art der Arbeit an der frischen Luft fand großen Anklang; die weniger unschuldigen Aspekte ähnlicher Arbeitsdienste totalitärer Regime in Europa spielten für die amerikanische Öffentlichkeit zu der Zeit noch keine Rolle.

Der wichtigste Versuch, den Arbeitslosen zu helfen, war das Federal-Emergency-Relief-Gesetz vom Mai 1933. Die Bundesregierung war bislang nicht für direkte Arbeitslosenunterstützung zuständig gewesen. Das war Sache der Gemeinden, ähnlich wie nach dem Armengesetz der Elisabethanischen Zeit, auf das die Fürsorgeregelung in Amerika tatsächlich zurückging. Auch das neue Bundesamt, FERA, zahlte nicht an die Arbeitslosen direkt, sondern an die Staaten und Gemeinden, um sie in die Lage zu versetzen, einer größeren Zahl von Arbeitslosen zu helfen. Einige Staaten zahlten jedoch geringere Sätze an die Betroffenen, als die Bundesbeamten in Washington für ausreichend hielten. Das konnte niemanden überraschen, denn 1932 hatten sich nur vier Staaten an der Finanzierung von Arbeitsbeschaffungsprogrammen oder direkter Arbeitslosenunterstützung der Kommunen beteiligt. Die nach dem Federal-Emergency-Relief-Gesetz ausgezahlten Gelder hätten nicht ausgereicht, die Arbeitslosen durch den kommenden Winter zu bringen. Ab November 1933 organisierte eine neue Bundesbehörde, die Civil Works Administration (CWA), vier Millionen künstlich geschaffene Arbeitsplätze auf Bundes-, Einzelstaats- und Kommuneebene. Diese Behörde und die nach dem FERA ergriffenen Maßnahmen wurden von dem sehr fähigen Harry Hopkins geleitet, einem New Yorker Sozialarbeiter, der jetzt der wichtigste Experte des Präsidenten für kurzfristige Direkthilfeprogramme war. Anfang 1934 erhielten 8 Millionen Haushalte in irgendeiner Form Gelder aus einem der Direkthilfeprogramme. Ein Jahr zuvor waren es nur 4,75 Millionen gewesen. Die Zahl der betroffenen Personen stieg von 18,5 Millionen auf 28 Millionen. Die Zahl

der Arbeitslosen war 1934 um 1,5 Millionen zurückgegangen.
Der New Deal hat zu keiner Zeit ein angemessenes Programm zur Beseitigung der Arbeitslosigkeit durch öffentliche Arbeitsbeschaffung entwickelt. Die Public Works Administration (PWA) arbeitete zu langsam. Es gab keine vorausgeplanten Projekte, und für die Planung brauchte man Zeit. Die Projekte sollten sich selbst finanzieren, und deshalb war es nicht leicht, solche Vorhaben zu finden. Der Leiter der PWA, Harold Ickes, war ein gewissenhafter, aber zu langsamer und pedantischer Mann. Sehr gerne stellte die PWA ihre Gelder für solche Vorhaben zur Verfügung, die sofort in Angriff genommen werden konnten, auch wenn diese sehr klein waren. Mit ihrer Hilfe wurden die Pennsylvania-Eisenbahn elektrifiziert und die Triborough-Brücke und der Lincoln-Tunnel in New York sowie mehrere Flugzeugträger gebaut. Aber die Ausgaben des Bundes für öffentliche Arbeiten vermochten die gewaltigen Ausgabenkürzungen, die die Staaten und Gemeinden zum Beispiel beim Bau von Straßen und öffentlichen Gebäuden vorgenommen hatten, nicht auszugleichen. Infolgedessen wurde jetzt insgesamt viel weniger Geld für öffentliche Arbeiten ausgegeben. Die FERA, CWA und die als Bundesbehörde eingerichtete Works Progress Administration (WPA), mit der die anderen Einrichtungen schließlich vereinigt wurden, waren keine echten öffentlichen Arbeitsbeschaffungsprogramme. Arbeitsplätze schufen sie nur, weil die arbeitsorientierte protestantische Ethik der Zahlung von Arbeitslosenunterstützung ohne jegliche Gegenleistung zu widersprechen schien. Die von der FERA vermittelten Arbeitsplätze, wie Laubharken und ähnliches, waren wirtschaftlich gänzlich unbedeutend. Die CWA und WPA boten zwar sinnvollere Arbeitsplätze, etwa im Straßenbau und beim Bau öffentlicher Gebäude, aber keines dieser Projekte war im eigentlichen Sinne ein kommerzielles, denn ihre Finanzierung lag allein in den Händen der Bundesregierung. Viel kritisiert wurde zum Beispiel die Unterstützung der Schriftsteller im Rahmen des Federal Writers' Project, aus dem unter anderem ein Reiseführer für jeden Einzelstaat hervorging, und der Plan, in jedem Postamt Wandgemälde anbringen zu lassen. Ohne die Depression hätte natürlich niemand an so etwas gedacht, aber man kann auch nicht behaupten, diese Vorhaben hätten überhaupt niemandem geholfen, ganz abgesehen davon, daß Schriftsteller und Künstler die Gelegenheit erhielten, auf ihren Fachgebieten tätig zu bleiben.
Wirtschaftlich gesehen war es ziemlich gleichgültig, ob die Regierung ihre Mittel für Wandgemälde oder für Staudämme ausgab. Es kam nicht darauf an, ob das Geld für Löhne oder

für Maschinen ausgegeben wurde, sondern darauf, wieviel ausgegeben wurde. Um den größtmöglichen wirtschaftlichen Nutzen zu erzielen, mußten die Löhne denen in der Privatwirtschaft entsprechen. Außerdem hätten die Stellen nach Qualifikation vergeben werden sollen, ob der Bewerber nun arbeitslos war oder nicht. Um jedoch den größten *sozialen* Nutzeffekt zu erzielen, mußte die größtmögliche Zahl von Arbeitskräften beschäftigt werden, was einen Verzicht auf Maschinen bedeutete, und die Arbeitsplätze sollten an vorher Arbeitslose vergeben werden. Die FERA verlangte einen Bedürftigkeitsnachweis und gestand jedem von ihr Beschäftigten höchstens $ 6,50 in der Woche zu, also praktisch doch nur ein Almosen. Die CWA und die WPA zahlten etwas höhere Löhne, die aber niedriger waren als die in den örtlichen Industrien üblichen. Im Süden reichten diese Löhne daher gerade aus, um den Betreffenden am Leben zu erhalten, während sie im Norden höher lagen. Nachdem die CWA im Winter 1933/34 vier Millionen Arbeitsplätze mit einem Durchschnittslohn von $ 15,– pro Woche geschaffen hatte, wurde sie aufgelöst. Die sie ablösende WPA half nur noch durchschnittlich 1,5 Millionen Menschen.

Die New Dealer sahen sich ständig vor dem Dilemma, entweder Geld für direkte Nothilfe auszugeben oder zur späteren Stimulierung der Wirtschaft. Das läßt sich unter anderem mit den Erfahrungen der Tennessee Valley Authority veranschaulichen, der erfolgreichsten im Rahmen des New Deal geschaffenen Bundesbehörde, die viel bewundert und nachgeahmt worden ist. Sie verwandelte ein rückständiges und verödetes landwirtschaftliches Gebiet in ein koordiniertes Entwicklungsvorhaben, sie erzeugte elektrischen Strom und künstlichen Dünger, regulierte Flußläufe und bekämpfte die Malaria, regte bessere landwirtschaftliche Methoden an und verbesserte die Lebensqualität in der Region ganz erheblich. Sie hat sich jedoch niemals selbst finanzieren können und erhielt ständig Bundesgelder. Folgende Fragen bleiben daher offen: Hätte das hier verbrauchte Geld an anderer Stelle dem wirtschaftlichen Aufschwung mehr genützt? Vielleicht hätte es nicht in der Landwirtschaft ausgegeben werden sollen? Und gab es nicht Gebiete, in denen die Verhältnisse noch schlechter und die deshalb *noch* bedürftiger waren?

Diese Fragen sind nicht unwichtig, denn ein großer Teil der New-Deal-Mittel kam aus Steuergeldern. Hätte man die Belastung der Steuern vermeiden wollen, wäre die Bundesregierung gezwungen gewesen, ein Defizit in Höhe dieser zusätzlichen Ausgaben im Bundeshaushalt zuzulassen. Das jedoch tat sie nicht.

Aus Tabelle 6.4 wird ersichtlich, daß das Haushaltsdefizit nur in einem einzigen Jahr (1936) über vier Milliarden Dollar lag. Normalerweise lag es zwischen zwei und drei Milliarden. (Und die Einzelstaaten versuchten, bei Überschuß-Haushalten zu bleiben.) Diese Summe entsprach etwa 4 % des Bruttosozialprodukts. Das bedeutete, daß ein Teil des Geldes, mit dem die Löhne für die Wandgemälde bezahlt wurden oder das die Farmer als Nichtanbauprämien erhielten, die Nettolöhne der anderen verringerte. Daß ein Teil ihres Einkommens den Armen gegeben wurde, war natürlich vertretbar, aber es trug kaum zum wirtschaftlichen Aufschwung bei. Die wesentliche Feststellung ist, daß man höhere Einkommen *geschaffen* hätte, wenn die Defizite, wie im Kriege, höher gewesen wären. Mit anderen Worten, Roosevelt hat die Wirtschaftspolitik, die der britische Wirtschaftstheoretiker John Maynard Keynes befürwortete, noch nicht gekannt. Wir dürfen jedoch nicht vergessen, daß Keynes in den ersten Jahren des New Deal noch nach einer theoretischen Rechtfertigung für ein Haushaltsdefizit gesucht hat, die nicht nur auf Intuition beruhte. Das ist ihm zu seiner eigenen Befriedigung aber erst 1936 gelungen.

Tabelle 6.4

Finanzlage der Bundesregierung in Milliarden Dollar

	Einnahmen	Ausgaben	Überschuß oder Defizit	Gesamtbruttoverschuldung
1929	4,0	3,3	+ 0,7	16,9
1930	4,2	3,4	+ 0,7	16,2
1931	3,1	3,6	− 0,5	16,8
1932	1,9	4,7	− 2,7	19,5
1933	2,0	4,6	− 2,6	22,5
1934	3,1	6,7	− 3,6	27,0
1935	3,7	6,5	− 2,8	28,7
1936	4,1	8,5	− 4,4	33,8
1937	5,0	7,8	− 2,8	36,4
1938	5,6	6,8	− 1,2	37,2
1939	5,0	8,9	− 3,9	40,4
1940	5,1	9,1	− 3,9	43,0
1941	7,1	13,3	− 6,2	49,0
1942	12,6	34,0	− 21,5	72,4
1943	22,0	79,4	− 57,4	136,7
1944	43,6	95,1	− 51,4	201,0
1945	44,5	98,4	− 53,9	258,7

Quelle: Historical Statistics of the United States, Colonial Times to 1957 (Washington, 1960), S. 711.

In seinen früheren Jahren sah man im New Deal oft eine Koalition der verschiedenen Interessengruppen wie in Kriegszeiten. Jede Gruppe rechnete mit bevorzugter Behandlung. Auch Industrie und Handel gehörten dazu und waren dem New Deal gegenüber zunächst durchaus nicht völlig ablehnend. Die National Recovery Administration (NRA) wurde errichtet, um die Konjunktur anzuregen. Als ein großer Vermittlungsausschuß sollte sie verschwenderische Konkurrenzkämpfe ausschalten, dadurch das Preisniveau heben und letztlich zu Investitionen anregen. Jeder Industriezweig wurde aufgefordert, einen »Kodex« für »faire« Preise, Löhne, Gesetze usw. vorzulegen, der nach Billigung durch den Präsidenten verbindlich und gerichtlich durchsetzbar wurde. Das ganze Vorhaben wurde wie ein Evangelisationsfeldzug des 19. Jahrhunderts organisiert und mit typisch amerikanischem Firlefanz der Öffentlichkeit nahegebracht. Wenn ein kleiner Geschäftsmann es unterließ, in seinen Räumen den »Blauen Adler« als Symbol dafür zu zeigen, daß er die NRA-Richtlinien befolgte, konnte es katastrophale Folgen für ihn haben. Im Sommer 1933 arbeiteten 16 Millionen Beschäftigte in Unternehmen, die einen NRA-Kodex akzeptiert hatten. Der Haken bestand darin, daß die Vorschriften für die wichtigen Industriezweige von den jeweils größten Firmen oder von den Handelskammern verfaßt wurden, die diese Firmen beherrschten. Die Folge war, daß zwar feste Preise vereinbart, die Sozialleistungen aber vergessen wurden. Das Land erlebte das bizarre Schauspiel einer Werbekampagne der Regierung, die Monopole als erstrebenswert und den Wettbewerb als unpatriotisch erscheinen ließ. Im gleichen Jahr vermehrten sich die Arbeitsplätze in der Industrie um zwei Millionen. Sie sind wohl kaum durch die National Recovery Administration geschaffen worden. Durch Preiserhöhungen wird die Produktion nicht gesteigert. Vielleicht aber hat die NRA indirekt dazu beigetragen, weil sie den Glauben an baldige Besserung nährte.

Das schwierigste Problem war das fortdauernd niedrige Einkommensniveau in der Landwirtschaft (siehe Tabelle 6.3). Irgendwie mußten die Preise angehoben werden, und das konnte nur durch Einschränkung der Produktion geschehen. Es gab riesige Vorräte von fast allen landwirtschaftlichen Produkten, obwohl die Preise seit 1929 um die Hälfte zurückgegangen waren. Deshalb zahlte die Agricultural Adjustment Administration (AAA) nun Nichtanbauprämien an Farmer, die sich freiwillig bereit erklärten, ihre Produktion zu verringern. Die Prämien wurden durch eine auf die erste Verarbeitung des Produkts, z. B. das Vermahlen des Getreides, erhobene Steuer finanziert. Theoretisch schien das eine vortreffliche Sache zu sein, abgesehen davon, daß der Verbraucher, der möglicherweise selbst in großer Armut lebte, zumindest einen Teil der Kosten trug. Wenn andererseits teurere Lebensmittel den Farmern mehr Geld einbrachten, würde die Nachfrage nach anderen Produkten steigen und die Arbeitslosigkeit zurückgehen. Zunächst bestand das Problem darin, daß die Bestimmungen des Agricultural-Adjustment-Gesetzes sehr komplex waren und erst im Winter 1933/34 fertig auf dem Tisch lagen. Die Felder waren längst bestellt, und eine reiche Ernte stand bevor. Man hatte keine andere Wahl, als die Farmer dafür zu bezahlen, daß sie etwa ihre Baumwollfelder umpflügten und Ferkel und Mutterschweine schlachteten. Während Tausende nahezu verhungerten, erregten solche Maßnahmen bei der Bevölkerung großen Unwillen, besonders da sich anscheinend kein Weg finden ließ, um mehr als nur einen Bruchteil des Schweinefleisches, der Orangen usw. zu verteilen. Dem Ansehen des New Deal hat es geschadet, daß er nach dem beurteilt worden ist, was im ersten Jahr geschah, und obwohl zum Beispiel das Abschlachten sich nicht wiederholt hat, ist der Makel des Unnatürlichen am New Deal hängengeblieben. Man erzählte sich, sogar die Maultiere hätten sich geweigert, die jungen Baumwollpflanzen zu zertrampeln.

Eine zusätzliche Schwierigkeit lag darin, daß die Landwirtschaft im Hinblick auf die Größe der Farmen, Anbauflächen usw. alles andere als homogen war. Die größeren Farmer, die auch auf einen größeren Teil ihrer Produktion verzichten konnten, erhielten den Löwenanteil der Entschädigungen. Das vom Staat gestützte Einkommen des einen Farmers verursachte anderen Farmern, die sein künstlich teures Erzeugnis z. B. als Futtermittel übernahmen, höhere Kosten. Die Milch- und Butterpreise stützte die AAA nicht. Aber die Kühe wurden mit Mais gefüttert, und der Maispreis wurde gestützt. Der Preis für einige Massenerzeugnisse wie Mais und Baumwolle war aus politischen Gründen immer schon gestützt worden, weil mit entsprechenden Maßnahmen viele Wählerstimmen im Westen und Süden zu gewinnen waren.

Es gelang der AAA nicht, die Produktion der Landwirtschaft zu drosseln. Obwohl die Anbaufläche in den 1930er Jahren um 20 % schrumpfte, stieg die Produktion in dieser Zeit um 10 %. Mit den für die Verringerung der Anbauflächen gezahlten Geldern kauften die Farmer künstlichen Dünger und erhöhten damit die Erträge auf dem übrigen Land. Wenn die Preise stiegen, dann ging es einem Farmer, der seine Produktivität gedrosselt hatte, unter Umständen schlechter als einem, der seine Produktion nicht beschränkt und auf die Prämie verzichtet hatte. Die Preise für landwirtschaftliche Produkte stiegen trotzdem innerhalb von zwei Jahren um zwei Drittel. Die vielbeschworene »Parität« erreichten sie jedoch nicht, nämlich Preise, die garantieren würden, daß die Einkommen in der Landwirtschaft im gleichen Verhältnis zu Löhnen in der Industrie stünden wie vor 1914. Die Hauptursache für den Preisan-

stieg war die Dürre, die den Westen bis zum Ende des Jahrzehnts heimsuchte und es sogar notwendig machte, daß 1935 und 1936 Weizen importiert wurde. 1935 war erwiesen, daß ein freiwilliger Anbauverzicht nicht funktionierte, und die Regierung hielt Zwangsmaßnahmen für notwendig, wie sie für den Tabakanbau bereits existierten. Aber 1936 erklärte der Oberste Gerichtshof die Steuer für illegal, mit der die Verarbeitung landwirtschaftlicher Erzeugnisse belegt worden war, um die Nichtanbauprämien zu finanzieren. Damit war die AAA am Ende. Inoffiziell waren auch die Befürworter des New Deal in Washington durchaus erleichtert. Das Hauptinteresse wandte sich nun bodenkonservierenden und anderen umweltschutzorientierten Maßnahmen zu. Die Farmer wurden jetzt dafür bezahlt, daß sie darauf verzichteten, Feldfrüchte anzubauen, die den Boden zu stark auslaugten; und dazu wurden die gleichen Pflanzen deklariert, für deren Nichtanbau Farmer auch zuvor Prämien erhalten hatten.
Im Juni 1933 begann in London eine Weltwirtschaftskonferenz. Die meisten Delegierten erkannten, daß sich hier die letzte Chance bot, das Abgleiten in eine weltweite wirtschaftliche Anarchie zu verhindern. Die internationalen Wirtschaftsbeziehungen waren bereits sehr gespannt, und die einzelnen Regierungen vertraten schwer miteinander vereinbare Positionen. Vieles spricht jedoch für die Aussage, daß Roosevelt jede Hoffnung auf eine Einigung zunichte gemacht hat. Er weigerte sich, den Wechselkurs des Dollars zu stabilisieren. Es war bereits abzusehen, daß Roosevelt mit der Goldwährung experimentieren würde, um in den Vereinigten Staaten inflationäre Tendenzen zu fördern. Politisch und moralisch war er der Landwirtschaft verpflichtet, die die Goldwährung schon seit vierzig Jahren mit Argwohn betrachtete. In einem Zusatz zum Agricultural Adjustment Act hatte er die Vollmacht erhalten, den Dollarkurs schwanken zu lassen (*floating*), was er dann auch tat. Für diese Maßnahme gab es absolut keine Rechtfertigung. Andere Länder hatten ihre Währungen abgewertet, aber nur, wenn ihre Zahlungsbilanz das unbedingt erforderte. 1933 hatte Amerika einen großen Zahlungsbilanz*überschuß*, und es importierte Gold. Kredite waren leicht zu haben. Als die Vereinigten Staaten ihre Währung abwerteten, gewannen sie nichts dabei, erschwerten aber die Situation für jedes andere Land. Die ganze übrige Welt wurde praktisch in einen Wirtschaftskrieg getrieben, der durch eine vernünftige Politik der Vereinigten Staaten und anderer Länder hätte vermieden werden können. Roosevelt wertete den Dollar ab, weil seine Berater sagten, wenn man den Goldwert des Dollar verringerte, würden die Preise automatisch steigen. Sie taten es nicht. Dann trieb er absichtlich den Goldpreis in die Höhe, in-

dem die Bundesregierung Gold zu ständig steigenden Preisen kaufte. Damit wurde der Dollar auf seinen bisher tiefsten Stand abgewertet ($ 5,14 auf £ 1), doch auch das hatte keine nennenswerte Auswirkung auf die Preise, obwohl bis zum Ende des Jahrzehnts noch laufend riesige Mengen an Gold in die Vereinigten Staaten flossen.
Roosevelt war schon lange davon überzeugt, daß die Lösung der Wirtschaftsdepression eine innenpolitische Angelegenheit sei, und er war bereit, gute internationale Beziehungen diesem Ziel unterzuordnen. Darin hat er vielleicht, wie Keynes gesagt hat, »in großartiger Weise recht gehabt«. Wenn es ihm irgendwie gelänge, die wirtschaftlichen Probleme Amerikas zu lösen, dann würde dies der Welt mehr nutzen als ein stabiler Dollar.
Roosevelt beschloß auch ein grotesk überschätztes Experiment mit der Silberwährung. Auf den politischen Druck der Einzelstaaten, in denen Silber gewonnen wurde, wurde ein Gesetz verabschiedet, das der Bundesregierung erlaubte, praktisch alles Silber, das in Amerika gewonnen wurde, zu einem Preis weit über dem Weltmarktpreis aufzukaufen. 1,5 Milliarden Dollar wurden für Silber ausgegeben, mit dessen Gewinnung und Verarbeitung nur 5000 Arbeitsplätze verbunden waren. Auch die Inflation wurde durch diese Käufe nicht in Gang gesetzt. Durch sie wurden lediglich die Währungen Perus, Mexikos und Chinas, die auf dem Silberstandard beruhten, aufgewertet, ihre Reserven wurden aufgebraucht, und sie wurden in eine noch tiefere Depression gestürzt.
Im Winter 1934/35 sahen viele ihre großen in den New Deal gesetzten Hoffnungen enttäuscht. Das war unvermeidlich. Die Unternehmer verließen die Koalition im Sommer 1935, denn sie waren alarmiert durch das »unverantwortliche« Defizit im Bundeshaushalt. Was noch schlimmer war, der Wiederaufschwung verlangsamte sich. Es zeigte sich allmählich, daß die politischen Maßnahmen der »Hundert Tage« lediglich die Arbeitslosenziffer um zwei Millionen hatten abbauen können und daß darüber hinaus das Konzept des New Deal nichts an der Lage ändern konnte. Die Gewerkschaften stellten fest, daß die arbeitsrechtlichen Bestimmungen im National-Industrial-Recovery-Gesetz gegen sie angewandt wurden. Im Mai 1935 kam dann die Entscheidung des Obersten Bundesgerichts im Fall Schechter. Die beiden Brüder Schechter wurden von Beamten der National Recovery Administration beschuldigt, kranke Hühner verkauft und auch gegen die arbeitsrechtlichen Bestimmungen des Kodex verstoßen zu haben. Der Fall kam vor den Obersten Gerichtshof, der das einstimmige Urteil fällte, das National-Industrial-Recovery-Gesetz, auf dem die Tätigkeit der NRA beruhte, enthalte ver-

fassungswidrige Bestimmungen. Das Gericht erklärte, das Gesetz räume dem Präsidenten zu große Vollmachten ein, und es sprach der Bundesregierung das Recht ab, den Handel innerhalb der Einzelstaaten zu regulieren. Diese restriktive Interpretation der Verfassung bedrohte alle im Rahmen des New Deal erlassenen Gesetze. Roosevelts Antwort war eine Wendung nach links.

IX. Der zweite New Deal und die Zeit bis zum Zweiten Weltkrieg, 1935–1941

1936 gab es keinen Rivalen, der Roosevelt das Präsidentenamt hätte streitig machen können. In 46 der 48 Staaten gewann er die Wahlmännerstimmen. In seiner zweiten Antrittsrede sprach er von »dem einen Drittel der Nation, das schlecht untergebracht, schlecht gekleidet und schlecht ernährt« sei. Die Botschaft war deutlich. Er hatte Partei ergriffen. Die Unternehmer sollten künftig als Feinde gelten, weil sie soziale Veränderungen vereiteln konnten. Kaum jemand konnte daran zweifeln, daß soziale Veränderungen notwendig waren. Die Landstraßen des Südwestens wurden bevölkert von »Arkies« und »Okies«, die von ihren kleinen Farmen in Arkansas und Oklahoma vertrieben worden waren, nach Arbeit suchten und in ihrem Elend noch wie Kriminelle behandelt wurden. Um diese Zeit begannen erstmals auch viele Schwarze, Roosevelt zu unterstützen. 1936 gaben sie ihre Stimme zum erstenmal einem Kandidaten der Demokratischen Partei.

Die Regierung ließ die Politik der National Recovery Administration fallen und ging energisch gegen die Trusts vor. Mit der Durchsetzung der Anti-Trust-Gesetze wurden 190 Juristen im Justizministerium beschäftigt. Die Regierung kündigte an, sie werde ein neues Wohnungsgesetz, Sozialversicherungsgesetze und weitere Regionalplanungsbehörden nach dem Vorbild der Tennessee Valley Authority schaffen. Am wichtigsten war jedoch, daß sich die Bundesregierung nun mehr als bisher hinter die Gewerkschaften stellte. Höhere Einkommen wurden höher besteuert, die Steuern progressiver gestaffelt. Der Kongreß verabschiedete eine neue »Steuer für Reiche«, die den Vorteil hatte, dem einzigen Rivalen des Präsidenten, dem populistischen Demagogen Huey Long aus Louisiana, den Wind aus den Segeln zu nehmen. Long hatte in einer vielbeachteten Kampagne immer wieder nachdrücklich gefordert, die Reichen müßten ihren Wohlstand mit den Armen teilen. Long wurde vor den Wahlen 1936 ermordet, und seine Anhänger gingen in das Lager Roosevelts über. Die neue Besteuerung der Reichen hatte, wie zu erwarten, nur geringfügige Auswirkungen. In den 1930er Jahren gab es keine nennenswerte Umverteilung zugunsten der Armen.

Die Macht des Obersten Gerichtshofes war kein Wahlkampfthema, aber Roosevelt hielt gewisse Veränderungen für notwendig. Der Fall Schechter und andere Entscheidungen gegen New-Deal-Gesetze hatten beigetragen zur Vertiefung des Widerstandes gegen die Politik des New Deal innerhalb und außerhalb des Kongresses. Der Oberste Gerichtshof war zum Mittelpunkt der Hoffnungen der Gegner des New Deal geworden, und schon allein durch die Länge der Zeit, die er sich mit seinen verfassungsrechtlichen Entscheidungen ließ, schwächte der die Wirksamkeit der neuen Gesetze erheblich. Roosevelt legte im Februar 1937 einen Gesetzentwurf vor, nach dem der Präsident ermächtigt werden sollte, Stellvertreter für ältere, nicht mehr voll leistungsfähige Richter zu ernennen, wenn diese sich weigerten, in den Ruhestand zu treten. Damit hätte er die Möglichkeit gehabt, sechs neue, ihm loyale Richter zu ernennen, genug also, um die konservative Mehrheit zu überstimmen. Dies wurde als offener Versuch gewertet, das Oberste Gericht rein parteipolitisch zu besetzen — was es auch war —, und das Gesetz wurde mit überwältigender Mehrheit abgelehnt. Der Oberste Gerichtshof schien vielen eine der wenigen stabilen Institutionen in sich schnell wandelnden Zeiten zu sein, und sie wollten sie nicht offen manipuliert sehen. Sogar einige der entschiedensten Parteigänger Roosevelts waren dazu nicht bereit. Doch innerhalb weniger Monate begann das Gericht, in Roosevelts Sinn günstige Entscheidungen zu fällen. Innerhalb von zweieinhalb Jahren ließen sich nun fünf Richter pensionieren, und der Präsident erhielt das »liberale« Gericht, das er brauchte. Er hatte eine Schlacht verloren, aber den Krieg gewonnen.

In der zweiten großen Schlacht des Jahres 1937 ging es um die Anerkennung der Gewerkschaften. Allein in diesem einen Jahr stieg die Zahl der Gewerkschaftsmitglieder um 60 %. In den 1920er Jahren war die Arbeiterbewegung sehr schwach gewesen. Die Bundesregierung und die Regierungen der Einzelstaaten hatten sich nicht darum gekümmert, wenn illegal Gewalt angewendet wurde. Die Gesetze waren für die Gewerkschaften sehr ungünstig. Die exklusive American Federation of Labor, die von den gut verdienenden gelernten, nach Berufen organisierten Arbeitern beherrscht wurde, unternahm nichts, um die ungelernten Arbeiter in den neuen Massenproduktionsindustrien zu organisieren. Trotz des industriellen Wachstums zählten die Gewerkschaften 1929 nur 3,5 Millionen Mitglieder. Die Depression nützte den Gewerkschaften, da sie den Erfolgsmythos zerstörte, der die Unternehmer bisher umgeben hatte, und da durch sie eine Regierung an die Macht kam, die sich, wenn sie auch nicht hundertprozentig für die Gewerkschaften eintrat, doch hinter diese stellte, wenn sie bereit waren, der Industrie zu helfen. Im Abschnitt 7 (a) des National-Industrial-Recovery-Gesetzes wurde zum Beispiel festgelegt, daß ein Unternehmer die Gewerkschaften in seinem Betrieb anerkennen mußte. Diese Bestimmung wurde jedoch dazu mißbraucht, in den einzelnen Betrieben aus »Jasagern« bestehende Gewerkschaften zu gründen. Als das National-Industrial-Recovery-Gesetz für nichtig erklärt wurde, trat nach 1935 ein Gesetz zur Regelung der Beziehungen zwischen Unternehmern und Gewerkschaften (National Labor Relations Act, Wagner Act) an seine Stelle und stärkte die Position der Gewerkschaften. Ein neues National Labor Relations Board, ein Schlichtungsausschuß, wandte sich energisch gegen eine »unfaire Behandlung der Arbeiter«. Die Unternehmen mußten jetzt die freie Gewerkschaftswahl ihrer Beschäftigten akzeptieren. Gleichzeitig wurde von der Gewerkschaftsbewegung selbst ein Angriff gegen die Exklusivität der Facharbeitergewerkschaften gerichtet. John L. Lewis von den United Mine Workers (Vereinigte Bergarbeitergewerkschaft), der größten Nichtfacharbeitergewerkschaft, trat mit seiner Gewerkschaft aus der AFL aus und gründete das Committee of Industrial Organization, aus dem sehr bald ein zweiter Gewerkschaftsbund, der Congress of Industrial Organizations (CIO), entstand. Ziel des neuen Dachverbandes war es, die Arbeiter der Massengüterindustrien zum Eintritt in eine Gewerkschaft zu bewegen. Alle Beschäftigten, ungeachtet ihrer Einstufung im Betrieb und ohne Rücksicht auf ihre Ausbildung, sollten derselben Industrie-Gewerkschaft angehören, z. B. der Gewerkschaft der United Automobile Workers. Ihre neue Waffe war der Sitzstreik, der besonders in einer Zeit der Arbeitslosigkeit eine wesentliche Rolle spielte. Die neuen, der CIO angeschlossenen Gewerkschaften hatten erstaunliche Erfolge. Bis 1939 hatten sie, mit oder ohne Kampf, die Arbeiter in der gesamten Stahlindustrie und der Automobilindustrie organisiert, mit Ausnahme der Ford-Werke, die aber auch bald nachgeben mußten. Es kam zu Gewalttätigkeiten, aber zu erstaunlich wenigen, wenn man die Bedeutung dieser Verlagerung wirklicher Macht bedenkt.

Zu diesem Zeitpunkt beging die Regierung Roosevelt einen schweren wirtschaftlichen Fehler, der zur Folge hatte, daß sich der Aufschwung um weitere zwei Jahre verzögerte. 1936 erholte sich die Wirtschaft sehr schnell, die Preise stiegen rasch, und Roosevelt, der einen Spekulationsboom befürchtete, verringerte das Defizit im Bundeshaushalt. Die Zentralbank, das Federal Reserve Board, verdoppelte die Mindestreserveanforderungen, und 1937 stürzte die Wirtschaft wieder in eine so schwere Depression, wie sie kein anderes Land zu diesem Zeitpunkt erlebte. Die Zahl der Arbeitslosen nahm um fünf Millionen zu. Wie war es möglich gewesen, daß die Regierung die Lage so falsch beurteilte? Erstens hatte sie einen psychologischen Faktor verkannt, nämlich die Ängste, die die Linkswendung des Zweiten New Deal in Industrie und Handel ausgelöst hatte. Als daher die Bundesregierung die Ausgaben einschränkte, brachten die Unternehmer nicht genug Selbstvertrauen auf, um selbst zu investieren. Es ist auch wahrscheinlich, daß Roosevelt selbst 1937 die Handhabung der neuen Fiskalpolitik noch nicht verstanden hat. Einiges deutet darauf hin, daß er glaubte, die öffentlichen Arbeitsbeschaffungsprogramme förderten die Beschäftigung, nicht aber das Haushaltsdefizit.

1938 stiegen die Bundesausgaben wieder, aber New-Deal-Maßnahmen verloren ihre Anziehungskraft für weite Teile der amerikanischen Öffentlichkeit. Aus den Kongreßwahlen von 1938 gingen die Gegner des New Deal gestärkt hervor, und es kam zu einer einflußreichen *conservative coalition*, einem Bündnis der konservativen Flügel der Demokraten und der Republikaner in Abgeordnetenhaus und Senat. Die Arbeitslosigkeit dauerte an, und auch Roosevelt selbst verlor an öffentlicher Beliebtheit.

Eine weitere Quelle der Unzufriedenheit war die Außenpolitik. Viele glaubten immer noch, Amerika hätte sich unnötigerweise am Ersten Weltkrieg beteiligt; nur Bankiers und Industrielle hätten sich dabei die Taschen gefüllt. Die Höhe ihrer Gewinne hatte 1934 ein Kongreßausschuß enthüllt. Vor 1939 hielt die amerikanische Öffentlichkeit die Diktatoren in Europa noch nicht für gefährlich. Tatsächlich betrachteten amerikanische Liberale und Isolationisten deren territoriale Ansprüche häufig als legitimen Ausdruck des Grundsatzes der nationalen Selbstbestimmung. Natürlich gab es auch einige Faschisten, besonders unter den Deutsch-Amerikanern, aber sie und ihre Führer waren, verglichen mit den richtigen Faschisten in Europa, sehr gemäßigt. Ein Ausschuß des Repräsentantenhauses für »unamerikanische Aktivitäten« (House Un-American Activities Committee), der 1938 geschaffen wurde, um sich mit solchen von außen kommenden Gefahren zu befassen, konzentrierte seine Aufmerksamkeit auf die Kommunisten. Roosevelt war überzeugt, Amerika könne sich aus einem europäischen Kriege heraushalten, wenn es militärisch nur stark genug werde. Vor 1940 hatte Amerika nur im Pazifik eine Flotte und ansonsten weder eine moderne Armee noch eine Flotte. Der Kongreß fürchtete nun, eine Wiederaufrüstung werde die Vereinigten Staaten erneut in einen Weltkrieg verwickeln, und verdächtigte Roosevelt, er betreibe die amerikanische Beteiligung an einem Krieg, um die Aufmerksamkeit der Öffentlichkeit von den innenpolitischen Problemen abzulenken. Gleich nach Kriegsausbruch kam es 1939 zu einem Konflikt wegen des Neutralitätsgesetzes, das aufgehoben werden mußte, damit Großbritannien und Frankreich in den Vereinigten Staaten Waffen kaufen konnten. Das Gesetz wurde aufgehoben, aber nur unter sehr ungünstigen Bedingungen. Großbritannien und Frankreich mußten die Lieferungen, die (bis 1941) nicht in amerikanischen Schiffen befördert werden durften, bar bezahlen. Das neue Neutralitätsgesetz von 1939 hätte es Deutschland sogar möglich gemacht, einen uneingeschränkten U-Bootkrieg zu führen, ohne mit dem Eingreifen des mächtigsten neutralen Landes fest rechnen zu müssen.

Der Wendepunkt kam mit dem deutschen Sieg in Frankreich. Der Blitzkrieg und der augenscheinlich kurz bevorstehende Zusammenbruch Großbritanniens machten die militärische Schwäche Amerikas deutlich. Würden die Deutschen in Mexiko Fuß fassen, dann wären offensichtlich weite Gebiete im Mittleren Westen den Angriffen deutscher Bombenflugzeuge ausgesetzt. Die Riesensumme von zwölf Milliarden Dollar, die jetzt für die Verteidigung bewilligt wurde — das war mehr als die gesamten Ausgaben der Works Progress Administration —, schuf allein 1940 zwei Millionen Arbeitsplätze. Im September 1940 wurde die allgemeine Wehrpflicht eingeführt.

Nach der Niederlage Frankreichs war es sicher, daß Roosevelt — was bisher noch nie vorgekommen war — für eine dritte Amtszeit zum Präsidenten gewählt werden würde. Wahrscheinlich hat er vor dem Mai 1940 nicht die Absicht gehabt, noch einmal zu kandidieren. Aber die einzigen demokratischen Bewerber, die über eine gewisse Gefolgschaft verfügten, waren Konservative, und Roosevelt stand vor der Frage, ob er das immer noch nicht abgeschlossene Programm des New Deal weiterführen oder aufgeben sollte. Der Gegenkandidat der Republikaner war Wendell Willkie, Direktor einer Elektrizitätsgesellschaft, der der Öffentlichkeit als ein vom New Deal Benachteiligter vorgestellt wurde. Aber Willkie war ebensowenig ein Isolationist wie Roosevelt, und in der Krise stellten sich die Wähler hinter den Präsidenten. Die Stimmung erinnerte an das Jahr 1933. Nach dem Leih- und Pachtgesetz vom März 1941 erhielt Großbritannien einen unbeschränkten Kredit. Es war offensichtlich sinnlos, den Briten Rüstungsgüter zu schicken, um die Schiffe dann von U-Booten versenken zu lassen. Nun begannen amerikanische Kriegsschiffe, die Geleitzüge auf dem Weg nach Großbritannien zu begleiten, und die Vereinigten Staaten richteten auf Grönland

und Island Stützpunkte ein. Im Herbst 1941 gab es zwischen den Vereinigten Staaten und Deutschland faktisch einen Seekrieg ohne offizielle Kriegserklärung.
Schließlich wurde die Entscheidung zur Kriegserklärung den Amerikanern im Dezember 1941 durch die japanische und die deutsche Regierung praktisch abgenommen. Der Interessenkonflikt zwischen Japan und den USA hatte sich im Laufe der 1930er Jahre in dem Maße verschärft, in dem die Japaner ihr Ziel der Errichtung »eines autarken Wirtschaftsgebiets unter japanischer Führung in Ostasien, einer Großostasiatischen Wohlstandssphäre« mit Gewalt zu verwirklichen suchten.[3] Einer entsprechenden territorialen Expansion in Südostasien lagen die Philippinen als amerikanische Kolonie im Wege und zudem, davon gingen die japanischen Strategen aus, würden die Amerikaner ihnen nicht die Handelsmärkte und die reichen Rohstoffquellen dieses Raumes überlassen, sondern waren entschlossen, Japan zu einer zweitrangigen Macht zu degradieren.[4] Die deutschen Erfolge gegen Frankreich und der wahrscheinliche Erfolg in Rußland ermutigten die Japaner dazu, nach Süden vorzustoßen. 1941 annektierten sie Französisch-Indochina. Die Vereinigten Staaten, Großbritannien und die Niederlande begegneten diesem Schritt mit einer totalen Sperre des Verkaufs von Schrott und Öl. Japanische Vermögenswerte in den Vereinigten Staaten wurden eingefroren. Japan verfügte über keine Erdölvorkommen im eigenen Lande und hatte Reserven für nur zwei Jahre. Es hatte keine andere Wahl, als entweder den Krieg gegen China abzubrechen oder die nächstgelegenen Ölquellen in Niederländisch-Ostindien anzugreifen. Das japanische Oberkommando war der Auffassung, die potentiell mächtigeren Vereinigten Staaten würden aus einem solchen Krieg nicht herausgehalten werden können. Es entschloß sich daher zu einem Präventivschlag. Am Sonntag, dem 7. Dezember 1941, am frühen Morgen, griffen japanische Flugzeuge von Flugzeugträgern aus die amerikanische Flotte in ihrem Stützpunkt Pearl Harbor auf Hawaii an und zerstörten einen großen Teil der Schiffe.
Seit Pearl Harbor gibt es einen heftigen Meinungsstreit um Roosevelts Motive. Der amerikanische Geheimdienst war im Besitz des japanischen Kodes. Es herrschte eine rege diplomatische Tätigkeit. Hatte Roosevelt, der davon überzeugt war, daß Amerika in den Krieg eintreten müsse, die Flotte absichtlich einem Überraschungsangriff ausgesetzt? Es gibt keine Beweise dafür. Die in Pearl Harbor gelungene totale Überraschung läßt sich mit militärischer Unfähigkeit erklären. Noch neun Stunden später fanden japanische Bombenflugzeuge die amerikanischen Flugzeuge auf den philippinischen Flugplätzen in Reih und Glied auf dem Boden. Am 8. Dezember 1941

beschloß der Kongreß mit einer Gegenstimme, Japan den Krieg zu erklären. Deutschland und Italien erklärten den Vereinigten Staaten, wie vereinbart, den Krieg, und die amerikanische Wirtschaft und Gesellschaft richteten sich voll gegen die Achsenmächte.

X. DER NEW DEAL IM RÜCKBLICK

Eine Beurteilung der einzelnen Maßnahmen des New Deal und des New Deal im ganzen ist äußerst schwierig. Daher ist der New Deal, eines der zeitlich klar abgrenzbaren, großen Gesetzgebungsprogramme der neueren Geschichte, unvermeidlich umstritten geblieben. Die Hauptschwierigkeit liegt darin, daß das Bruttosozialprodukt bei Ausbruch des Zweiten Weltkrieges noch immer unter dem Stand von 1929 lag, was aber noch nicht beweist, daß der New Deal ein Mißerfolg gewesen ist. Bedenkt man die außergewöhnlichen Umstände der 1930er Jahre, dann hätte es ohne den New Deal noch viel niedriger sinken können. Der wirtschaftliche Wiederaufschwung nach der Depression war zudem nicht das einzige Ziel des New Deal, der in den sechseinhalb Jahren bis 1939 vielen wechselnden Umständen Rechnung tragen mußte. Man könnte sagen, die Wirtschaft hätte sich vielleicht besser erholt, wenn 1933 weniger Arbeitslose von der Regierung unterstützt worden wären. Das wäre jedoch noch kein Argument gegen jede Art sozialer Hilfsmaßnahmen des New Deal. Im Laufe der Zeit trat darüber hinaus noch ein weiteres politisches Ziel in den Vordergrund, die Reform der amerikanischen Wirtschafts- und Gesellschaftsordnung, um eine Wiederholung der Ereignisse von 1929 bis 1933 zu vermeiden. Fragt man nach der Auswirkung bestimmter einzelner Maßnahmen, stellt sich das Problem der Kausalität. Gerade auf wirtschaftlichem Gebiet waren mehrere Ursachen und Folgen stets eng miteinander verflochten. Daß die Einführung von Preissubventionen in der Landwirtschaft Preissteigerungen zur Folge hatte, beweist zum Beispiel nicht, daß sie diese auch verursacht haben. Der überzeugte New-Deal-Politiker würde andererseits sagen, A geschah nach B und deshalb wegen B. Am schwierigsten läßt sich beurteilen, welche Rolle der psychologische Faktor des Selbstvertrauens und der Hoffnung auf baldige Besserung gespielt hat. Wenn man die Entwicklung objektiv betrachtet, ist es schwer zu erklären, wie die New-Deal-Maßnahmen die Industrieproduktion von 1933 bis 1934 um 15 Prozent steigern konnten. Besserte sich die Lage trotz der getroffenen Maßnahmen? Höchstwahrscheinlich hat die Wahl eines neuen Präsidenten, der offensichtlich entschlossen war zu handeln, die

Unternehmer und andere davon überzeugt, daß die Lage durchaus nicht so hoffnungslos war, wie sie im Winter 1932/33 zu sein schien.

Jedenfalls war der New Deal kein voller Erfolg. Das Realeinkommen pro Kopf der Bevölkerung erreichte erst 1940 wieder den Stand von 1929, und zu dieser Zeit wurde das wirtschaftliche Wachstum durch die Aufrüstung angeregt (siehe Tabelle 6.2). Die 1930er Jahre waren wirtschaftlich gesprochen ein »verlorenes Jahrzehnt«. In jedem Winter gab es neun bis zehn Millionen Arbeitslose, und noch 1941 hatten 5,5 Millionen Menschen keine Arbeit. Die privaten Investitionen, von denen die Wirtschaft abhing, waren die ganze Zeit über sehr gering. Die Gesamtproduktion ging bei dem ersten Zusammenbruch so weit zurück (um etwa 30 %), daß die Industriekapazität sich erst steigerte, als die Wiederaufrüstung in vollem Gang war. Aber es ist natürlich denkbar, daß die Wirtschaftsdepression ohne den New Deal noch schlimmer gewesen wäre.

Das Hauptproblem lag darin, daß die New-Deal-Gesetze so viel auf einmal bewerkstelligen sollten. Sie mußten die unmittelbare Not lindern. Roosevelt konnte es sich weder als Politiker noch aus humanitären Gründen erlauben, die Schlangen hungernder Menschen und die ruinierten Farmer zu übersehen. Der New Deal versuchte dann, die Wirtschaft wieder in Gang zu bringen, d. h. die Industrieproduktion anzukurbeln. Um einer neuen derartigen Wirtschaftskrise vorzubeugen, versuchte Roosevelt, das politische System zu reformieren – insbesondere das Verhältnis von Wirtschaft und Regierung.

Viele dieser Ziele, die an sich alle erstrebenswert waren, schlossen sich gegenseitig aus. So lag z. B. der größte Nachteil für die Wirtschaft in der noch immer sehr hohen Zahl der Beschäftigten in der Landwirtschaft. Das war ein wesentlicher Grund dafür, daß die Depression in den Vereinigten Staaten schlimmer war als in Ländern wie Großbritannien, wo billige Importnahrungsmittel die Kaufkraft der Verbraucher für andere Güter erhöhten. Auch wenn der New Deal die Depression beseitigt hätte, hätte es noch immer zu viele Farmer gegeben. Die Farmer dafür zu bezahlen, daß sie auf ihren Farmen blieben, die sie hätten aufgeben sollen, förderte den wirtschaftlichen Aufschwung nicht, milderte aber menschliches Elend. Die National Recovery Administration stellt einen ähnlichen Fall dar. Roosevelt argumentierte, wenn die Regierung der Industrie helfe, die Preise durch Absprachen festzulegen, dann müßte sie auch die Gewerkschaften ermutigen, höhere Löhne zu fordern. Da es jedoch darum ging, die Gewinne der Unternehmen zu steigern, ließ sich beides nicht miteinander verbinden. Zum Teil lag die Schwierigkeit darin, daß Roosevelt ein zu rezeptiver Geist war. Es gab keine Gesamtstrategie, und er ließ sich von den verschiedensten Experten beraten, wobei er jedem recht gab. Politische Maßnahmen wurden ausgeführt, ohne ihre weiteren Auswirkungen zu bedenken. Das war nicht unbedingt ein Fehler. Die Probleme, mit denen er es zu tun hatte, waren ebenso neuartig wie ein Teil der Lösungen. Man verfügte kaum über statistische Unterlagen. Doch das größte Problem, die 1933 weit verbreitete Mutlosigkeit, konnte eine Regierung, die sichtlich zum Handeln entschlossen war, sehr wohl bewältigen. Sie hatte jede Chance, das Vertrauen der Wirtschaft zu steigern – wenigstens auf kurze Sicht.

Wäre die Regierung grundsätzlich bereit gewesen, zusätzliche Kaufkraft in die Wirtschaft zu pumpen, dann wäre es nicht so wichtig gewesen, wer genau wieviel erhalten hätte. Aber das größte Defizit im Bundeshaushalt betrug nur fünf Prozent des Nationaleinkommens (Tabelle 6.4). Ein großer Teil der Ausgaben wurde mit Steuern finanziert, die nicht gesenkt wurden. Die Haushaltsdefizite, die eintraten, waren meist nicht eingeplant, sondern wurden durch die sinkenden Steuereinnahmen verursacht. Es gibt jedoch ein politisches Argument gegen eine defizitäre Finanzpolitik großen Stils – wenn eine solche Politik versucht worden wäre. Es lautet wie folgt: Die wichtigsten Entscheidungen in der Wirtschaft wurden immer noch von Kapitalisten getroffen. Je mehr die Regierung ausgab, desto »sozialistischer« erschien sie, und desto weniger bereit wurden die Kapitalisten zu privater Investition. Diese These war jedoch fraglich: hätte Roosevelt genügend Geld ausgegeben, um die Wirtschaft wieder in Gang zu bringen, so daß es rentabel gewesen wäre zu investieren, dann hätten sich die Unternehmer kaum geweigert, diese Gelegenheit zu nutzen, nur weil das Land sozialistisch geworden sei. Die Höhe der öffentlichen Ausgaben wäre entscheidend gewesen.

In Wirklichkeit war der New Deal keineswegs unternehmerfeindlich. Er setzte seine Bürokraten nur dort ein, wo die privaten Unternehmer versagt hatten, und auch nur so lange, bis sich die Privatwirtschaft wieder erholt hatte. Indem er einer radikaleren Lösung zuvorkam, war er der Retter und nicht der Zerstörer des Kapitalismus. Es gab keine kollektivistische Planung und keine klar umrissene Ideologie, weder eine sozialistische noch eine andere. Schon mit dem Schlagwort vom New Deal war gesagt, daß der einzelne seine Karten selbst ausspielen sollte.

Eine der dauerhaftesten Nachwirkungen des New Deal bestand in dem Machtzuwachs der Bundesregierung im allgemeinen und des Präsidenten im besonderen. Vor 1933 war »die Regierung« für den Durchschnittsamerikaner die Regierung seines Einzelstaates oder gar der Bürgermeister und der Gemeinderat. Nun war die Bundesregierung bereit, die Dinge selbst in die Hand zu nehmen. Um das zu tun, mußte sie den Zuständigkeitsbereich der Einzelstaaten und der privaten Wirtschaft einschränken. Der Präsident und die Behörden der Exekutive wurden anstelle des Kongresses die Initiatoren von Gesetzesvorlagen. Als diese Veränderungen fest etabliert waren, vollzog sich in der amerikanischen Gesellschaft ein grundlegender Wandel. Aufgrund der verstärkten Macht des Bundes und des Präsidenten über die Wirtschaft vollzog sich der Übergang vom Krieg zum Frieden im Jahre 1945 schmerzlos. Wenn aber die Bundesregierung eine Autobahn finanzierte, die durch die Elendsviertel führte, dann dauerte es nicht lange, bis die Bewohner dieser Slums auch bessere Häuser verlangten. Das wirkliche Vermächtnis des New Deal war eine Revolution der Erwartungen.

7. Vom Weltkrieg zur Wohlstandsgesellschaft, 1941–1961

Von Neil A. Wynn

> *Der Zweite Weltkrieg hat den Charakter der amerikanischen Gesellschaft radikal verändert und lang gehegte Wertvorstellungen in Frage gestellt. Der Krieg hat die Beziehungen der Regierung zum einzelnen und die Beziehungen der einzelnen Menschen zueinander neu definiert, und er hat Fragen über das Verhältnis zwischen Zivilisten und Militär, zwischen Freiheit und Sicherheit und zwischen Sonderinteressen und den nationalen Zielen aufgeworfen, die bis heute nicht klar beantwortet sind. Pearl Harbor war mehr als das Ende eines Jahrzehnts, es bedeutete das Ende eines Zeitalters.*
>
> Richard Polenberg, *War and Society: The United States, 1941–1945* (New York, 1972), S. 4.

I. Das Ende des New Deal und die Auswirkungen des Krieges auf die amerikanische Gesellschaft

Noch bis vor kurzem haben sich die Historiker mit den Auswirkungen des Zweiten Weltkrieges auf die amerikanische Gesellschaft kaum befaßt. Ihre Aufmerksamkeit galt lediglich militärischen Angelegenheiten und Entwicklungen der Außenpolitik, die sich als Folge des Krieges ergaben. Dieser Tendenz wirkten vor allem drei Studien zur Lage an der »Heimatfront« entgegen: *Don't You Know There's A War On?* von Richard Lingeman (1970), *War and Society* von Richard Polenberg (1972) und *Days of Sadness, Years of Triumph* von Geoffrey Perrett (1973). Sie vertreten alle die Auffassung, der Krieg habe der amerikanischen Gesellschaft große Veränderungen gebracht. Perrett geht so weit, zu sagen, die sechs Kriegsjahre hätten mehr wünschenswerte soziale Veränderungen bewirkt als die sechs Jahre des New Deal. Seiner Interpretation zufolge hat sich während des Krieges in den Vereinigten Staaten etwas ereignet, was »einer wirklichen sozialen Revolution am nächsten kommt«.[1] Um die Bedeutung des Krieges für die Entwicklung der amerikanischen Gesellschaft abschätzen zu können, müssen wir ihn im Zusammenhang von Weltwirtschaftskrise und Kaltem Krieg betrachten. Besonders wichtig ist es, nicht nur zu sehen, welche Veränderungen stattgefunden haben, sondern festzustellen, wie weit sich diese Veränderungen in den Nachkriegsjahren fortentwickelt haben.

Als der Konflikt in Europa 1939 begann, gab es noch zehn Millionen Arbeitslose in Amerika, aber obwohl die Behörden des New Deal weiterbestanden, war der Reformeifer abgeebbt. Eine starke konservative Koalition im Kongreß und Meinungsverschiedenheiten innerhalb der Exekutive führten zur Beendigung der Sozialgesetzgebung. Zugleich zwang die Lage in Europa sowohl den Präsidenten als auch das Volk, die Aufmerksamkeit der Außenpolitik zuzuwenden. Bereits vor 1941 mobilisierte Amerika Industrie und Streitkräfte. In den Jahren vor dem Überfall auf Pearl Harbor errichtete die Regierung in Erwartung des auf sie zukommenden Notfalles eine Reihe von Behörden: die National Defense Advisory Commission, das Office of Production Management und das Office of Price Administration. Im September 1940 trat das erste Wehrpflichtgesetz in Friedenszeiten in Kraft; die Streitkräfte wurden verstärkt und hundert neue Kasernenanlagen für die Armee gebaut. Auch die Industrie bereitete sich auf den Krieg vor, und im August 1940 begannen die Städte mit Rüstungsbetrieben bereits die hektische Prosperität früherer *boom towns* zu zeigen. 1941 waren fünfzehn Prozent der Industrieproduktion auf Rüstung umgestellt. Sogar in den Schulen und Colleges gab es Anzeichen für Kriegsvorbereitungen: Die Columbia-Universität bot Kurse über die Auswirkungen des Krieges auf die Gesellschaft an, die Universität von Chicago einen Kursus in Ballistik, und in Hunderten anderer Colleges besuchten Studenten Lehrveranstaltungen über Kriegsursachen, Kriegsgeschichte und Kriegspsychologie.

Meinungsumfragen bestätigten, was die Amerikaner für die nächste Zeit erwarteten. Im Sommer 1941 ergab eine Gallup-Umfrage, daß 85 % der Bevölkerung erwarteten, die Vereinigten Staaten würden in den europäischen Krieg hineingezogen werden. Obwohl es im Kongreß einen starken isolationistischen Flügel gab, waren 68 % der von Gallup Befragten der Meinung, es sei wichtiger, Deutschland zu besiegen, als die Vereinigten Staaten aus dem Kriege herauszuhalten. Obwohl die amerikanische Regierung offiziell noch neutral blieb, war Roosevelt fest entschlossen, Großbritannien zu helfen. Der Leih- und Pachtvertrag vom März 1941 gewährte Großbritannien dringend benötigte Unterstützung, und die Atlantik-Charta vom August des gleichen Jahres war kaum weniger als eine gemeinsame Erklärung britischer und amerikanischer Kriegsziele. Die Öffentlichkeit unterstützte diese Maßnahmen nachhaltig.

Die Amerikaner erwarteten den Kriegseintritt also durchaus und waren zum Teil auf ihn vorbereitet, wenn sie auch die Art und Weise des Kriegsbeginns am 7. Dezember 1941 überraschte. Was dann folgte, war den Ereignissen in Großbritannien sehr ähnlich. Die Regierung erhielt größere Vollmachten, um die Rüstung zu steuern und die ganze Bevölkerung für den totalen Krieg zu mobilisieren.

Zwar waren die Vereinigten Staaten keinen direkten Angriffen ausgesetzt – bis auf die Beschießung der pazifischen Küste durch ein Unterseeboot und die Bombardierung eines Waldes in Oregon durch ein einzelnes Flugzeug –, aber auch die amerikanische Bevölkerung erlebte die Auswirkungen des Krieges. Mehr als vierzehn Millionen Männer und Frauen dienten in den Streitkräften, zehn Millionen zusätzliche Arbeitsplätze entstanden im zivilen Bereich, und die Kriegskosten von 320 Milliarden Dollar waren zehnmal höher als die des Ersten Weltkriegs. Um diese ungeheuren Anstrengungen zu bewältigen, setzte die Regierung eine Vielzahl von Ausschüssen und Behörden ein – weit mehr als für den New Deal –, mit denen sie sich praktisch in jeden Bereich des zivilen Lebens einschaltete. Im Januar 1942 schuf Roosevelt einen Kriegswirtschaftsrat (War Production Board), der etwa dem War Industries Board des Ersten Weltkrieges entsprach. Unter der Leitung des Industriellen Donald Nelson erhielt der Kriegswirtschaftsrat die Verantwortung für die wirtschaftliche Mobilmachung, die Umstellung der Industrie auf die Rüstungsproduktion, die Materialzuteilung und die Festsetzung von Produktionsquoten. Die Verteilung der Arbeitskräfte auf die Industrie und die Streitkräfte übernahm die War Manpower Commission unter Paul V. McNutt, einem ehemaligen Gouverneur von Indiana, der seit 1939 Chef der Federal Security Agency gewesen war. Der ebenfalls 1942 geschaffene Kriegsarbeitsrat (National War Labor Board) hatte in erster Linie die Aufgabe einer Schlichtungsinstanz von Arbeitsstreitigkeiten in der Rüstungsindustrie und kontrollierte die Löhne. Die Preiskontrolle und später die Rationierung unterstanden dem Preisamt (Office of Price Administration). Im Ersten Weltkrieg hatte die Regierung die Eisenbahnen völlig unter ihre Kontrolle genommen. Im Zweiten Weltkrieg arbeitete sie nach einem subtileren, aber ebenso wirkungsvollen System der zentralisierten Leitung unter dem Amt für Rüstungstransporte (Office of Defense Transportation), das den verschiedenen Eisenbahngesellschaften ihre Unabhängigkeit ließ. Vom Mai 1943 an wurden die verschiedenen Behörden und Dienststellen ihrerseits vom Amt für Kriegsmobilmachung (Office of War Mobilization) überwacht und koordiniert. Sein Leiter war James Byrnes, ein ehemaliger Senator aus South Carolina. Die meisten anderen Behörden wurden von privaten Geschäftsleuten geleitet, die auch ihre Mitarbeiter aus der

Privatwirtschaft holten. Das ganze System war das eines staatlich gelenkten Kapitalismus ähnlich dem britischen: die Art von Organisation, wie sie Albert Speer in Deutschland zu schaffen versuchte.
Die staatliche Kontrolle erstreckte sich auch auf andere Gebiete als die wirtschaftlichen und militärischen Erfordernisse der Kriegsführung. Das Amt für Kriegsinformationen (Office of War Information) trat zwischen Regierung und Presse, verteilte Mitteilungen für die Inlandspresse und lenkte die Auslandspropaganda. Das Zensuramt (Office of Censorship) zensierte alle Auslandspost in beiden Richtungen und alle Filme und Rundfunksendungen. Das Amt für Zivilverteidigung (Office of Civilian Defense) bereitete die Bevölkerung auf Bombenangriffe vor und hatte 1942 fast zehn Millionen Helfer für den Luftschutz organisiert. Obwohl keine amerikanischen Städte bombardiert wurden, trug das Amt für Zivilverteidigung dazu bei, die Kampfmoral der Zivilbevölkerung zu stärken. Wichtiger war das Amt für wissenschaftliche Forschung und Entwicklung (Office of Scientific Research and Development), das Forschungsprojekte zur Entwicklung von Waffen und anderem Kriegsmaterial anregte und koordinierte. Es vergab Aufträge an Universitäten und Forschungsinstitute, ingenieurwissenschaftliche Institute und sogar an Einzelpersonen und organisierte in gewissem Sinn die Wehrpflicht der Wissenschaftler. Die engen Beziehungen zwischen Regierung und Naturwissenschaften bildeten später einen Teil des »militärisch-industriellen Komplexes«, der in den Nachkriegsjahren eine wichtige Rolle spielen sollte.
Mit dem raschen Anwachsen der neugeschaffenen Bundesbehörden und der Konzentration auf die Kriegsanstrengungen verloren die New-Deal-Behörden an Bedeutung. Das Civilian Conservation Corps, die Works Progress Administration und die National Youth Administration wurden 1942 und 1943 aufgelöst. Andere Behörden wie die Farm Security Administration wurden verkleinert oder von Rüstungsbehörden übernommen. »Dr. Win-the-War« löste »Dr. New Deal« ab.[2] Vieles vom New Deal war überflüssig geworden. Rüstungsindustrie und Vermehrung der Streitkräfte bewirkten, daß das Problem jetzt nicht mehr war, Arbeitsplätze für die Menschen zu finden, sondern Menschen für die Arbeitsplätze. So beendete der Krieg zwar die Arbeitslosigkeit, aber er verzögerte auch wichtige Sozialreformen und machte sie teilweise zunichte. Nach dem Kriegseintritt Amerikas gab es praktisch keine auf Grund des Sherman-Gesetzes eingeleiteten Antitrust-Verfahren mehr, weil man fürchtete, damit die Rüstungsproduktion zu behindern. Wegen des Arbeitskräftemangels, der jetzt allmählich eintrat, scheuten Unternehmer auch nicht

mehr davor zurück, gegen das Verbot der Kinderarbeit im Fair-Labor-Standards-Gesetz von 1938 zu verstoßen. 1944 hatten 19 Einzelstaaten ihre Gesetze geändert und die Zahl der Stunden erhöht, in denen Kinder beschäftigt werden durften. Die Zahl der Arbeitskräfte im Alter zwischen 14 und 17 Jahren erhöhte sich von einer Million im Jahre 1940 bis 1945 auf fast drei Millionen. Die Mehrzahl dieser Jugendlichen war zwar als Kegelaufsteller, in Drugstores und Restaurants und ähnlichen Dienstleistungsbetrieben beschäftigt, aber das Children's Bureau der Bundesregierung stellte fest, daß auch viele von ihnen in Fabriken arbeiteten.

Zwar argumentierten einige *liberals* (siehe Kap. 5, Anm. 1), weitere Reformen würden Amerika helfen, den Krieg zu gewinnen, weil es sich dann noch mehr lohnen würde, es zu verteidigen, aber Roosevelt und seine Mitarbeiter in der Exekutive gaben direkteren Maßnahmen den Vorzug. Die erste und wichtigste Aufgabe bestand für den Präsidenten darin, den Krieg zu gewinnen, und militärische Ausgaben erhielten den Vorrang gegenüber Ausgaben für innenpolitische Programme. Er weigerte sich, Vorschläge für eine nationale Krankenversicherung zu unterstützen oder eine Erhöhung der Mindestlöhne zu billigen, weil sie die Inflation gefördert hätten. Der Kongreß widersetzte sich Versuchen, die Sozialversicherung und die Arbeitslosenversicherung zu reformieren, und ging noch einen Schritt weiter, indem er die Höhe der Beiträge zur Sozialversicherung einfror und damit eine vorgesehene Rentenerhöhung auf einen späteren Termin verschob. Die Bedeutung der Industrie als Ganzes während des Krieges und die Beteiligung von Privatunternehmern an der Regierung bewirkten eine Umkehr der während des New Deal verbreiteten kritischen Einstellung gegenüber Unternehmern. Da das Hauptgewicht nicht mehr auf Reformen lag, quittierten viele Anhänger des New Deal den Staatsdienst und wurden von Managern ersetzt, denen es nur noch auf die Steigerung der Industrieproduktion ankam. Einige dieser neuen Männer durften ihre Firmengehälter weiter beziehen, während sie für die Regierung arbeiteten, und manche *liberals* behaupteten, sie würden ihre neuen Stellungen zugunsten ihrer eigenen wirtschaftlichen Interessen ausnutzen.

Die Auswirkungen des Krieges waren nicht in jeder Beziehung negativ. Viele Amerikaner hatten die schlimmen Jahre der Depression noch nicht vergessen und litten an einer »Depressionspsychose«, an der Befürchtung, daß auf den Krieg unausweichlich Entlassungen und Massenarbeitslosigkeit folgen müßten. Vorschläge, die die Sicherheit des Arbeitsplatzes und einen angenehmen Lebensstandard im Frieden versprachen, fanden großes Interesse, und 40 000 Exemplare des *Beveridge*

Report, des britischen Sozialreformplans, wurden in den Vereinigten Staaten verkauft. 1943 erarbeitete eine Planungsbehörde (National Resources Planning Board) ein amerikanisches Gegenstück zum *Beveridge Report,* die *Neue Grundrechteerklärung (New Bill of Rights).* Sie enthielt Vorschläge für die Sicherung der Vollbeschäftigung, angemessener Löhne, ärztlicher Versorgung, Alters- und Krankenversicherung und der Bildungschancen. Obwohl der Kongreß die Vorschläge zunächst ablehnte und die Mittel des Planungsausschusses soweit beschnitt, daß er seine Tätigkeit einstellen mußte, konnte man die Erfahrung mit der Kriegswirtschaft später nicht mehr ignorieren. Der Krieg bewies ein für allemal die Richtigkeit der Wirtschaftsprinzipien von Keynes und zwang viele ehemalige Gegner, die Idee des *deficit spending,* der öffentlichen Ausgaben aus einem ungedeckten Haushalt, zu akzeptieren. Wenn die Regierung im Kriege insgesamt 320 Milliarden Dollar ausgeben konnte, dann durfte man logischerweise erwarten, daß sie auch im Frieden einen Bruchteil dieses Betrages dafür verwenden konnte, um Vollbeschäftigung und anhaltende Prosperität zu sichern. Dieses Argument war dem Sinne nach in Roosevelts Botschaft an den Kongreß über die wirtschaftlichen Menschenrechte (Economic Bill of Rights Message) von 1944 enthalten, die einige bereits vom Planungsausschuß vorgetragene Anregungen aufgriff. 1946 verabschiedete der Kongreß ein Gesetz zur Regulierung des Arbeitsmarkts (Employment Act), das zwar nicht alle Vorschläge des inzwischen verstorbenen Präsidenten übernahm, aber defizitäre Staatsausgaben zuließ. Außerdem erkannte es an, daß die Bundesregierung für die Vermeidung von Massenarbeitslosigkeit verantwortlich und zuständig sei, und setzte einen Wirtschaftlichen Sachverständigenrat (Council of Economic Advisers) ein, der die Wirtschaftspolitik der Bundesregierung planen helfen sollte.

In gewissem Sinne war das Arbeitsgesetz von 1946 eine Belohnung für die Beteiligung der Bürger an den Kriegsanstrengungen. Eine noch deutlichere Belohnung bzw. Entschädigung für ihre Dienste erhielten die Kriegsteilnehmer durch das Gesetz zur Wiedereingliederung der Kriegsteilnehmer (Servicemen's Readjustment Act) von 1944. Dieses als »G.I. Bill of Rights« bekanntgewordene Gesetz war zunächst nicht als ein soziales Wohlfahrtsprogramm gedacht, hatte jedoch auf die Dauer die gleichen Auswirkungen. Nach diesem Gesetz hatten die Veteranen Anspruch auf Unterhaltsgeld während der Übergangsphase, auf Kredite zum Kauf oder Ausbau eines Hauses, auf Kredite zum Erwerb von Farmen oder Geschäften, auf Stipendien und Unterhaltsbeiträge für den Abschluß ihrer Ausbildung an Schulen und Hochschulen. Die Auswirkungen dieser Maßnahmen waren außerordentlich. 1950 hatte ein

Drittel der Gesamtbevölkerung aus diesem oder jenem Teil der »G. I. Bill« Nutzen gezogen. Von 1945 bis 1952 gab die Regierung 13,5 Milliarden Dollar allein für Erziehung und Umschulung aus, und fast acht Millionen ehemalige Soldaten gingen in die Hochschulen und Schulen zurück. Im gleichen Zeitraum wurden fast 4 500 000 Kredite für den Haus- und Wohnungsbau gewährt.[3] Für Zivilisten gab es zwar keine vergleichbaren gesetzlichen Regelungen, aber auch sie zogen Nutzen aus ihrer Teilnahme an den Kriegsanstrengungen — wenn auch nicht als Folge eines direkten Eingreifens der Regierung.

Der offensichtlichste Vorteil, den der Krieg dem Industriearbeiter brachte, bestand in den neuen Arbeitsplätzen. Die Gesamtproduktion in den Kriegsjahren verdoppelte sich fast, und zugleich wurden nahezu 13 Millionen kriegsdiensttaugliche Männer eingezogen. Die Folge war nicht nur, daß es nun genug offene Stellen gab, sondern es entstand ein regelrechter Arbeitskräftemangel. 1943 gab es nur noch 800 000 Arbeitslose, und die Beschäftigten arbeiteten mehr Stunden für die höchsten Löhne, die sie je erhalten hatten. 1940 gingen insgesamt 54 Millionen Menschen einer von den Statistikern anerkannten regelmäßigen Arbeit nach, 1945 waren es 64 Millionen. Die Situation hatte sich natürlich nicht über Nacht geändert. Trotz der frühzeitigen Expansion der Rüstungsindustrie waren Anfang 1942 noch fast 3,5 Millionen Männer und Frauen arbeitslos. Wenn es trotz der durch den Krieg gegebenen Impulse vier Jahre dauerte, bis die Vollbeschäftigung erreicht war, dann darf man annehmen, daß es ohne den Krieg sicher länger gedauert hätte. Zweifellos war aber der Krieg dort erfolgreich, wo der New Deal versagt zu haben schien.

Löhne und Gehälter stiegen mit der Zunahme der Arbeitsplätze und dem geringeren Angebot an Arbeitskräften. Die Gesamtsumme der gezahlten Löhne und Gehälter erhöhte sich von 52,6 Milliarden Dollar im Jahre 1939 bis 1944 auf 113 Milliarden Dollar. Auch der Durchschnittslohn stieg an. 1939 betrug der durchschnittliche Wochenlohn $ 23,86, 1945 waren es $ 44,39. Und das war trotz der Preissteigerungen ein beachtlicher Anstieg. Allerdings kam nicht jeder in den Genuß dieser Verbesserungen. Es gab noch viele Arbeiter, die Hungerlöhne verdienten. Aber im Durchschnitt ging es den Amerikanern viel besser als seit langer Zeit. Diese Zunahme an Kaufkraft kam zu einer Zeit, als das Angebot für Verbrauchsgüter sich verringert hatte, und dadurch entstand ein starker inflationärer Druck, den zu bekämpfen die Regierung entschlossen war. Zu diesem Zweck erhielt das War Labor Board den Auftrag, das Tempo der Lohnerhöhungen zu drosseln. Bei einem Schlichtungsverfahren in der Stahlindustrie im Jahre 1942 formulierte das War Labor Board die sogenannte

»Little Steel«-Formel, nach der die Löhne gegenüber dem Stand vom Januar 1941 um 15 Prozent steigen durften, damit die höheren Lebenskosten ausgeglichen werden konnten. Dieser Grundsatz wurde dann auch auf alle anderen Industrien angewendet, und er wurde von den Gewerkschaften akzeptiert, weil er Lohnerhöhungen nicht ausschloß und auch für zusätzliche Einkünfte durch Überstunden, Reisespesen oder höheres Einstufen der gleichen Arbeit keine Grenze setzte. Diese Regelung brauchte zudem nur dort angewendet zu werden, wo es zu Tarifauseinandersetzungen kam: Unternehmer, die bereit waren, mehr zu zahlen, hielt niemand davon ab.

Der Verkauf von Kriegsanleihen trug auch dazu bei, Einkommen abzuschöpfen und die Kriegskosten zu finanzieren. Wirksamer für die Bezahlung der Kriegslasten und als Mittel zur Dämpfung der Inflation war die Besteuerung. Das Steuergesetz von 1940 reduzierte die Möglichkeiten für die Befreiung von der Steuerzahlung um 25 Prozent. Das Steuergesetz von 1942 bewirkte, daß fast jeder Amerikaner nunmehr Steuern zahlen mußte, und legte das Fundament für das heutige Steuersystem. Die Steuern trugen auch dazu bei, die Einkommen neu zu verteilen. Während eine Begrenzung der Gehälter auf $ 25 000 jährlich, die durch eine Verordnung des Präsidenten (Executive Order) gegen den Widerstand des Kongresses erlassen wurde, nur geringe Wirkung hatte, stellte die Steuerprogression sicher, daß die Reichen mehr Geld in den Haushalt zurückzahlten. 1939 besaßen die reichsten fünf Prozent der amerikanischen Bevölkerung 23,7 % des Volkseinkommens der Vereinigten Staaten, 1944 besaßen sie noch 16,8 %. Von 1941 bis 1945 erhöhten sich die Familieneinkommen der am schlechtesten gestellten Einkommensgruppen um 68 %, während die Einkommen an der obersten Einkommensgrenze nur um 20 % stiegen. Auch die Zusammensetzung der niedrigsten Einkommensgruppe veränderte sich während des Krieges. 1935–36 hatten 43,5 % aller Familien ein Jahreseinkommen von weniger als $ 1 000. Zehn Jahre später verdienten nur noch 8,8 % so wenig, und bei fast 75 % lag das Einkommen über $ 2 000.

Paradoxerweise trugen Warenknappheit und Rationierung ebenfalls dazu bei, daß die Vereinigten Staaten zu einer Gesellschaft mit größerer Gleichheit wurden. Anfang 1942 ermächtigte der Kongreß das Preisamt, Höchstpreise festzusetzen, und im April des gleichen Jahres wurden die Preise auf dem Stand vom März 1942 eingefroren. Zur gleichen Zeit verfügte das Preisamt einen Mietstopp für Privatwohnungen, indem es die Mieten in zwanzig für die nationale Verteidigung wichtigen Bezirken einfror oder senken ließ. Diese Maßnahmen wurden später auf ein größeres Gebiet ausgedehnt, und schließlich kamen 86 Millionen Mieter in den Genuß dieser Verfügung. Während die Rationierung sicher kein Vorteil war – Nutzen brachte sie nur den Schwarzmarkthändlern –, trug sie doch dazu bei, Klassenunterschiede zu verringern. Im Dezember 1942 wurde das Benzin rationiert, und es folgte die Rationierung von Zucker, Kaffee, Fleisch, Butter und Lebensmittelkonserven. Andere Waren wurden ebenfalls knapp. Alkoholische Getränke wurden nicht rationiert, aber 1944 verschwand der Whisky fast vollständig vom Markt, als die vorhandenen Vorräte ausgetrunken waren, und die Brennereien, die jetzt Industriealkohol herstellten, sie nicht ergänzen konnten. Auch Dosenbier wurde knapp, weil es kein Weißblech gab. Wenn die Knappheit an Lebensmitteln und Getränken auch einige Beschwernisse mit sich brachte, so hatten die Menschen doch dabei das Gefühl, daß diesen Verzicht alle leisteten, gleichgültig, ob sie arm oder reich waren und welche Stellung sie innehatten. Knappheit regte gleichzeitig die Entwicklung von Ersatzstoffen wie synthetischem Gummi, Nylon und Kunststoff an. Wegen der Transportschwierigkeiten und des Weißblechmangels entwickelte man neue Methoden des Einfrierens und Dehydrierens von Lebensmitteln. Die für Kriegszwecke betriebene Forschung hatte außerdem die Weiterentwicklung des Fernsehens, des Transistorradios, von Blutplasma, Penizillin, Antibiotika und DDT zur Folge.

So wie man heute viele dieser Fortschritte als zweifelhafte Segnungen betrachtet, so hatten auch manche der Gewinne, die dem Krieg zuzuschreiben waren, ihre Grenzen. Für die Gewerkschaften war der Krieg sicher eine zweischneidige Angelegenheit. Der Arbeitskräftemangel stärkte ihre Verhandlungsposition, und die allgemeine Zunahme der Beschäftigtenzahlen führte auch zu einer größeren Zahl von Gewerkschaftsmitgliedern. 1940 waren 8,9 Millionen Personen gewerkschaftlich organisiert; bis 1945 war ihre Zahl auf 14,8 Millionen gestiegen. Die Bedeutung der Arbeiterschaft im Kriege führte dazu, daß Gewerkschaftsvertreter in eine ganze Reihe von Regierungsbehörden aufgenommen wurden, wie zum Beispiel in das War Production Board und das War Labor Board. Außerdem beteiligten sie sich an den lokalen aus Managern und Arbeitern gebildeten Ausschüssen. Im Sommer 1942 führte das War Labor Board in einem Versuch, Konflikte in der Industrie zu vermindern, einen »Plan zur Aufrechterhaltung der Mitgliedschaft« ein, durch den die Gewerkschaften in der Rüstungsindustrie praktisch das Recht erhielten, die Mitgliedschaft in der Gewerkschaft zur Pflicht zu machen. Aber die Gewerkschaften mußten auch Zugeständnisse machen. Die Begrenzung der Höchstarbeitszeit wurde aufgehoben. Im Februar 1943 verfügte Roosevelt für die Arbeiter in Munitionsfabriken eine Mindestarbeitszeit von 48 Stunden in der Woche; die Zahl der durchschnittlichen Wochenstunden erhöhte sich auf 45, und in manchen Industrien wurde 50 oder 60 Stunden in der Woche gearbeitet. Noch schwerwiegender war die Beschränkung gewerkschaftlicher Maßnahmen und der Freiheit des Arbeiters. Schon im Dezember 1941 erklärten sich die Gewerkschaften bereit, vorläufig nicht zu streiken. Im großen und ganzen wurde diese Zusage während des Krieges eingehalten. Von 1942 bis 1944 gingen durchschnittlich jedes Jahr 8 600 000 Arbeitstage verloren. Das war fast die Hälfte des Durchschnitts im Frieden. 1942 fiel die Zahl der ausgefallenen Arbeitstage auf nur 4 180 000. Als jedoch die Lebenskosten zu steigen begannen, empfanden die Gewerkschaften die ihnen durch die »Little Steel«-Formel auferlegten Beschränkungen als immer störender und begannen an der Nützlichkeit des Streikverzichts zu zweifeln.

1943 kam es in verschiedenen Industriezweigen zu Streiks. Am ernsthaftesten waren diejenigen in der Kohleindustrie, wo die Bergarbeiter unter Führung von John L. Lewis sich gegen die von der Regierung erlassenen Lohnregulierungen stellten. Nach der »Little Steel«-Formel standen den Bergarbeitern keine Lohnerhöhungen zu, aber diese Formel berücksichtigte den starken Preisauftrieb in den isoliert gelegenen Bergbaugebieten nicht. »Wenn die Kinder der Bergarbeiter nach Brot schreien«, sagte Lewis, »dann kann man sie nicht mit einer ›Little Steel‹-Formel beruhigen.«[4] Nach einer Anzahl von Arbeitsniederlegungen im Frühjahr 1943 übernahm die Regierung die Bergwerke und übertrug ihre Leitung dem Innenminister Harold Ickes. Weitere Streiks im Herbst zeigten, wie machtlos die Regierung angesichts des starken Kohlebedarfes während des Krieges war. Ickes selbst wies darauf hin, daß es nicht genug Gefängnisse gäbe, um die Bergarbeiter einzusperren, und daß außerdem inhaftierte Bergleute keine Kohle fördern könnten. Im November handelte er mit Lewis eine Vereinbarung aus, die praktisch alle Forderungen der Bergarbeiter erfüllte und ihnen eine Lohnerhöhung von täglich $ 1,50 gewährte.

Die Bergarbeiter hatten einen beachtlichen Sieg errungen, aber ihre Streiks und die in anderen Industrien hatten für die Arbeiterschaft insgesamt ungünstige Auswirkungen. 1943 erließen mehrere Einzelstaaten Gesetze, die das Recht, Streikposten einzusetzen, beschränkten, Geldspenden der Gewerkschaften an politische Parteien verboten und es den Gewerkschaften zur Auflage machten, ihre Finanzen offenzulegen. Die verschiedenen Krisen veranlaßten außerdem den Kongreß, alte Gesetzesvorlagen, die den Einfluß der Gewerkschaften einschränken sollten und 1941 fallengelassen worden waren, wieder aufleben zu lassen. Im Juni 1943 verabschiedete der Kongreß ein Gesetz (War Labor Disputes Act, auch Smith-Connally Act) gegen das Veto des Präsidenten, das den Präsidenten ermächtigte, Rüstungsindustrien bei Streiks als Regierungsbetriebe übernehmen zu lassen. In solchen Industrien war bereits der Aufruf zum Streik verboten. In Unternehmen, die nicht für die Rüstung arbeiteten, mußten die Gewerkschaftsvertreter eine dreißig Tage dauernde »Abkühlfrist« einhalten und von der Mehrheit ihrer Mitglieder unterstützt werden, bevor sie einen Streik ausrufen durften. Obwohl der erfolgreiche Abschluß des Bergarbeiterstreiks die Unzulänglichkeiten dieses Gesetzes bewies, bedeutete es für kleinere und weniger mächtige Gewerkschaften eine ernste Bedrohung.

Die teilweise Verschärfung der Beziehungen zwischen Unternehmern und Gewerkschaften war nur eine der Auswirkungen der durch den Krieg herbeigeführten Vollbeschäftigung. Die Nachfrage nach Arbeitskräften hatte noch andere Folgen, die erhebliche neue Probleme schufen. Angeregt durch die Bedürfnisse der Rüstungsindustrie beschleunigte sich in den 1940er Jahren die Abwanderung von Menschen aus den ländlichen Gebieten in die Städte und die Wanderbewegung vom Süden in den Norden und Westen ganz erheblich. In den fünf Kriegsjahren zogen mehr als 5,5 Millionen Menschen von den Farmen in die Städte, und 10 Prozent der Bevölkerung wechselten von einem Staat in einen anderen über. Eine Reihe von Familien verließ ihre bisherige Heimat, um in der Nähe ihrer Ehemänner und Väter zu sein, die in den Streitkräften dienten. Der Beweggrund für die meisten Abwanderer war jedoch, Arbeit zu finden und mehr zu verdienen. Nach Kalifornien, wo fast die Hälfte der amerikanischen Schiffswerften und Flugzeugfabriken lagen, zogen 1,4 Millionen. 500 000 davon kamen allein in das Gebiet der Bucht von San Francisco. Eine weitere halbe Million ging nach Norden in den Raum Detroit-Willow Run, um in den auf Kriegsproduktion umgestellten Automobil- und Flugzeugwerken zu arbeiten. Der Hauptstrom der Wanderbewegung ging in den Norden und Westen, aber auch Städte an der Atlantikküste und am Golf von Mexiko wie Norfolk, Mobile und Charleston verzeichneten einen starken Bevölkerungszuwachs, weil auch hier Schiffe gebaut wurden.

Zwar verlief diese Wanderbewegung in den Richtungen, die auch schon in den zwanzig Jahren vorher eingeschlagen worden waren, aber nur wenige Stadtgebiete waren in der Lage, mit der beispiellosen Zuwachsrate während des Krieges fertig zu werden. Das dringendste Problem war das der Unterbringung der Umgezogenen. Während des Krieges vermehrte sich die Zahl der Hausbesitzer zwar von 15 Millionen im Jahre

1940 auf 20 Millionen im Jahre 1945, aber der Erwerb eines eigenen Hauses war nicht jedem möglich, auch wenn er es sich hätte leisten können. Überall herrschte in diesen Gebieten Wohnraummangel. Die Bundesregierung versuchte, die in der Kriegsproduktion tätigen Arbeiter unterzubringen, und schuf 1942 die National Housing Administration, um ein Wohnungsbeschaffungsprogramm in die Wege zu leiten. Die 2,3 Milliarden Dollar, die diese Behörde ausgab, waren weit mehr, als der Bund jemals für den Wohnungsbau ausgegeben hatte, erwiesen sich aber dennoch als unzureichend. Die meisten neuerrichteten Gebäude waren nur Notunterkünfte, und auch davon gab es nicht genug. Die Familien bezogen entweder schon überfüllte, baufällige Häuser oder wohnten in den zahlreichen Wohnwagensiedlungen und Barackenstädten, die in den Industriegegenden entstanden. Viele dieser Unterkünfte waren wegen mangelnder sanitärer Einrichtungen Krankheitsherde. Alle waren überbelegt. Durchaus nicht untypisch waren ein Haus, in dem insgesamt 25 Menschen wohnten, oder eine Baracke von 8 Quadratmetern als Unterkunft für eine elfköpfige Familie. In einigen Gebieten war das System des »angewärmten Betts« eine ganz normale Sache: Ein Arbeiter, der Tagschicht hatte, überließ sein Bett dem nächsten, der von der Nachtschicht nach Hause kam.

Die Regierung erwies sich als unfähig, etwas gegen die Bedrohung des Familien- und übrigen Gemeinschaftslebens zu unternehmen, die die Wanderbewegung, die schlechten Wohnverhältnisse und die Kriegsumstände verursachten. Schon die Abwesenheit der in die Streitkräfte eingezogenen oder in weit entfernten Rüstungsbetrieben arbeitenden Väter erzeugte Spannungen genug. 1940 waren 770 000 Familien ohne männliches Familienoberhaupt, 1945 waren es 2,77 Millionen. Für die Familien, die ihren Wohnsitz wechselten, bedeutete der Wechsel aus einem ländlichen Bezirk in eine überbevölkerte großstädtische Umwelt eine zusätzliche Belastung. Es gab Konflikte zwischen Neuzugezogenen und Alteingesessenen. Ein Anzeichen für die Instabilität des Lebens im Kriege war auch die Zunahme der Ehescheidungen. 1944 kamen auf 100 Eheschließungen 27 Scheidungen, während es 1940 auf 100 geschlossene Ehen nur 16 Scheidungen gab. Dieses Ansteigen der Scheidungsquote ließ sich zum Teil auf die große Zahl der Kriegsheiraten zurückführen. 1940 stieg die Zahl der Eheschließungen um fast 14 %, und 1941 um mehr als 7 %. Vollbeschäftigung bei gutem Verdienst förderte die Entscheidung zur Eheschließung, und die drohende Einberufung mag manches junge Paar zur baldigen Heirat bewogen haben. Die Überstürztheit eines Teiles dieser Ehen und lange Trennungen kurz darauf spiegelten sich in der Zahl der Scheidungen wider. Es kann natürlich sein, daß viele dieser Ehen ohnehin gescheitert wären und der Krieg diesen Menschen nur die Gelegenheit oder den letzten Anstoß gab, sich zu trennen. Aber zugleich konnten die Gefahr und die Befürchtung, einander zu verlieren, die der Krieg mit sich brachte, Familien und Eheleute auch stärker aneinander binden und ihre Beziehungen enger knüpfen. Wegen der Zunahme der Eheschließungen und möglicherweise wegen der emotionalen Auswirkung des Krieges stieg auch die Geburtenziffer, die seit 1920 zurückgegangen war und 1930 18 Geburten auf tausend Einwohner betrug, im Kriege auf 22 Geburten pro Tausend.

Unter den durch den Krieg bedingten Erschütterungen hatten die Kinder besonders zu leiden. Viele kleine Kinder mußten mit langer Abwesenheit eines oder beider Elternteile fertig werden. Andere wurden vernachlässigt, weil die Schulen in übervölkerten Industriegebieten überfüllt waren und es überall zu wenig Lehrer gab. Junge Menschen in den Entwicklungsjahren waren gegen die emotionalen und psychischen Belastungen der Kriegsjahre ebensowenig immun wie ihre jüngeren Geschwister. Für viele junge Leute traf das Gefühl der Unbeständigkeit, der Sorgen, Spannungen und vielfältigen Aufregungen, die der Krieg mit sich brachte, mit den wachsenden Schwierigkeiten der Pubertät zusammen. Die Jugendkriminalität nahm zu, während die Kriminalität unter den Erwachsenen zurückging. Allein 1943 nahmen die Festnahmen Jugendlicher um 20 % zu. Noch besorgniserregender waren der wachsende Anteil der Gewaltverbrechen bei den Jugendlichen und die steigende Zahl weiblicher Gesetzesbrecher. Bei vielen jungen Mädchen waren die Übertretungen sexueller Natur, und 1943 nahm die Zahl der Mädchen unter 17 Jahren, die wegen Prostitution festgenommen wurden, um 68 % zu. Diese Teenager, manchmal nicht älter als 12 oder 13 Jahre, boten ihre Gesellschaft auf Omnibusstationen, Bahnhöfen, in Drugstores und vor den militärischen Unterkünften an; »Siegesmädchen« wurden sie genannt. Jugendkriminalität war nichts Neues, aber die Kriegsverhältnisse machten sie häufiger und deutlicher erkennbar.

Der Krieg hat auf die amerikanische Gesellschaft also gute wie schlechte Auswirkungen gehabt. Einerseits brachte er ein relativ hohes Maß an Vollbeschäftigung, eine Umverteilung der Einkommen, einen allgemeineren Wohlstand und eine zunehmende Urbanisierung. Andererseits führte er zur Übervölkerung in vielen Industriegebieten, zu schlechten Wohnverhältnissen, unzureichenden Schulen, einem Anstieg der Jugendkriminalität und der Beeinträchtigung des normalen Familienlebens. Für viele Menschen bedeutete der Krieg vor allem anderen den dauernden Verlust oder die Verwundung des Vaters, Ehemannes, eines Sohnes oder Bruders. Mehr als 300 000 Amerikaner sind im Krieg gefallen, und fast 700 000 wurden verwundet. Und obwohl diese Zahlen verglichen mit den 2 bis 3 Millionen gefallener Deutscher oder den 7 Millionen gefallener Russen gering erscheinen, waren sie für die amerikanische Gesellschaft nicht unbedeutend.

II. FRAUEN UND ANDERE UNTERPRIVILEGIERTE GRUPPEN

Während der Krieg das Leben jedes Amerikaners irgendwie berührte, hatte er für die Minderheiten besonders einschneidende Folgen. Das Gefühl nationaler Einheit und Geschlossenheit und die Notwendigkeit der Mobilisierung aller Kräfte eröffnete auch bislang unbeachteten oder ausgeschlossenen Gruppen die Möglichkeit, am Leben der Gemeinschaft teilzunehmen, sich dem viel beschworenen *mainstream* der amerikanischen Gesellschaft einzugliedern. Frauen gewannen ein bisher nicht dagewesenes Ausmaß an wirtschaftlicher Freiheit und Unabhängigkeit durch ihre Arbeit in der Rüstungsindustrie und durch die erzwungene Eigenständigkeit der Ehefrau eines einberufenen Mannes. 3 Millionen Frauen, die normalerweise zu Hause geblieben wären, arbeiteten außer Haus. Die Zahl der weiblichen Arbeitnehmer stieg von 12 Millionen auf über 16 Millionen, und sie übernahmen immer häufiger Aufgaben, die bisher den Männern vorbehalten gewesen waren: Sie arbeiteten in Fabriken, Stahlwerken, Flugzeugwerken und Schiffswerften. Mehrere Tausend traten in die Frauenkorps der Streitkräfte ein, wo sie wesentliche Hilfsdienste übernahmen.

Wer Männerarbeit leistete, verlangte Männerlohn. Im November 1942 wurde der Grundsatz der gleichen Bezahlung für die gleiche Arbeit vom War Labor Board in einer Verfügung anerkannt, die es Unternehmern gestattete, die Löhne für weibliche Arbeitskräfte denen für männliche anzugleichen. Es blieb jedoch den Unternehmern überlassen, von der Möglichkeit Gebrauch zu machen. Während einige Industriezweige, wie zum Beispiel die Automobilindustrie, die Löhne der Frauen sofort anhoben, beachteten viele andere die Verfügung nicht oder sie stuften Arbeitsplätze speziell als »Frauenarbeit« ein und zahlten dafür sogar noch niedrigere Löhne als bisher. Selbst in den bundeseigenen Werften konnte eine Frau am Tage höchstens $ 6,95 verdienen, während der Höchstlohn für männliche Werftarbeiter $ 22 betrug. Im Durchschnitt verdienten Frauen noch immer 40 % weniger als Männer. Doch trotzdem standen den Frauen jetzt viel mehr Arbeitsmöglichkeiten offen, und sie konnten mehr verdienen als vor dem Kriege. An der Einstellung sowohl der Männer als auch der Frauen änderte sich jedoch nicht viel. Viele Frauen ärgerten sich mehr darüber, daß es bestimmte Dinge nicht mehr zu kaufen gab, als über ihre mangelnde Gleichberechtigung; und Reime wie der folgende gaben vor, das Hauptanliegen der Frau des Volkes zu artikulieren:

»Was man auch sagen und schreiben kann,
Das Traurigste ist: Wo bleibt der Mann?«[5]

Die kommerzielle Werbung empfahl den Frauen immer noch, hübsch und weiblich auszusehen. Ein hübsches, gut angezogenes junges Mädchen stärkte die Kampfmoral seines Verehrers; er wußte, wofür er kämpfte. Es wurde auch mit dem Argument für die Mode geworben, daß sie für die Arbeit in den Rüstungsbetrieben geeignet sei oder daß die Modelle mit weniger Material hergestellt wurden, um dadurch die Kriegsanstrengungen zu unterstützen. Die Befürchtung, daß die Frauen auf die Dauer arbeiten und dadurch den Männern die Arbeit wegnehmen würden, erwies sich als falsch. Als der Krieg zu Ende war, gaben zwei Millionen Frauen ihre Stelle auf, und der Anteil der weiblichen Arbeitskräfte an der erwerbstätigen Bevölkerung ging von 36 auf 29 % zurück. Das waren immer noch mehr als die 25,5 % vor dem Krieg. Und auch für diejenigen, die ihre Arbeit aufgaben, war die zeitweilige Emanzipation, die sie erlebt hatten, eine Erfahrung, die sie nicht ganz vergessen konnten.

Auch ethnische und rassische Minderheiten in Amerika spürten einige Auswirkungen des Krieges und nahmen teil an einigen positiven Entwicklungen. Anders als im Ersten Weltkrieg gab es keine hysterischen Angriffe gegen Amerikaner deutschen oder italienischen Ursprungs. Nur 3000 deutsche und 85 italienische Einwanderer, die die Staatsbürgerschaft noch nicht erworben hatten, wurden als gefährlich genug angesehen, um die Internierung zu rechtfertigen. Die Öffentlichkeit zeigte kaum feindliche Gefühle gegenüber diesen Einwanderergruppen als Ganzem. Der Krieg trug sogar eher dazu bei, die ethnischen Gruppen schneller in die amerikanische Gesellschaft zu integrieren. Durch den Krieg wurden die Nachrichtenverbindungen zum Ausland unterbrochen, ausländische Firmen stellten ihre Werbung ein; das führte dazu, daß es weniger fremdsprachige Zeitungen gab, und viele der Neuankömmlinge übernahmen die Lebensgewohnheiten ihrer neuen Heimat schneller. Sie traten in die Streitkräfte ein und bewiesen damit ihre Loyalität. Ihre Arbeit in der Rüstungsindustrie verschaffte ihnen finanzielle Sicherheit und die Aufnahme in die amerikanische Mittelklasse.

Die große Ausnahme waren jedoch die Amerikaner japanischer Herkunft, die zum größten Teil an der Westküste lebten. Die

Furcht vor Spionage und Sabotage, gekoppelt mit unverhohlenem Rassismus und Neid auf wirtschaftliche Erfolge, ließ die Bevölkerung und die örtlichen Behörden in Kalifornien die zwangsweise Umsiedlung dieser Japaner in das Hinterland verlangen. Die Zeitungen des Hearst-Verlages, der Justizminister und der Gouverneur von Kalifornien sowie führende Vertreter der Streitkräfte nährten die Angst vor einer potentiellen »fünften Kolonne«. Im Februar 1942 gab Präsident Roosevelt schließlich nach und erließ eine Verordnung, mit der die Armee ermächtigt wurde, Militärbezirke zu Sperrgebieten zu erklären, aus denen beliebige Personenkreise oder überhaupt alle Personen ausgewiesen werden konnten. Kalifornien wurde zu einem solchen Gebiet erklärt, und im März 1942 wurde eine Kriegsumsiedlungsbehörde (War Relocation Authority) geschaffen. Ihre Aufgabe war es, Lager für evakuierte Japaner einzurichten. Mehr als 110 000 Japaner, von denen viele amerikanische Bürger, z. T. seit ihrer Geburt, waren, wurden in Lager gebracht, die in abgelegenen Gegenden von Arkansas, Utah, Arizona und anderen Staaten lagen. Das Leben in den Lagern war alles andere als bequem. Mit Stacheldrahtzäunen gesichert und von bewaffneten Posten bewacht glichen sie Konzentrationslagern. Eine Folge der Evakuierung war auch der Verlust von Grundbesitz und anderem Eigentum, dessen Wert auf 400 Millionen Dollar geschätzt worden ist. 12 000 Insassen dieser Lager meldeten sich freiwillig zum Dienst in den Streitkräften und wurden auch aufgenommen, aber an der Politik der Regierung Roosevelt änderte diese Tatsache nichts. 1944 wurden alle Japaner innerhalb und außerhalb dieser Lager zum Wehrdienst verpflichtet. Als Insassen eines Lagers in Wyoming den Wehrdienst verweigerten, wurden 63 von ihnen zu je drei Jahren Gefängnis verurteilt. Der Oberste Gerichtshof erklärte erst 1944 die weitere Internierung loyaler Bürger für verfassungswidrig, und im Januar 1945 hob die Regierung die Beschränkungen der Freiheiten amerikanischer Bürger japanischer Abstammung auf.

Amerikaner mexikanischer Abstammung hatten an der Westküste und im Südwesten der Vereinigten Staaten schon lange unter Diskriminierung zu leiden gehabt. Sie lebten wie die schwarzen Amerikaner: isoliert, täglich beleidigt, mit Zugang nur zu den niedrigsten Arbeitsplätzen, die andere nicht wollten. Anders als die Japaner waren sie nicht in der Lage gewesen, sich eine wirtschaftliche Basis in den Städten zu schaffen. Durch den Arbeitskräftemangel während des Krieges bei den Werften und Flugzeugfabriken konnten viele Amerikaner mexikanischer Abstammung zum erstenmal einen Arbeitsplatz in der Industrie finden. 1941 arbeitete an den Werften von Los Angeles nicht ein einziger Mexikaner. 1944 gab es dort 17 000 mexikanische Arbeiter. Eine zwischen den Vereinigten Staaten und Mexiko geschlossene Vereinbarung, die es erlaubte, Rüstungsarbeiter über die Grenze in die Vereinigten Staaten zu bringen, gab der Regierung die Möglichkeit, etwas für die Festsetzung der Löhne und die Arbeitsbedingungen zu tun. Dies half allen Mexikanern, einen minimalen amerikanischen Lebensstandard zu erreichen. Durch ihren Dienst in den Streitkräften gewannen die Mexikaner zudem öffentliche Anerkennung, und das gab ihnen, was noch wichtiger war, Selbstvertrauen. Viele von ihnen konnten nach dem Kriege mit Hilfe der Vergünstigungen, die ihnen das G. I.-Gesetz gewährte, eine Schul- oder Berufsbildung erhalten. Mehrere Wortführer, die mexikanisch-amerikanische ethnische Interessen nach dem Kriege vertraten, waren ehemalige Kriegsteilnehmer.

Diese Veränderungen trugen zwar dazu bei, die Auswirkungen der Rassendiskriminierung abzumildern, aber die Vorurteile gegen eingewanderte Mexikaner verschwanden nicht über Nacht. Ja, die Tatsache, daß Mexikaner jetzt auch in die Städte kamen, verschärfte in mancher Hinsicht noch die Konflikte. Im Juni 1943 kam es in Los Angeles zu Unruhen, als weiße Matrosen und Zivilisten mexikanische Jugendliche tätlich angriffen. Die jungen Mexikaner hatten es mit den gleichen Problemen zu tun wie andere Jugendliche, mußten jedoch zusätzlich den Konflikt ertragen, der darin bestand, daß sie Amerikaner waren, aber von ihren vorurteilsgeladenen Mitbürgern zurückgestoßen wurden. Zur eigenen Sicherheit und um ihre Identität zu dokumentieren, rotteten sich viele von ihnen in Banden zusammen, zogen sich auffallend und fremdartig an und reizten die anderen, besonders die Soldaten. Die Krawalle waren nur der Höhepunkt lang anhaltender, ständig sich verschärfender Spannungen. Sie dauerten vier Tage, und eine Anzahl Mexikaner wurde entweder brutal zusammengeschlagen, festgenommen oder beides. Ähnliche Vorfälle, wenn auch in geringerem Ausmaß, gab es in anderen Städten des Westens. Sie machten deutlich, daß der Krieg durchaus nicht alle Probleme der amerikanischen Gesellschaft gelöst hatte.

Für die 13 Millionen schwarzen Amerikaner war die Lage sehr ähnlich: Fortschritte auf einigen Gebieten und zugleich gewalttätige Ausbrüche rassischer Spannungen. Bei der Mobilmachung im Jahre 1940 hatte es zunächst den Anschein, als würden die Schwarzen davon fast ganz ausgeschlossen bleiben. Die Afro-Amerikaner waren wegen ihres Status als zweitklassige Bürger von der Wirtschaftskrise besonders hart betroffen; sie waren die letzten, die einen Arbeitsplatz finden konnten, und die ersten, die entlassen wurden. Der Prozentsatz der Arbeitslosen unter den Schwarzen war viel höher, ja manchmal doppelt so hoch wie der bei den Weißen. Die Tatsache, daß es immer noch zahlreiche weiße Arbeitslose gab, und die von Vorurteilen geprägte Einstellung vieler Arbeitgeber standen der Mitarbeit der Schwarzen im »Arsenal der Demokratie« entgegen. Während also der Prozentsatz an weißen Arbeitslosen von April bis Oktober 1940 von mehr als 17 % auf 13 % zurückging, blieb die Zahl der schwarzen Arbeitslosen konstant bei 22 %.[6] Die Situation der Schwarzen in den Streitkräften war sehr ähnlich und spiegelte die Haltung der amerikanischen Gesellschaft im allgemeinen wider. Obwohl Schwarze in allen früheren Kriegen ihre Dienstpflicht ehrenhaft erfüllt hatten, wurden Rassentrennung und Diskriminierung weiter aufrechterhalten. 1940 gab es nur vier aktive Truppenteile des Heeres, in denen Afro-Amerikaner dienen konnten – das waren die vier vom Kongreß nach dem Bürgerkrieg aufgestellten Regimenter. Sie bestanden mit Ausnahme der Offiziere, von denen die meisten Weiße waren, ausschließlich aus schwarzen Soldaten. Im ganzen gab es nur fünf schwarze Offiziere, und von ihnen waren drei Militärgeistliche. In der Marine gab es Schwarze nur in den Messen und Küchen, und zur Marineinfanterie, zur Küstenwache und zu den Marineluftstreitkräften hatten sie überhaupt keinen Zugang.

Die Führer der Schwarzen reagierten auf den praktischen Ausschluß der Afro-Amerikaner von den Verteidigungsanstrengungen mit heftigen Protesten. Schon 1939 und 1940 schlossen sich den bereits bestehenden Bürgerrechtsorganisationen, der NAACP (National Association for the Advancement of Colored People) und der National Urban League, eine Reihe anderer Körperschaften an, die speziell zu dem Zweck gebildet worden waren, die Beteiligung der Schwarzen an den militärischen und industriellen Rüstungsmaßnahmen sicherzustellen. Ihre Bemühungen und die Tatsache, daß die Republikanische Partei in den Wahlen von 1940 aus der Kritik an der Regierung Kapital schlug, hatten wenigstens ein gewisses Einlenken der militärischen Stellen zur Folge. 1940 erklärte sich die Regierung bereit, in allen Truppengattungen des Heeres einen bestimmten Anteil von Schwarzen zum Dienst zuzulassen, Offiziersausbildungslager für Schwarze und eine Fliegerschule für Schwarze einzurichten. Außerdem wurde der Oberst Benjamin O. Davis zum General befördert – der erste schwarze General in der amerikanischen Geschichte. Ein weiterer Afro-Amerikaner, Oberst Campbell C. Johnson, wurde zum Berater für Negerfragen beim Direktor der Einberufungsbehörde ernannt, und der Rechtsvertreter der NAACP, William H. Hastie, übernahm den Posten eines Ziviladjutanten beim Kriegsminister. Diese Maßnahmen wirkten jedoch in Wirklichkeit nur als Beschwichtigung, denn am Grundsatz der Rassentrennung wurde festgehalten, und in der Praxis bestand die Rassendiskriminierung in den Streitkräften weiter. Trotz weiterer Zugeständnisse im Jahre 1942, als Schwarze zum allgemeinen Dienst in der Marine und der Marineinfanterie zugelassen wurden, trat William Hastie 1943 von seinem Posten zurück, weil die Militärführer nicht bereit waren, ihre Haltung in der Rassenfrage zu ändern. Als dann im Dezember 1944 während der deutschen Ardennenoffensive dringend Truppen gebraucht wurden, sah sich die amerikanische Armee gezwungen, schwarze und weiße Einheiten zusammenzulegen. Diese integrierten Einheiten kämpften während des Jahres 1945 erfolgreich, und obwohl sie später aufgelöst wurden, hatten sie bewiesen, daß die Integration praktisch möglich war. Auch in der Marine führte der Mangel an Mannschaften dazu, daß Schwarze in die Hilfsflotte integriert wurden, und gegen Ende des Krieges traf die Marine Vorbereitungen zur vollständigen Beendigung der Rassentrennung.

Als es trotz Verhandlungen nicht gelang, in der Industrie Fortschritte zu erzielen, verstärkten sich Ton und Inhalt der schwarzen Proteste. 1941 rief der Führer der schwarzen Gewerkschaft der Schlafwagenschaffner, A. Phillip Randolph, zu einem Protestmarsch von 10 000 Afro-Amerikanern in die Bundeshauptstadt auf, um die Regierung zu zwingen, die Diskriminierung in der Rüstungsindustrie zu beenden. Ihm schlossen sich Führer anderer schwarzer Organisationen an, und alle Versuche, den Marsch zu verhindern, schlugen fehl. Roosevelt, der nun mit einer riesigen Protestversammlung vor der eigenen Haustür rechnen mußte, gab den Forderungen der Schwarzen nach. Am 25. Juni 1941, fünf Tage vor dem geplanten Beginn des Protestmarsches, ordnete er die Beendigung der Diskriminierung in der Rüstungsindustrie an. In Verträge mit Rüstungsbetrieben sollten von nun an entsprechende Klauseln aufgenommen werden, und ein Ausschuß zur Behandlung von Beschwerden wurde eingesetzt. Diese Exekutivverordnung war die erste ihrer Art seit 1875; zum erstenmal im 20. Jahrhundert war die Bundesregierung entschieden gegen Rassenvorurteile aufgetreten. Die Schwarzen betrachteten diese Verordnung zu Recht als großen Sieg, und der Marsch auf Washington wurde abgesagt. Die Bewegung, die zum Marsch auf Washington aufgerufen hatte, bestand noch eine Zeitlang unter Randolphs Führung weiter. Die Unterstützung ließ nach dem ersten Erfolg allmählich nach, aber die Organisation blieb ein Symbol für die Kampfbereitschaft der Schwarzen.

Das Ausmaß und die Leidenschaftlichkeit der Proteste der

Schwarzen während des Krieges gaben der Bürgerrechtsbewegung eine neue Richtung, der sie dann auch in den Nachkriegsjahren folgte. Die Führer der Schwarzen erkannten, daß eine gleiche Beteiligung an den Kriegsanstrengungen die Forderung nach Gleichberechtigung in allen anderen Lebensbereichen stärken würde, und sie waren sich der Tatsache bewußt, daß der Krieg eine Krisensituation darstellte, in der man erfolgreich für seine Rechte kämpfen konnte. Sie nutzten auch die amerikanische und alliierte Propaganda für ihre Zwecke. Die allgemeine Einstellung kam in dem Schlagwort vom »doppelten Sieg« zum Ausdruck, den der in Pittsburgh für die schwarze Bevölkerung erscheinende *Courier* prägte — Sieg für die Demokratie zu Hause und im Ausland. Nicht alle Afro-Amerikaner waren bereit, unter den herrschenden Verhältnissen am Kriege teilzunehmen. Männer wie Ernest Calloway, Lewis Jones und Winfred Lynn weigerten sich, Kriegsdienst zu leisten, solange die Rassentrennung andauerte, und sie gingen für ihre Überzeugung ins Gefängnis. Extremere Gruppen verweigerten den Kriegsdienst überhaupt mit der Begründung, Amerika sei ein Land der Weißen, und Schwarze gehe der Krieg nichts an. Die Schwarzen Muslims z. B. glaubten nicht mehr, das Rassenproblem in Amerika sei durch Integration zu lösen, und vertraten deshalb separatistische Ideen, und widersetzten sich der Wehrpflicht. Mehrere hundert schwarze Kriegsdienstverweigerer einschließlich des Führers der Muslims, Elijah Muhammad, kamen ins Gefängnis.[7] Während diese Gruppe eine Minderheit innerhalb einer Minderheit bildete und von anderen Schwarzen viel kritisiert wurde, war auch sie nur ein Anzeichen des wachsenden Interesses und Verständnisses Schwarzer für ihre politische und gesellschaftliche Lage.

Als im Verlauf des Krieges Fortschritte erzielt wurden, nahmen die Proteste der Schwarzen ab, wenigstens zeitweilig. Der Beschwerdeausschuß (Fair Employment Practices Committee), der zwar kein so großer Erfolg war, wie manchmal behauptet worden ist, konnte aber doch einiges bewirken. Seine bloße Existenz zeigte, daß in den Beziehungen zwischen den Rassen ein neues Stadium erreicht war, und zwang die Menschen zur Auseinandersetzung mit der Frage der wirtschaftlichen Diskriminierung. Obwohl der Ausschuß durch den Mangel an Personal und anderen Hilfsmitteln behindert war, wurden ihm zahlreiche Beschwerden aus den verschiedensten Industrien vorgetragen, von denen er viele zu einem erfolgreichen Abschluß brachte. Den größten Mißerfolg erlitt er mit den Eisenbahngesellschaften im Süden, von denen sich sechzehn weigerten, ihre diskriminierenden Praktiken einzustellen. Dem Ausschuß fehlten ausreichende Vollmachten, seine Beschlüsse auch durchzusetzen, und die Verfahren gegen die Eisenbahngesellschaften wurden schließlich eingestellt. Von Anfang an war der Ausschuß im Kongreß auf heftigen Widerstand gestoßen und vom Präsidenten und den Exekutivbehörden kaum unterstützt worden. Nach zahlreichen Kontroversen wurde er schließlich 1946 aufgelöst, als Senatoren aus dem Süden verhinderten, daß seine Haushaltsmittel verlängert wurden. Immerhin hatte die Existenz des Ausschusses einen Präzedenzfall geschaffen, auf den man in späteren Jahren zurückgreifen konnte.

Die meisten Fortschritte der schwarzen Arbeiter während des Krieges wurden nicht aufgrund der Tätigkeit irgendeines Ausschusses gemacht, sondern lassen sich mit dem Arbeitskräftemangel erklären, der nach 1942 entstand. Im Januar 1942 waren nur drei % der Rüstungsarbeiter Schwarze, 1944 waren es acht %. Bezeichnenderweise wurde mehr als die Hälfte dieser Zunahme dort erreicht, wo ein akuter Arbeitskräftemangel herrschte. Aber welches auch die wirkliche Ursache gewesen sein mag, die Gesamtzahl der Afro-Amerikaner mit einem Arbeitsplatz stieg von 1940 bis 1944 von 4,4 Millionen auf 5,3 Millionen an, und die Anzahl der arbeitslosen Schwarzen sank in der gleichen Zeit von knapp einer Million auf 151 000. Die Veränderungen waren aber nicht nur quantitativer, sondern auch qualitativer Art: die Zahl der gelernten und angelernten schwarzen Arbeiter verdoppelte sich fast. Dennoch blieben sie noch immer meist auf die Arbeitsplätze für ungelernte Arbeiter angewiesen, wo sie schwere körperliche Arbeit leisten mußten, und obwohl die meisten Schwarzen mehr verdienten als früher, waren ihre Löhne doch noch bedeutend niedriger als die der Weißen. 1945 verdiente eine schwarze Familie im Durchschnitt nur halb soviel wie eine weiße. So hoch waren die Einkommen der Schwarzen noch nie gewesen, und höher sollten sie auch lange nicht steigen.

Sowohl in den Streitkräften als auch in der Industrie stießen die Fortschritte bei der Lösung der Rassenfrage auf Widerstand, und gelegentlich kam es zu gewalttätigen Auseinandersetzungen. Seit Kriegsbeginn waren schwarze Soldaten Angriffen weißer Soldaten und Zivilisten ausgesetzt, besonders in den im Süden gelegenen Militärlagern. 1943 nahmen die Zusammenstöße zwischen Schwarzen und Weißen in dramatischer Weise zu, als schwarze Soldaten sich gegen die Angriffe zur Wehr setzten. Presseberichte über solche Vorfälle verstärkten die Spannungen, die auch auf dem zivilen Sektor bereits zunahmen und besonders auf die Großstädte im Norden übergriffen. Ebenso wie die Weißen waren viele Schwarze in den Norden und Westen gegangen, um in der Industrie Ar-

beit zu finden. Die Wanderbewegung der Schwarzen war sogar noch stärker als die der Weißen: 14 % der schwarzen Bevölkerung, 1,8 Millionen Menschen, verlegten ihren Wohnsitz während des Krieges in andere Staaten. In einigen Städten, z. B. in Los Angeles, San Francisco, Buffalo und Syracuse, vermehrte sich die schwarze Bevölkerung um mehr als 100 %. Städte, die bereits eine starke schwarze Bevölkerung hatten, besonders Chicago und Detroit, zogen nun zusätzlich große Zahlen schwarzer Arbeiter an. In allen Fällen wurde die schon vorhandene Wohnungsnot durch den Zustrom verschärft. Die Schwarzen mußten, da sie bei den örtlichen Wohnungsbehörden auf Vorurteile stießen und von den privaten Hausbesitzern diskriminiert wurden, in bereits überfüllten Elendsquartieren ein Unterkommen suchen.
Mehrere psychische Belastungen kamen zusammen: der Kampf um Wohnraum, lange Arbeitszeiten, die Rationierung, die Sorge um Freunde und Verwandte beim Militär. Zu allem kam noch hinzu, daß viele aus dem Süden Zugewanderte ihre Rassenvorurteile in die Städte des Nordens mitbrachten. 1943 lösten diese Spannungen 242 Rassenkrawalle in 47 Städten aus. Zu den heftigsten Auseinandersetzungen kam es in Detroit, wo in fünf Tage dauernden Kämpfen zwischen Schwarzen und Weißen 34 Menschen ums Leben kamen (25 Schwarze und 9 Weiße), mehr als 1000 verletzt wurden und die ganze Rüstungsproduktion zum Stillstand kam.[8] Die Ordnung wurde erst wiederhergestellt, nachdem Bundestruppen in die Stadt einrückten. Zwei Monate später, im August, kam es in Harlem, dem New Yorker Negerviertel, wieder zu Gewalttaten. Hier gab es keine Kämpfe zwischen Angehörigen beider Rassen, sondern einen Ausbruch der Wut und Enttäuschung der schwarzen Bevölkerung, der sich gegen Sachen richtete. Gruppen plünderten Läden und richteten Schäden im Wert von fünf Millionen Dollar an. Fünf Schwarze wurden dabei getötet, fünfhundert verletzt und weitere fünfhundert festgenommen. Das war der letzte größere Rassenkrawall während des Krieges und bis in die 1960er Jahre.
Trotz dieser deutlichen Anzeichen erhöhter Spannungen zwischen den Rassen während des Krieges läßt sich kaum bezweifeln, daß die Schwarzen während dieser Zeit soziale, wirtschaftliche und politische Fortschritte machten. Wenn es zu Unruhen kam, dann war dies sogar oft die Folge solcher Fortschritte: Wenn die Schwarzen Zugeständnisse errangen, steigerten sich ihre Erwartungen, Hoffnungen und auch ihre Enttäuschung. Gleichzeitig trat der Widerstand, den Teile der weißen Bevölkerung solchen Neuerungen entgegensetzten, stärker zutage. Insgesamt hat der Krieg jedoch die Unterschiede zwischen den Rassen, den ethnischen Gruppen und den Ge-

schlechtern abgebaut. Konformismus und Anonymität waren natürliche Bestandteile des Dienstes in den Streitkräften und, wenn auch in geringerem Maße, auch der Arbeit in den Rüstungsbetrieben. Viele Frauen übernahmen zum Beispiel Rollen, die sonst Männern vorbehalten waren. Sie trugen Hosen, verzichteten auf Make-up und verdienten manchmal ebensoviel wie die Männer. Die verstärkte Einflußnahme der Regierung auf die Gesellschaft, ohne Rücksicht auf Klasse, Rasse oder Geschlecht, trug ebenfalls dazu bei, ein ungewöhnlich hohes Maß an Uniformität herbeizuführen. Der wichtigste Faktor war jedoch die Existenz eines äußeren Feindes und die Entschlossenheit, den Krieg zu gewinnen.

III. NACHKRIEGSPROBLEME: UMSTELLUNG AUF FRIEDENSPRODUKTION, NACHKRIEGSKONSERVATISMUS UND DER »FAIR DEAL«

Alle Amerikaner, aber besonders die Minderheiten, sahen dem Ende des Krieges nicht ohne Befürchtungen entgegen. Der Umstand, daß dann plötzlich sehr viele Soldaten aus dem Dienst in den Streitkräften entlassen und die Produktion drastisch gekürzt werden würde, führte viele Menschen zu der Annahme, daß es wieder zur Massenarbeitslosigkeit kommen werde. Diese »Depressionspsychose« wurde durch eine Reihe wirtschaftlicher Prognosen genährt. Die düsterste davon schätzte, daß es nach Beendigung des Krieges 8 bis 10 Millionen Arbeitslose geben könnte, und selbst vorsichtige Schätzungen sprachen von 5 Millionen. Diese Angst erwies sich schließlich als unbegründet. Obwohl 1945/46 zehn Millionen Soldaten entlassen wurden, stieg die Zahl der Arbeitslosen nur auf 2 Millionen oder 3,9 % der arbeitenden Bevölkerung. 1948 war die Arbeitslosenziffer wieder unter die Zweimillionengrenze gesunken.

Die Gründe für diesen verhältnismäßig schmerzlosen Übergang vom Krieg zum Frieden waren vielfältig. Ein Grund war die schnelle Umstellung der Industrie auf Verbrauchsgüter, die durch Steuersenkungen und die Aufhebung der Kontrollen beschleunigt wurde; ein zweiter waren die ununterbrochen hohen Ausgaben der Bundesregierung. Noch wesentlicher war, daß sich jetzt die lange unbefriedigte Nachfrage der Bevölkerung nach Verbrauchsgütern auswirken konnte. Einen Hinweis auf den Umfang der Ausgaben der Verbraucher nach dem Krieg liefern die Kraftfahrzeugstatistiken. 1940 waren 27 Millionen Autos registriert, 1950 hatte sich diese Zahl auf 40 Millionen erhöht. Nach einigen anfänglichen Entlassungen blieben der Beschäftigungsstand und der Umfang der Produktion auf gleicher Höhe wie zuvor. Das G.I.-Gesetz ermöglichte es vielen entlassenen Soldaten, Arbeit zu finden oder die Universität zu besuchen, und erleichterte so die Rückkehr in das Zivilleben. Das Ausscheiden von mehr als 2 Millionen Frauen aus dem außerhäuslichen Arbeitsprozeß im Jahre 1945/46 eröffnete ebenfalls vielen Männern die Möglichkeit, einen Arbeitsplatz zu finden, und zeigte, daß die Fortschritte der Frauen im Kriege nur vorübergehender Natur waren. Trotzdem lag der Anteil der Frauen an der erwerbstätigen Bevölkerung mit 29 % im Jahre 1946 erheblich höher als vor dem Krieg. Das gleiche galt für die Afro-Amerikaner. Obwohl sie die wirtschaftliche Stufenleiter wieder ein Stück hinunterglitten, blieben ihre Beschäftigungsmöglichkeiten und ihr Einkommensstand insgesamt höher, als sie 1940 gewesen waren. Da der wirtschaftliche Aufschwung sich in den Nachkriegjahren fortsetzte, blieben die Erwartungen der Schwarzen entsprechend hoch.

Das Problem der Nachkriegsjahre war nicht eine Depression, sondern eine Inflation. Auf den Druck des Kongresses hin hob Präsident Truman (1945–1953) 1946 alle Preiskontrollen mit Ausnahme derjenigen für Mieten, Zucker und Reis widerwillig auf. Während die Unternehmen ihre Preise zu erhöhen suchten, forderten die Arbeiter, nachdem sie sich im Kriege freiwillige Beschränkungen auferlegt hatten, höhere Löhne. 1946 kam es in mehreren wichtigen Industrien einschließlich der Automobilindustrie, der Stahlindustrie, im Bergbau und bei den Eisenbahngesellschaften zu Streiks.

Als die Stahlarbeiter 1946 eine Erhöhung des Stundenlohns um 25 Cents verlangten, weigerten sich die Unternehmer, dieser Forderung nachzugeben, wenn sie nicht den Preis für die Tonne Stahl um $ 7 anheben dürften. Truman schlug einen Kompromiß vor, nach dem der Preis pro Tonne Stahl um $ 4 und der Stundenlohn um 18,5 Cents angehoben werden sollten. Die Gewerkschaft erklärte sich einverstanden, aber die Stahlgesellschaften lehnten ab, und es kam zum Streik. In den Bergwerken setzte die Gewerkschaft den Streik selbst dann noch fort, als die Regierung diese übernommen und obwohl ein Bundesgericht Geldbußen verhängt hatte. Schließlich erfüllte man fast alle Forderungen der Bergarbeiter, weil die Kohle für die Umstellung der Industrie auf Friedensproduktion und den Wiederaufbau in Europa dringend benötigt wurde. Die Regierung schaltete sich auch bei den Eisenbahngesellschaften ein, und als ein Streik drohte, übernahm Truman die Eisenbahnen, um seinen Ausbruch zu verhindern. Als die Arbeiter ungeachtet der Maßnahmen des Präsidenten trotzdem in den Streik traten, bat er den Kongreß um die Vollmacht, die Arbeiter zwangsverpflichten zu dürfen. Der Konflikt wurde beigelegt, bevor der Kongreß eine Entscheidung getroffen hatte. Aber der Vorfall zeigte, wie ernst die Lage war. Gütlicher einigte man sich in einigen Zweigen der Automobilindustrie, wo man unter anderem vereinbarte, daß die Löhne den steigenden Preisen jeweils angeglichen würden und der steigenden Arbeitsproduktivität durch jährliche Lohnsteigerungen Rechnung getragen werden sollte. Infolge des doppelten Druckes von Löhnen und Preisen erhöhten sich die Großhandelspreise von 1946 bis 1947 stärker als während des ganzen Krieges. In den vier Jahren von 1945 bis 1949 stiegen die Lebenshaltungskosten um 31,7 %, während sie von 1940 bis 1945 nur um 28,4 % gestiegen waren. Dennoch sorgte der verhältnismäßig hohe Beschäftigungsstand dafür, daß das im Krieg erreichte Niveau des relativen Wohlstands erhalten blieb. Tatsächlich bildete das in den Kriegsjahren verdiente und gesparte Geld die Grundlage für die sich später entwikkelnde »Wohlstandsgesellschaft« (*affluent society;* vgl. John K. Galbraith, *The Affluent Society*, 2. Aufl. 1969).

Nach dem Zweiten Weltkrieg kam es nicht zum Ausbruch einer Massenhysterie und Fremdenfeindlichkeit in dem Ausmaß von 1918/19 (s. S. 287 ff.), doch es gab deutliche Anzeichen für zunehmende Intoleranz und Konservatismus. In den Wahlen von 1946 errangen die Republikaner zum erstenmal seit 1928 die Mehrheit in beiden Häusern des Kongresses. Eine der ersten Maßnahmen des neugewählten von Konservativen beherrschten Kongresses bestand darin, die Vollmachten der Gewerkschaften zu beschneiden. Im Juni 1947 verabschiedete der Kongreß gegen das Veto Präsident Trumans das Taft-Hartley-Gesetz: es knüpfte an im Kriege erlassene Gesetze an und verbot den *closed shop*, d. h. den Zwang für alle Arbeiter eines Betriebes, einer Gewerkschaft beizutreten; verpflichtete die Gewerkschaften, vor Streikbeginn sechzig Tage »Abkühlzeit« vergehen zu lassen; verpflichtete sie, ihre Konten offenzulegen und erklärte sie zur juristischen Person, die vor Gericht angeklagt werden kann.

Das Taft-Hartley-Gesetz war vor allem eine Reaktion auf inneramerikanische Ereignisse, die Streikwelle von 1946. Die öffentliche Stimmung in Amerika wurde aber natürlich auch von außenpolitischen Entwicklungen beeinflußt. Die zunehmende Intensität des Kalten Krieges veranlaßte manche Amerikaner, nach Kommunisten im eigenen Lande zu suchen und sie zu verfolgen. Das Smith-Gesetz (Alien Registration Act) von 1940 hatte bereits das Propagieren eines gewaltsamen Umsturzes unter Strafe gestellt und die Unterscheidung zwischen Lehren (z. B. marxistischen Theorien) und politischem Handeln aufgegeben. 1947 ordnete Truman die Überprüfung der Loyalität der Angestellten der Bundesregierung an, mit dem Ziel, »illoyale und subversive« Personen aus dem öffentlichen Dienst zu entfernen. Obwohl bis 1952 kein einziger Spionagefall aufgedeckt wurde, genügte die bloße Existenz dieser Überprüfungen, auch wenn sie nur Mitarbeiter des exekutiven Teils der Bundesorgane betrafen, um als Präzedenzfall zu dienen und weitergehenden Befürchtungen Nahrung zu geben. Diese Befürchtungen wurden bestärkt durch die 1948 gegen den ehemaligen Beamten des Außenministeriums Alger Hiss ausgesprochenen Verdächtigungen und das Gerichtsverfahren gegen elf Führer der amerikanischen Kommunistischen Partei im Jahre 1949. Die Verurteilung der Kommunisten, weil sie zum Sturz der Regierung aufgerufen hätten, und der Urteilsspruch gegen Hiss wegen Meineids im Jahre 1950 verunsicherten die Öffentlichkeit weiter und bereiteten den Boden für den späteren Aufstieg Joseph McCarthys.

In den ersten Nachkriegsjahren nahm der Rassenkonflikt zu. 1946 wurde eine Anzahl von Gewalttätigkeiten Weißer gegen Schwarze gemeldet. In Columbia im Staate Tennessee wurden zwei Schwarze getötet, und in Athens im Staate Alabama 50 verletzt. In Philadelphia und Chicago kam es zu kleineren Zwischenfällen. Die brutale Ermordung von zwei schwarzen Männern – einer von ihnen ein Veteran – und ihren Frauen in Georgia schreckte die Öffentlichkeit auf. In einigen Fällen wurden schwarze Soldaten, die aus dem Krieg nach Hause zurückkehrten, tätlich angegriffen; ein schwarzer Soldat erblindete, nachdem ein Polizist ihn zusammengeschlagen hatte. Nachdem Führer der Schwarzen und prominente weiße *liberals* Präsident Truman zum Handeln aufgefordert hatten, setzte er einen Untersuchungsausschuß, das Civil Rights Committee, ein. In Reden vor dem Kongreß und vor einer Versammlung der NAACP vor dem Lincoln-Denkmal in Washington im Jahre 1947 betonte Truman die dringende Notwendigkeit eines Eingreifens der Bundesregierung auf dem Gebiet der Rassenbeziehungen. Zugleich ergriff der Präsident auf eigene Initiative Maßnahmen, um die Diskriminierung in den Streitkräften zu beenden, nachdem A. Phillip Randolph noch heftigere schwarze Proteste angedroht und der Bürgerrechtsausschuß in seinem Bericht vom Oktober 1947 die rassistischen Praktiken des Militärs kritisiert hatte. Im Juli 1948 ordnete Truman die Beendigung der Diskriminierung in den Streitkräften an und setzte einen Ausschuß zur Überwachung der Durchführung ein.

Kein Präsident hatte vor 1948 eine so entschiedene Stellung zugunsten der Rechte der schwarzen Bevölkerung bezogen. Es ist schon damals und auch seither gesagt worden, Trumans Haltung zur Rassenfrage sei ein politisches Manöver gewesen und habe das Ziel gehabt, ihm für die Präsidentschaftswahlen des Jahres 1948 die Stimmen der Schwarzen zu gewinnen.[9] Falls dem so war, dann hat Truman ein großes Risiko auf sich genommen. Wie vorauszusehen war, reagierten die Demokraten im Süden auf die Erklärungen und Maßnahmen des Präsidenten äußerst heftig. Als in das Wahlprogramm eine klare Aussage zugunsten der Bürgerrechtsbewegung aufgenommen wurde, verließen mehrere Delegierte aus den Südstaaten den Parteikonvent der Demokraten. Sie gründeten später die States Rights Party und stellten ihren eigenen Präsidentschaftskandidaten auf. Zur gleichen Zeit verließen auch Demokraten des »liberalen« Flügels ihre Partei und schlossen sich der Progressive Party von Henry Wallace an. Trotz dieser die Partei schwer belastenden Abspaltungen errang Truman einen bemerkenswert hohen Wahlsieg über seinen republikanischen Gegner Thomas E. Dewey, unter anderem durch die Unterstützung der Mehrheit der schwarzen Wähler.

Truman faßte seinen Sieg als ein Mandat für einen liberalen Reformkurs und eine Ablehnung des Konservatismus des 80. Kongresses auf. Da er durch die Wahl das Präsidentenamt nun aus eigenem Recht bekleidete, legte er dem Kongreß ein Gesetzgebungsprogramm vor, das den New Deal vorantreiben und jedem Amerikaner einen »Fair Deal«, eine faire Chance, geben sollte. Die Maßnahmen des »Fair Deal« umfaßten Gesetze für die Gesundheitsfürsorge, ein Bürgerrechtsgesetz, den öffentlichen Wohnungsbau, Subventionen für die Landwirtschaft, Preis- und Lohnkontrollen und die Abschaffung des Taft-Hartley-Gesetzes. Die aus Republikanern und konservativen Demokraten bestehende Koalition im Kongreß reagierte auf die Vorschläge des Präsidenten mit Bestürzung. Sie warfen ihm vor, er wolle die Befugnisse des Bundes gegenüber den Befugnissen der Einzelstaaten erweitern, einen Wohlfahrtsstaat schaffen, und er bediene sich totalitärer Methoden. Der Kongreß blockierte die geplanten Subventionen für die Landwirtschaft und auf den massiven Druck des amerikanischen Ärzteverbandes (American Medical Association) auch die vorgesehenen Maßnahmen zur Krankenversicherung. Das Bürgerrechtsprogramm fiel dem *filibuster*, der parlamentarischen Verschleppungstaktik der Dauerredner, zum Opfer, und die Abschaffung des Taft-Hartley-Gesetzes wurde abgelehnt. Es gelang Truman lediglich, 1949 und 1950 Zusätze zum Mindestlohngesetz von 1938 (Fair Labor Standards Act) durchzusetzen und die Mindestlöhne von 40 auf 75 Cents pro Stunde zu erhöhen. Ein 1950 ergangenes Sozialversicherungsgesetz erweiterte den Kreis der von der Sozialfürsorge Erfaßten um 10 Millionen Menschen. 1949 verabschiedete der Kongreß auch ein Wohnungsbaugesetz (National Housing Act), das Mittel zur Beseitigung von Elendsquartieren zur Verfügung stellte und den Bau von 810 000 öffentlich finanzierten Wohnungen innerhalb von sechs Jahren vorsah. Das Gesamtziel dieses Wohnungsbaugesetzes bestand darin, »jeder amerikanischen Familie eine anständige Wohnung und eine menschenwürdige Umgebung« zu verschaffen.[10] Die Behörden, Gemeinden, Städte und Einzelstaaten erhielten die Bundesmittel, und es blieb ihnen überlassen, ihre eigenen Wohnungsbauprogramme aufzustellen: die Regierung gewährte zwar finanzielle Unterstützung, ergriff aber nicht die Initiative. Viele Behörden folgten der Anregung der Regierung nicht, und die Entwicklung im Wohnungsbau blieb weit hinter den Zielvorstellungen zurück. Bis 1964 waren nur 356 000 Wohnungen nach den Bestimmungen dieses Gesetzes gebaut worden.

1949 war nicht nur das Jahr, in dem Truman Schwierigkeiten bei der Durchsetzung seiner Gesetzesvorlagen hatte, sondern es brachte auch die erste ernste wirtschaftliche Rezession seit Kriegsende. Die Arbeitslosenziffer stieg auf etwa 4,5 Millionen oder 7 % der erwerbstätigen Bevölkerung, während das Bruttosozialprodukt um etwa 9 Milliarden Dollar zurückging. Eine Steuersenkung, die zu erhöhten Ausgaben für Verbrauchsgüter führte, hielt diese Abwärtsbewegung auf. Einen noch stärkeren Einfluß hatte die Erhöhung der Regierungsausgaben, die mit Beginn des Koreakrieges 1950 einsetzte.

IV. Der kalte Krieg, der Koreakrieg und der McCarthyismus

Eine der wesentlichen Folgen des Zweiten Weltkrieges war es, daß die Großmacht USA aus ihm hervorging als *die* Weltmacht schlechthin. Alle anderen am Krieg beteiligten Länder waren verwüstet und erschöpft; Amerika hatte nicht nur die geringsten Verluste erlitten, der Krieg hatte dazu noch Wohlstand gebracht. 1945 befanden sich drei Viertel des auf der Welt investierten Kapitals und zwei Drittel ihrer Industriekapazität innerhalb der Landesgrenzen der Vereinigten Staaten. Das amerikanische Volk war wohlhabender und besser ernährt als irgendeines in Europa: während das jährliche Einkommen pro Kopf der Bevölkerung in keinem europäischen Land 800 Dollar überstieg, lag es in den Vereinigten Staaten bei fast 1 500 Dollar.[11] Zudem verfügte die amerikanische Regierung nun über die stärkste Militärmacht der Welt.

Obwohl die Demobilisierung der Streitkräfte und die Umstellung der Rüstungsindustrie auf Friedensproduktion nach Kriegsende rasch durchgeführt worden waren, blieb Amerika zunächst die einzige Atommacht. Die amerikanische Teilnahme am Kriege und die Beteiligung der Vereinigten Staaten an der Gestaltung des Friedens sowie ihre offensichtliche militärische und wirtschaftliche Stärke machten eine Rückkehr zum relativen Isolationismus der Zwischenkriegsjahre unmöglich. Europa war zersplittert und geschwächt, und die Sowjetunion hatte die Grenzen ihres Machtbereichs nach Westen vorgeschoben; es war ein Machtvakuum in der Weltpolitik entstanden, das nur die Vereinigten Staaten ausfüllen konnten. Da der amerikanischen politischen Führung ein klares inhaltliches Konzept von dieser Rolle fehlte, ließ sie sich sowohl in der Innen- als auch in der Außenpolitik von der Ideologie des Antikommunismus leiten, und der Kalte Krieg begann.

Die Diskussion unter Historikern über Ursachen und Verlauf des Kalten Krieges ist noch in vollem Gang. Die zuerst von Autoren wie William H. McNeill und Herbert Feis in den 1950er Jahren entwickelte und von Louis J. Halle, Norman A. Graebner und Arthur Schlesinger jr. in den 1960er Jahren weitergeführte Interpretation besagte, die amerikanischen Maßnahmen seien die Reaktion freier Menschen auf die kommunistische Expansion und Aggression gewesen. Die von Denna F. Fleming, William Appleman Williams, David Horowitz, Gar Alperovitz und anderen vertretene »revisionistische« Interpretation betonte dagegen, daß die amerikanische Regierung die Zusammenarbeit mit der Sowjetunion von sich aus beendet, die Idee der gegenseitig respektierten »Einflußsphären« für Osteuropa habe nicht gelten lassen und versucht habe, auch dort amerikanische Vorstellungen von Demokratie durchzusetzen, um letzten Endes die eigene politische und wirtschaftliche Macht auszudehnen. Das Gegeneinander dieser beiden Auffassungen illustriert zugleich ein Merkmal des Kalten Krieges: er war zum großen Teil die Folge von falschen Befürchtungen, falschen Vorstellungen und Mißverständnissen auf beiden Seiten, der Russen und der Amerikaner, über die Absichten des anderen. Das durch die Kriegszerstörungen noch geschwächte und mehr mit der eigenen Sicherheit als der Expansion beschäftigte Rußland fürchtete, die Amerikaner seien zu einer Politik der militärischen und ideologischen Vorherrschaft entschlossen; die Amerikaner und die meisten ihrer europäischen Verbündeten fürchteten, die sowjetische Regierung betreibe immer noch den Untergang des Kapitalismus und die Ausbreitung des Kommunismus über den ganzen europäischen Kontinent. Furcht bildete die Voraussetzung für den Kalten Krieg und seine Fortsetzung.

1947 forderte Truman den Kongreß auf, Hilfsgelder für Griechenland und die Türkei zu bewilligen. Er erklärte, Amerika sei verpflichtet, jedem Lande zu helfen, das im Inneren oder von außen von Kommunisten bedroht werde, aber bereit sei, Widerstand zu leisten. Dieser Grundsatz der Außenpolitik und die Absicht, den Machtbereich der Sowjetunion einzudämmen, nahm 1947/48 konkretere Gestalt an in Form des von Außenminister George C. Marshall vorgeschlagenen Planes für umfassende Wirtschaftshilfe für Europa. Nach dem Marshallplan, auch European Recovery Program genannt, sollten nicht nur die Länder, in denen tatsächlich gerade die Kommunisten um die Macht kämpften, finanziell unterstützt werden, sondern in dem noch nicht von der Sowjetunion kontrollierten Teil Europas sollte die Wirtschaftshilfe den industriellen Wiederaufbau beschleunigen und möglichen Erfolgen kommunistischer Parteien entgegenwirken. Die mehr als zwölf Milliarden Dollar, die die Vereinigten Staaten den Volkswirtschaften der westeuropäischen Länder im Rahmen dieses Programmes zur Verfügung stellten, verhinderten in der Tat den wirtschaftlichen Zusammenbruch und gaben den Anstoß zur industriellen Expansion. 1949 erweiterte Truman die Wirtschaftshilfe um das »Point Four«-Programm für die unterentwickelten Länder der Dritten Welt. Dahinter stand die Hoffnung, daß es diesen Ländern mit finanzieller, technischer, wirtschaftlicher und militärischer Hilfe gelingen werde, die Armut zu bekämpfen, demokratische politische Institutionen zu entwikkeln und den Versuchungen des Kommunismus zu widerstehen. Die Politik der Eindämmung des Kommunismus *(containment)*, die ursprünglich auf Europa beschränkt war, wurde so zur globalen Strategie. Nach der Invasion Südkoreas durch den Norden schickte Truman 1950 den Südkoreanern amerikanische Truppen unter General MacArthur zur Hilfe. Den amerikanischen Verbänden schlossen sich später Streitkräfte der Vereinten Nationen an, und es kam zu einem Krieg, der drei Jahre dauerte.

Die Reaktion der amerikanischen Öffentlichkeit auf die neue Rolle der Vereinigten Staaten in der Weltpolitik läßt sich schwer feststellen. Zweifellos blieben viele Amerikaner gleichgültig und uninteressiert, denn sie hatten nach Beendigung des Zweiten Weltkrieges genug von auswärtigen Konflikten. Auch lebte ein Teil des früheren Isolationismus und der Fremdenfeindlichkeit bei jenen Amerikanern wieder auf, die meinten, ihr Land könnte sich nun wieder aus der internationalen Politik zurückziehen. Andererseits aber herrschte seit 1917 ein großes Mißtrauen gegenüber dem Kommunismus und Sowjetrußland, das sich in den 1940er Jahren wieder belebte, möglicherweise verstärkt durch die Rhetorik von Politikern. 1946 stellte eine Umfrage fest, daß 58 % der Befragten glaubten, Rußland strebe nach der absoluten Vormachtstellung in der Welt; nur 29 % waren der Ansicht, es wolle sich nur selbst schützen. Nach dem kommunistischen Staatsstreich in der Tschechoslowakei (1948) war das Verhältnis dieser Zahlen

77 zu 12 %, und nach Ausbruch des Koreakrieges war es 81 zu 9 %.[12] Die meisten Amerikaner scheinen zwar mindestens bis 1950 eine militärische Expansion abgelehnt zu haben, aber natürlich waren mit dem Auslandshilfeprogramm auch handfeste amerikanische Interessen verbunden. Mehrere Großindustrielle und die Gewerkschaften AFL und CIO befürworteten den Marshallplan. Das Hilfsprogramm für Europa und andere Gebiete trug natürlich dazu bei, Märkte für amerikanische Waren zu erschließen, und damit auch zum wirtschaftlichen Aufschwung der Vereinigten Staaten nach dem Krieg. Die verhältnismäßig geringe Gegnerschaft kam in der Hauptsache von den Zeitungen des Hearst-Konzerns und von der American Labor Party. Der Ausbruch des Koreakrieges zeigte jedenfalls eine überwältigende öffentliche Billigung der Politik Trumans. Erst als der Krieg sich in die Länge zog, nahm die Begeisterung ab.

Obwohl der Koreakrieg ein »begrenzter« Konflikt war, wirkte er sich für Amerika sehr ähnlich aus wie der Zweite Weltkrieg. 1952 dienten fast vier Millionen Mann bei den Streitkräften, und die Militärausgaben stiegen von 22,5 Milliarden Dollar im Jahre 1950 auf 44 Milliarden für 1952. Im gleichen Zeitraum erhöhte sich das Bruttosozialprodukt von 264 Milliarden auf 339 Milliarden Dollar, und die Arbeitslosenziffer sank auf weniger als zwei Millionen. Schwarzen Amerikanern und Frauen eröffneten sich wieder neue und bessere Arbeitsmöglichkeiten, und die Mitgliederzahlen bei den Gewerkschaften erhöhten sich ebenso wie während des Zweiten Weltkrieges. Diese günstigen wirtschaftlichen Auswirkungen des Krieges müssen wieder gegen die Tatsache abgewogen werden, daß mehr als 33 000 Amerikaner in Korea gefallen sind und daß Tod und Trennungen großes Leid verursacht und Familien zerstört haben. Wegen des geringeren Ausmaßes dieses Krieges waren natürlich auch seine Auswirkungen auf die amerikanische Gesellschaft nicht so schwerwiegend wie die des Weltkriegs. Er war kein Konflikt, für den die gesamte amerikanische Bevölkerung bereit gewesen wäre, große Opfer zu bringen. Die Gewerkschaften und die Unternehmer sträubten sich dagegen, daß die Regierung Preis- und Lohnkontrollen einführte. Ende 1951 drohten die Stahlarbeiter mit einem Streik, und als die Vermittlungen scheiterten, befahl Truman dem Handelsminister, die Stahlwerke zu übernehmen und zu leiten. Die Youngstown Sheet and Tube Company erwirkte eine gerichtliche Verfügung gegen den Handelsminister, die der Oberste Gerichtshof bestätigte. Nach dieser Entscheidung und wegen des dringenden Stahlbedarfs während des Krieges sah sich Truman gezwungen, nachzugeben. Die Öffentlichkeit, die mit einer Warenknappheit als Folge des Krieges rechnete, reagierte mit Hamsterkäufen. Allein 1950 stiegen die Ausgaben der Verbraucher um 13,1 Milliarden Dollar. Als Folge dieser vielfältigen Einflüsse wurde die Stabilität durch inflationäre Tendenzen bedroht. Von 1950 bis 1951 stiegen die Lebenshaltungskosten durchschnittlich um ein Prozent pro Monat und die Großhandelspreise um zwei Prozent im Monat. Als alle Aufrufe zu freiwilligen Kontrollen ungehört verhallten, erließ die Regierung einen Lohn- und Preisstopp. Auch Steuererhöhungen trugen dazu bei, die inflationäre Entwicklung zu bremsen.

In vieler Hinsicht waren die psychologischen Auswirkungen des Koreakrieges bedeutsamer als die wirtschaftlichen. Nachdem bekanntgeworden war, daß die Russen 1949 einen erfolgreichen Atomtest durchgeführt hatten, und 1950 aufgedeckt wurde, daß der britische Wissenschaftler Klaus Fuchs 1950 atomare Geheimnisse an die Sowjetunion verraten hatte, stieg das Mißtrauen gegenüber dem Kommunismus. Die Verurteilung von Alger Hiss wegen Meineids im Jahre 1950 und das von der Bundesregierung durchgeführte Loyalitätsprogramm konnten die Öffentlichkeit nicht beruhigen, sondern erhöhten nur noch ihre krankhaften Ängste. Als Joseph McCarthy, der republikanische Senator aus Wisconsin, im Februar 1950 erklärte, er wisse, daß im Außenministerium Kommunisten arbeiteten, sahen viele Leute ihre schlimmsten Befürchtungen bestätigt. Eine Folge des Übergangs vom kalten zum heißen Krieg in Korea war die Schaffung einer Atmosphäre, in der die wahllosen und oft unhaltbaren Beschuldigungen McCarthys nicht nur Gehör, sondern breite Unterstützung fanden. Während amerikanische Soldaten im Krieg gegen den Kommunismus in Korea starben, schien es vielen Amerikanern naheliegend, auch in der Heimat Kommunisten und ihre Sympathisanten aufzuspüren und anzuprangern.

McCarthys Behauptungen führten zur Bildung eines Unterausschusses des Senats, der feststellte, McCarthys Angaben beruhten auf Täuschung und Betrug. Dennoch fand der Senator auch weiterhin genug gläubige Zuhörer, um seinen Feldzug fortsetzen zu können. In den Wahlen von 1950 demonstrierte er seine Stärke, als er zur Niederlage des Vorsitzenden des Untersuchungsausschusses, Millard Tydings von Maryland, beitrug. McCarthy machte sich geschickt die Schwächen von Presse, Rundfunk und Fernsehen zunutze und ließ über sich berichten, auch wenn er nichts Neues zu sagen und keine wirklichen Informationen hatte. Seine Beschuldigungen waren meist so komplex und allgemein, Mischungen aus Wahrheiten, Halbwahrheiten und reinen Verdächtigungen, daß man sie gar nicht widerlegen konnte. Er steigerte schon vorhandene antikommunistische Gefühle fast zur Hysterie. Frühere oder gegenwärtige Mitgliedschaft in oder Verbindungen mit einer reformierten, bürgerrechtsorientierten (*liberal*) oder an internationaler Zusammenarbeit interessierten Organisation machten jemanden suspekt. Im September 1950 verabschiedete der Kongreß ein Gesetz über innere Sicherheit (Internal Security Act oder McCarran Act) gegen das Veto des Präsidenten, das einer Behörde zur Überwachung subversiver Betätigung (Subversives Activities Control Board) den Auftrag erteilte, kommunistische Aktivitäten in den Vereinigten Staaten zu untersuchen. Ein zweites McCarran-Gesetz (Immigration and Nationality Act) wurde 1952 ebenfalls gegen das Veto des Präsidenten verabschiedet. Es verlangte, daß alle ausländischen Besucher der Vereinigten Staaten auf ihre Loyalität überprüft wurden.

Beide McCarran-Gesetze bedrohten einige der in der Verfassung garantierten Grundrechte. Dennoch bestätigte der Oberste Gerichtshof in einigen Entscheidungen ihre Verfassungsmäßigkeit. 1951 bestätigte er die Verfassungsmäßigkeit des Smith-Gesetzes von 1940, das das bloße Lehren der revolutionären Doktrinen von Marx und Lenin verbot. Nun begannen mehrere Unterausschüsse des Kongresses, die Vergangenheit und das Privatleben von Regierungsbeamten und Personen anderer Lebensbereiche zu durchleuchten. Kaum ein überzeugter Kommunist wurde entdeckt, aber zahlreiche Untersuchte verloren Arbeitsplatz und Einkommen. Auch ein völlig Unschuldiger litt unter den entehrenden Umständen der öffentlichen Untersuchung.

In dieser Atmosphäre der Furcht und Hysterie wurden Mittelmäßigkeit, Konformismus und Duckmäusertum zur Regel. Intellektuelle waren per Definition verdächtig. Der liberale Flügel der Demokratischen Partei litt darunter in besonderem Maße. Als Adlai Stevenson 1952 von den Demokraten als Präsidentschaftskandidat aufgestellt wurde, wurde er sofort als intellektueller »Eierkopf« abgestempelt und als Kommunistenfreund verketzert. Enthüllungen über Korruption in der Regierung Truman schwächten die Aussichten der Demokraten auf einen Wahlsieg noch mehr. Die gleiche Wirkung hatte der sich ohne Aussicht auf ein Ende hinziehende Krieg in Korea. Die amerikanischen Wähler, die der Streitigkeiten und Spannungen, Kreuzzüge und Krisen überdrüssig waren und sich mehr für die Bewahrung des Gewonnenen interessierten als für neue Reformprogramme, wendeten sich dem beruhigenden Konservatismus und der persönlichen Integrität des republikanischen Kandidaten Dwight D. Eisenhower zu. Als Präsident unternahm Eisenhower (1953–61) zunächst kaum etwas gegen den verhängnisvollen Einfluß des Senators aus Wisconsin. Der neue Präsident versuchte sogar zuerst, den Senator zu beschwichtigen. Die Loyalitätsüberprüfung wurde auf alle Bundesbehörden erweitert und das bisher geltende Kriterium der »Loyalität« durch das weiter gefaßte »Sicherheitsrisiko« ersetzt. Darunter fielen auch Alkoholkonsum, sexuelles Verhalten, Drogenabhängigkeit und ähnliches. Außenminister John Foster Dulles (1953–59) ernannte sogar einen Anhänger McCarthys zum Sicherheitsbeauftragten im Außenministerium. Erst das Ende des Koreakrieges im Juli 1953 nahm McCarthy den Wind aus den Segeln. Seine heftigen Angriffe gegen angebliche Spionage in der Armee im Dezember 1953 und Januar 1954 wurden im Fernsehen übertragen und bereiteten seinen Sturz vor. Im Dezember 1954 verurteilte der Senat förmlich sein Verhalten und setzte seiner politischen Karriere ein Ende. Er starb 1957.

V. Eisenhower und der Konservatismus der 1950er Jahre

Eisenhowers Amtsübernahme im Januar 1953 beendete 24 Jahre Herrschaft demokratischer Präsidenten. Sein Sieg bedeutete jedoch nicht, daß die Uhr zurückgestellt wurde. Ebenso wie die konservative Regierung in Großbritannien nach 1953 die Grundstruktur des Wohlfahrtsstaates übernahm, so wurde auch in Amerika weiterhin der Grundsatz akzeptiert, daß die Bundesregierung die Verantwortung für das Wohlbefinden der Bürger trage. Die Maßnahmen des »New Deal« und das »Fair Deal« konnten nicht einfach rückgängig gemacht werden. Jedoch änderte sich die Funktion der Exekutive merklich. Eisenhower lehnte das Konzept des starken Präsidenten und den Führungsstil des »Auf-den-Schreibtisch-Pochens« ab. Er präsidierte im ursprünglichen Sinn des Wortes und machte seine Autorität nur geltend, wenn andere Entscheidungen offenließen. Eisenhower neigte dazu, den Auffassungen der Kabinettsmitglieder nachzugeben und griff nur ein, wenn es Meinungsverschiedenheiten gab. Die Probleme der Nachkriegsgesellschaft wollte Eisenhower mit einem »dynamischen« oder »modernen« Konservatismus lösen, der zwar einen großen Teil der vorher von den Demokraten verabschiedeten Gesetze übernahm, jedoch eine geringere Aktivität der Bundesregierung und die Rückkehr zu ausgeglichenen Budgets erforderte. Am Ende erwies sich seine Führung jedoch als stärker konservativ denn dynamisch, und Inhalt wie Form der Maßnahmen der Bundesregierung änderten sich merklich.

Die enge Zusammenarbeit von Regierungsstellen und Industrie und Handel, die sich während des Zweiten Weltkrieges entwickelt hatte, wurde unter der Regierung Eisenhower noch intensiviert. Das Kabinett bestand fast ausschließlich aus Männern der Wirtschaft und wurde vom Finanzminister, George M. Humphrey, einem konservativen Industriellen aus Ohio, beherrscht. Verteidigungsminister war Charles E. Wilson, ehemaliger Präsident von General Motors. Er war es, von dem der berühmte Ausspruch stammt, was gut für das Land sei, sei auch gut für General Motors und umgekehrt. Man hat von diesem Kabinett einmal gesagt, es bestünde aus acht Millionären und einem Klempner. Der Klempner war der Arbeitsminister Martin Durkin, ein Funktionär der Klempnergewerkschaft. Konservative Republikaner hatten seine Ernennung von Anfang an bekämpft, und Durkin erfüllte ihren Wunsch, als er schon nach acht Monaten zurücktrat, weil das Taft-Hartley-Gesetz nicht aufgehoben wurde.

Da zwischen der Regierung und den Industriellen so enge Beziehungen bestanden, war es nicht verwunderlich, daß Handel und Industrie von der Regierung besonders begünstigt wurden. 1954 wurde die Einkommenssteuer für Unternehmen gesenkt, die Abschreibungssätze wurden erhöht, und es wurde den Unternehmen erleichtert, Verluste von der Steuer abzusetzen. Privatunternehmen wurden den staatlichen vorgezogen, besonders bei der Nutzung von Bodenschätzen und Energie. Atomkraftwerke wurden an Privatunternehmen wie General Electric übergeben und die Atomforschung zugleich von der Regierung bezahlt. In dem Streit über den Besitz der Ölvorkommen vor der amerikanischen Küste hatte Truman darauf bestanden, das Öl vor der Küste gehörte der ganzen Nation und nicht den Einzelstaaten; Eisenhower unterzeichnete 1953 ein Gesetz (Submerged Lands Act), das den an der Küste gelegenen Staaten alle Rechte einräumte. Auch bei der Stromgewinnung durch Wasserkraft wurden die Privatunternehmen bevorzugt. Eisenhower war ein Gegner der Tennessee Valley Authority (siehe S. 338), die nach seiner Ansicht ein Beispiel für »schleichenden Sozialismus« war. Er ließ den Haushalt dieser Behörde kürzen und lehnte ihren Ausbau ab. Statt die Tennessee Valley Authority selbst ein neues Elektrizitätswerk bauen zu lassen, gab die Bundesregierung 1954 den lukrativen Auftrag einem Privatunternehmen, der Dixon-Yates-Gruppe, unter außerordentlich günstigen Bedingungen. Als der Verdacht laut wurde, das Geschäft sei aufgrund von Korruption in den Ministerien zustande gekommen, kündigte die Regierung den Vertrag mit der Begründung, daß er nicht mehr im öffentlichen Interesse läge. Trotz seiner widersprüchlichen Haltung in der Dixon-Yates-Affäre begünstigte Eisenhower auch weiterhin die Privatindustrie und eine allgemeine Politik des *Laissez-faire.* Ein Gesetz über den Bau von Schulen und Zusätze zum Sozialversicherungsgesetz über die Krankenversicherung wurden mit der Begründung abgelehnt, diese

Maßnahmen würden zu einer unzulässigen Erweiterung des Zuständigkeitsbereiches des Bundes führen. Mit der gleichen Begründung wurden alle Preis- und Mietkontrollen, die während des Weltkrieges eingeführt worden waren, aufgehoben. Doch dann mußte die Schraube auf dem Kreditmarkt angezogen werden, um der Inflation entgegenzuwirken.

Versuche, die Aktivitäten (und Ausgaben) des Bundes zugunsten der Einzelstaaten einzuschränken, stießen jedoch auf Widerstand. Es erwies sich als unmöglich, die Einzelstaaten dazu zu bringen, gewisse Aufgaben, die bisher vom Bund wahrgenommen worden waren, zu übernehmen, und dies trotz Eisenhowers persönlichem Appell an die Konferenz der Gouverneure im Jahre 1957. Der bloße Umfang und die Struktur der Bundesregierung und ihr Einkommen verhinderten jede wesentliche Beschneidung ihrer Befugnisse. Nachdem die Zahl der Angestellten des Bundes bei Beendigung des Koreakrieges leicht verringert worden war, blieb die Anzahl der bei Bundesbehörden Beschäftigten bei etwas weniger als 2 500 000 Personen konstant und begann dann allmählich zu steigen. Nachdem die Bundesregierung einmal bestimmte Verantwortlichkeiten übernommen hatte, konnte sie sich ihnen nicht mehr entziehen. Die Wirtschaftsrezessionen in den Jahren 1953–54 und 1957 bis 1959 zwangen die Regierung zum Eingreifen. Die Steuern wurden gesenkt und die Zahlungen aus der Arbeitslosenversicherung und Sozialversicherung erhöht. Schließlich gelang es der Regierung Eisenhower nur in drei der insgesamt acht Jahren ihrer Amtszeit, einen ausgeglichenen Haushalt vorzulegen, und sie ließ ein Defizit von mehr als 18 Milliarden Dollar anwachsen. Die Exekutive legte dem Kongreß im Jahre 1957 sowohl den höchsten Haushalt vor als auch – 1959 – das höchste Defizit, das es je in Friedenszeiten gegeben hatte.

Diese wenigen statistischen Angaben zeigen etwas von dem Widerspruch zwischen der erklärten konservativen Politik der Regierung Eisenhower einerseits und der Tatsache, daß sie andererseits die neue Rolle und Stellung der Bundesregierung doch akzeptierte. Zusätze zu den Gesetzen über Sozialversicherung und Arbeitslosenversicherung während der Regierungszeit der Republikaner zeigten, daß die ursprünglichen Reformmaßnahmen endgültig akzeptiert worden waren. 1954 wurden weitere zehn Millionen Menschen in das Sozialversicherungsprogramm einbezogen. Die meisten von ihnen arbeiteten im Haushalt, im Büro und in der Landwirtschaft. Weitere vier Millionen Arbeiter erhielten die Berechtigung, Arbeitslosenunterstützung zu beziehen, und 1955 wurde der Mindeststundenlohn auf 1 Dollar angehoben. Bei Beginn seiner zweiten Amtsperiode im Jahre 1956 legte Eisenhower dem

Kongreß ein Programm vor, das Hilfsmaßnahmen für die Farmer, einen weiteren Ausbau des Bundesstraßennetzes, die Gewährung von Bundesmitteln für Erziehung und Wohnungsbau, die Erweiterung der Sozialversicherungsgesetzgebung und Verbesserungen im Arbeitsrecht vorsah. Viele seiner Parteifreunde warfen dem Präsidenten vor, er sei mehr Demokrat als Republikaner, und warnten vor schlimmen Konsequenzen zu hoher Ausgaben des Bundes. Am Ende scheiterten jedoch viele Gesetzesvorlagen des Präsidenten an dem Tauziehen zwischen Präsident und Kongreß, der von Demokraten beherrscht wurde, die umfassendere Maßnahmen verlangten. Dennoch wurden die Alters- und Versehrtenrenten aufgrund neuer Zusätze zum Sozialversicherungsgesetz erhöht, und auch die Beihilfen für Mütter und Kinder wurden angehoben.

Die Schaffung eines neuen Ministeriums für Gesundheit, Erziehung und Wohlfahrt (Department of Health, Education and Welfare) war ein Beispiel dafür, zu welchen Schwierigkeiten die widersprüchliche Politik der Republikaner führte. Das neue Ministerium wurde zum Teil geschaffen, um die Bundespolitik zu rationalisieren und zu koordinieren, und zwar nach den Vorschlägen des Berichtes der Hoover-Kommission für die Neugliederung der Bundesministerien aus dem Jahre 1949. Seine Gründung war aber auch eine Reaktion auf die alarmierende Tatsache, daß viele junge Männer während des Zweiten Weltkrieges und im Koreakrieg infolge gesundheitlicher Schäden und schlechter Ausbildung zum Dienst in den Streitkräften untauglich gewesen waren. Doch 1953 lehnte Gesundheitsministerin Oveta Hobby die kostenlose Abgabe des Impfstoffes gegen Polio mit der Begründung ab, ein solcher Präzedenzfall werde zur Verstaatlichung der medizinischen Versorgung führen. Die Empörung der Öffentlichkeit veranlaßte den Kongreß schließlich doch, die für die Verteilung des Impfstoffes notwendigen Gelder zur Verfügung zu stellen. 1955 trat die Ministerin zurück und wurde von der liberaleren Marion Folsom abgelöst.

Auch die schwierige Lage der Farmer zwang die Regierung Eisenhower zur Aufgabe ihres ursprünglichen Kurses. Die zunehmende Leistungsfähigkeit der landwirtschaftlichen Produktionsmethoden in den 1940er und 1950er Jahren hatte einen Überschuß der landwirtschaftlichen Grunderzeugnisse zur Folge. Die Agrarpreise gingen infolge der erhöhten Produktivität in der Landwirtschaft von 1948 bis 1956 um ein Drittel zurück, und die Farmer erzielten einen geringeren Anteil des Volkseinkommens. Alarmiert durch die Höhe der Subventionen, die die Regierung für den Aufkauf des Überschusses an landwirtschaftlichen Erzeugnissen zahlen mußte, entschied sich Eisenhower 1954, statt fester Preise eine gleitende

Preisskala einzuführen. Als dieses Hilfsmittel versagte, stimmte der Präsident 1956 zögernd dem Vorschlag des demokratischen Senators Hubert Humphrey zu, daß die Bundesregierung die Farmer dafür bezahlte, daß sie einen Teil ihrer Felder brachliegen ließen (Soil Bank Bill). Die Aufwendungen der Bundesregierung für die Landwirtschaft waren 1958 als Folge dieser Maßnahme sechsmal so hoch wie 1952.
Während sich die Lage der Farmer und landwirtschaftlichen Arbeiter verschlechterte, verbesserte sich die der Industriearbeiter weiter. Trotz der kurzen, aber doch gravierenden Rezessionen von 1953—1954 und 1957—1959 wurde das Wirtschaftsleben insgesamt von einem verhältnismäßig hohen Beschäftigungsgrad und zunehmendem Wohlstand bestimmt. 1960 lag das jährliche Bruttosozialprodukt bei mehr als $ 500 Milliarden, und das durchschnittliche Jahreseinkommen der amerikanischen Familie betrug $ 6 819. Die durchschnittlichen Wochenlöhne stiegen stetig an: 1955 waren es $ 76,52; 1956: $ 80; 1960: $ 90. Ein größerer Teil des Einkommens wurde anstatt für Lebensmittel und Bekleidung für Luxuswaren ausgegeben als je zuvor. Von 1950 bis 1960 stieg die Zahl der registrierten Kraftfahrzeuge um mehr als 20 Millionen auf 61,5 Millionen, die insgesamt fast 720 Milliarden Meilen zurücklegten. In der gleichen Zeit hörte eine Reise auch innerhalb Amerikas mit dem Flugzeug auf, etwas Außergewöhnliches zu sein. 1960 besaßen 45 Millionen amerikanische Familien ein Fernsehgerät, ein weiteres Statussymbol der »Wohlstandsgesellschaft«, und man schätzte, daß jede Familie täglich fünf Stunden vor dem Bildschirm saß.
Bei einem solchen Wohlstand und relativ hoher wirtschaftlicher Stabilität wurden die Gewerkschaften allmählich immer konservativer. Die Wachstumsrate der Gewerkschaften ging nach dem Zweiten Weltkrieg zurück, und im Durchschnitt traten ihnen jährlich nur 100 000 neue Mitglieder bei. Die einzige Ausnahme bildete die Zeit des Koreakrieges, als die Zahl der Gewerkschaftsmitglieder von etwa 14,3 Millionen auf fast 17 Millionen anstieg. Danach pendelte sich die Mitgliederzahl auf etwa 16 bis 17 Millionen oder ungefähr ein Viertel der Gesamtzahl aller Beschäftigten ein. In den Nachkriegsjahren wurde das Anwachsen der Mitgliederzahlen bei den Gewerkschaften auch durch eine Verlagerung auf dem Arbeitsmarkt behindert. Die Zahl der Büroangestellten und Akademiker war seit dem Zweiten Weltkrieg ständig gewachsen, und 1956 gab es mehr Arbeiter mit »weißem Kragen« (Büroarbeiter) als mit »blauem Kragen« (Industriearbeiter).[13]
Die Vitalität der Gewerkschaften wurde zudem beeinträchtigt durch die Funktion der Bundesregierung im Gegeneinander

der Gewerkschaften und der Unternehmen. Seit dem New Deal hatte die Bundesregierung die Bedeutung der Gewerkschaften für den Wirtschaftsprozeß stets anerkannt und sie mehr und mehr an den Entscheidungen auf Bundesebene beteiligt. Viele Ziele der Arbeiterschaft wie die Anerkennung als Partner bei Tarifverhandlungen, Mindestlöhne, Höchstarbeitszeiten und Arbeitslosenunterstützung waren inzwischen gesetzlich verankert. Die einzige Bedrohung der Stellung der Gewerkschaften ging noch vom Taft-Hartley-Gesetz aus.
1955 schlossen sich AFL und CIO zusammen, zum Teil, um dieser Bedrohung mit vereinten Kräften erfolgreich zu begegnen, zum Teil aber auch, weil die Unterschiede zwischen beiden Gewerkschaften nicht mehr so groß waren wie zu Beginn. Die neue Gewerkschaft AFL-CIO setzte sich erreichbare Ziele: garantierten jährlichen Mindestlohn, Anteil der Arbeiter an Produktivitätssteigerungen, Gewinnbeteiligung für Arbeiter und Mitbestimmung. Die Gewerkschaften waren keine militanten, kämpferischen Organisationen mehr, sondern wurden zu ziemlich konservativen Körperschaften und zu einem integrierten Bestandteil des wirtschaftlichen Prozesses. Die Stagnation und die Größe mancher Gewerkschaften führten zu Korruptionsfällen und finanzieller Mißwirtschaft. Nachdem ein Senatsausschuß diese Übelstände untersucht hatte, versuchte der Kongreß 1959 per Gesetz (Labor Management Reporting and Disclosure Act) den Machtkampf innerhalb der Gewerkschaften transparenter zu machen und Gangstertum und Korruption zurückzudrängen. Auch der McCarthyismus verstärkte den Konservatismus der Gewerkschaften. Jedoch erhielten die Gewerkschaften nach 1954 durch Entscheidungen des Obersten Gerichtshofes einen Teil der Rechte zurück, die sie in den Jahren zuvor verloren hatten. Als sich jedoch die außenpolitischen Spannungen nach 1958 verstärkten, stimmte der Gerichtshof wieder verschiedenen restriktiven Maßnahmen mit der Begründung zu, sie seien für die nationale Sicherheit erforderlich. Während die Rechtsprechung des Obersten Gerichtshofes in einigen Grundrechtsfragen unklar blieb, gab es kaum einen Zweifel an seiner Einstellung zum Rassenproblem, und seine Entscheidungen auf diesem Gebiet sollten deutlich spürbare Auswirkungen haben.

VI. Der Beginn einer neuen Bürgerrechtsbewegung in den 1950er Jahren

Eisenhower weigerte sich, dem Beispiel Trumans zu folgen und sich als Präsident energisch für die Lösung des Rassenproblems einzusetzen. Der von Truman eingesetzte Bürgerrechtsausschuß hatte sich in seinem Bericht mit dem Titel *To Secure These Rights* 1947 dafür eingesetzt, umfassende Maßnahmen zur Verbesserung der Beziehungen zwischen den Rassen zu ergreifen. Der Bericht wendete sich gegen den Grundsatz der Rassentrennung und forderte Gesetze zur Beendigung der Diskriminierung im Erziehungswesen, bei der Vermietung von Wohnungen und der Vergabe von Arbeitsplätzen. Er forderte außerdem Maßnahmen zur Durchsetzung des Stimmrechts für die Schwarzen. Die Verabschiedung der notwendigen Gesetze wurde durch die Koalition zwischen Demokraten aus den Südstaaten und konservativen Republikanern im Kongreß verhindert. Nach 1950 wurde es noch unwahrscheinlicher, daß die Gesetze zur Bürgerrechtsfrage verabschiedet würden, da die demokratischen Abgeordneten aus dem Süden im Repräsentantenhaus die Mehrheit der Sitze gewonnen hatten und ihnen im Senat nur ein Sitz fehlte, um auch hier die Stimmenmehrheit zu haben. Die während der McCarthy-Ära geweckten Befürchtungen wirkten sich insofern ebenfalls aus, als sie eine Atmosphäre geschaffen hatten, in der jeder, der sich für die Gleichberechtigung aussprach, als »Kommunist« verunglimpft wurde. Solange diese negativen Kräfte wirksam blieben, konnten entscheidende Maßnahmen nicht ohne die tatkräftige Unterstützung des Präsidenten durchgesetzt werden. Eisenhower wollte diese Rolle nicht übernehmen. Er hatte nicht nur seine besondere Auffassung von den begrenzten Aufgaben der Exekutive; er glaubte auch nicht, daß Gesetze die Einstellung und Vorurteile von Menschen ändern könnten.

Es gab jedoch in den Jahren nach dem Kriege genügend Anzeichen für Fortschritte, um hohe Hoffnungen und Erwartungen der Schwarzen zu nähren. In den 1940er Jahren hatte der Oberste Gerichtshof entschieden, daß es verfassungswidrig sei, in Miet- und Kaufverträge Rassenklauseln aufzunehmen, um schwarze Mieter und Käufer aus ganzen Wohnvierteln herauszuhalten, und ihnen das Recht der Beteiligung an den Vorwahlen zu den Präsidentschaftswahlen vorzuenthalten. 1950 erklärte das Gericht, die Rassentrennung in den Speisewagen der Eisenbahnen belaste den Verkehr zwischen den einzelnen Staaten unnötig. In der Bundeshauptstadt Washington, die lange eine Bastion des Rassenvorurteils gewesen war, hörte die Rassentrennung in öffentlichen Einrichtungen allmählich auf. Trumans Versprechungen in seinen Botschaften über die Bürgerrechte ermutigten ebenfalls die Hoffnungen der schwarzen Bevölkerung. Wichtiger als all dies waren jedoch die fortwährend geringe Arbeitslosigkeit und der allgemeine Wohlstand, die es den Schwarzen ermöglichten, die wirtschaftlichen Vorteile, die sie während des Krieges für sich gewonnen hatten, wenn schon nicht zu vermehren, so doch wenigstens zu bewahren. Der Koreakrieg verstärkte ihre Hoffnungen weiter. Wieder wurden neue Arbeitsplätze frei, und obwohl sich Truman weigerte, noch einmal einen Ausschuß zur Überwachung der Einstellungspraktiken in der Industrie einzusetzen, ordnete er an, daß in die Rüstungsaufträge Klauseln aufgenommen wurden, welche die Rassendiskriminierung verboten. Im militärischen Bereich beseitigte der Bedarf an Soldaten für Korea den letzten Widerstand gegen Trumans Befehle zur Aufhebung der Rassentrennung in der Armee.

Die Wahl Eisenhowers im Jahre 1952 und die Beendigung des Koreakrieges im Jahre 1953 markierten das Ende und den Beginn einer neuen Ära in der Bürgerrechtsbewegung. 1954 erhöhte der Oberste Gerichtshof die Wirkung seiner früheren Entscheidungen, als er eine Reihe von Fällen, die ihm von der NAACP vorgelegt worden waren, abschloß und im Fall Brown gegen die Schulbehörde von Topeka entschied, daß die Rassentrennung in öffentlichen Schulen verfassungswidrig sei. Im folgenden Jahr ordnete das Gericht an, daß die Integration der Schulen »mit aller gebotenen Eile« durchzuführen sei.[14] Die überwältigende Mehrheit der weißen Bevölkerung im Süden reagierte unmittelbar und entschieden. Hundert Mitglieder des Repräsentantenhauses aus den Südstaaten kritisierten das Gericht öffentlich und riefen zur Mißachtung des Gerichtsbeschlusses auf. Der Ku-Klux-Klan trat wieder in Erscheinung, und angesehene Bürger der Mittelklasse taten sich in Weißen Bürgerräten (White Citizens Councils) zusammen. In den Städten von Texas, Tennessee, Kentucky und Alabama versammelten sich Mobs, um den schwarzen Kindern den Zutritt zu den Schulen der Weißen zu verwehren. 1956 verhinderte eine aufgebrachte Menge weißer Studenten und ihrer Mitbürger die Zulassung einer Schwarzen an der Universität von Alabama in Tuscaloosa.

Wie immer seine persönliche Einstellung zu diesem Problem auch gewesen sein mag — und er war sehr darauf bedacht, sie für sich zu behalten —, so sah sich Präsident Eisenhower schließlich doch gezwungen, 1957 in den Konflikt einzugreifen. Als ein Bundesgericht anordnete, mit der Aufhebung der Rassentrennung in den Schulen von Little Rock, Arkansas, zu beginnen, setzte der dortige Gouverneur Orval Faubus die Nationalgarde ein, um neun schwarze Kinder am Betreten der Oberschule zu hindern. Angesichts dieser Mißachtung der Bundesgesetze und der Gerichte übernahm Eisenhower den Befehl über die Nationalgarde und schickte Bundestruppen nach Little Rock mit dem Auftrag, die Ordnung wiederherzustellen und die schwarzen Kinder zu schützen. Die weiße Bevölkerung von Arkansas zeigte jedoch deutlich, wo ihre Sympathien lagen, als sie Faubus erneut zum Gouverneur wählte und ihn in die Lage versetzte, sich auch weiterhin der Aufhebung der Rassentrennung zu widersetzen. Die Gerichte ordneten die Beendigung der im Süden angewendeten Verzögerungstaktiken an, waren jedoch nicht imstande, ihre Beschlüsse durchzusetzen. Da weder der Präsident noch der Kongreß entschlossen eingriffen, fuhren die einzelnen Staaten fort, die Rassenintegration in öffentlichen Schulen hinauszuzögern. Sechs Jahre nach der Anordnung des Obersten Bundesgerichtes war die Rassentrennung an keiner einzigen Schule in South Carolina, Georgia, Alabama, Mississippi oder Louisiana aufgehoben worden.

Während die weißen Amerikaner im Süden sich jeder Veränderung des *Status quo* in der Rassenfrage entschlossen widersetzten, begannen die Schwarzen, ebenfalls entschiedener als früher gegen Diskriminierung und Benachteiligung anzukämpfen. In gewissem Sinne war eines die Ursache des anderen: Wenn der Widerstand der Weißen sich verstärkte, wurden die Schwarzen zorniger und verfolgten ihre Ziele mit immer größerer Entschlossenheit. Auf Militanz der Schwarzen reagierten die Weißen wiederum um so heftiger. Während die NAACP ihre sorgfältig vorbereiteten juristischen Angriffe gegen die Rassentrennung fortsetzte, war der zuerst 1955 in Montgomery, Alabama, angewandte Boykott eine neue und auf die Dauer nicht weniger bedeutende Taktik. Dort organisierten Schwarze unter der Führung von Martin Luther King einen Boykott der Omnibuslinie, die, wie fast überall im Süden, schwarze Passagiere nur auf den hintersten Sitzreihen beförderte. Nach einjährigem Widerstand gab die Omnibusgesellschaft nach und beförderte schwarze und weiße Fahrgäste unter den gleichen Bedingungen. Durch den erfolgreichen Boykott wurde Martin Luther King als Bürgerrechtsführer im ganzen Land bekannt, und er gründete die Southern Christian Leadership Conference, die weitere solche Protestaktionen vorbereitete. Gandhis Methode des gewaltlosen Widerstandes, mit der die Schwarzen schon im Zweiten Weltkrieg gedroht hatten, war damit Wirklichkeit geworden, und ihr Erfolg führte zum Entstehen einer Bewegung, die Anhänger im ganzen Lande fand.

Nach dem Beispiel des Boykotts von Montgomery starteten die Schwarzen in Tallahassee, Florida, eine ähnliche Kampagne gegen die dortigen Omnibusgesellschaften. An anderen Orten boykottierten die Schwarzen Geschäfte, deren Besitzer Mitglieder weißer rassistischer Organisationen waren, machten Propaganda für das Wahlrecht der Schwarzen und beteiligten sich an Protesten gegen die Rassentrennung in den Schulen.

Der weiße Süden reagierte mit Hetze und Gewalt. Die NAACP wurde als »kommunistisch« gebrandmarkt, und mehrere Südstaatenregierungen beschränkten die Tätigkeit der Mitarbeiter der NAACP. Wo halblegale Maßnahmen nicht zum Erfolg führten, griff man zur Einschüchterung. 1955 wurden in Mississippi mehrere Führer der Schwarzen, die sich an Aktionen zur Verwirklichung des Stimmrechts für die Schwarzen beteiligt hatten, ermordet. Ein schwarzer Funktionär der NAACP wurde durch Schüsse lebensgefährlich verletzt, und überall im Süden kam es zu ähnlichen, wenn auch etwas weniger gewalttätigen Vorfällen. Angesichts des Ernstes der Lage gelang es Präsident Eisenhower 1957, ein Bürgerrechtsgesetz (Civil Rights Act) durchzubringen. Das neue Gesetz bezog sich nur auf die Verwirklichung des Wahlrechts. Es war das erste derartige Gesetz seit 1875, brachte den Schwarzen zu wenig und kam zu spät. Daß es nur so langsam zu Fortschritten kam, erhöhte den Zorn und die Ungeduld junger Afro-Amerikaner noch mehr. Ihre Lage erbitterte sie um so mehr angesichts der Ereignisse in Afrika, wo von 1957 bis 1965 sechsunddreißig ehemalige Kolonien ihre Unabhängigkeit erlangten. Der schwarze Schriftsteller James Baldwin faßte ihre Gefühle in einem Satz zusammen, als er sagte: »So wie die Dinge jetzt laufen, wird ganz Afrika frei sein, bevor wir auch nur eine verdammte Tasse Kaffee bekommen können.«[15]

Eine noch wichtigere Ursache für den Pessimismus und die Militanz der Schwarzen war ihre sich verschlechternde wirtschaftliche Lage. Die Afro-Amerikaner hatten besonders unter den Rezessionen in den 1950er Jahren zu leiden, weil Rassenvorurteile in der Industrie immer noch sehr ausgeprägt waren. Die Arbeitslosenquote stieg bei den Schwarzen von 1953 bis 1954 von 4,5 % auf 9,9 %. 1958 waren es 12,6 %. Danach lag die Arbeitslosenquote der Schwarzen ständig über 10 % und war mehr als doppelt so hoch wie die der Weißen. Die Kluft, die zwischen dem Einkommensniveau und dem Beschäftigungsstand von Weißen und Schwarzen entstanden war und die sich bis etwa 1952 langsam geschlossen hatte, begann sich wieder zu erweitern, und was die Schwarzen in den vorangegangenen Jahren erreicht hatten, begann verlorenzugehen. 1960 war der Prozentsatz schwarzer Familien, die unter $ 3 000 im Jahr verdienten, auf 20,8 gestiegen – aber die Schwarzen stellten nur 10 bis 12 % der Bevölkerung. Von den 3,6 Millionen beschäftigter schwarzer Männer arbeiteten 40 % als ungelernte Arbeiter, im Dienstleistungsgewerbe, als Pförtner oder Hausmeister. Der allgemeine Wohlstand, der sie umgab, rief den Schwarzen ihre ungünstigere Lage nur um so deutlicher ins Bewußtsein. Dieser Umstand und die Reaktion der Weißen steigerten die Heftigkeit der schwarzen Proteste. Eine Bewegung begann, die den gewaltlosen Protest noch weiter treiben sollte. Am 1. Februar 1960 setzten sich vier schwarze Studenten an die Theke eines nur für Weiße bestimmten Schnellrestaurants in einem großen Warenhaus in Greensboro in North Carolina und verlangten, wie alle anderen bedient zu werden. Innerhalb weniger Wochen lief eine Welle solcher »Sit-ins« durch den ganzen Süden. Im gleichen Jahr wandten sich die Schwarzen im Norden gegen die in ihren Städten *de facto* existierende Rassentrennung. Mit diesem doppelten Angriff auf die *De-jure*-Rassentrennung im Süden und die *De-facto*-Rassentrennung im Norden hatte die »Revolte« der Schwarzen begonnen, und nun genügte auch ein 1960 erlassenes zweites Bürgerrechtsgesetz nicht mehr, sie aufzuhalten.

Diese Protestaktionen zeigten einen deutlichen Wandel im Selbstbewußtsein der Afro-Amerikaner und ihrer Vorstellungen von ihrem Platz in der amerikanischen Gesellschaft an. Anstatt passiv auf Reformen zu warten, verlangten sie Maßnahmen. Ihre Aktionen machten die Rassenbeziehungen zu einem der wichtigsten innenpolitischen Probleme im Bewußtsein einer breiten Öffentlichkeit, und im Präsidentschaftswahlkampf von 1960 waren die Bürgerrechte endgültig ein Thema, das keine Partei mehr außer acht lassen konnte. Beide Parteien erklärten, die Rassendiskriminierung und Rassenvorurteile beenden zu wollen, aber es war der Kandidat der Demokraten, John F. Kennedy, der sich am eindeutigsten auf die Seite der Schwarzen stellte. Als Martin Luther King nach einem »Sit-in« in Atlanta verhaftet wurde, drückte Kennedy Mrs. King seine Sympathie und sein Mitgefühl aus. Sein Bruder Robert verwendete sich bei dem zuständigen Richter in Georgia für die Entlassung des schwarzen Führers, und am folgenden Tage wurde King freigelassen. Durch dieses Eingreifen gewannen die Kennedys die Unterstützung eines großen Teils der schwarzen Bevölkerung, und die Stimmen der Schwarzen spielten bei dem knappen Sieg Kennedys eine entscheidende Rolle. Nun hofften die Afro-Amerikaner, der neue Präsident (1961–63) werde sich dafür erkenntlich zeigen und die Maßnahmen ergreifen, an denen Eisenhower es hatte fehlen lassen.

VII. DIE AMERIKANISCHE GESELLSCHAFT IN DER MITTE DES 20. JAHRHUNDERTS

Für Amerika waren die 1950er Jahre eine Zeit des Friedens und der verhältnismäßigen Ruhe. Die durch den Zweiten

Weltkrieg bewirkten oder beschleunigten Veränderungen setzten sich nach 1945 fort. Andere äußere Faktoren wie die Hilfe für Europa, der Kalte Krieg, der Koreakrieg und das Wettrüsten mit der Sowjetunion trugen dazu bei, daß Amerika auch weiterhin wirtschaftliche und soziale Fortschritte machte. Trotz wiederholter Inflations- und Rezessionsschwierigkeiten war es im allgemeinen ein Zeitraum des Wachstums und des Wohlstandes. Der Koreakrieg wurde 1953 beendet, und in neue Kriege ließ sich die amerikanische Regierung zunächst nicht verwickeln. Die Hetzkampagnen der McCarthy-Ära hörten auf, und die politische Szene schien weniger konfliktreich als seit langem. Die Gesellschaft wurde damals am häufigsten als »Wohlstandsgesellschaft« und »homogenisierte« Gesellschaft bezeichnet, und zumindest oberflächlich betrachtet erschienen diese Bezeichnungen ganz zutreffend. Doch wie die explosiven Vorgänge in den Beziehungen zwischen den Rassen bewiesen, gab es durchaus noch viel soziales Elend, das die Politiker lediglich übersahen oder ignorierten. Zahlreiche Probleme der Nachkriegsgesellschaft mußten noch diagnostiziert und gelöst werden.

Eine der dramatischsten Veränderungen vollzog sich in der Bevölkerung selbst. 1940 hatten die Vereinigten Staaten 123 Millionen Einwohner. 1950 war diese Zahl auf 151 Millionen und 1960 auf 179 Millionen gestiegen. Die Gründe für dieses ungewöhnliche Bevölkerungswachstum waren ganz einfach die Zunahme der Geburtenziffer und eine erhöhte Lebenserwartung. Während des Zweiten Weltkrieges war die Geburtenziffer stark angestiegen, auf 22 pro Tausend; 1947 erreichte der »baby boom« seinen Höhepunkt mit 27 Geburten auf tausend Einwohner, und nach 1949 lag die Geburtenziffer im Durchschnitt jährlich bei 25 Geburten pro tausend Einwohner. Die emotionalen Belastungen durch den Krieg und später die Sicherheit, die die Nachkriegsprosperität gewährte, veranlaßten die Menschen, früher zu heiraten und mehr Kinder zu haben. Fortschritte auf medizinischem Gebiet wie die Entwicklung des Penizillins, der Sulfonamide und der Polioimpfstoffe hatten einen Rückgang der Kindersterblichkeit und eine Zunahme der allgemeinen Lebenserwartung zur Folge. 1940 lag die durchschnittliche Lebenserwartung für den weißen Teil der Bevölkerung bei 64,2 Jahren. 1960 waren es 70,6 Jahre. (Der Unterschied zwischen den Lebensbedingungen der Weißen und Schwarzen zeigte sich unter anderem an der Tatsache, daß diese Ziffern für die Schwarzen bei 53,1 bzw. 63,6 lagen.) Die Bevölkerung vermehrte sich nicht nur, sondern es gab auch Bevölkerungsverschiebungen, vom Norden in den Westen, vom Lande in die kleinen und großen Städte und von den Stadtzentren in die Vororte. Die Wanderbewegungen, zu denen es im Kriege gekommen war, gingen im Frieden weiter. Angelockt durch das günstige Klima und die wirtschaftlichen Möglichkeiten nahm die Bevölkerung Kaliforniens in den 1950er Jahren um 50 % zu, in den im Osten gelegenen Staaten jedoch nur um 12 Prozent. 1964 überrundete Kalifornien den Staat New York und wurde zum bevölkerungsreichsten der Union.

Mehr Menschen lebten in Städten als auf dem Land. 1960 lebten etwa 70 % in großen und kleinen Städten. Die Metropolen jedoch erlebten von 1950 bis 1960 einen Bevölkerungsrückgang. So verringerte sich zum Beispiel die Einwohnerzahl in der Innenstadt von New York um 1,4 %, während sie in den Vorstädten um 25 % zunahm. Das gleiche wiederholte sich in Millionenstädten wie Chicago, Detroit, Philadelphia und Los Angeles. Denn die Mittelklasse verließ die Stadtzentren, um in den Vororten eine ihrem Status entsprechende Wohnung und bessere öffentliche Einrichtungen vorzufinden oder zu schaffen. Der Stadtbezirk von Los Angeles dehnte sich immer weiter aus, bis er eine Fläche von 5 000 Quadratmeilen umfaßte. Man sagte, Los Angeles sei eine Anhäufung von Vororten, die nach einem Stadtkern suchten. Auch andere Großstädte dehnten sich aus und verschmolzen miteinander, und 1960 zeichneten sich drei ausgedehnte Stadtregionen ab: Chicago – Detroit, Boston – New York – Washington und San Francisco – Los Angeles.

Der Anonymität und Konformität des Lebens in den Vororten entsprachen ähnliche Erscheinungen in der Industrie. Die Riesenkonzerne wuchsen weiter und beherrschten immer größere Marktanteile. Die zweihundert größten Unternehmen von 1945 lagen 1960 immer noch an der Spitze, nur waren sie inzwischen noch größer geworden. Durch dieses Wachstum wurden die von »Männern im grauen Flanellanzug« geleiteten Konzerne unpersönlicher und bürokratischer; gleichzeitig wurden sie leistungsfähiger, ihre Produktivität nahm zu, und sie bedienten sich zunehmend der Automation. Um den Warenausstoß und die Nachfrage aufrechtzuerhalten, sorgten die Hersteller dafür, daß ihre Erzeugnisse keine lange Lebensdauer hatten. Außerdem schufen sie »Bedürfnisse«, indem sie hohe Summen für Werbung ausgaben, die Waren anpries als größer und besser und den konkurrierenden Erzeugnissen überlegen. 1956 gab General Motors, einer der drei größten Autokonzerne, mehr als $ 162 Millionen für die Werbung aus, und Procter and Gamble gab $ 93 Millionen aus, um ihre diversen Waschpulver und Seifen anzubieten. Im gleichen Jahr wurden fast $ 9 Millionen Werbekosten aufgewendet, um Alka-Seltzer zu verkaufen, das Mittel gegen die beiden typischen Krankheiten der Wohlstandsgesellschaft – Verdauungsstörungen und Alkoholkater.[16]

Diese Veränderungen hatten auch ihre egalitären Seiten. Die Steigerung der Warenproduktion und der Ausbau des Verteilungsnetzes führten zum Ausbau von Dienstleistungsindustrien, die mehr Personal für Bürotätigkeiten und Management benötigten. Die Technisierung der Fabrikationsmethoden verlangte nach einer größeren Zahl von Facharbeitern. Viele Klassenunterschiede verschwanden in dem Maß, in dem die große amorphe Masse der Mittelklasse zunahm um das Heer der »im weißen Hemd Arbeitenden«, der Büroangestellten und Fachkräfte. 1960 arbeiteten ungefähr 35 Millionen Menschen in Büros, als Verkaufspersonal, als Verwalter und Manager und in den Akademikerberufen; weniger als 32 Millionen dagegen in der Landwirtschaft und als Arbeiter in Fabriken und Bergbauunternehmen. Bei der Produktion für den Massenkonsum ging die Industrie immer mehr zur Standardisierung ihrer Erzeugnisse über, ob es nun Autos oder Lebensmittel waren. Auch das führte zum Verwischen von Klassenunterschieden, denn auf diese Weise wurde auch der Lebensstil der meisten Verbraucher vereinheitlicht. Alle kauften im Grunde gleiche Produkte in gleichartigen Kettenläden und Supermärkten, wenn auch die Markennamen verschieden waren. Der wichtigste Faktor war jedoch die Teilhabe eines immer größeren Teiles der Bevölkerung am Wohlstand seit Beginn des Zweiten Weltkrieges. Von 1947 bis 1960 stieg die Zahl der Familien, deren Jahreseinkommen höher lag als $ 6 000, von 29 auf 47 %, und derjenigen mit einem Jahreseinkommen von mehr als $ 7 500 von 17 auf 31 %. Die meisten Arbeiter schlossen sich einem Versicherungsfonds für eine Altersrente an, arbeiteten durchschnittlich vierzig Stunden in der Woche und konnten sich einen längeren und besseren Urlaub leisten als je zuvor. Die meisten Familien besaßen ein Auto, ein Fernsehgerät und einen Kühlschrank. Die Prosperität bestärkte die Selbstzufriedenheit und ließ viele Menschen die Ungerechtigkeiten vergessen, die es in der amerikanischen Gesellschaft noch zu beseitigen gab.

Die Entwicklung der Nachkriegszeit hatte auch ihre Schattenseiten. Durch die Automation verloren viele ungelernte Industriearbeiter ihren Arbeitsplatz und konnten nur schwer einen neuen finden. Von 1955 bis 1961 verloren auf Grund der neuen Produktionsmethoden mehr als eine Million Arbeiter ihre Arbeitsplätze in der Verbrauchsgüterindustrie; viele von ihnen blieben arbeitslos. 1960 waren 5,6 % der erwerbstätigen Bevölkerung arbeitslos – insgesamt fast vier Millionen Menschen. Auch die Abwanderung in die Vororte der Großstädte schuf Probleme. Der Exodus der Wohlhabenderen beraubte manche Großstädte eines nicht unerheblichen Teils ihrer Steuereinnahmen. Mit dem Einkommensverlust der Städte verringerten sich die öffentlichen Dienstleistungen in den Stadtkernen nur noch mehr. Unterprivilegierte Gruppen wie Schwarze und Puertoricaner zogen in die Stadtzentren, und da weder sie noch die Kommunen über das notwendige Geld verfügten, verfielen die Innenstädte langsam. Die in den Außenbezirken lebenden Menschen waren auf das Auto als Verkehrsmittel angewiesen, und die Bundesregierung, Einzelstaaten und Gemeinden gaben mehr und mehr Geld für den Straßenbau aus. Die öffentlichen Verkehrsmittel aber wurden vernachlässigt.

Die Armen hatten unter diesen Entwicklungen am meisten zu leiden, und von ihnen gab es trotz des verbreiteten Wohlstands noch eine sehr große Zahl. Wie viele Menschen man 1960 in Amerika als »arm« bezeichnen mußte, war und ist bis heute umstritten. Die Meinungsverschiedenheiten liegen bei der Definition des Begriffes Armut: während die einen nur von der Höhe des Einkommens ausgehen, stellten die anderen auch gewisse Ansprüche an Wohnverhältnisse, Bekleidung, Ernährung und den allgemeinen Lebensstil in Rechnung. Die Zahlenangaben schwanken zwischen 20 und 40 und 50 Millionen Armen, je nach den zugrunde gelegten Kriterien.[17] Alle Experten stimmten jedoch darin überein, daß Armut ein Massenphänomen war, das inmitten eines so großen Reichtums nur als erschütternd und alarmierend empfunden werden konnte. Die im Zweiten Weltkrieg begonnene Umverteilung hatte um 1950 aufgehört. Die Zahl der Familien mit Einkommen zwischen $ 6 000 und $ 15 000 erhöhte sich von 1947 bis 1960 von 29 % auf 47 %, aber die Zahl derer, die weniger als $ 4 000 jährlich verdienten, sank nur von 37 auf 23 %. 1959 hatten von New Yorks 2 Millionen Familien genau die Hälfte (49 %) ein Jahreseinkommen von weniger als $ 6 000. Ein Viertel hatte weniger als $ 4 000 zur Verfügung. Was diese Zahlen bedeuteten, illustriert die Tatsache, daß das Arbeitsministerium schätzte, eine vierköpfige Familie benötigte im Jahr zwischen $ 5 000 und $ 6 000 zur Sicherung eines »ausreichenden« Lebensstandards.

Die Armen lebten vor allem, aber nicht ausschließlich in städtischen Gebieten. Viele landwirtschaftliche Arbeiter mußten mit Löhnen auskommen, die unter dem Existenzminimum lagen, und es gab die »vergessenen« Gebiete in den Appalachen, West Virginia und Kentucky, wo die Armut mit dem Rückgang des Bergbaus begonnen hatte. Eine große Zahl alter Menschen, die keine ausreichenden Renten oder Ersparnisse hatten und für die keine Familienangehörigen sorgten, hatten ebenfalls Einkommen, die zum Lebensunterhalt bei weitem

nicht ausreichten. Die Minderheitsgruppen waren von der Armut besonders betroffen. Da sie nicht die gleichen Bildungschancen hatten, waren viele von ihnen ohne Fachkenntnisse und Ausbildung, und das zu einer Zeit, als solche Qualifikationen Voraussetzungen für einen guten Arbeitsplatz waren. Auch ohne derartige Hindernisse führten Rassenvorurteile dazu, daß viele Menschen keine Arbeitsstelle fanden. Etwas zugespitzt gesagt: die Mehrzahl der Armen waren nicht Schwarze, aber die meisten Schwarzen waren Arme.[18] Armut, ob unter Schwarzen oder Weißen, bedeutete schlechte Gesundheit und schlechte Wohnungen. Bei der Volkszählung von 1960 zeigte sich, daß 9 der insgesamt 53 Millionen bewohnter Wohnungen keine eigene Toilette, kein Bad und kein fließendes Wasser hatten. Eine der Ungereimtheiten der Wohlstandsgesellschaft lag darin, daß es mehr Wohnungen mit Fernsehgeräten gab als solche mit ausreichenden sanitären Einrichtungen. Als der Kongreß 1960 Kredite zum Bau von Kläranlagen zur Verfügung stellen wollte, legte Präsident Eisenhower sein Veto mit der Begründung ein, eine solche Maßnahme werde lokale Initiativen dämpfen.
Die vorherrschende Normalität und Konformität der Gesellschaft der 1950er Jahre blieb nicht völlig unangefochten. Viele Menschen empfanden innere Leere und spürten in ihrem wachsenden materiellen Wohlstand Entfremdung und Einsamkeit. Die Rolle und die Bedeutung des Individuums in der Massengesellschaft wurde kritisch untersucht, zum Beispiel von David Riesman in *The Lonely Crowd* (1952), C. Wright Mills in *White Collar* (1951) und William Whyte in *The Organization Man* (1957). Romanschriftsteller behandelten die Bedeutung der Individualität. Saul Bellow und J. D. Salinger beschäftigten sich in ihren Büchern *The Adventures of Augie March* (1953) und *Catcher in the Rye* (1951) mit der Suche nach Identität, die andere Romanschriftsteller verknüpft sahen mit der Anerkennung verschiedenartiger ethnischer Subkulturen: Philip Roth und Bernard Malamud schrieben über Probleme des jüdischen Daseins in Amerika; Ralph Ellison und James Baldwin über den Bewußtseinsstand schwarzer Amerikaner. Die Kritik und Problemanalyse von Romanen und Sachtexten genügten jedoch der lesenden Öffentlichkeit nicht, sie verlangte auch Zuspruch, Trost und einen positiven Ausblick. Viele Menschen wandten sich wieder der Religion und den Kirchen zu. Von 1945 bis 1958 stieg die Mitgliederzahl der Kirchen von 70 Millionen auf mehr als 100 Millionen. Romane, die religiöse Themen behandelten, wie *The Robe* und *The Big Fisherman* von Lloyd Douglas, waren sehr beliebt. 1953 behandelten sechs der acht Sachbuch-Bestseller religiöse Themen. Eisenhower dokumentierte öffentlich seine hohe

Einschätzung der Bedeutung der Religiosität und eröffnete jede Kabinettsitzung mit einem Gebet.
Mehr junge Menschen besuchten in den 1950er Jahren die Colleges und Universitäten als vorher, aber sie blieben erstaunlich unkritisch gegenüber der sie umgebenden Gesellschaft. Es gab jedoch eine kleine Bewegung, die die herrschenden Wertvorstellungen der weißen Mittelklasse ablehnte. Diese sogenannte »beat generation« wandte sich dem Zen-Buddhismus und dem Lebensstil der schwarzen Amerikaner zu. Sie versuchte, mit Hilfe der Mystik und der Sprache, der Musik und den Verhaltensmustern von Gettobewohnern ihre Identität zu finden oder zu schaffen. Vieles an ihrer Rebellion war ziellos, ihr wichtigstes Ziel aber war, daß der einzelne sich ungehindert entwickeln und ausdrücken kann. Stimmung und Haltung der »beats« wurden in dem Roman *On The Road* von Jack Kerouac (1957) und in den Gedichten von Gregory Corso, Lawrence Ferlinghetti und Allen Ginzberg eingefangen. Ihre Stars waren, obwohl sie diesen Ausdruck abgelehnt hätten, die Anti-Helden und ziellosen Rebellen, die James Dean und Marlon Brando in Filmen verkörperten.
Die meisten Amerikaner konnten es sich leisten, die unausgesprochene Kritik der »beats« zu ignorieren. Doch andere Ereignisse in den letzten Jahren von Eisenhowers Amtszeit zwangen sie, sich selbst und ihr Land einer Analyse und Prüfung zu unterziehen. 1957 schoß die Sowjetunion den ersten künstlichen Satelliten »Sputnik« in eine Erdumlaufbahn und erschütterte das amerikanische Selbstvertrauen erheblich. Weitere als Verletzung des Nationalstolzes empfundene Desaster ereigneten sich 1958, als Vizepräsident Nixon auf einer Reise durch mehrere südamerikanische Staaten vom Mob bedrängt, ausgepfiffen und mit Steinen beworfen wurde. 1960 wurde ein U-2-Flugzeug der Vereinigten Staaten auf einem Erkundungsflug über der Sowjetunion abgeschossen. Im gleichen Jahr bat die japanische Regierung Präsident Eisenhower um Verzicht auf einen Besuch, weil sie anti-amerikanische Demonstrationen befürchtete. Der Rückgang amerikanischen Einflusses im Ausland, die wachsende Krise in den Rassenbeziehungen, die Fortdauer der wirtschaftlichen Stagnation und das Ansteigen der Arbeitslosenziffer deuteten darauf hin, daß es ernste soziale und wirtschaftliche Probleme gab, die lange Zeit vom Wohlstand verdeckt worden waren.
Der Zweite Weltkrieg hatte die Depression wirksam beendet und die Grundlagen für die Prosperität im Frieden gelegt. Viele Entwicklungen, die im Krieg begonnen oder sich beschleunigt hatten, gingen im Frieden weiter. Aber der Krieg hatte, indem er den Erfolg des amerikanischen Systems demonstrierte, die Menschen vielleicht daran gehindert, die Feh-

ler und Schwächen des Systems wahrzunehmen. Der wirtschaftliche Aufschwung nach dem Kriege förderte die Tendenz zur Selbstzufriedenheit und Selbstsicherheit. Doch um 1960 wurden viele schwache Stellen deutlich – die Verarmung bestimmter Schichten der Bevölkerung auf lange Sicht, regelmäßig wiederkehrende Arbeitslosigkeit großen Umfanges, Inflation, die Verschlechterung der Lebensverhältnisse in den großen Städten und die Not in landwirtschaftlichen Gebieten. Zwar war die Amtszeit Eisenhowers eine Periode, in der zuvor gemachte Fortschritte konsolidiert und Spannungen beseitigt werden konnten, aber in dieser Ära entwickelten sich auch viele der Konflikte, die in den 1960er Jahren offen ausbrechen sollten. Die 1950er Jahre waren eine Zeit nicht nur der Prosperität, sondern auch des Aufschiebens.

8. Die 1960er Jahre

Von Neil A. Wynn

Wir stehen heute an neuen Grenzen, den Herausforderungen der 1960er Jahre. Hinter ihnen liegen noch unbekannte Möglichkeiten und Gefahren, unerfüllte Hoffnungen ebenso wie Bedrohungen.

John F. Kennedy auf dem Demokratischen Parteitag in Los Angeles 1960, anläßlich seiner Wahl zum Präsidentschaftskandidaten.

I. DIE KENNEDY-JAHRE, 1961–1963

Mit der Wahl John F. Kennedys im Jahre 1960 war in der amerikanischen Nachkriegsgeschichte ein Wendepunkt erreicht. Mit 43 Jahren war Kennedy nicht nur der jüngste aller bisherigen Präsidenten der Vereinigten Staaten, sondern er war auch der erste römisch-katholische Präsident, der erste Präsidentschaftskandidat der Demokraten aus Neuengland seit mehr als hundert Jahren, und er war der zweite Senator, dem der Sprung ins Weiße Haus ohne eine Zwischenstation gelang. Aber noch wichtiger war der Umstand, daß Kennedys Sieg dem Lande eine merkliche Veränderung im Stil der Arbeitsweise der Exekutive brachte. Während sein republikanischer Gegner, Vizepräsident Richard M. Nixon, die zurückliegenden Erfolge der Regierung Eisenhower besonders betont hatte, blickte Kennedy in die Zukunft und betonte die Notwendigkeit von Veränderungen. In seiner Ansprache zur Amtseinführung rief er 1961 das amerikanische Volk zur Opferbereitschaft und zu großen Anstrengungen auf, um »die Feinde zu besiegen, die alle Menschen bedrohen: Tyrannei, Armut, Krankheit und Krieg«.[1] Obwohl sein Aufruf zu energischen innenpolitischen Reformen im Kongreß nicht auf Begeisterung stieß, leitete Kennedy sein Programm der »New Frontier« in die Wege, das sein Nachfolger, Lyndon Baines Johnson (1963–1969), zu Ende führen und erweitern sollte. Auch dessen Reformen sollten sich jedoch als nicht ausreichend erweisen, um die Hoffnungen zu erfüllen, die Kennedy geweckt hatte. Die Bekräftigung der amerikanischen Verpflichtungen in Südostasien durch Kennedy, die Johnson übernahm und noch erweiterte, führte schließlich zu militärischer Niederlage und inneren Konflikten und zu heftigen Auseinander-

Abb. 31: *John F. Kennedy, 1917–1963, 35. Präsident der Vereinigten Staaten (1961 bis 1963)*

setzungen in der amerikanischen Bevölkerung.
Die neue Arbeitsweise der Exekutive zeigte sich bereits bei der Bildung des neuen Kabinetts. Während die Regierung Eisenhower dazu geneigt hatte, nur Interessen der Wirtschaft zu vertreten, bestand in der Regierung Kennedy ein Gleichgewicht zwischen politischen, wirtschaftlichen und regionalen Interessen. Der Republikaner Robert S. McNamara, bisheriger Präsident der Ford Motor Company, wurde Verteidigungsminister, und Arthur J. Goldberg, Arbeitsrechtler und juristischer Berater der AFL-CIO, übernahm den Posten des Arbeitsministers. Der jüngere Bruder des Präsidenten, Robert Kennedy, wurde in das Amt des Justizministers (Attorney General) berufen. Alle Mitglieder des Kabinetts waren verhältnismäßig junge Männer, und es waren Männer mit Ideen. Dieses Image wurde verstärkt durch die Ernennung von Beratern und Mitarbeitern aus der akademischen Welt wie McGeorge Bundy, eines Dekans der Harvard-Universität, Walt Whitman Rostow, eines Professors am Massachusetts Institute of Technology, und Arthur J. Schlesinger jr., des bekannten Historikers Im Weißen Haus verkehrten Nobelpreisträger, Künstler, Musiker und Intellektuelle. Gleichzeitig entwickelte Kennedy einen persönlichen Stil, der sich zur Präsentation in der Öffentlichkeit eignete. Seine zahlreichen Pressekonferenzen und informellen Ansprachen waren die ersten, die direkt und unredigiert im Fernsehen übertragen wurden. Seine Familie und besonders seine von der ganzen Nation Jackie genannte Frau

erwiesen sich als dankbare Objekte der nationalen und internationalen Berichterstattung. Kennedy glich in seinem Auftreten und seiner Arbeitsweise sehr stark Franklin D. Roosevelt, und wie F. D. R. eroberte er bald die Herzen vieler Amerikaner, besonders der jüngeren.

Obwohl er als Präsident sehr beliebt wurde, hatte er die Wahlen nur mit einer äußerst knappen Mehrheit gewonnen: von mehr als 68 Millionen abgegebenen Stimmen hatte er gegenüber Nixon nur eine Mehrheit von 112 881 erhalten. Kennedy konnte sich also nicht auf ein Mandat des Volkes für Reformen berufen, und im Kongreß sah er sich einer stärker gewordenen Koalition aus konservativen Demokraten und Republikanern gegenüber; sie blockierte den größten Teil des von ihm eingebrachten Gesetzgebungsprogramms. Seine Haupterfolge bestanden deshalb in der Erweiterung schon bestehender, vom Kongreß gebilligter Vorhaben und weniger in der Initiierung neuer Programme.

Das Hauptproblem, dem sich Amerika 1961 gegenübersah, war die Wirtschaftsrezession, die im Februar 1961 ihren Tiefstpunkt erreichte (BSP des 1. Quartals $ 501 Milliarden); und die Arbeitslosenziffer lag mit mehr als 5 Millionen etwas über 8 %. Ein beträchtlicher Teil davon, ein bis zwei Millionen Menschen, waren Dauerarbeitslose, die ihre Arbeitsplätze als Folge der Mechanisierung und Automation in der Industrie verloren hatten. Zu ihnen gehörten auch viele junge Leute, denen es an der notwendigen Schul- und Berufsausbildung fehlte. Der Anstieg der Geburtenziffer während des Zweiten Weltkriegs und danach hatte die Zahl der Arbeitskräfte um mehr als 12 Millionen anwachsen lassen; es waren jedoch nur etwa 10 Millionen neue Arbeitsplätze entstanden. Einige Gebiete des Landes, wie zum Beispiel die Appalachen, waren schwerer betroffen als andere, weil die Wirtschaft hier von jeweils einer einzigen Industrie abhängig war, vom Bergbau, dessen Bedeutung schon seit langem zurückgegangen war.

Zunächst versuchte Kennedy, die Wirtschaft mit konventionellen Methoden wieder in Gang zu bringen. Nach seinem Bericht über die Wirtschaftslage vor dem Kongreß im Februar 1961 wurden die Zahlungen aus der Sozialversicherung erhöht und die Mindestlöhne von $ 1,– pro Stunde auf $ 1,25 angehoben. Weitere 4 Millionen Arbeiter kamen zu den 23 Millionen hinzu, für die die Bestimmungen über Mindestlöhne schon galten. Die Arbeitslosenunterstützung wurde zeitweilig erhöht, und besonders rückständige Gebiete erhielten staatliche Hilfe durch ein Regionalentwicklungsgesetz, dem Eisenhower zweimal seine Zustimmung verweigert hatte (Area Redevelopment Act). Durch das Wohnungsbaugesetz

von 1961 wurden $ 2,55 Milliarden für die Stadtsanierung bewilligt, und Maßnahmen der Exekutive, die Senkung der Hypothekenzinsen, die Bereitstellung von Mitteln für den Straßenbau und höhere Militärausgaben trugen ebenfalls dazu bei, die Wirtschaft anzukurbeln. Um das wirtschaftliche Wachstum anzuregen, griff man später zu weniger orthodoxen Maßnahmen und ging dazu über, nicht nur in Zeiten wirtschaftlicher Rezession eine defizitäre Finanzpolitik zu treiben. 1962, als die Handelsbilanz schon wieder eine Aufwärtstendenz zeigte, erhielt Kennedy die Zustimmung des Kongresses zu einem Steuergesetz zur weiteren Anregung der Konjunktur. Zwar wurden Kennedys ursprüngliche Vorschläge vom Kongreß beschnitten, aber das Gesetz erhöhte die Abschreibungssätze für Maschinen und gewährte Steuererleichterungen für Investitionen bei der Anschaffung neuer Produktionsmittel und der Modernisierung der Betriebe. 1963 legte der Präsident einen noch einschneidenderen Gesetzesentwurf vor, der Steuersenkungen in Höhe von $ 10 Milliarden für Unternehmen und Einzelpersonen vorsah, mit Sondervergünstigungen für Bezieher niedriger Einkommen und Steuervorteilen für Personen über 65. Das Gesetz blieb im Kongreß bis nach Kennedys Ermordung stecken.
Eines der wenigen Gesetze, die Kennedy durchbringen konnte, und zwar erst nach langen Auseinandersetzungen im Kongreß, war das Außenhandelsgesetz (Trade Expansion Act) von 1962. Es ermächtigte den Präsidenten, gewisse Einfuhrzölle zu senken und sollte dazu beitragen, die Zahlungsbilanzprobleme zu beseitigen und amerikanische Industrien zur Kostensenkung zu bewegen. Man hoffte, die USA würden auf diese Weise konkurrenzfähiger, insbesondere gegenüber der Europäischen Gemeinschaft , und der inflationäre Druck auf die Preise im eigenen Land werde nachlassen. Obwohl die Inflation die Stabilität der Wirtschaft stark bedrohte, wollte Kennedy nur ungern gesetzliche Lohn- und Preiskontrollen einführen und versuchte statt dessen den Weg der Überzeugung. 1962 hatte es den Anschein, er könnte mit seinen Bemühungen Erfolg haben, als die Regierung die Stahlarbeiter dazu brachte, einer nicht-inflationären Lohnerhöhung zuzustimmen, und zwar unter der Voraussetzung, daß die Unternehmen die Stahlpreise nicht erhöhten. Als der Vorsitzende von United States Steel, Roger Blough, schon zehn Tage später erklärte, die Stahlkonzerne planten eine Preiserhöhung von $ 6 pro Tonne, reagierte Kennedy heftig. Er beschuldigte die Unternehmer öffentlich, »in unverantwortlicher Weise gegen das öffentliche Interesse« gehandelt zu haben.[2] Die Stahlproduzenten gaben nach, als die Regierung drohte, ihnen öffentliche Aufträge zu entziehen. Kennedy nahm

einige seiner früher gemachten Äußerungen zurück, aber nach dieser Episode blieben die Beziehungen zwischen Bundesregierung und Industrie gespannt.

Die im Sinne der Lehren von Keynes ergriffenen Maßnahmen Kennedys brachten verhältnismäßig gute Erfolge. 1965 konnte Amerika auf vier Jahre des Aufschwungs zurückblikken, in denen es keine wirtschaftliche Rezession gegeben und das Bruttosozialprodukt jährlich um 3,6 % zugenommen hatte. Der durchschnittliche Wochenlohn der Fabrikarbeiter stieg zuerst auf $ 100 und dann darüber, und 32 Millionen Familien verdienten mehr als $ 5 000 jährlich. Doch trotz des augenscheinlichen Wirtschaftswachstums blieben die Arbeitslosenziffern hoch, und die Preise stiegen weiter. Außerdem gab es immer noch eine große Zahl von Menschen im Lande, die aus ihrer Armut keinen Ausweg fanden.

Vielen Amerikanern ist die Armut in ihrer Gesellschaft erst in den 1960er Jahren wieder zum Bewußtsein gekommen. Michael Harringtons Buch *The Other America* (1962), in dem er sagte, daß es noch 50 Millionen Arme im Lande gebe, alarmierte die Öffentlichkeit. Wie wir im vorigen Kapitel gesehen haben, sind die von Harrington angegebenen Zahlen bezweifelt worden, aber alle Kommentatoren stimmten darin überein, daß es in der amerikanischen Wohlstandsgesellschaft viel zu viele Arme gab. Präsident Kennedy hatte auf seinen Wahlkampfreisen in Minnesota, Kentucky und West Virginia die Probleme regionaler und struktureller Armut gesehen und in seiner Rede zur Amtseinführung auf die Notwendigkeit zu handeln hingewiesen. Das Regionalentwicklungsgesetz, die vorgeschlagenen Steuersenkungen und die Erhöhung der Sozialversicherungsleistungen waren auch mit der Absicht geplant worden, den Armen zu helfen. Daneben bestanden Pläne zur Einführung einer Krankenversicherung für Personen über 65, zum Erlaß eines Bildungsgesetzes, nach dem mehr Geld für den Bau von Schulen und Zuschüsse für Lehrergehälter zur Verfügung gestellt werden sollten, für die Einrichtung von Ausbildungsstätten für geistig Behinderte und für die Gewährung von Bundesmitteln zur Sanierung der großen Städte. Alle diese Vorhaben wurden vom Kongreß blokkiert, und Kennedy war nicht bereit, eine großangelegte Kampagne um ihre Durchsetzung zu führen.

Widerstand im Kongreß zwang Kennedy auch zu vorsichtigem Taktieren in der Bürgerrechtsfrage. Im Wahlkampf hatte er sich verpflichtet, eine Reihe von Maßnahmen zu ergreifen, um den Schwarzen zu helfen. Aber als er sein Amt übernommen hatte, zog er es vor, sich auf die Gerichte zu verlassen statt auf die Gesetzgebung; er ließ lieber die Exekutivbehörden mit gutem Beispiel vorangehen, als den Kongreß zu Gesetzen zu drängen. Eine Anzahl von Schwarzen wurden in wichtige Ämter berufen. Zu ihnen gehörten vor allem Robert C. Weaver, der langjährige Wohnungsexperte der Schwarzen, der nun die Leitung der Housing and Home Finance Agency übernahm, und Thurgood Marshall, der Rechtsberater der NAACP, der Richter an einem Bundesgericht wurde. Mehrere Schwarze wurden zu Botschaftern ernannt, und andere übernahmen Aufgaben im Weißen Haus. Justizminister Robert Kennedy berief mehrere schwarze Juristen ins Justizministerium und erweiterte die Bürgerrechtsabteilung. Zwar unterschied sich die Regierung Kennedy hierin deutlich von derjenigen Eisenhowers, aber auch ihre Maßnahmen genügten nicht, um zunehmend militante Protestaktionen der Schwarzen zu verhindern.

Der Ende der 1950er Jahre von Martin Luther King und Studentenorganisationen ins Leben gerufenen Protestbewegung gelang es schließlich, die Apathie und Furcht der Schwarzen zu durchbrechen. Die Bürgerrechtsbewegung wurde so aktiv, daß man 1963 von einer »Negro Revolt« sprach. Anfang der 1960er Jahre veranstalteten Organisationen wie der Kongreß für Rassengleichheit (Congress for Racial Equality = CORE), das Studentische Koordinationskomitee für gewaltlosen Widerstand (Students Non-violent Co-ordinating Committee = SNCC) und die von King gegründete Southern Christian Leadership Conference »Freiheitsfahrten«, »Sit-Ins« und Boykotte im ganzen Süden. Als 1961 in Alabama eine solche Fahrt von weißen Mobs angegriffen wurde, setzte Robert Kennedy die Bundespolizei ein, um die schwarzen Demonstranten zu schützen. 1962 schickte Präsident Kennedy Polizei und Bundestruppen nach Oxford, Mississippi, um es dem schwarzen Veteranen James Meredith zu ermöglichen, sich auf der bis dahin nur weißen Studenten zugänglichen Universität immatrikulieren zu lassen. Im Mai 1963 wurde es notwendig, die Nationalgarde von Alabama der Bundesregierung zu unterstellen, bevor Gouverneur George Wallace seinen Versuch aufgab, schwarzen Studenten die Aufnahme in die Universität von Tuscaloosa zu verwehren. Anläßlich dieses Vorfalles trat Kennedy im Fernsehen auf und stellte sich mit einem beredten Appell an die Vernunft und mit dem Gewicht seines Amtes hinter den Kampf um die Gleichberechtigung. Im Juni 1963 legte er dem Kongreß ein umfassendes Bürgerrechtsgesetz vor, um die Rassendiskriminierung in allen Gebäuden zu beenden, die der Öffentlichkeit zum Verkehr zwischen den Einzelstaaten dienten, um die Gerichte in die Lage zu versetzen, die Rassentrennung in den Schulen aufzuheben, und um die Diskriminierung in allen Unternehmen zu beenden, die Regierungsaufträge erhielten. Die Öffentlichkeit war bereits alarmiert angesichts der

Gewalttätigkeit, mit der man im Süden friedlichen Demonstrationen begegnete. Im April 1963 hatte das Fernsehen ganz Amerika und der restlichen Welt gezeigt, wie brutal die Weißen, besonders aber die Polizei, gegen einen gewaltlosen Protest in Birmingham, Alabama, vorgegangen waren. Doch trotz der Appelle Kennedys gingen die gewalttätigen Übergriffe weiter. Der Führer der NAACP in Mississippi, Medgar Evers, wurde am gleichen Abend ermordet, an dem der Präsident seine Ansprache hielt. Einige Monate später wurden vier kleine schwarze Mädchen durch einen Bombenanschlag gegen ihre Kirche in Alabama getötet. Der Kongreß reagierte weder auf die Bürgerrechtsbotschaft Kennedys noch auf die Zunahme der Gewalttätigkeiten und auch nicht auf eine im August 1963 in der Bundeshauptstadt veranstaltete Massenversammlung von 250 000 Bürgerrechtlern. Wie so viele andere Maßnahmen blieb auch Kennedys Gesetzesvorlage zum Bürgerrecht bis nach seinem Tode im Kongreß liegen.

Die Ermordung des Präsidenten am 22. November 1963 in Dallas, Texas, setzte einer Periode der Hoffnungen und Erwartungen ein jähes Ende und löste Entsetzen und Trauer im ganzen Land aus, unter den Parteigängern des Präsidenten wie unter seinen Gegnern. Der Schock verstärkte sich durch die anschließende Ermordung des Attentäters Lee Harvey Oswald und durch den Meinungsstreit über die Motive, die hinter beiden Mordtaten standen. Nach diesen schrecklichen Ereignissen begannen viele, den toten Präsidenten zu preisen und dabei zu übersehen, daß er konkret nur wenig erreicht hatte. Es war Kennedy jedoch eindeutig gelungen, die Hoffnung und den Glauben daran aufrechtzuerhalten und zu stärken, daß es möglich war, große Probleme zu lösen, in Amerika und in der Welt. Vielleicht hat er sogar Erwartungen geweckt, die jenseits der Grenzen des politisch Möglichen lagen. Die schwierige Aufgabe, das Versprechen Kennedys in die praktische Wirklichkeit umzusetzen und Reformen durchzuführen, die den Erwartungen entsprachen, fiel nun seinem Vizepräsidenten Lyndon B. Johnson zu.

II. Der »Krieg gegen die Armut« und die »Grosse Gesellschaft«, 1963–1968

Lyndon B. Johnson brachte die besten Voraussetzungen mit, um die ihm von Kennedy hinterlassene Aufgabe zu übernehmen. Er war 1937 in das Repräsentantenhaus gewählt worden, 1948 in den Senat übergewechselt und 1953 Fraktionsführer der Demokratischen Partei im Senat geworden. Als Vizepräsident führte Johnson den Vorsitz in einer Reihe wichtiger Gremien, wie zum Beispiel im Space Council und im Committee on Equal Employment. In dieser Zeit unternahm er mehrere offizielle Auslandsreisen. Während seiner langjährigen Tätigkeit im Kongreß hatte er große Erfahrung im Umgang mit dieser Institution und ihren Mitgliedern erworben, und er war ein geschickter Politiker und kannte die Methoden der Beeinflussung und Manipulation genau. Als Präsident bemühte er sich um eine Politik des Konsens, wie er es nannte. Die emotionalen Auswirkungen der Ermordung Kennedys gekoppelt mit seinen zweifellos vorhandenen Fähigkeiten ermöglichten es Johnson, innerhalb eines Jahres mehr Gesetzesvorlagen durchzubringen als Kennedy in drei Jahren. 1964 wurde er als Präsident wiedergewählt, als er den Kandidaten des rechten Flügels der Republikanischen Partei, Barry Goldwater, mit einer Mehrheit von über 27 Millionen Stimmen und damit dem überwältigendsten Wahlsieg in der amerikanischen Geschichte schlug. Mit diesen Wahlen erhielt Johnson nicht nur das Mandat eines sehr großen Teils der Bevölkerung, sondern sie brachten der Demokratischen Partei auch eine starke Mehrheit in Senat und Repräsentantenhaus und schwächten wenigstens zeitweilig den Einfluß der Koalition aus konservativen Demokraten und Republikanern.

In seiner ersten Botschaft an den Kongreß nach dem Tode Kennedys verkündete der neue Präsident die Fortsetzung des Programms der »New Frontier«. Im Januar 1964 ging er in seiner ersten Botschaft zur Lage der Nation noch weiter und rief zu einem »bedingungslosen Krieg gegen die Armut« auf. Im gleichen Jahr setzte er sein eigenes Schlagwort für seine politischen Zielvorstellungen, die »Great Society« in Umlauf: die amerikanische Gesellschaft sollte »Wohlstand und Freiheit für alle« bedeuten.[3] Als Teil seines Programms erreichte er die Verabschiedung des Steuergesetzes von 1963 (Revenue Bill), das zugunsten von Steuersenkungen ein Defizit im Bundeshaushalt selbst in einer Prosperitätsphase in Kauf nahm. Die Steuersenkungen garantierten Wirtschaftswachstum. Ein im August 1964 verabschiedetes Gesetz (Economic Opportunity Act) enthielt mehrere vom Kongreß blockierte Vorschläge Kennedys. Als Teil eines breit angelegten Feldzuges gegen die Armut sah das Gesetz eine neue Behörde vor (Office of Economic Opportunity), deren Leitung John Kennedys Schwager Sargant Shriver übernahm. Zu der Behörde gehörte ein Jobs Corps, das an das Civilian Conservation Corps des New Deal anknüpfte. Es ermöglichte jungen Menschen, die vorzeitig die Schule verlassen hatten, einen Beruf zu erlernen. Die *Volunteers in Service to America* (VISTA), ein inneramerikanisches Gegenstück zum Friedenskorps, das Kennedy 1961 ge-

gründet hatte, stellte Sozialarbeiter für örtliche Hilfsprogramme für unterprivilegierte Gruppen zur Verfügung. Eine andere Abteilung des Office of Economic Opportunity hatte die Aufgabe, die Armen zur Selbsthilfe anzuregen und zu unterstützen. Andere Abteilungen wie *Operation Headstart* und *Upward Bound* wurden eingerichtet, um den Armen zu helfen, zu einer Ausbildung zu gelangen und sie dann auch bis zur Erlangung von Spitzenpositionen fortzusetzen. Die Kosten für das gesamte Economic-Opportunity-Programm beliefen sich auf fast $ 1 Milliarde.
Das Gesetz zur Entwicklung der Appalachen (Appalachian Regional Development Act) von 1965 stellte mehr als $ 1 Milliarde für Hilfsmaßnahmen in den wirtschaftlich schwachen Gebieten von West Virginia, Teilen von Kentucky, Tennessee, Alabama und Georgia zur Verfügung. Die wirtschaftliche Entwicklung in diesen Gebieten sollte durch den Straßenbau und berufliche Fortbildungsprogramme gefördert werden. Das im gleichen Jahr verabschiedete Arbeitsbeschaffungs- und Wirtschaftshilfegesetz (Public Works and Economic Development Act) stellte $ 665 Millionen bereit für andere Gebiete, die unter lang anhaltender oder hoher Arbeitslosigkeit, zu niedrigen durchschnittlichen Familieneinkommen oder einer starken Abwanderung ihrer Bewohner litten. In beiden Fällen kam jedoch der größte Teil des Geldes nicht den Armen zugute, sondern blieb in der bürokratischen Maschinerie hängen oder wurde für den Straßenbau verbraucht. Keines von beiden kam den Armen direkt zugute.
Präsident Johnson ging die Probleme der Großstädte ebenso wie die der ländlichen Gebiete an. 1964 wurde ein Verkehrsgesetz verabschiedet, das Kennedy nicht hatte durchbringen können. Es stellte Bundeskredite in Höhe von $ 375 Millionen für den Bau und die Verbesserung von Verkehrsmitteln zur Verfügung. Das Wohnungsbaugesetz von 1965 erleichterte die Raumplanung und erweiterte die Stadtsanierungsprogramme, stellte Gelder für die Einrichtung von Erholungsgebieten, Kredite für Hausreparaturen und Mietzuschüsse zur Verfügung. 1965 wurde das Ministerium für Wohnungswesen und Stadtentwicklung (Department of Housing and Urban Development) geschaffen, dessen Leitung Robert C. Weaver, das erste schwarze Kabinettsmitglied, übernahm. Ein weiteres Wohnungsbaugesetz von 1968 ermöglichte es Familien mit niedrigem Einkommen, staatliche Zuschüsse für die Abzahlung von Hypotheken zu erhalten. Ein Stadtsanierungsgesetz (Model Cities Act) von 1966 vereinigte ebenfalls Hilfsmaßnahmen für die Armen und bildungspolitische Maßnahmen mit einem Programm zur Sanierung von Slums.
Weitere wichtige Gebiete, auf denen die Regierung Johnson

tätig wurde, waren das Gesundheits- und das Erziehungswesen. Während Johnsons fünfjähriger Amtszeit wurden insgesamt 60 Gesetze zum Erziehungswesen und 40 Bundesgesetze zum Gesundheitswesen erlassen. Die Ausgaben der Bundesregierung für Erziehung stiegen von $ 2,3 Milliarden auf $ 10,8 Milliarden, für das Gesundheitswesen von $ 4,1 Milliarden auf $ 13,9 Milliarden.[4]

Das wichtigste Gesetz auf dem Gebiet des Gesundheitswesens, das gleichfalls noch auf Kennedys Initiative zurückging, war das Krankenversicherungsgesetz (Medicare-Social Security Act) von 1965. Durch dieses Gesetz wurden die Beiträge zur Sozialversicherung und entsprechend auch die Leistungen erhöht. Alle Personen über 65 Jahre erhielten Anspruch auf Krankenhausbehandlung und die entsprechende Nachbehandlung. Durch freiwillige zusätzliche Monatsbeiträge konnten sie sich für sonstige ärztliche Kosten versichern. Die Reformen im Erziehungswesen sollten in erster Linie den Armen helfen und ihnen gleiche Bildungschancen ermöglichen. Das Schulgesetz von 1965 (Elementary and Secondary Education Act) stellte ländlichen und städtischen Schulbezirken mehr als $ 1 Milliarde an Bundesgeldern zur Verfügung, und zwar entsprechend der Anzahl armer Kinder, die die Schulen besuchten. Durch das im gleichen Jahr verabschiedete Hochschulgesetz (Higher Education Act) gewährte der Bund bedürftigen Studenten Stipendien und stellte weiter Gelder für den Bau von Hörsälen und Bibliotheken in kleineren Colleges und anderen Bildungseinrichtungen zur Verfügung. Damit war dem Bund die lange umkämpfte und dringend notwendige Einflußnahme auf das Gesundheits- und Erziehungswesen gelungen, zum großen Teil durch Johnsons Initiative und Beharrlichkeit.

Die Regierung Johnson handelte auch direkt und entschlossen, um den Afro-Amerikanern zu helfen. Johnson drängte den Kongreß mit Erfolg, Kennedys Entwurf eines Bürgerrechtsgesetzes als ein Ehrenmal für den ermordeten Präsidenten zu verabschieden. Das Bürgerrechtsgesetz von 1964 ging in einigen Punkten über die ursprünglichen Vorschläge noch hinaus. Es garantierte den Schwarzen Schutz bei der Ausübung ihres Wahlrechts, sah Maßnahmen zur Aufhebung der Rassentrennung in den Schulen vor und untersagte die Rassendiskriminierung in allen öffentlichen Unterkünften und Einrichtungen – in Hotels, Restaurants, Parks und Schwimmbädern. Sowohl die Gewerkschaften als auch die Arbeitgeber wurden aufgefordert, alle diskriminierenden Praktiken aufzugeben, und die Regierung erhielt das Recht, dort, wo die Diskriminierung fortbestand, die Bundesmittel zu entziehen. Weitere Garantien wurden im Wahlrechtsgesetz von 1965 verankert, das Bundesbeamte ermächtigte, dort einzugreifen, wo man den

Schwarzen das Recht verweigerte, sich in die Wählerlisten einzutragen oder zu wählen. 1965 entschied das Oberste Bundesgericht auch, daß weitere Verzögerungen bei der Aufhebung der Rassentrennung in den Schulen nicht zulässig seien, und ordnete Sofortmaßnahmen der Behörden an.

Alle diese Gesetze, die zwar von historischer Bedeutung waren, blieben hinter den Erwartungen der Schwarzen zurück. Sie waren in der Absicht erlassen worden, die Schwarzen der übrigen Bevölkerung rechtlich gleichzustellen, aber die Bürgerrechtsmaßnahmen kamen in erster Linie im Süden zur Auswirkung und trugen kaum dazu bei, die Not der Schwarzen in den Großstädten des Nordens zu lindern. Die Tatsache, daß die Reformen nicht mit den steigenden Erwartungen Schritt hielten, führte dazu, daß Frustration und Enttäuschung der Schwarzen wuchsen. Die Ethik der Gewaltlosigkeit, wie Martin Luther King sie predigte, und das Konzept von der allmählichen Integration, die andere Führer der Schwarzen anstrebten, verloren an Einfluß. Nachdem Stokeley Carmichael 1966 mit der Forderung nach »Black Power« die Schwarzen zum aktiven Widerstand aufgefordert hatte, wurde die Teilnahme der Weißen an der Bürgerrechtsbewegung viel geringer. Sie wurden auf den zweiten Platz verdrängt, und eine neue Generation junger militanter Schwarzer übernahm die Führung. Einige wendeten sich der separatistischen Ideologie der Schwarzen Muslims zu; Ende der 1960er Jahre war deren Mitgliederzahl auf etwa 50 000 gestiegen, und viele andere sympathisierten mit ihnen. Trotz ihrer sehr strengen Vorschriften für sexuelles Verhalten, Alkohol und Drogen gelang es ihnen, sehr viele ehemalige Gefängnisinsassen und Drogensüchtige für sich zu gewinnen und zu rehabilitieren. Ein solcher ehemaliger Sträfling, Malcolm X, wurde zum Wortführer des »schwarzen Nationalismus«, und seine *Autobiographie* (1965) wurde zum Evangelium der schwarzen Revolution.

1966 gründeten Huey Newton und Bobby Seale die noch militantere Vereinigung der »Black Panthers«. Die durch Malcolm X, Frantz Fanon und marxistische Schriften beeinflußten Panther traten für »revolutionären Nationalismus« ein, der sich auf bewaffnete Selbstverteidigung stützen sollte. Obwohl die Panther nur wenige Mitglieder hatten – es waren höchstens 5 000 –, fanden sie wie die Muslims in der schwarzen Bevölkerung eine große Zahl von Sympathisanten. Ihre Anhängerschaft vermehrte sich, weil sie durch häufige gewalttätige Auseinandersetzungen mit Hütern der »weißen Ordnung« bekannt und gelegentlich wahrscheinlich auch Opfer eines brutalen Vorgehens der Polizei wurden.

In ihrer mildesten Form förderte die Black-Power-Bewegung

den Stolz und das Selbstbewußtsein der Schwarzen, und sie begannen, das schwarze Kulturerbe neu zu entdecken. Viele schwarze Amerikaner beschäftigten sich nun mit afrikanischer Geschichte und übernahmen einen afrikanischen Lebensstil, und in den schwarzen Gettos sah man immer häufiger Frisuren und Kleidung im »Afro-look«. Die Schwarzen suchten in der amerikanischen Geschichte nach schwarzen Helden, und Männer wie Marcus Garvey wurden neu bewertet und in die Geschichte des schwarzen Amerika aufgenommen. In ihren extremeren Formen hat die Militanz der Schwarzen möglicherweise dazu beigetragen, daß sich die Gewalttätigkeit in den Städten steigerte. Wilde Erklärungen der Schwarzen Panther und ähnlicher Gruppen und Schlachtrufe wie »Burn, Baby, Burn« erhöhten die Spannungen, die Verbitterung und die Enttäuschung vieler Schwarzer und führten zum Ausbruch einer Serie von Rassenkrawallen. Im August 1965 wurden bei Krawallen in Watts, dem Getto von Los Angeles, 24 Menschen getötet und mehr als tausend verletzt. 1966 kam es dann in vielen Städten, in Chicago, Cleveland, New York, Newark, Detroit und anderen zu massiven Rassenkrawallen. 1967 richtete Präsident Johnson eine Untersuchungskommission unter Vorsitz des Gouverneurs von Illinois, Otto Kerner, ein, die die Ursachen dieser Gewaltausbrüche untersuchen sollte. In ihrem 1968 veröffentlichten Bericht kritisierte die Kerner-Kommission nicht nur die militanten Schwarzen, sondern auch die Polizei als Verursacher vieler der Übergriffe. Die Hauptursache sei jedoch der weiße Rassismus, der das Leben in Amerika durchdringe. Wie zur Bestätigung des Untersuchungsergebnisses wurde Martin Luther King, seit langem ein Befürworter des gewaltlosen Protestes, im April 1968 von einem Weißen erschossen. Für viele Afro-Amerikaner endete mit Kings Tod jede Hoffnung auf Versöhnung mit dem weißen Amerika, und in mehr als hundert Städten im ganzen Lande kam es zu heftigen Rassenkrawallen. Die mit zunehmender Gewaltanwendung vorgetragenen Forderungen der Schwarzen führten zu einer heftigen Gegenreaktion der Weißen (»white backlash«) und zu Widerstand und Unterdrükkung anstatt zu Reformen. Ende der 1960er Jahre schien die schwarze Revolte ihre Stoßkraft verloren zu haben, und in den schwarzen Gettos wurde es verhältnismäßig ruhig.

1967 waren auch die Reformen auf anderen Gebieten zum Stillstand gekommen. Nach den Kongreßwahlen von 1966 war die konservative Koalition zwischen Demokraten aus dem Süden und Republikanern aus dem Mittleren Westen aufs neue bekräftigt worden und hatte sich gegen eine Erweiterung der Sozialgesetzgebung gestellt. Zugleich begann auch der Kongreß, seine Machtstellung gegenüber der des Präsidenten wieder geltend zu machen. Neben dem Widerstand gegen weitere Reformen verstärkte sich das Gefühl, die bisher ergriffenen Maßnahmen hätten versagt. Viele Menschen blieben arm, und auch die Schwierigkeiten der Städte bestanden weiter. Für keines der Regierungsvorhaben war genügend Geld zur Verfügung gestellt worden – für den »Krieg gegen die Armut« wurde weniger als 1 % des Bruttosozialproduktes bewilligt –, und große Summen des bewilligten Geldes wurden verschwendet oder kamen Bürokraten, nicht aber den Armen zugute. Die Regierung Johnson hatte zwar viel Anerkennenswertes geleistet, aber gerade die Vielzahl der Maßnahmen führte zu Schwierigkeiten und Verschwendung. Sehr oft waren die Gesetze an sich gar nicht schlecht, sie kamen nur zwanzig Jahre zu spät. Als Johnson Präsident wurde, verfielen die Stadtzentren der Großstädte schon, und sogar die Vororte hatten mit Schwierigkeiten zu kämpfen. Die Programme zur Förderung der öffentlichen Wohlfahrt stellten ein kompliziertes Durcheinander dar, und die neuen Gesetze stifteten nur noch mehr Verwirrung. Der Hauptgrund für das Versagen des Programms der »Great Society« war jedoch, daß es geopfert worden ist, um in Südostasien einen kostspieligen Krieg zu führen. Schließlich setzte der Vietnamkrieg nicht nur dem Reformprogramm ein Ende, sondern er beendete auch die Führungsrolle der Demokratischen Partei, und bittere Auseinandersetzungen über den Sinn des Krieges teilten die Bevölkerung in feindliche Lager.

III. VIETNAM: DAS VERSAGEN EINER AUSSENPOLITIK UND SEINE FOLGEN

Die Beteiligung der Vereinigten Staaten am Krieg in Vietnam war in vieler Hinsicht die unausweichliche Folge der Außenpolitik Amerikas nach dem Zweiten Weltkrieg. Sowohl Kennedy als auch Johnson gingen vom Konzept der »Eindämmung« des Kommunismus und von Amerikas Rolle als Weltpolizist aus. Das Konzept war in den Nachkriegsjahren formuliert und im Koreakrieg erweitert worden. Da die amerikanischen Strategen die Weltpolitik nur noch als Kampf zwischen Kommunismus und Demokratie begriffen, unterschätzten sie nationale und kulturelle Unterschiede und betrachteten alle Gesellschaften als auf dem Weg hin zum Zustand der amerikanischen Gesellschaft. Die verschiedenen amerikanischen Regierungen waren darüber hinaus bereit, diktatorische Regime wie das des Präsidenten Batista in Kuba, Diems in Südvietnam und Phoumis in Laos zu unterstützen, aus Angst vor der Machtübernahme durch wirkliche oder angebliche

Kommunisten. Solche Regierungen wurden in erster Linie militärisch und finanziell unterstützt. Das von Truman begonnene Auslandshilfeprogramm, das in erster Linie die wirtschaftliche Entwicklung in unterentwickelten Ländern fördern sollte, verwandelte sich bald in eine Waffe gegen den Kommunismus. 1963 hatten 90 % oder $ 45 Milliarden der in der Zeit nach dem Marshallplan gewährten Auslandshilfe aus militärischer und nicht aus wirtschaftlicher oder technischer Hilfe bestanden. 1966 wurden $ 1,6 der 3,5 Milliarden Auslandshilfe für militärische Zwecke ausgegeben.[5] Neben der finanziellen Unterstützung übernahmen die Amerikaner auch sehr weitgehende direkte militärische Verpflichtungen. In den 1960er Jahren waren durchschnittlich mehr als eine Million amerikanischer Soldaten im Ausland, verteilt auf 30 verschiedene Länder, stationiert. Wenn es nicht gelang, den wachsenden Einfluß linker Kräfte in diesen Ländern durch Wirtschaftshilfe und Intrigen einzudämmen, dann war die Versuchung groß, mit Gewalt einzugreifen. In Vietnam erlag die amerikanische Regierung dieser Versuchung und führte einen kostspieligen Krieg, der großen Widerstand in der amerikanischen Bevölkerung auslöste und am Ende erfolglos blieb.

John F. Kennedys Außenpolitik war eine Mischung aus Altem und Neuem, Erfolgen und Mißerfolgen. In Lateinamerika schuf er 1961 die Allianz für den Fortschritt, um wirtschaftliches Wachstum anzuregen und den Lebensstandard zu heben. Er forderte von den Beteiligten auch Bemühungen um soziale Reformen und Demokratie und wollte nur ungern mit Militärdiktaturen zusammenarbeiten. Doch schon einen Monat später erklärte er sich, wenn auch widerstrebend, bereit, eine Invasion Kubas durch kubanische Gegner Castros zu unterstützen. Nach drei Tage dauernden Kämpfen in der Schweinebucht brach der Invasionsversuch zusammen. Die Allianz für den Fortschritt erholte sich zwar von diesem anfänglichen Rückschlag, aber die Vereinigten Staaten haben sich für Reformen in Südamerika nie sehr energisch eingesetzt, und es wurde kaum etwas erreicht.

Der Versuch der sowjetischen Regierung, 1962 auf Kuba Raketen zu stationieren, löste eine ernsthafte Krise aus. Nur durch das geschickte Taktieren Kennedys in dieser schwierigen Lage konnte eine drohende gewaltsame Konfrontation der beiden Supermächte vermieden werden. Nachdem der Präsident die sowjetische Regierung dazu gebracht hatte, ihre Raketen aus Kuba abzuziehen, bemühte er sich um die politische Entspannung in den Beziehungen zur kommunistischen Weltmacht, und die amerikanisch-sowjetischen Beziehungen verbesserten sich. In einer Ansprache an der American University in Washington sprach er sich 1963 sogar für eine neutralistische amerikanische Außenpolitik aus, die von der Anerkennung der Vielfalt der politischen Systeme in anderen Ländern ausging. Der Abschluß des Atomwaffensperrvertrages im gleichen Jahr trug weiter dazu bei, die Spannungen des Kalten Krieges zu verringern. Zugleich erhöhte Kennedy jedoch die Militärausgaben und – weit davon entfernt, die Verschiedenartigkeit der politischen Systeme anerkennen zu wollen – lehnte es ab, in Südostasien neutral zu bleiben, und beschloß die militärische Intervention. Kennedy hielt Nationalisten und Antikolonialisten fälschlich für Kommunisten, stellte die Tatsache, daß es sich hier um einen Bürgerkrieg handelte, nicht ernsthaft genug in Rechnung, und schickte die ersten amerikanischen Kampftruppen nach Südvietnam, um das hinfällige Diem-Regime zu stützen. Obwohl Kennedy auf eine politische und nicht auf eine militärische Lösung hoffte, akzeptierte er die »Dominotheorie« und die Eindämmungspolitik doch voll und ganz.

Präsident Johnson setzte die Politik seines Vorgängers Kennedy fort. Auch nach dem Ausscheiden des sowjetischen Ministerpräsidenten Chruschtschow aus seinem Amt im Jahre 1964 wurde die Entspannungspolitik gegenüber der Sowjetunion fortgesetzt, und zwar trotz der Rückschläge durch den Nahostkrieg von 1967 und trotz der Besetzung der Tschechoslowakei von 1968. In Lateinamerika entfernte sich Johnson von der Reformpolitik Kennedys und räumte der Stabilität vor allem anderen den Vorrang ein. Er war deshalb auch bereit, die Militärdiktatur zu unterstützen, die 1964 die Macht in Brasilien übernahm. 1965 unterstützte Johnson die Militärjunta der Dominikanischen Republik mit 20 000 amerikanischen Soldaten, um einen Gegenstaatsstreich zu verhindern, der von einem großen Teil der Bevölkerung unterstützt wurde. Die Intervention wurde anfangs als Schutzmaßnahme für amerikanische Bürger gerechtfertigt; später dann als Verhinderung der Machtübernahme durch Kommunisten. Jedenfalls blieb die Junta an der Macht.

Die Unterstützung einer anti-kommunistischen, aber eben zugleich reaktionären Regierung in Südvietnam führte zur rapiden Steigerung der amerikanischen Beteiligung an diesem Krieg. Die Zahl der in Vietnam eingesetzten amerikanischen Soldaten erhöhte sich jedes Jahr: Im Dezember 1963 waren es etwas mehr als 16 000; im Dezember 1968 mehr als 500 000. Mit der Zunahme der Truppenstärke erhöhten sich auch die Verluste: 1964 fielen 147 amerikanische Soldaten, und 1 000 wurden verwundet; 1968 fielen 14 500 Soldaten, und fast 93 000 wurden verwundet.[6] Auch die finanziellen Kriegskosten steigerten sich, bis sie im Jahre 1967 $ 28 Milliarden jährlich betrugen. Doch während dieser ganzen Zeit hat man den eigentlichen Charakter dieses Krieges verkannt. Ohne Rücksicht auf die Guerillataktik des Gegners schickten die Amerikaner weiterhin große Mengen von Menschen und Material nach Vietnam und hielten an ihrer Überzeugung fest, daß ihre materielle und zahlenmäßige Überlegenheit sich schließlich doch auswirken werde. Nach einem Zwischenfall im Golf von Tongking, an dem amerikanische und nordvietnamesische Kriegsschiffe beteiligt waren, setzte Johnson 1964 einen Kongreßbeschluß durch, der ihn mit fast unbegrenzten Vollmachten ausstattete. 1965 begannen amerikanische Luftstreitkräfte, Nordvietnam zu bombardieren, und bis 1968 hatten sie auf Vietnam mehr Bomben abgeworfen als die gesamten alliierten Luftstreitkräfte während des Zweiten Weltkrieges. Aber selbst nach derart massiven Angriffen und trotz der Verwendung von Chemikalien zur Entlaubung der Wälder, von Napalm und giftigen chemischen Kampfmitteln wollten sich die Nordvietnamesen nicht geschlagen geben.

Je länger der Krieg dauerte, desto ernster waren seine Auswirkungen auf die amerikanische Gesellschaft. 1968 waren die Militärausgaben auf $ 75 Milliarden oder 56 % des gesamten Bundeshaushalts gestiegen. Doch Johnson blieb immer bei seiner Behauptung, daß Amerika gleichzeitig »Kanonen und Butter« haben könnte, und 1966 erklärte er vor dem Kongreß: »Wir können die ›Great Society‹ aufbauen und zugleich in Vietnam kämpfen.«[7] Der Kongreß war anderer Meinung. Als Johnson 1967 um eine zehnprozentige Steuererhöhung nachsuchte, verweigerte der Kongreß seine Zustimmung, sofern sich der Präsident nicht bereit erklärte, die Ausgaben im Inneren ebenfalls zu senken. Als der Präsident sich weigerte, lehnte der Kongreß die Steuererhöhung ab, begann jedoch trotzdem, die Mittel für innenpolitische Vorhaben zu kürzen. Der von Anfang an mit zu geringen Mitteln finanzierte »Krieg gegen die Armut« mußte jetzt erheblich eingeschränkt werden. Da die Regierung die Kriegskosten nicht mehr decken konnte, steigerte sich gleichzeitig die Inflation, und dadurch wurden die früheren Versuche, den Armen zu helfen, zunichte gemacht. Die hohen Dollarbeträge, die ins Ausland gingen, verstärkten außerdem die Zahlungsbilanzschwierigkeiten der Vereinigten Staaten und schwächten ihre Position im Welthandel.

Die psychologischen Folgen des Krieges waren nicht weniger weitreichend als die wirtschaftlichen. Die ständigen Halb- und Unwahrheiten präsidentieller Verlautbarungen untergruben das Vertrauen der Bevölkerung zu ihrer Regierung. Daß man Nordvietnam dann der Aggression bezichtigte, wenn die Sachlage gerade anders war, und in Situationen von Siegen sprach, in denen ein Sieg unmöglich war, erzeugte die viel besprochene »Vertrauenslücke« zwischen Volk und politischen Führern. Das ganze Ausmaß der offiziellen Lügen wurde erst 1971 durch die Veröffentlichung von Geheimdokumenten in den *Pentagon Papers* enthüllt. Der Erfolg der vietnamesischen Tet-Offensive von 1968, die nur wenige Wochen nach optimistischen Siegeserklärungen des amerikanischen Oberbefehlshabers General Westmoreland erfolgte, vernichtete den Rest von Glaubwürdigkeit, den die Regierung Johnson noch hatte bewahren können.

Die Erfolge der mit Unterstützung mehrerer sozialistischer Länder kämpfenden Vietnamesen erschütterten auch das Selbstvertrauen der Amerikaner und zwangen sie, lange gehegte Vorstellungen über die Rolle Amerikas in der Welt in Frage zu stellen. Für die in Vietnam kämpfenden Soldaten waren die Auswirkungen natürlich am schlimmsten. Die erfolgreiche Guerillataktik des Feindes machte es den Amerikanern unmöglich, einen konventionellen Krieg zu führen, ihren Gegner zu fassen oder ihn auch nur von der Zivilbevölkerung zu unterscheiden. Die sich daraus ergebende Frustration und der Wert, den man auf Leichen-Statistiken als Gradmesser militärischen Fortschritts legte, führten zur Brutalisierung der Truppen. Die amerikanische Öffentlichkeit, die den Krieg in allen Einzelheiten am Fernsehschirm verfolgte, konnte die Grausamkeiten und den Horror kaum übersehen. 1969 wurde das volle Ausmaß an Brutalität in diesem Kriege bekannt, als amerikanische Journalisten publik machten, daß amerikanische Soldaten ein Jahr zuvor in My Lai Hunderte unbewaffneter Zivilisten, darunter auch Frauen und Kinder, ermordet hatten. In den Vereinigten Staaten nahm der Widerstand gegen den Krieg zu, und die amerikanischen Streitkräfte wurden in zunehmendem Maße demoralisiert. Viele Soldaten nahmen Drogen, und es wurde berichtet, die Ermordung eigener Offiziere mit Handgranaten (»fragging«) sei nichts Unbekanntes gewesen.

Die Kosten des Krieges an Menschen und Material stärkten die Opposition gegen den Krieg. 1967 nahm die Anti-Kriegsbewegung, die 1965 mit Demonstrationen an den Universitäten begonnen hatte, beträchtliche Ausmaße an. Mehr als 200 000 Demonstranten beteiligten sich 1967 an dem großen Protestmarsch zum Pentagon. Viele junge Amerikaner weigerten sich, am Krieg teilzunehmen, wurden Kriegsdienstverweigerer oder flohen nach Kanada und Europa. Als der Wahlkampf von 1968 näherrückte, gab es Spaltungen in der Demokratischen Partei und sogar in der Exekutive. Mächtige Parteipolitiker wie J. William Fulbright und Robert Kennedy kritisierten die Politik Johnsons, und die Kabinettsmitglieder Mc-

Namara, Acheson und sogar der Verteidigungsminister Clark Clifford drängten den Präsidenten in vertraulichen Gesprächen dazu, den Krieg zu beenden.
Nachdem zuerst Eugene McCarthy und dann Robert Kennedy bei den Vorwahlen der Demokratischen Partei als Friedenskandidaten Erfolge gehabt hatten und die öffentliche Stimmung gegen den Krieg immer stärker wurde, entschloß sich Johnson zur Einstellung der Bombardierung Nordvietnams. Gleichzeitig erklärte er in einer Fernsehansprache, daß er sich nicht um die Präsidentschaft bewerben werde. Nachdem Robert Kennedy seinen demokratischen Mitbewerber McCarthy in den Vorwahlen von Indiana, Nebraska und Kalifornien besiegt hatte, wurde sein Wahlkampf tragisch beendet; ein in Amerika lebender Jordanier erschoß ihn. Die Empörung, die dieser Mord im ganzen Lande auslöste, verstärkte sich zwei Monate später noch durch das Debakel auf dem Parteikonvent der Demokraten in Chicago, als die Polizei des Bürgermeisters Daley mit brutaler Gewalt gegen eine Versammlung demonstrierender Kriegsgegner vorging. Die gespaltene Demokratische Partei einigte sich indessen auf Johnsons Vizepräsidenten Hubert Humphrey als ihren Präsidentschaftskandidaten. Die Republikaner stellten erneut Eisenhowers Vizepräsidenten Richard M. Nixon auf. Bei einer Wahlbeteiligung von nur 60,7 % gewann Nixon mit einer Mehrheit von 500 000 Stimmen. Den Wahlsieg hatte er zum Teil seinem Versprechen zu verdanken, er werde den Krieg schnell beenden. Es dauerte jedoch noch volle vier Jahre, bis die amerikanischen Truppen nach weiteren erbitterten Kämpfen und einer Vertiefung der Konflikte und Proteste in der Heimat aus Vietnam abgezogen wurden (s. Kap. 9, Abschnitt I).

IV. DIE AMERIKANISCHE GESELLSCHAFT IN DEN 1960ER JAHREN

Die 1960er Jahre unterschieden sich deutlich von dem vergangenen Jahrzehnt. Der allgemeine Wohlstand, der zu Eisenhowers Zeiten geherrscht hatte, blieb erhalten. Neu waren die Kritik und Analyse der Schwächen der amerikanischen Gesellschaft, die Kennedys und Johnsons Reformstimmung auch zu fördern schien. Die konkreten Versuche, die Rassenbeziehungen und den Lebensstandard für alle zu verbessern, ließen die grundsätzlichen Zweifel durchaus nicht verstummen; eher bewirkten sie das Gegenteil. Die zunehmende Leidenschaftlichkeit der Bürgerrechtsbewegung und dann das Auftreten der Kriegsgegner und studentischen Protestgruppen hatten einen konservativen Rückschlag und tiefgreifende Meinungsunterschiede im ganzen Land zur Folge. Wenn man die amerikanische Gesellschaft der 1950er Jahre mit den Beiwörtern »friedlich« und »homogenisiert« bezeichnet hatte, dann mußte man nun die 1960er Jahre eher als »turbulent« und »gewalttätig« beschreiben.

Trotz alledem setzten sich viele der in den 1950er Jahren bereits erkennbaren Tendenzen fort. Die amerikanische Bevölkerung wuchs noch immer rasch. In zehn Jahren vermehrte sich die Bevölkerung um 24 Millionen und überschritt damit die 200-Millionen-Grenze. Aber nach 1965 verlangsamte sich die Wachstumsrate, und die Geburtenziffer fiel von 1960 bis 1970 von 24 pro 1 000 auf 18 pro 1 000. Gründe dafür waren die zunehmend bewußte Familienplanung durch Empfängnisverhütung, insbesondere die ovulationshemmende Pille, und Abtreibung, die weniger strikt als früher strafrechtlich geahndet wurde, und insgesamt eine neue Haltung gegenüber der Rolle der Frau und der Funktion der Familie. Mit weiteren Fortschritten auf medizinischem Gebiet und der Hebung des Lebensstandards verbesserte sich auch der Gesundheitszustand der Bevölkerung. 1967 lag die durchschnittliche Lebenserwartung eines weißen Amerikaners bei 71,3 Jahren, für einen Schwarzen lag sie weiterhin viel niedriger bei 64,6 Jahren. An Tuberkulose starben nur noch 3 aus einer Bevölkerung von 100 000, aber die hohe Sterblichkeit als Folge von Herzkrankheiten – 377 von 100 000 – zeigte den Preis, den das moderne Leben forderte. Eine von Ironie nicht freie Illustration der Rassendiskriminierung war der Umstand, daß Schwarze, wahrscheinlich weil sie weniger in Schreibtischberufen tätig waren, auch viel weniger an Herzkrankheiten litten; von 100 000 Schwarzen starben nur 27 an derartigen Krankheiten.

Diese zahlreicher gewordene und allgemein gesündere Bevölkerung wechselte auch weiterhin sehr häufig den Wohnsitz. Zwischen 1965 und 1970 zog fast jede zweite Familie (47 %) einmal um. Die Wanderbewegung folgte dem bekannten Schema – vom Land in die Stadt und innerhalb der Stadtgebiete aus dem Stadtkern in die Vororte. In den 1960er Jahren vergrößerte sich die Bevölkerung der Vororte um 28 %, während sie in den Stadtzentren nur um 1 % zunahm. 1970 lebten 75 Millionen Menschen in den meist wohnlicheren Außenbezirken der Städte, 62 Millionen in den Innenstädten und 63 Millionen in ländlichen Gebieten. Der Wohnort innerhalb des Stadtgebietes und die Rasse waren eindeutig miteinander verknüpft: die Vororte waren im großen und ganzen eine Domäne der Weißen, während die zunehmend verfallenden Stadtzentren hauptsächlich von Schwarzen bewohnt wurden. Die professionellen Stadtplaner und Urbanologen begannen Ende der 1960er Jahre daran zu zweifeln, ob sie eine Lösung

der Großstadtmisere würden finden können. Zu Recht wiesen zum Beispiel Nathan Glazer und Richard Wade darauf hin, daß die Lebensbedingungen in den Städten viel besser seien als fünfzig oder hundert Jahre zuvor; aber die Bewohner der Slums und Gettos verglichen ihren Zustand nicht mit dem ihrer Großeltern, sondern dem ihrer Zeitgenossen in Suburbia.
Die expansionistische Wirtschaftspolitik Kennedys und Johnsons hatte insofern Erfolg, als es in den 1960er Jahren zu keiner Rezession kam. Das Bruttosozialprodukt, das 1960 $ 503 Milliarden betragen hatte, lag 1970 bei $ 976 Milliarden. Das mittlere Einkommen der amerikanischen Familie betrug 1959 $ 5 660 und stieg bis 1969 auf $ 9 590. Das Bureau of Labor Statistics schätzte jedoch, daß 1967 eine in der Großstadt lebende vierköpfige Durchschnittsfamilie ein Jahreseinkommen von $ 9 000 brauchte, um einen bescheidenen Lebensstandard zu halten. Sehr viele Menschen verdienten weniger, und obwohl die Zahl der Armen während der 1960er Jahre nach offiziellen Angaben zurückging, litten noch mehrere Millionen Amerikaner materielle Not. Die Programme im Rahmen des »Krieges gegen die Armut« hatten manchen, aber durchaus nicht allen Armen geholfen. Zudem wurden diese Maßnahmen nach Präsident Nixons Amtsübernahme (1969–74) drastisch reduziert, und seine Versuche, den Haushalt durch Kürzung der Bundesausgaben auszugleichen, verstärkten eine erneute Rezession. Das Bruttosozialprodukt ging zurück, und die Zahl der Arbeitslosen erhöhte sich von 3,3 % Ende 1968 auf 5,8 % im Jahre 1970. Die lange Wachstumsperiode ging mit einer rapiden Inflation zu Ende, die den Dollar in weniger als zwei Jahren um mehr als 8 % entwertete.
Die Wirtschaft blieb dabei durchaus stabil und die Industrieunternehmen florierten. Die Produktionskapazität im Inland steigerte sich von 1958 bis 1968 um mehr als 70 %. Den größten Anteil an der Wachstumsrate verzeichneten die Großunternehmen, die Amerikas Wirtschaft in immer stärkerem Maße beherrschten. Viele der 200 größten Unternehmen erweiterten ihr Produktionsprogramm und drangen durch Fusionen und Firmenzusammenschlüsse in die verschiedensten Märkte ein. 1969 waren 70 % aller Arbeitskräfte bei den 500 größten Firmen beschäftigt, und weniger als 1 % aller Kapitalgesellschaften besaßen 86 % des gesamten Industriekapitals. Ebenso alarmierend für Kritiker des amerikanischen Kapitalismus und für viele Europäer war die in jüngster Zeit stark zunehmende Ausweitung amerikanischer Geschäftsinteressen im Ausland. Bis etwa 1956 waren die Anlagen europäischer Firmen in den Vereinigten Staaten größer als diejenigen amerikanischer Firmen in Europa. Danach verkehrte

sich dieses Verhältnis sehr bald in sein Gegenteil. 1969 verzeichneten die europäischen Tochtergesellschaften amerikanischer Unternehmen einen Umsatz von $ 142 Milliarden. Das war mehr als das Bruttosozialprodukt Großbritanniens oder Frankreichs.[8] Was die Europäer veranlaßte, von einem neuen »Wirtschaftskolonialismus« zu sprechen, war die Tatsache, daß jetzt bestimmte Schlüsselindustrien außerhalb der Kontrolle ihrer eigenen Regierungen standen. Die Computerindustrie wurde von zwei amerikanischen Gesellschaften, IBM und General Electric, beherrscht. Amerikanische Gesellschaften besaßen auch wesentliche Anteile in anderen Industrien, zum Beispiel in der Automobilindustrie, der Kugellagerindustrie und der Reifenindustrie. Gleiches galt auch für andere Teile der Welt. In Lateinamerika wurde die Förderung von Kupfer, Zinn und Erdöl zum größten Teil von amerikanischen Firmen kontrolliert.
Ein weiterer vieldiskutierter Punkt der Kritik waren die engen Beziehungen zwischen der Industrie und dem militärischen Establishment. Der Soziologe C. Wright Mills hatte 1956 in seinem Buch *The Power Elite* von einer »ständigen Kriegswirtschaft« gesprochen, und Präsident Eisenhower warnte in seiner Abschiedsansprache an die Nation vor den Gefahren einer derartigen Entwicklung.[9] Aber erst nach Ausbruch des Krieges in Vietnam wurden diese Warnungen ernst genommen. 1967 waren schätzungsweise 8 Millionen Arbeiter oder 10 % der arbeitenden Bevölkerung von Rüstungsaufträgen abhängig, und 10 bis 20 % des Bruttosozialprodukts wurden für militärische Zwecke ausgegeben. Die Beziehungen zwischen der Wirtschaft und dem militärischen Establishment waren dadurch gestärkt worden, daß zahlreiche ehemalige Offiziere der Streitkräfte als Manager in die Industrieunternehmen übergewechselt waren. 1969 stellte Senator William Proxmire fest, daß die 100 Firmen, die die meisten Rüstungsaufträge erhielten, mehr als 2 000 ehemalige Offiziere oberhalb eines Obersten beschäftigten.
Viele Autoren, die eine Erklärung dafür suchten, weshalb die amerikanische Regierung in Vietnam Krieg führte, glaubten in den engen Beziehungen zwischen dem Militär und der Industrie, dem »militärisch-industriellen Komplex«, die Antwort gefunden zu haben. Andere stellten die gesamte Wirtschaftsstruktur in Frage. John Kenneth Galbraith, Wirtschaftswissenschaftler und zeitweiliger Berater Präsident Kennedys, modifizierte nun einige seiner früheren Auffassungen. In seinem Buch *American Capitalism* (1956) hatte er die Macht gigantischer Einzelunternehmen durchaus erkannt, zugleich glaubte er aber auch innerhalb des amerikanischen »corporate system« ein regulierendes Gegeneinander der Kräfte am Werk

zu sehen, das sich zum Nutzen des Verbrauchers und der Gesellschaft auswirkte. In *The New Industrial State* (1967) meinte Galbraith jedoch, die größten Konzerne verfügten über unbegrenzte wirtschaftliche und politische Macht. Wie um Galbraiths Interpretation zu entkräften, begann Ralph Nader, ein junger Rechtsanwalt aus Connecticut, die Geschäftspraktiken in der amerikanischen Wirtschaft zu untersuchen, und eine starke Verbraucherschutzbewegung entstand unter seiner Führung. Ihre Untersuchungen und Berichte hatten Gesetze zur Verbesserung der Sicherheit von Fahrzeugen, zur wirklichkeitsgetreuen Beschriftung von Waren, zur Beschränkung der Zigarettenreklame und die Einsetzung eines Ausschusses für die Sicherheit von Konsumgütern (Commission on Product Safety) zur Folge.

Naders Aktion war nur ein Teil einer breiteren Beteiligung der Jugend am politischen Prozeß. Sowohl Eugene McCarthy als auch Robert Kennedy erhielten in ihrem Wahlkampf starke Unterstützung aus der Altersgruppe der weniger als Dreißigjährigen. Im Präsidentschaftswahlkampf von 1972 sprach Senator George McGovern insbesondere junge Wähler an. In Anerkennung der früheren Reife und der wachsenden Anteilnahme junger Menschen an der Politik hatte 1971 der 26. Verfassungsänderungsartikel das Alter für Wahlberechtigte auf 18 Jahre reduziert. Studenten beteiligten sich auch an Aktionen, um unterprivilegierten Gruppen zu helfen, und in den 1960er Jahren folgten die Amerikaner mexikanischer Abstammung und die Indianer dem Beispiel der Schwarzen und begannen den Kampf um Gleichberechtigung. Auch viele Frauen gaben sich nicht mehr mit ihrer zweitrangigen gesellschaftlichen Stellung zufrieden und starteten Kampagnen, um den »männlichen Chauvinismus« zu beenden.

Nicht alle jungen Menschen waren bereit, im Rahmen des bestehenden politischen Systems mitzuarbeiten; viele von ihnen waren natürlich ebenso uninteressiert wie die ältere Generation. Andere, die in den Bürgerrechtsorganisationen, in Kampagnen für freie Meinungsäußerung und bei Protestbewegungen gegen den Krieg in Vietnam mitgewirkt hatten und »politisiert« worden waren, forderten radikalere Veränderungen bis hin zur Revolution. Beeinflußt vom radikaleren Teil der Protestbewegung der Schwarzen, von den südamerikanischen Revolutionären und von den Schriften des Philosophieprofessors Herbert Marcuse entstand eine »neue Linke«, die sich für eine Revolution in Amerika einsetzte. 1967 erklärten die Students for a Democratic Society ihre Absicht, eine Stadtguerillatruppe aufzustellen, und Ende der 1960er Jahre verübte die Splittergruppe der »Weathermen« tatsächlich Bombenanschläge auf Gebäude. Andere junge Weiße lehnten politische Betätigung innerhalb der bestehenden Ordnung völlig ab und suchten nach einer alternativen Gesellschaftsform. Die »Hippies« folgten dem Beispiel der »Beats«, experimentierten mit neuen Formen des die Kernfamilie sprengenden Gemeinschaftslebens und versuchten mit »Flower Power« und »Love-ins« zu überzeugen. Um der Wirklichkeit zu entfliehen oder um des Abenteuers willen griffen viele Jugendliche zu Drogen – Marihuana, LSD und Heroin. Andere beschäftigten sich mit den mystischen Religionen Asiens.

Die Rebellion der Jugend begann einen Teil des Lebensstiles zu verändern. In Kleidung und Aussehen wurden neue Standards akzeptiert. Männer und Frauen kleideten sich sehr viel salopper. Auch Männer ließen das Haar lang wachsen, Bärte und Schnurrbärte wurden wieder modern. Die Vitalität kapitalistischer Wirtschaft bewies sich darin, daß die führenden Modehäuser den jugendlichen Stil sofort übernahmen und ihn chic machten. Ausgefranste Blue jeans mit aufgesetzten Flicken wurden in Massenproduktion hergestellt, und die Kleidung, die ursprünglich eine Absage an die Wertvorstellungen der Mittelklasse bedeutete, wurde von der Mittelklasse übernommen. Auch die Normen für sexuelles Verhalten änderten sich. Sexuelle Aktivität vor dem Ehevertrag wurde weitgehend toleriert, Ehe auf Probe war nichts Außerordentliches mehr, und gelangweilte Bewohner der wohlhabenden Vororte wagten Gruppensex. 1972 war die Anzahl der Scheidungen auf 455 je tausend Eheschließungen gestiegen. Nun konnte man sich auch öffentlich zur Homosexualität bekennen, und die Bewegung »Gay Liberation« verlangt seither die rechtliche Gleichstellung homosexueller Männer und Frauen. Auf der Bühne, im Film und in der Literatur wurde die Darstellung von Sexualität und von Gewalttätigkeit zur Routine.

Während einige Interpreten diese Entwicklungen optimistisch beurteilten und, wie Charles Reich in *The Greening of America* (1970), meinten, die Bevölkerung werde zu einer neuen Bewußtseinsebene aufsteigen, prophezeiten andere Anarchie und Untergang. Viele Amerikaner fühlten sich durch die neue Haltung und das Aussehen der jungen Leute, durch die Rassenkonflikte und die Bewegung gegen den Vietnamkrieg herausgefordert, und die konservativ-populistischen Elemente des amerikanischen politischen Systems erhielten Auftrieb. 1964 lehnte die Republikanische Partei es ab, einen den neuen Ideen gegenüber offenen Präsidentschaftskandidaten aufzustellen und nominierte den ultrakonservativen Senator Barry Goldwater. Im Wahlkampf setzte sich Goldwater für eine harte außenpolitische Linie ein, verlangte die Beschneidung der Vollmachten der Bundesregierung und ein Ende der Gewalttätigkeiten und des moralischen Verfalls im

Inneren. Er verlor die Wahl eindeutig, konnte aber doch 27 Millionen von 70,6 Millionen abgegebener Stimmen auf sich vereinigen. Er wurde besonders stark im Süden und Mittleren Westen unterstützt. Der ehemalige Filmschauspieler aus Hollywood, Ronald Reagan, der sich auf ein ähnliches Wahlprogramm stützte wie Goldwater, wurde 1966 zum Gouverneur von Kalifornien gewählt. Bei den Präsidentschaftswahlen von 1964 und 1968 gewann der demokratische Gouverneur von Alabama, George Wallace, eine beträchtliche Anhängerschaft mit seinen Attacken gegen die Intellektuellen der Ostküste. Bei den Wahlen von 1968 erhielt er fast 10 Millionen Stimmen als Kandidat einer dritten Partei. Nach ihrer Wahl von 1968 riefen Präsident Nixon und Vizepräsident Spiro Agnew die »schweigende Mehrheit« »Mittel-Amerikas« auf, die Wertvorstellungen der Mittelklasse zu verteidigen. Die Regierung Nixon (1969–1974) verfolgte gegenüber den Kriegsgegnern und schwarzen Aktivisten eine Politik der Konfrontation, verlangsamte die Aufhebung der Rassentrennung in den Schulen und griff Nutznießer von Arbeitslosenversicherung und Sozialfürsorge als »arbeitsscheue Elemente« an. 1972 wurden Nixon und Agnew von einer großen Mehrheit wiedergewählt.

9. Nach 200 Jahren: Die USA unter Nixon und Ford

Von Willi Paul Adams

Endlich ist unser nationaler Alptraum vorüber. Auch diejenigen, die nicht ohne Sorgen den kommenden vier Jahren entgegensehen, können doch die vergangenen acht Jahre mit einem Seufzer der Erleichterung hinter sich lassen.
Leitartikel der *New Republic*, 15. Januar 1977

Die acht Jahre der Präsidentschaft Richard Nixons (1969–74) und Gerald Fords (1974–77) bildeten keine eigenständige Epoche, wenn man sie unter sozial- und wirtschaftsgeschichtlichen Aspekten betrachtet; in der Entwicklung der auswärtigen Beziehungen und der Geschichte des amerikanischen Regierungssystems aber werden sie wahrscheinlich einen Abschnitt darstellen, dessen Ende selbst die nicht als leichtgläubig optimistisch bekannte Wochenschrift *The New Republic* anläßlich der Amtsübernahme Jimmy Carters im Januar 1977 mit den oben zitierten Worten aus vollem Herzen begrüßte. Die beiden Sequenzen des Alptraums, die von weiten Teilen der Weltöffentlichkeit als Enthüllung des »häßlichen Amerikaners« und als Krise des amerikanischen Regierungssystems – zumindest als Ende der Vorbildhaftigkeit der amerikanischen Form der konstitutionellen Demokratie – betrachtet wurden, waren der Krieg in Indochina und »Watergate«, der beispiellose Amtsmißbrauch eines Präsidenten, dessen Aufdeckung Nixon im August 1974 zum Rücktritt, dem ersten eines amerikanischen Präsidenten, zwang.

Von April 1975, der zweihundertjährigen Wiederkehr des Ausbruchs des Unabhängigkeitskrieges, bis zum 4. Juli 1976, dem Jubiläumstag der Unabhängigkeitserklärung, feierte Amerika sein zweihundertjähriges Bestehen als Nation. Die patriotischen Beschwörungen des »Geistes von 1776« und der bewährten Verfassung von 1788 leiteten ein nationales Versöhnungsfest ein, das im November 1976 mit der Wahl eines von Vietnam, Watergate und Washington unberührten Südstaatlers zum Präsidenten und den Feierlichkeiten zur Amtsübernahme seinen Abschluß fand. Die seit langem niedrigste Wahlbeteiligung von 54,4 % an der Präsidentenwahl 1976 deutete auf eine für die Demokratie gefährliche

Flucht vieler Amerikaner aus dem Bereich politischen Handelns in den der patriotischen Gefühle oder des privaten Glücksstrebens hin. Die sich seit 1973 vertiefende Wirtschaftskrise mit ihren erheblichen sozialen Auswirkungen wurde durch Nixons konzeptionslose Wirtschaftspolitik verstärkt, wegen ihrer weltweiten Zusammenhänge aber weniger als eine spezifisch amerikanische Krise empfunden, und ihr Ende war zur Zeit des Präsidentenwechsels 1977 noch keineswegs abzusehen.

I. DAS ENDE DES KRIEGES IN INDOCHINA

Im ersten Amtsjahr Präsident Nixons, 1969, erreichte die Stärke der amerikanischen Truppen in Vietnam mit 541 000 ihr Maximum. Von der zweiten Hälfte des Jahres an ließ der Präsident die Bodentruppen systematisch abziehen, bis im August 1972, rechtzeitig vor den Präsidentschaftswahlen im November, die letzten von ihnen heimgekehrt waren. Der Krieg wurde »vietnamisiert« und die amerikanische Beteiligung auf den verstärkten Einsatz von Luftwaffe und Marine und finanzielle und politische Unterstützung der Regierung Thieu beschränkt. Die überragende Rolle der Luftwaffe wird offensichtlich, wenn man sich vorzustellen versucht, daß von 1965 bis Ende 1971 amerikanische Flugzeuge 6,3 Millionen Tonnen Bomben über Indochina abwarfen, das Dreifache der Menge also, die im Zweiten Weltkrieg in Europa, Afrika und Asien abgeworfen wurde.[1] Die Beschränkung auf die zentral aus dem Weißen Haus lenkbare Luftwaffe machte den Präsidenten in der Kriegführung noch unabhängiger von der Öffentlichkeit. Auf seinen geheimen Befehl wurden seit März 1969 auch Stützpunkte und Nachschubwege des Vietcong im formal neutralen Kambodscha bombardiert.

Die Protestbewegung gegen die weitere Beteiligung der USA am Krieg erreichte im Winter 1969 und Sommer 1970 ihren Höhepunkt. Im Herbst 1969 zeigten Meinungsumfragen an, daß die Mehrheit der Bevölkerung die amerikanische Beteiligung am Krieg mißbilligte. Zum »Protestmarsch gegen den Tod« kamen im November 1969 250 000 Demonstranten nach Washington, mehr als sich jemals zu einer politischen Demonstration in der Hauptstadt versammelt hatten. Die heftigste Welle der von Studenten und Intellektuellen getragenen Protestbewegung löste der Einmarsch amerikanischer Truppen in Grenzgebiete Kambodschas von April bis Juni 1970 aus. Bei Demonstrationen wurden im Mai 1970 vier Studenten der Kent State University in Ohio und zwei Studenten des Jackson State College in Mississippi von National-

gardisten erschossen.
Die Schwäche des Kongresses angesichts des von ihm nie erklärten und daher verfassungswidrigen »präsidentiellen« Krieges zeigte sich erneut, als der Kongreß im Dezember 1970 die Tongking Golf Resolution von 1964 in Form eines Zusatzes zu einem Gesetz über den Waffenhandel widerrief. Der Präsident hielt es nicht für nötig, dem Gesetz seine Zustimmung zu versagen. Als er es im Januar 1971 unterzeichnete, erklärte er lediglich, die Anwesenheit amerikanischer Truppen in Indochina sei auch ohne die widerrufene Resolution gerechtfertigt. Der Vorstoß südvietnamesischer Truppen nach Laos im Februar 1971 mußte jedoch ohne amerikanische Bodentruppen vorgenommen werden, weil der Kongreß im Verteidigungshaushaltsgesetz von 1970 ihren Einsatz in Laos ausdrücklich untersagt hatte. Zu einer wirksamen gesetzlichen Einschränkung der Macht des Präsidenten, Truppen im Ausland einzusetzen, fanden sich die nötigen Mehrheiten im Kongreß erst, als der Krieg für die amerikanische Seite vorbei war (War Powers Act, 7. November 1973).
Die Hybris und öffentliche Verstellung auch der Amtsvorgänger Nixons wurde im Juni 1971 vor der amerikanischen Öffentlichkeit bloßgestellt, als die *New York Times* und andere Zeitungen Auszüge aus den geheimgehaltenen *Pentagon Papers* abdruckten, einer von Verteidigungsminister McNamara in Auftrag gegebenen Analyse und Dokumentation der amerikanischen Verwicklung in Indochina. Die anklagende und möglicherweise korrigierende Kraft einer von Zensur freien Presse ging gestärkt, und im Ausland bewundert, aus dem Prozeß vor dem Obersten Gerichtshof hervor, mittels dessen Präsident Nixon die weitere Publikation der entwendeten Geheimstudie hatte verbieten lassen wollen.
Die Schwäche und Mitschuld beider Häuser des Kongresses fand ihren sichtbarsten Ausdruck in der jährlichen Bewilligung des Verteidigungshaushaltes, ohne die der Präsident den Krieg nicht hätte fortführen können. Mit der finanziellen Rückendeckung durch den Kongreß versuchte Präsident Nixon 1972 noch einmal, die zum totalen Einsatz entschlossene Regierung Nordvietnams durch Bombardierung zum Einlenken zu zwingen. Nachdem der Norden im März 1972 eine erneute Großoffensive durch die demilitarisierte Zone nach Süden begonnen hatte und weite Landesteile überrannte, ließ Nixon ab April 1972 erneut Bombenangriffe auf Städte im Norden fliegen. Im Mai 1972, zwei Wochen vor seiner Moskaureise, ließ er Haiphong und sechs weitere Hafenstädte durch Minengürtel von der Zufuhr sowjetischer Waffen abschneiden. Zehn Tage vor der Präsidentschaftswahl, am 26. Oktober 1972, erklärte der amerikanische Unterhändler bei den Pariser Frie-

densverhandlungen, Henry Kissinger, der Friede sei in Sicht, er habe sich mit dem Vertreter Nordvietnams, Le Duc Tho, über die Grundsätze einer Friedensregelung geeinigt. Mit dieser Erfolgsaussicht gingen die Wähler am 7. November in die Wahlkabinen. Der wiedergewählte Präsident gab jedoch nicht seine Zustimmung, anscheinend aufgrund der Weigerung des südvietnamesischen Präsidenten Thieu, die Absprache zu billigen. Statt dessen ordnete Nixon nach Abbruch der Verhandlungen am 17. Dezember 1972 zwei Wochen der schwersten Bombenangriffe des ganzen Krieges auf Hanoi und Haiphong an. Nach dieser Apotheose der Zerstörung, der auch zivile Einrichtungen wie Krankenhäuser und Schulen zum Opfer fielen, führten erneute Verhandlungen in Paris im Januar 1973 zu Waffenstillstandsversprechen und Absprachen zwischen allen vier beteiligten Parteien: den Vertretern der Regierungen Nordvietnams, Südvietnams, der USA und der Provisorischen Revolutionsregierung der Vietcong. Sie vereinbarten u. a. die Einrichtung eines von allen Beteiligten beschickten »Rates der nationalen Versöhnung« und andere auf Zusammenarbeit der gegensätzlichen politischen Kräfte Vietnams gerichtete Maßnahmen mit dem Ziel einer Wiedervereinigung des Landes. Die tatsächliche Funktion des vorübergehenden Waffenstillstandes war jedoch lediglich, es der Regierung Nixon politisch zu ermöglichen, ihrerseits das Ende des Krieges (»peace with honor«) zu erklären und auch die Luftwaffe abzuziehen. Als dies geschehen war, kämpften die Vietnamesen noch zweieinhalb Jahre lang weiter bis zur bedingungslosen Kapitulation des Südens im April 1975; auch drei Milliarden Dollar amerikanischer Militärhilfe in den Jahren 1973 und 1974 konnten das Militärregime des Südens nicht retten. Auch in Kambodscha ging der Bürgerkrieg weiter, nachdem der Kongreß den Präsidenten gezwungen hatte, alle Eingriffe der amerikanischen Luftwaffe im August 1973 einzustellen. Auch dort siegte im April 1975 die antikolonialistische, kommunistische Befreiungsbewegung. In Laos wurde die Demokratische Volksrepublik im Dezember 1975 ausgerufen.
Die Zahl der im Vietnamkrieg umgekommenen Soldaten und Zivilisten ist ungewiß. Einer Angabe zufolge starben auf der Seite des Nordens 900 000 Armeeangehörige, auf der des Südens 185 000 und von den Amerikanern 50 000.[2] Über die Zahl der getöteten und verkrüppelten Zivilisten, das Ausmaß des menschlichen Leidens und der Zerstörung der Natur, Kultur und Wirtschaft des Landes können hier keine Angaben gemacht werden. In Amerika waren Hunderttausende junger Männer zu Gesetzesbrechern geworden: Etwa 500 000 hatten durch Nicht-Registrieren nach dem 18. Geburtstag das Wehrpflichtgesetz verletzt; 8 800 Wehrpflichtige waren bis zum

Ende der Amtszeit Fords wegen Nichtbefolgung des Einziehungsbefehls verurteilt worden, Verfahren gegen 4000 liefen noch. Ende 1976 lebten etwa 5000 von ihnen im Exil in Kanada und Europa. Schätzungsweise 20 000 Soldaten desertierten und etwa 250 000 wurden wegen »unehrenhaften Verhaltens« aus der Armee entlassen.[3] Erst zu Beginn der Präsidentschaft Jimmy Carters wurde ein Teil dieser jungen Amerikaner begnadigt, die auf ihre Weise gegen den verfassungswidrigen Krieg gehandelt hatten.

II. DÉTENTE

In den gleichen Jahren, in denen Präsident Nixon den Krieg in Vietnam als Krieg gegen die Ausbreitung eines aggressiven Kommunismus vor der amerikanischen Öffentlichkeit rechtfertigte, arrangierte er sich wie kein amerikanischer Präsident zuvor mit den beiden kommunistischen Großmächten. Die Außenpolitik der Präsidenten Nixon und Ford und ihres gemeinsamen Außenministers Henry Kissinger (1969–73 Assistant to the President for National Security Affairs, 1973–77 Außenminister) wurde beherrscht von der Frage der globalen Machtbalance zwischen den fünf Machtzentren USA, Sowjetunion, China, Westeuropa und Japan. Eine »Ära des Verhandelns« nach einer Zeit der Konfrontation kündigte Nixon bei seinem Amtsantritt im Januar 1969 an. Als oberstes Ziel hatte er sich die Verständigung mit den Regierungen der Sowjetunion und der Volksrepublik China gesetzt. Nixon und Kissinger erkannten an, daß die Welt nicht mehr zu verstehen war als das starre Gegeneinander der »freien Welt« auf der einen und des »sowjetisch-chinesischen« Blocks auf der anderen Seite, und daß es eine Überschätzung der Möglichkeiten amerikanischer Außenpolitik wäre, von ihr die Wahrnehmung der Rolle des allgegenwärtigen, ordnungsstiftenden und freiheitswahrenden Weltsheriffs zu erwarten. Das bald »Nixon- Doktrin« genannte Konzept forderte mehr Selbsthilfe derjenigen, die amerikanische Unterstützung in Anspruch nehmen wollten: »Die zentrale These ist«, erklärte der Präsident vor dem Kongreß, »daß die Vereinigten Staaten beitragen werden zur Verteidigung und Entwicklung von Verbündeten und Freunden, daß sie aber nicht *alle* Pläne entwerfen, *alle* Programme ausarbeiten, *alle* Entscheidungen durchführen und für die gesamte Verteidigung der freien Welt aufkommen können und wollen. Wo es darauf ankommt und in unserem Interesse ist, werden wir helfen.«[4] Nixon beabsichtigte damit keinesfalls, eine passive Außenpolitik einzuleiten. Sein Verhalten gegenüber Chile z. B. zeigte, daß er lediglich an indi-

rektere Mittel und Wege dachte. Nach Aussage von C.I.A.-Direktor William Colby stellte Nixons Administration acht Millionen Dollar bereit, um den politischen Erfolg des chilenischen Reformpolitikers und Präsidenten Salvador Allende zu unterminieren.[5] Um die Entschädigung des multinationalen Konzerns International Telephone and Telegraph Company für enteignetes Eigentum in Chile zu erzwingen, setzte sich die Regierung Nixon auch in internationalen Gremien dafür ein, daß der Regierung Allende Finanzhilfe verweigert wurde.
In Europa führte die Entspannungspolitik 1971 zu Vereinbarungen über Berlin, die die Hoffnung stärkten, daß es wegen der zwischen Ost und West durch Mauer und Stacheldraht geteilten Stadt nicht zu einer militärischen Konfrontation kommen würde. Das Berlin-Abkommen vom September 1971, das im Juni 1972 von den Außenministern der Sowjetunion, der USA, Großbritanniens und Frankreichs unterzeichnet wurde, erkannte das besondere Verhältnis des Westteils der Stadt zur Bundesrepublik Deutschland an und bekräftigte, zumindest nach dem Verständnis der Regierungen der drei Westmächte, die gemeinsame Verantwortung aller vier ehemaligen Kriegsverbündeten für die gesamte Stadt. Gleichzeitig wurde die Existenz zweier deutscher Staaten anerkannt, und 1974 nahmen die Vereinigten Staaten volle diplomatische Beziehungen zur DDR auf. Gegenüber der Europäischen Gemeinschaft begrüßte die amerikanische Regierung zwar die Aufnahme weiterer Mitglieder und forderte die Gemeinschaft zu eigenständigem Handeln auf. Sie betrachtete deren wachsende wirtschaftliche Macht jedoch mißtrauisch und beklagte sich über Handelsdiskriminierungen. Schwierigkeiten in den wirtschaftlichen und monetären Beziehungen der westlichen Industriestaaten wurden durch die Schwäche des Dollars und das hohe Zahlungsbilanzdefizit der Vereinigten Staaten markiert. Diese Entwicklung konnten erste Abwertungen des Dollars nicht ausreichend bremsen.
Für Asien bedeutete das neue außenpolitische Konzept die Aufgabe der Isolierungspolitik gegenüber der Volksrepublik China. Um die weitgehende Normalisierung der Beziehungen beider Länder auf unübersehbare und fernsehwirksame Weise zu demonstrieren, reiste Nixon im Februar des Wahljahres 1972 als erster amerikanischer Präsident nach Peking. Als Preis opferte er u. a. Taiwans bisherigen Anspruch auf die Vertretung Chinas in den Vereinten Nationen. Zum Austausch von Botschaftern kam es jedoch nicht, weil Nixon die chinesische Forderung nach Abbruch der diplomatischen Beziehungen zu Taiwan ablehnte.
Gegenüber der Sowjetunion sah Nixon die Chance, an ein gemeinsames Interesse anzuknüpfen: Der jahrzehntelange Bau

von Nuklearwaffen hatte ein »Gleichgewicht des Schreckens« herbeigeführt, und beiden Seiten mußte an einer Beschränkung der hohen Rüstungsausgaben gelegen sein. Unterhändler trafen sich ab November 1969 in Helsinki und Wien zur Ausarbeitung eines Vertrages zur Begrenzung Strategischer Waffen (*Strategic Arms Limitation Treaty*, SALT). Zur Unterzeichnung mehrerer Einzelabkommen reiste im Mai 1972 derselbe Politiker, der sich in den 1950er Jahren durch heftigste antikommunistische Rhetorik hervorgetan hatte, als erster amerikanischer Präsident nach Moskau. In der intensiven Berichterstattung in Presse und Fernsehen erschien er als der Präsident, der den Weltfrieden sicherte. Kooperation in naturwissenschaftlicher Forschung und technischer Entwicklung, einschließlich gemeinsamer Raumfahrtunternehmen, und eine gigantische Weizenlieferung an die Sowjetunion unter dem Weltmarktpreis wurden vereinbart. Das Hauptabkommen galt der Begrenzung der weiteren Aufrüstung. Jede Regierung verpflichtete sich, u. a. nur zwei Abschußbatterien für antiballistische Raketen (ABMs) zu errichten, die eine zum Schutz der Hauptstadt, die andere zur Sicherung einer Abschußbasis für Interkontinentalraketen (ICBMs). Die nur bis 1977 geltenden Vereinbarungen ließen viele Fragen offen und waren lediglich ein erster Schritt in Richtung auf geringere Aufrüstung. Ein weiterer kleiner Schritt wurde im November 1974 mit dem Abkommen von Wladiwostok getan, das die Anzahl der »Raketensysteme« und Bomber jeder Seite auf 2 400 einschränkte. Fortschritte in der Waffentechnik, z. B. die *Cruise*-Rakete, unterliefen jedoch die Verhandlungsergebnisse. Zu umfassenden Rüstungsbeschränkungen, dem erhofften SALT II, kam es unter der Präsidentschaft Nixons und Fords nicht. Auch die seit 1973 in Wien stattfindenden Gespräche über die Verminderung der Streitkräfte zwischen der NATO und dem Warschauer Pakt haben in diesem Zeitraum zu keinem Erfolg geführt.

Trotz der Entspannungsbeteuerungen der beiden Supermächte kam es im Nahen Osten 1973 zu einer indirekten Konfrontation. Die amerikanische Regierung setzte die Unterstützung Israels fort, und die Sowjetunion verstärkte die Präsenz ihrer Flotte im Mittelmeer und rüstete Ägyptens Armee für einen Angriffskrieg aus. Auch während des von Ägypten und Syrien im Oktober 1973 begonnenen, verlustreichen Krieges lieferten die beiden Großmächte über Luftbrücken Nachschub. Folgt man offiziellen amerikanischen Darstellungen, so versuchte die sowjetische Regierung nach der Niederlage Ägyptens, sowjetische Truppen zur Friedenssicherung zwischen den Fronten zu stationieren. Sie gab diese Absicht angeblich erst auf, nachdem Präsident Nixon am 25. Oktober 1973 die

amerikanischen Truppen weltweit in Alarmbereitschaft versetzt hatte. Außenminister Kissingers rege Vermittlungstätigkeit führte zur Annäherung Ägyptens an die Vereinigten Staaten und zur Genfer Nahostkonferenz vom Dezember 1973 und Januar 1974. Auch die Sowjetunion und die Vereinten Nationen nahmen daran teil. Vereinbart wurde unter anderem die Stationierung einer Friedenstruppe der Vereinten Nationen zwischen den Fronten. Um auch zwischen Israel und Syrien eine Friedensregelung herbeizuführen, reiste der amerikanische Außenminister im April und Mai 1974 (während die Watergatekrise ihrem Höhepunkt zutrieb) mehrfach zwischen den Hauptstädten hin und her und erreichte eine Beilegung der militärischen Konfrontation. Die intensive »Reisediplomatie« wurde von der Weltpresse als Kissingers persönlicher Beitrag zur Entwicklung des diplomatischen Instrumentariums unseres Jahrhunderts gefeiert und kritisiert. Am Ende der Präsidentschaft Fords stand jedoch der Konflikt im Nahen Osten nach wie vor auf der Liste der Krisenherde, die die amerikanische Außenpolitik beschäftigten.
Eine der erhofften Auswirkungen der Entspannungspolitik, die Senkung des Militärbudgets, war zum Ende der Amtszeit Fords noch nicht eingetreten. Im Wahlkampf 1976 war die Höhe des Verteidigungshaushalts eine Streitfrage zwischen den Kandidaten. Der Bewerber der Demokraten, Jimmy Carter, forderte Kürzungen um fünf Milliarden Dollar, während der Präsident weitere Steigerungen für nötig hielt. Zur Rechtfertigung seines letzten Haushaltsentwurfs für das Haushaltsjahr 1977/78, der 123 Milliarden Dollar für Verteidigungsausgaben vorsah, ließ er Verteidigungsminister Donald Rumsfeld auf die zunehmenden Rüstungsanstrengungen der Sowjetunion verweisen. Das Gleichgewicht des Schreckens schien ihm gefährdet (s. Tabelle 9.1).

Tabelle 9.1

Rüstungsstand der USA und der Sowjetunion, Ende 1976

	SU	USA
1. Interkontinentalraketen (ICBMs)	1 450	1 054
2. Atomsprengköpfe	4 000	8 500
3. Unterseebootraketen	880	656
4. Bombenflugzeuge	210	418
5. Mannschaften	4,4 Mio. (Warschauer Pakt: 5,6 Mio.)	2,1 Mio. (NATO: 4,8 Mio.)

Quelle: Norman Kempster, »Rumsfeld Says Soviet Buildup Requires Similar U. S. Effort«, *International Herald Tribune*, 20. Januar 1977.

Der Anteil der Verteidigungsausgaben am Bruttosozialprodukt war in den Vereinigten Staaten nach dem Hoch von 9,7 % im Haushaltsjahr 1967/68 stetig gesunken (s. Tabelle 9.2).

Tabelle 9.2

Der Verteidigungshaushalt der USA, 1969—1975

	Anteil am Bruttosozialprodukt	Anteil am Gesamthaushalt	Umgerechnet auf den Dollarwert von 1975 in Mrd.	Im Dollarwert des jeweiligen Jahres in Milliarden
1969	9,0 %	43,4 %	133,1	80,2
1970	8,3 %	40,3 %	123,2	79,3
1971	7,7 %	36,3 %	108,5	76,8
1972	7,1 %	33,4 %	104,0	77,4
1973	6,2 %	30,5 %	93,1	75,1
1974	5,8 %	29,3 %	88,3	78,6
1975	5,9 %	27,2 %	85,3	85,3

Die Jahreszahlen bezeichnen das Ende des Haushaltsjahres (30. Juni). Die Sozialausgaben für die Veteranen sind nicht eingeschlossen.
Quelle: United States Bureau of the Census, *Statistical Abstract of the United States 1975* (Washington, 1975), 314.

Ebenso wie das Anwachsen der Rüstungsausgaben stand 1976 der rapide zunehmende internationale Waffenhandel den Bemühungen um Friedenssicherung und Abrüstung im Weg. Im Haushaltsjahr 1975/76 verkaufte die amerikanische Regierung an andere Regierungen Waffen im Wert von 8,3 Milliarden Dollar und wurde damit zum größten Waffenhändler der Welt.[6]

III. WATERGATE

Abwahl oder Rücktritt einer Regierung im parlamentarischen Systems sind Bestandteil seines normalen Funktionierens. Das amerikanische präsidentielle System sieht zwar auch die Amtsenthebung des Präsidenten vor, doch erst 186 Jahre nach Inkrafttreten der Verfassung zwang ein Impeachment-Verfahren, noch vor seinem Abschluß, einen Präsidenten zum Rücktritt. (Das einzige bis dahin voll durchgeführte Verfahren enthob Präsident Andrew Johnson 1868 nicht seines Amtes, weil an der nötigen Zweidrittelmehrheit im Senat eine Stimme fehlte.) Nur außergewöhnliches Fehlverhalten des Amtsinhabers konnte 1974 dazu führen, daß sich ausreichende Unterstützung für die in der Praxis dem System fremd gewordene Korrekturmaßnahme fand.
Bereits im Verlauf der ersten Amtsperiode Nixons hatte sich gezeigt, daß der Präsident seine Machtfülle nicht nur zur Füh-

rung des Krieges in Indochina voll ausschöpfen würde. Obwohl er wenig Ehrgeiz zur Durchsetzung eines innenpolitischen Programms besaß, verstärkte er durch Umorganisation seine persönliche Kontrolle über die Ministerialbürokratie zum Nachteil der Minister. Analog zum Nationalen Sicherheitsrat bildete er 1971 innerhalb des Weißen Hauses und oberhalb der einzelnen Ministerien *(departments)* einen Domestic Council als obersten Koordinationsausschuß für die Innenpolitik (mit Ausnahme der Wirtschaftspolitik), der von seinem Vertrauten John Ehrlichman geleitet wurde. Der Stab des Weißen Hauses entwarf nun auch wesentliche Gesetzesvorlagen ohne Mitwirkung der zuständigen Ministerien. So erfuhren z. B. die vier betroffenen Kabinettsmitglieder von der Gesetzesinitiative zur stärkeren Beteiligung der Einzelstaaten und Gemeinden am Steueraufkommen des Bundes *(revenue sharing)*, einem Projekt, das 30 Milliarden Dollar betraf, erst am Tag vor seiner Bekanntgabe im Januar 1971 in vier Einzelgesprächen. Auf diese Weise entzog sich Nixon der Diskussion mit politischen Persönlichkeiten, die ihm möglicherweise widersprochen hätten. Als die Besetzung der wichtigsten Exekutivämter zu Beginn seiner zweiten Amtsperiode abgeschlossen war, kommentierte die *New York Times:* »Die höchsten Posten sind nun mit wenigen Ausnahmen von fast unbekannten loyalen Anhängern Nixons besetzt, die er nach Gutdünken versetzen oder entlassen kann, ohne daß die Öffentlichkeit viel Notiz davon nimmt.«[7] Der Zugang zum Präsidenten wurde in zunehmendem Maße von H. R. Haldeman, seinem Stabschef, kontrolliert. Selbst von den politischen Führern seiner eigenen Partei im Kongreß ließ sich Nixon isolieren. Der mehrheitlich von den Demokraten beherrschten Legislative widersetzte er sich nicht nur durch Vetos, sondern auch durch die Weigerung, gegen sein Veto beschlossene Ausgabengesetze durchzuführen. Er ließ die bewilligten Mittel im zuständigen Ministerium einfach einfrieren *(impounding)*. »Durch das Einfrieren bewilligter Mittel«, erklärte Senator Sam Ervin im Januar 1973, »kann der Präsident verabschiedete Gesetze abändern oder völlig ignorieren und somit die gesetzgebende Gewalt übernehmen, die allein dem Kongreß zusteht. Dieser illegale Einsatz der Macht seines Amtes verletzt eindeutige Verfassungsvorschriften.«[8]

Auf diese Weise war es auch über innenpolitische Fragen schon zur verfassungsrechtlichen Konfrontation zwischen dem Kongreß und der als »imperial presidency« kritisierten Machtfülle des Präsidentenamtes gekommen, bevor im Gefolge des Watergate-Einbruchs strafrechtliche Tatbestände zur totalen Konfrontation in Form des Amtsenthebungsverfahrens führten.

Der Wahlkampf von 1972 endete zwar mit einem überwältigenden Sieg Nixons und seines Vizepräsidenten Spiro Agnew: bei der sehr niedrigen Wahlbeteiligung von 55 % der Wahlberechtigten erhielt Nixon 47 Millionen Stimmen (60,7 %), George McGovern, der Kandidat der Demokratischen Partei, 29 Millionen Stimmen (37,5 %) und der erfolgreichste Bewerber aller anderen Parteien, der Kandidat der ultrakonservativen American Independent Party, 1 Million Stimmen (1,4 %). Aber 1968 hatte Nixon mit nur 0,7 % Vorsprung der abgegebenen Stimmen gewonnen. George Wallace als Kandidat der American Independent Party hatte ihm 13,5 % der Stimmen streitig gemacht. Der Präsident tat daher 1972 alles, um seine Wiederwahl zu sichern. Einer seiner engsten Vertrauten, John Mitchell (Justizminister von 1969–72), leitete das quasi-private Komitee zur Wiederwahl des Präsidenten, das dem Vorstand der Republikanischen Partei nicht förmlich unterstellt war. Es brachte über 50 Millionen Dollar Spenden auf und organisierte den Werbefeldzug, der »Mittelamerika«, die »schweigende Mehrheit« der Mittelklasse, insbesondere in den bevölkerungsmäßig und wirtschaftlich stark gewachsenen Staaten des »Sonnengürtels« von Florida bis Kalifornien hinter dem Präsidenten vereinigen sollte. Das Komitee und der loyale Stab im Weißen Haus beschränkten sich jedoch nicht auf die üblichen Mittel der Werbung. Sie verfolgten ihre politischen Gegner mit illegalen Mitteln und sabotierten den Wahlkampf der Demokratischen Kandidaten mit einer Reihe »schmutziger Tricks«. Der von Nixon gefürchtete George Wallace schied als ernsthafter Kandidat aus, als er im Mai 1972 von einem Attentäter schwer verletzt wurde.
In der Nacht des 17. Juni 1972 überraschten Polizisten fünf Einbrecher in Büroräumen des Vorstandes der Demokratischen Partei im Watergate Hotel in Washington. Das elektronische Gerät, das sie bei sich trugen, sollte offensichtlich zum Abhören von Gesprächen und Telefongesprächen in diesen Räumen versteckt hinterlassen werden. Einer der Einbrecher entpuppte sich als James McCord, der zuvor bei der Central Intelligence Agency angestellt war und nunmehr im Komitee zur Wiederwahl Präsident Nixons mitarbeitete. In den Notizbüchern zweier der Verhafteten fanden sich zudem die Telefonnummer Howard Hunts im Weißen Haus, ebenfalls ein ehemaliger Mitarbeiter des CIA, der derzeitig von Charles Colson, einem Berater Präsident Nixons, beschäftigt wurde, und die Nummer von Gordon Liddy, einem vormaligen FBI-Agenten und ebenfalls derzeitigen Mitarbeiter des Komitees zur Wiederwahl Nixons. Die Überprüfung des Bankkontos eines der Einbrecher ergab, daß das Wiederwahl-Komitee ihm 114 000 Dollar überwiesen hatte. Die über den Kreis

der Verhafteten hinausweisenden Spuren waren so eindeutig, daß sie die Staatsanwaltschaft zwangen, weiter zu ermitteln. An diesem Punkt begann die zweite Serie von Gesetzesbrüchen, die massive Vertuschungsaktion *(cover up)* unter der persönlichen Leitung Nixons, deren Bekanntwerden den Präsidenten schließlich zum Rücktritt zwang. Doch zunächst funktionierte die Verschwörung, und vor der Wahl im November 1972 stellte die Staatsanwaltschaft niemanden außer den fünf Einbrechern und ihren unmittelbaren Auftraggebern Hunt und Liddy unter Anklage. Eigene Recherchen der Reporter Bob Woodward und Carl Bernstein von der *Washington Post* stärkten jedoch den Verdacht, daß der Einbruch und andere Straftaten Teil einer großangelegten Sabotage des Wahlkampfes der Demokraten gewesen waren und daß Nixon und seine engsten Mitarbeiter sich verschworen hatten, die Aufklärung der Straftaten und der eigenen Verantwortung zu verhindern.

Erst ab März 1973 führten Aussagen der Angeklagten zu Fortschritten in der Aufklärung. In den folgenden Monaten entfaltete sich vor der amerikanischen Öffentlichkeit eine abenteuerlich anmutende Geschichte politisch motivierter Verbrechen und ihrer Vertuschung durch höchste, zur Wahrung der Gesetze verpflichtete Amtsinhaber, einschließlich des ehemaligen Justizministers John Mitchell. Aufgrund der Enthüllungen ließ Nixon im April 1973 seine vier engsten Mitarbeiter im Weißen Haus und Justizministerium fallen: H. R. Haldeman, John Ehrlichman, Sonderberater John Dean und Justizminister Richard Kleindienst. Er selbst glaubte immer noch, seine Beteiligung leugnen und seine zweite Amtszeit mit dem Höhepunkt der Feiern zum 200jährigen Bestehen der Republik krönen zu können. Noch über ein volles Jahr gelang es ihm, sich im Amt zu halten.

Von Mai bis November 1973 hielt ein Senatsausschuß Anhörungen zur Aufklärung des Hintergrundes des Watergate-Einbruchs und anderer Unregelmäßigkeiten des Wahlkampfes. Die ganze Nation nahm über Fernsehen und Rundfunk teil an den Aussagen und Selbstrechtfertigungen aller Akteure mit Ausnahme des Präsidenten. Im Laufe dieser Anhörung wurde am 16. Juli 1973 bekannt, daß Präsident Nixon alle Gespräche in seinen beiden Büros auf Tonband aufzeichnen ließ, und der rechtliche Kampf um diesen schließlich entscheidenden Kronzeugen begann.

Im Oktober desselben Jahres mußte Nixon seinen Vizepräsidenten Spiro Agnew zum Rücktritt zwingen. Der für ihn ansonsten so nützliche Verfechter von Recht und Ordnung hatte sich als Gouverneur von Maryland der passiven Bestechung und Steuerhinterziehung schuldig gemacht und wurde am Tag seines Rücktritts zu zehntausend Dollar Geldstrafe und drei Jahren Gefängnis mit Bewährung verurteilt. Als Nachfolger nominierte Nixon den Fraktionsführer der Republikaner im Repräsentantenhaus, Gerald Ford. Entsprechend der erst 1967 eingeführten 25. Verfassungsänderung brauchte sich der Nominierte keiner Nachwahl zu stellen; die Zustimmung der Mehrheit beider Häuser des Kongresses genügte. In klarer Erwartung der möglichen Amtsenthebung Nixons billigte der Kongreß die Nominierung, und ab Dezember 1973 stand der integre Parlamentarier Ford zur Ablösung bereit.

Das Impeachment-Verfahren kam im Repräsentantenhaus erst in Gang, nachdem der Präsident am 19. Oktober 1973 dem Sonderstaatsanwalt für die Watergate Untersuchung, Archibald Cox, untersagt hatte, »als ein Angestellter der Exekutive« weitere gerichtliche Schritte zu unternehmen, um den Präsidenten zur Herausgabe von Tonbandaufzeichnungen inkriminierender Besprechungen im Weißen Haus zu zwingen. Der Harvardprofessor lehnte dieses Ansinnen unter Berufung auf seinen eindeutigen Untersuchungsauftrag ab. Anderntags wurde er auf Nixons Anordnung hin entlassen, aber erst nachdem seine beiden Vorgesetzten, der Justizminister und auch dessen Stellvertreter zurückgetreten waren, weil sie nicht bereit waren, die Anordnung des Präsidenten auszuführen. Die Büroräume des Sonderstaatsanwalts wurden von FBI-Beamten versiegelt. Nixon schien zu allem entschlossen. Unter dem Druck der politischen Führung des Kongresses mußte er jedoch einen neuen Sonderstaatsanwalt einsetzen, der binnen zehn Tagen den entschlossenen Kurs seines Vorgängers fortsetzte. Nixon kämpfte nur noch um Zeit.

Das Amtsenthebungsverfahren begann am 30. Oktober 1973 im Justizausschuß des Repräsentantenhauses. Es dauerte bis zur letzten Juliwoche 1974, ehe der Ausschuß drei Anklageartikel verabschiedete. Die eindeutigen Mehrheiten ließen erkennen, daß am Ausgang des Verfahrens kein Zweifel mehr bestand. Die Führer der Republikanischen Partei informierten den Präsidenten am 7. August, daß wahrscheinlich nur 10 der 192 Abgeordneten und nur 15 der 42 Senatoren gegen die Amtsenthebung stimmen würden. Erst angesichts der absolut sicheren Amtsenthebung trat Nixon am 9. August 1974 zurück. Die Anklageartikel faßten seine und seiner Mitarbeiter Verfehlungen zusammen:[9]

1. Artikel

... Am 17. Juni 1972 und zuvor drangen Beauftragte des Komitees zur Wiederwahl des Präsidenten widerrechtlich in das Hauptquartier der Demokratischen Partei in Washington, District of Columbia, ein, mit der Absicht, sich politische Information zu beschaffen.

Richard M. Nixon benutzte daraufhin die Macht seines hohen Amtes, um persönlich und durch Mitarbeiter und Beauftragte darauf hinzuwirken, die Aufklärung dieses Einbruchs zu verzögern, zu erschweren und zu verhindern, die Verantwortlichen zu decken und in Schutz zu nehmen, und die Tatsache und das Ausmaß anderer illegaler, geheimer Aktivitäten zu verbergen. Dieses Ziel ist mit einem oder mehreren folgender Mittel und Wege verfolgt worden:
(1) Vor rechtmäßig autorisierten Untersuchungsbeamten der Vereinigten Staaten wurden falsche oder irreführende Aussagen gemacht.
(2) Beweismaterial und Informationen wurden vor Untersuchungsbeamten zurückgehalten; ... (5) Die heimliche Zahlung beträchtlicher Geldmengen, um Zeugen und mögliche Zeugen des Einbruchs und anderer illegaler Aktivitäten zum Schweigen oder zu bestimmten Aussagen zu bewegen, wurde geduldet und gebilligt. (6) Es wurde versucht, die Central Intelligence Agency der Vereinigten Staaten zu mißbrauchen ... (9) Angeklagten und Verurteilten wurden bevorzugte Behandlung und andere Vorteile in Aussicht gestellt zur Belohnung für Schweigen oder falsche Aussagen ...

2. Artikel

Unter Mißbrauch der Befugnisse des Präsidenten der Vereinigten Staaten hat Richard M. Nixon ... (1) persönlich und durch seine Untergebenen und Beauftragten den Versuch unternommen, von den Steuerbehörden unter Verletzung verfassungsmäßiger Rechte der Bürger vertrauliche Information aus Einkommensteuererklärungen für illegale Zwecke zu erhalten; und er hat unter Verletzung verfassungsmäßiger Rechte der Bürger veranlaßt, daß Steuerfahndungen und sonstige Überprüfungen in diskriminierender Weise durchgeführt wurden. (2) Er hat das Federal Bureau of Investigation, den Secret Service und anderes Personal der Exekutive mißbraucht, indem er veranlaßte oder autorisierte, daß diese Institutionen oder Personen unter Verletzung verfassungsmäßiger Rechte der Bürger elektronische und andere Formen der Überwachung durchführten, die nicht der nationalen Sicherheit, der Verfolgung von Straftaten oder anderen legalen Aufgaben seines Amtes dienten ... (5) Unter Mißachtung der Herrschaft von Gesetz und Recht und unter Verletzung seiner Pflicht, für die getreuliche Ausführung der Gesetze Sorge zu tragen, hat er in die Tätigkeit von Organen der Exekutive eingegriffen, einschließlich der Criminal Division des Federal Bureau of Investigation, der Watergate Sonderkommission des Justizministeriums und der Central Intelligence Agency.

3. Artikel

... Dieses Verhalten Richard M. Nixons ist unvereinbar mit seinen Pflichten als Präsident und untergräbt den Verfassungsstaat zum großen Nachteil von Gesetz und Recht und zum offenkundigen Schaden des Volkes der Vereinigten Staaten. Es rechtfertigt Anklage und Prozeß *(impeachment and trial)* und seine Entfernung aus dem Amt *(removal from office)*.

Das Amt des Präsidenten hatte sich seit der Weltwirtschaftskrise der 1930er Jahre nicht nur zum gewichtigsten Drittel der

Machtbalance von Legislative, Exekutive und Judikative entwickelt, sondern war, seit George Washington, zu einer für patriotische Emotionen und gemeinschaftliche Wertvorstellungen unentbehrlichen Instanz erhöht worden. Die regelmäßig alle vier Jahre stattfindende Wahl des Leiters der Exekutive der Bundesregierung war zu einem Plebiszit geworden, aus dem eine Symbolfigur hervorging; sie repräsentierte Ideale und Tugenden, Hoffnungen und Ängste des ganzen Landes. Das öffentlich projizierte Bild der Kandidaten für das Amt war deshalb in den Wahlkämpfen zumindest so wichtig geworden wie ihre Fähigkeiten und ihre Lösungsvorschläge für die Probleme der amerikanischen Gesellschaft. Diese ins Irrationale gesteigerte Qualität des Präsidenten wurde durch Nixons Mißbrauch des Amtes – vielleicht nur vorübergehend – korrigiert. »Wenn Richard Nixon so schlecht war«, faßte ein Korrespondent der *Washington Post* die Reaktion des selbstkritischen Teils der amerikanischen Öffentlichkeit auf Watergate zusammen, »können dann wir anderen alle so gut sein? Wenn er ein von gemeinen Beweggründen getriebener Führer war, wer ist dann für seine Wahl verantwortlich? . . . Wenn er uns irregeführt und betrogen hat auf seinem Weg zur Macht, dann hat unser demokratischer Prozeß an entscheidender Stelle versagt.«[10]

Präsident Ford machte wenige Wochen nach seiner Amtsübernahme von seiner Begnadigungskompetenz Gebrauch und sprach Nixon, ohne mögliche Gerichtsurteile abzuwarten, frei von der Bestrafung für alle von ihm möglicherweise begangenen Verbrechen, soweit sie unter Bundesrecht fielen. Dieser in der Öffentlichkeit als voreilig kritisierte Schritt hat vielleicht ebenso zur Verknüpfung von Nixon und Ford und dessen Wahlniederlage 1976 beigetragen wie die Tatsache, daß Ford Nixons designierter Nachfolger im Amt war und bei aller persönlichen Integrität dessen politischen Kurs fortsetzte. Zu institutionellen Reformen im Sinne einer Beschränkung der Macht des Präsidenten kam es im Gefolge des Amtsmißbrauchs nicht. Nicht einmal die Diskussion um die einmalige sechsjährige Amtsperiode, die die Einsetzung aller Mittel der Exekutive zur Sicherung der Wiederwahl ausschließen würde, wurde belebt.[11] Im Gefolge der öffentlichen Debatte um den Machtmißbrauch der Exekutive kam es lediglich zu Untersuchungen der Rolle der Geheimdienste, die in den 1960er und 1970er Jahren im Namen der »nationalen Sicherheit« Hunderte von Organisationen und Tausende aktiver Bürger, die sich für die Beendigung des verfassungswidrigen Krieges in Vietnam einsetzten, wie Straftäter bespitzelt hatten. Die Untersuchungen ergaben u. a., daß der Direktor der CIA, Richard Helms, sich 1972 zum Komplizen des Präsidenten ge-

macht hatte, als er die Aufklärung des Watergate-Einbruchs verhinderte.[12] Das Ausmaß, in dem die Nachrichtendienste außer Kontrolle geraten waren, zeigte sich im Januar 1976, als ein Untersuchungsausschuß des Repräsentantenhauses feststellte, daß die Geheimdienste in den vergangenen Jahren mindestens das Dreifache der Summe ausgegeben hatten, die ihnen laut Haushaltsplan zur Verfügung stand; wahrscheinlich gäben sie jährlich zehn Milliarden Dollar aus, die ohne parlamentarische Kontrolle an sie verteilt würden.[13]
Mit der fortschreitenden Verschlechterung der wirtschaftlichen Lage 1974 und 1975 verlagerte sich das Hauptinteresse der amerikanischen Öffentlichkeit von den durch den Vietnamkrieg und den Machtmißbrauch der Administration Nixon aufgeworfenen politischen Grundfragen auf die wirtschaftlichen Grundfragen von Arbeitsplatz, Einkommen und Energiebeschaffung.

IV. »Leben, Freiheit und das Streben nach Glück«: Probleme der amerikanischen Gesellschaft 200 Jahre nach der Unabhängigkeitserklärung

Die Bevölkerung wuchs 1976 um weitere 0,7 % auf 216 Millionen Menschen, das rund Einhundertfache der Einwohnerzahl von 1776. Der Staat von 1776, in seiner Verfassung von 1787, war als expansive Handelsrepublik angelegt, und die Vervielfachung seiner Bevölkerung hatte ebenso zur Zukunftsvision der Gründer gehört wie seine territoriale Expansion. Innerhalb von nur sieben Generationen war der Siedlungsstreifen der Europäer an der Ostküste des nordamerikanischen Kontinents gewachsen zur an Menschen viertgrößten Nation der Erde, nach China, Indien und der Sowjetunion.
Die Zusammensetzung der Bevölkerung, ihre rassische, ethnische und kulturelle Vielfalt, überstieg jedoch die kühnsten Vorstellungen der Gründer. Die europäische Komponente dominierte zwar nach wie vor. Aber nur noch 36 % der Amerikaner sagten 1973 von sich, sie seien englischer (12,6), deutscher (9,9), irischer (5,9), italienischer (3,4), französischer (1,9), polnischer (1,7) oder russischer (0,8) Herkunft. Bereits 8,9 % nannten Lateinamerika als Land ihrer oder ihrer Vorfahren Herkunft; 47 % sahen sich in keiner dieser Kategorien erfaßt, darunter die Schwarzen, die 1974 einen Anteil von 11,4 % der gesamten Bevölkerung ausmachten. Die Herkunft der legalen Einwanderer des Jahres 1974 machte die Richtung der Verschiebung zugunsten lateinamerikanischer und asiatischer Länder deutlich: Von den 395 000 Eingewanderten kamen aus europäischen Ländern 81 000 (21 %), aus Asien 131 000 (33 %), aus Lateinamerika 166 000 (42 %),

davon allein aus Mexiko 72 000 (18 %).[14] Hinzu kam eine hohe Zahl illegaler Einwanderer, insbesondere aus Mexiko. Nach groben Schätzungen der Einwanderungsbehörde lebten Ende 1976 zwischen sechs und acht Millionen illegal Eingewanderte in den Vereinigten Staaten, also etwa ebenso viele Menschen, wie zu dieser Zeit als Arbeitslose erfaßt waren. Inwieweit diese Menschen die Sozialleistungen des Gastlandes in Anspruch nahmen oder inwieweit sie sich zugunsten seiner Wirtschaft ausbeuten ließen, blieb eine unbeantwortete Frage. Die offene Grenze nach Lateinamerika zeichnete sich jedenfalls ab als ein Faktor, mit dem die amerikanische Sozialpolitik auf absehbare Zeit zu rechnen haben wird.

Der Konkurrenzkampf der verschiedenen ethnischen Gruppen um Chancengleichheit spielte sich im Unterschied zu den 1960er Jahren mit gewaltloseren Mitteln ab, insbesondere in Form der Auseinandersetzung um den Zugang zu Schulen und Universitäten. Der Oberste Gerichtshof billigte 1971 als Mittel zur Überwindung der Rassentrennung in den Schulen und zur Herstellung von Chancengleichheit durch vergleichbar gute Schulausbildung den täglichen Transport von Schülern zu Schulen außerhalb ihrer Nachbarschaft *(busing)*; Ziel sollte es sein, die Schülerschaft aller Schulen eines Schuldistrikts in der gleichen Weise rassisch und ethnisch zu mischen wie die Bevölkerung. Da die betroffenen Gruppen im wesentlichen schwarze, spanisch-sprechende und »andere« Schüler waren, führte der teilweise heftige Widerstand der Weißen (z. B. der Iren im Southend von Boston) zu einer erneuten, wenn auch örtlich begrenzten Konfrontation von Schwarz und Weiß. Vor der zwangsweisen Integration von heruntergekommenen Stadtschulen und reichen Vorortschulen scheuten die Bundesgerichte jedoch zurück. Die Anordnung eines Bezirksgerichts, die die zu 70 % von Schwarzen besuchten Schulen der Hauptstadt Virginias, Richmond, mit den zu 90 % weißen Schulen der umliegenden Vororte zu *einem* Schuldistrikt gemacht hätte, wurde 1972 in zweiter Instanz aufgehoben.

Die Lage der schwarzen Bevölkerung hatte sich nach den Urteilen 1975 und 1976 veröffentlichter Bestandsaufnahmen im Vergleich zu den frühen 1960er Jahren in einigen Bereichen verbessert: mehr Schwarze hatten Sekundarschulausbildung und Universitätsstudium absolviert: während 1968 nur 783 Schwarze Medizin studierten, waren es 1976 3 456; 1966 waren 274 000 Schwarze an Universitäten eingeschrieben, 1976 waren es 948 000. Die Anzahl der Schwarzen, die in Wahlen öffentliche Ämter gewonnen hatten, stieg von 1 185 (1965) auf fast 4 000 (1976). Die ärztliche Versorgung war verbessert worden. Die Arbeitslosigkeit der Schwarzen war 1975 jedoch weiterhin mit 13,8 % beträchtlich höher als unter den Weißen (8,6 %), und ihr pro Kopf-Einkommen betrug nur drei Fünftel dessen der Weißen. Weiße verließen immer noch die Wohngegenden, in die Schwarze einzogen.[15]

Die in den 1960er Jahren wiederbelebte Frauenbewegung nahm in den 1970er Jahren an Einfluß weiter zu. Eine Vielzahl unterschiedlich ausgerichteter lokaler Gruppen und nationaler Organisationen setzte sich für die Beseitigung der Ungleichbehandlung von Frauen ein. Der Kongreß leitete 1972 den Einzelstaaten den Entwurf eines Verfassungsänderungsartikels zu, der dem Bund und den Einzelstaaten Diskriminierung aufgrund der Geschlechtszugehörigkeit verbot. Im Januar 1977 billigte Indiana als 35. Staat die Verfassungsänderung, zu deren Ratifizierung damit noch die Zustimmung von drei Einzelstaaten ausstand. Bereits seit 1972 konnte die Kommission des Bundes für Chancengleichheit auf dem Arbeitsmarkt (Equal Employment Opportunity Commission) Prozesse gegen Arbeitgeber führen, die bei der Einstellung und Beförderung aufgrund von Rasse, nationaler Herkunft, Religionszugehörigkeit oder Geschlecht diskriminierten.

Nicht weniger intensiv wurde ein anderes Problem, das ebenfalls die Beziehung zwischen den Geschlechtern, die Würde der Frau und die Grundfrage nach dem Beginn des staatlich zu schützenden Rechtsguts des Lebens berührte, in der amerikanischen Öffentlichkeit diskutiert. Die jahrzehntelange Auseinandersetzung um die Verfassungsmäßigkeit staatlicher Regulierung der Entscheidung über einen Schwangerschaftsabbruch fand 1973 formal einen Abschluß mit dem Urteil des Obersten Gerichtshofs, daß die Unantastbarkeit der Privatsphäre der betroffenen Frau *(right to privacy)* keine gesetzliche Regelung für die drei ersten Monate der Schwangerschaft zulasse und mithin alle derartigen Einzelstaatsgesetze verfassungswidrig seien. Die Tatsache, daß Hunderttausende mittelloser Frauen Schwangerschaftsabbrüche aus der Krankenbeihilfe des Gesundheitsministeriums *(Medicaid)* erstattet bekamen, bewog 1976 eine Mehrheit in Senat und Repräsentantenhaus, die Verwendung von Bundesmitteln für diesen Zweck zu untersagen, bis auf Fälle, in denen das Leben der Mutter gefährdet wäre. Zum ersten Mal sprach sich damit die Legislative des Bundes klar gegen die weitere staatliche Erleichterung von Schwangerschaftsabbrüchen aus.

Die Grundwerte der Unantastbarkeit des Lebens und der Würde des Menschen standen auch im Mittelpunkt emotionaler öffentlicher Debatten um »das Recht zu Sterben«. Einige besonders tragische Fälle von technisch monatelang am Leben gehaltenen bewußtlosen Körpern lenkten die Aufmerksamkeit der Öffentlichkeit auf die durch den medizinischen Fortschritt ungewisser gewordene Grenze zwischen Leben und Tod. Als erster Staat ermöglichte es Kalifornien 1976 durch Gesetz, daß ein unheilbarer Kranker die Verwendung von Medikamenten und Maschinen ablehnen konnte, die seine Krankheit nicht heilen, sondern nur verlängern würden.

In einem größeren Zusammenhang, dem Verhältnis des Menschen zu der ihn umgebenden und erhaltenden natürlichen Umwelt, wurden biologische und ökologische Grundtatsachen zum Gegenstand gesellschaftlicher Prioritätensetzung. Die seit den 1960er Jahren wachsende Besorgnis über die Zerstörung der natürlichen Umwelt durch die Abfallprodukte der Industrie und die Abgase des Automobilverkehrs in den Großstädten führte in den 1970er Jahren zu einigen von beiden Parteien getragenen gesetzgeberischen Initiativen. Seit dem Inkrafttreten des National Environmental Policy Act 1970 gehörte der Umweltschutz eindeutig zum Zuständigkeitsbereich des Bundes. Seither war der Präsident verpflichtet, jedes Jahr einen Bericht zur Lage des Umweltschutzes zu erstatten. Zur Koordination aller umweltbezogenen Maßnahmen der Exekutive richtete Präsident Nixon im gleichen Jahr eine zentrale Behörde ein (Environmental Protection Agency). Ein Gesetz zur Reinhaltung der Luft stellte 1970 1,1 Milliarden Dollar für ein umfassendes Programm bereit und verpflichtete die Automobilhersteller, den Gehalt von Kohlenmonoxyd in den Abgasen um 90 % zu senken. Das Pestizid-Gesetz von 1972 gab der Umweltbehörde die Vollmacht, gefährliche Schädlingsbekämpfungsmittel zu verbieten. DDT wurde daraufhin noch im gleichen Jahr vom amerikanischen Markt verbannt. Ein Gesetz zur Reinhaltung der Gewässer verpflichtete 1970 die Bundesregierung zur Beseitigung von Ölverseuchungen und zur gerichtlichen Verfolgung der Verursacher. Gegen Präsident Nixons Veto verabschiedete der Kongreß 1972 ein Wasserschutzgesetz, das 24,7 Milliarden Dollar bereitstellte, um bis 1983 in allen Gewässern die Lebensbedingungen für Fische wiederherzustellen und bis 1985 die Abgabe aller Giftstoffe in Gewässer zu unterbinden. Allein 18 Milliarden Dollar der Gesamtsumme wurden den Einzelstaaten zum Bau von Kläranlagen zur Verfügung gestellt. Die Wirksamkeit der Umweltschutzmaßnahmen war am Ende der Präsidentschaft Fords noch nicht abzusehen, ebensowenig die Stärke des politischen Willens, die aufwendigen Sanierungsmaßnahmen auch angesichts der zunehmenden Energieverteuerung zu finanzieren. So verhinderte z. B. Präsident Ford 1974 und 1975 durch sein Veto die Verabschiedung eines Gesetzes, das die Gewinnung von Braunkohle im Tagebau *(strip mining)* durch Verpflichtungen zur Wiederherstellung der natürlichen Umwelt weniger profitabel gemacht hätte. Und die Lobby der Automobilindustrie erreichte 1976, daß

die bereits beschlossene Herabsetzung der Giftstoffe in Abgasen bis 1983 hinausgeschoben wurde.
Die alles andere in den Schatten stellenden gesellschaftlichen Probleme der 1970er Jahre waren die Begleit- und Folgeerscheinungen der scharfen wirtschaftlichen Rezession. Das Bruttosozialprodukt der Vereinigten Staaten erreichte 1974 zwar die Rekordhöhe von 1 420 Milliarden Dollar, im Vergleich zu 1 150 Milliarden Dollar der Länder der Europäischen Gemeinschaft und 485 Milliarden Japans. Dennoch war die Amtszeit der Präsidenten Nixon und Ford von der schärfsten Rezession der Wirtschaft seit der Weltwirtschaftskrise gekennzeichnet. Ein für die Wirtschaftspolitiker neues Phänomen war die Kombination von Inflation und Produktionsrückgang, die zu einem sprunghaften Ansteigen der Arbeitslosigkeit führte (s. Tabelle 9.3). Die Arbeitslosenrate erreichte 1975 mit einem Jahresdurchschnitt von 8,5 % – etwa 7,8 Millionen Menschen – den höchsten Stand seit 1941:

Tabelle 9.3

Inflation und Arbeitslosigkeit, 1969–1976

Jahr	Inflationsrate a)	Arbeitslosenrate b)	Industrieproduktion c)
1969	6,1 %	3,5 %	111
1970	5,5 %	4,9 %	107
1971	3,4 %	5,9 %	107
1972	3,4 %	5,6 %	115
1973	8,8 %	4,9 %	126
1974	12,2 %	5,6 %	125
1975	7,0 %	8,5 %	123
1976	4,8 %	7,7 %	133

a) Gemessen an den Verbraucherpreisen. *Quelle:* United States Bureau of the Census, *Statistical Abstract of the United States 1975* (Washington, 1975), S. 416; United States Bureau of Labor Statistics, zit. nach *Congressional Quarterly Weekly Report* (18. Sept. 1976), S. 2526 und *International Herald Tribune*, 20. Januar 1977. b) *Quelle: Statistical Abstract of the United States 1975, 349; Congressional Quarterly Weekly Report* (10. Januar 1976), S. 64 und *Economic Indicators*, Dezember 1976, S. 12. c) Indexzahl 100 = 1967. *Quelle: Statistical Abstract of the United States 1975*, S. 731 und *International Herald Tribune*, 20. Jan. 1977.

Angesichts der durch diese Ziffern angezeigten wirtschaftlichen und sozialen Notlage stellte sich in verstärktem Maße die Frage nach dem Ausmaß des Eingriffs der Bundesregierung in den »Markt«. Nach dem vergeblichen Versuch, die Inflation durch Sparmaßnahmen und teures Geld zu bremsen, machte Präsident Nixon 1971 von den ihm schon im Vorjahr vom Kongreß übertragenen außerordentlichen Vollmachten Gebrauch und verhängte einen Lohn- und Preisstopp, um der Inflation kurzfristig Herr zu werden und die Chancen seiner Wiederwahl 1972 nicht zu gefährden. Zusätzlich leitete er die Abwertung des Dollars ein und schlug einen Defizithaushalt vor. Die erfolgreichen Kontrollen wurden aber bereits im Januar 1973 gelockert. Nach einem abermaligen, auf 60 Tage begrenzten Preisstop im Sommer 1973 ging die inflationäre Entwicklung weiter, bis sich 1976 ein Absinken der Inflationsrate auf 4,8 %, der Arbeitslosigkeit auf 7,7 % und ein merklicher Anstieg der Industrieproduktion abzeichnete.

Das Ausmaß der Rezession war zusätzlich zu den inflationären Auswirkungen der hohen Kosten des Vietnamkriegs und der allein am Wahltag orientierten unsteten Wirtschaftspolitik Nixons bedingt durch die zunehmende Abhängigkeit der amerikanischen Wirtschaft und Privathaushalte von importiertem Erdöl. Von 1965 bis 1974 stieg die Einfuhr von 452 Millionen *barrel* auf 1 269 Millionen. In den Vereinigten Staaten selbst wurden 3 203 Millionen *barrel* Öl gefördert.[16] Da die arabischen Lieferländer nach dem arabisch-israelischen Krieg im Oktober 1973 eine weltweite drastische Erhöhung der Erdölpreise durchsetzten, verteuerten sich die Energiekosten der amerikanischen Wirtschaft entsprechend. Die Energiekrise setzte zwar die öffentliche Debatte um eine sparsamere und die eigenen Ressourcen stärker heranziehende Energiewirtschaft in Gang, führte jedoch bis zum Ende der Amtszeit Fords zu keiner neuen Energiepolitik der Bundesregierung.

Die gesetzlichen Maßnahmen zur Linderung der Arbeitslosigkeit waren bescheiden. Seit 1970 bot das Landwirtschaftsministerium in 500 Arbeitslagern etwa 25 000 Jugendlichen vorübergehend Arbeit *(Youth Conservation Corps)*. Der Ausbau zu einem Ganzjahresprogramm für 500 000 Sechzehn- bis Vierundzwanzigjährige gedieh 1976 nur bis zum Gesetzentwurf *(Young Adults Jobs Bill)*. Seit 1973 stellte der Bund den Einzelstaaten Mittel bereit zur Umschulung und Ausbildung von Arbeitslosen und zur Schaffung zeitlich befristeter Stellen im öffentlichen Dienst *(Comprehensive Employment and Training Act)*; auch in eigener Regie betrieb der Bund Berufsausbildungszentren für Jugendliche *(Jobs Corps Program)*. Es bedurfte der Zweidrittelmehrheit beider Häuser des Kongresses, um gegen das Veto des Präsidenten im Haushaltsjahr 1976/77 3,95 Milliarden Dollar bereitzustellen und den Einzelstaaten und Gemeinden die Finanzierung von Bauvorhaben zu ermöglichen *(Public Works Employment Act)*. Die Initiatoren hofften, mit dieser Maßnahme 300 000 Arbeitsplätze insbesondere für Bauarbeiter zu schaffen. Der einzige Versuch, das Problem der Arbeitslosigkeit in umfassenderer Weise anzugehen, fand keine ausreichende Unterstützung unter den Abgeordneten und Senatoren. Seit 1974 betrieben der Demokratische Abgeordnete aus Kalifornien, Augustin Hawkins, und der Demokratische Senator aus Minnesota, Hubert Humphrey, mit voller Unterstützung der Gewerkschaften einen Gesetzentwurf, dessen erklärtes Ziel es war, jedem Arbeitsuchenden über 16 Jahren einen Arbeitsplatz zu beschaffen *(Humphrey Hawkins Bill)*. Der Entwurf sah vor, den Präsidenten zu verpflichten, dem Kongreß jährlich ein koordiniertes Programm von Maßnahmen vorzulegen, »um Vollbeschäftigung und ausgewogenes Wachstum« herbeizuführen. Die Zentralbank *(Federal Reserve Board)* sollte zur Unterstützung entsprechender Maßnahmen verpflichtet werden. Falls diese Maßnahmen nicht zum Ziel führten, sollte der Bund erhebliche Mittel für ein Arbeitsbeschaffungs-, Ausbildungs- und Umschulungsprogramm auf Bundes- und Einzelstaatsebene bereitstellen. Als »Arbeitgeber der letzten Instanz« sollte das Arbeitsministerium Arbeitsplätze für die Hilflosesten bereithalten. Das Hauptargument der Gegner, einschließlich Präsident Fords, waren nicht nur die zu erwartenden hohen Kosten, sondern der umfassende Ansatz: das Gesetz würde eine zentrale Wirtschaftsplanung und die totale Kontrolle der Bundesregierung über das Leben jedes Amerikaners ermöglichen, Amerika würde damit zu einem sozialistischen Land.[17]

Ein Folge- und Begleitproblem der Arbeitslosigkeit, die Armut, konnte bis 1976 ebenfalls noch keineswegs als bewältigt gelten. Legt man die von der Social Security Administration definierten Mindesteinkommen — die »Armutsgrenze« — zugrunde (z. B. 5 000 Dollar Jahreseinkommen für eine vierköpfige Familie im Jahr 1974), dann ergibt sich, daß 1969 und 1974 jeweils 24 Millionen Amerikaner (12 %) in Armut lebten. Die Bundesausgaben zugunsten der Armen stiegen zwar in den letzten Jahren. Zählt man alle Maßnahmen von den Lebensmittelmarken bis zur ärztlichen Versorgung zusammen, so verdoppelten sich die Leistungen zwischen 1968 und 1974 von 14,6 auf 27 Milliarden Dollar. Auf eine grundsätzlichere Lösung, wie etwa ein garantiertes Mindesteinkommen (auch negative Einkommensteuer genannt), hat sich der Kongreß aber nicht einigen können. Das gleiche gilt für die bereits seit Jahren diskutierte Nationale Krankenversicherung, die, anders als das bisherige *Medicare* und *Medicaid* Programm, nicht nur den Alten, Armen und Behinderten, sondern allen Amerikanern offen stehen, und sie von der Vielzahl der privaten Versicherungen unabhängig machen könnte.

Ebenso wie der einzelne amerikanische Bürger in seinen Notlagen auf gemeinschaftlich organisierte Hilfe angewiesen war, bedurften die einzelnen von Verfallserscheinungen bedrohten amerikanischen Großstädte in den 1970er Jahren der verstärkten finanziellen Unterstützung durch die Einzelstaaten und den Bund. Maßnahmen, wie das erwähnte Revenue Sharing dienten diesem Zweck. Dennoch drohte als erster Großstadt New York 1975 der Bankrott. Zögernde Hilfe aus Landes- und Bundesmitteln wendete die akute Krise ab. Zu einer dauerhaften Lösung der Finanzkrise der Kommunen kam es jedoch nicht.

Das Streben nach Glück und Sicherheit war auch 1976 noch zum größten Teil Sache des einzelnen, seines Strebens und seines Glücks. Am 4. Juli 1976 erklärte die *New York Times* in ihrem Leitartikel »Das dritte Jahrhundert«: »Als die immer noch mächtigste Nation, aber nicht mehr als der Schiedsrichter der Welt, beginnen die Vereinigten Staaten einen neuen und neuartigen Zeitabschnitt. Die Lösung der sozialen, wirtschaftlichen, rassischen und politischen Probleme wird vielleicht nicht möglich sein ohne die Änderung wesentlicher Teile von Staat und Gesellschaft und ohne die Art schöpferischen, innovativen Denkens, das unsere revolutionären Vorfahren bewiesen haben. Die Worte der Unabhängigkeitserklärung werden stets erneut zur nachdrücklichen Ermahnung, wenn wir sie auf die Realitäten unserer Zeit beziehen: auf die dunklen Seiten und Mängel unserer Gesellschaft, auf die Ungerechtigkeiten, die immer noch bestehen und auf einigen Gebieten sogar zunehmen.«

Anmerkungen

EINLEITUNG

1 Günter Moltmann, »Das Problem der Universalgeschichte«, in *Die Funktion der Geschichte in unserer Zeit: Festschrift für Karl Dietrich Erdmann*, hrsg. v. Eberhard Jäckel u. Ernst Weymar (Stuttgart, 1975), 137.

KAP. 1: REVOLUTION UND NATIONALSTAATSGRÜNDUNG, 1763–1815

1 Louis Hartz, *The Founding of New Societies: Studies in the History of the United States, Latin America, South Africa, Canada and Australia* (New York, 1964).
2 John Lynch, *The Spanish American Revolutions, 1808–1826* (London, 1973), 1.
3 John Adams an Thomas Jefferson, 24. August 1815, *The Adams-Jefferson Letters*, hg. v. Lester J. Cappon, 2 Bde. (Chapel Hill, 1959), II, 455. Rush in *Chronicles of the American Revolution*, hg. v. Alden T. Vaughan (New York, 1965), 334. Weiteres zur Begriffsgeschichte und dem zeitgenössischen Sprachgebrauch bei Horst Dippel, »The American Revolution and the Modern Concept of Revolution«, in Erich Angermann u. a., Hrsg., *New Wine in Old Skins: A Comparative View of Socio-Political Structures and Values Affecting the American Revolution* (Stuttgart, 1976), 115–34.
4 Evarts B. Greene und Virginia D. Harrington, *American Population before the Federal Census of 1790* (New York, 1932) und Stella H. Sutherland, *Population Distribution in Colonial America* (New York, 1936). Die Schätzungen weichen z. T. erheblich voneinander ab. Für Virginia z. B. schwanken sie zwischen 300 000 und 500 000.
5 Adam Smith, *The Wealth of Nations*, 2 Bde. (Every Man's Library, o. D.), I, 371. Sung Bok Kim, »A New Look at the Great Landlords of Eighteenth-Century New York«, *William and Mary Quarterly*, 27 (1970), 581–614.
6 Carl Bridenbaugh, *Myths and Realities: Societies of the Colonial South* (Baton Rouge, 1952).
7 Greene und Harrington, *American Population*; sehr unsichere Angaben.
8 Sam Bass Warner, Jr., *The Private City: Philadelphia in Three Periods of Its Growth* (Philadelphia, 1968), 5.
9 Carl Bridenbaugh, *Cities in Revolt: Urban Life in America, 1743–1776* (New York, 1955), 418 ff.
10 Warner, *Private City*, 9.
11 *Pennsylvania Packet*, 18. März 1776.
12 John Murrin, »Review Essay«, *History and Theory*, 11 (1972), 248–50.
13 Willi Paul Adams und Angela Meurer Adams, Hrsg., *Die amerikanische Revolution in Augenzeugenberichten* (München, 1976), 262.

14 Jackson Turner Main, »Social Origins of a Political Elite: The Upper House in the Revolutionary Era«, *The Huntington Library Quarterly*, 27 (1963/64), 147–58.
15 Jackson Turner Main, »Government by the People: The American Revolution and the Democratization of the Legislatures«, *William and Mary Quarterly*, 23 (1966), 391–407.
16 *A Dissertation on the Political Union and Constitution of the Thirteen United States of North America* (Philadelphia, 1783), 3.
17 Jackson T. Main, *Political Parties before the Constitution* (Chapel Hill, 1973), 392–93.
18 Gut indizierte Taschenbuchausgabe: Alexander Hamilton, James Madison, John Jay, *The Federalist Papers*, hg. v. Clinton Rossiter (New York: Mentor Books, 1961).
19 Entscheidung im Fall Vanhorne's Lessee vs. Dorrance, 2 Dallas 304.
20 Zitiert in Frank J. Schechter, »The Early History of the Tradition of the Constitution«, *American Political Science Review*, 9 (1915), 733.
21 David Hackett Fischer, *The Revolution of American Conservatism: The Federalist Party in the Era of Jeffersonian Democracy* (New York, 1965), 188. Siehe auch J. R. Pole, *Political Representation in England and the Origins of the American Republic* (London, 1966), 543–62.
22 Zum zeitgenössischen Gebrauch von »fostering hand of government«, E. A. Johnson, »Federalism, Pluralism, and Public Policy«, *Journal of Economic History*, 22 (1962), 427–444. Dort auch Erläuterung des Begriffs »mixed economy«.
23 Zitiert in Stuart Gerry Brown, *The First Republicans: Political Philosophy and Public Policy in the Party of Jefferson and Madison* (Syracuse, 1954), 55.
24 Stuart Bruchey, *The Roots of American Economic Growth, 1607–1861* (New York, 1968), 112.
25 Paul Goodman, *The Democratic-Republicans of Massachusetts* (Cambridge, Mass., 1964) und Fischer, *Revolution of American Conservatism.*
26 Auszug aus der Farewell Address in Henry Steele Commager, Hg., *Documents of American History* (New York, 7. Aufl., 1962), I, 169–75.
27 Beide Zitate in Samuel Flagg Bemis, »James Madison«, in Bemis, Hg., *The American Secretaries of State and Their Diplomacy*, 17 Bde. (New York, 1927 ff), III, 34 und 35.
28 *Messages and Papers of the Presidents, 1789–1897*, hg. v. James D. Richardson, 10 Bde. (Washington, 1896–99), I, 323.
29 Curtis P. Nettels, *The Emergence of a National Economy, 1775–1815* (New York, 1962), 285–86.
30 *The Works of the Honorable James Wilson* (Philadelphia, 1804), III, 299.
31 Henry Adams, *History of the United States of America during the First Administration of Thomas Jefferson*, 9 Bde. (New York, 1889 bis 1891), IX, 240.

KAP. 2: REGIONALISMUS, SKLAVEREI, BÜRGERKRIEG UND WIEDEREINGLIEDERUNG DES SÜDENS, 1815–1877

1 Charles C. Tansill, Hrsg., *Documents Illustrative of the Formation of the Union of the American States* (Washington D. C., 1927), 471.
2 Alexander H. Stephens, *A Constitutional View of the War Between the States*, 2 Bde. (Chicago, 1868–1870), I, 137–142.
3 Jackson in James D. Richardson, Hrsg., *A Compilation of the Messages and Papers of the Presidents, 1789–1897*, 10 Bde., (Washington, 1900), II, 650. Webster in J. W. McIntyre, Hrsg., *Writings and Speeches of Daniel Webster*, 18 Bde. (Boston, 1903), IV, 200–201.

4 Darstellung der klimatischen Unterschiede und ihres Einflusses auf die regionalen Unterschiede bei Ulrich B. Phillips, *Life and Labor in the Old South* (Boston, 1929) und Rupert B. Vance, *Human Geography of the South* (Chapel Hill, 1932).

5 »Journal of Josiah Quincy, Junior«, Massachusetts Historical Society, *Proceedings*, Bd. 49 (1916), 454. Rutledge in E. C. Burnett, Hrsg., *Letters of Members of the Continental Congress*, 8 Bde. (Washington, 1921–1936), I, 517.

6 United States Bureau of the Census, *Negro Population in the United States, 1790–1915* (Washington D. C., 1918).

7 Kenneth M. Stampp, *The Peculiar Institution: Slavery in the Ante-Bellum South* (New York, 1956); Stanley M. Elkins, *Slavery: A Problem in American Institutional and Intellectual Life* (Chicago, 1959); Eugene Genovese, *The World the Slaveholders Made* (New York, 1969); Robert William Fogel und Stanley L. Engerman, *Time on the Cross* (Boston, 1974).

8 Rollin G. Osterweis, *Romanticism and Nationalism in the Old South* (New Haven, 1949); W. R. Taylor, *Cavalier and Yankee* (New York, 1961).

9 H. Shelton Smith, *In His Image But . . . Racism in Southern Religion, 1780–1910* (Durham, N. C., 1972).

10 Richard Hofstadter, »John C. Calhoun: The Marx of the Master Class«, in Richard Hofstadter, *The American Political Tradition and the Men Who Made It* (New York, 1948), 68–92.

11 Philip J. Staudenraus, *The African Colonization Movement, 1816–1865* (New York, 1961).

12 Gilbert H. Barnes, *The Anti-Slavery Impulse* (New York, 1933).

13 Charles M. Wiltse, *John C. Calhoun: Nullifier, 1829–1839* (Indianapolis, 1949), *passim*.

14 John L. Thomas, *The Liberator: William Lloyd Garrison* (Boston, 1963).

15 Norman Ratner, *Powder Keg: Northern Opposition to the Anti-Slavery Movement* (New York, 1968) und Leonard L. Richards, *Gentlemen of Property and Standing: Anti-Abolition Mobs in Jacksonian America* (New York, 1970).

16 Russel B. Nye, *Fettered Freedom: Civil Liberties and the Slavery Controversy, 1830–1860* (East Lansing, Michigan, 1949).

17 David Brion Davis, *The Slave-Power Conspiracy and the Paranoid Style* (Baton Rouge, 1969).

17a Die Sympathien von Arbeitern und (insbesondere irischen) Einwanderern in Städten des Nordens für die Demokratische Partei beruhten auf der direkten sozialen Hilfe, die lokale Organisationen der Partei in Städten wie New York und Chicago den jüngst Eingewanderten boten, und auf ihrer Antipathie gegen schwarze Konkurrenten auf dem Arbeitsmarkt der Ungelernten (siehe S. 231). Im 20. Jahrhundert festigte die Demokratische Partei ihren Ruf als Partei des kleinen Mannes durch die sozialen Maßnahmen des New Deal (S. 333 ff). Seit den 1930er Jahren genießt sie auch die Unterstützung vieler Gewerkschaften, insbesondere des CIO, der Schwarzen und des *liberal establishment* im Umkreis der Universitäten. Im gleichen Zeitraum nahmen innerhalb der Republikanischen Partei die Spannungen zwischen den Interessen des *big business* und den zwar gleichermaßen patriotisch-konservativen, aber weniger kapitalkräftigen kleinen Geschäftsleuten zu. Die inhaltlich-programmatischen Auseinandersetzungen hatten bereits seit den 1870er Jahren weniger zwischen den beiden großen Parteien als zwischen Flügeln innerhalb der Parteien stattgefunden, so daß für die Bundesgesetzgebung die Absprachen z. B. zwischen konservativen Demokraten aus dem Süden und konservativen Republikanern aus dem Norden und Westen oft wichtiger wurden als die Aussagen der Parteiprogramme (Anmerkung des Herausgebers).

18 Stephens, *Constitutional View*, I, 137–142.
19 George Fitzhugh, *Sociology for the South* (Richmond, 1954), 203.
20 F. L. Owsley, *State Rights in the Confederacy* (Chicago, 1925).
21 David M. Potter, »Jefferson Davis and the Political Factors in Confederate Defeat«, in David Donald, Hrsg., *Why the North Won the Civil War* (New York, 1965), 91–112.
22 Roy P. Basler, Hrsg., *The Collected Works of Abraham Lincoln*, 8 Bde. (New Brunswick, New Jersey, 1953), V, 388.
23 Rayford W. Logan, *The Negro in American Life and Thought: The Nadir, 1877–1901* (New York, 1954).

KAP. 3: DIE INDUSTRIELLE REVOLUTION IN DEN VEREINIGTEN STAATEN

1 Zitiert in: *Frontier and Section: Selected Essays of Frederick Jackson Turner* (Englewood Cliffs, 1961), S. 49–50.
2 ebendort, S. 37.

KAP. 4: DIE EINWANDERUNG NACH AMERIKA IM 19. UND 20. JAHRHUNDERT

1 Die genaue Zahl wird sich nie feststellen lassen. So sind z. B. die Einwanderer, die über Kanada und Mexiko ins Land gekommen sind, bis 1908 nicht vollständig gezählt worden, und die Definition des Begriffs Einwanderer ist im Laufe der Zeit oft geändert worden. Die Gesamtzahl schließt auch die Zahl der Schwarzen nicht ein, die vor dem Bürgerkrieg mit dem illegalen Sklavenhandel in die Vereinigten Staaten gebracht wurden. Ihre besondere Art der »Migration« und die besonderen rassischen Vorurteile, die sich ihnen entgegenstellten, lassen es nicht sinnvoll erscheinen, ihr Schicksal unter der Fragestellung dieses Kapitels zu behandeln.
2 Harry Jerome, *Business Cycles* (New York, 1926), S. 208; Dorothy S. Thomas, *Social and Economic Aspects of Swedish Population Movements, 1750–1933* (New York, 1941), S. 166; Brinley Thomas, *Migration and Economic Growth: A Study of Great Britain and the Atlantic Economy* (Cambridge, 2. Aufl., 1973), S. 83–113 u. S. 116–118.
3 Victor R. Greene, *The Slavic Community on Strike: Immigrant Labor in Pennsylvania Anthracite* (Notre Dame, Ind., 1968), S. 27.
4 Ein *padrone* »verfügte über ein Netz persönlicher Beziehungen in seinem Heimatland, rekrutierte Arbeiter, die sich ihm persönlich für ein Jahr verpflichteten, bezahlte ihre Überfahrt nach Amerika und verschaffte sich eine Garantie, indem er sich auf Grundbesitz der Väter oder anderer Verwandter eine Hypothek über eine viel höhere Summe eintragen ließ. Diese Methode wurde Ende des 19. Jahrhunderts in Italien und Griechenland praktiziert«. Philip Taylor, *The Distant Magnet: European Emigration to the U.S.A.* (London, 1971), 98. Siehe auch Robert F. Harney, »The Padrone and the Immigrant«, *Canadian Review of American Studies*, 5 (1974), 101–118.
5 Taylor, *Distant Magnet*, S. 64; Gerald Gilbert Govorchin, *Americans from Yugoslavia* (Gainesville, Fla., 1961), S. 6, 44, 47.
6 Constantine M. Panunzio, *The Soul of an Immigrant* (New York, 1921), S. 64–65.
7 Percy C. Ebbutt, *Emigrant Life in Kansas* (London, 1886), S. 1.
8 Panunzio, *Soul of an Immigrant*, 77–78.
9 Die allgemeinen Angaben über die Verteilung der Berufsgruppen gründen sich auf Edward P. Hutchinson, *Immigrants and Their Children, 1850–1950* (New York, 1956), besonders S. 215–16.

10 Zitiert in Mary Roberts Coolidge, *Chinese Immigration* (New York, 1909), S. 87.
11 Zitiert in Harry H. L. Kitano, *Japanese Americans: The Evolution of a Subculture* (Englewood Cliffs, N. J., 1969), S. 16.
12 Mary Antin, *The Promised Land* (Boston, 1912), S. 187.
13 Die Unterscheidung zwischen den beiden Arten der Assimilierung stammt aus dem grundlegenden Werk von Milton M. Gordon, *Assimilation in American Life: The Role of Race, Religion, and National Origins* (New York, 1964).
14 Zitiert in Leonard Covello, *The Social Background of the Italo-American School Child* (Leiden, 1967), S. 291.
15 Emery S. Bogardus, *Essentials of Americanization* (Los Angeles, 1919), S. 11.
16 Antin, *Promised Land*, S. 273.
17 Leo F. Schnore und Peter R. Knights, »Residence and Social Structure: Boston in the Ante-Bellum Period« in: Stephan Thernstrom und Richard Sennett, Hrsg., *Nineteenth-Century Cities* (New Haven, 1969), S. 253.
18 Everett V. Zorbaugh, *The Gold Coast and the Slum* (Chicago, 1929), S. 164.
19 Nathan Kantorowitz, »Ethnic and Racial Segregation in the New York Metropolis, 1960«, *American Journal of Sociology*, 74 (1968–1969), S. 693.
20 Paul Frederick Cressey, »Population Succession in Chicago, 1898–1930«, *American Journal of Sociology*, 44 (1938–1939), S. 61, 69.
21 Louis Wirth, *The Ghetto (Chicago*, 1928), S. 8.

KAP. 5: SOZIALE FOLGEN DER INDUSTRIALISIERUNG, IMPERIALISMUS, UND DER WELTKRIEG, 1890–1920

1 Mit Wirtschaftsliberalismus hat der heutige Wortgebrauch nicht mehr viel gemein. *Liberal* im amerikanischen Wortsinn bezeichnet heute im wesentlichen die politische Grundeinstellung desjenigen, der (a) die Existenz eines sozialen Problems eher anerkennt als sein konservativer Mitbürger; der (b) eher als dieser bereit ist, die Regierungsgewalt zur Lösung des Problems einzusetzen; der (c) gegenüber der Regierungsgewalt, die demzufolge mit kollektiven Ansprüchen sein Leben zu regulieren beginnt, den Freiheitsraum des einzelnen zu verteidigen sucht, und der (d) im Unterschied zu seinem radikalen, etwa sozialistischen Mitbürger, an die Leistungsfähigkeit, Verbesserungs- und Anpassungsfähigkeit des bestehenden politischen Systems glaubt. Im Folgenden wird »liberal« in diesem Sinne verwandt. (Anmerkung des Herausgebers).
2 James Leiby, *Carroll Wright and Labor Reform: The Origins of Labor Statistics* (Cambridge, Mass., 1960), 115; Ashok V. Desai, *Real Wages in Germany 1871–1913* (Oxford, 1968), 1; E. H. Phelps Brown, *A Century of Pay; The Course of Pay and Production in France, Germany, Sweden, the United Kingdom, and the United States of America, 1860 bis 1960* (London, 1968), 29–31.
3 Robert W. Hunter, *Poverty* (New York, 1965), S. vi.
4 Stephan Thernstrom, »Working-Class Mobility in Industrial America« in Melvin Richter, Hrsg., *Essays in Theory and History: An Approach to the Social Sciences* (Cambridge, Mass., 1970), 227–228.
5 Richard Sennett, *Families Against the City: Middle Class Houses of Industrial Chicago, 1872–1890* (Cambridge, Mass., 1970), 104–13.
6 Richard Hofstadter, *The Age of Reform: From Bryan to F.D.R.* (New York, 1955), 60–93.

7 Selig Perlman, *A Theory of the Labor Movement* (New York, 1928), 161.
8 Louis Hartz, *The Liberal Tradition in America: An Interpretation of American Political Thought Since the Revolution* (New York, 1955).
9 John R. Commons, »Class Conflict: Is it Growing in America, and Is It Inevitable? (Discussion before the American Sociological Society, December, 1906)«, in *Labor and Administration* (New York, 1923), 72, 78.
10 Stephan Thernstrom, *The Other Bostonians: Poverty and Progress in the American Metropolis, 1880–1970* (Cambridge, Mass., 1973), 258–60.
11 Tom Rishoj, »Metropolitan Social Mobility, 1850–1950: The Case of Copenhagen«, *Quality and Quantity*, 5 (June, 1971), 131–140.
12 Benedetto Croce, *Storia d'Europa Nel Secolo Decimonono*, (2. Aufl., Bari, 1932), 267.
13 Hofstadter, *Age of Reform*, 131–172.
14 Gabriel Kolko, *The Triumph of Conservatism; A Reinterpretation of American History, 1900–1915* (New York, 1963); William Appleman Williams, *The Contours of American History* (Cleveland, 1961), 343 bis 425.
15 Kolko, *Triumph of Conservatism* (Chicago, 1967), 287.
16 Walter LaFeber, *The New Empire: An Interpretation of American Expansion 1860–1898* (Ithaca, N. Y., 1963); William Appleman Williams, *The Tragedy of American Diplomacy* (rev. und erw. Aufl., New York, 1961).

KAP. 6: DIE VEREINIGTEN STAATEN ZWISCHEN DEN WELTKRIEGEN, 1919–1941

1 Charles P. Kindleberger, *Die Weltwirtschaftskrise, 1929–1939* (München, 1973), 121.
2 Kindleberger, *Weltwirtschaftskrise*, 181–82.
3 R. A. C. Parker, *Das Zwanzigste Jahrhundert, I, 1918–1945* (Frankfurt: Fischer Weltgeschichte Bd. 34, 1967), 340.
4 Stephen E. Ambrose, *Rise to Globalism: American Foreign Policy since 1938* (Baltimore, 1971), 38–39.

KAP. 7: VOM WELTKRIEG ZUR WOHLSTANDSGESELLSCHAFT, 1941–1961

1 Perrett, *Days of Sadness, Years of Triumph* (New York, 1973), 10, 11.
2 Polenberg, *War and Society* (New York, 1972), 73.
3 Davis R. B. Ross, *Preparing for Ulysses: Politics and Veterans During World War II* (New York, 1969), 34–55.
4 Saul D. Alinsky, *John L. Lewis* (New York, 1949), 286–288.
5 Perrett, *Days of Sadness*, 347.
6 E. Franklin Frazier, *The Negro in the United States* (New York, 1969), 606.
7 Neil A. Wynn, »Black Attitudes Toward Participation in the American War Effort, 1941–1945«, *Afro-American Studies*, 3 (June 1972), 13–19.
8 Harvard Sitkoff, »The Detroit Riot of 1943«, *Michigan History*, 58 (1969), 188–194.
9 William C. Berman, *The Politics of Civil Rights in the Truman Administration* (Columbus, Ohio, 1970), 30–82, 238–240.
10 Richard O. Davies, *Housing Reform During the Truman Administration* (Columbia, Miss., 1966), 64, 136.

11 Howard K. Smith, *The State of Europe* (New York, 1949), 92, und David M. Potter, *People of Plenty* (Chicago, 1954), 81–83.
12 John E. Mueller, *War, Presidents, and Public Opinion* (New York, 1973), 40.
13 Daniel Bell, *The End of Ideology: On the Exhaustion of Political Ideas of the Fifties* (New York, 1962), 218, 265–67.
14 Brown vs. Board of Education of Topeka (347 U.S. 483, 1954) und Cooper vs. Aaron (358 U.S. 1, 1958) in Henry Steele Commager, Hrsg., *Documents of American History* (7. Aufl., New York, 1963), 619, 663.
15 James Baldwin zitiert in Louis E. Lomax, *The Negro Revolt* (London, 1963), 77.
16 Martin Mayer, *Madison Avenue U.S.A.: The Inside Story of American Advertising* (London, 1958), 36, 39–40.
17 Dwight McDonald, »Our Invisible Poor«, *The New Yorker* (19. Januar 1963), 82–132.
18 Louis A. Ferman, Hrsg., *Poverty in America: A Book of Readings* (Ann Arbor, Michigan, 1965), XIX.

KAP. 8: DIE 1960ER JAHRE

1 Kennedy, *Inaugural Message* vom 20. Januar 1961, in Henry Steele Commager, *Documents of American History* (7. Aufl., New York, 1963), S. 688–689.
2 Theodore Sorensen, *Kennedy* (London, 1966), S. 497–500.
3 Lyndon B. Johnson, *The Vantage Point: Perspectives of the Presidency, 1963–1969* (London, 1971), S. 77.
4 *Ibid.*, S. 342–343.
5 Ronald Steel, *Pax Americana* (New York, 1970), S. 255, 10.
6 Ralph F. de Bedts, *Recent American History: 1945 to the Present* (Homewood, Illinois, 1973), S. 301.
7 Johnson, *op. cit.*, S. 326, 342–343.
8 Christopher Tugenhat, *The Multinationals* (London, 1971), S. 24–32.
9 Eisenhowers *Farewell Address* vom 17. Januar 1961, in Commager, *Documents of American History*, S. 686–687.

KAP. 9: NACH 200 JAHREN: DIE USA UNTER NIXON UND FORD

1 Raphael Littauer und Norman Uphoff, Hrsg., *The Air War in Indochina* (rev. Ausg., Boston, 1972), S. V.
2 Richard B. Morris, Hrsg., *Encyclopedia of American History* (Bicentennial Edition, New York, 1976), 505 und Leitartikel »Those Who Served« aus der *Washington Post* in *International Herald Tribune*, 10. Januar 1977.
3 Die Zahlenangaben sind unsicher. Sie stammen aus *The New Republic*, 25. Dezember 1976 und einer UPI Meldung aus Washington vom 16. Januar 1977 in der *International Herald Tribune* vom 17. Januar 1977 über den Bericht Lawrence Baskirs »Reconciliation after Vietnam«.
4 Zitiert nach *The Fall of a President*, by the Staff of the Washington Post (New York, 1974), 134.
5 Howard F. Bremer, Hrsg. *Richard M. Nixon, 1913 –* (Dobbs Ferry, New York, 1975), 79.
6 *Congressional Quarterly Weekly Report*, 20. November 1976, S. 3210.
7 John Herbers in der *New York Times*, 6. März 1973.
8 In Anhörung des Ad Hoc Committee on Impoundment of Funds im Januar 1973, zit. in Marcus Raskin, *Notes on the Old System* (New York, 1974), 75.

9 *The Fall of a President,* 198–202.
10 William Greider in *The Fall of a President,* 29.
11 Zur früheren Diskussion *The Congressional Digest,* Bd. 51, Nr. 3 (März 1972) und Thomas E. Cronin, *The State of the Presidency* (Boston, 1975), 298–306.
12 Commission of CIA Activities within the United States, *Report to the President, June 1975* (Washington, Government Printing Office, 1975), S. 173 und Anthony Lewis, »Not Above the Law«, *International Herald Tribune,* 4. Januar 1977.
13 Auszüge aus dem Bericht des Select Intelligence Committee des Repräsentantenhauses in *The New York Times,* 26. Januar 1976.
14 Nach United States Bureau of the Census, *Statistical Abstract of the United States 1975* (Washington, 1975), 26, 34, 102.
15 Sar A. Levita, u. a., *Still a Dream: The Changing Status of Blacks since 1960* (Cambridge, Mass., 1975); Jon Nordheimer, »Spirit of '76 in Nation and New York: Self-Doubt, Hope, and Pride«, *New York Times,* 5. Juli 1976. Siehe auch die Beiträge in *Current History,* Bd. 67, Nr. 399 (November 1974).
16 *Statistical Abstract of the United States 1975,* S. 686.
17 *Congressional Quarterly Weekly Report,* 15. Mai 1976, S. 1171–75.

Literaturhinweise

Die folgenden Literaturhinweise sind lediglich als erstes Hilfsmittel gedacht. Zu beachten ist, daß in den Literaturangaben zu den einzelnen Kapiteln nicht die Titel wiederholt werden, die bereits im ersten, allgemeinen Teil genannt worden sind. Dies gilt insbesondere für Bibliographien und Überblicksdarstellungen. Ein großer Teil der Spezialliteratur zur amerikanischen Geschichte, Politik, Soziologie und zu anderen Gebieten ist zugänglich im John F. Kennedy Institut für Nordamerikastudien der Freien Universität Berlin, 1000 Berlin 33, Lansstr. 7. Die Bibliothek verfügt auch über einen Zentralkatalog der Bestände der anderen Amerika-Institute westdeutscher Universitäten, erteilt Auskünfte und ist an das Fernleihsystem der deutschen Bibliotheken angeschlossen.

ALLGEMEINE LITERATURHINWEISE

1. *Bibliographien*

Laufende bibliographische Angaben, auch über die Zeitschriftenliteratur, in den Zeitschriften *American Historical Review, Journal of American History, Reviews in American History, American Quarterly, William and Mary Quarterly* (bis 1815) und *America: History and Life* (mit *abstracts*). Zu dem jährlichen Sortimenterverzeichnis *Books in Print* erscheint ein zweibändiger *Subject Guide to Books in Print.* Die *Encyclopedia Britannica* (15. Aufl., 1974) enthält neben informativen Artikeln auch Literaturangaben am Ende der Artikel in der *Macropedia.*

In Buchform veröffentlichte allgemeine Bibliographien:

FREIDEL, Frank, Hrsg., *Harvard Guide to American History*, 2 Bde. (Rev. Ausg., Cambridge, Mass., 1974).

GUGGISBERG, Hans R., »Vereinigte Staaten von Amerika«, in *Historische Zeitschrift*, Sonderheft 2 (München, 1965), 428–546.

HESS, Werner, u. a., Hrsg., *Bibliographie zum Studium der Geschichte der Vereinigten Staaten von Amerika* (Paderborn, 1975).

U.S. Library of Congress, *A Guide to the Study of the United States of America* (Washington, 1960).

2. *Nachschlagewerke, Statistiken*

Dictionary of American Biography, 22 Bde. (New York, 1928–1958). Berichtszeit bis Ende 1940.

Dictionary of American History, 6 Bde. (2. rev. Aufl., 1942).

GARRATY, John A. und STEINSTERN, L., *Encyclopedia of American Biography* (New York, 1974).

JOHNSON, Thomas H., *The Oxford Companion to American History* (New York, 1966).

MORRIS, Richard B., Hrsg., *Encyclopedia of American History* (Bicentennial Edition New York, 1976).

U.S. Bureau of the Census, *Historical Statistics of the United States, Colonial Times to 1970* (Washington, 1975).

U.S. Bureau of the Census, *Statistical Abstract of the United States: 1975* (Washington, 1975). Erscheint jährlich.

3. Gesamtdarstellungen, Interpretationen, Sammelbände

Allen, Frederick Lewis, *The Big Change: America Transforms Itself, 1900 to 1950* (New York, 1952).

–, Harry C., *A Concise History of the United States* (2. Aufl. London, 1970).

Angermann, Erich, *Die Vereinigten Staaten von Amerika [1917–1960]* (München, 1966).

–, »Die Vereinigten Staaten von Amerika vom Frieden in Gent (1814) bis zum Frieden von Versailles (1919)«, *Historia Mundi*, hrsg. v. Fritz Valjavec, Bd. 10 (Bern, 1961), 253–331.

Bartlett, Richard A., *The New Country: A Social History of the American Frontier, 1776–1890* (New York, 1974).

Berthoff, Rowland, *An Unsettled People: Social Order and Disorder in American History* (New York, 1971).

Blum, John M., u. a., *The National Experience: A History of the United States* (New York, 1973).

Commons, John R., u. a., Hrsg., *A Documentary History of American Industrial Society*, 10 Bde. (Cleveland, Ohio, 1910–11).

Current, Richard N., u. a., *American History: A Survey* (4. Aufl., New York, 1975).

Curti, Merle, u. a., *Geschichte Amerikas* (Frankfurt, 1958).

Degler, Carl N., *Out of Our Past: The Forces that Shaped Modern America* (2. Aufl., New York, 1970).

Faulkner, Harold U., *Der Weg zur Weltmacht: Geschichte der politischen und sozialen Entwicklung der Vereinigten Staaten von Amerika*, aus dem Amerikanischen von Kurt Hesse (Wiesbaden, 1950).

Fohlen, Claude, *L'Amérique anglo-saxonne depuis 1815* (2. Aufl., Paris, 1969).

–, *La société Américaine, 1865–1970* (Paris, 1973).

Garraty, John A., *A Short History of the American Nation* (New York, 1974).

Guggisberg, Hans R., *Geschichte der USA*, 2 Bde. (Stuttgart, 1975).

Morison, Samuel E., u. a., *The Growth of the American Republic* (6. Aufl., 2 Bde., New York, 1969).

Potter, David, *People of Plenty: Economic Abundance and the American Character* (Chicago, 1954).

Thistlethwaite, Frank, *America and the Atlantic Community: Anglo-American Aspects, 1790–1850* (New York, 1963).

Wiebe, Robert H., *The Segmented Society: An Historical Preface to the Meaning of America* (New York, 1975).

Woodward, C. Vann, Hrsg., *The Comparative Approach to American History* (New York, 1968).

4. *Landschaft* (historische und kulturelle Geographie, Erschließung des Westens, Urbanisierung, Natur- und Umweltschutz)

a) Historische und kulturelle Geographie

Brown, Ralph H., *Historical Geography of the United States* (New York, 1948).

Hofmeister, Burkhard, *Nordamerika* (4. Aufl., Frankfurt, 1975; Fischer Länderkunde).

Meinig, Donald W., *The Great Columbia Plain: A Historical Geography, 1805–1910* (Seattle, 1968).

White, C. Langdon, u. a., *Regional Geography of Anglo-America* (4. Aufl., Englewood Cliffs, New Jersey, 1974).

Zelinsky, Wilbur, *The Cultural Geography of the United States* (Englewood Cliffs, New Jersey, 1973).

b) Erschließung des Westens

Billington, Ray A., *Westward Expansion: A History of the American Frontier* (4. Aufl., New York, 1974).

BOGUE, Allan G., u. a., (Hg.), *The West oft the American People* (Itasca, Illinois, 1970). Umfassende Anthologie.

STAMMEL, Heinz J., *Der Cowboy, Legende und Wirklichkeit von A–Z: Ein Lexikon der amerikanischen Pioniergeschichte* (Gütersloh, 1972).

TURNER, Frederick Jackson, *Frontier and Section, Selected Essays* (Englewood Cliffs, New Jersey, 1961).

WEBB, Walter P., *The Great Frontier* (2. Aufl., Austin, Texas, 1964).

–, *The Great Plains* (Boston, 1959).

c) Urbanisierung

GREEN, Constance, *The Rise of Urban America* (London, 1966).

MCKELVEY, Blake, *American Urbanization: A Comparative History* (Glencoe, Illinois, 1973).

MILLER, Zane L., *The Urbanization of Modern America: A Brief History* (New York, 1973).

WARNER, Sam Bass, Jr., *The Urban Wilderness: A History of the American City* (New York, 1972).

d) Natur- und Umweltschutz

LINTON, Ron M., *Terracide: America's Destruction of Her Living Environment* (Boston, 1970).

NASH, Roderick, Hrsg., *American Environment: Readings in the History of Conservation* (2. Aufl., Reading, Mass., 1975).

SMITH, Frank E., Hrsg., *Conservation in the United States: A Documentary History*, 5 Bde. (New York, 1971).

5. Gesellschaft

a) Bibliographien

GROB, Gerald N., Hrsg., *American Social History before 1860* (Northbrook, Illinois, 1970; Goldentree).

BREMNER, Robert H., Hrsg., *American Social History since 1860* (Northbrook, Illinois, 1971; Goldentree).

HERBST, Jürgen, Hrsg., *The History of American Education* (Northbrook, Illinois, 1973; Goldentree). Sehr breit angelegt.

b) Sozialstruktur

BENDIX Reinhard und LIPSET, Seymour M., Hrsg., *Class, Status and Power. A Reader in Social Stratification* (rev. Aufl., New York, 1966).

DAHRENDORF, Ralph, *Die angewandte Aufklärung: Gesellschaft und Soziologie in Amerika* (München, 1963).

KOLKO, Gabriel, *Wealth and Power in America: An Analysis of Social Class and Income Distribution* (New York, 1962).

PESSEN, Edward, Hrsg., *Three Centuries of Social Mobility in America* (Lexington, Mass., 1974). Anthologie.

ROACH, Jack L., u. a., *Social Stratification in the United States* (Englewood Cliffs, New Jersey, 1969).

TRATTNER, Walter, *From Poor Law to Welfare State: A History of Social Welfare in America* (New York, 1974).

c) Indianer (siehe auch Kapitel 2)

DEBO, Angie, *History of the Indians of the United States* (Norman, Oklahoma, 1970).

DRIVER, Harold E., *Indians of North America* (2. rev. Aufl., Chicago, 1969).

HAGAN, William T., *American Indians* (Chicago, 1961).

HARTMANN, Horst, *Die Plains- und Prärie-Indianer Nordamerikas* (Berlin, 1973).

JACOBS, Wilbur R., *Dispossessing the American Indian* (New York, 1972).

LINDIG, Wolfgang, »Die Kulturen der Eskimo und Indianer Nordamerikas«, in Eugen Thurnher, Hrsg., *Handbuch der Kulturgeschichte*, (Frankfurt, 1972).

– und Mark Münzel, *Die Indianer: Kulturen und Geschichte der Indianer Nord-, Mittel- und Südamerikas* (München, 1976).

Smith, Dwight, Hrsg., *Indians of the United States and Canada: A Bibliography* (Neue Aufl., Santa Barbara, California, 1974).

Spicer, Edward H., *A Short History of the Indians of the United States* (New York, 1969).

Washburn, Wilcomb E., *The Indian and the White Man* (New York, 1964).

–, Hrsg., *The American Indians and the United States, 4 Bde.* (New York, 1973).

d) Schwarze (siehe auch Kapitel 2, 5–8)

Franklin, John Hope, *From Slavery to Freedom* (4. Aufl., New York, 1974).

Meier, August und Rudwick, Elliott, *From Plantation to Ghetto* (3. Aufl., New York, 1976).

Schlott, Gerhard, *Das Negerproblem in den USA: Trennung oder Verschmelzung der Rassen* (2. Aufl., Opladen, 1970).

6. Wirtschaft

(Für Arbeiterbewegung siehe Kapitel 5, Abschnitt 7)

a) Bibliographien

Taylor, George R., Hrsg., *American Economic History before 1860* (Northbrook, Illinois, 1969; Goldentree).

Kirkland, Edward C., Hrsg., *American Economic History since 1860* (Northbrook, Illinois, 1971; Goldentree).

b) Überblicke

Carosso, Vincent P., u. a., *Investment Banking in America: A History* (Cambridge, Mass., 1970).

Clough, Shepard B. und Marburg, Theodore, *The Economic Basis of American Civilization* (New York, 1968).

Fainsod, Merle und Gordon, Lincoln, *Government and American Economy* (3. Aufl., New York, 1959).

Fogel, Robert W. und Engerman, Stanley L., *The Reinterpretation of American Economic History* (New York, 1971).

Hacker, Louis M., *The Course of American Economic Growth and Development* (New York, 1970).

–, *The Triumph of American Capitalism* (New York, 1940).

Harris, Seymour E., *American Economic History* (New York, 1961)

Jaeger, Hans, *Geschichte der amerikanischen Wirtschaft im 20. Jahrhundert* (Wiesbaden, 1973).

Kirkland, Edward C., *History of American Economic Life* (4. Aufl., New York, 1969).

North, Douglass C., *Growth and Welfare in the American Past* (Englewood Cliffs, New Jersey, 1966).

Slichter, Sumner H., *Economic Growth in the United States: Its History, Problems and Prospects* (Baton Rouge, 1961).

7. Ideen: soziale, politische, wirtschaftliche, religiöse

(Siehe auch Kapitel 5, Abschnitt 4 und 9)

Ahlstrom, Sidney E., *A Religious History of the American People* (New Haven, 1972).

Arieli, Yehoshua, *Individualism and Nationalism in American Ideology* (Cambridge, Mass., 1964).

Bender, Thomas, *Toward an Urban Vision: Ideas and Institutions in Nineteenth Century America* (Lexington, Kentucky, 1975).

Blanke, Gustav H., *Der amerikanische Geist: Begriffs- und wortgeschichtliche Untersuchungen* (Meisenheim, 1956).

Bottomore, T. B., *Critics of Society: Radical Thought in North America* (New York, 1968).

Brumm, Ursula, »Fortschrittsglaube und Zivilisationsfeindschaft im amerikanischen Geistesleben des 19. Jahrhunderts«, *Jahrbuch für Amerikastudien*, 6 (1961), 75–88.

BURR, Nelson R., Hrsg., *Religion in American Life* (Northbrook, Illinois, 1971; Goldentree).
COMMAGER, Henry S., *The American Mind: An Interpretation of American Thougth and Character since the 1880's* (New Haven, 1950).
CURTI, Merle, *The Growth of American Thought* (3. Aufl., New York, 1964). Übersetzung: *Das amerikanische Geistesleben* (Stuttgart, 1947).
DORFMAN, Joseph, *The Economic Mind in American Civilization, 1606 to 1933*, 5 Bde. (New York, 1946–1959).
GABRIEL, Ralph H., *The Course of American Democratic Thought* (2. Aufl., New York, 1956). Übersetzung: *Die Entwicklung des demokratischen Gedankens in den Vereinigten Staaten von Amerika* (Berlin, 1951).
HOFSTADTER, Richard, *Social Darwinism in American Thought* (rev. Aufl., Boston, 1955).
MARX, Leo, *The Machine in the Garden: Technology and the Pastoral Ideal in America* (New York, 1967).
PERSONS, Stow, *American Minds: A History of Ideas* (New York, 1958).
SCHLESINGER, Arthur M., Jr. und WHITE, Morton, Hrsg., *Paths of American Thought* (Boston, 1963, 1970).
SMITH, Henry Nash, *Virgin Land: The American West as Symbol and Myth* (Cambridge, Mass., 1950; mit neuem Vorwort, 1970).
WISH, Harvey, *Society and Thought in America*, 2 Bde. (New York, 1950–62).

8. Regierungssystem, Politik

BINKLEY, Wilfried E., *American Political Parties* (4. Aufl., New York, 1963).
BROGAN, Denis W., *Politics in America* (rev. Aufl., New York, 1969).
CHAMBERS, William Nisbet und BURNHAM, Walter Dean, Hrsg., *The American Party Systems* (2. Aufl., New York, 1975).
DAHL, Robert A., *Democracy in the United States: Promise and Performance* (2. Aufl., Chicago, 1972).
FRAENKEL, Ernst, *Das amerikanische Regierungssystem* (2. Aufl., Köln, 1962).
HOFSTADTER, Richard, *The American Political Tradition and the Men Who Made It* (New York, 1948).
KELLY, Alfred H. und HARBISON, Winfred, *The American Constitution* (4. Aufl., New York, 1970).
KLEINSTEUBER, Hans J., *Die USA: Politik, Wirtschaft, Gesellschaft: Eine Einführung* (Hamburg, 1974).
LEES, John D., *The Political System of the United States* (London, 1969).
MERKL, Peter H., *Politische Soziologie der USA* (Wiesbaden, 1976).
MILLIS, Walter, *Armies and Men: A Study in American Military History* (London, 1958).
SHELL, Kurt L., *Das politische System der USA* (Stuttgart, 1975).
VILE, M. J. C., *Politics in the USA* (2. Aufl., London, 1976).

9. Internationale Beziehungen

AMBROSE, Stephen E., *Rise to Globalism: American Foreign Policy since 1938* (Baltimore, 1971).
BESSON, Waldemar, *Von Roosevelt bis Kennedy: Grundzüge amerikanischer Außenpolitik, 1933–1963* (Frankfurt, 1964).
BAILEY, Thomas A., *A Diplomatic History of the American People* (9. Aufl., Englewood Cliffs, New Jersey, 1974).
EKIRCH, Arthur A., Jr., *Ideas, Ideals, and American Diplomacy: A History of their Growth and Interaction* (New York, 1966).
GARDNER, Lloyd, u. a., *Creation of the American Empire: U. S. Diplomatic History* (Chicago, 1973).
KENNAN, George F., *American Diplomacy, 1900–1950* (Chicago, 1951).
KRAKAU, Knud, *Missionsbewußtsein und Völkerrechtsdoktrin in den Vereinigten Staaten von Amerika* (Frankfurt, 1967).

KRIPPENDORFF, Ekkehart, *Die amerikanische Strategie: Entscheidungsprozeß und Instrumentarium der amerikanischen Außenpolitik* (Frankfurt, 1970).
SCHOENTHAL, Klaus, *Amerikanische Außenpolitik: Eine Einführung* (Köln, 1964).
WEINBERG, Albert K., *Manifest Destiny* (Baltimore, 1935).
WILLIAMS, William Appleman, *The Tragedy of American Diplomacy* (2. Aufl., New York, 1962).

KAP. 1: REVOLUTION UND NATIONALSTAATSGRÜNDUNG, 1763–1815

1. Bibliographien

ADAMS, Willi Paul, *Republikanische Verfassung und bürgerliche Freiheit* (Darmstadt, 1973), 364–376: »Bibliographischer Essay«.
FERGUSON, E. James, Hrsg., *Confederation, Constitution, and Early National Period, 1781–1815* (Northbrook, Illinois, 1975; Goldentree).
GREENE, Jack P., Hrsg., *The Reinterpretation of the American Revolution, 1763–1789* (New York, 1968).
SHY, John, Hrsg., *The American Revolution* (Northbrook, Illinois, 1973).

2. Überblicke und Sammelbände

ADAMS, Willi Paul und ADAMS, Angela Meurer, Hrsg., *Die amerikanische Revolution in Augenzeugenberichten* (München, 1976).
ALDEN, John R., *The American Revolution, 1775–1783* (New York, 1954).
BILLIAS, George A., Hrsg., *The American Revolution: How Revolutionary Was It?* (New York, 1965).
CHRISTIE, J. R., *Crisis of Empire: Great Britain and the American Colonies, 1754–1783* (New York, 1966).
GIPSON, Lawrence Henry, *The Coming of the Revolution, 1763–1775* (New-York, 1954).
JENSEN, Merrill, *The Founding of a Nation: A History of the American Revolution, 1763–1776* (New York, 1968).
–, *The New Nation: A History of the United States During the Confederation, 1781–1789* (New York, 1950).
MCDONALD, Forrest, *E Pluribus Unum: The Formation of the American Republic, 1776–1790* (Boston, 1965). Die Taschenbuchausgabe trägt nur den Untertitel.
MILLER, John C., *The Federalist Era, 1789–1801* (New York, 1960).
MORGAN, Edmund S., *The Birth of the Republic, 1763–89* (Chicago, 1956).
–, »Die Amerikanische Revolution«, in Golo Mann, Hrsg., *Propyläen Weltgeschichte*, Bd. 7 (Berlin, 1964), 513–68.
MORRIS, Richard B., *The American Revolution Reconsidered* (New York, 1967).
PALMER, Robert R., *Das Zeitalter der demokratischen Revolution: Eine vergleichende Geschichte Europas und Amerikas, 1760–1800* (2 Bde., Frankfurt, 1970); Original: *The Age of the Democratic Revolution* (Princeton, 1959–64).
–, »Der Einfluß der amerikanischen Revolution auf Europa«, Golo Mann, Hrsg., *Propyläen Weltgeschichte*, Bd. 8 (Berlin, 1960), 29–58.
POLE, J. R. *Foundations of American Independence, 1763–1815* (Indianapolis, 1972).
YOUNG, Afred F., Hrsg., *The American Revolution (DeKalb, Ill., 1976).*

3. Politik und politische Ideen

ADAMS, Willi Paul, »Das Gleichheitspostulat in der amerikanischen Revolution«, *Historische Zeitschrift*, 212 (1971), 59–99.

–, *Republikanische Verfassung und bürgerliche Freiheit: Die Verfassungen und politischen Ideen der amerikanischen Revolution* (Neuwied, 1973).
ANGERMANN, Erich, »Ständische Rechtstraditionen in der amerikanischen Unabhängigkeitserklärung«, *Historische Zeitschrift*, 200 (1965), 61–91.
BAILYN, Bernard, *The Ideological Origins of the American Revolution* (Cambridge, Mass., 1967).
BROWN, Robert E., *Middle-Class Democracy and the Revolution in Massachusetts, 1691–1780* (Ithaca, 1955).
BUEL, Richard, *Securing the Revolution: Ideology in American Politics, 1789–1815* (Ithaca, 1972).
GRIMM, Dieter, »Europäisches Naturrecht und Amerikanische Revolution: Die Verwandlung politischer Philosophie in politische Techne«, *Ius Commune*, 3 (1970), 120–51.
HOFSTADTER, Richard, *The Idea of a Party System: The Rise of Legitimate Opposition in the United States, 1780–1840* (Berkeley, 1969).
MAIER, Pauline, *From Resistance to Revolution: Colonial Radicals and the Development of American Opposition to Britain, 1765–1776* (New York, 1972).
MAIN, Jackson T., *Political Parties before the Constitution* (Chapel Hill, 1973).
POLE, J. R., »Historians and the Problems of Early American Democracy«, *American Historical Review*, 67 (1962), 626–46.
–, *Political Representation in England and the Origins of the American Republic* (London, 1966).
SCHNUR, Roman, Hrsg., *Zur Geschichte der Erklärung der Menschenrechte* (Darmstadt: Wissenschaftliche Buchgesellschaft, 1964).
SCHRÖDER, Hans-Christoph, »Das Eigentumsproblem in den Auseinandersetzungen um die Verfassung von Massachusetts, 1775–1787«, Rudolf Vierhaus, Hrsg., *Eigentum und Verfassung* (Göttingen, 1972), 11–67.
STOURZH, Gerald, *Alexander Hamilton and the Idea of Republican Government* (Stanford, 1970).
–, »Die tugendhafte Republik: Montesquieus Begriff der ›vertu‹ und die Anfänge der Vereinigten Staaten«, H. Fichtenau, Hrsg., *Österreich und Europa* (Graz, 1965), 247–267.
–, »William Blackstone, Teacher of Revolution«, *Jahrbuch für Amerikastudien*, 15 (1970), 184–200.
VOSSLER, Otto, *Die amerikanischen Revolutionsideale in ihrem Verhältnis zu den europäischen, untersucht an Thomas Jefferson* (München, 1929).
–, »Die Ursprünge der Amerikanischen Revolution von 1776«, *Historische Vierteljahresschrift*, 26 (1931), 573–88.
WILLIAMSON, Chilton, *American Suffrage: From Property to Democracy, 1760–1860* (Princeton, 1960).
WOOD, Gordon, *The Creation of the American Republic, 1776–1787* (Chapel Hill, 1969).
YOUNG, James Sterling, *The Washington Community, 1800–1828* (New York, 1966).

4. Sozialgeschichte

GREENE, Jack P., »The Social Origins of the American Revolution: An Evaluation and Interpretation«, *Political Science Quarterly*, 88 (1973), 1–22.
HENRETTA, James A., *The Evolution of American Society, 1700–1815: An Interdisciplinary Analysis* (Lexington, Mass., 1973).
HOFSTADTER, Richard, *America at 1750: A Social Portrait* (New York, 1971).
JORDAN, Winthrop D., *White over Black: The Development of American Attitudes toward the Negro, 1550–1812* (Chapel Hill, 1968).
LOCKRIDGE, Kenneth A., »Land, Population and the Evolution of New England Society, 1630–1790«, *Past and Present*, 39 (1968), 62–80.

–, »Social Change and the Meaning of the American Revolution«, *Journal of Social History*, 6 (Summer 1973), 403–39.

LYND, Staughton, *Class Conflict, Slavery, and the United States Constitution: Ten Essays* (Indianapolis, 1967).

MAIN, Jackson T., *The Social Structure of Revolutionary America* (Princeton, 1965).

TOLLES, Frederick B., »The American Revolution Considered as a Social Movement: A Re-evaluation«, *American Historical Review*, 60 (1954/55), 1–12.

WARNER, Sam Bass, Jr., *The Private City: Philadelphia in Three Periods of Its Growth* (Philadelphia, 1968).

5. Wirtschaft und Finanzen

DAVIS, Ralph, *The Rise of the Atlantic Economies (1460–1776)* (Ithaca, New York, 1973).

EGNAL, Marc und ERNST, Joseph A., »An Economic Interpretation of the American Revolution«, *William and Mary Quarterly*, 29 (1972), 3–32.

FERGUSON, E. James, *The Power of the Purse: A History of American Public Finance*, 1776–1790 (Chapel Hill, 1961).

NETTELS, Curtis P., *The Emergence of a National Economy, 1775–1815* (New York, 1962).

6. Bundesverfassung

BEARD, Charles A., *An Economic Interpretation of the Constitution of the United States* (New York, 1913).

BROWN, Robert E., *Charles Beard and the Constitution: A Critical Analysis of »An Economic Interpretation of the Constitution«* (Princeton, 1956).

HOCKETT, Homer C., *The Constitutional History of the United States, 1776–1826* (New York, 1939).

MCDONALD, Forrest, *We the People: The Economic Origins of the Constitution* (Chicago, 1958).

MAIN, Jackson T., *The Antifederalists: Critics of the Constitution, 1781–1788* (Chapel Hill, 1961).

OPPEN-RUNDSTEDT, Catharina von, *Die Interpretation der amerikanischen Verfassung im Federalist* (Bonn, 1970).

7. Internationale Beziehungen

GILBERT, Felix, *To the Farewell Address: Ideas of Early American Foreign Policy* (Princeton, 1961).

STOURZH, Gerald, *Benjamin Franklin and American Foreign Policy* (2. Aufl., Chicago, 1969).

TAYLOR, George Roger, Hrsg., *The War of 1812: Past Justifications and Present Interpretations* (Boston, 1963).

VAN ALSTYNE, Richard W., *Empire and Independence: The International History of the American Revolution* (New York, 1965).

–, *The Rising American Empire* (New York, 1960).

VARG, Paul A., *Foreign Policies of the Founding Fathers* (Ann Arbor, 1963).

KAP. 2: REGIONALISMUS, SKLAVEREI, BÜRGERKRIEG UND DIE WIEDEREINGLIEDERUNG DES SÜDENS, 1815–1877

1. Bibliographien

FEHRENBACHER, Don E., Hrsg., *Manifest Destiny and the Coming of the Civil War, 1840–1861* (Northbrook, Illinois, 1970; Goldentree Bibliographies in American History).

Donald, David, Hrsg., *The Nation in Crisis, 1861–1871* (Northbrook, Illinois, 1969; Goldentree).

Nevins, Allan, u. a., Hrsg., *Civil War Books: A Critical Bibliography*, 2 Bde. (Baton Rouge, 1967).

2. Überblicke, Sammelbände und Biographien

Nevins, Allan, *Ordeal of the Union*, 2 Bde. (New York, 1947).

Van Deusen, Glyndon G., *The Jacksonian Era* (New York, 1959).

Schlesinger, Arthur M., Jr., *The Age of Jackson* (Boston, 1945).

Tocqueville, Alexis de, *De la démocratie en Amérique* (Paris, 1835–40).

Tyler, Alice Felt, *Freedom's Ferment: Phases of American Social History to 1860* (Minneapolis, 1944).

Ward, John William, *Andrew Jackson: Symbol for an Age* (New York, 1955).

Wiltse, Charles M., *John C. Calhoun*, 3 Bde. (Indianapolis, 1944–1951).

3. Der Süden als Region

Cash, Wilbur J., *The Mind of the South* (New York, 1941).

Craven, Avery, *The Growth of Southern Nationalism, 1848–1861* (Baton Rouge, Louisiana, 1953).

Eaton, Clement, *A History of the Old South* (New York, 1949).

Simkins, Francis B., *A History of the South* (New York, 2. Aufl., 1953).

Sydnor, Charles, *The Development of Southern Sectionalism, 1819–1848* (Baton Rouge, Louisiana, 1948).

Taylor, William R., *Cavalier and Yankee: The Old South and the American National Character* (New York, 1961).

Turner, Frederick Jackson, *The Significance of Sections in American History* (New York, 1932).

4. Die Situation der Schwarzen, Sklaverei

David, Paul A., u. a., *Reckoning with Slavery: Critical Essays in the Quantitative History of American Negro Slavery* (New York, 1976).

Davis, David Brion, *The Slave Power Conspiracy and the Paranoid Style* (Baton Rouge, Louisiana, 1969).

Elkins, Stanley M., *Slavery: A Problem in American Institutional and Intellectual Life* (Chicago, 1959).

Explorations *in Economic History*, 12 (Fall, 1975), Thema des Heftes: »A Symposium on *Time on the Cross*«.

Fogel, Robert W. und Engerman, Stanley L., *Time on the Cross: The Economics of American Negro Slavery* (Boston, 1974).

Fredrickson, George, *The Black Image in the White Mind: The Debate on Afro-American Character and Destiny, 1817–1914* (New York, 1971).

Genovese, Eugene, *The World the Slaveholders Made* (New York, 1969).

–, *The Political Economy of Slavery: Studies in the Economy and Society of the Slave South* (New York, 1965).

–, *Roll Jordan Roll: The World the Slaves Made* (New York, 1974).

Gutman, Herbert G., *Slavery and the Numbers Game: A Critique of »Time on the Cross«* (Urbana, 1975).

Handlin, Oscar, »The Capacity of Quantitative History«, *Perspectives in American History*, 9 (1975), 7–26.

Olmstedt, Frederick Law, *The Cotton Kingdom: A Traveller's Observations on Cotton and Slavery in the American Slave States*, hrsg. von A. M. Schlesinger (New York, 1962).

Rawick, George P., *From Sundown to Sunup: The Making of the Black Community* (Westport, Connecticut, 1972).

Stampp, Kenneth M,. *The Peculiar Institution: Slavery in the Ante-Bellum South* (New York, 1956).

Wade, Richard, *Slavery in the Cities: The South 1820–1860* (New York, 1964).

5. Antisklavereibewegung

DUBERMAN, Martin, Hrsg., *The Antislavery Vanguard: New Essays on the Abolitionists* (Princeton, 1965).
DUMOND, Dwight L., *Antislavery: The Crusade for Freedom in America* (New York, 1961).
MCPHERSON, James, *The Struggle for Equality: Abolitionists and the Negro in the Civil War and Reconstruction* (Princeton, 1964).
RATNER, Norman, *Powder Keg: Northern Opposition to the Anti-Slavery Movement, 1831–1840* (New York, 1968).
RICHARDS, Leonard L., *Gentlemen of Property and Standing: Anti-Abolition Mobs in Jacksonian America* (New York, 1970).
THOMAS, John L., *The Liberator: William Lloyd Garrison* (Boston, 1963).
THOMAS, John L., Hrsg., *Slavery Attacked: The Abolitionist Crusade* (Englewood Cliffs, New Jersey, 1965).

6. Lincoln, Sezession und Bürgerkrieg

AUSTIN, Victor, Hrsg., *Der Amerikanische Bürgerkrieg in Augenzeugenberichten* (München, 1974).
CATTON, Bruce, *The Centennial History of the Civil War* 3 Bde. (New York, 1961–66).
DONALD, David, Hrsg., *Why the North Won the Civil War* (New York, 1965).
NEVINS, Allan, *The Emergence of Lincoln*, 2 Bde. (New York, 1950).
–, *The War for the Union*, 4 Bde. (New York, 1959–71).
POTTER, David M., *Lincoln and His Party in the Secession Crisis* (New Haven, 1942).
RANDALL, J. G., und DONALD, David, *The Civil War and Reconstruction* (Boston, 2. Aufl., 1969).
ROLAND, C. P., *The Confederacy* (Chicago, 1960).

7. Die Nachkriegsjahre: Reconstruction

BROCK, W. R., *An American Crisis: Congress and Reconstruction, 1865–1867* (New York, 1966).
FRANKLIN, John Hope, *Reconstruction After the Civil War* (Chicago, 1961).
MCKITRICK, Eric L., *Andrew Johnson and Reconstruction* (Chicago, 1960).
PERMAN, Michael, *Reunion without Compromise: The South and Reconstruction, 1865–1868* (Cambridge, 1973).

8. Grundrechte und Verfassung

NYE, Russel B., *Fettered Freedom: Civil Liberties and the Slavery Controversy, 1830–1860* (East Lansing, Michigan, 1949).
OWSLEY, Frank L., *State Rights in the Confederacy* (Chicago, 1925).
STEPHENS, Alexander H., *A Constitutional View of the Late War Between the States*, 2 Bde. (Chicago, 1868–70).

9. Territoriale Expansion und Außenpolitik (siehe auch allg. Bibl. 4 b)

FAULK, Odie B. und STROUT, Joseph A., Jr., Hrsg., *The Mexican War: Changing Interpretations* (Chicago, 1973).
FULLER, John D., *The Movement for the Acquisition of All Mexico, 1846–1848* (New York, 1936, Nachdruck, 1969).
OWSLEY, Frank L., *King Cotton Diplomacy* (2. Aufl., Chicago, 1959).
SCHROEDER, John H., *Mr. Polk's War: American Opposition and Dissent, 1846–1848* (Madison, 1973).
WEINBERG, Albert K., *Manifest Destiny: A Study of Nationalist Expansion in American History* (Baltimore, 1935).

10. Die Vertreibung der Indianer (siehe auch allg. Bibliographie, 5 c)

DANZIGER, Edmund Jr., *Indians and Bureaucrats: Administering the Reservation Policy during the Civil War* (Urbana, Illinois, 1974).

DeRosier, Arthur H., Jr., *The Removal of the Choctaw Indians* (Knoxville, Tennessee, 1970).
Filler, Louis und Guttmann, Allen, Hrsg., *The Removal of the Cherokee Nation: Manifest Destiny or National Dishonor* (Boston, 1962).
Foreman, Grant, *Indian Removal: The Emigration of the Five Civilized Tribes of Indians* (Norman, Oklahoma, 1972).
Prucha, Francis P., *American Indian Policy in the Formative Years: The Indian Trade and Intercourse Acts, 1790–1834* (Cambridge, Mass., 1962).
Satz, Ronald N., *American Indian Policy in the Jacksonian Era* (Lincoln, Nebraska, 1974).
Young, Mary E., *Redskins, Ruffleshirts and Rednecks: Indian Allotments in Alabama and Mississippi, 1830–1860* (Norman, Oklahoma, 1961).

KAP. 3: DIE INDUSTRIELLE REVOLUTION IN DEN VEREINIGTEN STAATEN

1. Bibliographien

Braun, Rudolf u. a., Hrsg., *Die Industrielle Revolution: Wirtschaftliche Aspekte* (Köln, 1972). Mit ausführlichem Literaturverzeichnis.
DeSantis, Vincent P., Hrsg., *The Gilded Age, 1877–1896* (Northbrook, Illinois, 1973; Goldentree Bibliographies).

2. Überblicke, Sammelbände

Fischer, Wolfram, *Wirtschaft und Gesellschaft im Zeitalter der Industrialisierung: Aufsätze, Studien, Vorträge* (Göttingen, 1972).
Gilchrist, David T. und Lewis, W. David, Hrsg., *Economic Change in the Civil War Era* (Greenville, Delaware, 1965).
Habakkuk, H. J. und Postan, M. M., Hrsg., *The Cambridge Economic History of Europe*, Vol. VI, *The Industrial Revolutions and After* (Cambridge, 1965).
Higgs, Robert, *The Transformation of the American Economy, 1865–1914* (New York, 1971).
Hughes, Jonathan R. T., *Industrialization and Economic History* (New York, 1970).
Kirkland, Edward C., *Industry Comes of Age: Business, Labor and Public Policy, 1860–1897* (New York, 1961).
Silberschmidt, Max, *Amerikas industrielle Entwicklung* (München, 1958).
Temin, Peter, *The Jacksonian Economy* (New York, 1969).
Woodruff, William, *America's Impact on the World: A Study of the Role of the United States in the World Economy, 1750–1970* (New York, 1975).

3. Das Problem des wirtschaftlichen Wachstums

Andreano, Ralph, Hrsg., *The Economic Impact of the American Civil War* (Cambridge, Massachusetts, 1962).
Bruchey, Stuart W., *The Roots of American Economic Growth, 1607–1861* (New York, 1965).
Davis, Lance E., Easterlin, Richard A., Parker, William N., u. a., *American Economic Growth. An Economist's History of the United States* (New York, 1972).
Fogel, Robert W., *Railroads and American Economic Growth* (Baltimore, 1964).
North, Douglass C., *The Economic Growth of the United States, 1790–1860* (Englewood Cliffs, New Jersey, 1961).
Thomas, Brinley, *Migration and Economic Growth* (Cambridge, England, 1954).

Williamson, Jeffrey G., *American Growth and the Balance of Payments, 1820–1913* (Chapel Hill, 1964).

4. Regionen

a) Norden:
Albion, Robert G., *The Rise of New York Port* (New York, 1939).
Morison, Samuel E., *Maritime History of Massachusetts, 1783–1860* (Boston, 1931).

b) Süden: (siehe auch Kap. 2)
Genovese, Eugene D., *The Political Economy of Slavery* (New York, 1965).
Woodman, Harold D., *Slavery and the Southern Economy* (New York, 1966).

c) Westen: siehe allg. Bibl., 4 b.

5. Verkehr

Chandler, Alfred D., Hrsg., *Railroads: The Nation's First Big Business* (New York, 1965).
Fishlow, Albert, *American Railroads and the Transportation of the Ante-Bellum Economy* (Cambridge, Massachusetts, 1965).
Goodrich, Carter, *Government Promotion of American Canals and Railroads, 1800–1890* (New York, 1960).
Taylor, George R., *The Transportation Revolution, 1815–1860* (New York, 1951).
Taylor, George R., und Neu, Irene D., *The American Railroad: Network, 1861–1890* (Cambridge, Mass., 1956).

6. Landwirtschaft

Benedict, Murray R., *Farm Policies of the United States, 1790–1950* (New York, 1953).
Bogue, Allan G., *From Prairie to Cornbelt: Farming on the Illinois and Iowa Prairies in the Nineteenth Century* (Chicago, 1963).
Bruchey, Stuart W., *Cotton and the Growth of the American Economy* (New York, 1967).
Gates, Paul W., *The Farmer's Age: Agriculture 1815–1860* (New York, 1960).
Shannon, Fred A., *The Farmer's Last Frontier: Agriculture, 1860–1897* (New York, 1945).

7. Von Manufakturen zu »Big Business«

Clark, Victor S., *History of Manufactures in the United States*, 3 Bde. (New York, 1929).
Josephson, Matthew, *The Robber Barons: The Great American Capitalists, 1861–1901* (New York, 1934).
Nevins, Allan, *John D. Rockefeller: The Heroic Age of American Business* (New York, 1940).
Rosenberg, Nathan, Hrsg., *The American System of Manufactures: The Report of the Committee on the Manufactures of the United States, 1855* (Edinburgh, 1969).
Temin, Peter, *Iron and Steel in Nineteenth Century America* (Cambridge, Massachusetts, 1964).
Wall, Joseph F., *Andrew Carnegie* (New York, 1970).
Ware, Caroline F., *The Early New England Cotton Manufacture* (Boston, 1931).

8. Technologie

David, Paul A., *Technical Choice, Innovation, and Economic Growth: Essays on the American and British Experience in the Nineteenth Century* (Cambridge, 1975).

HABAKKUK, H. J., *American and British Technology in the Nineteenth Century* (Cambridge, England, 1962).
ROSENBERG, Nathan, *Technology and American Economic Growth* (New York, 1972).
STRASSMAN, W. Paul, *Risk and Technological Innovation: American Manufacturing Methods During the Nineteenth Century* (Ithaca, New York, 1959).

9. Finanzen

FRIEDMAN, Milton und Anne J. SCHWARTZ, *Monetary History of the United States, 1867–1960* (Princeton, 1963).
MYERS, Margaret M., *The New York Money Markets*, Bd. 1, *Origins and Development* (New York, 1931).
SMITH, Walter B., *Economic Aspects of the Second Bank of the United States* (Cambridge, Massachusetts, 1951).
TRESCOTT, Paul B., *Financing American Enterprise* (New York, 1963).

KAP. 4: DIE EINWANDERUNG NACH AMERIKA IM 19. UND 20. JAHRHUNDERT

1. Bibliographien

Laufende bibliographische Angaben in *The International Migration Review.*
BOWERS, David F., ed., *Foreign Influences in American Life: Essays and Critical Bibliographies* (Princeton, 1944).
POCHMANN, Henry A., *Bibliography of German Culture in America to 1940* (Madison, 1953).
SCOTT, Franklin D., *The Peopling of America: Perspectives on Immigration* (Washington, 1972).
TOLZMANN, Don Heinrich, Kompilator, *German-Americana: A Bibliography* (Metuchen, New Jersey, 1975).

2. Statistiken

CARPENTER, Niles, *Immigrants and Their Children, 1920: A Study Based on Census Statistics Relative to the Foreign Born and the Native White of Foreign or Mixed Parentage* (Washington, 1927, Nachdr. 1969).
HUTCHINSON, Edward P., *Immigrants and Their Children, 1850–1950* (New York, 1956).
U. S. BUREAU OF THE CENSUS, *Historical Statistics of the United States, Colonial Times to 1970* (Washington, 1975).

3. Überblicke, Sammelbände

BOWERS, David F., Hrsg., *Foreign Influences in American Life: Essays and Critical Bibliographies* (Princeton, 1944).
DAVIE, Maurice R., *World Immigration* (New York, 1936).
FERENCZI, Imre und WILLCOX, Walter F., *International Migrations*, 2 Bde., (New York, 1929, 1931).
HANDLIN, Oscar, *The Uprooted* (New York, 1951).
HANSEN, Marcus Lee, *The Atlantic Migration 1607–1860* (New York, 1940).
–, *Der Einwanderer in der Geschichte Amerikas* (Stuttgart, 1948; am. Original 1940).
JONES, Maldwyn Allen, *American Immigration* (Chicago, 1960).
MOLLER, Robert, Hrsg. *Population Movements in Modern European History* (New York, 1964).
MOLTMANN, Günter, Hrsg., *Deutsche Amerikaauswanderung im 19. Jahrhundert* (Stuttgart, 1976).

Perspectives in American History, 7 (1973); Thema des Bandes: »Dislocation and Emigration: The Social Background of American Immigration.«

POSTAN, M. M., and HABBAKUK, H. J., Hrsg., *The Cambridge Economic History of Europe*, Vol. VI: *The Industrial Revolution and After*, 2 Parts (Cambridge, 1966), Part 1.

TAYLOR, Philip, *The Distant Magnet: European Emigration to the U.S.A.* (London, 1971).

THOMAS, Brinley, *Migration and Economic Growth: A Study of Great Britain and the Atlantic Economy* (2. Aufl., Cambridge, 1973).

TOMASKI, John A., »The Determinants of Intercountry Differences in European Emigration: 1881–1900«, *Journal of Economic History*, 31 (1971), 840–853.

WITTKE, Carl, *We Who Built America* (New York, 1939).

ZIEGLER, Benjamin M., Hrsg., *Immigration. An American Dilemma* (Boston, 1953; Problems in American Civilization).

4. *Gesetzliche Regelungen*

DIVINE, Robert A., *American Immigration Policy 1924–1952* (New Haven, 1957).

GARIS, Roy L., *Immigration Restriction* (New York, 1927).

KEELY, Charles B., »Effects of the Immigration Act of 1965 on Selected Population Characteristics of Immigrants to the United States«, *Demography*, 8 (1971), 157–169.

5. *Einwanderergettos*

CHUDACOFF, Howard P., »A New Look at Ethnic Neighborhoods: Residential Dispersion and the Concept of Visibility in a Medium-Sized City«, *Journal of American History*, 60 (1973), 76–93.

CRESSEY, Paul Frederick, »Population Succession in Chicago, 1898–1930«, *American Journal of Sociology*, 44 (1938–1939), 59–69.

KANTROWITZ, Nathan, »Ethnic and Racial Segregation in the New York Metropolis, 1960«, *American Journal of Sociology*, 74 (1968–69), 685–695.

LIEBERSON, Stanley, *Ethnic Patterns in American Cities* (New York, 1963).

WARD, David, »The Emergence of Central Immigrant Ghettoes in American Cities: 1840–1920«, *Annals of the Association of American Geographers*, 58 (1968).

WARNER, Sam Bass and BURKE, Colin B., »Cultural Change and the Ghetto«, *Journal of Contemporary History*, 4 (1969), 173–187.

WIRTH, Louis, *The Ghetto* (Chicago, 1928).

6. *Assimilierung und Ethnizität: Das Problem des Schmelztiegels*

ANTIN, Mary, *The Promised Land* (Boston, 1912).

BOGARDUS, Emory S., *Essentials of Americanization* (Los Angeles, 1919).

CHILD, Irvin L., *Italian or American? The Second Generation in Conflict* (New Haven, 1943).

FISHMAN, Joshua A., Hrsg., *Language Loyalty in the United States: The Maintenance und Perpetuation of Non-English Mother Tongues by American Ethnic and Religious Groups* (Den Haag, 1966).

GLAZER, Nathan und MOYNIHAN, Daniel P., *Beyond the Melting Pot* (2. Aufl., Cambridge, Mass., 1975).

GLEASON, Philip, »Melting Pot: Symbol of Fusion or Confusion?« *American Quarterly*, 16 (1964), 20–46.

GORDON, Milton M., *Assimilation in American Life* (New York, 1964).

GREELEY, Andrew M., *Ethnicity in the United States: A Preliminary Reconnaissance* (New York, 1974).

GREER, Colin, Hrsg., *Divided Society: The Ethnic Experience in America* (New York, 1974).

Handlin, Oscar, *Race and Nationality in American Life* (Boston, 1957).
Herberg, Will, *Protestant, Catholic, Jew* (2. Aufl., New York, 1960).
Hollingshead, August B., »Cultural Factors in the Selection of Marriage Mates«, *American Sociological Review*, 15 (1950), 619–627.
Hutchinson, Edward P., *Immigrants and Their Children* (New York, 1956).
Ianni, Francis A., »Residential and Occupational Mobility as Indices of the Acculturation of an Ethnic Group«, *Social Forces*, 36 (1957), 65–72.
Kennedy, Ruby Jo Reeves, »Single or Triple Melting Pot? Intermarriage Trends in New Haven, 1870–1940«, *American Journal of Sociology*, 39 (1944), 331–339.
Kloss, Heinz, »German-American Language Maintenance Efforts«, in Joshua A. Fishman, Hrsg., *Language Loyalty in the United States* (Den Haag, 1966).
Mittelbach, Frank G., and Moore, Joan W., »Ethnic Endogamy – The Case of Mexican–Americans«, *American Journal of Sociology*, 74 (1968–1969), 50–62.
Panunzio, Constantine M., *The Soul of an Immigrant* (New York, 1921).
Stonequist, Everett V., *The Marginal Man. A Study in Personality and Culture Conflict* (New York, 1937).
Thomas, John L., »The Factor of Religion in the Selection of Marriage Mates«, *American Sociological Review*, 16 (1951), 487–491.
Vecoli, Rudolph J., »*Contadini* in Chicago: A Critique of *The Uprooted*«, *Journal of American History*, 51 (1964), 404-417.
–, »Ethnicity: A Neglected Dimension of American History«, in Herbert J. Bass, Hrsg., *The State of American History* (Chicago, 1970), 70–88.

7. Rückwanderung

Caroli, Betty Boyd, *Italian Repatriation from the United States, 1900–1914* (New York, 1973).
Saloutos, Theodore, *They Remember America: Repatriated Greek–Americans* (Berkeley, 1956).
Shepperson, Wilbur S., *Emigration and Disenchantment* (Norman, Oklahoma, 1965).
Vagts, Alfred, *Deutsch-Amerikanische Rückwanderung* (Heidelberg, 1960).

8. Xenophobie: Der Nativismus

Billington, Ray Allen, *The Protestant Crusade 1800–1860: A Study of the Origins of American Nativism* (2. Aufl., Chicago, 1964).
Higham, John, *Strangers in the Land: Patterns of American Nativism 1860–1925* (2. Aufl., New York, 1963).
–, »Another Look at Nativism«, *Catholic Historical Review*, 44 (1958), 147–58.
Solomon, Barbara Miller, *Ancestors and Immigrants: A Changing New England Tradition* (Cambridge, Mass., 1956).

9. Industrie und Arbeiter

Brody, David, *Steelworkers in America: The Nonunion Era* (Cambridge, Mass., 1960).
Erickson, Charlotte, *American Industry and the European Immigrant, 1860–1885* (Cambridge, Mass., 1957).
Greene, Victor R., *The Slavic Community on Strike. Immigrant Labor in Pennsylvania Anthracite* (Notre Dame, Indiana, 1968).
Hershberg, Theodore, u. a., »Occupation and Ethnicity in Five Nineteenth-Century Cities: A Collaborative Inquiry«, *Historical Methods Newsletter*, 7 (1974), 174–216.
Higgs, Robert, »Race, Skills, and Earnings: American Immigrants in 1909«, *Journal of Economic History*, 31 (1971), 420–428.

KORMAN, Gerd, *Industrialization, Immigrants and Americanizers: The View from Milwaukee, 1866–1921* (Madison, 1967).
WILKINSON, A. Maurice, »European Migration to the United States: An Econometric Analysis of Aggregate Labour Supply and Demand«, *Review of Economics and Statistics*, 52 (1970), 272–279.

10. Politik

ALLSWANG, John M., *A House For All the Peoples: Ethnic Politics in Chicago 1890–1936* (Lexington, 1971).
CHILD, Clifton James, *The German-Americans in Politics 1914–1917* (Madison, 1934).
FUCHS, Lawrence H., *The Political Behavior of American Jews* (Glencoe, Illinois, 1956).
JENSEN, Richard, *The Winning of the Midwest: Social and Political Conflict, 1898–1896* (Chicago, 1971).
KLEPPNER, Paul, *The Cross of Culture: A Social Analysis of Midwestern Politics 1850–1900* (New York, 1970).
LEVY, Mark R. and KRAMER, Michael S., *The Ethnic Factor: How America's Minorities Decide Elections* (2. Aufl., New York, 1973).
LUEBKE, Frederick C., *Immigrants and Politics: The Germans of Nebraska, 1880–1900* (Lincoln, Nebraska, 1969).
–, Hrsg., *Ethnic Voters and the Election of Lincoln* (Lincoln, Nebraska, 1971).
NELSON, Clifford L., *German-American Political Behavior in Nebraska and Wisconsin, 1916–1920* (Lincoln, Nebraska, 1972).
PARENTI, Michael, »Ethnic Politics and the Persistence of Ethnic Indentification«, *American Political Science Review*, 61 (1967), 717–26.
RISCHIN, Moses, *»Our Own Kind«: Voting by Race, Creed, or National Origin* (Santa Barbara, 1960).
WEED, Perry L., *The White Ethnic Movement and Ethnic Politics* (New York 1973).

11. Religion und Kirchen

ANDERSON, Charles H., *White Protestant Americans: From National Origins to Religious Group* (Englewood Cliffs, New Jersey, 1970).
ELLIS, John Tracy, *American Catholicism* (2. Aufl., Chicago, 1969).
LENSKI, Gerhard, *The Religious Factor* (Garden City, N. Y., 1961).
STEPHENSON, George M., *The Religious Aspects of Swedish Immigration* (Minneapolis, 1932).
VECOLI, Rudolph J., »Prelates and Peasants: Italian Immigrants and the Catholic Church«, *Journal of Social History*, 2 (1968–1969), 217–268.

12. Fallstudien über einzelne Städte

BARTON, Josef J., *Peasants and Strangers: Italians, Rumanians, and Slovaks in an American City, 1890–1950* (Cambridge, Mass., 1975).
COLE, Donald B., *Immigrant City: Lawrence, Massachusetts, 1845–1921* (Chapel Hill, 1963).
CONZEN, Kathleen Neils, *Immigrant Milwaukee, 1836–1860: Accommodation and Community in a Frontier City* (Cambridge, Mass., 1976).
ERNST, Robert, *Immigrant Life in New York City, 1825–1863* (New York, 1949).
HANDLIN, Oscar, *Boston's Immigrants: A Study of Acculturation* (rev. und erw. Aufl., Cambridge, Mass., 1959).
THERNSTROM, Stephan, *The Other Bostonians* (Cambridge, Mass., 1973).

13. Emigration, 1933–1945

FEINGOLD, Henry L., *The Politics of Rescue: The Roosevelt Administration and the Holocaust, 1938–1945* (New Brunswick, New Jersey, 1970).
FERMI, Laura, *Illustrious Immigrants: Intellectual Migration from Europe, 1930–41* (Chicago, 1968).

FLEMING, Donald und BAILYN, Bernard, Hrsg., *Intellectual Migration: Europe and America, 1930–1960* (Cambridge Mass., 1969).
GROSSMANN, Kurt R., *Emigration: Geschichte der Hitler-Flüchtlinge, 1933 bis 1945* (Frankfurt, 1969).
Jahrbuch für Amerikastudien, Bde. 10 (1965) und 11 (1966), mit Beiträgen von Louise W. Holborn, Herbert Marcuse, Albert Wellek, Gerald Stourzh, einschließlich einer Bibliographie von Gerald Stourzh, »Bibliographie der deutsch-sprachigen Emigration in den Vereinigten Staaten, 1933–1963: Geschichte und Politische Wissenschaft«.
KENT, Donald P., *The Refugee Intellectual: The Americanization of the Immigrants of 1933–1941* (New York, 1953).
MORSE, Arthur D., *While Six Million Died* (London, 1968).
WYMAN, David S., *Paper Walls: America and the Refugee Crisis, 1938–1941* (Amherst, 1968).

14. Einzelne Einwanderergruppen

a) Chinesen:
SUNG, Betty Lee, *The Story of the Chinese in America* (New York, 1974).

b) Deutsche:
CUNZ, Dieter, *The Maryland Germans* (Princeton, 1948).
FAUST, Albert B., *The German Element in the United States*, 2 Bde., (New York, rev. Ausg., 1927). Auch in deutscher Übersetzung.
HAWGOOD, John A., *The Tragedy of German-America* (New York, 1940).
KÖLLMAN, Wolfgang und MARSCHALCK, Peter, »German Emigration to the United States«, *Perspectives in American History*, 7 (1973), 499–554.
LUEBKE, Frederick C., *Bonds of Loyalty: German-Americans and World War I* (DeKalb, Illinois, 1974).
MARSCHALCK, Peter, *Deutsche Überseewanderung im 19. Jahrhundert: Ein Beitrag zur soziologischen Theorie der Bevölkerung* (Stuttgart, 1973).
WALKER, Mack, *Germany and the Emigration, 1816–1885* (Cambridge, Mass., 1964).
WITTKE, Carl, *Refugees of Revolution: The German Forty-Eighters in America* (Philadelphia, 1952).
WUST, Klaus, *The Virginia Germans* (Charlottesville, 1969).

c) Engländer, Schotten, Waliser:
BERTHOFF, Rowland T., *British Immigrants in Industrial America, 1790–1950* (Cambridge, Mass., 1953; New York, 1968).
ERICKSON, Charlotte, *Invisible Immigrants: The Adaptation of English and Scottish Immigrants in Nineteenth-Century America* (London, 1972).
GALLOWAY, Lowell E. and VEDDER, Richard K., »Emigration from the United Kingdom to the United States: 1860–1913«, *Journal of Economic History*, 31 (1971), 885–897.
HARTMANN, Edward, *Americans from Wales* (North Quincy, Mass., 1967).

d) Iren:
GREELEY, Andrew M., *That Most Distrustful Nation: The Taming of the American Irish* (Chicago, 1972).
WITTKE, Carl, *The Irish in America* (Baton Rouge, 1956).

e) Griechen:
SALOUTOS, Theodore, *The Greeks in the United States* (Cambridge, Mass., 1964).

f) Italiener:
DORE, Grazia, »Some Social and Historical Aspects of Italian Emigration to America«, *Journal of Social History*, 2 (1968–1969), 95–122.
GANS, Herbert J., *The Urban Villagers: Group and Class in the Life of Italian-Americans* (New York, 1962).
TOMASI, Silvano M., und ENGEL, Madeline H., *The Italian Experience in the United States* (New York, 1970).

g) Japaner:
DANIELS, Roger, *The Politics of Prejudice: The Anti-Japanese Movement in California and the Struggle for Japanese Exclusion* (Berkeley, 1962).
KITANO, Harry H. L., *Japanese-Americans: The Evolution of a Subculture* (Englewood Cliffs, New Jersey, 1969).

h) Juden:
FEINGOLD, Henry L., *Zion in America: The Jewish Experience from Colonial Times to the Present* (New York, 1974).
FONER, Philip S., *The Jews in American History, 1654–1865* (New York, 1946).
GOLDSTEIN, Sidney and GOLDSCHEIDER, Calvin, *Jewish Americans: Three Generations in a Jewish Community* (Englewood Cliffs, New Jersey, 1968).
HANDLIN, Oscar, *Adventure in Freedom: Three Hundred Years of Jewish Life in America* (New York, 1954).
HOWE, Irving, *World of Our Fathers* (New York, 1976).
RISCHIN, Moses, *The Promised City: New York's Jews 1870–1914* (Cambridge, Mass., 1962).
SHERMAN, Charles B., *The Jew Within American Society: A Study in Ethnic Individuality* (Detroit, 1961).

i) Lateinamerikaner:
FITZPATRICK, Joseph P., *Puerto Rican Americans: The Meaning of Migration to the Mainland* (Englewood Cliffs, 1971).
HANDLIN, Oscar, *The Newcomers: Negroes and Puerto Ricans in a Changing Metropolis* (Cambridge, Mass., 1959).
McWILLIAMS, Carey, *North from Mexico: The Spanish-Speaking People of the United States* (2. Aufl., New York, 1961).

j) Polen:
THOMAS, William I., und ZNANIECKI, Florian, *The Polish Peasant in Europe and America*, 2 Bde. (New York, 1918–1920, Nachdr., 1958).
WYTRWAL, Joseph A., *America's Polish Heritage: A Social History of the Poles in America* (Detroit, 1961).

k) Skandinavier:
BEIJBOM, Ulf, *Swedes in Chicago: A Demographic and Social Study of the 1846–1880 Immigration* (Chicago, 1971).
BENSON, A. und HEDIN, A., *Swedes in America, 1638–1938* (New York, 1938, Nachdr., 1969).
BLEGEN, Theodore C., *The Norwegian Migration to America*, 2 Bde. (Northfield, Minn., 1931–1940).
HOGLUND, Arthur William, *Finnish Immigrants in America, 1880–1920* (Madison, 1960).
HVEDT, Kristian, Flight to America (New York, 1975).

KAP. 5: SOZIALE FOLGEN DER INDUSTRIALISIERUNG, IMPERIALISMUS UND DER WELTKRIEG, 1890–1920

1. Bibliographien

DESANTIS, Vincent P., *The Gilded Age, 1877–1896* (Northbrook, Illinois, 1973; Goldentree).
EGBERT, Donald Drew, u. a., Hrsg., *Socialism and American Life*, Bd. 2 (Princeton, 1952).
LINK, Arthur S. und LEARY, William M. Jr., comp., *The Progressive Era and the Great War, 1896–1920* (N. Y., 1969; Goldentree).
NEUFELD, Maurice F., *A Representative Bibliography of American Labor History* (N. Y., 1964).

STROUD, Gene S. und DONAHUE, Gilbert E., *Comp. Labor History in the United States: A General Bibliography* (Urbana, Illinois, 1961).

2. *Überblicke, Sammelbände*

FAULKNER, Harold U., *Politics, Reform and Expansion, 1890–1900* (New York, 1958).
GARRATY, John, *The New Commonwealth, 1877–1890* (New York, 1968).
GINGER, Ray, *Age of Excess: The United States from 1877 to 1914* (New York, 1965).
HAYS, Samuel P., *The Response to Industrialism, 1885–1914* (Chicago, 1957).
HOFSTADTER, Richard, *The Age of Reform: from Bryan to F.D.R.* (New York, 1955).
KOLKO, Gabriel, *The Triumph of Conservatism; A Reinterpretation of American History, 1900–1916* (Glencoe, Illinois, 1963).
LINK, Arthur S., *Woodrow Wilson and the Progressive Era, 1910–1917* (New York, 1954, 1963).
MORGAN, Howard Wayne, Hrsg., *The Gilded Age: A Reappraisal* (Syracuse, 1970).
MOWRY, George E., *The Era of Theodore Roosevelt, 1900–1912* (New York, 1958).
PRINGLE, Henry F., *The Life and Times of William Howard Taft*, 2. Bd. (New York, 1939).
SCHWABE, Klaus, *Woodrow Wilson: Ein Staatsmann zwischen Puritanertum und Liberalismus* (Göttingen, 1971).
WIEBE, Robert H., *The Search for Order, 1877–1920* (New York, 1967).
WOODWARD, C. Vann, *Origins of the New South, 1887–1920* (Baton Rouge, 1951).

3. *Soziale Verhältnisse* (Zur Situation der Einwanderer siehe Kap. 4)

a) *Lebensstandard, Soziale Mobilität*

BREMNER, Robert H., *From the Depths: The Discovery of Poverty in the United States* (New York, 1956).
BRISSENDEN, Paul F., *Earnings of Factory Workers, 1899–1927* (Washington, 1929).
CHAPIN, Robert C., *The Standard of Living among Workingmen's Families in New York City* (New York, 1909).
COOMBS, Whitney, *The Wages of Unskilled Labor in Manufacturing Industries in the United States, 1890–1924* (New York, 1926).
DOUGLAS, Paul H., *Real Wages in the United States, 1890–1926* (Boston, 1930).
HUNTER, Robert W., *Poverty* (New York, 1904, 1965).
LONG, Clarence D., *Wages and Earnings in the United States, 1860–1890* (Princeton, 1960).
REES, Albert, *Real Wages in Manufacturing, 1890–1914* (Princeton, 1961).
RIIS, Jacob A., *How the Other Half Lives* (1. Aufl., 1890), hrsg. v. Sam Bass Warner, Jr. (New York, 1970).
STEINER, Jesse F., *Americans at Play* (New York, 1933; Nachdruck, 1970).
THERNSTROM, Stephan, *The Other Bostonians: Poverty and Progress in the American Metropolis, 1880–1970* (Cambridge, Mass., 1973).
THERNSTROM, Stephan, *Poverty and Progress: Social Mobility in a Nineteenth Century City* (Cambridge, Massachusetts, 1964).

b) Familie, Situation der Frauen

ADDAMS, Jane, *Twenty Years at Hull House* (New York, 1912).
CALHOUN, Arthur W., *A Social History of the American Family* (3 Bde., Cleveland, 1919).
FLEXNER, Eleanor, *Century of Struggle: The Women's Rights Movement in the United States* (Cambridge, Mass., 2 Aufl., 1975).
HILL, Joseph A., *Women in Gainful Occupation, 1870–1920* (Washington, 1929).

Kraditor, Aileen S., *The Ideas of the Woman Suffrage Movement, 1890–1920* (New York, 1965).
Lutz, Alma, *Susan B. Anthony: Rebel, Crusader, Humanitarian* (Boston, 1959).
McGovern, James R., »The American Woman's Pre-World War I Freedom in Manners and Morals«, *Journal of American History, 55 (1968)*, 315–333.
O'Neill, William L., *Divorce in the Progressive Era* (New Haven, 1967).
–, *Everyone Was Brave: A History of Feminism in America* (Chicago, 1971).
Sennett, Richard, *Families Against the City: Middle Class Homes of Industrial Chicago, 1872–1890* (Cambridge, Mass., 1970).

c) Rassenprobleme und die Lage der Schwarzen
Blumenthal, Henry, »Woodrow Wilson and the Race Question«, *Journal of Negro History, 48* (1963), 1–21.
Broderick, Francis L., *W. E. B. DuBois: Negro Leader in a Time of Crisis* (Stanford, 1959).
DuBois, W. E. B., *The Philadelphia Negro: A Social Study* (New York, 1899, 1967).
Harlan, Louis R., *Separate and Unequal: Public School Campaigns and Racism in Southern Seaboard States, 1901–1915* (New York, 1968).
Jacobson, Julius, Hrsg., *The Negro and the American Labor Movement* (Garden City, New York, 1968).
Kellogg, Charles F., *NAACP: A History of the National Association for the Advancement of Colored People, 1909–1920* (Baltimore, 1967).
Logan, Rayford W., *The Negro in American Life and Thought: The Nadir, 1877–1901* (New York, 1954).
Meier, August, *Negro Thought in America, 1880–1915: Racial Ideologies in the Age of Booker T. Washington* (Ann Arbor, 1963).
Osofsky, Gilbert, *Harlem: The Making of a Ghetto – Negro New York, 1890–1930* (New York, 1966).
Rudwick, Elliott, *W. E. B. DuBois: A Study in Minority Group Leadership* (Philadelphia, 1960).
Scheiner, Seth M., *Negro Mecca: A History of the Negro in New York City, 1865–1920* (New York, 1965).
Spear, Allan H., *Black Chicago: The Making of a Negro Ghetto, 1890–1920* (Chicago, 1967).
Spencer, Samuel R., Jr., *Booker T. Washington and the Negro's Place in American Life* (Boston, 1955).
Weiss, Nancy Joan, »The Negro and the New Freedom: Fighting Wilsonian Segregation«, *Political Science Quarterly*, 84 (1969), 61 ff.
Woodward, C. Vann, *The Strange Career of Jim Crow* (2. Aufl., New York, 1966).
Wynes, Charles E., *Race Relations in Virginia, 1870–1902* (Charlottesville, 1961).

d) Städte (siehe auch allg. Bibliographie, 4 c)
Warner, Sam B., Jr., *Streetcar Suburbs: The Process of Growth in Boston, 1870–1900* (Cambridge, Mass., 1962).

4. Soziale und politische Ideen

Bourne, Randolph S., *War and the Intellectuals: Collected Essays, 1915–1919*, hrsg. v. Carl Resek (New York, 1964).
Carnegie, Andrew, *The Gospel of Wealth and Other Timely Essays* (1. Aufl., 1900), hrsg. v. Edward C. Kirkland (Cambridge, Mass., 1962).
Derber, Milton, »The Idea of Industrial Democracy in America, 1898–1915«, *Labor History*, 7 (1966), 259–286.
Fine, Sidney, *Laissez Faire and the General-Welfare State: A Study of Conflict in American Thought, 1865–1901* (Ann Arbor, 1956, 1964).

HOFSTADTER, Richard, *Social Darwinism in American Thought* (rev. Aufl., Boston, 1955).
KIRKLAND, Edward C., *Dream and Thought in a Business Community, 1860–1900* (Ithaca, New York, 1956).
LASCH, Christopher, *The American Liberals and the Russian Revolution* (New York, 1962).
–, *The New Radicalism in America, 1889–1963: The Intellectual as a Social Type* (New York, 1965).
LENS, Sidney, *Radicalism in America* (New York, 1966).
MCCLOSKEY, Robert G., *American Conservatism in the Age of Enterprise: A Study of William Graham Summer, Stephan J. Field, and Andrew Carnegie* (Cambridge, Mass., 1951).
MAY, Henry F., *The End of American Innocence: A Study of the First Years of Our Own Time, 1912–1917* (New York, 1959, 1964).
–, *Protestant Churches and Industrial America* (New York, 1949, 1967).
PESSEN, Edward, »The Egalitarian Myth and the American Social Reality: Wealth, Mobility and Equality in the ›Era of the Common Man‹«, *American Historical Review*, 76 (1971).
WHITE, Edward A., *Science and Religion in American Thought: The Impact of Naturalism* (New York, 1952).
WHITE, Morton G., *Social Thought in America: The Revolt against Formalism* (rev. Aufl., Boston, 1957).

5. Verfassung, Grundrechte

JOHNSON, Donald, *Challenge to American Freedoms: World War One and the American Civil Liberties Union* (Lexington, Kentucky, 1963).
PRESTON, William, *Aliens and Dissenters: Federal Suppression of Radicals, 1903–1933* (Cambridge, Mass., 1963).
SCHEIBER, Harry N., *The Wilson Administration and Civil Liberties, 1917–1921* (Ithaca, New York, 1960).
WOOD, Stephen B., *Constitutional Politics in the Progressive Era: Child Labor and the Law* (Chicago, 1968).

6. Farmer und der Populismus

COLETTA, Paolo E., *William Jennings Bryan*, 2 Bde., Bd. I: *Political Evangelist, 1860–1908* (Lincoln, Nebraska, 1964).
GOODWYN, Lawrence, *Democratic Promise: The Populist Movement in America* (New York, 1976).
HAYTER, Earl W., *The Troubled Farmers, 1850–1900: Rural Adjustment to Industrialism* (DeKalb, Illinois, 1968).
HICKS, John D. *The Populist Revolt: A History of the Farmers' Alliance and the People's Party* (Minneapolis, 1931).
NORMAN, Pollack, *The Populist Response to Industrial America: Midwestern Populist Thought* (Cambridge, Mass., 1962).
PUHLE, Hans-Jürgen, *Politische Agrarbewegungen in kapitalistischen Industriegesellschaften: Deutschland, USA und Frankreich im 20. Jahrhundert* (Göttingen, 1975).
SALOUTOS, Theodore, *Farmer Movements in the South, 1865–1933* (Lincoln, Nebraska, 1964).

7. Arbeiterbewegung, Gewerkschaften

ADAMS, Graham Jr., *The Age of Industrial Violence, 1910–1915* (New York, 1966).
BRECHER, Jeremy, *Streiks und Arbeiterrevolten: Amerikanische Arbeiterbewegung, 1877–1970* (Frankfurt, 1975), gekürzte Übersetzung von *Strike* (San Francisco, 1972).
BRODY, David, *Labor in Crisis: The Steel Strike of 1919* (Philadelphia, 1965).

COMMONS, John R., u. a., *History of Labor in the United States* (4 Bde., New York, 1918–1935).
DUBOFSKY, Melvyn, *We Shall Be All: A History of the Industrial Workers of the World* (Chicago, 1969).
DAVID, Henry, *The History of the Haymarket Affair: A Study in the American Social-Revolutionary and Labor Movements* (New York, 1936).
EGGERT, Gerald G., *Railroad Labor Disputes: The Beginnings of a Federal Strike Policy* (Ann Arbor, 1967).
FONER, Philip S., *History of the Labor Movement in the United States*, 4 Bde. (New York, 1947–1965).
KARSON, Marc, *American Labor Unions and Politics, 1900–1918* (Carbondale, Illinois, 1958).
MANDEL, Bernard, *Samuel Gompers: A Biography* (Yellow Springs, Ohio, 1963).
NADWORTHY, Milton J., *Scientific Management and the Unions, 1900–1932* (Cambridge, Mass., 1955).
OZANNE, Robert, *A Century of Labor-Management Relations at McCormick and International Harvester* (Madison, Wisconsin, 1967).
PERLMAN, Mark, *Labor Union Theories in America: Background and Development* (Evanston, 1958).
RAYBACK, Joseph G., *A History of American Labor* (New York, 1959).
SAXTON, Alexander, *The Indispensable Enemy: Labor and the Anti-Chinese Movement in California* (Los Angeles, 1971).
TAFT, Philip, *The A. F. of L. from the Death of Gompers to the Merger* (New York, 1959).
–, *The A. F. of L. in the Time of Gompers* (New York, 1957).
–, *Organized Labor in American History* (New York, 1964).
–, *Labor Politics American Style: The California State Federation of Labor* (Cambridge, Mass., 1968).
WOLFF, Leon J., *Lockout: The Story of the Homestead Strike of 1892* (New York, 1965).

8. Liberale Reformen und die Progressive Bewegung

AARON, Daniel, *Men of Good Hope: A Story of American Progressives* (New York, 1951, 1961).
ABELL, Aaron I., *American Catholicism and Social Action: A Search for Social Justice, 1865–1950* (Garden City, New York, 1960).
CROLY, Herbert, *The Promise of American Life* (1. Aufl., 1909), hrsg. v. Arthur M. Schlesinger, Jr. (Cambridge, Mass., 1965).
DAVIS, Allen F., *Spearheads for Reform: The Social Settlements and the Progressive Movement, 1890–1914* (New York, 1967).
FILLER, Louis, *Muckrakers: Crusaders for American Liberalism* (Chicago, 2. Aufl., 1968).
FORCEY, Charles, *The Crossroads of Liberalism: Croly, Weyl, Lippmann, and the Progressive Era, 1900–1925* (New York, 1967).
GUSTFIELD, Joseph, *Symbolic Crusade: Status, Politics and the American Temperance Movement* (Urbana, Illinois, 1963).
HAYS, Samuel P., *Conservation and the Gospel of Efficiency: The Progressive Conservation Movement, 1890–1920* (Cambridge, Mass., 1959, 1969).
HUTHMACHER, Joseph, »Wilson Liberalism and the Age of Reform«, *Mississippi Valley Historical Review*, 49 (1962), 231–241.
LETWIN, William L., *Law and Economic Policy in America: The Evolution of the Sherman Antitrust Act* (New York, 1965).
LUBOVE, Roy, *The Struggle for Social Security, 1900–1935* (Cambridge, Mass., 1968).
MANN, Arthur, Hrsg., *The Progressive Era: Liberal Renaissance or Liberal Failure?* (New York, 1963).
–, *Yankee Reformers in the Urban Age: Social Reform in Boston, 1880–1900* (Cambridge, Mass., 1954).

NOBLE, David W., *The Paradox of Progressive Thought* (Minneapolis, 1958).

SPROAT, John G., *Best Men: Liberal Reformers in the Gilded Age* (New York, 1968).

TIMBERLAKE, James H., *Prohibition and the Progressive Movement, 1900–1920* (Cambridge, Mass., 1963).

WIEBE, Robert H., *Businessmen and Reform: A Study of the Progressive Movement* (Cambridge, Mass., 1962).

YELLOWITZ, Irwin, *Labor and the Progressive Movement in New York State, 1897–1916* (Ithaca, New York, 1965).

9. Sozialisten, Kommunisten

BEDFORD, Henry F., *Socialism and the Workers in Massachusetts, 1866–1912* (Amherst, Mass., 1966).

BELL, Daniel, *Marxian Socialism in the United States* (Princeton, 1952, 1967).

BERNSTEIN, Samuel, *The First International in America* (New York, 1962).

DESTLER, Chester, *American Radicalism, 1865–1901: Essays and Documents* (New York, 1946–1963).

DRAPER, Theodore, *The Roots of American Communism* (New York, 1957).

EGBERT, Donald D. und PERSONS, Stow, Hrsg., *Socialism and American Life* (2 Bde., Princeton, 1952).

HERRESHOFF, David, *American Disciples of Marx: From the Age of Jackson to the Progressive Era* (Detroit, 1967).

KIPNIS, Ira A., *The American Socialist Movement, 1897–1912* (New York, 1952).

MORGAN, Howard Wayne, *Eugene V. Debs: Socialist for President* (Syracuse, 1962).

MURRAY, Robert K., *Red Scare: A Study in National Hysteria, 1919–1920* (New York, 1955).

SHANNON, David A., *The Socialist Party of America* (New York, 1955).

SOMBART, Werner, *Warum gibt es in den Vereinigten Staaten keinen Sozialismus?* (Tübingen, 1906).

WEINSTEIN, James, *The Decline of Socialism in America, 1912–1925* (New York, 1967).

YORBURG, Betty, *Utopia and Reality: A Collective Portrait of American Socialists* (New York, 1969).

10. Imperialismus, Außenpolitik

ANGERMANN, Erich, »Ein Wendepunkt in der Geschichte der Monroe-Doktrin und der deutsch-amerikanischen Beziehungen: Die Venezuelakrise von 1902/03 im Spiegel der amerikanischen Tagespresse«, *Jahrbuch für Amerikastudien*, 3 (1958), 22–58.

BEISNER, Robert L., *Twelve Against Empire: The Anti-Imperialists, 1898–1900* (New York, 1968).

BUEHRIG, Edward H., Hrsg., *Wilson's Foreign Policy in Perspective* (Bloomington, Indiana, 1957).

DOERRIES, Reinhard, *Berlin–Washington, 1909–1917* (Düsseldorf, 1973).

–, »Amerikanische Außenpolitik im Karibischen Raum vor dem Ersten Weltkrieg«, *Jahrbuch für Amerikastudien*, 18 (1973), 62–82; mit Kommentar von Klaus Schwabe.

FRAENKEL, Ernst, »Das deutsche Wilsonbild«, *Jahrbuch für Amerikastudien*, 5 (1960), 66–120.

HELBICH, Wolfgang J., »American Liberals in the League of Nations Controversy«, *Public Opinion Quarterly*, 31 (1967/68), 568–596.

LAFEBER, Walter, *The New Empire: An Interpretation of American Expansion, 1860–1898* (Ithaca, New York, 1963).

LASCH, Christopher, »The Anti-Imperialists, the Philippines, and the Inequality of Man«, *Journal of Southern History*, 24 (1958), 319 ff.

Leuchtenburg, William E., »Progressivism and Imperialism: The Progressive Movement and American Foreign Policy, 1898–1916«, *Mississippi Valley Historical Review*, 39 (1952), 483–504.
Levin, N. Gordon, Jr., *Woodrow Wilson and World Politics: America's Response to War and Revolution* (New York, 1968).
Link, Arthur S., *Wilson the Diplomatist* (Baltimore, 1957).
May, Ernest R., *American Imperialism: A Speculative Essay* (New York, 1968).
–, *The World War and American Isolation* (Cambridge, Mass., 1959).
Mayer, Arno J., *Politics and Diplomacy of Peacemaking: Containment and Counterrevolution at Versailles, 1918–1919* (New York, 1968).
Mommsen, Wolfgang J., *Das Zeitalter des Imperialismus* (Frankfurt, 1969).
Morgan, Howard Wayne, *America's Road to Empire: The War with Spain and Overseas Expansion* (New York, 1965).
Parrini, Carl, *Heir to Empire: United States Economic Diplomacy, 1916–1923* (Pittsburgh, 1969).
Pratt, Julius W., *Expansionists of 1898: The Acquisition of Hawaii and the Spanish Islands* (Baltimore, 1936).
Riencourt, Amaury de, *American Empire* (New York, 1968).
Rozwenc, Edwin C. und Lindfors, Kenneth, *The United States and the New Imperialism, 1898–1912* (Lexington, Mass., 1968).
Schwabe, Klaus, *Deutsche Revolution und Wilson-Frieden: Die amerikanische und deutsche Friedensstrategie zwischen Ideologie und Machtpolitik, 1918–1919* (Düsseldorf, 1971).
Stone, Ralph A., *Irreconcilables: The Fight against the League of Nations* (Lexington, Kentucky, 1970).
Wehler, Hans-Ulrich, *Der Aufstieg des amerikanischen Imperialismus: Studien zur Entwicklung des Imperium Americanum, 1865–1900* (Göttingen, 1974).

KAP. 6: DIE VEREINIGTEN STAATEN ZWISCHEN DEN WELTKRIEGEN, 1919–1941

1. *Bibliographien* (Siehe die Bibliographien im allgemeinen Teil und zu Kapitel 5)

2. *Überblicke, Sammelbände, 1920–1941*

Franck, Louis R., *Histoire économique et sociale des Etats-Unis de 1919–1949* (Paris, 1950).
Gabriel, Ralph H., »Isoliertes Amerika [1913–1941]«, *Propyläen Weltgeschichte*, hrsg. von Golo Mann, Bd. 9 (Berlin, 1962), 279–310.
Hicks, John D., *Republican Ascendancy, 1921–1933* (New York, 1960).
Hofstadter, Richard, *The Age of Reform* (New York, 1955).
Leuchtenburg, William E., *The Perils of Prosperity, 1914–1932* (Chicago, 1958).
Schlesinger, Arthur, M., Jr., *The Age of Roosevelt*, 3 Bde. (New York, 1957–1960).
Shannon, David A., Hrsg., *Between the Wars: America, 1919–1941* (Boston, 1965).
Tindall, George B., *The Emergence of the New South, 1913–1945* (Baton Rouge, 1967).

3. *Die Zwanziger Jahre*

Allen, Frederick Lewis, *Only Yesterday* (New York, 1931).
Braeman, John u. a., Hrsg., *Change and Continuity in Twentieth Century America: The 1920's* (Columbus, Ohio, 1968).
Coben, Stanley, »A Study in Nativism: The American Red Scare of 1919–1920«, *Political Science Quarterly*, 79 (1964), 52–75.

FEILER, Arthur, *Amerika–Europa: Erfahrungen einer Reise* (Frankfurt, 1926); Engl. Übers. 1928.
GLAD, Paul W., »Progressives and the Business Culture of the 1920's«, *Journal of American History*, 53 (1966/67), 75–89.
HEALD, Morrell, »Business Thought in the Twenties: Social Responsibility«, *American Quarterly*, 13 (1961), 126–139.
LEIGHTON, Isabel, Hrsg., *The Aspirin Age* (New York, 1949).
LINK, Arthur S., »What Happened to the Progressive Movement in the 1920's?«, *American Historical Review*, 64 (1959), 833–851.
LYND, Robert S. und Helen, *Middletown* (New York, 1929).
MAY, Henry F., »Shifting Perspectives on the 1920's«, *Mississippi Valley Historical Review*, 43 (1956), 405–427.
MURPHY, Paul L., »Source and Nature of Intolerance in the 1920's«, *Mississippi Valley Historical Review*, 51 (1964), 60–76.
SIEGFRIED, André, *Les Etats-Unis d'aujourdhui* (Paris, 1927).
SINCLAIR, Andrew, *Prohibition* (London, 1962).
SLOSSON, Preston William, *The Great Crusade and After 1914–1928* (New York, 1930).
SOULE, George, *Prosperity Decade From War to Depression: 1917–1929* (New York, 1947).

4. Die Dreißiger Jahre

AARON, Daniel und Robert Bendiner, Hrsg., *The Strenuous Decade: A Social and Intellectual Record of the 1930's* (Garden City, New York, 1970).
FRISCH, Morton J. und DIAMOND, Martin, Hrsg., *The Thirties* (DeKalb, Illinois, 1968).
PERKINS, Dexter, *The New Age of Franklin Roosevelt, 1932–1945* (Chicago, 1957).
ROMASCO, Albert M., *The Poverty of Abundance: Hoover, the Nation, the Depression* (New York, 1965).
SIMON, Rita J., Hrsg., *As We Saw the Thirties* (Urbana, Illinois, 1967).
WECTER, Dixon, *The Age of the Great Depression, 1929–1941* (New York, 1948).

5. Wirtschaft, »Große Depression«

BLUM, John M., *From the Diaries of Henry Morgenthau, Jr.: Years of Crisis, 1928–1938*, 3 Bde. (Boston, 1959–1967).
BROWN, E. Carey, »Fiscal Policies in the 1930s: A Reappraisal«, *American Economic Review* (1956), pp. 857–879.
CHANDLER, Lester V., *America's Greatest Depression, 1929–1941* (New York, 1970).
COWING, Cedric B., *Populists, Plungers, and Progressives: A Social History of Stock and Commodity Speculation, 1890–1936* (Princeton, 1965).
FRIEDMAN, Milton und SCHWARTZ, Anna J., *A Monetary History of the United States, 1867–1960* (Princeton, 1963).
GALBRAITH, John Kenneth, *The Great Crash* (New York, 1955).
HIMMELBERG, Robert F., Hrsg., *The Great Depression and American Capitalism* (Boston, 1968).
KINDLEBERGER, Charles P., *Die Weltwirtschaftskrise 1929–1939* (München, 1973).
NAHMER, Robert Nöll, v. d., »Weltwirtschaft und Weltwirtschaftskrise«, *Propyläen Weltgeschichte*, hrsg. von Golo Mann, Bd. 9 (Berlin, 1960), 351–388.
NÉRÉ, Jacques, *La Crise de 1929* (Paris, 1968).
POTTER, Jim, *The American Economy between the World Wars* (London, 1974).
ROBERTSON, Ross M., *History of the American Economy* (New York, 1964).

ROTHBARD, Murray N., *America's Great Depression* (2. Aufl., Los Angeles, 1972).
TERKEL, Studs, *Hard Times: Oral History of the Great Depression in America* (New York, 1970).
WINKLER, Heinrich August, Hrsg., *Organisierter Kapitalismus: Voraussetzungen und Anfänge* (Göttingen, 1974).

6. New Deal, Franklin D. Roosevelt

ARTAUD, Denise, *Le New Deal* (Paris, 1969).
BESSON, Waldemar, *Die politische Terminologie des Präsidenten Franklin D. Roosevelt: Über den Zusammenhang von Sprache und Politik* (Tübingen, 1955).
BURNS, James McGregor, *Roosevelt: The Lion and the Fox* (New York, 1956).
CONKIN, Paul K., *The New Deal* (2. Aufl., New York, 1975).
DROZE, Wilmon H., *High Dams and Slack Waters: TVA Rebuilds a River* (Baton Rouge, 1965).
EKIRCH, Arthur, Jr., *Ideologies and Utopias: The Impact of the New Deal on American Thought* (Chicago, 1969).
FREIDEL, Frank, *Franklin D. Roosevelt*, bisher 4 Bde. (Boston, 1952–ff).
FUSFELD, Daniel R., *The Economic Thought of Franklin D. Roosevelt and the Origins of the New Deal* (New York, 1956, 1970).
GREER, Thomas H., *What Roosevelt Thought: The Social and Political Ideas of Franklin D. Roosevelt* (East Lansing, Michigan, 1958).
HAWLEY, Ellis W., *The New Deal and the Problem of Monopoly* (Princeton, 1966).
HELBICH, Wolfgang J., *Franklin D. Roosevelt* (Berlin, 1971).
KELLER, Morton, Hrsg., *The New Deal: What Was It?* (New York, 1967).
LEUCHTENBURG, William E., *Franklin D. Roosevelt and the New Deal, 1933–1940* (New York, 1963).
MOLEY, Raymond, *After Seven Years* (New York, 1939).
–, *The First New Deal* (New York, 1966).
PERKINS, Frances, *The Roosevelt I Knew* (New York, 1946).
TUGWELL, Rexford G., *The Brains Trust* (New York, 1968).
WINKLER, Heinrich August, Hrsg., *Die große Krise in Amerika: Vergleichende Studien zur politischen Sozialgeschichte, 1929–1939* (Göttingen, 1973).
WOLFSKILL, George und HUDSON, John A., *All But the People: Franklin D. Roosevelt and His Critics, 1933–1939* (New York, 1969).

7. Farmer

AGEE, James und EVANS, Walker, *Let Us Now Praise Famous Men: Three Tenant Families* [1930's] (New York, 1941; 1960).
CONRAD, David E., *Forgotten Farmers: The Story of Sharecroppers in the New Deal* (Urbana, Illinois, 1965).
CRAMPTON, John A., *The National Farmers Union: Ideology of a Pressure Group* (Lincoln, Nebraska, 1965).
KIRKENDALL, Richard S., *Social Scientists and Farm Politics in the Age of Roosevelt* (Columbus, Missouri, 1966).
SALOUTOS, Theodore und HICKS, John D., *Agricultural Discontent in the Middlewest, 1900–1939* (Madison, 1951).

8. Arbeiterbewegung

BERNSTEIN, Irving, *The Lean Years: A History of the American Worker, 1920–1933* (Boston, 1960).
–, *Turbulent Years: A History of the American Workers, 1933–1941* (Boston, 1969).
BROOKS, Robert R. R., *When Labor Organizes* (New Haven, 1937).
LÖSCHE, Peter, *Industriegewerkschaften im organisierten Kapitalismus: Der CIO in der Roosevelt-Ära* (Opladen, 1974).

MATTICK, Paul, *Arbeitslosigkeit und Arbeitslosenbewegung in den USA, 1929–1935* (Frankfurt, 1969).
YOUNG, Edwin und DERBER, Milton, Hrsg., *Labor and the New Deal* (Madison, 1957).

9. Außenpolitik

ADLER, Selig, *Uncertain Giant: American Foreign Policy, 1921–1941* (New York, 1965).
DECONDE, Alexander, Hrsg., *Isolation and Security: Ideas and Interests in Twentieth-Century American Foreign Policy* (Durham, North Carolina, 1957).
DIVINE, Robert A., *Reluctant Belligerent: American Entry into the Second World War* (New York, 1965).
–, *Roosevelt and World War II* (Baltimore, 1969).
DUROSELLE, Jean-Baptiste, *De Wilson à Roosevelt: Politique extérieur des Etats-Unis* (Paris, 1960).
LEWIS, Ethan, *Republican Foreign Policy, 1921–1933* (New Brunswick, New Jersey, 1968).
FERRELL, Robert H., *American Diplomacy in the Great Depression: Hoover-Stimson Foreign Policy, 1929–1933* (New York, 1957, 1970).
FILENE, Peter G., *Americans and the Soviet Experiment, 1917–1933* (Cambridge, Mass., 1967).
GARDNER, Lloyd C., *Economic Aspects of New Deal Diplomacy* (Madison, 1964).
GOTTWALD, Robert, *Die deutsch-amerikanischen Beziehungen in der Ära Stresemann* (Berlin, 1965).
HELBICH, Wolfgang J., *Die Reparationen in der Ära Brüning: Zur Bedeutung des Young-Planes für die deutsche Politik, 1930–1932* (Berlin, 1962).
JONAS, Manfred, *Isolationism in America, 1935–1941* (Ithaca, New York, 1969).
JUNKER, Detlef, *Der unteilbare Weltmarkt: Das ökonomische Interesse in der Außenpolitik der USA, 1933–1941* (Stuttgart, 1975).
LINK, Werner, *Die amerikanische Stabilisierungspolitik in Deutschland, 1921–1932* (Düsseldorf, 1970).
LOCHNER, Louis P., *Herbert Hoover and Germany* (New York, 1960).
MOLTMANN, Günter, »Roosevelts Friedensappell vom 14. April 1939«, *Jahrbuch für Amerikastudien*, 9 (1964), 91–109.
WILTZ, John E., *From Isolation to War, 1931–1941* (New York, 1968).

KAP. 7: VOM WELTKRIEG ZUR WOHLSTANDSGESELLSCHAFT 1941–1961

1. Bibliographien

CRONON, E. David und ROSENHOF, Theodore, Hrsg., *The Second World War and the Atomic Age, 1940–1973* (Northbrook, Illinois, 1975).
GRANTHAM, Dewey W., *Contemporary American History: The United States Since 1945* (Washington, 1975; American Historical Association Pamphlets).

2. Überblicke, Sammelbände

BAKER, Donald G. und SHELDON, Charles H., Hrsg., *Postwar America: The Search for Identity* (Beverly Hills, 1969).
BORCH, Herbert von, *Die unfertige Gesellschaft: Amerika, Utopie und Wirklichkeit* (München, 1960).
DEGLER, Carl N., *Affluence and Anxiety: America since 1945* (2. Aufl., Glenview, Illinois, 1975).

Freymond, Jacques, »Die Atlantische Welt [1945–1960]«, *Propyläen Weltgeschichte*, hrsg. v. Golo Mann, Bd. 10 (Berlin, 1961), 221–300.
Goldman, Eric F., *The Crucial Decade and After: America 1945–1960* (New York, 1961).
Hughes, Emmett J., *The Ordeal of Power* (New York, 1963).
Kenney, William, *The Crucial Years* (New York, 1962).
Leuchtenburg, William E., *A Troubled Feast: American Society Since 1945* (Boston, 1973).
Lingeman, Richard R., *Don't You Know There's A War On? The American Home Front, 1941–45* (New York, 1970).
Polenberg, Richard, Hrsg., *America at War: The Home Front, 1941–1945* (Englewood Cliffs, 1968).
Snowman, Daniel, *U.S.A.: The Twenties to Vietnam* (London, 1968).
Wish, Harvey, *Contemporary America: The National Scene since 1900* (New York, 1955).

3. Politik und Politiker

Alexander, Charles C,. *Holding the Line: The Eisenhower Era, 1952–1961* (Bloomington, Indiana, 1975).
Eisenhower, Dwight D., *Mandate for Change, 1953–1956: The White House Years* (Garden City, 1963).
Graebner, Norman A., »Eisenhower's Popular Leadership«, *Current History*, XXXVI (October, 1960).
Koenig, Louis W., *The Truman Administration* (New York, 1956).
Larson, Arthur, *Eisenhower: The President Nobody Knew* (New York, 1968).
Muller, Herbert J., *Adlai Stevenson: A Study in Values* (New York, 1967).
Parmet, Herbert, *Eisenhower: The Necessary President* (New York, 1972).
Patterson, James T., *Mr. Republican: A Biography of Robert A. Taft* (Boston, 1972).
Phillips, Cabell, *The Truman Presidency* (New York, 1966).
Truman, Harry S., *The Memoirs of Harry S. Truman*, 2 Bdc. (London, 1955, 1956).

4. McCarthyismus

Boveri, Margret, *Der Verrat im 20. Jahrhundert*, Band 4: *Verrat als Epidemie: Amerika* (Hamburg, 1960).
Hofstadter, Richard, *The Paranoid Style in American Politics and Other Essays* (New York, 1965), Kap. 2 und 3.
Latham, Earl, *The Communist Controversy in Washington: From the New Deal to McCarthy* (Cambridge, Mass., 1966).
Keil, Hartmut, »Liberale und McCarthy: Zur McCarthyismus-Rezeption in den fünfziger Jahren«, *Amerikastudien*, 19 (1974), 220–242.
Rogin, Michael, *The Intellectuals and McCarthy* (Cambridge, Mass. 1967).
Rovere, Richard, *Senator Joe McCarthy* (New York, 1959).

5. Wirtschaft, Gewerkschaften (Siehe auch Kapitel 3 und 5)

Berle, Adolph A., *The American Economic Republic* (New York, 1963).
–, *Power without Property* (New York, 1959).
Congressional Quarterly Service, Hrsg., *Federal Economic Policy, 1945–1967* (Washington, 2. Aufl., 1967).
Fohlen, Claude, »La puissance américaine«, in Pierre Léon, Hrsg., *Histoire économique et sociale du monde*, Bd. 6 (Paris, Veröffentlichung für 1977 vorgesehen).
Galbraith, John Kenneth, *American Capitalism: The Concept of Countervailing Powers* (Boston, 1952).
–, *The Affluent Society* (Boston, 1958).

Goldberg, Arthur J., *AFL-CIO: Labor United* (New York, 1956).
Lens, Sidney, *The Crisis of American Labor* (New York, 1959).
Vatter, Harold, G., *The U. S. Economy in the 1950's* (New York, 1963).

6. Soziale Verhältnisse

Abrams, Charles, *The City Is the Frontier* (New York, 1965).
Harrington, Michael, *The Other America: Poverty in the United States* (New York, 1962).
Kolko, Gabriel, *Wealth and Power in America: An Analysis of Social Class and Income Distribution* (London, 1962).
Mills, C. Wright, *White Collar: The American Middle Classes* (New York, 1951).
Riesman, David, *et. al.*, *The Lonely Crowd* (New Haven, 1952).
Weaver, Robert C., *The Urban Complex: Essays on Urban Life* (Garden City, 1963).
Whyte, William H., *The Organization Man* (New York, 1957).

7. Zur Lage der Schwarzen, Bürgerrechtsbewegung (Siehe auch Kapitel 8)

Dalfiume, Richard M., *Desegregation of the U. S. Armed Forces: Fighting on Two Fronts, 1939–1953* (Columbia, Missouri, 1969).
Guradze, Heinz, »Die Rechtsprechung des Obersten Bundesgerichts zur Rassentrennung und ihrer Aufhebung auf den Schulen und Hochschulen«, *Jahrbuch für Amerikastudien*, 6 (1961), 7–24.
Isaacs, Harold R., *The New World of Negro Americans* (London, 1964).
Lewis, Anthony, *The Second American Revolution: A First-hand Account of the Struggle for Civil Rights* (London, 1966).
Sitkoff, Harvard, »Racial Militancy and Interracial Violence in the Second World War«, *Journal of American History*, 58 (1971).
Sternsher, Bernard, Hrsg., *The Negro in Depression and War* (Chicago, 1969).
Wynn, Neil A., *The Afro-American and the Second World War* (London, 1976).

8. Außenpolitik, Kalter Krieg

Aaron, Raymond, »Weltdiplomatie: Fronten und Pakte [1945–1960]«, *Propyläen Weltgeschichte*, hrsg. v. Golo Mann, Bd. 10 (Berlin, 1961), 377–422.
Alperovitz, »How Did the Cold War Begin?«, *New York Review of Books*, VIII (23. März 1967).
Baldwin, David A., *Economic Development and American Foreign Policy, 1943–1962* (Chicago, 1966).
Czempiel, Ernst Otto, *Das amerikanische Sicherheitssystem, 1945–1949* (Berlin, 1966).
Fleming, Denna F., *The Cold War and Its Origins* (New York, 1961).
Gaddis, John Lewis, *The United States and the Origins of the Cold War, 1941–1947* (New York, 1972).
Gimbel, John, *The Origins of the Marshall Plan* (Stanford, 1976).
Halle, Louis, *The Cold War as History* (New York, 1967).
Knapp, Manfred, Hrsg., *Die deutsch-amerikanischen Beziehungen nach 1945* (Frankfurt, 1975).
Kolko, Gabriel, *Die Hintergründe der US-Außenpolitik* (Frankfurt, 1971; am. Original, 1969).
Krakau, Knud, *Die kubanische Revolution und die Monroe-Doktrin: Eine Herausforderung der Außenpolitik der Vereinigten Staaten* (Frankfurt, 1968).
LaFeber, Walter, *America, Russia, and the Cold War, 1945–1975* (3. Aufl., New York, 1975).
Moltmann, Günter, *Amerikas Deutschlandpolitik im Zweiten Weltkrieg: Kriegs- und Friedensziele, 1941–1945* (Heidelberg, 1958).

Oberndörfer, Dieter, »Die Lateinamerikapolitik der USA: Bilanz und neuere Entwicklung«, *Jahrbuch für Amerikastudien* 18 (1973), 24–61; mit Kommentar von Hans-Jürgen Schröder.

Paterson, Thomas G., Hrsg., *The Origins of the Cold War* (Lexington, Mass., 1970).

Schlesinger, Arthur, »Origins of the Cold War«, *Foreign Affairs*, 46 (Oktober, 1967).

Steel, Ronald, *Pax Americana: Weltreich des Kalten Krieges* (Darmstadt, 1968; amerikanisches Original 1967).

KAP. 8: DIE 1960er JAHRE

1. Bibliographien

Heath, Jim F., *Decade of Disillusionment: The Kennedy-Johnson Years* (Bloomington, Indiana, 1975), bibliographischer Anhang.

2. Überblicke, Sammelbände

Chomsky, Noam, *American Power and the New Mandarins* (New York, 1967).

Gettleman, Marvin E. und Mermelstein, David, Hrsg., *The Great Society Reader: The Failure of American Liberalism* (New York, 1967).

Heath, Jim F., *Decade of Disillusionment: The Kennedy–Johnson Years* (Bloomington, Indiana, 1975).

O'Neill, William L., *Coming Apart: An Informal History of America in the Sixties* (New York, 1971).

Schlesinger, Arthur M., Jr., *Crisis of Confidence: Ideas, Power, and Violence in America* (Boston, 1969).

Yarmolinsky, Adam, *The Military Establishment: Its Impact on American Society* (New York, 1971).

3. Politik, Politiker

a) Kennedy:

Donald, Aida D., Hrsg., *John F. Kennedy and the New Frontier* (New York, 1966).

Fairlie, Henry, *The Kennedy Promise: The Politics of Expectation* (New York, 1973).

Manchester, William, *The Death of a President* (New York, 1967).

Salinger, Pierre, *With Kennedy* (New York, 1966).

Schlesinger, Arthur M., Jr., *Die Tausend Tage Kennedys*, 2 Bde. (Bern 1966).

Sorenson, Theodore, *Kennedy* (New York, 1965).

b) Johnson

Goldman, Eric F., *The Tragedy of Lyndon B. Johnson* (New York, 1969).

White, William S., *The Professional: Lyndon B. Johnson* (Boston, 1964).

c) Andere

McCarthy, Eugene J., *The Year of the People* (New York, 1969).

4. Wirtschaft

Baran, Paul A. und Sweezy, Paul M., *Monopolkapital: Ein Essay über die amerikanische Wirtschafts- und Gesellschaftsordnung* (Frankfurt, 1973; amerikanisches Original, 1966).

Harris, Seymour E., *The Economics of the Kennedy Years, and a Look Ahead* (New York, 1964).

Heller, Walter, *New Dimensions of Political Economy* (Cambridge, Mass., 1966).

VERNON, Raymond, *Sovereignty at Bay: The Multinational Spread of U. S. Enterprise* (New York, 1971).

5. Soziale Verhältnisse

CHEVALIER, Jean-Marie, *La Pauvreté aux Etats-Unis* (Paris, 1971).
JACOBS, Jane, *The Death and Life of Great American Cities* (New York, 1961).
MOYNIHAN, Daniel P., *Maximum Feasible Misunderstanding: Community Action in the War on Poverty* (New York, 1969).

6. Politischer und kultureller Dissens

BELL, Daniel und KRISTOL, Irving, Hrsg., *Confrontation: The Student Rebellion and the Universities* (New York, 1969).
JACOBS, Paul und LANDAU, Saul, Hrsg., *The New Radicals* (New York, 1966).
KENNAN, George F., u. a., *Democracy and the Student Left* (London, 1968).
KENNISTON, Kenneth, *Youth and Dissent: The Rise of a New Opposition* (New York, 1971).
MICHELS, Peter, *Bericht über den politischen Widerstand in den USA* (Frankfurt, 1974).
ROSZAK, Theodore, *The Making of a Counter Culture* (Garden City, 1969).

7. Schwarze, Bürgerrechtsbewegung

BRANDES, Volkhard u. Joyce Burke, *USA: Vom Rassenkampf zum Klassenkampf. Die Organisierung des schwarzen Widerstandes* (München, 1970).
CARMICHAEL, Stokely und HAMILTON, Charles V., *Black Power: The Politics of Liberation in America* (New York, 1967).
CLEAVER, Eldridge, *Seele auf Eis* (München, 1970; amerikanisches Original, 1967).
COX, Archibald, *The Warren Court: Constitutional Decision as an Instrument of Reform* (New York, 1968).
KING, Martin Luther, Jr., *Wohin führt unser Weg: Chaos oder Gemeinschaft?* (3. Aufl., Düsseldorf, 1968; amerikanisches Original, 1967).
KONVITZ, Milton R., *Expanding Liberties: Freedom's Gains in Postwar America* (New York, 1966).
MÜHLEN, Norbert, *Die schwarzen Amerikaner: Anatomie einer Revolution* (Stuttgart, 1964).

8. Internationale Beziehungen, Vietnamkrieg

BOETTINGER, John R., Hrsg., *Vietnam and American Foreign Policy* (Boston, 1968).
DRAPER, Theodore, *The Abuse of Power: From Cuba to Vietnam* (New York, 1967).
ELLSBERG, Daniel, *Papers on the War* (New York, 1972).
FULBRIGHT, James William, *Die Arroganz der Macht* (Hamburg, 1970).
GALLUCI, Robert L., *Neither Peace nor Honor: The Politics of American Military Policy in Viet-Nam* (Baltimore, 1975).
HALBERSTAM, David, *The Best and the Brightest* (New York, 1973).
HERSH, Seymour M., *My Lai 4: A Report on the Massacre and Its Aftermath* (New York, 1970).
HILSMAN, Roger, *To Move a Nation: The Politics of Foreign Policy in the Administration of John F. Kennedy* (New York, 1968).
KISSINGER, Henry A., *American Foreign Policy: Three Essays* (New York, 1969).
KNAPP, Manfred, *Die Stimme Amerikas: Auslandspropaganda der USA unter der Regierung John F. Kennedys* (Opladen, 1972).
KUHN, Heinrich, Hrsg., *Sündenfall Vietnam: Der amerikanische Krieg in Indochina aus der Sicht der Basler National-Zeitung* (Basel, 1974).

Littauer, Raphael, u. a., Hrsg., *The Air War in Indochina* (Rev. Aufl., Boston, 1972).
Pachter, Henry, *Collision Course: The Cuban Missile Crisis and Coexistence* (New York, 1963).
The Pentagon Papers as Published by the New York Times (New York, 1971).
The Pentagon Papers: The Senator Gravel Edition, 4 Bände (Boston, 1971).
The Pentagon Papers: Government Printing Office, Hrsg., *United States-Vietnam Relations, 1945–1967*, 12 Bände (Washington, 1971).
Die Pentagon Papiere: Die geheime Geschichte des Vietnamkrieges, hrsg. v. Neil Sheehan, übers. v. Marfa Berger u. a. (München, 1971).
Rostow, Walt, *Diffusion of Power, 1957–1972* (New York, 1972).

KAP. 9: NACH 200 JAHREN: DIE USA UNTER NIXON UND FORD

1. Laufende Dokumentationen:

Congressional Quarterly Weekly Report
Congressional Quarterly Almanac
Congress and the Nation: A Review of Government and Politics.
Congressional Record

2. Überblicke und Interpretationen:

Kendrick, Alexander, *The Wound Within: America in the Vietnam Years, 1945–1974* (Boston, 1974).
Lukas, J. Anthony, *Nightmare: The Underside of the Nixon Years* (New York, 1976).
Sale, Kirkpatrick, *Power Shift: The Rise of the Southern Rim and Its Callenge to the Eastern Establishment* (New York, 1975).

3. Die Administration Nixon:

Adams, Angela »Watergate – Die Kehrseite der Südstrategie«, *Merkur*, 27. Jg. (1973), 661–74.
Bernstein, Carl und Bob Woodward, *All the President's Men* (New York, 1974).
Bowler, M. Kenneth, *The Nixon Guaranteed Income Proposal* (Cambridge, Mass., 1974).
Bremer, Howard F., Hrsg., *Richard M. Nixon, 1913–: Chronology, Documents, Bibliographic Aids* (Dobbs Ferry, New York, 1975).
Congressional Quarterly, *Nixon: The First Year of His Presidency* (Washington, 1970) und die fünf Folgebände.
Congressional Quarterly, *Watergate: Chronology of a Crisis*, 2 Bde. (Washington, 1974).
Daedalus (Summer 1975), Hefttitel »Arms, Defense Policy, and Arms Control«; und (Fall 1975), Hefttitel »The Oil Crisis in Perspective«.
The Fall of a President, by the Staff of the Washington Post (New York, 1974).
Friedland, Edward, u. a., *The Great Détente Disaster: Oil and the Decline of American Foreign Policy* (New York, 1975).
Mazlish, Bruce, *In Search of Nixon: A Psychohistorical Inquiry* (New York, 1972).
Nathan, Richard P., *The Plot that Failed: Nixon and the Administrative Presidency* (New York, 1975).
Osgood, Robert E., u. a., *Retreat from Empire: The First Nixon Administration* (Baltimore, 1973).
Safire, William, *Before the Fall: An Inside View of the pre-Watergate White House* (Garden City, New York, 1975).
Wills, Garry, *Nixon Agonistes* (New York, 1971).

4. Regierungssystem, Wahlen und Verfassung:

Berger, Raoul, *Executive Privilege: A Constitutional Myth* (Cambridge, Mass., 1974).
Cronin, Thomas E., *The State of the Presidency* (Boston, 1975).
Current History, Bd. 66 (Juni, 1974), Hefttitel »The American Presidency«.
McGinnis, Joe, *The Selling of the President, 1968* (New York, 1970).
McGovern, George, *An American Journey: The Presidential Campaign Speeches* (New York, 1974).
Nie, Norman, u. a., *The Changing American Voter* (Cambridge, Mass., 1976).
White, Theodore, *The Making of the President, 1968* (New York, 1969).

Verzeichnis und Nachweis der Abbildungen

13 *Befreite Negersklaven dürfen zum ersten Male wählen. Eintragung in die Wahllisten in den Südstaaten um 1867;* zeitgenössischer Holzstich: Foto Archiv Gerstenberg, Frankfurt am Main

14 *Andrew Johnson, 1808–1875, 17. Präsident der Vereinigten Staaten (1865–1869):* Foto Ullstein Bilderdienst, Berlin

15 *Geographische Hindernisse für die Expansion der Besiedlung der Vereinigten Staaten:* nach D. K. Adams u. H. B. Rodgers, An Atlas of North American Affairs, Methuen, London 1969, S. 19

16 *Die Reisezeiten ab New York um 1860:* nach Glyndon G. van Deusen, The Jacksonian Era, 1828–1848, London 1959, 4–5

17 *Der Broadway um 1855:* Foto Archiv Gerstenberg, Frankfurt am Main

18 *Sklavenauktion in Richmond:* Foto Archiv Gerstenberg, Frankfurt am Main

19 *Siedlerfamilie vor ihrem ersten Behelfsheim im »Wilden Westen«. Das Haus ist aus Grassoden gebaut, 1880:* Foto Archiv Gerstenberg, Frankfurt am Main

20 *Blockhütten der amerikanischen Pioniere, erste Hälfte des 19. Jahrhunderts; zeitgenössischer Holzstich:* Foto Archiv Gerstenberg, Frankfurt am Main

21 *Jüdische Einwanderer aus Ost-Europa im Hafen von New York:* Foto Archiv Gerstenberg, Frankfurt am Main

22 *Osteuropäische Einwanderer auf Ellis Island, 1905:* Foto Archiv Gerstenberg, Frankfurt am Main

23 *Kinder während der Nachtschicht in einer Glasfabrik in Pennsylvania:* in Charities and the Commons, VX, Nr. 18, Febr. 3, 1906, wiederveröffentlicht in H. U. Faulkner, The Quest for Social Justice, New York 1931

24 *New Yorker Slum, letztes Viertel des 19. Jahrhunderts:* Foto Archiv Gerstenberg, Frankfurt am Main

25 *Mitglieder der amerikanischen Arbeiterorganisation ›Knights of Labour‹ demonstrieren im Sonntagsstaat mit Plakaten; in den achtziger Jahren des 19. Jahrhunderts:* Foto Archiv Gerstenberg, Frankfurt am Main

26 *Pullmann-Streik 1894, Präsident Cleveland schickte gegen den Protest des Gouverneurs Altgeld Bundestruppen nach Illinois. Der Streik wurde niedergeschlagen:* Foto Archiv Gerstenberg, Frankfurt am Main

27 *Spanisch-Amerikanischer Krieg 1893; Colonel Theodore Roosevelt und seine Rough Riders in Cuba:* Foto Archiv Gerstenberg, Frankfurt am Main

28 *Woodrow Wilson, 1856–1924, 28. Präsident der Vereinigten Staaten (1913–1921):* Foto Archiv Gerstenberg, Frankfurt am Main

29 *Börsenkrach in New York 1929 – aufgeregte Menge in der Wallstreet:* Foto Archiv Gerstenberg, Frankfurt am Main

30 *Weltwirtschaftskrise. Amerikanische Arbeitslose, die Unterkunft suchen, um 1930:* Foto Archiv Gerstenberg, Frankfurt am Main

31 *John F. Kennedy, 1917–1963, 35. Präsident der Vereinigten Staaten (1961–1963):* Foto Ullstein Bilderdienst, Berlin

STATISTISCHER ANHANG

1. Die 50 Staaten der USA, in der Reihenfolge ihrer Aufnahme in die Union

1.	Delaware	1787	26.	Michigan	1837
2.	Pennsylvania	1787	27.	Florida	1845
3.	New Jersey	1787	28.	Texas	1845
4.	Georgia	1788	29.	Iowa	1846
5.	Connecticut	1788	30.	Wisconsin	1848
6.	Massachusetts	1788	31.	California	1850
7.	Maryland	1788	32.	Minnesota	1858
8.	South Carolina	1788	33.	Oregon	1859
9.	New Hampshire	1788	34.	Kansas	1861
10.	Virginia	1788	35.	West Virginia	1863
11.	New York	1788	36.	Nevada	1864
12.	North Carolina	1789	37.	Nebraska	1867
13.	Rhode Island	1790	38.	Colorado	1876
14.	Vermont	1791	39.	North Dakota	1889
15.	Kentucky	1792	40.	South Dakota	1889
16.	Tennessee	1796	41.	Montana	1889
17.	Ohio	1803	42.	Washington	1889
18.	Louisiana	1812	43.	Idaho	1890
19.	Indiana	1816	44.	Wyoming	1890
20.	Mississippi	1817	45.	Utah	1896
21.	Illinois	1818	46.	Oklahoma	1907
22.	Alabama	1819	47.	New Mexico	1912
23.	Maine	1820	48.	Arizona	1912
24.	Missouri	1821	49.	Alaska	1959
25.	Arkansas	1836	50.	Hawaii	1959

2. Die territoriale Expansion der USA, 1781–1970

Zuwachs	Jahr	Land- und Wasserfläche in Quadratmeilen
Abtretungen der Einzelstaaten an die Bundesregierung	1781–1802	370 041
Vertrag von Paris mit Großbritannien	1783	845 882
Ankauf von Louisiana	1803	827 988
Red River Basin	1803	46 253
Abtretung durch Spanien	1819	72 102
Annexion von Texas	1845	390 143
Oregon Kompromiß	1846	285 580
Abtretung durch Mexiko	1848	529 017
Ankauf von Texas	1850	123 323
Gadsden Ankauf	1853	29 640
Alaska	1867	586 412
Hawaii	1898	6 450
Philippinen*	1898	115 600
Puerto Rico	1899	3 435
Guam	1899	212
Amerikanisches Samoa	1900	76
Panama Kanalzone**	1904	553
Virgin Islands der USA	1917	133
Pazifische Inseln (Mikronesien) unter amerikanischer Treuhänderschaft	1947	8 489
Gesamtfläche des Hoheitsgebietes der USA	1970	3 628 066

* Nicht in die Gesamtfläche eingeschlossen. Die Philippinen gehörten von der Abtretung durch Spanien, 1898, bis zu ihrer Unabhängigkeit 1946 zum territorialen Besitzstand der USA.
** Unter der Jurisdiktion der USA laut Vertrag mit der Republik Panama von 1903.

Nach: United States Bureau of the Census, HISTORICAL STATISTICS OF THE UNITED STATES, COLONIAL TIMES TO 1970 (Washington, 1975), Serie J 1–2, J 4.

3. Bevölkerung, 1790–1970

	Gesamtzahl in Tsd.	im Ausland geboren in %	Weiße in Tsd.	Schwarze in Tsd.	Andere in Tsd.	Landfläche in Quadratmeilen	Einwohner je Quadratmeile	Anteil der Stadtbevölkerung in %
1790	3 929	12,8	3 172	757	–	864 746	4,5	5,1
1800	5 308	11,3	4 306	1 002	–	864 746	6,1	6,1
1810	7 239	11,1	5 861	1 378	–	1 681 828	4,3	7,3
1820	9 638	10,4	7 866	1 771	–	1 749 462	5,5	7,2
1830	12 866	9,3	10 537	2 328	–	1 749 462	7,4	8,8
1840	17 069	8,2	14 196	2 874	–	1 749 462	9,8	10,8
1850	23 192	9,7	19 553	3 639	–	2 940 042	7,9	15,3
1860	31 443	13,0	26 922	4 442	79	2 969 640	10,6	19,8
1870	39 818	13,9	33 589	4 879	89	2 969 640	13,4	25,7
1880	50 156	13,3	43 403	6 581	172	2 969 640	16,9	28,2
1890	62 948	14,6	55 101	7 489	358	2 969 640	21,2	35,1
1900	75 995	13,6	66 809	8 834	351	2 969 834	25,6	39,7
1910	91 972	14,6	81 732	9 828	412	2 969 565	31,0	45,7
1920	105 711	13,2	94 821	10 463	426	2 969 451	35,6	51,2
1930	122 775	11,5	110 287	11 891	597	2 977 128	41,2	56,2
1940	131 669	8,8	118 215	12 865	589	2 977 128	44,2	56,5
1950	150 697	6,9	134 943	15 043	713	2 974 726	50,7	64,0
1960	179 323	5,4	158 832	18 871	1 620	3 540 911	50,6	69,9
1970	203 235	4,7	177 749	22 580	2 883	3 536 855	57,5	73,5

Nach: United States Bureau of the Census, HISTORICAL STATISTICS OF THE UNITED STATES, COLONIAL TIMES TO 1975 (Washington, 1975), Serie A 1–5, A 73, A 91–119; ECONOMIC ALMANAC 1967–1968 (New York, 1967), S. 8. Als Stadt gelten Siedlungsgebiete mit mehr als 2 500 Einwohnern.

4. Bevölkerungsverteilung nach Regionen, 1790–1970

Regionen	Prozentanteil an der jeweiligen Gesamtbevölkerung 1790	1820	1850	1870	1890	1920	1950	1970
Neuenglandstaaten	25,7	17,2	11,7	9,0	7,5	7,0	6,2	5,8
Mittlere Atlantikküste	24,3	27,7	25,4	22,9	20,2	21,1	20,0	18,3
Südliche Atlantikküste	47,1	31,8	20,2	15,2	14,1	13,2	14,1	15,1
Südöstliche Zentralregion	2,8	12,4	14,5	11,4	10,2	8,4	7,6	6,3
Südwestliche Zentralregion		1,7	4,1	5,3	7,5	9,7	9,6	9,5
Nordöstliche Zentralregion		8,2	19,5	23,7	21,4	20,3	20,2	19,8
Nordwestliche Zentralregion		0,7	3,8	10,0	14,2	11,9	9,3	8,0
Gebirgsregion			0,3	0,8	1,9	3,2	3,4	4,1
Pazifik			0,5	1,8	3,0	5,3	9,6	12,5
Alaska und Hawaii								0,5

Für die Definition der Regionen siehe Tabelle 4.7, S. 202. Die Summe der Prozentzahlen ergibt nicht immer 100 Prozent.

Errechnet nach: Richard N. Current u.a., THE ESSENTIALS OF AMERICAN HISTORY (2. Aufl., New York, 1976), S. 425–28.

5. Bevölkerungsverschiebung innerhalb der USA, 1870–1960

	Ost-West: Reingewinn der Staaten westlich des Mississippi	Süd-Nord: Reingewinn der Nordstaaten
1870	2 298 952	752 455
1880	3 300 378	639 018
1890	4 078 157	500 026
1900	3 993 554	274 403
1910	4 592 106	77 878
1920	4 188 945	430 200
1930	3 497 090	1 419 137
1940	2 731 002	1 381 500
1950	3 124 040	–
1960	3 930 490	–

Verglichen werden bei dieser Wanderung der Geburtsort und der Wohnort der jeweils gezählten Personen. Der Reingewinn der Weststaaten ergibt sich dann als Differenz der Personen, die im Osten geboren wurden, aber nun im Westen wohnen, minus der Personen, die im Westen geboren wurden und nun im Osten wohnen.
Nach: United States Bureau of the Census, HISTORICAL STATISTICS OF THE UNITED STATES, COLONIAL TIMES TO 1975 (Washington, 1975), Serie C 15–24.

6. Einwanderung, 1820–1974

Jahr	Personen	Jahr	Personen	Jahr	Personen	Jahr	Personen
1820	8 385	1859	121 282	1898	229 299	1937	50 244
1821	9 127	1860	153 640	1899	311 715	1938	67 895
1822	6 911	1861	91 918	1900	448 572	1939	82 998
1823	6 354	1862	91 985	1901	487 918	1940	70 756
1824	7 912	1863	176 282	1902	648 743	1941	51 776
1825	10 199	1864	193 418	1903	857 046	1942	28 781
1826	10 837	1865	248 120	1904	812 870	1943	23 725
1827	18 875	1866	318 568	1905	1 026 499	1944	28 551
1828	27 382	1867	315 722	1906	1 100 735	1945	38 119
1829	22 520	1868	138 840	1907	1 285 349	1946	108 721
1830	58 640	1869	352 768	1908	782 870	1947	147 292
1831	65 365	1870	387 203	1909	751 786	1948	170 570
1832	60 482	1871	321 350	1910	1 041 570	1949	188 317
1833	58 640	1872	404 806	1911	878 587	1950	249 187
1834	65 365	1873	459 803	1912	838 172	1951	205 717
1835	45 374	1874	313 339	1913	1 197 892	1952	265 520
1836	76 242	1875	227 498	1914	1 218 480	1953	170 434
1837	79 340	1876	169 986	1915	326 700	1954	208 177
1838	38 914	1877	141 857	1916	298 826	1955	237 790
1839	68 069	1878	138 469	1917	295 403	1956	321 625
1840	84 066	1879	177 826	1918	110 618	1957	326 867
1841	80 289	1880	457 257	1919	141 132	1958	253 265
1842	104 565	1881	669 431	1920	430 001	1959	260 686
1843	52 496	1882	788 992	1921	805 228	1960	265 398
1844	78 615	1883	603 322	1922	309 556	1961	271 344
1845	114 371	1884	518 592	1923	522 919	1962	283 763
1846	154 416	1885	395 346	1924	706 896	1963	306 260
1847	234 968	1886	334 203	1925	294 314	1964	292 248
1848	226 527	1887	490 109	1926	304 488	1965	296 697
1849	297 024	1888	546 889	1927	335 175	1966	323 040
1850	369 980	1889	444 427	1928	307 255	1967	361 972
1851	379 466	1890	455 302	1929	279 678	1968	454 448
1852	371 603	1891	560 319	1930	241 700	1969	358 579
1853	368 645	1892	579 663	1931	97 139	1970	373 326
1854	427 833	1893	439 730	1932	35 576	1971	370 478
1855	200 877	1894	285 631	1933	23 068	1972	384 685
1856	200 436	1895	258 536	1934	29 470	1973	400 063
1857	251 306	1896	343 267	1935	34 956	1974	394 861
1858	123 126	1897	230 832	1936	36 329		

Quelle: United States Bureau of the Census, HISTORICAL STATISTICS OF THE UNITED STATES, COLONIAL TIMES TO 1970 (Washington, 1975), Serie C 89; und ders., STATISTICAL ABSTRACT OF THE UNITED STATES 1975 (Washington, 1975), No. 160.

7. Größe der Haushalte 1790–1970

Jahr	Zahl der Haushalte in Tsd.	Haushalte mit ... Personen in Prozent 1	2	3	4	5	6	7 und mehr
1790	558	3,7	7,8	11,7	13,8	13,9	13,2	35,8
1890	12 690	3,6	13,2	16,7	16,8	15,1	11,6	23,0
1900	15 964	5,1	15,0	17,6	16,9	14,2	10,9	20,4
1930	29 905	7,9	23,4	20,8	17,5	12,0	7,6	10,9
1940	34 949	7,1	24,8	22,4	18,1	11,5	6,8	9,3
1950	43 468	10,9	28,8	22,6	17,8	10,0	5,1	4,9
1960	52 610	13,1	27,8	18,9	17,6	11,5	5,7	5,4
1970	62 874	17,0	28,8	17,3	15,8	10,4	5,6	5,1

Nach: United States Bureau of the Census, HISTORICAL STATISTICS OF THE UNITED STATES, COLONIAL TIMES TO 1970 (Washington, 1975), Serie A 335, A 343–349.

8. Sklaven und freie Schwarze, 1790–1860

Jahr	Schwarze gesamt	schwarze Sklaven	freie Schwarze	Anteil der freien Schwarzen in %
1760	325 806	–	–	–
1770	459 822	–	–	–
1780	575 420	–	–	–
1790	757 208	697 681	59 527	7,9
1800	1 002 037	893 602	108 435	10,8
1810	1 377 808	1 191 362	186 446	13,5
1820	1 771 656	1 538 022	233 634	13,2
1830	2 328 642	2 009 043	319 599	13,7
1840	2 873 648	2 487 355	386 293	13,4
1850	3 638 808	3 204 313	434 495	11,9
1860	4 441 830	3 953 760	488 070	11,0

Die vorliegenden Zahlen vor 1790 sind besonders unsicher.

Nach: United States Bureau of the Census, HISTORICAL STATISTICS OF THE UNITED STATES, COLONIAL TIMES TO 1970 (Washington, 1975), Serie A 93, A 119, Z 1.

9. Besuch von Schulen und Hochschulen, 1850–1970

			Männliche		Weibliche	
	Weiße	Schwarze u. a. Minderheiten	Weiße	Schwarze u. a. Minderheiten	Weiße	Schwarze u. a. Minderheiten
			in Prozent			
1850	56,2	1,8	59,0	2,0	53,3	1,8
1860	59,6	1,9	62,0	1,9	57,2	1,8
1870	54,4	9,9	56,0	9,6	52,7	10,0
1880	62,0	33,8	63,5	34,1	60,5	33,5
1890	57,9	32,9	58,5	31,8	57,2	33,9
1900	53,6	31,1	53,4	29,4	53,9	32,8
1910	61,3	44,8	61,4	43,1	61,3	46,6
1920	65,7	53,5	65,6	52,5	65,8	54,5
1930	71,2	60,3	71,4	59,7	70,9	60,8
1940	75,6	68,4	75,9	67,5	75,4	69,2
1950	79,3	74,8	79,7	74,7	78,9	74,9
1960	84,8	81,5	85,4	81,7	84,2	81,2
1970	88,3	85,3	89,0	85,5	87,6	85,2

Die Zahlen für 1890, 1940–1970 beziehen sich auf die Population der 5- bis 19-jährigen; 1850 bis 1880 wurde der Schul- und Hochschulbesuch aller Altersgruppen auf die Population der 5- bis 19-jährigen bezogen; die Zahlen für 1900–1930 beziehen sich auf die Population der 5- bis 20-jährigen.

Nach: United States Bureau of the Census, HISTORICAL STATISTICS OF THE UNITED STATES, COLONIAL TIMES TO 1970 (Washington, 1975), Serie H 433–441.

10. Lynchmorde, 1882–1970

Jahr	Gesamt	Weiße	Schwarze
1882–1890	1 299	680	619
1891–1900	1 559	427	1 132
1901–1910	846	94	752
1911–1920	606	52	554
1921–1930	275	27	248
1931–1940	114	11	103
1941–1950	25	2	23
1951–1960	11	1	10
1961–1970	5	2	3
Gesamt	4 740	1 296	3 444

1882–1903 wurden zusätzlich 45 Indianer, 12 Chinesen, 1 Japaner und 20 Menschen mexikanischer Herkunft gelyncht. Keine Lynchmorde wurden registriert in den Jahren: 1952–4, 1956, 1958, 1960, 1962, 1965–1970; kein Weißer wurde gelyncht: 1924–5, 1927, 1934, 1936–8, 1941–7, 1949, 1951–5, 1959–63; kein Schwarzer wurde gelyncht: 1957.

Nach: United States Bureau of the Census, HISTORICAL STATISTICS OF THE UNITED STATES, COLONIAL TIMES TO 1970 (Washington, 1975), Serie H 1168–1170.

11. Bruttosozialprodukt, 1869–1970

	laufende Preise		preisbereinigt 1958	
Jahr	Gesamt Mrd. $	pro Kopf	Gesamt Mrd. $	pro Kopf
1970	977,1	4 808	722,5	3 555
1969	930,3	4 590	725,6	3 580
1968	864,2	4 306	706,6	3 521
1967	793,9	3 995	675,2	3 398
1966	749,9	3 815	658,1	3 348
1965	684,9	3 525	617,8	3 180
1964	632,4	3 296	581,1	3 028
1963	590,5	3 120	551,0	2 912
1962	560,3	3 004	529,8	2 840
1961	520,1	2 831	497,2	2 706
1960	503,7	2 788	487,7	2 699
1959	483,7	2 731	475,9	2 688
1958	447,3	2 569	447,3	2 569
1957	441,1	2 576	452,5	2 642
1956	419,2	2 492	446,1	2 652
1955	398,0	2 408	438,0	2 650
1954	364,8	2 247	407,0	2 506
1953	364,6	2 285	412,8	2 587
1952	345,5	2 201	395,1	2 517
1951	328,4	2 129	383,4	2 485
1950	284,8	1 877	355,3	2 342
1949	256,5	1 719	324,1	2 172
1948	257,6	1 757	323,7	2 208
1947	231,3	1 605	309,9	2 150
1946	208,5	1 475	312,6	2 211
1945	211,9	1 515	355,2	2 538
1944	210,1	1 518	361,3	2 611
1943	191,6	1 401	337,1	2 465
1942	157,9	1 171	297,8	2 208
1941	124,5	934	263,7	1 977
1940	99,7	754	227,2	1 720
1939	90,5	691	209,4	1 598
1938	84,7	651	192,9	1 484
1937	90,4	701	203,2	1 576
1936	82,5	643	193,0	1 506

11. **Bruttosozialprodukt, 1869–1970** (Fortsetzung)

Jahr	laufende Preise Gesamt Mrd. $	pro Kopf	preisbereinigt 1958 Gesamt Mrd. $	pro Kopf
1935	72,2	567	169,5	1 331
1934	65,1	514	154,3	1 220
1933	55,6	442	141,5	1 126
1932	58,0	465	144,2	1 154
1931	75,8	611	169,3	1 364
1930	90,4	734	183,5	1 490
1929	103,1	847	203,6	1 671
1928	97,0	805	190,9	1 584
1927	94,9	797	189,8	1 594
1926	97,0	826	190,0	1 619
1925	93,1	804	179,4	1 549
1924	84,7	742	165,5	1 450
1923	85,1	760	165,9	1 482
1922	74,1	673	148,0	1 345
1921	69,6	641	127,8	1 177
1920	91,5	860	140,0	1 315
1919	84,0	804	146,4	1 401
1918	76,4	740	151,8	1 471
1917	60,4	585	135,2	1 310
1916	48,3	473	134,3	1 317
1915	40,0	398	124,5	1 238
1914	38,6	389	125,6	1 267
1913	39,6	407	131,4	1 351
1912	39,4	413	130,2	1 366
1911	35,8	382	123,2	1 313
1910	35,3	382	120,1	1 299
1909	33,4	369	116,8	1 290
1908	27,7	312	100,2	1 130
1907	30,4	349	109,2	1 255
1906	28,7	336	107,5	1 258
1905	25,1	299	96,3	1 149
1904	22,9	279	89,7	1 092
1903	22,9	284	90,8	1 126
1902	21,6	273	86,5	1 093
1901	20,7	267	85,7	1 105
1900	18,7	246	76,9	1 011
1899	17,4	233	74,8	1 000
1898	15,4	210	68,6	933
1897	14,6	202	67,1	930
1896	13,3	188	61,3	865
1895	13,9	200	62,6	900
1894	12,6	185	55,9	819
1893	13,8	206	57,5	859
1892	14,3	218	60,4	920
1891	13,5	210	55,1	856
1890	13,1	208	52,7	836
1889	12,5	202	49,1	795
1879–1888*	11,2	205	42,4	774
1869–1878*	7,4	170	23,1	531

* Durchschnitt des Jahrzehnts.

Quelle: United States Bureau of the Census, HISTORICAL STATISTICS OF THE UNITED STATES, COLONIAL TIMES TO 1970 (Washington, 1975), Serie F 1–4.

12. Erwerbspersonen nach Beschäftigungszweigen, 1800–1960

	Erwerbspersonen			Beschäftigungszweige				Industrie:			Handel, Transport:			Dienstleistungen:	
	Gesamt in Tsd.	Freie %	Sklaven %	Landwirtschaft %	Fischerei %	Bergbau %	Baugewerbe %	gesamt %	Baumwoll Textil %	Eisen und Stahl %	gesamt %	Seeschiffahrt %	Eisenbahn %	Lehrer %	Hausangestellte %
1800	1 900	72,1	27,9	73,7	0,26	0,53	–	–	0,05	0,05	–	2,11	–	0,26	2,1
1810	2 330	68,2	31,8	83,7	0,26	0,47	–	3,2	0,43	0,21	–	2,58	–	0,52	3,0
1820	3 135	69,7	30,3	78,8	0,45	0,41	–	K. A.	0,38	0,16	–	1,59	–	0,64	3,5
1830	4 200	71,9	28,1	70,6	0,36	0,52	–	K. A.	1,31	0,48	–	1,66	–	0,71	3,8
1840	5 660	73,9	26,1	63,1	0,42	0,57	5,12	8,8	1,27	0,42	6,2	1,68	0,12	0,8	4,2
1850	8 250	76,1	23,9	54,7	0,36	1,24	4,96	14,5	1,12	0,42	6,4	1,64	0,24	0,97	4,2
1860	11 110	78,9	21,1	52,9	0,28	1,58	4,68	13,8	1,1	0,39	8,0	1,31	0,72	1,04	5,4
1870	12 930	–	–	52,5	0,22	1,39	6,03	19,1	1,04	0,6	10,1	1,04	1,24	1,31	7,7
1880	17 390	–	–	51,3	0,24	1,61	5,18	18,9	1,01	0,75	11,1	0,72	2,39	1,32	6,5
1890	23 320	–	–	42,7	0,26	1,89	6,48	18,8	0,95	0,64	12,7	0,51	3,22	1,5	6,8
1900	29 070	–	–	40,2	0,24	2,19	5,73	20,3	1,04	0,76	13,6	0,36	3,58	1,5	6,2
1910	37 480	–	–	31,4	0,18	2,85	5,20	22,2	0,98	0,82	14,2	0,40	4,95	1,59	5,6
1920	41 610	–	–	25,9	0,13	2,84	2,96	26,9	1,08	1,11	14,0	0,49	5,37	1,81	4,0
1930	48 830	–	–	21,6	0,15	2,07	4,07	20,2	0,76	0,78	16,6	0,33	3,4	2,14	4,6
1940	56 290	–	–	17,0	0,11	1,64	3,33	20,1	0,71	0,86	16,6	0,27	2,06	1,93	4,1
1950	65 470	–	–	12,0	0,12	1,38	4,63	23,9	0,53	0,84	18,6	0,2	2,1	1,94	3,1
1960	74 060	–	–	8,1	0,06	0,96	4,91	23,2	0,41	0,72	19,0	0,18	1,19	2,5	3,4

K. A. = keine Angaben vorhanden.
Nach: United States Bureau of the Census, HISTORICAL STATISTICS OF THE UNITED STATES, COLONIAL TIMES TO 1970 (Washington, 1975), Serie D 167–181.

13. Arbeitslose, 1890–1975

In Prozent der zivilen Erwerbspersonen über 16 Jahren; vor 1947 über 14 Jahren.

Jahr	Prozent	Jahr	Prozent	Jahr	Prozent	Jahr	Prozent
1890	4,0	1919	1,4	1948	3,8	1962	5,5
1891	5,4	1920	5,2		(5,9)		(10,9)
1892	3,0	1921	11,7	1949	5,9	1963	5,7
1893	11,7	1922	6,7		(8,9)		(10,8)
1894	18,4	1923	2,4	1950	5,3	1964	5,2
1895	13,7	1924	5,0		(9,0)		(9,6)
1896	14,4	1925	3,2	1951	3,3	1965	4,5
1897	14,5	1926	1,8		(5,3)		(8,1)
1898	12,4	1927	3,3	1952	3,0	1966	3,8
1899	6,5	1928	4,2		(5,4)		(7,3)
1900	5,0	1929	3,2	1953	2,9	1967	3,8
1901	4,0	1930	8,7		(4,5)		(7,4)
1902	3,7	1931	15,9	1954	5,5	1968	3,6
1903	3,9	1932	23,6		(9,9)		(6,7)
1904	5,4	1933	24,9	1955	4,4	1969	3,5
1905	4,3	1934	21,7		(8,7)		(6,4)
1906	1,7	1935	20,1	1956	4,1	1970	4,9
1907	2,8	1936	16,9		(8,3)		(8,2)
1908	8,0	1937	14,3	1957	4,3	1971	5,9
1909	5,1	1938	19,0		(7,9)		(9,9)
1910	5,9	1939	17,2	1958	6,8	1972	5,6
1911	6,7	1940	14,6		(12,6)		(10,0)
1912	4,6	1941	9,9	1959	5,5	1973	4,9
1913	4,3	1942	4,7		(10,7)		(8,9)
1914	7,9	1943	1,9	1960	5,5	1974	5,6
1915	8,5	1944	1,2		(10,2)		(9,9)
1916	5,1	1945	1,9	1961	6,7	1975	8,6
1917	4,6	1946	3,9		(12,4)		(13,8)
1918	1,4	1947	3,9				

Von 1948–1975 in Klammern die Arbeitslosigkeit der Schwarzen und anderen Minderheitsgruppen.
Nach: United States Bureau of the Census, HISTORICAL STATISTICS OF THE UNITED STATES, COLONIAL TIMES TO 1970 (Washington, 1975), Serie D 85; ders., STATISTICAL ABSTRACT OF THE UNITED STATES 1975 (Washington, 1975), No. 571.

14. Einkommensverteilung, 1929–1964

Anhand der prozentualen Verteilung der personalen Familieneinkommen je Fünftel und der obersten 5 Prozent der Familien und Einzelpersonen.

	Unterstes Fünftel	Zweites Fünftel	Drittes Fünftel	Viertes Fünftel	Oberstes Fünftel	Oberste 5%
1929	12,5		13,8	19,3	54,4	30,0
1935/6	4,1	9,2	14,1	20,9	51,7	26,5
1941	4,1	9,5	15,3	22,3	48,8	24,0
1944	4,9	10,9	16,2	22,2	45,8	20,7
1946	5,0	11,1	16,0	21,8	46,1	21,3
1950	4,8	10,9	16,1	22,1	46,1	21,4
1955	4,8	11,3	16,4	22,3	45,2	20,3
1960	4,6	10,9	16,4	22,7	45,4	19,6
1964	4,2	10,6	16,4	23,2	45,5	20,0

1960 ist das erste Jahr, in dem Alaska und Hawaii berücksichtigt werden.
Nach: United States Bureau of the Census, HISTORICAL STATISTICS OF THE UNITED STATES, COLONIAL TIMES TO 1970 (Washington, 1975), Serie G 319–324.

15. Landwirtschaftliche Nutzfläche, 1850–1970

	Farmland insgesamt in Mio. acres	Anteil Farmland an Gesamt-landfläche in Prozent	Anteil Farmbev. an Gesamt-bevölkerung in Prozent	Durch-schnittl. Farmgröße in acres	Kunstdünger-verbrauch in USA in 1 000 short tons	Anzahl der Personen, die 1 Farmarbeiter versorgt
1850	294	15,6	–	203	53	4,2
1860	407	21,4	–	199	164	4,5
1870	408	21,4	–	153	321	5,1
1880	536	28,2	43,8	134	753	5,6
1890	623	32,7	42,3	137	1 390	5,8
1900	841*	37,0	41,9	147	2 730	7,0
1910	881	38,8	34,9	139	5 547	7,1
1920	959	42,2	30,1	149	7 176	8,3
1930	990	43,6	24,9	157	8 171	9,8
1940	1 065	46,8	23,2	175	9 360	10,7
1950	1 161	51,1	15,3	216	18 343	15,5
1960	1 176	51,9	8,7	297	24 877	25,8
1970	1 102	48,7	4,8	373	39 591	47,1

* Die Berechnung schließt ab 1900 Hawaii und Alaska ein.

Nach: United States Bureau of the Census, HISTORICAL STATISTICS OF THE UNITED STATES, COLONIAL TIMES TO 1970 (Washington, 1975), Serie K 2, K 5–7, K 193, K 407.

16. Energieverbrauch, 1850–1970

	Elektrizitätsproduktion in Mio. kWh Industrie und Privat	Pferdestärken in tausend*	Jährlicher Verbrauch an kWh je privater Verbraucher**
1850	–	8 495	–
1860	–	13 763	–
1870	–	16 931	–
1880	–	26 314	–
1890	–	44 086	–
1900	–	63 952	–
1902	5 969	–	–
1910	–	138 810	–
1912	24 752	–	264
1920	56 559	453 450	339
1930	114 637	1 663 944	547
1940	179 907	2 773 316	952
1950	388 674	4 754 038	1 845
1960	844 188	11 007 889	3 854
1970	1 639 771	20 408 000	7 066

* schließt ein alle Motor- und andere Kraftquellen, d.h. vom Automobil bis zur Windmühle.
** Seit 1950 erfolgte eine andere Zuordnung des Energieverbrauchs von Farmen, so daß die späteren Zahlen nicht mit den früheren vergleichbar sind.

Quelle: United States Bureau of the Census, HISTORICAL STATISTICS OF THE UNITED STATES, COLONIAL TIMES TO 1975 (Washington, 1975), Serie S 1, S 44, S 108.

17. Kongreß und Präsidenten, 1789–1977

Kongreß	Nr.	Repräsentantenhaus Mehrheitspartei	Repräsentantenhaus Größte Minderheitspartei	Repräsentantenhaus andere	Senat Mehrheitspartei	Senat Größte Minderheitspartei	Senat andere	Präsident	Parteizugehörigkeit
1789–1791	1.	Ad–38	Op–26	–	Ad–17	Op–9	–	1. George Washington	F
1791–1793	2.	F–37	DR–33	–	F–16	DR–13	–	” ”	
1793–1795	3.	DR–57	F–48	–	F–17	DR–13	–	” ”	
1795–1797	4.	F–54	DR–52	–	F–19	DR–13	–	” ”	
1797–1799	5.	F–58	DR–48	–	F–20	DR–12	–	2. John Adams	F
1799–1801	6.	F–64	DR–42	–	F–19	DR–13	–	” ”	
1801–1803	7.	DR–69	F–36	–	DR–18	F–13	–	3. Thomas Jefferson	DR
1803–1805	8.	DR–102	F–39	–	DR–25	F–9	–	” ”	
1805–1807	9.	DR–116	F–25	–	DR–27	F–7	–	” ”	
1807–1809	10.	DR–118	F–24	–	DR–28	F–6	–	” ”	
1809–1811	11.	DR–94	F–48	–	DR–28	F–6	–	4. James Madison	DR
1811–1813	12.	DR–108	F–36	–	DR–30	F–6	–	” ”	
1813–1815	13.	DR–112	F–68	–	DR–27	F–9	–	” ”	
1815–1817	14.	DR–117	F–65	–	DR–25	F–11	–	” ”	
1817–1819	15.	DR–141	F–42	–	DR–34	F–10	–	5. James Monroe	DR
1819–1821	16.	DR–156	F–27	–	DR–35	F–7	–	” ”	
1821–1823	17.	DR–158	F–25	–	DR–44	F–4	–	” ”	
1823–1825	18.	DR–187	F–26	–	DR–44	F–4	–	” ”	
1825–1827	19.	Ad–105	J–97	–	Ad–26	J–20	–	6. John Quincy Adams	K
1827–1829	20.	J–119	Ad–94	–	J–28	Ad–20	–	” ” ”	
1829–1831	21.	D–139	NR–74	–	D–26	NR–22	–	7. Andrew Jackson	D
1831–1833	22.	D–141	NR–58	14	D–25	NR–21	2	” ”	
1833–1835	23.	D–147	AM–53	60	D–20	NR–20	8	” ”	
1835–1837	24.	D–145	W–98	–	D–27	W–25	–	” ”	
1837–1839	25.	D–108	W–107	24	D–30	W–18	4	8. Martin Van Buren	D
1839–1841	26.	D–124	W–118	–	D–28	W–22	–	” ” ”	
1841								9. William Harrison	W
1841–1843	27.	W–133	D–102	6	W–28	D–22	2	10. John Tyler	W
1843–1845	28.	D–142	W–79	1	W–28	D–25	1	” ”	
1845–1847	29.	D–143	W–77	6	D–31	W–25	–	11. James Polk	D
1847–1849	30.	W–115	D–108	4	D–36	W–21	1	” ”	
1849–1850	31.	D–112	W–109	9	D–35	W–25	2	12. Zachary Taylor (–1850)	W

17. Kongreß und Präsidenten, 1789–1977 (Fortsetzung)

		Repräsentantenhaus			Senat			Präsident		
Kongreß	Nr.	Mehrheitspartei	Größte Minderheitspartei	andere	Mehrheitspartei	Größte Minderheitspartei	andere			Parteizugehörigkeit
1850–1851	31.	D–112	W–109	9	D–35	W–25	2	13.	Millard Fillmore	W
1851–1853	32.	D–140	W–88	5	D–35	W–24	3		„ „	
1853–1855	33.	D–159	W–71	4	D–38	W–22	2	14.	Franklin Pierce	D
1855–1857	34.	R–108	D–83	43	D–40	R–15	5		„ „	
1857–1859	35.	D–118	R–92	26	D–36	R–20	8	15.	James Buchanan	D
1859–1861	36.	R–114	D–92	31	D–36	R–26	4		„ „	
1861–1863	37.	R–105	D–43	30	R–31	D–10	8	16.	Abraham Lincoln	R
1863–1865	38.	R–102	D–75	9	R–36	D–9	5		„ ' „	
1865	39.	U–149	D–42	–	U–42	D–10	–		„ „ (–April 1865)	
1865–1867	39.	U–149	D–42	–	U–42	D–10	–	17.	Andrew Johnson	D
1867–1869	40.	R–143	D–49	–	R–42	D–11	–		„ „	
1869–1871	41.	R–149	D–63	–	R–56	D–11	–	18.	U.S. Grant	R
1871–1873	42.	R–134	D–104	5	R–52	D–17	5		„ „	
1873–1875	43	R–194	D–92	14	R–49	D–19	5		„ „	
1875–1877	44.	D–169	R–109	14	R–45	D–29	2		„ „	
1877–1879	45.	D–153	R–140	–	R–39	D–36	1	19.	Rutherford Hayes	R
1879–1881	46.	D–149	R–130	14	D–42	R–33	1		„ „	
1881	47.	R–147	D–135	11	R–37	D–37	1	20.	James Garfield (–Juli 1881)	R
1881–1883	47.	R–147	D–135	11	R–37	D–37	1	21.	Chester Arthur	R
1883–1885	48.	D–197	R–118	10	R–38	D–36	2		„ „	
1885–1887	49.	D–183	R–140	2	R–43	D–34	–	22.	Grover Cleveland	D
1887–1889	50.	D–169	R–152	4	R–39	D–37	–		„ „	
1889–1891	51.	R–166	D–159	–	R–39	D–37	–	23.	Benjamin Harrison	R
1891–1893	52.	D–235	R–88	9	R–47	D–39	2		„ „	
1893–1895	53.	D–218	R–127	11	D–44	R–38	3	24.	Grover Cleveland	D
1895–1897	54.	R–244	D–105	7	R–43	D–39	6		„ „	
1897–1899	55.	R–204	D–113	40	R–47	D–34	7	25.	William McKinley	R
1899–1901	56.	R–185	D–163	9	R–53	D–26	8		„ „	
1901	57.	R–197	D–151	9	R–55	D–31	4		„ „ (–Sept. 1901)	
1901–1903	57.	R–197	D–151	9	R–55	D–31	4	26.	Theodore Roosevelt	R
1903–1905	58.	R–208	D–178	–	R–57	D–33	–		„ „	

17. Kongreß und Präsidenten, 1789–1977 (Fortsetzung)

Kongreß	Nr.	Repräsentantenhaus Mehrheits-partei	Größte Minderheits-partei	andere	Senat Mehrheits-partei	Größte Minderheits-partei	andere	Präsident		Partei-zugehörig-keit
1905–1907	59.	R–250	D–136	–	R–57	D–33	–		Theodore Roosevelt	
1907–1909	60.	R–222	D–164	–	R–61	D–31	–		„ „	
1909–1911	61.	R–219	D–172	–	R–61	D–32	–	27.	William Taft	R
1911–1913	62.	D–228	R–161	1	R–51	D–41	–		„ „	
1913–1915	63.	D–291	R–127	17	D–51	R–44	1	28.	Woodrow Wilson	D
1915–1917	64	D–230	R–196	9	D–56	R–40	–		„ „	
1917–1919	65.	D–216	R–210	6	D–53	R–42	–		„ „	
1919–1921	66.	R–240	D–190	3	R–49	D–47	–		„ „	
1921–1923	67.	R–301	D–131	1	R–59	D–37	–	29.	Warren Harding	R
1923–1925	68.	R–225	D–205	5	R–51	D–43	2	30.	Calvin Coolidge	R
1925–1927	69	R–247	D–183	4	R–56	D–39	1		„ „	
1927–1929	70.	R–237	D–195	1	R–49	D–46	1		„ „	
1929–1931	71.	R–267	D–167	1	R–56	D–39	1	31.	Herbert Hoover	R
1931–1933	72.	D–220	R–214	1	R–48	D–47	1		„ „	
1933–1934	73.	D–310	R–117	5	D–60	R–35	1	32.	Franklin Roosevelt	D
1935–1936	74.	D–319	R–103	10	D–69	R–25	2		„ „	
1937–1938	75.	D–331	R–89	13	D–76	R–16	4		„ „	
1939–1940	76.	D–261	R–164	4	D–69	R–23	4		„ „	
1941–1942	77.	D–268	R–162	5	D–66	R–28	2		„ „	
1943–1944	78.	D–218	R–208	4	D–58	R–37	1		„ „	
1945–1946	79.	D–242	R–190	2	D–56	R–38	1	33.	Harry Truman	D
1947–1948	80.	R–245	D–188	1	R–51	D–45	–		„ „	
1949–1950	81.	D–263	R–171	1	D–54	R–42	–		„ „	
1951–1952	82.	D–234	R–199	1	D–49	R–47	–		„ „	
1953–1954	83.	R–221	D–211	1	R–48	D–47	1	34.	Dwight Eisenhower	R
1955–1956	84.	D–232	R–203	–	D–48	R–47	1		„ „	
1957–1958	85.	D–233	R–200	–	D–49	R–47	–		„ „	
1959–1960	86.	D–283	R–153	–	D–64	R–34	–		„ „	
1961–1962	87.	D–263	R–174	–	D–65	R–35	–	35.	John Kennedy	D
1963	88.	D–258	R–177	–	D–67	R–33	–		„ „ (–Nov. 1963)	
1963–1964	88.	D–258	R–177	–	D–67	R–33	–	36.	Lyndon Johnson	D
1965–1966	89.	D–295	R–140	–	D–68	R–32	–		„ „	
1967–1968	90.	D–246	R–187	–	D–64	R–36	–		„ „	

17. Kongreß und Präsidenten, 1789–1977 (Fortsetzung)

Kongreß	Nr.	Repräsentantenhaus Mehrheits-partei	Repräsentantenhaus Größte Minderheits-partei	Repräsentantenhaus andere	Senat Mehrheits-partei	Senat Größte Minderheits-partei	Senat andere	Präsident		Präsident Partei-zugehörig-keit
1969–1970	91.	D–245	R–189	–	D–57	R–43	–	37.	Richard Nixon	R
1971–1972	92.	D–254	R–180	–	D–54	R–44	–		„ „	
1973–1974	93.	D–239	R–192	–	D–56	R–42	–		„ „ (Rücktritt 9. Aug. 1974)	
1974	93.	D–239	R–192	–	D–56	R–42	–	38.	Gerald Ford	R
1975–1976	94.	D–291	R–144	–	D–60	R–37	–		„ „	
1977–1978	95.	D–292	R–143	–	D–62	R–38	–	39.	Jimmy Carter	D

Die Wahlen der Abgeordneten, Senatoren und des Präsidenten finden im November statt. Die zweijährige Dauer eines „Kongresses" wird in zwei oder auch mehr Sitzungsperioden unterteilt, deren erste seit 1934 im Januar beginnt und deren letzte im Dezember des Wahljahres endet. Die Amtszeit der Präsidenten endet jedoch bis einschließlich 1933 am 3. März und seither am 20. Januar des Jahres nach den Wahlen. Parteibezeichnungen: Ad = Administration; Op = Opposition; DR = Democratic Republican, d.h. Jeffersonianer; F = Federalist; J = Jacksonian; NR = National Republican; AM = Anti-Masonic; W = Whig; R = Republican; D = Democratic; U = Unionist; K = Koalition.

Quelle: United States Bureau of the Census, HISTORICAL STATISTICS OF THE UNITED STATES, COLONIAL TIMES TO 1970 (Washington, 1975), Serie Y 204–210; ders., STATISTICAL ABSTRACT OF THE UNITED STATES, 1975 (Washington, 1975), No. 718.

Register

Bitte umblättern:

auf den nächsten Seiten informieren wir Sie über weitere interessante Fischer Taschenbücher.

Dieter S. Lutz (Hrsg.)

Kein Überleben ohne Frieden

oder Die Folgen eines Atomkrieges

Band 4240

Dieter S. Lutz, geboren 1949, Studium der Rechtswissenschaft und der Politikwissenschaft, Dr. rer. soc., Stellvertretender Wissenschaftlicher Direktor des Instituts für Friedensforschung und Sicherheitspolitik an der Universität Hamburg (IFSH), Lehrbeauftragter an der Universität Hamburg und an der Hochschule für Wirtschaft und Politik (HWP), Herausgeber der Schriftenreihe »Militär, Rüstung, Sicherheit« im NOMOS-Verlag Baden-Baden; zahlreiche Veröffentlichungen, zuletzt u. a.: *Weltkrieg wider Willen?* (1981): *Sicherheitspolitik am Scheideweg?* (1982, Hrsg.)

Militärische Verteidigung muß – soll sie diesen Namen verdienen – stets eine Schutzfunktion beinhalten. Die Wahrnehmung der Verteidigungsfunktion – wie übrigens auch der Abschreckungsfunktion – darf sich deshalb nicht selbst ad absurdum führen. Der Preis und die Risiken einer Sicherheitspolitik auf der Basis militärischer und insbesondere nuklearer Abschreckung und Verteidigung müssen in einem rational noch vertretbaren Verhältnis zu ihrem Erfolg stehen.
Gilt diese Aussage auch für die derzeitige Abschreckungspolitik mit Nuklearwaffen? Sind Atomwaffen und nuklear ausgerüstete Streitkräfte – gemessen an ihren möglichen Folgen und Risiken – geeignete Mittel der Sicherheits- und Verteidigungspolitik? Die Antwort läßt sich in all ihren Verästelungen den Beiträgen des von Dieter S. Lutz herausgegebenen Sammelbandes entnehmen: Die menschlichen Leiden in und nach einem Atomkrieg wären kaum zu ermessen.
Trotz aller unterschiedlichen Akzentuierung ihrer Beiträge, sind sich die international bekannten Autoren des Sammelbandes aus dem In- und Ausland einig: Angezeigt ist die Prävention im Sinne einer folgenorientierten Sicherheitspolitik. Die Erkenntnis »Kein Überleben ohne Frieden« darf nur im Frieden politische und gesellschaftliche Realität werden.

Die Bundesrepublik Deutschland

Politik · Gesellschaft · Kultur

Geschichte in drei Bänden
Herausgegeben von Wolfgang Benz

Ein Handbuch und Nachschlagewerk auf dem neuesten Forschungsstand. Eine Sammlung von historisch-politischen Längsschnitt-Darstellungen mit Zeittafeln, Tabellen, Verzeichnissen, Register und bibliographischen Handreichungen. Mitarbeiter sind Historiker und historisch arbeitende Fachgelehrte der Nachbardisziplinen.

Band I: Politik
Band 4312
Aus dem Inhalt: Verfassung, Verwaltung und öffentlicher Dienst; Recht und Justiz; Parteien, Gewerkschaften und Wirtschaftsystem; Sicherheits- und Außenpolitik; Politische Daten 1945–1983.

Band II: Gesellschaft
Band 4313
Dieser Band behandelt die gesellschaftspolitischen und sozialen Zusammenhänge: von der Bevölkerungsentwicklung über die Sozialpolitik, die Kirchen, die Arbeitswelt, Freizeit, Wohnkultur, Bildungspolitik bis hin zu Themen wie Familie, Frauen, Jugend und Gastarbeiter. Die Darstellung reduziert sich nicht auf die Haupt- und Staatsaktionen, sondern analysiert auch die alltäglichen Verhältnisse in der Bundesrepublik.

Band III: Kultur
Band 4314
Dieser Band befaßt sich mit der kulturellen Entwicklung der Bundesrepublik. Enthalten sind u. a. Beiträge über Medien, Literatur, Theater, Film, Musik, Architektur, Bildende Kunst, Sprache, Kulturpolitik sowie Graphik und Design.

Fischer Taschenbuch Verlag

fi 58/1

DER FISCHER INFORMATIONS-ATLAS BUNDESREPUBLIK DEUTSCHLAND

KARTEN · GRAFIKEN TEXTE UND TABELLEN

Fischer Taschenbuch Band 4521

Der Informationsatlas Bundesrepublik Deutschland behandelt Themen aus den verschiedensten Lebensbereichen unseres Landes. Er beantwortet Fragen, die sich jedem stellen werden, der sich für die Grundlagen, Bedingungen und die Vielfalt des Lebens in der Bundesrepublik interessiert und der größere Zusammenhänge ebenso wie übergreifende Probleme besser verstehen möchte.
Lage und Größe der Bundesrepublik, Landesnatur, Bevölkerung und Siedlung, Wirtschaft, Verkehr, Verwaltung, Kultur und kulturelle Einrichtungen, Zeitgeschichte und Politik, dies sind die großen Sachgebiete, die die Autoren des Bandes untersuchen und detailliert und kenntnisreich in Karten, Texten, Grafiken und Tabellen darstellen. Dabei wird neben den notwendigen Grundinformationen, die zu einem jeden Atlas gehören, eine Fülle von Fakten vermittelt – Fakten, die im allgemeinen schwer zugänglich sind und sonst erst mühsam aus den unterschiedlichsten Nachschlagewerken zusammengetragen werden müssen. Gerade weil sich der Band auf seinen 80 Karten- und noch mehr Textseiten »nur« mit der Bundesrepublik auseinandersetzt, ist es möglich, derartig umfassend über unser Land zu informieren, so sehr ins Detail zu gehen.

Fischer Taschenbuch Verlag

fi 61/1